CAPITUM TABULA.

	pag.
Praefatio	V
Adnotationes ad singulos indices	VII
Conspectus notarum ac compendiorum	1
Index verborum, notionum, rerum ad Stoicam doctrinam pertinentium	2
Index vocabulorum ad Stoicorum doctrinam pertinentium, quae ab auctoribus Romanis e Graeco in Latinum sermonem translata sunt	169
Index nominum propriorum	175
Index fontium	187
Addenda	221

STOICORVM VETERVM FRAGMENTA

COLLEGIT

IOANNES AB ARNIM

VOLVMEN IV
QVO INDICES CONTINENTVR

CONSCRIPSIT

MAXIMILIANVS ADLER

EDITIO STEREOTYPA
EDITIONIS PRIMAE (MCMXXIV)

STVTGARDIAE IN AEDIBVS B. G. TEVBNERI MCMLXVIII

SAMMLUNG WISSENSCHAFTLICHER COMMENTARE

Verlags-Nummer 4258
Alle Rechte, auch die der Übersetzung, des auszugsweisen Nachdruckes
und der fotomechanischen Wiedergabe, vorbehalten
© B. G. Teubner Verlagsgesellschaft mbH, Stuttgart 1964
Printed in Germany
Druck: Julius Beltz, Weinheim a. d. B.

PRAEFATIO.

Fragmentis Stoicorum veterum collectis indices promissos adiciendi munus Ioannes ab Arnim aliis studiis prohibitus ad me detulit, quod suscepi ita, ut consilio eius niterer et uterer. Tardius autem opus confeci quam ipse vellem. Nam multa obstiterunt, imprimis bellum atrocissimum paxque bello ipsi simillima. Accedebat, quod qua prelo opus fuit pecunia, manuscripto iam confecto deerat. Tum communi voluntate ad studia excolenda et proferenda inter se coniunctas esse societates virorum doctorum cognitum est. Nam hos indices edendos singulari liberalitate atque munificentia adiuverunt et *Societas Pragensis ad Germanorum in Bohemia scientias, artes, litteras promovendas constituta,* cuius sodales Carolus Holzinger, Aloisius Rzach, Henricus Swoboda praeter ceteros huic libro exstiterunt fautores, et curatores *Legati Perizoniani* Leidenses consilio I. I. G. Vürtheim, viri doctissimi, et *Academia Vindobonensis*; quibus omnibus summa gratia pro amplis beneficiis habenda est.

Quattuor genera indicum proponuntur: In primo indice reperiuntur et vocabula Stoicorum scholae propria et ceterae voces ad doctrinam Stoicam illustrandam adhibitae. Alter verba Latina complectitur a Cicerone Seneca aliisque in praeceptis Stoicorum exponendis usurpata. Tertio nomina propria continentur. Quartus index fontium additus est. Index autem Graecitatis Chrysippeae, linguae κοινῆς maxime studiis utilis, ne hoc volumen maius fieret, quamquam iam incohatus erat, tamen receptus non est; sed posthac, si fieri possit, seorsum in lucem mittetur.

Pragae, mense Martio MCMXXIV.

MAXIMILIANUS ADLER.

ADNOTATIONES AD SINGULOS INDICES.

I. AD INDICEM TERMINOLOGICUM.

1. Nomina philosophorum per compendia notantur, praeterea alia sigla compendiaque adhibentur, quae pag. 1 collecta sunt.

2. Singulis locis nomen philosophi auctoris additum est; Chrysippi nomen semper fere praetermissum in altero et tertio volumine, ubi nullius nomen adscripsi, subaudiendum est, veluti Z. I 47, 23. III 17, 19 prior locus ad Zenonem, alter ad Chrysippum auctorem referendus est.

3. Ubique numero voluminis omisso proximus numerus antecedens supplendus est.

4. Recepta non sunt vocabula a scriptoribus, qui de doctrina Stoica referunt, ex ipsorum ratione cogitandi usurpata aut a Stoicorum philosophia aliena. Frustra igitur exempli gratia s. v. ἐθνικός, ἁπλῶς πιστός argumentum loci Clementis Alexandrini III frg. 515 hoc in indice quaeres, at ἁπλῶς πιστόν s. v. προκόπτων, ἐθνικόν s. v. φαῦλος invenies.

5. Verba ἅπαξ εἰρημένα ad Stoicorum doctrinam pertinentia ad unum omnia huic indici inserta sunt, praesertim ea, quae in Passowii thesauro verborum non leguntur, velut ἀνεπιζήτησία, ἀντανaιρετικός, ἀνυπέραρτος e. c.

II. AD INDICEM LATINUM.

Vocabula Latina, quibus quod verbum Graecum reddatur, dubitari non potest, in primo indice leguntur; quae res in secundo indice hac nota „=" designatur; nonnusquam notis „cf." vel „vid. s. v.", qui legunt, ad Graeca verba notione similia relegantur; sed in re dubia ad Latinam vocem numeri tantum paginarum et versuum huius fragmentorum collectionis adscribuntur.

Voces Graecas, quas Romani e sermone Graecorum sumpserunt, velut „dialectica, physica", in indice Latino omissas esse scias.

III. AD INDICEM NOMINUM PROPRIORUM.

Hoc indice nomina Stoicorum veterum, praeterea ceterorum philosophorum, deinde eorum scriptorum ac poëtarum, qui a veteribus Stoicis laudantur vel impugnantur, conscribuntur. Cetera nomina sive deorum sive hominum a Stoicis commemorata in primo indice reperies.

IV. AD INDICEM FONTIUM.

Omnes fere loci ad editiones recentissimas referuntur, etiam quorum scriptorum I. ab Arnim editionibus antiquioribus usus est; veluti Stobaei Florilegii loci non ex Meinekii, sed Hensei editione afferuntur.

PER HAEC COMPENDIA NOTANTUR NOMINA PHILOSOPHORUM:

Ant.	= Antipater Tarsensis	Diog.	= Diogenes Babylonius
Apollod.	= Apollodorus Seleuciensis	Dion.	= Dionysius Heracleota
Apolloph.	= Apollophanes	Eudr.	= Eudromus
Arch.	= Archedemus Tarsensis	H.	= Herillus Carthaginiensis
A.	= Aristo Chius	P.	= Persaeus Citieus
Bas.	= Basilides	Sosig.	= Sosigenes
B.	= Boëthus Sidonius	Sph.	= Sphaerus
Chr.	= Chrysippus	Z.	= Zeno Citieus
Cl.	= Cleanthes Assius	Z. T.	= Zeno Tarsensis
Crin.	= Crinis		

CONSPECTUS NOTARUM AC COMPENDIORUM.

adv.	= adverbium	*imp.*	= impugnat(ur)
cf.	= confer, confera(n)tur	*l.*	= liber, libri
comp.	= compara(n)t, compara(n)tur, comparatio	*opp.*	= oppositum
		pass.	= passim
def.	= definitur, definitio	*quaer.*	= quaerit(ur)
dem.	= demonstrat(ur)	*sc.*	= scilicet
disp.	= disputat(ur)	*scr.*	= scribit, scripsit, scriptum
e.	= exemplum, exempla	*sec.*	= secundum
e. gr.	= exempli gratia	*sq.*	= sequens, sequentes
e. s.	= exempla sequuntur	*St.*	= Stoici
enum.	= enumera(n)tur	*s. v.*	= sub voce
expl.	= explana(n)tur, explicatur, explicatio	*tit.*	= titulus, tituli
		vid.	= videatur
ib.	= ibidem		= est, ἐστίν, εἰσίν, εἶναι
i. e.	= id est		: opponitur, distinguitur
ill.	= illustrat(ur)		

INDEX
VERBORUM, NOTIONUM, RERUM AD STOICAM DOCTRINAM PERTINENTIUM.

A

ἀβλαβής τοὺς ἀγαθοὺς ἀ. πάντας εἶναι expl. III 154, 10. 12

ἀγαθόν. ἀγαθά
(καλὸν κἀγαθὸν vid. s. v. καλόν; summum bonum s. v. τέλος)
περὶ ἀ. tit. l. Chr. III 194, 4
ὁ περὶ ἀ. καὶ κακῶν τόπος pars eth. III 3, 2 οὐκ ἔστιν ἐπελθεῖν ἐπὶ τὸν τῶν ἀ. καὶ κακῶν λόγον ἢ ἀπὸ τῆς κοινῆς φύσεως 17, 4—11. 80, 37 τὸν περὶ ἀ. καὶ κακῶν λόγον μάλιστα τῶν ἐμφύτων ἅπτεσθαι προλήψεων 17, 13 bonum non cum ceteris comparando, sed propria vi sua sentitur et appellatur 18, 3 boni notitia collatione rationis facta est 17, 29 φυσικῶς νοεῖται ἀ. τι II 29, 19 τὸ ἀ. λέγεσθαι πλεοναχῶς III 18, 18 τριχῶς προσαγορεύεσθαι 18, 41. 19, 24

ἀ. enum. III 17, 17

def. ἀ. κοινῶς τὸ τὶ ὄφελος, ἰδίως ταὐτὸν ἢ οὐχ ἕτερον ὠφελείας III 18, 27. 19, 22 ἀ. = ἀφ' οὗ συμβαίνει ὠφελεῖσθαι 18, 20. 43. 19, 15. 25 ἀ. = ἀφ' οὗ συμβαίνει τι τῶν ἐν τῷ βίῳ ὠφελεῖσθαι 19, 16 ἀ. = καθ' ὃ συμβαίνει ὠφελεῖσθαι 18, 21. 19, 2. 25 = τὸ οἷον ὠφελεῖν 18, 22. 19, 5 ἴδιον τοῦ ἀ. τὸ ὠφελεῖν, οὐ τὸ βλάπτειν 28, 12 τὸ ἀ. τῷ συμφέροντι ταὐτόν 76, 17

ἀ. = πᾶν ὅ ἐστιν ἀρετὴ ἢ μετέχον ἀρετῆς Z. I 47, 21 e. enum; III 17, 18. 19, 23. 154, 6 πᾶν τὸ ἀ. κατ' ἀρετὴν ἀφώρισται 76, 20 ἡ ἀρετὴ μόνη ἀ. III 165, 21. A. I 83, 31. ἀ. αἱ ἀρεταὶ καὶ τὰ μετέχοντα αὐτῶν Diog. III 218, 14 οὐ μόνον τὰς ἀρετάς, ἀλλὰ καὶ τὰς πράξεις τὰς καλὰς ἀ. καλοῦμεν 26, 24 ἡ πρᾶξις ἡ κατ' ἀρετὴν ἀ. 19, 3. 25 μόνον τὸ καλὸν ἀ. Z. I 47, 3. 6. A. I 84, 36. III 9, 25—10, 32 pass. 11, 24. 31, 25. 135, 25 ταὐτὸν ἀ. τε καὶ καλόν 9, 33. 10, 5. 44, 8. 76, 21 πᾶν ἀ. καλὸν εἶναι Cl. I 127, 5. III 6, 18. 9, 32 μηδὲν αἰσχρὸν εἶναι ἀ. 37, 15 καλὸν λέγουσι τὸ τέλειον ἀ. 20, 20 ᾧ ἔστιν εὖ καὶ κακῶς χρῆσθαι, τοῦτο οὐκ ἔστιν ἀ. 28, 14 e. s.

ἀ. = τὸ δι' αὑτὸ αἱρετόν Z. I 47, 12. III 18, 12 ἀ. = τὸ τέλειον κατὰ φύσιν λογικοῦ ὡς λογικοῦ 19, 27 nihil esse bonum praeter scientiam H. I 92, 25 τὸ ἀ. καὶ καλὸν εἶναι τὰς ἡδονάς Cl. I 123, 7 ἀ. = τὸ συλλαμβανόμενον πρὸς εὐδαιμονίαν, τὸ συμπληρωτικὸν εὐδαιμονίας III 18, 13

τρία γένη τῶν ἀ., τὰ μὲν περὶ ψυχήν, τὰ δ' ἐκτός, τὰ δ' οὔτε περὶ ψυχὴν οὔτε ἐκτός III 23, 36. 24, 3. 13 ἐξαιροῦσιν τὸ γένος τῶν περὶ τὸ σῶμα ἀ. ὡς μὴ ἀγαθῶν 23, 39 τὰ δ' ἐκτὸς καὶ περὶ σῶμα λεγόμενα ἀ. πλεονεκτήματα μόνον 9, 21 τῶν περὶ ψυχὴν ἀ. τὰ μὲν εἶναι διαθέσεις, τὰ δ' ἕξεις μέν, διαθέσεις δ' οὔ, τὰ δ' οὔτε ἕξεις οὔτε διαθέσεις 25, 8. 20 τῶν ἀ. τὰ μὲν εἶναι ἐν κινήσει, τὰ δ' ἐν σχέσει 26, 27 e. s. τῶν δὲ ἐν σχέσει τὰ μὲν καὶ ἐν ἕξει εἶναι, τὰ δ' ἐν σχέσει μόνον 26, 30 e. s.

τῶν ἀ. τὰ μὲν εἶναι καθ' ἑαυτά, τὰ δὲ πρός τί πως ἔχειν 26, 38 ἀ. τὰ μὲν αὐτὰ καθ' ἑαυτά· τὰ δὲ μετέχοντα τῶν ἀ. 27, 18 τὰ μὲν προηγούμενα ἀ., τὰ δὲ δεύτερα 27, 34 e. s. τῶν ἀ. τὰ μὲν αὐτὰ δι' αὑτὰ αἱρετά, τὰ δὲ δι' ἕτερα 26, 24 τὰ μὲν δι' αὑτὰ αἱρετά, τὰ δὲ ποιητικά 26, 16 τὰ μὲν τελικά, τὰ δὲ ποιητικά, τὰ δ' ἀμφοτέρως ἔχοντα 25, 24 e. s. 25, 35 e. s. 26, 8 e. s. τῶν ἀ. τὰ μὲν εἶναι ἀρετάς, τὰ δ' οὔ 23, 22 τὰ μὲν ἀναγκαῖα πρὸς εὐδαιμονίαν, τὰ δὲ μή 27, 11 e. s. ἀ. ἀεὶ παρόντα, οὐκ ἀεί 24, 41 τῶν ἀ. τὰ μὲν πᾶσι τοῖς φρονίμοις ὑπάρχειν καὶ ἀεί, τὰ δ' οὔ 24, 42. 25, 1 τὰ μὲν ἄμικτα, τὰ δὲ μεμιγμένα 24, 35

non bona esse potuisse, si non essent mala II 335, 34 ἀ. ὑπαρχόντων καὶ κακὰ ὑπάρχειν 340, 5 τὰ ἀ. πρὸς τὰ κακὰ τὴν πᾶσαν ἔχειν διαφοράν III 21, 27 τὸ διὰ κακοῦ γινόμενον οὐκ ἔστιν ἀ. 36, 21. 28 τῶν ὄντων τὰ μέν ἐστιν ἀ., τὰ δὲ κακά, τὰ δ' ἀδιάφορα 17, 16. 23. 28, 4 e. s.; Diog. III 218, 14 τοιαῦτα τὰ ἀ. ἐστιν τοῖς ἀνθρώποις, ὥστε τὰ κακὰ τῶν ἀνὰ μέσον προτερεῖν 188, 24 ἀ.: προηγμένον 33, 21 τὸ μήτε ἀ. μήτε κακὸν ἀδιάφορον 28, 21. 31, 36 οἰκεῖα: ἀ. 30, 2 ἀξία ἐστὶν περὶ πᾶν ἀ. 30, 28 οὐδὲν τῶν ἀ. εἶναι προηγμένον διὰ τὸ τὴν μεγίστην ἀξίαν αὐτὰ ἔχειν Z. I 48, 11 III 31, 17 διαφέρει τὸ ἀ. τοῦ ἀξίαν ἔχοντος 32, 14

bonum an corpus sit? III 20, 36 et bona corpora esse 21, 6. 22

πάντα τὰ ἀ. ἴσα III, 23, 3. 12. 27, 30 πᾶν ἀ. ἐπ' ἄκρον αἱρετὸν καὶ μήτε ἄνεσιν μήτε ἐπίτασιν δέχεσθαι 23, 4. 140, 36 non bonorum frequentia beatiorem vitam fieri aut magis expetendam aut pluris aestimandam III 15, 21 aestimatio boni genere valet, non magnitudine 18, 7 quomodo possint paria bona esse, si triplex eorum condicio est 27, 23 e. s. ἀ. ὁ χρόνος οὐκ αὔξει προσγινόμενος 14, 1

οὐδὲν ἀ. τοῖς ἀνθρώποις ὑπὸ τῶν θεῶν περιγίνεται III 10, 7 τὰ ἀ. πάντα τῶν σπουδαίων εἶναι κοινά 160, 13. 19 τοῖς σπουδαίοις πάντα τὰ. ὑπάρχειν expl. 154, 16 τῶν ἀ. μηδενὸς μετέχειν τοὺς φαύλους 154, 5 πᾶν τὸ ἀ. ἀγα-

θοὺς ποιεῖ 20, 7 τὰ παρακείμενα τοῖς ἀ., ὠφελήματα ὄντα, μόνοις τοῖς σπουδαίοις συμβαίνειν 154, 7

τὸν περὶ ἀ. λόγον συμφωνότατον εἶναι τῷ βίῳ III 17, 13 natura omnes ea, quae bona videntur, sequuntur 106, 44 bonum in eo positum est, ut naturae consentiat 140, 36 bonum = quod esset natura absolutum Diog. III 218, 22 bonum et malum natura iudicatur 77, 15 οὐσία τοῦ ἀ. ἡ εὐλόγιστος ἐκλογὴ τῶν κατὰ φύσιν Ant. III 253, 8 sqq. οὐσία ἀ. χρῆσις οἵα δεῖ φαντασιῶν Z. I 46, 9

τὰ ἀ. καλά Cl. I 127, 5 III 22, 1. 4. 9 σπουδαῖα 21, 43 πρέποντα 21, 43 οἰκεῖα 22, 1 ἀ. δίκαιον Cl. I 127, 4 III 22, 11 τὸ ἀ. ὅσιον Cl. I 127, 4 εὐσεβές ib. εὐάρεστον 127, 8 χαρτόν III 9, 28 οὐ πᾶν ἀ. ἐπίσης εἰς χαρὰν πίπτει 50, 22 quod est bonum, omne laudabile est 11, 5 optabile 11, 11 τὸ ἀ. ὁμολογούμενον Cl. I 127, 9 δέον Cl. I 127, 5 III 20, 14. 22, 6 τὰ ἀ. κοινά 23, 16

τὰ ἀ. ὠφέλιμα Cl. I 127, 6. III 21, 42. 22, 10 εὔχρηστα 21, 43. 22, 9 συμφέροντα 21, 43. 22, 5 λυσιτελῆ 21, 43. 22, 6 ἀ. χρήσιμον Cl. I 127, 5 III 22, 8 τὰ ἀ. ὀρεκτά III 22, 36. 39 βουλητά 22, 35. 40 αἱρετά 9, 26. 11, 12. 17. 22, 10. 13. 35. 39 τὸ ἀ. μόνον αἱρετέον 61, 16 ἀ.: αἱρετέον 61, 12 τὸ ἀ. μόνον ποιητέον 61, 17 ἀ.: ποιητέον 61, 13 τὸ ἀ. μόνον θαρρητέον 61, 17 ἀ.: θαρρητέον 61, 13 τὰ ἀ. πάντα ἐστὶν ὑπομενετὰ καὶ ἐμμενετά 22, 23. 27 αἰσθητὰ τὰ ἀ. 21, 30 μηδὲν ἐκ διεστηκότων εἶναι ἀ. 24, 24. 38, 14

γίνεσθαι τὰ πάθη δι' ὑπόληψιν ἀ. καὶ κακοῦ III 93, 38. 94, 8 περὶ τὸ ἀ. ἐνεστὼς ἢ μέλλον εἶναι ἡδονὴν καὶ ἐπιθυμίαν 94, 17. 22

ἀ. in def. φρονήσεως III 63, 24 ἀ. in def. ἀρετῆς A. I 85, 36

ἀγαθός cf. σοφός. σπουδαῖος

ἐξ ἀνάγκης ἡμᾶς εἶναι καὶ γίνεσθαι ἀ. ἢ κακούς III 165, 16 πᾶν τὸ ἀγαθὸν ἀ. ποιεῖ III 20, 8 ipsam aequitatem et ius ipsum amant 12, 29 μόνον τὸν σοφὸν ἀ. 20, 28 τοὺς ἀ. κατ' οὐθὲν προέχεσθαι ὑπὸ Διός III 141, 21 πάντως εὐδαιμονεῖν ἀεί 14, 9 omnia refert ad beate vivendum 15, 15 ἀβλαβεῖς πάντας εἶναι 154, 10 τῷ ἀ. τὸ τὴν οὐσίαν ἀποβαλεῖν οἱονεί δραχμὴν ἀποβαλεῖν καὶ τὸ νοσῆσαι οἷον προσκόψαι 36, 39 ποτὲ μὲν τὰ δύσχρηστα συμβαίνειν τοῖς ἀ. οὐχ ὥσπερ τοῖς φαύλοις κολάσεως χάριν II 338, 4

καὶ ἀνεξέλεκτοί εἰσιν οἱ ἀ. καὶ καταληπτικοὶ ἀξιωμάτων II 42, 13 οὐκ ἐπιεικῆ εἶναι τὸν ἀ. ἄνδρα III 162, 39

ἀγάλλομαι = χαίρειν ἐπὶ καλοῖς III 106, 2

ἀγαπάω τὸ ἀ. μόνων εἶναι σπουδαίων III 161, 13

ἀγάπη def. III 71, 38

ἀγάπησις def. III 72, 8 ἀ. εἶδος βουλήσεως III 105, 23. 34

ἀγένητος τὰς ἀρχὰς εἶναι ἀ. II 111, 5

ἀγεννής τὸν ἀ. δοῦλον εἶναι III 89, 13

ἀγκών ἀπὸ τοῦ ἐγκεῖσθαι II 47, 15

ἁγνεία def. III 105, 41 ἀ. εἶδος τῆς εὐλαβείας 105, 23

ἀγνοέω μηδὲν ἀ. τὸν σοφόν II 41, 12 III 150, 15 πάντα ἀ. ὁ φαῦλος 165, 7

ἄγνοια in tit. l. Chr. II 9, 28

def. = μεταπτωτικὴ συγκατάθεσις καὶ ἀσθενής Z. I 20, 11 III 147, 1 scientia: inscientia Z. I 18, 25. 20, 9 H. I 91, 26

τὴν ἀ. εἶναι ἐναντίαν κακίαν τῇ φρονήσει III 166, 29 inter scientiam et inscientiam comprehensionem collocabat Z. I 18, 27. 20, 17 εἶναι μεθόριον ἀ., οὐ τὴν μακρὰν ἀπεληλαμένην ἐπιστήμης, ἀλλὰ τὴν ἐγγὺς καὶ ἀγχίθυρον αὐτῇ III 144, 35

ignorantiam a virtute. sapientiaque removebat Z. I 16, 28. 18, 36 ἡ ἀ. φαῦλόν ἐστιν II 41, 16 πᾶσα φαύλου ὑπόληψις ἀ. III 164, 32 κακῶς καὶ ψευδῶς γινωσκόντων καὶ πραττόντων ἡμῶν ὁ βίος διοικεῖται κατὰ ἀ. 60, 30 μία ἡ κακία ἡ ἀ. 60, 33 τῶν κακιῶν τὰς μὲν εἶναι ἀ. τινῶν καὶ ἀτεχνίας, τὰς δ᾽ οὔ. 23, 32. 34

ἀ. in def. μανίας pass.

ἁγνός ἀ. ὑπάρχειν τοὺς σπουδαίους III 157, 26

ἄγονος πῶς ἀ. γίνονται οἱ ἄνδρες II 213, 14

ἄγριος τὸν φαῦλον εἶναι ἀ. expl. III 169, 35

ἀγροικία def. III 169, 34

ἄγροικος καὶ ἀ. εἶναι πάντα φαῦλον III 169, 33

ἀγύμναστος οἱ ἀ. ἔχοντες τὰς φαντασίας II 39, 33

ἀγχίνοια def. III 64, 28. 65, 14. 28. 66, 7 ἀ. ὑποτάττεσθαι τῇ φρονήσει 64, 21. 66, 3

ἀγχίνους ἀ. ὁ σοφός II 39, 34 III 161, 3 τῶν σπουδαίων ἄλλους ἄλλων ἀγχινουστέρους γίγνεσθαι 142, 11

ἀγωγή cf. παιδεία

περὶ ἀ. tit. l. Cl. I 107, 28

καὶ πρὸς ἀ. παραλαμβάνεσθαι παίδων εἰς ὑποτύπωσιν ἀρετῶν τὴν μουσικὴν Diog. III 228, 28 οἱ ἐν ἀ. γεγονότες III 173, 35

λόγοι τὰς ἀ. ὑγιεῖς ἔχοντες II 84, 23

ἀγωνία def. III 98, 38. 40. 99, 8. 101, 32 εἶδος φόβου 96, 7. 98, 35. 101, 30

ἀδελφή τὸ ἀ. συγγενέσθαι ἀλόγως διαβεβλῆσθαι III 187, 11 τὸν ὁμομήτριον τεκνοποιεῖσθαι ἐκ τῆς ὁμομητρίας 185, 30

ἀδελφός ἀ. τιμᾶν καθῆκον III 135, 1 ἀ. ἀφροντιστεῖν παρὰ τὸ καθῆκον 135, 3 τοὺς σπουδαίους σεβήσεσθαι ἀ. ἐν δευτέρᾳ μοίρᾳ μετὰ τοὺς θεούς 183, 23 καὶ τὸν ὁμομήτριον τεκνοποιεῖσθαι ἐκ τῆς ὁμομητρίας 185, 29

ἄδηλον (opp. φαινόμενον) II 74, 28

ἀδιάβολος ἀ. εἶναι τὸν καλὸν κἀγαθὸν expl. III 153, 6

ἀδιάπτωτος ἀδιαπτώτως πράττειν III 69, 10 ἀ. ἐν ταῖς ὁρμαῖς ἀναστρέφεσθαι 69, 13 ἀ. ἐνέργεια 72, 20

ἀδιάστροφος ἀφορμαὶ ἀ. III 53, 10

ἀδιαφορία de ἀ. cum A. disceptat Chr. III 9, 8 τέλος τὴν ἀ. εἶναι A. I 83, 7. 34 τῇ ἀ. κρίνεσθαι τὰς ψυχὰς εἰς κοινὴν συνουσίαν τοῖς θεοῖς A. I 87, 20 virtutibus exceptis atque vitiis cetera in summa aequalitate ponit A. 84, 35 sq.

ἀδιάφορον cf. οὐδέτερον, μεταξύ.
e. enum. Z. I 47, 24. 59. 9 A. 81, 33
Cl. 132, 13 III 17, 20 Diog. 218, 16
τὸ ἀ. τῶν πρός τι λεγομένων εἶναι
III 34, 22 τὸ ἀ. ἁπλῶς ἀ. A. I 83, 8
διχῶς τὸ ἀ. νοεῖσθαι III 28, 21 e. s.
28, 29 e. s. τὸ ἀ. λέγεσθαι τριχῶς
29, 17 e̔. s.
 ἀ. = τὰ μεταξὺ τῶν ἀγαθῶν καὶ
κακῶν H. I 91, 32. III 17, 24. 28, 19.
Diog. 218, 15. A. I 83, 13 = τὸ μήτε
ἀγαθὸν μήτε κακὸν καὶ τὸ μήτε αἱρε
τὸν μήτε φευκτόν III 28, 21 = ᾧ ἔστιν
εὖ καὶ κακῶς χρῆσθαι 29, 28 = τὰ
μήτε πρὸς εὐδαιμονίαν μήτε πρὸς κακο
δαιμονίαν συνεργοῦντα 28, 30. 29, 24
= τὸ μήτε ὁρμῆς μήτε ἀφορμῆς κινη
τικόν 28, 22. 29, 2 ἀ. πρὸς ὃ μήτε
ὁρμή, μήτε ἀφορμὴ γίγνεται 29, 18
e. s. πρὸς ὃ ὁρμὴ μὲν καὶ ἀφορμὴ
γίγνεται, οὐ μᾶλλον δὲ πρὸς τόδε ἢ
τόδε 29, 20
 est et horum, quae media apellamus, grande discrimen III 29, 8 e. s.
τὰ μεταξὺ ἀρετῆς καὶ κακίας ἀ. μὴ
ἔχειν μηδεμίαν παραλλαγήν A. I 79, 7.
83, 13. 84, 35 τῶν ἀ. τὰ μὲν προηγ
μένα, τὰ δὲ ἀποπροηγμένα III 30, 25
τῶν ἀ. τὰ μὲν εἶναι προηγμένα, τὰ
δ᾽ ἀποπροηγμένα, τὰ δὲ μήτε προηγ
μένα μήτε ἀποπροηγμένα 29, 31 e. s.
31, 26. 32, 24 expl. alia secundum
naturam, alia naturae esse contraria;
his ipsis alia interiecta et media Z.
I 47, 32 τὰ μὲν τῶν ἀ. ἐκλέγεται,
τὰ δ᾽ ἀπεκλέγεται, τῶν ἑτέρων ἐπίσης
ἐχόντων πρὸς αἵρεσιν καὶ φυγήν III
29, 5 τὰ μὲν ἀξίαν ἐκλεκτικὴν ἔχειν,
τὰ δ᾽ ἀπαξίαν ἀπεκλεκτικήν, συμβλητι
κὴν οὐδαμῶς πρὸς τὸν εὐδαίμονα βίον
28, 27 τῶν ἀ. τὰ μὲν πλείω ἀξίαν
ἔχειν, τὰ δ᾽ ἐλάττω· καὶ τὰ μὲν καθ᾽
αὑτά, τὰ δὲ ποιητικά 32, 22 τῶν ἀ.
τὰ μὲν ὁρμῆς κινητικά, τὰ δὲ ἀφορ
μῆς, τὰ δὲ οὔτε ὁρμῆς οὔτε ἀφορμῆς
29, 11 e. s. τῶν ὄντων τὰ μὲν ἀγαθά,
τὰ δὲ κακά, τὰ δ᾽ ἀ. III 17, 16. Diog.
218, 14 ἀ.: ἀγαθά: κακά ib. ἀγαθά:
ἀ., κατ᾽ εἶδος προηγμένα III 28, 10
ἀ. καὶ προηγμένα: αἱρετὸν καὶ ἀγα
θόν 15, 42 εἴ τις βούλεται τὸ μὲν

ἀγαθὸν τῶν ἀ. λέγειν, τὸ δὲ κακὸν
conceditur 33, 22
 ἡ ἀρετὴ τὰ μὲν διωθεῖ καὶ ἐκκλίνει
τῶν ἀ., τὰ δὲ αἱρεῖται καὶ ἐκλέγεται
III 57, 18 τὰ ἀ. οὐδὲν εἶναι πρὸς ἡμᾶς
οὐδὲ συνεργεῖν πρὸς εὐδαιμονίαν οὐδὲν
33, 37 ἀ. λέγεσθαι πρὸς τὸ εὐσχη
μόνως ζῆν, οὐ πρὸς τὸ κατὰ φύσιν
ἔχειν 34, 23 τὴν αἵρεσιν τῶν ἀ. καὶ
φυγὴν ἀπεῖπε Z. I 57, 19 ὅπως ἀδεῆ
καὶ ἀθαύμαστον πρὸς τὰ ἀ. τὴν διά
θεσιν τῆς ψυχῆς ἔχωσιν οἱ ἄνθρωποι
57, 21 τέλος εἶναι τὸ ἀδιαφόρως ἔχοντα
ζῆν πρὸς τὰ ἀ. A. I 79, 7 περὶ τὰ
μεταξὺ ἀρετῆς καὶ κακίας οἱ πολλοὶ
πτοηθέντες κακοδαιμονοῦσιν A. I 80, 27
in mediis momenta nulla esse A. I
83, 33 nullam rerum differentiam esse
A. H. I 92, 19 non esse ullam causam,
cur aliud alii anteponatur A. I 84, 22
non neglegit ἀ. neque tamen ad finem
summi boni refert H. I 92, 1 τὸ μέσον
καθῆκον παραμετρεῖσθαι ἀ. τισί III
136, 10
ἀδιαφόρως οἱ ἀ. περαίνοντες (sc.
λόγοι) II 83, 23. 86, 41. 87, 41. 88, 21.
def. 88, 24
ἀδιάψευστος τὴν καταληπτικὴν φαν
τασίαν ἀ. εἶναι Sph. I 141, 6
ἀδίκευσις ἡ ἀ. οὔτε ἕξις οὔτε διά
θεσις III 25, 19
ἀδικέω τὸ ἀ. ἁμάρτημα III 136, 22
τὸ ἀ. παρανόμημα 71, 12 ὁ καὶ ὁντινοῦν
ἀδικῶν καὶ ἑαυτὸν ἀ. 71, 6. 15 ὁ παρ
αίτιος γενόμενος αὑτῷ τοῦ ἀ. παρα
νομεῖ εἰς ἑαυτόν 71, 13 ὁ ἀδικούμενος
καὶ ὑφ᾽ ὁτουοῦν πᾶς ἑαυτὸν ἀ. 71, 20
μὴ ἀδικεῖσθαι τὸν σπουδαῖον 152, 30. 39
ἀτόπως λέγεσθαι τὸ ἀ. ἑαυτόν 70, 35
ἀδικία def. III 63, 31 ἀ. ἄγνοια τινῶν
καὶ ἀτεχνία 23, 33 ἀ. διάθεσις ἀναπό
βλητος 143, 22 ἀ. κακία 23, 30 ἐν ταῖς
πρώταις κακίαις 65, 18 ἀ. κακόν Z. I
47, 23 III 17, 19. 19, 31
 ἡ ἀ. λαμβάνεται ὡς ἂν ἐν πλείοσι
πρὸς ἑαυτοὺς οὕτως ἔχουσιν III 71, 1
εἶναι πρὸς ἕτερον, οὐ πρὸς ἑαυτὸν τὴν
ἀ. 70, 36
 ἀ.: ὕβρις III 152, 33 μὴ ἀχρήστως
γεγονέναι πρὸς τὴν δικαιοσύνην τὴν
ἀ. II 339, 30

omnium iniustitiam similem esse III 142, 31 ἴσην ἀ. τὴν Ἀριστείδου τῇ Φαλάριδος 143, 10
οὐ τῷ ἀπὸ τῶν θεῶν φόβῳ τῆς ἀ. ἀποτρέπεσθαι τοὺς ἀνθρώπους III 77, 22
ἀδικοπραγήματα τὰ ἁμαρτήματα ἀ. III 136, 33
ἄδικος, ἄδικον. ἄδικον εἶδος τοῦ αἰσχροῦ III 20, 24 ius et iniuria natura diiudicantur 76, 26 qui ignorat veram legem, is est iniustus 79, 10
οἱ κατ' ἰδίαν ἄ. οὐ συνεστήκασιν ἐκ πλειόνων τοιούτων III 70, 39 καθ' ὅσον πρὸς τοὺς πλησίους ὁ εἷς ἄ. 71, 3
οὐκ ἔστι σωφρονεῖν μέν, ἀδίκως δὲ ζῆν III 76, 23 non posse eundem esse sapientem et iniustum 73, 19 sq. πάντας ἐπίσης ἀ. τοὺς μὴ σοφοὺς 167, 30
ἀδόξαστος τὸν σοφὸν ἀ. εἶναι Α. I 78, 19
ἀδοξία ἀ. ἀδιάφορον Z. I 47, 25 III 17, 20. 28, 8. Apollod. 261, 10 ἀ. ἀποπροηγμένον ἐπὶ τῶν ἐκτὸς III 31, 8 ignominiam satis habere causae, quam ob rem reiceretur 31, 34
Ἀδράστεια κόσμος Ἀ. ὅτι οὐδέν ἐστιν αὐτὸν ἀποδιδράσκειν II 169, 34 τὴν εἱμαρμένην Ἀ. 292, 17
ἀδρός τὸν σπουδαῖον ἀ. Z. I 52, 34. III 150, 7
ἀδυναμία ἀ. κακία III 23, 31 ἀ. οὔτε ἄγνοιά τινων οὔτε ἀτεχνία 23, 34
ἀδυνατέω ἄτονοι καὶ εὔτονοι τῷ δύνασθαι ἡμᾶς ἢ ἀ. III 123, 18
ἀδύνατον ἀ. ἀξίωμα, ὃ μὴ ἔστιν ἐπιδεκτικὸν τοῦ ἀληθὲς εἶναι II 64, 18 probatio conclusionum, quae dicitur „impossibile" def. II 79, 2 δυνατῷ ἀ. οὐκ ἀκολουθεῖ Cl. I 109, 34 ᾧ ἕπεταί τι ἀ. δυνατόν, καὶ αὐτὸ ἀδύνατον II 118, 36 καὶ δυνατῷ ἀ. ἕπεσθαι II 65, 5
ᾄδω cf. ᾠδός
οὐχ εὑρεθῆναι πρεπωδεστέραν ἐλευθέροις ἄλλην ἄνεσιν καὶ παιδείαν τοῦ τὸν μὲν ἀ. Diog. III 230, 27 τῷ ᾅ. καταπαυθῆναι ἐμφυλίους στάσεις Diog. 232, 21
ἀερώδης ἀήρ II 136, 25 τόνοι ἀ. 148, 1 ἀ. 231, 37
ἀέχεια = στέρησις II 51, 26

ἀήρ cf. ἀκούω
ἀ. = πᾶν τὸ ἀερῶδες II 136, 25
ἀ. στοιχεῖον Z. I 28, 28. II 134, 2 τῶν δραστικῶν στοιχείων II 137, 38
deus aër Z. I 41, 31 Iuno aër Z. I 43, 30 II 314, 32 εἶναι τοῦ Διὸς τὸ εἰς τὸν ἀ. διατετακὸς Ἥραν Diog. III 217, 15 τὸν ἀ. Δία λέγουσιν expl. II 320, 20 τὸν ἐκ τῆς γῆς ἀναθυμιώμενον ἀ. διὰ τὴν ἀνάδοσιν ἀναδωδωναῖον εἶναι Cl. I 121, 20
κοῦφον ὁ ἀ. II 155, 33. 175, 20. 177, 36. 178, 24 ἀβαρὴς Z. I 27, 32 μήτε βάρος ἐξ αὐτοῦ μήτε κουφότητα ἔχει II 143, 35 τείνεται καὶ ὁ ἀ. πῶς ἐπὶ τὸ τοῦ κόσμου μέσον Z. I 27, 32 φύσει ἀνωφερής Z. I 27, 34. II 143, 32. 176, 39. 177, 42 ἐπὶ τὴν ἄνω φορὰν ἔχει τὴν ὁρμὴν καὶ περιδινεῖται 175, 32
λεπτομερής II 155, 33 λεπτομερὴς τῷ καταθραύεσθαι ῥᾳδίως εἰς λεπτὰ μόρια 140, 14 πρὸς πᾶσαν ποιότητα καὶ δύναμιν εὐκέραστος ὑπὸ μανότητος 178, 20 ὁ καπνὸς ἀ. εἶδος 141, 36
ἀ. ἓν σῶμα συνεχὲς ἑαυτῷ πάντῃ, μηδαμόθι κενοῦ παραπλοκὴν ἔχον II 139, 45 μὴ συγκεῖσθαι ἐκ θραυσμάτων, ἀλλὰ συνεχῆ δι' ὅλου 140, 8
πῦρ καὶ ἀ. εὔτονα II 155, 33 ἀ. καὶ πῦρ συνέχειν 144, 27 ἀ. καὶ πῦρ αὐτῶν δι' εὐτονίαν ἑκτικὰ καὶ ἄλλοις ἐγκεκραμένα τόνον παρέχειν 146, 34 τὰς ἕξεις ἀέρας εἶναι 147, 39 τοῦ ποιὸν ἕκαστον εἶναι ὁ συνέχων αἴτιος ἀ. 147, 40 τὸ πνεῦμα = ἀ. κινούμενος 152, 33 πῦρ καὶ ἀ. αἴτια τῇ γῇ τῆς σκληρότητος 145, 9
τὸν ἀ. = τὸ ψυχρόν II 180, 9 πρώτως ψυχρόν 140, 36. 41 pass.
ὁ ἀ. φύσει ζοφερός II 140, 35. 178, 8 subniger est, nullam habens luminis a se speciem ideoque ab alio lumine illuminatur II 177, 6 τὸν ἀ. τεταράχθαι, μέχρι ἂν λάβῃ τὸν ἥλιον 177, 10 τῷ ἡλίῳ συμπαρεκτείνεται ὥσπερ τῷ σιδήρῳ τὸ πῦρ 177, 11 φωτὸς ἂν ἐπιψαύσῃ μόνον, δι' ὅλου τρεπόμενος ἐκφωτίζεται 178, 21 τοῖς ἄνω πέρασιν αὐτοῦ προσπιπτούσης τῆς ἡλιακῆς αὐγῆς ὅλος ἀλλοιοῦται 143, 16 τὸν ἀ. τροπῇ καὶ μεταβολῇ κατὰ νύξιν ἢ

ψαύσιν ἐξηλιοῦσθαι 143, 26 τὸν πεφωτισμένον ἀ. τῷ διακεκρίσθαι μᾶλλον ἔχειν ἰσχὺν 234, 3 τὸν ἀφώτιστον ἀ. τῷ κεχαλᾶσθαι μὴ δύνασθαι ὑπὸ τῆς ὄψεως συνεντείνεσθαι 234, 5 τὴν ὅρασιν ἀπὸ τοῦ ἀ. λαμβάνειν τὸ φῶς Ζ. Ι 70, 2 τὴν σύστασιν πρὸς τὴν περιφέρειαν τοῦ κόσμου ποιεῖσθαι Ζ. Ι 27, 33 σφαιρικῶς περικεῖσθαι ἔξωθεν τῇ γῇ ΙΙ 175, 25 περικεχύσθαι σφαιρικῶς 168, 26 ἐπειδὰν πληγῇ πνεύματι, κινεῖται σφαιρικῶς 140, 10
ὑπὸ τὴν σελήνην τὴν τοῦ ἀ. σφαῖραν εἶναι ΙΙ 169, 8 τὸν ἀ. εἰς τὰ περίγεια χωρεῖν Cl. I 111, 7
τὸ ὕδωρ εἰς ἀ. μεταβάλλειν Cl. I 111, 7 δευτέρα χύσις ἐξ ὕδατος εἰς ἀ. ΙΙ 136, 24 ἐξ ὕδατος ἀτμιζομένου ἀ. γίνεσθαι Ζ. Ι 28, 19. 32 ΙΙ 168, 25 τὸ λεπτομερὲς τοῦ ὕδατος ἀ. γίνεσθαι 143, 39 μετὰ τὸ ὕδωρ ἀ. ἐσφαιρωμένον 176, 28 ἐκ τοῦ ἀ. πῦρ ἐξάπτεσθαι Ζ. Ι 28, 19. 32 Cl. I 111, 7 ἀ. ἐκπυρωθεὶς φλὸξ γίνεται ΙΙ 140, 26 cf. s. v. αἰθήρ. πρώτη ἡ ἐκ πυρὸς κατὰ σύστασιν εἰς ἀ. μεταβολή Ζ. Ι 28, 17. 24 ΙΙ 136, 20 μετὰ τὸν αἰθέρα τὸν ἀ. εἶναι ΙΙ 175, 24. 180, 12 aeri similitudo aetheris et cum eo summa coniunctio 314, 33
ἀ. ἐγκέκραται τῷ ὕδατι κατὰ τὴν πρώτην γένεσιν, καθάπερ καὶ τοῖς λοιποῖς στοιχείοις ΙΙ 206, 6 ἐξ ὕδατος γῆς ὑφισταμένης ἀ. ἀναθυμιᾶται 179, 32 ὁ ἐκ τῆς γῆς ἀναθυμιώμενος ἀ. Cl. II 32, 11 Ι 121, 20
fixae stellae in causa sunt temperantiae aëris II 331, 28
aër causa respirationis II 331, 30 obnoxius morbo ac corruptioni 183, 5 causa animalibus generationis faciendae 331, 29
ἀ. in def. φωνῆς pass. τὰ πρὸς ἀκοὴν ἀ. πεπληγμένος πως ΙΙ 127, 27 ὅταν ἅμα πολλοὶ φωνῶσι, πολλὰς ἴσχει τὰς ἑτεροιώσεις 23, 10
αἱ ἐτήσιοι ὧραι παθήματα ἀ. ΙΙ 202, 11
ἀήττητος ὁ σπουδαῖος ἀ. ΙΙΙ 150, 10 ὁ σοφὸς ὑπὸ τῆς τύχης ἀ. P. I 99, 22 in def. εὐψυχίας ΙΙΙ 64, 39. 66, 19 et pass.
ἀθεώρητος ἀ. ἀρετή ΙΙΙ 48, 7

Ἀθηνᾶ περὶ τῆς Ἀ. tit. l. Diog. III 217, 10. 30
Ἀ. οἷον Ἀθρηνᾶν εἰρῆσθαι II 258, 22 III 217, 24
Ἀ. καλοῦσι κατὰ τὴν εἰς αἰθέρα διάτασιν τοῦ ἡγεμονικοῦ τοῦ θεοῦ ΙΙ 305, 21 τοῦ Διὸς τὸ εἰς τὸν αἰθέρα διατετακὸς Ἀ. Diog. III 217, 17
Ἀ. = φρόνησις Diog. III 235, 1 μῆτιν οὖσαν καὶ οἷον φρόνησιν ἐκ τῆς κεφαλῆς γενέσθαι τοῦ Διὸς ΙΙ 256, 13. Diog. III 217, 19 ἐν τῷ στήθει γεγονέναι φρόνησιν οὖσαν ΙΙ 258, 19. III 217, 20 expl. τὰς προσηγορίας τῆς Ἀ. καὶ τὰ φορήματα τῇ φρονήσει συνοικειοῖ ΙΙ 258, 25 τὴν πρώτην ἔννοιαν τὴν Ἀ. II 320, 5
ἀθλητικός ἡ τῆς μουσικῆς πρὸς τὰς ἀ. ἐνεργείας συνεργία Diog.-III 225, 32
Ἀθρηνᾶ Ἀθρηνᾶν οἷον Ἀ. εἰρῆσθαι ΙΙ 258, 22 III 217, 24
ἀθρόως ὄρεξις ἀ. ῥεπτικὴ III 108, 7 ὁρμὴ ἀ. φερομένη 130, 13 ἀ. προσπίπτειν 131, 23
ἀθυμία def. III 100, 35. 101, 16
αἰδέομαι al.: αἰσχύνεσθαι III 107, 21.33
αἰδημοσύνη def. III 64, 33 αἱ. ὑποτάττεσθαι τῇ σωφροσύνῃ 64, 22
Ἅιδης τὸν σκοτεινὸν ἀέρα Ἀ. II 315, 20 esse inferos et sedes piorum ab impiis esse discretas Z. I 40, 15
ἀΐδιος ἀ. ἡ κινοῦσα τὴν ὕλην δύναμις ΙΙ 113, 10 ἀ. ἡ ὕλη 114, 26
αἰδώς def. III 101, 34. 105, 40 al.: αἰσχύνη 101, 36 al. εἶδος τοῦ φόβου 101, 29 εἶδος τῆς εὐλαβείας 105, 23 pudorem rubor consequitur 99, 17
αἰθήρ cf. πῦρ.
αἰ. παρὰ τὸ αἴθειν εἰρημένος II 197, 31
αἰ. οὐκ ἀποτρέπονται πῦρ ὀνομάζειν ΙΙ 185, 12 ἀνωτάτω τὸ πῦρ, ὃ δὴ αἰ. καλεῖσθαι 180, 10 aetheriam naturam, id est igneam, quae ex se omnia gigneret 313, 18
τὸν αἰ. θεὸν εἶναι Z. I 41, 30 II 316, 1 B. III 265, 5 πρῶτον θεὸν ΙΙ 192, 8 summus deus, mente praeditus, qua omnia regantur Z. I 41, 33 certissimum deum Cl. I 120, 24. 121, 5. 11 ἐπὶ μιᾶς τῆς τοῦ αἰ. οὐσίας διατελεῖν τὸν Δία καὶ τὴν πρόνοιαν ΙΙ 312, 38 εἶναι τοῦ

8 Index verborum notionum rerum ad Stoicam doctrinam pertinentium.

Διὸς τὸ εἰς τὸν αἰ. διατετακὸς Ἀθηνᾶν Diog. III 217, 17 II 305, 22
aether elementorum possidet principatum II 312, 18 ὁ αἰ. καθαρώτατος καὶ εἰλικρινέστατος καὶ πάντων εὐκινητότατος 194, 6 ἐκ τοῦ ἀέρος τὸν αἰ. ἐξῆφθαι ἀραιότατον ὄντα καὶ εἰλικρινέστατον 168, 26 λεπτυνομένου τοῦ ἀέρος ὁ αἰ. περιχεῖται κύκλῳ 179, 33 ἀποτελεῖν ἀπολεπτυνόμενον τὸν διάπυρον αἰ. πῦρ 143, 40
τὸν αἰ. ἡγεμονικὸν τοῦ κόσμου II 192, 8. 194, 6. 15 ἡ τοῦ πυρωθέντος κόσμου οὐσία εἰς τὸν λεπτότατον ἀναλυθήσεται αἰ. 188, 23 τὸν αἰ. τὴν ὅλην περιάγειν τοῦ κόσμου φορὰν 194, 7 περιφέρεσθαι τὸν αἰ. 168, 17 περιφέρεσθαι ἐγκυκλίως 168, 29
τὸν αἰ. ἔξωθεν εἶναι, σφαιρικὸν σχῆμα ἔχοντα II 175, 23 τοῦ αἰ. τὸ μὲν αὐγοειδὲς οὐρανὸν γεγονέναι, τὸ δὲ πυκνωθὲν ἄστρα 198, 11 ἐν τῷ αἰ. τὰ ἄστρα καθίδρυνται 168, 29 ἐν τῷ αἰ. πρώτην τὴν τῶν ἀπλανῶν σφαῖραν γεννᾶσθαι, εἶτα τὴν τῶν πλανωμένων 180, 11
εὔλογον καὶ ἐν τῷ αἰ. ζῴων ὑπάρχειν φύσιν II 303, 18
αἷμα τρέφεσθαι ἐξ αἵ. τὴν ψυχὴν Z. I 38, 32. Cl. 118, 1 αἵ. εἶναι τὴν ψυχὴν Diog. III 216, 27
αἱμύλος ὁ σπουδαῖος αἰ. III 161, 2
αἵρεσις αἰ. tit. l. Chr. II 5, 19 κατὰ τῶν αἰ. l. Ant. III 257, 32
αἰ. = βούλησις ἐξ ἀναλογισμοῦ III 41, 32 = πρόσκλισις δογμάτων II 37, 8 κατηγορημάτων αἱ αἰ. γίνονται III 22, 39
ὁπόσα οὐδενὸς ἄλλου ἕνεκεν εἰς εὔλογον αἵ. ἔρχεται, δι᾽ αὑτὰ αἱρετὰ III 26, 16 τὸ καλὸν καὶ ἀγαθὸν τοὺς ἀνθρώπους ἐπισπᾶται πρὸς τὴν αὑτοῦ αἵ. 11, 32 τὸ ἀγαθὸν αἵ. εὔλογον κινεῖ 22, 15 τὸ ἀγαθόν, καθ᾽ ὃ ἀνυπόπτως εἰς αἵ. ἔρχεται, ἀρεστόν 22, 16 τὰ ἀδιάφορα ἐπίσης ἔχειν πρὸς αἵ. καὶ φυγὴν 29, 7 ἀφιέναι τῇ ὡς ἔτυχεν ἐπικλίσει τῆς διανοίας δεῖν τὴν αἵ. 41, 37 ἡ ἰσχὺς περὶ τὰς αἱ. καὶ ἐκκλίσεις σωφροσύνη Cl. I 129, 2
ἑταιρία = φιλία καθ᾽ αἵ. III 27, 5

αἱρετέος διαφέρειν τὸ αἱρετὸν καὶ τὸ αἰ. III 22, 19
αἱ. ὠφέλημα πᾶν, ὃ θεωρεῖται παρὰ τὸ ἔχειν τὸ ἀγαθὸν III 22, 20. 36 αἱρούμεθα τὸ αἰ. 22, 21 e. s.; 22, 38
αἱ.: ποιητέον: θαρρητέον: ἀγαθὸν III 61, 12 τὰ ποιητέα καὶ αἰ. ἐστὶν καὶ ὑπομενετέα καὶ ἀπονεμητέα καὶ ἐμμενητέα 72, 36 σωφροσύνην φρόνησιν ἐν αἰ. Z. I 49, 32
αἱρετικῶς ὁ ἐνάρετος τὰ μὲν αἰ. ποιεῖ III 72, 37
αἱρετὸς περὶ τῶν δι᾽ αὑτὰ αἱ. tit. l. Chr. III 194, 38 περὶ τῶν μὴ δι᾽ αὑτὰ αἰ. 195, 9
αἱ. = τὸ ὁρμῆς αὐτοτελοῦς κινητικὸν III 32, 12 = ὃ αἵρεσιν εὔλογον κινεῖ 22, 15
διαφέρειν τὸ αἰ. καὶ τὸ αἱρετέον III 22, 19 τὸ αἰ. οὐχ αἱρούμεθα, ἀλλ᾽ εἰ ἄρα, ἔχειν αὐτὸ αἱρούμεθα 22, 22
cur ἡ ἀρετὴ αἰ. III 50, 5 σωφροσύνη = ἐπιστήμη αἰ. καὶ φευκτῶν καὶ οὐδετέρων A. I 85, 37 III 63, 26 qui habet exactum iudicium de fugiendis petendisque, scit, quid sibi faciendum sit A. I 82, 15
τὸ ἀγαθὸν αἰ. III 22, 13. 16. 20. 41 πᾶν ἀγαθὸν ἐπ᾽ ἄκρον αἰ. 23, 4 πᾶν ἀγαθὸν αἰ. expl. 22, 10 τὸ ἀγαθὸν αἱ., τὸ δ᾽ αἰ. ἀρεστόν III 9, 26. 11, 8. 11. 18
διττῶς λέγεσθαι τὰ δι᾽ αὑτὰ αἰ. Diog. III 219, 32 ὁπόσα οὐδενὸς ἄλλου ἕνεκεν εἰς εὔλογον αἵρεσιν ἔρχεται, δι᾽ αὑτὰ αἰ. III 26, 17 omne honestum propter se expetendum III 8, 14. 12, 2 ius et omne honestum sua sponte expetendum 12, 28 aequitatem per se expetendam A. I 82, 7 τῶν ἀγαθῶν τὰ μὲν δι᾽ αὑτὰ αἰ., τὰ δὲ ποιητικὰ III 26, 17 μήτε τῶν ἀρετῶν τινα δι᾽ αὑτὴν αἰ. εἶναι III 8, 32
διαφέρειν αἰ. καὶ ληπτὸν III 32, 11. 20 τὰ αὐτὰ πράγματα ληπτὰ καὶ οὐχ αἰ. 30, 2 διαφέρει τὸ καθ᾽ αὑτὸ αἰ. τοῦ καθ᾽ αὑτὸ ληπτοῦ 32, 14
ἀδιάφορον τὸ μήτε αἰ. μήτε φευκτὸν III 28, 21 μήτ᾽ ὑγίειαν μήτ᾽ εὐεξίαν etc. αἰ. 35, 28 ἕκαστον τῶν ἀδιαφόρων προστιθέμενον τῇ ἀρετῇ τὸ ὅλον αἱρετώτερον τῷ σπουδαίῳ ποιεῖ 15, 41

αἱρέομαι s. v. αἱρετόν
αἱρέω ὁ αἱρῶν λόγος s. v. λόγος; λόγος αἱρεῖ ποιεῖν τὰ καθήκοντα III 135, 1
αἶσα οὐκ ἔστι μὲν αἶ., οὐκ ἔστι δὲ νέμεσις II 295, 29
αἰσθάνομαι αἰσθάνεσθαι οὐκ ἔστι μὴ καταληπτικῶς II 27, 11 διαδίδοσθαι τὴν ἐκ τοῦ προσπεσόντος ἔξωθεν ἐγγενομένην τῷ μορίῳ κίνησιν εἰς τὴν ἀρχὴν τῆς ψυχῆς, ἵν' αἴ. τὸ ζῷον Z. I 41, 11 κατὰ τὴν εἱμαρμένην αἰ. τὰ ζῷα II 295, 18 οἰκειώσεως πάσης καὶ ἀλλοτριώσεως ἀρχὴ τὸ αἰ. Z. I 48, 37
αἴσθησις περὶ αἰ. tit. l. Cl. I 106, 36 εἰς διαβολὴν τῶν αἰ. ἔγραψε Chr. II 33, 34 cf. 34, 10

τὸν περὶ φαντασίας καὶ αἰ. λόγον προτάττουσι II 21, 5

quattuor significationes vocabuli II 26, 35 πολλαχῶς ἡ αἴ. λέγεται II 230, 33 αἰ. = ἀντίληψις δι' αἰσθητηρίου ἢ κατάληψις Z. I 19, 6 II 230, 32 Z. I 18, 23 = αἰσθητικῇ φαντασίᾳ συγκατάθεσις II 27, 6 αἰ. εἴσθεσίς τις οὖσα II 150, 13 πέντε αἱ εἰδικαί αἰ. II 230, 40 quomodo efficiatur αἰ. expl. 236, 37 ἕκαστον τῶν αἰσθητικῶν ὀργάνων ἀλλοιωθῆναι χρὴ πάντως, ἵνα αἰ. γένηται II 232, 4 τὰς αἰ. ἐν τῷ ἡγεμονικῷ γίνεσθαι II 231, 2. 29 αἱ πέντε αἰ. μέρος τῆς ψυχῆς Z. I 39, 22 τὸ αἰσθητικὸν μέρος τῆς ψυχῆς ἀρχὴ καὶ πηγὴ τῶν κατὰ μέρος αἰ. A. I 86, 36 οὗ αἱ αἰ. τελευτῶσιν, ἐκεῖ τὴν φανταστικὴν ψυχὴν εἶναι II 228, 9 τῆς ψυχῆς ἡ αἴ. μέρος οὖσα σῶμά ἐστιν II 220, 9 σωμάτων τὰς αἰ. 230, 37 μεταξὺ τοῦ πνεύματος ὄντων κενωμάτων ἐνεποδίζοντο ἂν ὑπ' αὐτῶν αἱ αἰ. II 172, 42

singuli sensus unum quiddam sentiunt, hic colores, sonus alius II 232, 5. 235, 38 sensus iunctos esse e quadam quasi impulsione oblata extrinsecus Z. I 17, 14 τὴν κοινὴν αἴ. ἐντὸς ἁφὴν προσαγορεύουσιν II 230, 38

πρῶτος τῆς ἀναγραφῆς (sc. in tabulam rasam) τρόπος ὁ διὰ τῶν αἰ. II 28, 16 συναθροίζεσθαι τὸν λόγον ἀπὸ τῶν αἰ. καὶ φαντασιῶν περὶ δεκατέσσερα ἔτη Z. I 40, 37

πᾶσα νόησις ἀπὸ αἰ. γίνεται ἢ οὐ χωρὶς αἰ. II 29, 21 ἡ αὐτὴ δύναμις κατ' ἄλλο μέν ἐστι νοῦς, κατ' ἄλλο δὲ αἴ. II 230, 17 πᾶσαν κατάληψιν ἠρτῆσθαι τῶν αἰ. II 33, 30 πᾶσα αἰ. συγκατάθεσις καὶ κατάληψις 26, 39 αἰσθητικῇ φαντασίᾳ συγκατάθεσις 27, 5 sensus ipsos adsensus esse 27, 1 αἰ. κριτήριον ἀπολείπει B. III 265, 3 κριτήριον αἴ. καὶ πρόληψιν II 33, 9

τὰς αἰ. εἶναι ἀληθεῖς II 27, 30 sensus natura certi III 55, 22 sensibus fidem tribuebat Z. I 18, 29 munitur a Chr. fides eorum II 12, 25 παρὰ τὰς φύσεις ἄλλα γίνεσθαι ἄλλοις ὁρατὰ καὶ ἀκουστὰ II 101, 3 ἀλλὰ καὶ παρὰ τέχνας καὶ τριβάς 101, 22 multa falsa esse longeque aliter se habere ac sensibus videantur II 27, 26. 29 studiose omnia conquisivit contra sensus Chr. 34, 10

sensibus eadem omnia comprehenduntur III 84, 25 οὗ ἂν ἀναμειχθῶσι δύο αἰ., περὶ μὲν τὸ ὑποκείμενον συμφωνεῖν, περὶ δὲ τὴν παρεπομένην ἡδονήν τε καὶ λύπην διαφωνεῖν Diog. III 223, 4

αἴ. πρῶτον κατὰ φύσιν III 34, 29 κατὰ μετοχὴν αἰ. μὴ πεπηρωμέναι 34, 31 τῶν αἰ. ἔστιν ἃς ἀποβαλὼν ὁ σοφὸς οὐδὲ ζῆν ὑπομένει III 174, 9 προσχρῆται ταῖς αἰ. ἡ ἀρετὴ πρὸς τὰς ἰδίας ἐνεργείας 16, 5 φρονίμη αἴ. ἀγαθὸν πᾶσι τοῖς φρονίμοις καὶ ἀεὶ ὑπάρχον 24, 43 : αἴ. ἄφρων 25, 5 τὰ μὲν αὐτοφυοῦς αἰ. δεῖσθαι, τὰ δ' ἐπιστημονικῆς e. s. Diog. III 222, 35

neque praeteritorum meminit sensus ullus, nec suspicatur futura II 236, 2 τὸ μὲν μνήμην ταῖς αἰ. περιάπτειν κατηδέσθη, τὸ δ' ἀναλογίας μετέχειν προσεδέξατο Apolloph. I 90, 24

πρός τι ἡ αἴ. II 132, 46 αἰ. τὸν ὧν οὐκ ἄνευ λόγον ἔχουσιν III 16, 2
αἰσθητήριον cf. αἴσθησις
περὶ αἰ. tit. l. Sph. I 139, 27

αἴσθησις λέγεται καὶ ἡ περὶ τὰ αἰ. κατασκευή II 26, 37

τὰ πέντε αἰ. II 226, 21. 227, 28 αἰ. = πνεύματα νοερὰ ἀπὸ τοῦ ἡγεμονικοῦ ἐπὶ τὰ ὄργανα τεταμένα II 230, 35 *πνεύματα ἀπὸ τοῦ ἡγεμονικοῦ διατείνει ἄλλα κατ' ἄλλα αἰ.* II 226, 9 *εἰς τὸ ἡγεμονικὸν συντείνει τὰ αἰ. πάντα* 246, 2 *τὸ μέρος τὸ ἡγούμενον τῆς ψυχῆς τυποῦσθαι δύναται ἀπὸ τῶν ὄντων διὰ τῶν αἰ.* Z. I 39, 12 *τὸ τῆς ψυχῆς μέρος τι (τὸ αἰσθητικὸν) μετά τινος τῶν αἰ. κινεῖσθαι* A. I 86, 35

αἰσθητικαὶ αἱ δι' αἰ. λαμβανόμεναι φαντασίαι II 24, 16 *τὸ αἰ. ἀλλοιωθῆναι χρή, ἵνα αἴσθησις γένηται* 232, 4 *ἵνα αἰσθητικὴ φαντασία γένηται δεῖ συνδραμεῖν τό τε αἰ. etc.* 26, 22 *ὅμοιον τοῖς αἰ. καὶ ἐπὶ τῶν τεχνῶν συντέτευχεν* 101, 25

αἰ. ὁλοκληρία οὐδὲν πρὸς ἡμᾶς III 33, 38 *αἰ. ἀρτιότης κατὰ φύσιν* 34. 16 *αἰ. ἐπιμελεῖσθαι καθῆκον ἄνευ περιστάσεως* 135, 9 *τὸν σοφὸν οὐ παραπαίειν κατά τι τῶν αἰ.* 147, 19 virtus extendit se usque ad sensus *e. s.* 49, 38

αἰσθητικός *τὸ ἡγεμονικὸν = τὸ πρῶτον αἰ.* II 231, 7 *μέρη τῆς ψυχῆς πέντε τὰ αἰ.* 226, 15. 21. 23. 30 *τὸ τῆς ψυχῆς μέρος τι μετά τινος τῶν αἰσθητηρίων κινεῖσθαι, ὃ αἰ. καλεῖ* A. I 86, 35 *τὸ αἰ. ἀρχὴ καὶ πηγὴ τῶν κατὰ μέρος αἰσθήσεων* 86, 36 nihil sensuale sine anima II 229, 20

οὐκ ἐξ αἰ. τῶν πρώτων ἀναγκαῖον εἶναι τὸ αἰ. expl. II 139, 7

αἰ. αἱ δι' αἰσθητηρίων λαμβανόμεναι φαντασίαι II 24, 16 *ἵνα αἰ. φαντασία γένηται δεῖ πέντε συνδραμεῖν* 26, 20 *αἰ. φαντασίᾳ συγκατάθεσις = ἡ αἴσθησις* 27, 5

αἰ. ἀναθυμίασις Z. I 39, 4

αἰσθητόν *πρῶτα : δεύτερα αἰ.* II 27, 32

ἵνα αἰσθητικὴ γένηται φαντασία δεῖ συνδραμεῖν καὶ τὸ αἰ. II 26, 22 *τὴν ἄλογον τῆς ψυχῆς δύναμιν ἀντιληπτικὴν γίνεσθαι τῶν αἰ.* II 230, 25 *κατὰ περίπτωσιν νοεῖται τὸ αἰ.* 29, 12 *τὸ ἐκτὸς ὑποκείμενον αἰ. οὔτε ὅλον ἐστὶν οὔτε μέρος* 27, 42 ea, quae sentiuntur, composita sunt, utpote corpora 235, 37

ἔνια ὑποκεῖσθαι τῶν αἰ. ὡς ἀληθῆ, ἔνια δὲ μὴ ὑπάρχειν II 27, 25 *τῶν αἰ. τινα ἀληθῆ κατ' ἀναφορὰν τὴν ἐπὶ τὰ παρακείμενα νοητὰ* 63, 15 *οὐ πᾶν αἰ. βέβαιον εἶναι* Z. I 19, 9

νοητὸν : αἰ. II 28, 2

τοὐλάχιστον αἰ. οὐκ ἐπιλείψειν ἐπιὸν τῷ μεγίστῳ II 151, 22

αἰ. τἀγαθὰ καὶ τὰ κακὰ III 21, 29. 31, 40 *τὰ πάθη αἰ.* 21, 32

αἶσχος *τοῦ σώματος αἰ. def.* III 121, 29

αἰ. ἀδιάφορον III 28, 8. Apollod. 261, 9 *μὴ φευκτὸν* 35, 30 *ἀποπροηγμένον ἐπὶ τῶν σωματικῶν* 31, 7

αἰσχροκέρδεια *ἀνύπαρκτον τὴν αἰ.* III 168, 14

αἰσχρόν *cf.* καλόν

τέτταρα εἴδη τοῦ αἰ. III 20, 24 honesta ac turpia natura diiudicantur III 76, 27. 77, 17 *μηδὲν αἰ. εἶναι ἀγαθόν* 37, 15 *πᾶν αἰ. κακόν* 6, 18 *πάντα τὰ κακὰ αἰ.* 22, 2 malum = turpe A. I 83, 35. 84, 37 Cl. 130, 27 III 10, 41. 12, 6. 44, 8 turpes actiones oriuntur ex vitiis 12, 8 turpia per se esse fugienda 12, 3 *τὸ αἰ. ψεκτὸν* II 296, 1. 297, 17 *τὴν ψυχὴν φέρεσθαι πρὸς τὸ αἰ. ὑφ' ἡδονῆς* III 111, 31 nihil esse turpe dictu Z. I 22, 19. 34

αἰσχρός *αἰ. εἶναι τοὺς νέους, φαύλους γ' ὄντας καὶ ἀνοήτους* III 181, 5 *τοὺς ἐρασθέντας αἰ. παύεσθαι καλῶν γενομένων* 181, 9

αἰσχύνη *def.* III 98, 35. 41. 99, 1. 101, 34 *αἰ. εἶδος φόβου* 96, 8. 98, 34. 101, 29 *αἰ. : αἰδώς* 101, 36 *αἰ. ἐμφαίνειν τὸ ἐφ' ᾧ γίνεται* 96, 12

αἰσχύνομαι *αἰδεῖσθαι : αἰ.* III 107, 21. 33 *τῆς ψυχῆς αἰ. ἐρυθρὸν γίνεται τὸ σῶμα* Cl. I 117, 13

αἰτία *αἰ. = λόγος αἰτίου* II 118, 5 nec id, sine quo quippiam non fit, causa est, sed id, quod cum accessit, id, cuius est causa, efficit necessario II 287, 30

ἅπαν τὸ ὂν αἰ. δεῖσθαι συνεκτικῆς εἰς τὸ εἶναι II 144, 36 *ἡ οὐσία ὑπό τινος αἰ. ὀφείλει κινεῖσθαι* 112, 40 *μηδὲν ἀναιτίως γίνεσθαι, ἀλλὰ κατὰ προηγουμένας αἰ.* 264, 7

αἰ. in def. εἱμαρμένης II 264, 22 *pass.*

αἴτιον εἶναί τι αἴ. dem. II 118, 8 τὸ αἴ. = δι' ὅ Z. I 25, 25 II 118, 3. 120, 21 αἴ. : δι' ὅ II 120, 21 expl. αἴ. κυρίως λέγεται τὸ παρεκτικόν τινος ἐνεργητικῶς II 119, 34 τῷ ποιεῖν τὸ αἴ. νοεῖται II 168, 3 τὸ μὴ κωλῦον οὐκ ἔστιν αἴ. 122, 12
prima et generalis causa ratio faciens i. e. deus II 120, 17 αἴ. σπέρμα, φύσις, ψυχή, θεός 118, 8 sq.
τῶν αἰ. τὰ μὲν προκαταρκτικά, τὰ δὲ συνεκτικά, τὰ δὲ συνεργά II 119, 45 sq. 121, 24 sq. προκαταρκτικά, συναίτια, ἑκτικά, συνεκτικά 273, 18 causarum aliae sunt perfectae et principales, aliae adiuvantes et proximae opp. 282, 35 sq. προηγούμενα αἰ. 281, 22 τὸ μὲν δραστήριον, τὸ δὲ παθητόν 111, 19
τὸ πρῶτον αἴ. κινητόν II 119, 12 ἀχώριστον ὑφεστάναι τῆς ὕλης II 112, 15 τὸ ποιητικὸν αἴ. ἐν τῇ ὕλῃ 112, 8
τὸ αἴ. σῶμα Z. I 25, 26 ὂν καὶ σῶμα II 118, 3 πάντα τὰ αἴ. σωματικά· πνεύματα γάρ II 119, 18 τὸ μὲν σῶμα κυρίως αἴ., τὸ δ' ἀσώματον καταχρηστικῶς 119, 41 σῶμα σώματι ἀσωμάτου αἴ. 119, 20 οὐ δὲ αἴ. κατηγόρημα Z I 25, 26 τὰ οὗ ἐστιν αἴ., ἐνέργειαι οὖσαι, ἀσώματοί εἰσιν Arch. III 262, 32 τὰ αἴ. τὰ μὲν κατηγορημάτων αἴ. λεχθήσεται, τὰ δ' ἀξιωμάτων Arch. III 263, 3
αἰ. : συμβεβηκός Z. I 25, 27 τὰ αἴ. τοῖς ἀποτελουμένοις ὁμοούσια II 128, 18 ἕκαστον τῶν γινομένων αἴ. προκαταβεβλημένον ἔχειν 281, 23. 282, 33 τὸ ἐξ ἀνάγκης γινόμενον κατὰ τὴν τῶν αἰ. ἀκολουθίαν 280, 5 αἰ. ἐπιπλοκή 273, 41 ἐπ' ἄπειρον εἶναι τὰ αἴ., ὡς μήτε πρῶτον εἶναι μήτε ἔσχατον 274, 25 εἰ πολλὰ κατὰ σύνοδον ἑνὸς αἴ. 120, 31 ἀλλήλων οὐκ ἔστι τινὰ αἴ. ἀλλήλοις δέ 121, 4 τὸ αὐτὸ τῶν ἐναντίων αἴ. 121, 15 τῶν αὐτῶν αἰ. περιεστηκότων, οὐχ οἶόν τε ποτὲ μὲν οὕτως, ποτὲ δ' ἄλλως γενέσθαι II 273, 23. 279, 22. 290, 37
αἰτιῶδες ἀξίωμα def. II 68, 23 πότε ἀληθὲς γίγνεται 70, 29 πότε ψεῦδος 70, 33

αἰτιωδῶς τὸ ἀσώματον καταχρηστικῶς αἴτιον καὶ οἶον αἰ. II 119, 41
αἰών = ἀεὶ ὄν II 47, 29
ἀκάθαρος οἱ φαῦλοι ἀ. III 165, 43
ἀκάρδιος ἐξηγεῖται τοὔνομα τὸ ἀ. Chr. II 249, 8
ἀκαρτέρητος κακὸν ἀ. III 131, 13
ἀκαταγώνιστος ὁ σπουδαῖος ἀ. III 150, 10
ἀκατάληκτος ἀ. ἡ τομή II 158 25
ἀκατάληπτος cf. φαντασία
ἀ. φαντασία def. II 21, 17 pass. 26, 32 προπίπτειν καὶ ἁμαρτάνειν ἀ. συγκατατιθεμένους III 42, 37 ὁ σοφὸς οὐ τὸ παράπαν ἀ. τινὶ συγκατατίθεται 146, 30 ὁ ἀπρόπτωτος ἀνέλκυστος ὑπὸ φαντασίας ἀ. II 40, 13. 15
ἀκαταστασία αἴτια ἀ. III 99, 31 ἡ τοῦ σώματος ἀ. 121, 15
ἀκατάστατος ἀ. ὁρμαί III 166, 30
ἀκαταστρόφως τὴν τοῦ παντὸς διοίκησιν ἀ. γίνεσθαι II 273, 16
ἀκέραιος ὁ σοφὸς ὑπὸ τῆς τύχης ἀ. P. I 99, 23
ἀκίβδηλος ἀ. τοὺς σπουδαίους III 163, 24
ἀκινητέω def. II 161, 43 μένειν . ἡσυχάζειν : ἀ. : ἀκινητίζειν 161, 35
ἀκινητίζω def. II 161, 43 κινούμενα τε καὶ ἀ. 118, 24 μένειν : ἡσυχάζειν : ἀκινητεῖν : ἀ. 161, 35
ἀκίνητος μὴ εἶναι κινοῦν ἀ. II 119, 14 ἡ οὐσία ἀ. ἐξ αὑτῆς 112, 40
ἀκοή cf. ἀκούω
ἀ. = πνεῦμα διατεῖνον ἀπὸ τοῦ ἡγεμονικοῦ μέχρις ὤτων II 227, 30. 238, 36
ἀερῶδες τὸ τῆς ἀ. ὄργανον, αἰσθητικὸν ἐσόμενον τῶν κατὰ τὸν ἀέρα ψόφων II 231, 37 τὰ πρὸς ἀ. ἀέρα πεπληγμένον πως εἶναι 127, 25 ἡ κατὰ τὴν ἀ. αἴσθησις καταφερομένη περὶ τὴν διάνοιαν 242, 33 τῆς ἀ. ὀξυτέραν εἶναι τὴν ὅρασιν 203, 15
τῶν πρὸς ἀ. ἐπιτερπῶν ἀπείργει τοὺς πολίτας Chr. III 180, 10
ἀκολασία = ἄγνοια αἱρετῶν καὶ φευκτῶν καὶ οὐδετέρων III 63, 30 ἀ. ἄγνοιά τινων καὶ ἀτεχνία 23, 33 ἀ. πάθος 110, 41 ἀ. κακόν Z. I 47, 23 III 17, 19 ἐν ταῖς πρώταις κακίαις III

65, 18 μὴ ἀχρήστως γεγονέναι πρὸς τὴν ἐγκράτειαν ΙΙ 339, 29

ἀκολασταίνω ἀ. ἁμάρτημα ΙΙΙ 136, 22 μηδ' ἀ. ἀεὶ τὸν φαῦλον 58, 3

ἀκόλαστος λόγος ἀ. Ζ. Ι 50, 12

ἀκολουθέω εἰ τὸ Α, τὸ Β = ἀ. τῷ Α τὸ Β ΙΙ 85, 3 ἀ. τῷ πρώτῳ τὸ δεύτερον ἐν συνημμένῳ 71, 10 ἀληθεῖ ψεῦδος οὐκ ἀ. 82, 1 δυνατῷ ἀδύνατον ἀ. sec. Chr., negant Cl. et Ant. II 93, 3 sq.

τῇ φύσει ἀ. Cl. I 126, 30

ἀκολουθητικός ἕξεις ἀ. τῷ αἱροῦντι λόγῳ ΙΙΙ 93, 28 ὁ σπουδαῖος ἀ. τῷ νόμῳ καὶ τῷ ἄρχοντι 158, 14. 27

ἀκολουθία ἀ. ἔννοιαν ἔχων ΙΙ 74, 7 ἀ. φύσεως ζῆν ΙΙΙ 4, 17 ἡ τῶν αἰτίων ἀ. Ζ. Ι 27, 19 ΙΙ 266, 9. 280, 5. 295, 24

ἀκόλουθος πρὸς τὸ περὶ ἀ. tit. l. Chr. II 5, 20

τὰ ἀ. (opp. μαχόμενα) λόγῳ γινώσκομεν ΙΙ 43, 15

αἰτιῶδες εἰς ἀ. λήγει 70, 30 sq.

τὸ ἀ. ἐν τῇ ζωῇ Ζ. Ι 55, 7. 14 ΙΙΙ 134, 13. 20 ἀ. ἐν τῷ βίῳ Ζ. Ι 55, 17 ΙΙΙ 72, 18. 134, 23

ἀκολούθως ἀ. τῇ φύσει ζῆν Ζ. Ι 45, 34. 55, 16. ΙΙΙ 3, 30. 4, 15—22. 36, 5

ἄκοσμος quis sit ἄ. ΙΙΙ 82, 21 ἄ. εἶδος τοῦ αἰσχροῦ 20, 25

ἀκούω cf. ἀκοή

τοῦ πνεύματος μὴ δι' ὅλου τοῦ κόσμου ὄντος συμφυοῦς, οὐχ οἷόν τ' ἂν ἦν ἀ. ΙΙ 172, 41 ἀ. ἡμᾶς τοῦ μεταξὺ ἀέρος πληττομένου σφαιροειδῶς, εἶτα κυματουμένου 234, 23

ἀκρασία ἐν ταῖς ὑπὸ τὰς πρώτας κακίαις ΙΙΙ 65, 19

ἀκρατής ἀ. αἱ καταστάσεις τῶν ἐμπαθῶν ΙΙΙ 127, 3

ἄκρος πᾶν ἀγαθὸν ἐπ' ἄ. αἱρετόν ΙΙΙ 23, 4 ὁ ἐπ' ἄ. προκόπτων vid. s. v. προκόπτω

ἀκροχολία εὐεμπτωσία ΙΙΙ 102, 35

ἀλάστωρ ὁ ἄξιος ἀλᾶσθαι ΙΙ 47, 5

ἀλγέω ἀ. μὲν τὸν σοφόν, μὴ βασανίζεσθαι δέ ΙΙΙ 152, 9

ἀλγηδών dolor indifferens ΙΙΙ 39, 35. 44, 13 ἀποπροηγμένον 29, 37. 31, 33 μὴ φευκτὸν καὶ βλαβερὸν 35, 30 malum Dion. I 95, 17 malum non est III 10, 35. 39, 16 vacuitas doloris non est bonum A. I 85, 2 in ea satis esse causae, quam ob rem quibusdam anteponeretur III 31, 30 ἀ. ὡς κακὸν πιθανὴν προβάλλειν φαντασίαν 55, 10. 39 ὁ ἀλόγιστος ταῖς ἀ. ὑποπίπτει 169, 22 in dolore pro remedio erit obstinatio animi A. I 81, 25 εὐλόγως ἐξάξειν ἑαυτὸν τοῦ βίου τὸν σοφόν, ἂν ἐν σκληροτέρᾳ γένηται ἀ. III 187, 35

ἀλεκτρυών ΙΙΙ 177, 4

Ἀλέξανδρος Priami filius, exemplum fati inevitabilis II 270, 39

ἀλήθεια ἀ. = λόγος = εἱμαρμένη ΙΙ 264, 22 ἀ. = ἐπιστήμη πάντων ἀληθῶν ἀποφαντική ΙΙ 42, 23 διαφέρει τἀληθοῦς οὐσίᾳ τε καὶ συστάσει καὶ δυνάμει 42, 18 σῶμά ἐστιν dem. 42, 23 συστηματική τε καὶ πλειόνων ἄθροισμα 42, 28

οὐδὲν οὕτως πειστικὸν ὡς ἀ. Diog. III 237, 7

ὁ τὴν ἀ. ἔχων σοφός ΙΙ 42, 33 τὴν αὐτὴν εἶναι ἀ. ἀνδρὸς καὶ θεοῦ ΙΙΙ 59, 19

κριτήριον τῆς ἀ. vid. s. v. κριτήριον

ἀληθεύω εἰ ὁ αὐτὸς ἅμα ἀ. καὶ ψεύσεται ΙΙ 106, 37 μόνος ὁ σοφὸς ἀ. ΙΙΙ 164, 32

ἀληθής τὸ ἀ. = τὸ ὑπάρχον καὶ ἀντικείμενόν τινι ΙΙ 63, 16

τὴν ἀλήθειαν διαφέρειν τοῦ ἀ. οὐσίᾳ τε καὶ συστάσει καὶ δυνάμει ΙΙ 42, 19 τὸ ἀ. ἀσώματον 42, 21 ἀξίωμα ib. μονοειδὲς καὶ ἁπλοῦν 42, 27 οὐ πάντως ἐπιστήμης ἔχεται 42, 30

ἀ. in def. διαλεκτικῆς pass. πρὸς τὴν τῶν ἀ. εὕρεσιν δεῖ χρῆσθαι τῇ διαλεκτικῇ ΙΙ 39, 18 τὸ ἀ. καὶ τὸ ψεῦδος διαγιγνώσκεσθαι ὑπὸ τῆς διαλεκτικῆς 39, 29 sapientem posse falsa a veris distinguere 34, 24 μόνος ὁ σοφὸς ἐπιστήμην ἔχει τοῦ ἀ. βεβαίαν ΙΙΙ 164, 33

ἀ. ἀληθοῦς μᾶλλον οὐκ ἔστιν ΙΙΙ 141, 25 ἐπ' ἀληθεῖ ἀ. ἕπεται ΙΙ 81, 36 ἀ. ψεῦδος οὐκ ἀκολουθεῖ 82, 1 ἔστι τι δυνατόν, ὃ οὔτ' ἔστιν ἀ. οὔτ' ἔσται Cl. I 109, 34 οὐ πᾶν παρεληλυθὸς ἀ. ἀναγκαῖόν ἐστιν Cl. I 109, 35. 110, 6 οὐκ ἐξ εὐθείας τὰ αἰσθητὰ ἀ., ἀλλὰ κατ᾽ ἀναφορὰν τὴν ὡς ἐπὶ τὰ παρακείμενα τούτοις νοητὰ II 63, 15 ἀ. φαντασίαι II 25, 15 ἀ. in def. ἀξιώματος

ἀληθορκέω ἀ.: εὐορκεῖν II 63, 28

ἄληπτος καθ᾽ αὑτὰ ἄ.: ποιητικὰ τῶν καθ᾽ αὑτὰ ἀ. III 35, 3 πάντα τὰ παρὰ φύσιν ἄ. 34, 34

ἀλλοιόω ἁψάμενον ἀ. τὸ μεταβάλλον II 133, 29 θερμότης καὶ ψυχρότης ὅλην ἀ. δύναται τὴν οὐσίαν 133, 35 τὸ παθητικὸν δύναται αἰσθητικὸν γενέσθαι, μεταβάλλον καὶ ἀ. 139, 8 ὁ ἀὴρ ὅλος ἀ. 143, 17 ἕκαστον τῶν αἰσθητικῶν ὀργάνων ἀ. χρὴ πάντως, ἵνα αἴσθησις γένηται 232, 4
τέχναι ἀ. ὑπὸ τῆς ἀρετῆς III 26, 31

ἀλλοίωσις = ἡ κατὰ ποιότητα μεταβολὴ II 161, 4 εἶδος κινήσεως III 105, 7 ὑπὸ τοῦ θερμοῦ μάλιστα γίνεσθαι II 135, 16
περὶ τῆς καθ᾽ ὅλην τὴν οὐσίαν ἀ. II 161, 9 οὐσία = τὸ πάσας δεχόμενον τὰς ἀ. 114, 36 ἀ. ἐν τῇ ψυχῇ ἡ φαντασία 22, 23

ἀλλοιωτός τὸ στοιχεῖον ἀ. δι᾽ ὅλου II 133, 25

ἀλλότριος τῷ ἀστείῳ ἀ. οὐδέν III 168, 34

ἀλλοτριόω alienari animal ab interitu iisque rebus, quae interitum videantur afferre III 44, 19 οὐκ ἀ. εἰκὸς αὑτῷ τὸ ζῷον 43, 6 πρὸς ἃ μὲν ἀδιάφορα ἀ., πρὸς ἃ δὲ οἰκειοῦν ἡμᾶς τὴν φύσιν 35, 30

ἀλλοτρίωσις οἰκειώσεως πάσης καὶ ἀ. ἀρχὴ τὸ αἰσθάνεσθαι Z. I 48, 36 μηδεμίαν ἀ. εἶναι φύσει πρὸς πόνον III 54, 30

ἀλογία ἡ τῆς λύπης ἀ. III 118, 26 ἡ τοῦ πάθους ἀ. 118, 32

ἀλογιστία ἡ ἐν τοῖς πάθεσιν ἀ. III 129, 33 e. praeced.

ἀλόγιστος = φαῦλος III 169, 21

ἄλογος notio vocis ἄ. III 126, 20 διττὸν τὸ ἄ., παρὰ τὸν αἱροῦντα λόγον, τῶν ζῴων τὰ μὴ λογικά 91, 20
ἄ. ζῷα s. v. ζῷον
ἀ. = ἀπειθὲς τῷ λόγῳ III 94, 25 = ἀπειθὲς τῷ λόγῳ καὶ ἀπεστραμμένον τὸν λόγον 113, 27 = χωρὶς λόγου καὶ κρίσεως 113, 16
τὸ ἡγεμονικὸν μηδὲν ἔχειν ἄ. ἐν ἑαυτῷ Z. I 50, 9 III 111, 22 τὸ ἡγεμονικὸν λέγεσθαι ἄ., ὅταν τῷ πλεονάζοντι τῆς ὁρμῆς παρὰ τὸν αἱροῦντα λόγον ἐκφέρηται Z. I 50, 9. III 111, 22 οὐκ εἶναι τὸ παθητικὸν καὶ ἄ. διαφορᾷ τινι καὶ φύσει ψυχῆς τοῦ λογικοῦ διακεκριμένον Z. I 50, 5. III 111, 18 in def. πάθους pass. ἄ. συστολὴ καὶ ἔπαρσις III 92, 23
ἡ ἄ. δύναμις ἀντιληπτικὴ τῶν αἰσθητῶν II 230, 25
ἀ. φαντασίαι II 24, 21 ἡ ἄ. φορὰ καὶ ἀπεστραμμένη τὸν λόγον III 125, 12

ἀλόγως ἀ. φέρεσθαι = κατὰ τὴν τοῦ λόγου ἀποστροφὴν III 113, 29. 126, 29

ἀλυπία τελικὸν ἀγαθόν III 25, 38 ἀ. καὶ εὐταξία αἱ αὐταὶ τῇ σωφροσύνῃ 27, 7

ἄλυπος ἀ. ὁ σοφὸς III 110, 23 τὸ ἀγαθὸν ἀ. Cl. I 127, 7

ἄλυσις τὰ δεύτερα πράγματα δίκην ἀ. τοῖς πρώτοις συνηρτῆσθαι II 273, 32 rudentis explicatio 272, 35 ἐμπέπλεκται ἀλλήλοις ἀ. δίκην 274, 19

ἀλυσιτελὴς πάντα τὰ κακὰ ἀ. III 22, 2

ἁμαρτάνω cf. διαμαρτάνω
τοὺς προστιθεμένους τῇ ἑτέρᾳ διαφόρων φαντασιῶν καὶ μὴ ἐπέχοντας ἀ. II 291, 10 προπίπτειν καὶ ἀ. ἀκαταλήπτοις συγκατατιθεμένους III 42, 37 τοῦ κατὰ τὸν βίον ἀ. ἐν τοῖς περὶ τῶν ἀγαθῶν τε καὶ κακῶν γνώσεως τε καὶ κτήσεως καὶ φυγῆς αἱ μοχθηραὶ δόξαι συνίστανται III 41, 21
ἀ. μᾶλλον καὶ ἧττον οὐκ ἔστιν III 141, 40 ὁ πλεῖον καὶ ὁ ἔλαττον ἀ. ἐπίσης οὐκ εἰσὶν ἐν τῷ κατορθοῦν 141, 29 τοὺς φαύλους ἀεὶ ἀ. ἐν ἅπασιν Z. I 52, 30 ὁ μέσος οὔτε ἀ. οὔτε κατορθοῖ III 139, 39 πᾶς ὁ λυπούμενος ἢ φοβούμενος ἀ. 119, 26 πᾶς ὁ ἀ. παρ᾽ ἑαυτὸν ἀ. III 71, 16 πᾶς ὁ ἀ. βλάπτει ἑαυτὸν καὶ ἀδικεῖ 71, 17 πάντας ἀ. παρὰ τὴν ἰδίαν κακίαν 162, 37 τὰ πράγματα διὰ τὸν ἐν ἡμῖν λόγον δύναται ἁμαρτανόμενα κακῶς πράττεσθαι 140, 28

μὴ συγγνώμην ἔχειν τοῖς ἁ. III 162, 39
ἁμάρτημα e. enum. III 136, 22
ἁ. = ἐνέργημα κατὰ κακίαν III 166, 7
= τὸ παρὰ τὸν ὀρθὸν λόγον πραττόμενον 108, 40. 136, 16 = πᾶν τὸ παρὰ τὸ καθῆκον ἐν λογικῷ γινόμενον 136, 9. 16 = νόμου ἀπαγόρευμα 140, 8
non in posteris et in consequentibus, sed in primis continuo peccata sunt III 137, 12
ἀρχὴ πολλῶν ἁ. ἡ περὶ τέλους ὑπόληψις ψευδής III 9, 19 τὸ δοξάζειν τῶν ἁ. αἴτιον 147, 30 εἰ ἀσθενὴς συγκατάθεσις ἁ. disp. 41, 2 sq.
peccata partim tolerabilia esse, partim nullo modo Z. I 55, 34 peccata, quae sunt in effectu: peccata sine effectu e. s. III 137, 8
πάντα τὰ ἁ. τέλεια III 142, 3 ἁ. ἁμαρτήματος μᾶλλον οὐκ ἔστιν 141, 27. 142, 2 ἴσα πάντα τὰ ἁ. Z. I 54, 13. 15. 17 sq. P. I 100, 4. III 119, 22. 141, 24. 142, 21. 32. 38 ἄνισα τὰ ἁ. Heraclides III 258, 15 ἴσα πάντα τὰ ἁ., οὐκέτι δ᾿ ὅμοια 141, 31 peccata non habentur communia 23, 15
τὰ ἁ. τῶν βλαμμάτων ἐστίν III 71, 16 οὐ ποιητέα II 297, 14 αἰσχρά 297, 16 prave facta, i. e. peccata, in malis actionibus ponebat Z. I 55, 23 ἀδικοπραγήματα καὶ ἀνομήματα etc. III 136, 33 πᾶν ἁ. ἀσέβημα III 166, 3 ἀπάρεστον θεοῖς 166, 8 omne peccatum imbecillitatis et inconstantiae est 142, 28
inter recte factum atque peccatum officium et contra officium media locabat Z. I 55, 22
ἡ ἀπαγόρευσις περὶ ἁ. γίνεται III 139, 37
ἁμαρτητικός ὁ κακὸς φύσει ἁ. διὰ κακίαν γενόμενος III 26, 20 ἁ. ὢν καὶ κατὰ τὰς πράξεις διαμαρτάνει 26, 22 ἐν τῇ κρίσει τὸ ἁ. 119, 30 πρᾶξις ἁ. 139, 5
ἁμαρτία πᾶσαν ἁ. κατὰ διάψευσιν πράττεσθαι III 142, 1 μὴ ἁ. ἁμαρτίας ὑπερέχουσαν εἶναι 141, 17
ἁματαιότης def. II 39, 25
ἀμέθοδος λόγοι οὓς ἁ. ὀνομάζουσιν II 83, 19 οἱ ἀμεθόδως περαίνοντες λόγοι 87, 4. 10. 13. 20 τοὺς ἁ. περαίνον-

τας ὁμοίους τοῖς κατηγορικοῖς συλλογισμοῖς 87, 30
ἀμερῆ τὰ (= ἄτομοι) προφέρουσι τοῖς τῶν ἁ. προϊσταμένοις τὸ μήτε ὅλοις ὅλων ἁφὴν εἶναι μήτε μέρεσι μερῶν II 159, 19
ἀμεριαῖος ἁ. εὐδαιμονία III 14, 11 ἁ. φρόνησις 50, 20
ἄμεσος τὰ ἁ. II 50, 5 ἀμέσως 50, 3. 12
ἀμετάθετος II 264, 26. 265, 18; in def. ἐπιστήμης
ἀμετάπτωτος ἀγαθῶν μέγιστον τὸ ἁ. ἐν ταῖς κρίσεσι· μὴ δεῖσθαι τούτου τὸν ἐπ᾿ ἄκρον προκόπτοντα III 145, 1 οὐδὲν οὕτως πειστικὸν ὡς ἡ περὶ τῶν πραγμάτων ἁ. ἐμπειρία Diog. III 237, 8
τέχναι γενόμεναι ἁ. III 26, 33 ἕξις φαντασιῶν δεκτικὴ ἁ. ὑπὸ λόγου 27, 2 ἐπιστήμη ἁ. ὑπὸ λόγου 147, 12 κατάληψις ἁ. ὑπὸ λόγου in def. ἐπιστήμης λόγος ἁ. in def. ἀρετῆς.
ἄμικτος ἁ. ἀγαθὰ III 24, 36 = ἁπλοῦν 24, 40
ἀμίς III 36, 38. 37, 2
Ἄμμων (deus) = τὸ δεκτικὸν πνεῦμα II 319, 31
ἀμνησίκακος τὸ ἁ. τῶν παιδίων III 128, 13
ἀμοιβή ἡ ἁ. τοῦ δοκιμαστοῦ = ἀξία III 30, 8. 32 δεύτερον εἶδος φιλίας τὸ κατ᾿ ἁ. 181, 34
ἄμορφος τὰς ἀρχὰς εἶναι ἁ. II 111, 6
ἄμπωτις ἁ. καὶ πλημμυρίδες κατὰ τὰς τῆς σελήνης αὐξήσεις καὶ φθίσεις γίνονται II 302, 27. 347, 21
τῶν δοκούντων παραδόξων ἁ. τὸν σοφὸν οὐ θαυμάζειν III 163, 8
ἀμφιβολία περὶ ἁ. tit. l. Sph. I 140, 17 περὶ ἁ., περὶ τῶν τροπικῶν ἁ., περὶ συνημμένης τροπικῆς ἁ. tit. l. Chr. II 6, 24. 25. 26 sq.
ὀκτὼ διαφοραὶ τῶν ἁ. II 46, 5 sq.
ἀμφίβολος ἁ. διάλεκτοι II 56, 3. 58, 3 omne verbum natura ambiguum II 45, 29 μὴ ἁ. τὰς λέξεις λέγειν 107, 31 τὸ ἀμφιβόλως λεγόμενον διευκρινεῖν 39, 30
ἀναβαίνω φασίν ἁ. τινῶν τὸν θυμόν II 242, 20
ἀναβάλλομαι οὐκ ἁ. (: ὑπερτίθεσθαι) ποτὲ τὸν σπουδαῖον οὐδέν III 163, 29

ἀναβολή ἡ ἀ. ἔκπτωσίν τινα τῶν προσηκόντων ἔργων ἐμποιεῖ III 163, 36
ἀναγκάζω ἀναγκάζεσθαι = ἄκοντά τι ποιεῖν III 88, 43 τὸν σπουδαῖον οὐκ ἔστιν ἀ. 88, 40 ὁ σοφὸς οὔτε ἀ. ὑπό τινος οὔτε ἀ. τινά 150, 10
ἀναγκαῖος ἄλλο τι τοῦ ἀναγκαίως γινομένου τὸ γινόμενον ἐξ ἀνάγκης II 280, 2
ἀ. τὸ ἀεὶ ἀληθές II 279, 32 πᾶν παρεληλυθὸς ἀληθές ἀ. 93, 1. 276, 40 οὐ πᾶν παρεληλυθὸς ἀληθές ἀ. Ant. III 248, 37
ἀξίωμα, ὃ ἀληθὲς ὂν οὐκ ἔστιν ἐπιδεκτικὸν τοῦ ψεῦδος εἶναι II 64, 19 omne, quod ita disiunctum sit, quasi „aut etiam aut non" necessarium 72, 19 τὸ ἀξίωμα τὸ „ἔσται αὔριον ναυμαχία" ἀληθὲς μὲν εἶναι δύνασθαι, οὐ μέντοι καὶ ἀ. 279, 31
ἀ. λόγοι (i. e. conclusiones) II 78, 3 τῶν ἀγαθῶν τὰ μὲν ἀ. πρὸς εὐδαιμονίαν, τὰ δὲ μὴ III 27, 11 e. s. τῶν κακῶν τὰ μὲν ἀ. πρὸς κακοδαιμονίαν, τὰ δὲ οὒ 27, 14 e. s. τὰ μεταξὺ ... ἀ. ἢ περιστατικά 27, 22 cur ἡ ἀρετή ἀ. 50, 6
κατὰ τὴν τῶν ὅλων οἰκονομίαν ἀ. II 269, 4
ἀνάγκη ἀναγκαίως : ἐξ ἀ. II 280, 3 ἀ. = ἀνίκητος αἰτία καὶ βιαστικὴ II 284, 11
τὸ ἐξ ἀ. γινόμενον οὐ τὸ γινόμενον βίᾳ, ἀλλὰ τὸ κατὰ τὴν τῶν αἰτίων ἀκολουθίαν 280, 3
λόγος = ἀ. Z. I 42, 25. 29 II 264, 22 εἱμαρμένη = Ἀ. II 292, 17 τὸν Δία εἱμαρμένην καὶ ἀ. 315, 9 κατὰ ἀ. : καθ' εἱμαρμένην : κατὰ προαίρεσιν 281, 8
πάντα ἐξ ἀ. γίνεσθαι II 271, 9. 15 τὰ καθ' εἱμαρμένην μὴ ἐξ ἀ. γίγνεσθαι 279, 27
in adsensionibus necessitatem improbabat Chr. II 282, 33
„ἔσται μὲν ναυμαχία", οὐκ ἐξ ἀ. 279, 35
ἐξ. ἀ. ἡμᾶς εἶναι καὶ γίνεσθαι ἀγαθοὺς ἢ κακούς III 165, 16
ἄναγνος τοὺς φαύλους ἀ. III 165, 43
ἀνάγωγος ὁ ἄφρων ἀ. III 158, 29

ἀναζωγράφησις in tit. Chr. II 9, 23
ἀναθυμίαμα τὸν ἥλιον ἔξαμμα ἐκ τοῦ τῆς θαλάσσης ἀ. II 196, 24
ἀναθυμίασις terrae, maris, aquarum vapores a sole excitantur II 183, 12 ὠκεανοῦ ἢ γῆς τὴν ἀ. ὁ ἥλιος ἐπινέμεται Cl. I 112, 28 II 196, 42 ἀ. εἰς πῦρ μεταβάλλουσα II 179, 29 τρέφεσθαι τοὺς ἀστέρας ἐκ τῆς ἐπιγείου ἀ. II 201, 17 ex terra vapores ad quid utiles? 331, 15
ψυχή = ἀ. αἰσθητικὴ Z. I 39, 4 expl. II 217, 29 ψυχῆς φύσις ἀ. II 229, 36 τοῦ στερεοῦ σώματος εἶναι τὴν ψυχὴν ἀ. Z. I 38, 27. 29 Cl. 117, 31. 33 ἀ. αἵματος χρηστοῦ τὸ ψυχικὸν πνεῦμα II 218, 5 τὸ κινοῦν τὸν ἄνθρωπον τὰς κατὰ προαίρεσιν κινήσεις ψυχική τις ἐστιν ἀ., πᾶσα δὲ ἀ. ἐκ τῆς τροφῆς ἀνάγεται Diog. III 216, 20 in def. θυμοῦ, ἀ. τῆς χολῆς III 101, 44
ἀναθυμιάομαι ἐκ τοῦ ὕδατος ἀὴρ ἀ. II 179, 32 ὁ ἐκ τῆς γῆς ἀ. ἀὴρ Cl. I 121, 19 ὁ θυμὸς ἐκ τῆς καρδίας ἀ. II 240, 5
ἀναίτιος τὸ ἀ. ὅλως ἀνύπαρκτον εἶναι καὶ τὸ αὐτόματον II 282, 13 βιαζομένους τῷ ἀ. τὴν φύσιν 282, 9
ἀ. κίνησις II 273, 12 εἰ ἀ. ἔστι κίνησις 275, 24
ἀναιτίως μηδὲν ἀ. γίγνεσθαι II 264, 6. 273, 8 ὅμοιον τὸ ἀ. τῷ γίνεσθαί τι ἐκ μὴ ὄντος 273, 14
ἀναλαμβάνω ἀ. = discere II 20, 12
ἀναλλοίωτος οὐσία τὸ ἀ. κατὰ τὸν ἴδιον λόγον II 114, 37
ἀναλογία κατ' ἀ. νοεῖταί τινα e. s. II 29, 13 αὐξητικῶς ἢ μειωτικῶς 29, 14 collatione rationis boni notitia facta est III 17, 29
ἀναλογισμός def. II 89, 36
ἀνάλυσις ἀ. συλλογισμῶν in tit. Chr. II 7, 5. 12. 18 ἀναπόδεικτοι χρείαν ἔχοντες ἀ. II 81, 29
χύσις ἢ ἀ. II 136, 14. 28 pass.
ἀναλύω οἱ διὰ δύο τροπικῶν πῶς ἀ. συλλογισμοί II 83, 22
ἀναμάρτητος ἀ. εἶναι τοὺς σοφούς II 41, 24 III 148, 19
ἀναμέσον τὰ cf. μέσος II 41, 15. 18

ἄναμμα ὁ ἥλιος ἄ. νοερόν Cl. I 112, 16 II 196, 9. 32. 36

ἄνανδρος cf. δειλός
Diog. III 224, 18

ἀνάνετος τὰς διαθέσεις ἀ. II 129, 38 III 141, 13

ἀναπηρτισμένως μὴ ἀ. μηδ' ἀμφιβόλους τὰς λέξεις λέγειν II 107, 29

ἀναπνέω ᾧ ἀ., τούτῳ ἐσμὲν ἔμπνοι II 219, 43

ἀναπνοή ἡ ἀ. γίνεται διὰ ψῦξιν τῆς ἐμφύτου θερμασίας II 215, 12 ἡ πρὸς τὸν ἀέρα διὰ τῆς ἀ. ἐπιμιξία καινὴν ἀεὶ ποιεῖ τὴν ἀναθυμίασιν 229, 39

ἀναπόβλητος cf. ἀποβλητός
ἀ. ἡ ἀρετή Cl. I 129, 25. 28

ἀναπόδεικτος ἀ. συλλογισμοί in tit. Chr. II 7, 11. 18 ἀ. = ὑποθετικοὶ συλλογισμοί II 77, 15 ἀ. τῷ μὴ χρῄζειν ἀποδείξεως 79, 42. 80, 23 ἁπλοῖ: οὐχ ἁπλοῖ ἀ. def. 81, 26 παρὰ τῷ Χρυσίππῳ πέντε ἀ. enum. expl. 79, 43 80, 28. 82, 21 τρίτος ἀ. 71, 33 οἱ ἐκ κατηγορικῶν προτάσεων οὐ πρῶτοι 82, 14 ἀ. ὁ διάλληλος λόγος 90, 32

ἀναστρέφομαι III 67, 7. 69, 14

ἀναστροφή τινὰ μέλη τὴν διάνοιαν ἐντείνειν πρὸς τὴν ὁμειλίαν καὶ τὴν ἁρμόττουσαν ἀ. Diog. III 228, 26 ὀρθὴ ἀ. ἔρωτος 229, 9

ἀναστρόφως ἀ. ἐκφέρειν = inverso ordine II 71, 4

ἀνατολή = ὑπεροχὴ ἄστρου ὑπὲρ γῆς II 200, 21

ἀνατροπή τῶν δογμάτων III 125, 2

ἀνατροφή γεγονέναι πολλοὺς κακοὺς παρὰ τὰς ἀ. III 56, 17

ἀναφής τὸ κενὸν ἀ. II 172, 8

ἀναφορά cf. ἀνενεκτικῶς
II 63, 16 III 3, 19. 17, 9

ἀναχώρησις ἡ ἐξ αὐτοῦ ἀ. γίγνεται διὰ τὴν τοῦ λόγου ἀποστροφήν III 125, 20

ἀνδρεία ἀ. = ἐπιστήμη τῶν ὑπομενετέων III 70, 19. 22 = ἐπιστήμη ὑπομενετέων καὶ οὐχ ὑπομενετέων καὶ οὐδετέρων 64, 6 = ἡ ἰσχὺς καὶ τὸ κράτος, ὅταν ἐν τοῖς ὑπομενετέοις ἐγγένηται Cl. I 129, 1 = φρόνησις ἐν ὑπομενετέοις Z. I 49, 33 = adfectio animi legi summae in perpetiendis rebus obtemperans Sph. I 141, 28 III 70, 20 = ἐπιστήμη ὧν χρὴ θαρρεῖν ἢ μὴ θαρρεῖν III 60, 37 ἐπιστήμη ἀ., ὅταν τὰ μὲν θαρρῇ, τὰ δὲ φεύγῃ A. I 86, 1 = ἐπιστήμη δεινῶν καὶ οὐ δεινῶν καὶ οὐδετέρων III 63, 28. 65, 25. 67, 26. 37 = scientia rerum formidolosarum contrariarumque aut omnino neglegendarum, conservans earum rerum stabile iudicium Sph. I 141, 29. 31

ἀ. ἐπιστήμη καὶ τέχνη III 23, 27 γίνεσθαι περὶ τὰς ὑπομονὰς 64, 18. 73, 3 ἀ. προηγουμένως μὲν πᾶν, ὃ δεῖ ὑπομένειν, κατὰ δὲ τὸν δεύτερον λόγον τὰ ὑπὸ τὰς ἄλλας ἀρετὰς 69, 14 ἀ. ἀρετή Z. I 49, 22. III 23, 24 τῶν πρώτων ἀρετῶν 64, 16. 65, 6 παρὰ τὸν ἀνδρεῖον ἀ. ἀρετὴν τίθεσθαι 60, 6 μίαν οὖσαν τὴν ἀρετὴν ἀ. λέγεσθαι A. I 86, 6. 21 τὸ κατ' ἀ. πραττόμενον κατόρθωμα III 73, 16 ἐπὶ ἀ. diversas τὰς πράξεις σπουδαίου καὶ φαύλου 138, 5 sq.

ἀ. ἀγαθὸν Z. I 47, 22 III 8, 35. 17, 18 animal esse III 75, 13 τῆς ἀ. ἔστιν αἰσθέσθαι 21, 36

εἰς γυμνάσιον τῶν τῆς ἀ. ἐν ἡμῖν σπερμάτων δεδόσθαι ἡμῖν τὸ λεόντων καὶ ἄρκτων γένος II 337, 11

ἀνδρεῖον cf. ἀνδρῶδες
εἶδος τοῦ καλοῦ III 20, 22

ἀνδρεῖος παρὰ τὸν ἀ. ἀνδρείαν ἀρετὴν τίθεσθαι III 60, 6 ὁ σοφὸς μόνος ἀ. 150, 43. 159, 36 δειλῶν ἡγεμὼν ὁ ἀ., ἃ δεῖ ὑπομένειν καὶ ἃ μὴ σαφῶς ἐκμαθών 159, 31 fortem virum aegritudine numquam affici 151, 4

ἀνδριάς ἀρετὴ = τελείωσις ὥσπερ ἀνδριάντος III 48, 6 ἡ τῶν ἀ. ἀνάθεσις ἐπαινουμένη πρὸς τῶν πολλῶν ὡς ἀγαθὸν 55, 12

ἀνδρίζομαι οὐκ ἀεὶ ἀ. τὸν ἀστεῖον III 57, 40 οὐκ ἔστι ἀ. μέν, στέρεσθαι δέ ποτε δικαιοσύνης 76, 23

ἀνδρῶδες (opp. ἄνανδρον) ἡ μουσικὴ ἐπιφαίνει τὸ ἀ. Diog. III 224, 18

ἀνεικαιότης def. II 39, 23 τιμῶμεν τὴν ἀ. 40, 8

ἀνελεγξία def. II 39, 24

ἀνελεύθερος πᾶς, ὅστις εἰς δόξαν βλέπει Cl. I 128, 6

ἀνέλκυστος ὑπὸ φαντασίας ἀκαταλήπτου II 40, 13
ἀνελλιπής τὸ ἀ. III 68, 10 ἀνελλιπῶς 68, 4
ἀνεμέω ἀ. τινάς φαμεν τὰ φανέντα αὐτοῖς II 243, 30
ἄνεμος οἱ ἄ. = ἀέρος ῥύσεις II 202, 22. 27
ἀνέμπτωτος ἀπαθῆ τὸν σοφὸν διὰ τὸ ἀ. εἶναι III 109, 13
ἀνενεκτικῶς III 35, 1
ἀνενεργησία II 36, 12
ἀνεξαπάτητος ὁ σοφός II 41, 24
ἀνεξέλεκτος οἱ ἀγαθοὶ ἀ. II 42, 12
ἀνεόρταστος τούς φαύλους ἀ. expl. III 165, 43
ἀνεπαίσθητον φύσει οὐκ ἔστι III 21, 38
ἀνεπιδεής ὁ εὐδαίμων III 16, 27
ἀνεπίδεκτος ὁ θεὸς ζῷον κακοῦ παντὸς ἀ. II 305, 15
ἀνεπιζητησία III 105, 38
ἀνεπιστημοσύνη = ἄγνοια III 60, 33
ἀνεπίτατος τὰς διαθέσεις ἀ. II 129, 38 III 141, 13
ἄνεσις cf. ἀνίημι
πᾶν ἀγαθὸν μήτε ἄ. μήτε ἐπίτασιν δέχεσθαι III 23, 4 τινὰς ἕξεις ἐπιδέχεσθαι ἐπίτασιν καὶ ἄ. 141, 9 ἀ. τῆς λύπης III 117, 20
οὐχ εὑρεθῆναι πρεπωδεστέραν ἐλευθέροις ἄλλην ἀ. καὶ παιδείαν τοῦ ᾆσαι, κιθαρίσαι, χορεῦσαι Diog. III 230, 26
ἄνευ τὸν ὧν οὐκ ἄνευ λόγον ἔχουσιν αἰσθήσεις III 16, 3 homines vicem obtinere eorum, sine quibus agi non potest II 272, 27 e. s.
ἄνευρος κατὰ μεταφορὰν ἀ. τινὰς λέγομεν III 123, 25
ἀνήμερος ὁ φαῦλος III 169, 37
ἀνήρ cf. ἄνθρωπος
πῶς ἄγονοι οἱ ἄ. II 213, 15 ἡ γυνὴ τὴν αὐτὴν καὶ φύσιν καὶ ἀρετὴν ἔχει τῷ ἀ. III 59, 34
οὐκ εἶναι ἀ. τέλειον τὸν μὴ πάσας ἔχοντα τὰς ἀρετὰς III 73, 32
ἄνθεξις III 123, 21
ἄνθραξ = πῦρ ἐν οὐσίᾳ γεώδει II 187, 2 φλὸξ καὶ ἄ. εἶδη πυρός 140, 29 γῆ ἐκπυρωθεῖσα ἄ. γίνεται 140, 27

ἀνθρώπειος οὐκ ἄλλους τὰ. ἐπίστασθαι, ἄλλους τὰ θεῖα III 153, 27
ἀνθρωποβορέω δεῖν ἀ. III 186, 1 pass.
ἀνθρωποβορία ἀ. praecepit Z. I 59, 29. 32. 36. 60, 1 Cl. 132, 6
ἀνθρωπόμορφος τὸν θεὸν μὴ εἶναι ἀ. II 305, 17
ἄνθρωπος cf. ζῷον
περὶ ἀ. φύσεως tit. l. Z. I 45, 20 περὶ ἀ. χρήσεως tit. l. Dion. I 93, 23
totum genus humanum aliquando esse coepisse et aliquando desiturum esse II 181, 18 conversionibus caelestibus exstitisse quandam maturitatem serendi generis humani 210, 40 τοὺς πρώτους ἀ. μὴ ἐκ συνουσίας γεγονέναι, ἀλλ' ἀπὸ γῆς 211, 6 primos h. ex solo, adminiculo divini ignis genitos Z. I 35, 22 καὶ ἡμᾶς μετὰ τὸ τελευτῆσαι πάλιν εἰς ὃ νῦν ἐσμεν καταστήσεσθαι σχῆμα II 189, 31 τοῦ σοφοῦ μετὰ τῆς θυγατρὸς μόνης καταλελειμμένου, παντὸς τοῦ τῶν ἀ. γένους διεφθαρμένου, εἰ καθηκόντως ὁ πατὴρ συνελεύσεται τῇ θυγατρὶ ὑπὲρ τοῦ μὴ ἀπολέσθαι τὸ πᾶν τῶν ἀ. γένος III 185, 12

ὅταν γεννηθῇ ὁ ἄ., ἔχει τὸ ἡγεμονικὸν μέρος τῆς ψυχῆς ὥσπερ χάρτην εὔεργον εἰς ἀπογραφήν II 28, 13 καὶ ἐφ' ἡμῶν τινα φυτοειδῶς γίγνεται III 43, 15 ἄρχεσθαι τοὺς ἀ. τελειότητος περὶ τὴν δευτέραν ἑβδομάδα II 215, 7 εὐθὺς γενόμενον πρὸς αὑτὸν οἰκειοῦσθαι τὸν ἄ. III 44, 31. 34 nihil quicquam carius pensiusque nobis quam nosmet ipsi 43, 35 conciliari sibi non tanquam animali, sed rationali 44, 41

hominem natum ad nihil esse aliud quam honestatem Z. I 46, 28 ad virtutem nasci A. I 80, 35 III 51, 22. 33 πάντας ἀ. ἀφορμὰς ἔχειν ἐκ φύσεως πρὸς ἀρετήν Cl. I 129, 18 διαστρέφεσθαι δὲ III 56, 20 ἔχειν ἀφορμὰς παρὰ τῆς φύσεως καὶ πρὸς τὴν τοῦ καθήκοντος εὕρεσιν καὶ πρὸς τὴν τῶν ὁρμῶν εὐστάθειαν etc. III 65, 1

hominis constitutionem rationalem esse III 44, 41 in h. proprium est ratio II 302, 4 III 7, 23. 48, 20 solus ratione utitur II 236, 11 ἃ. ἐκάλει μόνην τὴν ψυχὴν Cl. I 123, 7 summum bonum homini constituit, ut nihil esse praeter animum videretur III 7, 25

δύο γένη τῶν ἀ. εἶναι, τὸ μὲν τῶν σπουδαίων, τὸ δὲ τῶν φαύλων Z. I 52, 26 τῶν ἀ. οἱ πλεῖστοι κακοί III 165, 22 omnes h. insanos et stultos III 166, 41 quidam, ut Hercules et Liber, ad servandum genus hominum natura incitantur III 84, 7.

οὐκ ἀΐδιος ἄ. Z. I 31, 37 h. corporalis III 20, 40 continuum esse corpus h. III 38, 7 δύο ἕκαστος ἡμῶν ἐστι ὑποκείμενα, τὸ μὲν οὐσία, τὸ δὲ ποιότης II 214, 30 ἀναγκαῖον, ὡς ἂν ποτ' ἔχομεν, ἔχειν ἡμᾶς II 269, 5 homines vicem obtinere eorum, quae dicuntur, sine quibus agi non potest 272, 27

homines natos esse communitatis causa et societatis suae III 83, 40. 90, 27 communis h. inter h. commendatio est naturalis 83, 30 τὸ κοινωνικὸν οὐ περιγέγραπται ὥσπερ ἀπὸ τῶν ἀλόγων ζῴων, οὕτω καὶ ἀπὸ τῶν ἀγροικοτέρων ἀ. 85, 5 societas h. per se expetenda 12, 39 ut conservetur h. erga h. societas, et emolumenta et detrimenta communia esse 23, 6 h. sociale animal 134, 10 πόλις = σύστημα ἀ. II 327, 32 hominum inter h. iuris esse vincula III 90, 24 nusquam erit humanitas, nisi prius h. aliquis II 179, 22

κοινωνία ἀ. καὶ θεοῖς πρὸς ἀλλήλους διὰ τὸ λόγου μετέχειν II 169, 28 eadem est in dis, quae humano in genere, ratio II 327, 11. 328, 5 III 48, 20. 83, 5 ὅσα ἡμῖν καὶ τοῖς θεοῖς προσπίπτει, ταῦτα ἐννοήματα II 28, 27 τὰς αὐτὰς εἶναι ἀρετὰς τῶν ἀ. καὶ τῶν θεῶν Cl. I 129, 9 sq. III 58, 32. 59, 2 pass. τοὺς ἀ. τῆς αὐτῆς τοῖς θεοῖς πολιτείας μετέχειν III 81, 39 pass. 83, 9 inter h. et deos communio legis et iuris 83, 8

ἀ. εἰς θεοὺς μεταβαλεῖν II 315, 24 deos esse etiam h. eos, qui immortalitatem essent consecuti 316, 4

φιλεῖται πρὸς τοῦ θεοῦ ὁ ἄ. II 326, 7 in deos caerimonias religionesque ea coniunctione, quae est h. cum deo conservandas III 84, 37

mundus quasi communis deorum atque h. urbs II 328, 10 deorum et h. causa factum esse mundum II 328, 6. 330, 41. III 90, 26 h. causa mundum esse fabricatum II 307, 43. 328, 9. 334, 11 III 165,19

πάντων σχεδὸν τῶν ἐπιγείων ζῴων καὶ σωματικῇ καὶ ψυχικῇ διαθέσει προέχει ὁ ἄ. Cl. I 120, 5 ratione antecedit animalia III 48, 20 οὐχὶ τῷ προφορικῷ λόγῳ διαφέρει τῶν ἀλόγων ζῴων, ἀλλὰ τῷ ἐνδιαθέτῳ· οὐδὲ τῇ ἁπλῇ μόνον φαντασίᾳ II 43, 18. 74, 4 h. nihil iuris cum bestiis III 89, 27. 90, 25 ἡμῶν χάριν τὰ ζῷα πεποιῆσθαι II 332, 28. 333, 3. III 165, 19

οἱ ἄ. ὑπὸ τοῦ μέλους καταπραϋνόμενοι Diog. III 234, 30

ἀνία def. III 99, 42. 100, 9. 31. 101, 15 εἶδος λύπης III 96, 10. 99, 37

ἀνίημι cf. ἄνεσις τὰς ἕξεις ἐπιτείνεσθαι καὶ ἀ. II 129, 38 pass. III 141, 13 νεῦρα ἀ. III 123, 24 παθητικὴ φλεγμονὴ ἀ.118, 30

ἄνισος II 160, 7

ἀνόητος τοὺς ἀ. δούλους εἶναι καὶ ἃ μὴ ἔξεστιν αὐτοῖς ταῦτα ποιεῖν III 87, 4 πλούτῳ καὶ ὑγιείᾳ καὶ ῥώμῃ σώματος κακῶς χρῶνται 29, 43 οἱ προκόπτοντες ἀ. διαμένουσιν 144, 1

ἀνοίκειος τὰ κακὰ πάντα ἀ. III 22, 2

ἄνολβος ἀ. ὁ ἀπαίδευτος III 169, 14

ἀνόμημα τὰ ἁμαρτήματα ἀ. III 136, 34

ἀνομογενής λόγοι ἐξ ἀ. συνεστῶτες II 81, 31

ἀνομολογία περὶ ἀ. tit. l. Chr. III 194, 9

ἀνομολογούμενον III 125, 7

ἄνομος III 82, 21

ἀνόσιος οὐδὲ οἱ φαύλως περὶ τῶν θείων ὑπειληφότες οὐκ ἀ., οὐδὲ τοὺς ἀ. οἷόν τε φίλους εἶναι θεοῖς III 153, 35 οἱ φαῦλοι ἀ. 165, 43. 166, 25

ἀντακολουθέω τὰς ἀρετὰς ἀ. ἀλλήλαις III 72, 30. 73, 30. 74, 24 Apollod. 261, 13.

ἀντακολουθία τῶν ἀρετῶν II 121, 7 ὁ μίαν ἔχων ἀρετὴν πάσας ἔχει διὰ τὴν ἀ. III 67, 44

ἀνταναιρετικός III 64, 27
ἀντανακλάω ἡ φωνὴ ἀ. II 128, 8
ἀνταπόδοσις χάριτος III 169, 39
ἀντιδιαίρεσις def. Diog. III 215, 3
ἀντίδικος τὰ πρὸς τοὺς ἀ. pars orationis II 96, 5
ἀντικείμενον = τὸ πλεονάζον ἀποφάσει II 51, 13. 70, 7 = σὺν τῷ τὴν ἀπόφασιν προτετάχθαι τοῦ ἑτέρου 70, 16 = ὧν τὸ ἕτερον τοῦ ἑτέρου ἀποφατικόν 70, 21
τὰ ἀποφατικῶς ἀ. II 51, 6 ἀ. τοῦ λήγοντος 80, 6. 9 τοῦ ἡγουμένου 80, 7. 10 τοῦ λοιποῦ 80, 12. 15
ἀδύνατον τῶν αὐτῶν περιεστώτων γίνεσθαι τὰ ἀ. II 279, 22 μὴ δύνασθαι οὗ πράξει τις πρᾶξαι τὸ ἀ. 286, 29
ἀντίκειμαι II 53, 14. 16. 23. 29. 31. 38 54, 1. 8. 10. 17. 19. 33. 35. 55, 3. 4. 27. 29. 33. 37. 56, 17. 19. 26. 28. 34. 36. 58, 10. 12. 18. 20
ἀντιλέγω περὶ τῶν ἀντιλεγομένων tit. l. Sph. I 140, 10
ἀντιληπτικός ἀ. δύναμις τῆς ψυχῆς A. I 86, 33
ἀντίπαλος cf. πολέμιος
III 148, 9
ἀντιπαρεκτείνω αἱ ψυχαὶ δι᾽ ὅλων τῶν σωμάτων ἀ. II 153, 11 σώματα ἀλλήλοις δι᾽ ἀλλήλων ἀ. 154, 33 οὐσίαι καὶ ποιότητες ἀ. 154, 20 pass. εἰς πέλαγος ὀλίγος οἶνος βληθεὶς ἀ. 157, 38
ἀντιπαρέκτασις ἀ. δι᾽ ὅλων II 153, 6 σωμάτων ὅλων δι᾽ ὅλων ἀ. 154, 22 ψυχῆς καὶ σώματος 153, 10 πυρὸς καὶ σιδήρου 153, 9 ὑγρῶν δι᾽ ὅλων ἀ. 153, 13
ἀντιπαρήκω σῶμα διὰ σώματος ἀ. II 153, 12 δύο ἔχει τὰς ἀ. ἀλλήλαις δυνάμεις ἡ ψυχὴ 230, 23
ἀντιπεπονθότα ἀ. κατηγορήματα def. II 59, 21
ἀντιστρέφω περὶ ἀ. λόγων tit. l. Chr. II 6, 37
ἀντιστροφὴ ἀξιωμάτων II 64, 26
ἀντιτυπής ἡ ὕλη II 115, 16
ἀντιτυπία in def. σώματος II 127, 7 pass. τόπος χωρὶς ἀ., τοῦτο γὰρ ἴδιον σώματος 162, 31
ἀντίφασις ὁ ἐξ ἀ. διαιρετικὸς συλλογισμὸς II 87, 43

ἀνύβριστος τὸν σοφὸν ἀ. εἶναι expl. III 152, 29
ἀνύπαρκτος τὸ ἀναίτιον ὅλως ἀ. II 282, 14 αἱ ἰδέαι ἀ. Z. I 19, 25 ἡ ἐπιχαιρεκακία III 168, 10. 13 τὸ ἀχάριστον 168, 18
ἀνυπαρξία Ant. III 252, 20
ἀνυπέραρτος ἕξις ἀ. ἐν δαπάναις III 66, 41
ἀνυπέρβατος in def. ἐγκρατείας III 64, 34. 65, 12. 67, 20
ἀνυπομενετέος ἀνυπομενετά: ἀ. III 22, 31
ἀνυπομενετός ἀ.: ἀνυπομενετέα III 22, 30
ἀνυπομόνητος III 131, 13
ἀνυπόπτως III 22, 16. 171, 8
ἀνυπόπτωτος cf. ἀμετάπτωτος
in def. ἐπιστήμης H. I 91, 27
ἀνυπόστατος II 117, 16
ἄνω ἀ. ἐν τῷ κόσμῳ τὸ ἀπὸ τοῦ μέσου πρὸς τὰ πέρατα II 176, 6. 20 = τὸ ἀπὸ τοῦ μέσου σημείου τοῦ κόσμου εἰς τὸ κύκλῳ πάντῃ 169, 10 ἀ. καὶ κάτω μέρη τοῦ τόπου 162, 2
ἀνωμαλία περὶ τῆς κατὰ τὰς λέξεις ἀ. tit. l. Chr. II 6, 10 περὶ ἀ. scr. Chr. II 45, 22. 26
ἀνωφελής ὅσα ἐκτὸς ἀρετῆς ἀ. πάντα III 137, 19 ἀ. καὶ ἀδιάφορα τὰ κατὰ φύσιν καὶ τὰ ἐκτὸς 36, 42 τὰ αὐτὰ πράγματα ἀ. μέν, εὔχρηστα δὲ 30, 2
ἀνωφερής τὸ πῦρ ἀ. καὶ τὸν ἀέρα II 143, 31
ἀξία cf. προηγμένον
περί τε τῆς πρώτης ἀ. καὶ τῶν πράξεων pars eth. III 3, 4
τὴν ἀ. λέγεσθαι τριχῶς Ant. III 30, 7. 251, 33 vis vocis expl. a Diog. III 30, 14. 219, 24 χρῆσθαι ἐνίοτε τῷ ὀνόματι τῆς ἀ. ἀντὶ τοῦ ἐπιβάλλοντος Diog. III 30, 21
ἀ. = σύμβλησις πρὸς τὸν ὁμολογούμενον βίον III 30, 28 = μέση τις δύναμις ἢ χρεία συμβαλλομένη πρὸς τὸν κατὰ φύσιν βίον 30, 29 = ἀμοιβὴ δοκιμαστοῦ 30, 32
ἀ., ἡ περὶ ἀδιάφορα οὐ γίνεται, ἀλλὰ περὶ μόνα τὰ σπουδαῖα III 30, 19 ἡ ἐκλεκτικὴ ἀ. expl. Ant. III 30, 9. 251, 35

τῶν ἀ. ἐχόντων τὰ μὲν ἔχειν πολλὴν ἀ., τὰ δὲ βραχεῖαν Z. I 48, 3. III 31, 10 ἀρετὴ ἀνυπέρβλητον ἔχει ἀ. III 50, 1 τὰ ἀγαθὰ τὴν μεγίστην ἀ. ἔχειν Z. I 48, 11. III 31, 17 διαφέρει τὸ ἀγαθὸν τοῦ ἀ. ἔχοντος 32, 14 aestimatio boni genere valet, non magnitudine III 18, 7

τῶν ἀδιαφόρων τὰ μὲν πλείω ἀ. ἔχειν, τὰ δ' ἐλάττω III 32, 23 τὰ μὲν τῶν ἀδιαφόρων ἀ. ἐκλεκτικὴν ἔχειν 28, 27. 31, 27 τὰ πολλὴν ἔχοντα ἀ. προηγμένα λέγεσθαι Z. I 48, 6 III 31, 12 προηγμένα = τὰ ἱκανὴν ἀ. ἔχοντα III 29, 33 e. s. 31, 38 = τὰ ἔχοντα ἀ. 30, 26. 31, 2 res „bonas" aestimabiles haberi et ad naturam accommodatas Z. I 55, 28 πάντα τὰ κατὰ φύσιν ἀ. ἔχειν Z. I 47, 34 III 30, 6 aestimabile = quod aut ipsum secundum naturam sit, aut tale quid efficiat, ut selectione dignum sit 35, 4 valetudinem aestimatione aliqua dignam III 15, 28 bonorum frequentia vita non pluris aestimanda 15, 23 μὴ ἀ. ἔχειν τὴν ἡδονὴν ἐν τῷ βίῳ Cl. I 130, 19 in def. δικαιοσύνης Cl. I 129, 1 III 30, 22. 63, 28

ἀξιέραστος def. III 180, 26 ὁ ἀ. καλός· μόνος δὲ ὁ σοφὸς ἀ. III 156, 6 τὸν σοφὸν ἐρασθήσεσθαι τῶν ἀ. 164, 5

ἀξιόλογος ἀ. προκοπὴ III 51, 37

ἄξιος III 50, 1

ἀξίωμα περὶ ἀ. tit. l. Chr. II 5, 6 περὶ τῶν οὐχ ἁπλῶν ἀ. tit. l. Chr. 5, 7 περὶ ἀορίστων ἀ. 5, 12 συντελικὰ ἀ. 5, 16 ἀ. = ἀποφαντικὸς λόγος II 61, 1. 44. 64, 10 = τὸ ἀποφαντὸν ὅσον ἐφ' ἑαυτῷ 63, 1 = λεκτὸν αὐτοτελὲς ἀπόφαντον ὅσον ἐφ' αὑτῷ 63, 10 = ὅ ἐστιν ἀληθὲς ἢ ψεῦδος 48, 26. 60, 42. 62, 25. 41 pass.

ὅμοιον ἀξιώματι def. II 61, 13. 62, 5 πλείονα ἢ ἀξιώματα expl. 61, 36 μεταπίπτοντα ἀπεριγράφως 67, 17 πιθανὸν ἀ. def. 64, 13 εὔλογον ἀ. def. 64, 23 τῶν ἀ. τὰ μὲν ἁπλᾶ, τὰ δ' οὐχ ἁπλᾶ II 59, 4. Arch. III 263, 6 e. s. Crin. 268, 27 τῶν ἁπλῶν τινὰ μὲν ὡρισμένα, τινὰ δὲ ἀόριστα, τινὰ δὲ μέσα II 66, 38 τῶν οὐχ ἁπλῶν τὰ μὲν συνημμένα, τὰ δὲ παρασυνημμένα 59, 4 τῶν ἀ. τὰ μὲν ἀληθῆ, τὰ δὲ ψευδῆ 59, 6 δυνατά, ἀδύνατα 59, 6. 64, 16 ἀναγκαῖα, οὐκ ἀναγκαῖα 59, 7. 64, 16 εὔπορα, ἄπορα 59, 8

ἁπλᾶ def. II 65, 37. 66, 30 οὐχ ἁπλᾶ def. 66, 1. 33. 70, 36 δυνατά def. 64, 17 ἀδύνατα def. 64, 18 ἀναγκαῖα def. 64, 19 οὐκ ἀναγκαῖα def. 64, 22 ὡρισμένα def. 66, 39 ἀόριστα def. 66, 16. 40 μέσα def. 67, 2

τὸ ἀ. λεκτόν II 42, 22 σύνθετον τὸ αὐτοτελὲς ἀ. 64, 6 πᾶν ἀ. ἢ ἀληθὲς ἢ ψευδὲς II 264, 13 εἶναι συγκαταθέσεις ἀ. τισι III 40, 29 qua condicione ἀληθὲς τὸ ἀόριστον II 67, 9 qua condicione τὸ ὡρισμένον 67, 11

οἱ ἀγαθοὶ καταληπτικοὶ ἀ. II 42, 13 τὰ αἴτια τὰ μὲν κατηγορημάτων αἴτια, τὰ δ' ἀ. Arch. III 263, 4 εἰ ἀναίτιος ἐστι κίνησις, οὐ πᾶν ἀ. ἢ ἀληθὲς ἢ ψεῦδος II 275, 24

ἀ. e. II 57, 14. 16

ἀ. τινα ἔχειν καὶ ἀξίαν III 30, 20

ἀξιωματικός ἐκφορὰν ἔχον ἀ. II 61, 13 ἀ. ὁ σπουδαῖος Z. I 53, 10 III 150, 17

ἄοικος ὁ φαῦλος ἄ. III 170, 14

ἀόργητος III 110, 22

ἀόριστος περὶ τῶν ἀ. ἀξιωμάτων tit. l. Chr. II 5, 12 περὶ τῆς διαφορᾶς τῶν ἀ. tit. l. Chr. 5, 13 μὴ δεῖν τέμνειν τὰ ἀ. tit. 7, 41 τὰ κατὰ τῆς τομῆς τῶν ἀ. tit. Chr. 8, 1 περὶ τῶν ἐξ ἀ. καὶ ὡρισμένου λόγων tit. 8, 15 ἀ. ἀξίωμα def. II 66, 16. 40 πότε ἀληθὲς γίγνεται 67, 9 infinitae coniunctiones II 277, 8 infinita conexa ib.

ἀπαγόρευμα τὸ ἁμάρτημα νόμου ἀ. III 140, 9

ἀπαγόρευσις πρόσταξις: ἀ.: ἐντολὴ καὶ παραίνεσις III 139, 36 ἡ ἀ. περὶ ἁμαρτημάτων γίνεται καὶ πρὸς φαῦλον 139, 37

ἀπαγορευτικός ὢν οὐ ποιητέον III 77, 39 pass.

ἀπαγορεύω λέγειν: προστάσσειν: ἀ. II 49, 2 ἀ. τὰ ἁμαρτανόμενα 295, 32 τῷ τελείῳ. οὐχὶ δεῖ III 140, 1 ὁ νόμος πολλὰ τοῖς φαύλοις ἀ. 140, 9 ὁ μέσος οὐχ ἁμαρτάνει, ὡς ἀ. ἄν τινα αὐτῷ 139, 39

ἀπάθεια περὶ ἀ. tit. l. Dion. I 93, 19
τὰς ἀρετὰς ἐν ἀ. εἶναι III 48, 31 εὔ-
ροια καὶ ἀ. III 35, 12
ἀπαθής ἀ. τὸν σοφὸν III 109, 12
ὁ σοφὸς ὑπὸ τῆς τύχης ἀ. P. I 99, 23
εἶναι ἀ. καὶ τὸν φαῦλον, ἐν ἴσῳ λεγό-
μενον τῷ σκληρῷ καὶ ἀτέγκτῳ III
109, 13 σύμφωνά ἐστι τῇ φύσει τὰ
ἀ. με ποιοῦντα III 35, 13
ἀπαίδευτος cf. φαῦλος
τοὺς ἀ. μόνῃ τῇ μορφῇ τῶν θηρίων
διαφέρειν Cl. I 116, 29 ἄνολβος ὁ ἀ.
III 169, 14 ὁ ἀ. ἄλλους αἰτιᾶται τῆς
αὑτοῦ κακοδαιμονίας: προκόπτων: πε-
παιδευμένος III 145, 6 ὁ ἀ. καὶ ἐν
πλούτῳ καὶ ἐν πενίᾳ ταράττεται (: πε-
παιδευμένος) A. I 89, 21
ἀπαλλαγή κακῶν III 27, 36
ἀπαξία cf. ἀξία
τὴν ἀ. τριχῶς λέγεσθαι III 30, 12
Ant. III 251, 38
πάντα τὰ παρὰ φύσιν ἀ. ἔχειν III
30, 7 τὰ δὲ τῶν ἀδιαφόρων ἀ. ἀπ-
εκλεκτικὴν ἔχειν 28, 27
τῶν ἀ. ἐχόντων ἃ μὲν ἔχειν πολλὴν
ἀ., ἃ δὲ βραχεῖαν Z. I 48, 4 III 31, 11
τὰ πολλὴν ἔχοντα ἀ. ἀποπροηγμένα
λέγεσθαι Z. I 48, 6. III 31, 13. 32, 26
ἀποπροηγμένα τὰ ἱκανὴν ἀ. ἔχοντα
III 29, 33 e. s. ἀποπροηγμένα τὰ ἀ.
ἔχοντα 30, 27
ἀπαράβατος ἀ. ἐπισύνδεσις II 265,
37 εἱρμὸς ἀ. 266, 1 ἀ. ἐπιπλοκὴ 293, 31
ἀπαραβάτως πάντα διοικεῖ ἀ. II
169, 34 τὰ καθ᾽ εἱμαρμένην, καίτοι
ἀ. γιγνόμενα μὴ ἐξ ἀνάγκης γίγνεσθαι
279, 27
ἀπαράλλακτος ἀ. ἔσεσθαι κατὰ
περίοδον τοῖς ἀπὸ τῶν προτέρων
περιόδων πάντας II 190, 31 δια-
κόσμησιν πάντ᾽ ἀ. ἔχουσαν ὡς πρὸς
τὴν προτέραν 190, 39 κατὰ περιόδους
ταυτότητας καὶ ἀ. τοῖς ἰδίως ποιοῖς
κόσμους 191, 9 indissimiles sibi mun-
dos evenire 191, 14
ἀδύνατον κατὰ πάντα ἀ. τινα εὑ-
ρεθήσεσθαι φαντασίαν II 26, 1
ἀπαραλλαξία ἀ. ἀρετῇ ὑποτεταγ-
μένη τῇ ἀνδρείᾳ III 73, 7 ἀ. (sc.
φαντασιῶν) defendunt Academici, im-
pugnant Stoici II 34, 33

ἀπαρεμπόδιστος ἡ τοῦ κόσμου
διοίκησις II 297, 9
ἀπαρέμφατον II 60, 15
ἀπάρεστος πᾶν ἁμάρτημα ἀ. θεοῖς
III 166, 8
ἀπαρτιζόντως τὸ μήτε ὑπερβάλλειν
μήτε ἐνδεεῖν II 75, 36
ἀπαρτίζω ἀ. κατὰ τὴν ἐκφορὰν
II 128, 39 sq.
ἀπαρτισμός κατ᾽ ἀ. (opp. κατὰ πλά-
τος) II 164, 25
ἀπάτη cf. ἐξαπατάω
ἀ. ἀπάτης μᾶλλον οὐκ ἔστιν III
141, 26 εἶναί τινας ἀ., αἳ βλάπτουσι μὲν
ἡμᾶς, χείρονας δ᾽ οὐ ποιοῦσιν 110, 30
ἀπειθής τὸ ἄλογον ἴσον τῷ ἀ. τῷ
λόγῳ III 94, 27 τὸ ἀ. τῷ λόγῳ οὐχ
ἧττον ἐπὶ τῆς ἡδονῆς καταγίνεται
129, 16 ὁρμὴ ἀ. in def. πάθους
92, 6. 11. 93, 36 pass. τὸ λογικὸν ζῷον
ἀπειθῶς τῷ λόγῳ ὠθούμενον 113, 24
ἄπειρος τὸ ἀ. οὔτε ἀρχὴν οὔτε μέσον
οὔτε τελευτὴν ἔχει II 171, 34 οὐκ
ἔστι ἐν τῷ ἀ. τὸ μὲν ἄνω, τὸ δὲ
κάτω 171, 37 τῶν ἀ. οὐδέν ἐστι πλέον
οὐδ᾽ ἔλαττον 159, 4
τοῦ κόσμου κενὸν ἐκτὸς ἀ. II 171, 34.
Apollod. III 260, 27 ὁ χρόνος ἐστὶν
ἀ., ὡς ὁ πᾶς ἀριθμὸς ἄ. λέγεται εἶναι
Apollod. III 260, 19 ἡ ἄ. καλουμένη
ὕλη II 86, 42 οὔτε σῶμα ἐξ ἀ. σω-
μάτων συνέστηκεν οὔτε γραμμὴ II
158, 18 τὰ σώματα εἰς ἄ. τέμνεσθαι
158, 15 τομὴ εἰς ἄ. Apollod. III
259, 19 αἱ ἰδέαι τῶν ἀ. ἐν πέρασιν
ὡρισμένοις τὴν γένεσιν περιλαμβά-
νουσι II 124, 3
ἀπεκλέγομαι cf. ἐκλέγομαι
τὰ δὲ τῶν ἀδιαφόρων ἀ. III 29, 6
ἀ. τὰ παρὰ φύσιν in def. τέλους
Ant. III 252, 38 pass.
ἀπεκλεκτικός ἀπαξία ἀ. III 28, 27
ἀπεκλογή τὰ μεταξὺ ἀρετῆς καὶ
κακίας ἀδιάφορα λέγεσθαι πρὸς ἐκ-
λογὴν καὶ ἀ. III 28, 27 in def. τέ-
λους Diog. III 219, 12
ἀπελεύθερος τοὺς ἀ. δούλους ἔτι
εἶναι III 86, 24
ἀπέμφασις II 36, 12
ἀπεπιστήμων ἡ διὰ τοῦ ἀ. πρᾶξις
κακοπραγία III 138, 11

ἀπέραντος τετραχῶς γίγνεσθαι τὸν ἀ. λόγον II 79, 13 ἀ. λόγος (opp. περαντικός) def. 77, 21
ἀπεριγράφως = ἐν ἀπεριγράφῳ χρόνῳ II 67, 18. 27
ἀπερίεργος ὁ σπουδαῖος ἀ. III 161, 3
ἀπερίπτωτος τοὺς σοφοὺς ἀ. ἁμαρτήματι III 148, 20
ἀπερισπάστως III 136, 12
ἀπέριττος ἕξις ἀ. III 68, 10 ἀπερίττως 68, 4
ἀπέχομαι ἀποσχέσθαι δυσθανατώσης γραός laude non dignum III 50, 36. 51, 3 ἐγκρατεύεται οὐχ ὁ θανατιώσης γραὸς ἀ., ἀλλ' ὁ Λαΐδος καὶ Φρύνης ἀπεχόμενος 67, 22
ἀπίθανος ἀ. φαντασίαι II 25, 6 sqq.
ἀπιστέω οὐκ ἀ. ὁ σοφὸς III 147, 9
ἀπιστία def. III 147, 10 ἡ ἀ. φαῦλόν ἐστιν II 41, 17
ἄπιστος πάντας ἐπίσης ἀ. τοὺς μὴ σοφοὺς III 167, 30
ἀπλανῆ τῶν ἀ. ἀκατάληπτον τὸ πλῆθος II 168, 31 τὰ ἀ. τετάχθαι ἐπὶ μιᾶς ἐπιφανείας 168, 34 συμπεριφέρεσθαι τῷ ὅλῳ οὐρανῷ 195, 29 ἐν τῷ αἰθέρι πρώτην τὴν τῶν ἀ. σφαῖραν γεννᾶσθαι 180, 11 fixae stellae nutriuntur 331, 6 in causa sunt temperantiae aëris 331, 27 οὐσίαν θεοῦ τὴν τῶν ἀ. σφαῖραν B. III 265, 8
ἄπλαστος ὁ σπουδαῖος ἀ. III 160, 5. 161, 4 expl. 163, 27
ἀπλοῦς τὰ ἀ. μόνον ἐστὶν ἐναντία II 50, 20 ἀ. ἀξιώματα def. II 65, 37 τῶν ἀξιωμάτων τὰ μὲν ἀ., τὰ δ' οὐχ ἀ. Arch. III 263, 7
ἀ. ἀναπόδεικτοι: οὐχ ἀ. II 81, 26
ἀ. ἡ ὕλη (opp. σύγκριμα) II 115, 40
ἀ. ἀγαθὸν = ἄμικτον III 24, 40
ὁ σπουδαῖος ἀ. III 161, 3
ἀπό ἀφ' ἑαυτοῦ κινεῖν: ἐξ ἑαυτοῦ: δι' ἑαυτοῦ II 161, 30 ἀφ' οὗ συμβαίνει ὠφελεῖσθαι III 18, 20—19, 25 pass.
ἀποβάπτω ἀ. εἰς νοῦν Z. I 23, 12
ἀποβλητός cf. ἀναπόβλητος τὴν ἀρετὴν ἀ. III 56, 40 οὐκ ἀ. 57, 22
ἀποδεικτικός ὁ ἀ. λόγος τοῦ ἀληθοῦς διαφέρει τῷ τὴν ἐπιφορὰν ἐκκαλύπτεσθαι ὑπὸ τῶν λημμάτων II 78, 26
ἀπόδειξις τὸ εἶναι ἀ. probatur II 89, 20 sq. = λόγος διὰ τῶν μᾶλλον καταλαμβανομένων τὸ ἧττον καταλαμβανόμενον περαίνων II 34, 27. 77, 6 = λόγος δι' ὁμολογουμένων λημμάτων κατὰ συναγωγὴν ἐπιφορὰν ἐκκαλύπτων ἄδηλον 89, 9 τῷ γένει σημεῖόν ἐστιν 74, 11
ἀ. ἐν ἁρμονικῇ πλείστας εἶναι Diog. III 233, 20
ἀποδεκτέος ἀποδεκτὸν: ἀ. III 22, 35 τὰ ὠφελήματα ἀ. 22, 37
ἀποδεκτικῶς οἱ σπουδαῖοι πρὸς ἀλλήλους ἀ. διακεῖσθαι III 160, 25
ἀποδεκτός ἀποδεκτέον: ἀ. III 22, 35 ἀ. τἀγαθά 22, 36
ἀποδιαληπτός II 126, 21
ἀποδίδωμι τὸ ἀποδιδόμενον πρᾶγμα (= definiendum) II 74, 41
ἀπόδοσις ὅρος ἡ τοῦ ἰδίου ἀ. II 75, 19
ἀποδοχή παρὰ ἀνθρώπων ἐκτὸς προηγμένον III 33, 4
ἀποθνήσκω cf. θάνατος
nasci et mori fatis dant II 281, 42 τοὺς τελευτῶντας ζῴοις παραβάλλειν χρῆναι Z. I 59, 29 τοὺς ἀποθανόντας κατεσθίειν κελεύει Z. I 60, 1. Chr. III 186, 4. 9 pass.
ἄποιος ἀ. οὐσία ἡ ὕλη Z. I 24, 7. Cl. 110, 27. II 111, 10. 16. 114, 35. 38. Arch. III 263, 22 ἀ. σῶμα II 115, 23. 116, 26 ἀ. οὐχ ὅτι πάσης ἐστέρηται ποιότητος, ἀλλ' ὅτι πάσας ἔχει 126, 40
ἀποκαθίσταμαι Z. I 32, 27. II 190, 11 pass.
ἀποκατάστασις ἀπὸ τῆς φύσεως μόνης εἰς αὐτὴν πάλιν γίνεται ἡ ἀ. II 184, 35 γίνεσθαι τὴν ἀ. τοῦ παντὸς οὐχ ἅπαξ, ἀλλὰ πολλάκις 190, 19
ἀποκρίνομαι τὸ ἀ. οὐκ ἀεὶ καθῆκει III 135, 13 ἀ. οὔτε κατόρθωμα, οὔτε ἁμάρτημα 136, 25
ἀπόκρισις περὶ ἀ. tit. l. Chr. II 5, 31. 33
ἄφρων ἀ. οὔτε πᾶσι τοῖς ἄφροσιν ὑπάρχει οὔτ' ἐν παντὶ καιρῷ III 25, 6 ὁ ἐν ἐρωτήσει καὶ ἀ. δεινός II 41, 35
ἄπολις ὁ φαῦλος ἄ. III 170, 14

Ἀπόλλων τὸν ἥλιον Ἀ. Diog. III 217, 12 de nomine Ἀ. Cl. I 123, 16 II 319, 41 de cognomine Lycius Cl. I 123, 19. Ant. III 249, 23 Λοξίας Cl. I 123, 25. 27. 31 Λεσχηνόριος Cl. I 123, 35 sq.
fabulam draconis ab Ap. interempti expl. Ant. III 250, 34
ἀπολογία in def. τοῦ κατορθώματος III 70, 10 in def. τοῦ καθήκοντος III 134, 20 pass.
ἀπολογισμός in def. τοῦ καθήκοντος III 134, 13 pass.
ἀπολύω μηδὲν εἶναι ἐν τῷ κόσμῳ ἀπολελυμένον II 273, 9
ἀπομνημόνευμα ἀ. Κράτητος ἠθικά tit. l. Z. I 62, 32 ἀ. tit. l. A. I 75, 20 l. P. I 97, 3
ἀπονέμησις τὴν δικαιοσύνην γίνεσθαι περὶ τὰς ἀ. III 64, 18 ἔχειν τὸν ἄνθρωπον ἀφορμὰς παρὰ τῆς φύσεως πρὸς τὰς ἀ. 65, 3
ἀπονεμητέος αἱρετέα : ὑπομενετέα : ἀ. : ἐμμενητέα III 72, 36 τὴν δικαιοσύνην φρόνησιν ἐν ἀ. Z. I 49, 26. 32 ἡ δικαιοσύνη περὶ τὰ ἀ. III 64, 2 pass.
ἀπονεμητικός ἀ. in def. δικαιοσύνης III 30, 23. 63, 27 pass. ὁ ἐνάρετος τὰ μὲν ἀπονεμητικῶς ποιεῖ 72, 37
ἀπονία τὴν ἀ. οὐδὲν εἶναι πρὸς ἡμᾶς οὐδὲ συνεργεῖν πρὸς εὐδαιμονίαν οὐδὲν III 33, 38 ἀ. καθ' ἑαυτὸ ληπτὸν 34, 37 μαίνεσθαι τοὺς τὴν ἀ. ἐν μηδενὶ ποιουμένους 33, 30
ἀποπροάγω cf. προάγω III 31, 9, 33 pass. A. I 83, 16
ἀποπροηγμένον cf. προηγμένον Ζήνων ταύτας τὰς ὀνομασίας θέμενος πρῶτος III 31, 13
= ὃ ἀδιάφορον ὂν ἀπεκλεγόμεθα κατὰ προηγούμενον λόγον Z. I 48, 9. III 31, 31 = τὰ πολλὴν ἀπαξίαν ἔχοντα Z. I 48, 6. III 31, 13. 32, 24 = τὰ ἱκανὴν ἀπαξίαν ἔχοντα III 29, 33 e. s. = τὰ ἀπαξίαν ἔχοντα Z. I 48, 20. III 30, 26
ἀ. περὶ ψυχήν, περὶ σῶμα, ἐκτὸς III 33, 5; e. enum. 31, 5
μὴ τὰ λεγόμενα ἀποπροῆχθαι κατ' ἀνάγκην ὑπάρχειν ἀ. A. I 83, 17 μὴ

εἶναί τινα ἀδιάφορα φύσει ἀ. A. I 83, 14 ἀναγκαῖον εἶναι τῶν προηγμένων τὴν ἐκλογὴν ποιεῖσθαι παρὰ τὰ ἀ. Z. I 48, 17 relationes suis quaeque momentis distinctae divisaeque III 44, 11 incommoda inter reiecta sunt III 23, 13
ἄπορος περὶ τῶν ἀ. tit. l. Cl. I 108, 3 περὶ τῶν ἀ. διαλεκτικῶν tit. l. Chr. II 8, 19 ἀ. λόγοι II 90, 35 ἄπορα 63, 23 ἀ. ἐν κατηγορίᾳ = κροκοδειλίτης 93, 32
ἀπόσπασμα σπέρμα = ψυχῆς μέρος καὶ ἀ. Z. I 36, 3. 13. 18
ἀποστατικῶς οἱ φαῦλοι πράττουσιν ἀ. III 124, 4
ἀποστερέω ἀ. οὐκ ἔστι δικαίως, ἀλλ' ἀπὸ μοχθηρᾶς πρόεισιν ἕξεως III 85, 10
ἀποστηματικός II 245, 23
ἀποστρέφομαι οἱ ἐν τοῖς πάθεσιν ὄντες ἀ. τὸν λόγον III 94, 36 ἡμᾶς πολλάκις ἀ. τὸν λόγον 95, 12 φορὰ ἀπεστραμμένη τὸν λόγον 125, 13 τὸ ἄλογον ἀ. τὸν λόγον 113, 28
ἀποστροφή ἡ παραλλαγὴ γίγνεται διὰ τὴν τοῦ λόγου ἀ. III 125, 21 ὁ πλεονασμὸς γίνεται κατὰ τὴν τοῦ λόγου ἀ. 130, 11 ἄλογόν φαμεν κατὰ τὴν τοῦ λόγου ἀ. 126, 32
ἀποσυμβαίνω συμβαίνειν καὶ ἀ. II 133, 16
ἀποτελεστικός II 149, 2
ἀποτροπή περὶ τῶν καθηκόντων προτροπῶν καὶ ἀ. pars eth. III 3, 5
ἀποτυφλόω III 129, 20. 33
ἀποφαίνομαι II 53—58 pass.
ἀπόφανσις II 59, 29. 31. 36 ἀ. ὡρισμένη 60, 3 ποιεῖν ἀ. 60, 3. 5
ἀποφαντικός def. II 61, 29 ἀ. λόγος = ἀξίωμα 61, 44
ἀποφαντόν II 31, 31. 62, 42
ἀπόφασις τὴν ἀ. προτετάχθαι δεῖ τοῦ ἑτέρου II 70, 17 οὐδὲν τῶν κατὰ ἀ. λεγομένων οὐδενί ἐστιν ἐναντίον II 50, 29
ἀποφάσκω II 53, 27. 33. 55, 17. 57, 11. 18. 58, 1. 14 ἀποφάσκων (scil. λόγος) tit. l. Chr. II 8, 7. 8
ἀποφατικός περὶ ἀ. tit. l. Chr. II 5, 9 solum abdicativum, cui negativa particula praeponitur II 66, 26 μόνα τὰ ἀ. τοῖς καταφατικοῖς ἀντικεῖσθαι 51, 8

ἀ. ἀξιώματα II 55, 3. 4. 66, 7. 69, 23
ἀ. συμπεπλεγμένον 69, 2. 71, 34. 81, 16
ἀ. συμπλοκή 69, 2. 80, 11 negationes infinitarum coniunctionum 277, 8 ἡ τῶν ἀ. ὑπεξαίρεσις 84, 32
ἀποχράω ἡ ἀρετὴ ἀ. III 50, 10
ἀπράγμων ἀ. τοὺς σπουδαίους III 163, 37 expl. 176, 28
ἀπρεπής τὰ κακὰ πάντα ἀ. III 22, 2 ἀ. κίνησις 64, 33
ἀπρόληπτος μηδὲν τῷ σοφῷ ἀ. προσπίπτειν III 149, 30. 36
ἀπροπτωσία = ἐπιστήμη τοῦ πότε δεῖ συγκατατίθεσθαι καὶ μὴ II 39, 22 = διάθεσις ἀσυγκατάθετος πρὸ καταλήψεως 40, 9
ἀπρόπτωτος ὁ. ἀ. def. II 40, 12 ἀπροπτώτως ἀκοῦσαι III 50, 36
ἅπτομαι cf. ψαύω
μηδενὸς ἅ. μηδὲν II 159, 14 ἅ. μὲν ἀλλήλων τὰ σώματα, μηδενὶ δ' ἅ. ib.
ἀρατικόν II 31, 32. 58, 39. 60, 41. 61, 31. 44
ἀράχνης II 288, 4
ἀργός ἀ. λόγος II 277, 32. 278, 19
ἀργύριον φιλαργυρία ὑπόληψις τοῦ τὸ ἀ. καλὸν εἶναι III 110, 40
ἀρεστός τὸ αἱρετὸν ἀ., τὸ δ' ἀ. ἐπαινετόν III 9, 27. 11, 8 πᾶν ἀγαθὸν ἀ. 22, 14. 16 ἡ ἀρετὴ ἀ. 49, 44 expl.
ἀρετή περὶ ἀ. tit. l. Cl. I 107, 14 Chr. II 9, 42 ὅτι ἡ αὐτὴ ἀ. ἀνδρὸς καὶ γυναικὸς tit. l. Cl. I 107, 36 περὶ τοῦ ποιάς εἶναι τὰς ἀ. tit. l. Chr. II 9, 41 περὶ τῆς διαφορᾶς τῶν ἀ. tit. l. Chr. II 9, 40
περὶ ἀ. pars ethic. III 3, 3 τρεῖς, φυσικὴν ἠθικὴν λογικὴν ἀ. τὰς γενικωτάτας εἶναι II 15, 6 τὴν ἀ. τριχῶς λέγεσθαι III 19, 23
ἀ. enum. Z. I 47, 21. 49, 22
ἀ. = τὰς αὐτὰς τῷ ἡγεμονικῷ μέρει τῆς ψυχῆς III 75, 3 ἀ. = ἡ αὐτὴ τῇ διανοίᾳ κατ' οὐσίαν 75, 10 = τοῦ ἡγεμονικοῦ τῆς ψυχῆς διάθεσίς τις καὶ δύναμις γεγενημένη ὑπὸ λόγου, μᾶλλον δὲ λόγος οὖσα αὐτὴ ὁμολογούμενος καὶ βέβαιος καὶ ἀμετάπτωτος Z. I 50, 1. III 48. 8. 111, 14 = animus quodammodo se habens III 75, 19 = perfecta ratio 77, 4 = recta ratio 48, 10

= τελειότης τῆς ἑκάστου φύσεως 58, 34. 61, 38 = τὸ τέλειον κατὰ φύσιν λογικοῦ ὡς λογικοῦ 19, 28 = διάθεσις ψυχῆς σύμφωνος αὑτῇ περὶ ὅλον τὸν βίον 48, 17. 63, 34. 72, 12 = habitus consentiens vitae 48, 12 = διάθεσις ὁμολογουμένη 11, 37. 48, 4. 8 = περὶ ὅλον τὸν βίον τέχνη 49, 7. 148, 42 = honeste vivere 5, 41
ἀ. τις κοινῶς παντὶ τελείωσις e. s. III 48, 6 arboris et equi virtus, quae dicitur 76, 31 ἐρωτικὴ ἀ. 180, 27. Diog. 229, 7. 230, 16 συμποτικὴ 74, 18. 180, 27
quattuor virtutum unaquaeque elementum sortita est ex his tribus: ex habitudine, habendo et habere III 68, 15 ἀ. πᾶσαι διαθέσεις II 129, 42. III 25, 10. 21 αἱ κατ' ἀ. ἐνέργειαι οὔτε ἕξεις οὔτε διαθέσεις 25, 11
τὰς ἀ. ἐπιστήμας εἶναι II 30, 36 τέχνας 30, 41. III 51, 20 τῶν ἀ. τὰς μὲν ἐπιστήμας τινῶν καὶ τέχνας, τὰς δ' οὒ III 23, 26 τὰς μὲν συνεστηκέναι ἐκ θεωρημάτων, ἄλλας οὐκ ἔτι τέχνας οὔσας, ἀλλὰ δυνάμεις τινὰς. 68, 22 μηδεμίαν ἀ. εἶναι δύναμιν 61, 33 ἀ. ἀθεώρητος : θεωρηματικὴ e. s. 48, 7 ἡ ἀ. καὶ θεωρητικὴ καὶ πρακτικὴ 49, 4
διδακτὴν εἶναι Cl. I 129, 21. III 52, 17
ἀναπόβλητον Cl. I 129, 25. 28. III 57, 31 τὸν σπουδαῖον διὰ παντὸς τοῦ βίου χρῆσθαι ταῖς ἀ. Z. I 49, 19. 52, 28. Cl. I 129, 28 ἀ. πᾶσι τοῖς φρονίμοις ὑπάρχειν καὶ ἐν παντὶ καιρῷ III 24, 43 οὐκ ἀπόβλητον οὔτε ὕπαρ, οὔτε ὄναρ 57, 22 οἷόν τε τὴν ἀ. ἔχοντα καὶ ἐν ληθάργῳ καὶ ἐν μελαγχολίᾳ γενέσθαι 57, 13 ἀποβλητὴν διὰ μέθην καὶ μελαγχολίαν 56, 39. 57, 7
ἀ. σῶμα II 221, 1. 230, 2. III 21, 23. 75, 3 virtus non tantum in me intellectu est, extendens se usque ad sensus aliaque instrumenta partialia III 49, 36 πᾶσα ἀ. ζῷον 75, 9. 20. 40 τῶν ἀ. ἔστιν αἰσθέσθαι 21, 36 προσχρῆται ταῖς αἰσθήσεσιν πρὸς τὰς ἰδίας ἐνεργείας 16, 5
ποιὰς εἶναι τὰς ἀ. III 62, 22 pass.

κατὰ τὸ ποιὸν ἰδίᾳ ποιότητι συνίστα-σθαι 60, 4

τῶν ἀ. τὰς μὲν εἶναι πρώτας, τὰς δὲ ταῖς πρώταις ὑποτεταγμένας e. s. III 64, 14. 65, 5 πρώτας τέτταρας 64, 15. 65, 6 αἱ ὑποτεταγμέναι enum. 64, 19. 73, 5

μία ἀ. ἡ ἐπιστήμη III 60, 31 μία, ἐπιστήμη ἀγαθῶν καὶ κακῶν A. III 60, 15. 61, 39 I 85, 36 μία κατὰ δύναμιν A. I 86, 19 μία ἡ φρόνησις Apolloph. I 90, 20 ἀ. οὐ πολλαί Z. I 49, 28 πολλὰς ἐπιστήμας τε καὶ ἀ. εἶναι III 61, 35 πλείονας εἶναι ἀ. III 63, 20. 75, 2 πλείονας ἢ τέτταρας Cl. I 129, 15 Ant. III 253, 25 πλείονας κατὰ διαφοράς Z. I 49, 21 ἑτέρας καὶ διαφερούσας ἀλλήλων 49, 23 διαφέρειν ἀλλήλοιν τοῖς κεφαλαίοις III 69, 7 κεφαλαιοῦσθαι ἑκάστην περί τι ἴδιον κεφάλαιον III 73, 2 οὐκ ἐν τῇ πρός τι σχέσει γίνεσθαι τὸ πλῆθος τῶν ἀ., ἀλλὰ ἐν ταῖς οἰκείαις οὐσίαις ὑπαλλαττομέναις κατὰ τὰς ποιότητας 63, 2 μιᾶς ἀ. σχέσεις τὰς ἄλλας εἶναι A. I 85, 33 τῇ μὲν οὐσίᾳ μίαν ἐποίει καὶ ὑγίειαν ὠνόμαζε, τῷ δὲ πρός τί πως διαφόρους καὶ πλείονας A. I 86, 9 μίαν οὖσαν τὴν ἀ. ὀνόμασι πλείοσιν ὀνομάζεσθαι κατὰ τὴν πρός τι σχέσιν A. III 62, 37 οὐ πολλάς, ἀλλὰ κατὰ τὸ πρός τί πως ἔχειν A. I 79, 15 μία ἀ., ταῖς δὲ πρὸς τὰ πράγματα σχέσεσι κατὰ τὰς ἐνεργείας διαφέρειν δοκοῦσα Z. I 49, 27 ἑκάστη ἀ. συνωνύμως καλουμένη μόνον τοῦ καθ᾿ ἑαυτὴν ἀποτελέσματος αἰτία A. I 86, 4. 25 ἡ ἀ. ἐν πλείοσι θεωρίαις γινομένη ἢ ἐν ἐλάττοσιν II 337, 23 εἶναι τῶν ἀ. τὰ θεωρήματα κοινά III 69, 4. 72, 32

omnes virt. in ratione ponebat Z. I 49, 16 τὸ ἡγεμονικὸν διόλου τρεπόμενον καὶ μεταβάλλον κακίαν τε γίνεσθαι καὶ ἀ. Z. I 50, 8 III 111, 21 τὴν ἀ. τοῦ ἡγεμονικοῦ τῆς ψυχῆς διάθεσίν τινα καὶ δύναμιν γεγενημένην ὑπὸ λόγου, μᾶλλον δὲ λόγον οὖσαν αὐτὴν ὁμολογούμενον καὶ βέβαιον καὶ ἀμετάπτωτον Z. I 50, 1. III 48, 8. 111, 14 mundi est propria virtus II 193, 39 in virtutibus solis inesse scientiam et sapientiam II 35, 36

omnia, quae essent aliena firmae et constantis adsensionis a virtute removebat Z. I 16, 30. 18, 38 τὰς ἀ. ἐφ᾿ ἡμῖν εἶναι II 287, 7 ubi virtus, si nihil situm est in ipsis nobis? 35, 19 κατὰ τὴν τῶν ὅλων οἰκονομίαν ἀναγκαῖον καὶ περὶ τὴν ἀ. ἔχειν ἡμᾶς, ὡς ἂν ποτ᾿ ἔχωμεν 269, 8

ἄγει πρὸς ἀ. ἡμᾶς ἡ φύσις Z. I 45, 22. Cl. 125, 21 φύσει πάντες πρὸς ἀ. γεννώμεθα Z. I 46, 28. A. 80, 34. III 51, 22. 32 πάντας ἀνθρώπους ἀφορμὰς ἔχειν ἐκ φύσεως πρὸς ἀ. Cl. I 129, 18 ἅπαντας ἀνθρώπους εἰς ἀρετῆς κτῆσιν ἐπιτηδείως ἔχειν III 56, 20 v. hominibus per consilium naturae gignitur II 336, 26 πρὸς τὰς ἀ. τὴν ἀξιόλογον προκοπὴν ἐκ φύσεως προϋπάρχειν III 51, 37 οὐ φύσει τὴν ἀ. γεννώμεθα ἔχοντες 52, 22 ἡ ἀ. ψιλῶς οὐδέν ἐστι πρὸς τὸ ζῆν ἡμᾶς 189, 8 οὐ τὴν ἀ. κατέχειν ἐν τῷ ζῆν 188, 3. 189, 40

περὶ τὴν τῶν κατὰ φύσιν καὶ οἰκείων ἐκλογὴν ἡ ἐνέργεια τῆς ἀ. καὶ περὶ τὴν ἔκκλισιν τῶν τούτοις ἐναντίων III 190, 26 ἡ φύσις τῆς τῶν οἰκείων ἐκλογῆς ἕνεκεν τὴν ἀ. παραλαμβάνει 46, 23 τὸ κατ᾿ ἀ. ζῆν = κατ᾿ ἐμπειρίαν τῶν φύσει συμβαινόντων ζῆν 3, 27 ἀ. ἐστιν περὶ τὴν ἐκλογὴν τῶν κατὰ φύσιν 16, 15 virtutem rerum selectione exspoliavit A. I 84, 13

τὰ μεταξὺ ἀ. καὶ κακίας ἀδιάφορα λέγεσθαι III 28, 26 ἀ. καὶ κακίας οὐδὲν εἶναι μεταξύ A. I 84, 19. Cl. 129, 17. III 143, 16 ἡ ἀ. τὰ μὲν διωθεῖ τῶν ἀδιαφόρων, τὰ δὲ ἐκλέγεται III 57, 18 δίχα κειμένων ἀ. τε σὺν προηγουμένοις καὶ ἀ. μόνης, μηδέποτ᾿ ἂν τὸν σοφὸν τὴν κεχωρισμένην ἑλέσθαι 46, 14

ἡδονή: αἱ ἀ. Cl. I 125, 29 sq. 126, 34 ἀναιρεῖσθαι τὰς ἀ. ἁπάσας, ἂν τὴν ἡδονὴν ἢ τὴν ὑγίειαν ἀγαθὸν ἀπολίπωμεν III 8, 1. 37, 20 τῆς ἡδονῆς ἐμφαινομένης τέλους μὴ εἶναι τῶν ἀ. τινα δι᾿ αὑτὴν αἱρετήν 8, 32 virtutem nullam requirere voluptatem 13, 28 ad virtutes esse dux pecunia potest, continere autem non potest Diog. III 218, 29

ipsam etiam virtutem esse earum rerum, quae secundum naturam sunt III 32, 18 τὸ κατ' ἀ. ζῆν ἀεὶ καθήκει 135, 13 ἀ. ἀγαθὰ 26, 23 διὰ παντὸς ἔστι ἀ. καλῶς χρῆσθαι 29, 29 ἡ ἀ. μόνη ἀγαθόν A. I 81, 31. 83, 31. III 165, 21 ἀγαθὰ αἱ ἀ. καὶ τὰ μετέχοντα αὐτῶν Z. I 47, 21. III 6, 17. Diog. 218, 14 πᾶν τὸ ἀγαθὸν κατ' ἀ. ἀφώρισται III 76, 20 περὶ ψυχὴν ἀγαθὰ εἶναι τὰς ἀ. 23, 40. 24, 5. 14 ἀγαθὰ ἀεὶ παρόντα 24, 41. 43 τῶν ἀγαθῶν τὰ μὲν εἶναι ἀ., τὰ δ' οὔ 23, 22 τῶν ἐν σχέσει ἀγαθῶν τὰς μὲν καὶ ἐν ἕξει εἶναι, οἷον τὰς ἀ. 26, 30 εἰ μόνην ῥητέον τὴν γενικὴν ἀ. ἀγαθὸν ὑπάρχειν 19, 12 αἱ ἀ. πᾶσαι καὶ ποιητικὰ ἀγαθὰ καὶ τελικὰ 25, 27, 39

ἀ. καὶ τὸ μετέχον ἀ. εἶναι καλὸν III 6, 17. 9, 31 virtus = honeste vivere 5, 41. 11, 4

τὴν ἀ. δι' αὑτὴν αἱρετὴν III 11, 37 sq. 12, 32. 13, 12 sq. praeter virtutes non esse rem ullam expetendam A. I 84, 31 omnis virtus intra se perfecta III 137, 32 in una virt. omnia esse A. I 84, 13 quae proficiscuntur a virtute, susceptione prima, non perfectione recta sunt iudicanda III 137, 12 εἰ ἔστιν κατορθώματα, ἔστιν ἀ. II 295, 35 τὸ κατ' ἀ. ζῆν ἀεὶ καθήκει III 135, 13 non virt. usum modo, sed ipsum. habitum per se esse praeclarum Z. I 49, 18 ipsam virt. esse pro praemio III 13, 2 v. esse nulla potest, nisi erit gratuita 8, 2 ἑκάστῃ ἀ. συμβέβηκεν εἶναι καὶ ἀρχὴν καὶ τέλος III 53, 2 nulla in re nisi in virtute propensionem ad summum bonum adipiscendum esse Z. I 47, 8 πάσας τὰς ἀ. τέλος ἔχειν τὸ αὐτὸ III 69, 4 πάσας ποιεῖσθαι τέλος τὸ εὐδαιμονεῖν 69, 25 πασῶν τῶν ἀ. τὸ τέλος εἶναι τὸ ἀκολούθως τῇ φύσει ζῆν 64, 44 ὁμολογουμένως τῇ φύσει ζῆν = κατ' ἀ. ζῆν Z. I 45, 22 τέλος ἐν τῷ κατ' ἀ. ζῆν III 5, 41. 6, 9. 19

ἐν τῷ κατ' ἀ. βιοῦν μόνον ἐστὶν τὸ εὐδαιμόνως Z. I 46, 22. 38. 47, 13. III 13, 10. 34, 10 ἡ τῆς ψυχῆς ἀ. εὐδαιμονία III 14, 36 ἀναγκαῖα ἀγαθὰ πρὸς εὐδαιμονίαν τὰς ἀ. πάσας 27, 12 κατὰ σύγχρησιν τῶν ἑκάστων ἀ. γίγνεται τὸ εὐδαιμόνως ζῆν A. I 86, 26 τὸν τὴν ἀ. ἔχοντα εὐτυχῆ εἶναι III 155, 32 ὁ τὴν ἀ. ἔχων ἐπίσης τῷ Διὶ μακαρίως ζῇ 190, 15 ἡ ἀ. αὐτάρκης πρὸς εὐδαιμονίαν Z. I 46, 33. 37. III 13, 17. 24. 28. 29. 16, 37. 172, 10. 190, 12. Ant. 252, 33 ἀρκεῖν πρὸς τὸ μακαρίως βιῶναι τὸν οἰκειοῦντα πρὸς ἀ. λόγον A. I 80, 26 εἰ ἡ ἀ. αὐτάρκης πρὸς εὐδαιμονίαν III 57, 15 ἡ τοῦ εὐδαίμονος ἀ. expl. 4, 5

ἀ. ἀχώριστοι ἀπ' ἀλλήλων Z. I 49, 17. 23 III 69, 6. 75, 2 τὰς ἀ. ἀντακολουθεῖν ἀλλήλαις καὶ τὸν μίαν ἔχοντα πάσας ἔχειν III 67, 44. 69, 6. 72, 30. 73, 29. Apollod. III 261, 13 ita nexas et cohaerentes, ut qui unam non habuerit, omnibus careat III 73, 35 τὸν κατὰ μίαν ὁτιοῦν ἐνεργοῦντα κατὰ πάσας ἐνεργεῖν 69, 7. 73, 31 πάντα ποιεῖν τὸν σοφὸν κατὰ πάσας τὰς ἀ. 148, 23 πάσας τὰς ἀ. τὰ πασῶν βλέπειν καὶ τὰ ὑποτεταγμένα ἀλλήλαις 69, 17 qui generalem, habet et speciales, qui speciales, et generalem v. 48, 14 αἱ ἀ. ἀλλήλαις αἴτιαι διὰ τὴν ἀντακολουθίαν II 121, 7 εἰ καὶ ἀντακολουθοῦσιν ἀλλήλαις αἱ ἀ., ἀλλὰ τῇ ἰδιότητι διαφέρουσιν III 74, 24

μὴ ἀ. ἀρετῆς ὑπερέχουσαν εἶναι III 141, 17 τὰς ἀ. μὴ ἐπιδέχεσθαι ἐπίτασιν καὶ ἄνεσιν II 129, 42. 130, 30. III 141, 8 αὔξεσθαι τὰς ἀ. καὶ διαβαίνειν 52, 42 quamquam negant v. crescere, tamen fundi et dilatari putant 142, 19

quattuor ἀριθμοὶ τῆς ἀ. III 52, 11 ἀκαρεῖ χρόνου ἐκ τῆς φαυλότητος εἰς οὐκ ἐχούσαν ὑπερβολὴν ἀ. διάθεσιν μεταβάλλει ὁ σοφὸς 144, 8 οἱ πελάζοντες ἀ. τῶν μακρὰν ὄντων οὐχ ἧττόν εἰσιν ἐν κακίᾳ 143, 42 τὸ ἄλλους παρ' ἄλλους εὖ πεφυκέναι πρὸς ἀ., τελειότητα κατ' ἀ. οὐδ' ἡντινοῦν τῶν ἀμεινον φύντων κατηγορεῖ 52, 31 ὅσα ἐκτὸς ἀ., ἐὰν μὴ προσγένηται τὸ πέρας, ἀνωφελῆ πάντα 137, 19 ἐν ὀλίγοις γίνεσθαι τὰς μελέτας τῶν κατὰ τὰς ἀ. Diog. III 221, 20 αἱ τέλειοι ἀ. μόνου τοῦ τελείου κτήματα III 140, 22 πάντα ποιεῖν τὸν σοφὸν κατὰ πάσας τὰς ἀ. 148, 23. 166, 11 τὰς τέχνας τὰς ἐν τῷ σπουδαίῳ ἀλλοιωθείσας ὑπὸ τῆς ἀ. οἱονεὶ ἀ. γίνεσθαι 26, 31 οἱ τὰς ἀ. ἔχοντες οὐκέτι τῶν ἀντικειμένων κακιῶν ταῖς ἀ. δεκτικοί II 287, 3 τὸν σπουδαῖον διὰ παντὸς τοῦ βίου χρῆσθαι ταῖς ἀ. Z. I 52, 28. Cl. 129, 28 πᾶσιν τοῖς πράγμασι καλῶς χρῆται ἡ ἀ. III 49, 25. 28 διὰ παντὸς ἀρετῇ καλῶς ἔστι χρῆσθαι 29, 29 οὐδὲν εἶναι ἀ. ὄφελος ὀλιγοχρονίου 50, 28 ἀ. πᾶσι τοῖς φρονίμοις ὑπάρχειν καὶ ἐν παντὶ καιρῷ 24, 43 τὰς ἀ. ἐν ἀπαθείᾳ εἶναι 48, 31 v. laudabiles eos efficit, in quibus est 48, 9 τοὺς ἐπαίνους ἀλλοτριώσεσθαι κατά τινα τῶν συμβαινόντων ἀπ᾽ ἀ. 50, 32. 51, 2. 7 εἰ τῆς ἀ. ἕνεκεν ποριστέον τῷ σοφῷ 172, 9 πῶς εὔλογος ἐξαγωγὴ τῷ τὴν ἀ. ἔχοντι disp. 190, 13 sq. τὸν σοφὸν ἐπ᾽ ἀ. παρορμήσειν 175, 5 μήτε προτετράφθαι τινὰ τῶν φαύλων μήτε προτρέπειν πρὸς ἀ. 170, 32 μηδὲ τὴν κατ᾽ ἀξίαν ποιεῖσθαι δόσιν τῆς ἀ. τῶν φαύλων τινὰ 171, 11

ὁ θεὸς ἀ. οὐ δίδωσιν ἀνθρώποις III 51, 25 οὐδὲν τῶν ἄλλων ζῴων πλὴν ἀνθρώπου ἀ. ἐπιδεκτικὸν 165, 22 v. praeter hominem ac deos in nullo alio genere 58, 33 τὴν αὐτὴν ἀ. εἶναι θεῶν καὶ ἀνθρώπων Cl. I 129, 9. 11 sq. III 36, 10. 58, 32. 37 pass. πάσαις ταῖς ἀ. συμπεπληρωμένον ὁ θεὸς Cl. I 120, 16 ὁ τὴν ἀ. ἔχων ἐπίσης τῷ Διὶ μακαρίως ζῇ III 190, 15 τὴν αὐτὴν ἀ. τῶν γυναικῶν καὶ τῶν ἀνδρῶν 59, 35

διὰ τί τὴν ἀ. λέγουσιν ἀγαθὸν III 49, 43 καλὸν 50, 3 σπουδαῖον 50, 1 πολλοῦ ἄξιον 49, 44 αἱρετὸν 50, 5 συμφέρον 50, 4 χρήσιμον 50, 4 λυσιτελὲς 50, 7 ἐπαινετὸν 50, 2 ἀρεστὸν 49, 44 ἀναγκαῖον 50, 6 αὔταρκες 50, 9 ἀνενδεὲς 50, 9 ἀποχρῶν 50, 10

virtutum cognitio confirmat percipi et comprehendi multa posse II 35, 34 si natura confirmatura ius non erit, v. omnes tollentur III 84, 32
πρῶτον εἶδος φιλίας τὸ κατ᾽ ἀ. III 181, 33
τὴν μουσικὴν πρὸς ἀγωγὴν παραλαμβάνεσθαι παίδων εἰς ὑποτύπωσιν ἀ. Diog. III 228, 29 ἡ περὶ μουσικὴν φιλοτεχνία οἰκείως διατιθέναι πρὸς πάσας ἀ. Diog. 234, 11 virtus: artes Diog. 218, 36

Ἄρης (deus) ἀναίρην εἶναι τὸν Ἄ. II 319, 36 κατὰ τοῦ πολέμου τετάχθαι καὶ τῆς τάξεως καὶ ἀντιτάξεως 315, 13 Ἄ. τῶν βλαπτόντων θεῶν εἶναι 300, 24
(stella) sphaera II 169, 4

ἄρθρον μέρος λόγου II 45, 2. 10. Ant. III 247, 24 def. Diog. III 214, 3 μετὰ ἄ. τοὺς ὅρους προφέρομεν II 50, 22

ἀριθμός ὁ πᾶς ἀ. ἄπειρος λέγεται εἶναι Apollod. III 260, 19
πάλιν πάντα ταυτὰ γίνεσθαι κατ᾽ ἀ. II 189, 37 μηκέτι τὴν αὐτὴν ψυχὴν καὶ σῶμα εἶναι κατ᾽ ἀ. 189, 41 πότερον εἷς εἰμὶ τῷ ἀ. ὁ νῦν (sc. ἐν τῇ παλιγγενεσίᾳ) καὶ τότε 191, 2
quattuor ἀ. virtutis III 52, 11 κατορθώματα omnes numeros virtutis continent 4, 41 κατόρθωμα = καθῆκον πάντας ἐπέχον ἀ. 136, 15 alia peccata plures, alia pauciores numeros officii praeterire Z. I 55, 35

ἀριστοκρατία πολιτείαν ἀρίστην τὴν μικτὴν ἔκ τε δημοκρατίας καὶ βασιλείας καὶ ἀ. III 175, 27

ἁρμή παράθεσις καθ᾽ ἀ. II 154, 12 τῶν καθ᾽ ἀ. συγκειμένων 154, 31

ἁρμονικός αὐτὴν καθ᾽ ἑαυτὴν τὴν σύνεσιν τοῦ ἀ. πρὸς τὴν παιδείαν χρήσιμον Diog. III 221, 30 ὅρους καὶ διαιρέσεις καὶ ἀποδείξεις ἐν ἁρμονικῇ πλείστας εἶναι Diog. 233, 20

ἁρμόττω τῷ φαύλῳ οὐδὲν ἀ. III 169, 3 τὸ ἡρμοσμένον καὶ ἀνάρμοστον τῆς ἐπιστημονικῆς αἰσθήσεως δεῖσθαι Diog. III 222, 36

ἀρνητικόν (sc. ἀξίωμα) def. e. s. II 66, 11

ἀρρενομιξία ἀδιάφορον τὴν ἀ. Z.
I 59, 9. Cl. 132, 13
ἀρρηνότης ἀρετὴ def. III 66, 28
ἀρρώστημα ἀ. = νοσήματα μετ'
ἀσθενείας III 103, 2. 5. 104, 9 def.
104, 31 τὸ κατὰ ψυχὴν ἀ. λέγεσθαι
ἀπὸ τῆς πρὸς σῶμα ἀναλογίας 121, 2
ἀ. ἐπὶ τοῦ σώματος enum. 103, 3
ἀ. ἐπὶ τῆς ψυχῆς enum. 103, 4 : 103, 2.
104, 7 aegrotationes partes vitiositatis 104, 20 oriuntur ex libidine et
ex laetitia 103, 34 difficilius evelli
posse quam vitia 105, 11 οὐκ ἐν τῷ
κρίνειν ἀγαθὰ ἕκαστα λέγεται ἀ., ἀλλὰ
κατὰ τὸ ἐπὶ πλέον ἐκπεπτωκέναι πρὸς
ταῦτα τοῦ κατὰ φύσιν 130, 22 μηδέπω
ἀ. τὴν περὶ τῶν χρημάτων εἶναι δόξαν
ὡς ἀγαθῶν, ἀλλ' ἐπειδάν τις αὐτὰ μέγιστον ἀγαθὸν νομίζῃ 130, 33 εἰς ἀ.
τὰ παιδία οὐκ ἐμπίπτειν 128, 1 τὰ
ἀ. ἕξεις μόνον e. s. 25, 17 οὐκ ἀναγκαῖα κακά 27, 17
ἀρτάω II 273, 7
Ἄρτεμις δεικνὺς ὅτι σελήνη ἡ Ἄ.
καὶ τὰ περὶ τόκους εἰς αὐτὴν ἀναφέρων II 212, 39 τὴν σελήνην Ἄ.
Diog. III 217, 13
ἀρτιότης ἀ. προηγμένον ἐπὶ τῶν
σωματικῶν III 31, 4 δι' αὐτὸ καὶ δι'
ἕτερα προηγμένον 31, 30. 32, 33. 37
αἰσθητηρίων ἀ. κατὰ φύσιν εἶναι 34, 16
πρῶτον κατὰ φύσιν 34, 29. 45, 10 τὴν
ἀ. (sc. τῆς ψυχῆς) δύναμιν, ἐκ τῆς
ἀσκήσεως περιγιγνομένην 68, 26
ἀρχή ἀ. = εἰς ὃ διέλῃ τις κατ'
ἐπίνοιαν αὐτὸ τὸ ἐλάχιστον II 135, 1
ἀ. : στοιχεῖον II 111, 4. 134, 43 τὰς ἀ.
εἶναι ἀγενήτους καὶ ἀφθάρτους 111, 5
ἀσωμάτους καὶ ἀμόρφους 111, 6 οὐκ
ἐξ ἀνάγκης ὁμογενεῖς τοῖς πράγμασιν
II 134, 37 ἀ. τῶν ὅλων δύο, τὸ ποιοῦν
καὶ τὸ πάσχον Z. I 24, 5. Cl. 110, 25.
II 111, 8. Arch. III 263, 21 θεὸν καὶ
ἄποιον ὕλην Z. I 24, 10. 12. 18. Cl.
111, 6. II 111, 16. 112, 28. cf. 307, 33
ὁ περὶ ἀ. λόγος τὴν πίστιν λαμβάνει
ἐκ τοῦ σῶμα χωρεῖν διὰ σώματος II
156, 14
τὴν ἀ. τῆς ψυχῆς = τὸ ἡγεμονικὸν
II 245, 27
ἀ. τῶν καθηκόντων III 30, 3 τῆς

δικαιοσύνης ἀ. ἡ ἐκ τοῦ Διὸς καὶ ἡ
ἐκ τῆς κοινῆς φύσεως 80, 35
ἡ ἀ. = νόμιμος ἀνθρώπων διοίκησις
III 81, 21 = πρόνοια ἀνθρώπων κατὰ
νόμον 81, 21
ἀρχικός ὁ ἀ. τουτέστιν ὁ εἰδὼς
ἄρχειν, μόνος ἄρχων, εἰ καὶ μὴ ἔχει
τὰ ὄργανα τῆς ἀ. ἐπιστήμης III 159, 4
τοὺς σοφοὺς ἀ. εἶναι 158, 9 ἀστείοις τὴν
ἀ. ἐπιστασίαν κατανέμουσιν e. s. 158, 23
ἄρχω ἀ. λέγεσθαι τὸν ἔχοντα τὴν
βασιλικὴν ἐπιστήμην III 159, 15 ἐγνωκέναι δεῖν τὸν ἄ. περὶ ἀγαθῶν καὶ κακῶν 158, 38 ὁ ἀρχικὸς μόνος ἄρχων
159, 5 μόνος ἄρχων ὁ σπουδαῖος
159, 10 οὔτε ἄ. οὔτε ἄρχεσθαι οἷός
θ' ὁ ἄφρων 158, 28
ἀσέβεια περὶ ἀ. tit. l. P. I 96, 29
ἡ ἀ., κακία οὖσα, ἄγνοια θεῶν θεραπείας III 157, 10 ἀ. οὐ τεταγμένη
κατὰ τὴν ἐνέργειαν, ἀλλὰ ἡ τῇ εὐσεβείᾳ ἐναντία ἕξις 166, 12 τὸ παρὰ
τὴν βούλησίν τι πράττεσθαι τοῦ θεοῦ
ἀ. ἐστὶ τεκμήριον 166, 5 τὸ κατὰ ἀ.
πεπραγμένον ἀσέβημα 166, 13
ἀσέβημα def. III 166, 8. 13 πᾶν
ἁμάρτημα ἀ. εἶναι 166, 4
ἀσεβής πάντας τοὺς ἄφρονας ἀ.
III 157, 10
ἄση def. III 100, 10. 36 εἶδος τῆς
λύπης 96, 10
ἄσημος II 45, 13
ἀσθένεια ἐπὶ τοῦ σώματος ἀ. καὶ
ἐν ψυχῇ συνίσταται III 120, 32 ἡ τοῦ
σώματος ἀ. def. 121, 28 ἀδιάφορον
28, 8. Apollod. 261, 9 ἀποπροηγμένον
ἐπὶ τῶν σωματικῶν 31, 7 παρὰ φύσιν
34, 17 Chr. αἰτιᾶται τῶν πραττομένων
οὐκ ὀρθῶς ἀ. τῆς ψυχῆς 123, 1 φαύλους ὄντας ὑπ' ἀ. συγκατατίθεσθαι ταῖς
ψευδέσι φαντασίαις 42, 31 omne peccatum imbecillitatis et inconstantiae est;
haec vitia in omnibus stultis aeque
magna sunt 142, 28 ἀ. οὔτε ἄγνοιά
τινων οὔτε ἀτεχνία 23, 34 ἀ. : ἰσχὺς
123, 3 ἀ. in def. ἀρρωστήματος
ἀσθενέω καὶ κατὰ ψυχὴν τινας ἀ.
III 121, 1
ἀσθενής ἀ. συγκατάθεσις III 41,
8. 24 ἀ. ὑπόληψις 92, 22 οἱ φαῦλοι
ἀ. πράττουσιν 124, 5

ἄσκησις περὶ ἅ. tit. l. H. I 91, 9.
Dion. 93, 20 ἡ φιλοσοφία ἅ. ἐπιτηδείου τέχνης II 15, 5 ἀρεταὶ δυνάμεις ἐκ τῆς ἁ. περιγιγνόμεναι III 68, 25 θεραπεία οἰήσεως ἡ ἅ. τῆς ψυχῆς III 133, 19 πρὸς ἡδονήν, λύπην, φόβον, ἐπιθυμίαν πολλῆς δεῖ τῆς ἁ. Α. I 85, 19

ἀσμενισμός def. III 97, 43. 98, 6 εἶδος τῆς ἡδονῆς 96, 6

ἀσπάζομαι τὸ ἁ. μόνων εἶναι σπουδαίων III 161, 13

ἀσπάλαξ ὄψεως ἐστέρηται II 51, 35

ἀσπασμός def. III 105, 33 εἶδος βουλήσεως 105, 23

ἄσπλαγχνος II 249, 15

ἀστεῖος cf. σοφός, σπουδαῖος, πεπαιδευμένος

ὅρων τῶν τοῦ ἁ. tit. l. Chr. II 8, 33 ἁ. κρίσις III 72, 16 ἁ. σύστημα III 81, 1 τὴν πίστιν ἁ. ὑπάρχειν 147, 10 ἡ αὐτοπραγία ἁ. 176, 29

ὑπάρκτους τοὺς ἁ. II 40, 18 πάντα φρονίμως ποιεῖ ὁ ἁ. III 88, 36 τῷ ἁ. ἀλλότριον οὐδέν III 168, 34 τὰ πάθη ταῖς τῶν ἁ. οὐκ ἐγγίγνεται ψυχαῖς III 116, 29 ἐλεύθερος ὁ ἁ. III 88, 36. 89, 6 ἁ. τὴν ἀρχικὴν κατανέμουσιν ἐπιστασίαν III 158, 23 οὐ μεθύει Ζ. I 55, 3 οὐκ ἐπ᾽ ἀλλοτρίοις κακοῖς χαίρει III 168, 11 εὐτεκνεῖ μόνος ὁ ἁ. 156, 26 οὐκ ἀεὶ ἀνδρίζεται 58, 1

ἀστήρ cf. ἄστρον, ἀπλανῆ, πλανώμενα, κομήτης.

ἁ.: ἄστρον II 124, 25 οἱ ἁ. ἐκ θαλάσσης ἀνάπτονται II 179, 33 τρέφονται ἐκ τῆς ἐπιγείου ἀναθυμιάσεως 201, 18 terrae, maris, aquarum vaporibus aluntur 183, 11 refundunt eadem 183, 14 stellae natura flammeae 183, 11 ἐκ πυρὸς θείου καὶ ἀϊδίου 200, 15 αὐγοειδεῖς 219, 10 congruere stellas et radios inter se committere; hac societate luminis existere imaginem stellae longioris Z. I 35, 9 σφαιρικοί 200, 12. 19 κωνοειδεῖς Cl. I 114, 5 sq. ἀπὸ ἀνατολῶν ἐπὶ δυσμὰς φέρεσθαι πάντας τοὺς ἁ. Cl. I 114, 1. 3 κατά τινας τῶν ἁ. ἐπιτολὰς καὶ δύσεις μεταβολαὶ τοῦ περιέχοντος γίνονται II 302, 28

οἱ ἁ. ζῷα λογικὰ καὶ σπουδαῖα II 200, 37 pass. αὐγοειδεῖς τε ἅμα καὶ ξηροὺς ὄντας ἄκραν σύνεσιν ἔχειν 219, 10 τὸν κόσμον εἶναι πόλιν καὶ πολίτας τοὺς ἁ. 194, 17 οἱ ἁ. θεοί II 30, 19. 187, 9. 306, 24. 315, 23. 316, 3 τοὺς ἁ. ἀεὶ θέοντας θεοὺς προσηγόρευσαν 300, 20. sine labore ac defatigatione est eorum circumactio 201, 10 καὶ οἱ ἁ., θεοὶ ὄντες, πρὸς τὴν ἑαυτῶν φθορὰν συνεργοῦσι τῷ ἡλίῳ Cl. I 114, 29 τὸ περιττοὺς ἢ ἀρτίους εἶναι τοὺς ἁ. ἀδιάφορον III 29, 19

ἀστραπή def. Z. I 33, 33 II 202, 29. 203, 11. 20. 28

ἄστρον cf. ἀστήρ

τὸ ἅ. ἐκ διεστώτων καὶ ὡρισμένων II 124, 25 σφαιροειδῆ τὰ ἅ. 196, 12 ἐν τῷ αἰθέρι καθίδρυται 168, 29 oriuntur in aethere Cl. I 113, 25 τοῦ αἰθέρος τὸ πυκνωθὲν ἅ. γεγονέναι II 198, 12 ἀπὸ τῆς γῆς τρέφεσθαι II 178, 29. 196, 11 ali aquis, alia dulcibus, alia marinis Cl. I 112, 20. II 139, 24. sidera nutrienda ex mari magno II 332, 2 τὴν σελήνην καὶ τὰ λοιπὰ ἅ. τὸν ἥλιον ἐξομοιώσειν πάντα ἑαυτῷ καὶ μεταβαλεῖν εἰς ἑαυτὸν Cl. I 114, 27 astra animantia esse Cl. I 113, 25 τῶν ἅ. ἕκαστον νοερὸν καὶ φρόνιμον. πυρινὸν δὲ πυρὸς τεχνικοῦ Z. I 34, 22 τὰ ἅ. θεῖα καὶ ἔμψυχα II 168, 30 a. vim divinam tribuit Z. I 43, 13. Cl. 120, 29 ex astrorum ordine in animis hominum notiones deorum informatas esse Cl. I 119, 24. 30

ἀστρονομία τέχνη θεωρητικὴ III 49, 3

ἀσυγκατάθετος μήτε πράττειν μήτε ὁρμᾶν ἀσυγκαταθέτως III 42, 25. Ant. 246, 37 τούς τι τῶν δεόντων ἁ. γνώμῃ πράττοντας μὴ κατορθοῦν III 139, 33 διάθεσις ἁ. in def. ἀπροπτωσίας II 40, 9

ἀσυλλόγιστος ἁ. τρόπος in tit. l. Chr. II 7, 3 ἡ τοῦ ἑπομένου πρόσληψις ἐν τοῖς συνεχέσιν ἁ. 88, 9 ἁ. λόγοι def. 77, 30 e. s.

ἀσυμμετρία σώματος νόσος ἡ ἁ. τῶν ἐν αὐτῷ θερμοῦ καὶ ψυχροῦ, ξηροῦ καὶ ὑγροῦ III 121, 16 pass.

ἀσύμφορος τὰ κακὰ πάντα ἀ. III 22, 2
ἀσυμφωνία ἡ ἔχθρα ἀ. III 166, 16
ἀσυνθετέω II 63, 34
ἀσφαλὴς κατάληψις III 26, 41
ἀσχημάτιστος ἡ οὐσία ἀ. κατὰ τὸν ἴδιον λόγον II 114, 39. 115, 29
ἀσχήμων πρᾶξις III 123, 32
ἀσώματος cf. λεκτά
 τὰ ἀ. ἐν ἐπινοίαις ὑφιστάμενα ψιλαῖς II 166, 9 τῶν ἀ. τὰ μὲν τέλεια, τὰ δ' ἀτελῆ 58, 38 τῶν ἀ. τέσσαρα εἴδη· λεκτόν, κενόν, τόπος, χρόνος 117, 20 ἀ. τὰς ἀρχὰς 111, 6 τὸ „τί" καὶ κατ' ἀ. κατηγορούμενον 117, 7 τὸ ἀξίωμα ἀ. II 63, 18 ἀ. τὸ κενὸν Z. I 26, 28 τὸ ἀ. οὔτε ποιεῖν τι πέφυκεν οὔτε πάσχειν II 123, 31 καταχρηστικῶς αἴτιον καὶ οἷον αἰτιωδῶς 119, 41 σῶμα σώματι ἀσωμάτου αἴτιον 119, 20 οὐδὲν ἀ. συμπάσχει σώματι, οὐδὲ ἀ. σῶμα Cl. I 117, 11. II 219, 38 μὴ οἷόν τε κοινὸν εἶναι σύμπτωμα σωμάτων καὶ ἀ. II 126, 24 οὐδὲν ἀ. ἀπὸ σώματος χωρίζεται II 219, 26. 30. 40 οὐδὲ γὰρ ἐφάπτεται σώματος ἀ. 219, 27. 31 τῶν ἀ. ἀσωμάτους εἶναι τὰς ποιότητας 128, 15 τῶν ἀ. φαντασίαι οὐκ αἰσθητικαί 24, 18 τὸ ἀ. ἄπειρον 163, 8
 μηδὲν εἶναι ἀ. Bas. III 268, 8
ἀτακτήματα τὰ ἁμαρτήματα ἀ. III 136, 34
ἀταραχία ἀ. = nihil timere nec cupere III 109, 20 τὴν ἀ. τῆς ψυχῆς summum bonum 109, 19 qui summum bonum dicant id esse, si vacemus omni molestia, eos nomen voluptatis fugere, sed in vicinitate versari 7, 30
ἀτάραχος μονὴ III 26, 29
ἀτελής (opp. τέλειος) τῶν ἀσωμάτων τὰ μὲν τέλεια, τὰ δ' ἀ. II 58, 38. 59, 9
 τὰ μέσα τῶν καθηκόντων ἐφαρμόττει καὶ τοῖς ἀ. III 140, 23 ἀ. ὄντας εἶναι φαύλους Cl. I 129, 20 ἀ. βίος καὶ κακοδαίμων III 154, 20
ἀτερπία τελικὸν κακὸν III 26, 3
ἀτεχνία περὶ τέχνης καὶ ἀ. tit. l. Chr. II 9, 39 ἡ ἀ. τῶν ἀναμέσον II 41, 17 ἀποπροηγμένον ἐπὶ τῶν ψυχικῶν III 31, 6 τῶν κακιῶν τὰς μὲν εἶναι ἀγνοίας τινῶν καὶ ἀ., τὰς δ' οὔ III 23, 32. 34 ἀναγκαῖον κατὰ τὴν τῶν ὅλων οἰκονομίαν ἔχειν ἡμᾶς περὶ τὰς ἀ., ὡς ἄν ποτ' ἔχωμεν II 269, 9

ἄτεχνος ἀ. εἶναι τοὺς σοφοὺς οὐ ῥητέον II 41, 6 ἀ. φαντασίαι 24, 24 τὰ ἔργα διορίζεσθαι τῷ ἀπὸ τεχνικῆς διαθέσεως ἢ ἀπὸ ἀ. γίγνεσθαι III 139, 11

Ἄτλας Ἀ. ἀκάματος καὶ ἀκοπίατος πρόνοια Cl. I 124, 37 ὁλόφρων 125, 2. 4

ἄτομος περὶ τῶν ἀ. tit. l. Cl. I 110, 29 πρὸς τὰς ἀ. καὶ τὰ εἴδωλα tit. l. Sph. I 139, 26
 τὸ „ἐγώ" καὶ „σύ" ἐπὶ τῶν ἀ. λέγεσθαι II 92, 1

ἀτονία καὶ ἐπὶ τοῦ σώματος ἀ. καὶ ἐν ψυχῇ III 120, 32 ἡ τοῦ σώματος ἀ. def. 121, 28 Chr. αἰτιᾶται τῶν πραττομένων οὐκ ὀρθῶς ἀ. τῆς ψυχῆς 123, 1 ὁ ἐν τῇ ψυχῇ τόνος λέγεται ὡς εὐτονία καὶ ἀ. 123, 19 ἀ.: εὐτονία 123, 3

ἄτονος οἱ ἐπὶ τοῦ σώματος λέγονται τόνοι ἀ. καὶ εὔτονοι εἶναι III 123, 17 καὶ κατὰ ψυχήν τινας λέγομεν ἀ. 121, 1
 γῆ καὶ ὕδωρ παχυμερῆ καὶ ἄ. ὄντα II 155, 34 ἄ. τὸ τῆς θηλείας σπέρμα Sph. I 141, 23

Ἄτροπος Ἀ. κατὰ τὸ ἄτρεπτον καὶ ἀμετάθετον τοῦ μερισμοῦ II 265, 18 ὡς ποιοῦσαν τὸ ἀποκληρωθὲν ἀμετάτρεπτον 319, 25 ὅτι ἀμετάθετος ὁ καθ' ἕκαστα διορισμός 264, 26 ἡ εἱμαρμένη Ἀ. 292, 16

ἄτυφος ἀ. τὸν σοφὸν III 163, 21

αὐγοειδής οἱ ἀστέρες αὐ. II 219, 10 τὸ αὐ. πνεῦμα τοῖς ὀφθαλμοῖς ἐπιπέμπεται 231, 20

αὐγή ἀ. τρίτον τι πυρὸς εἶδος II 142, 40 ἀ. = τὸ ἀποστελλόμενον ἐκ φλογὸς συνεργὸν ὀφθαλμοῖς εἰς τὴν τῶν ὁρατῶν ἀντίληψιν 187, 5 ἐκ τῆς ὁράσεως προχεῖσθαί τινα εἰς τὸ σκότος αὐ. 234, 9
 μεταβάλλειν τὸν κόσμον εἰς αὐ. II 186, 32 ὑπὸ τῆς ἡλιακῆς αὐ. ὁ ἀὴρ ἀλλοιοῦται 143, 16 ὅσον λείπεται πρὸς λεπτομέρειαν ἀὴρ αὐ., τοσοῦτον ἀτμὸς ἀέρος 232, 18

Index verborum notionum rerum ad Stoicam doctrinam pertinentium. 31

αὐδή φωνή : διάλεκτος : αὐ. def. II 44, 15. 19
αὐθάδης ὁ ἄφρων αὐ. III 158, 29
αὐθέκαστος τὸ ἀγαθὸν αὐ. Cl. I 127, 6
αὐλέω III 149, 5
αὐλητής ὁ αὐ.: ὁ σοφὸς III 148, 39
αὐλητικός ἡ αὐ.: ἀρετὴ III 49, 24
αὐξάνω περὶ αὐξανομένου tit. l. Chr. III 194, 22
αὔξη τὰς αὐ. μὴ γίνεσθαι πολλαχοῦ ἐν ταῖς κράσεσιν II 157, 22
αὔξησις ὁ περὶ αὐ. λόγος expl. II 214, 21 αὐ.: μείωσις 114, 26 ταῖς τῶν ζῴων διὰ τῆς τροφῆς αὐ. χρῶνται πρὸς κατασκευὴν τοῦ σώμα διὰ σώματος χωρεῖν 210, 3
αὐξητικῶς bonum non accessione neque crescendo sentimus bonum III 18, 3
αὔξω cf. αὐξάνω
αὔξεσθαι τὰς ἀρετὰς III 52, 42
αὐστηρία ἀρετὴ def. III 66, 38
αὐστηρός notio expl. III 162, 21. 26. 30 αὐ. πάντας τοὺς σπουδαίους 162, 20 τὸ ἀγαθὸν αὐ. Cl. I 127, 6
αὐτάρκεια ἀρετὴ def. III 67, 3. 68, 5
αὐτάρκης notio expl. II 186, 5 ὁ κόσμος αὐ. ib. τὴν ἀρετὴν αὐ. πρὸς εὐδαιμονίαν Z. I 46, 33. III 13, 17. 16, 37. 50, 9. 57, 15. 172, 9. 190, 12. Ant. 252, 33
αὐτοδιακονία III 177, 38
αὐτοκίνητος ἔστι τις καθ᾽ ἑαυτὴν αὐ. δύναμις II 113, 6 τὸ πῦρ αὐ., τάχα δὲ καὶ αἱ πηγαί 287, 40
αὐτόματος ἡ τύχη καὶ τὸ αὐ. def. II 281, 35 κατὰ προαίρεσιν : κατὰ τύχην : κατὰ τὸ αὐ. 281, 9 λέγειν τινὰς αὐ. νοσεῖν, ὅταν ἄδηλος ᾖ αὐτοῖς ἡ αἰτία τῆς νόσου 281, 37 τὸ αὐ. ὅλως ἀνύπαρκτον εἶναι 282, 14
αὐτοπραγία ἡ αὐ. ἀστεῖόν ἐστιν III 176, 29 ἐλευθερία = ἐξουσία αὐ. III 86, 32. 146, 8 δουλεία = στέρησις αὐ. 86, 32
αὐτοτελής ὁρμὴ αὐ. III 32, 12
συνεκτικὰ αἴτια συνωνύμως καὶ αὐ. καλεῖται II 120, 3
αὐτοτελὲς (sc. λεκτόν) II 31, 32. 48, 25. 58, 30. 61, 26 δέκα γένη 62, 17

αὐτοφυής αὐ. αἴσθησις Diog. III 222, 35 pass.
ἀφέλεια ἀρετὴ def. III 68, 8
ἀφελής ὁ σπουδαῖος ἀ. III 161, 3
ἁφή = πνεῦμα διατεῖνον ἀπὸ τοῦ ἡγεμονικοῦ μέχρις ἐπιφανείας II 227, 32 = τὸ διῆκον τῆς ψυχῆς εἰς ὅλην τὴν σάρκα 238, 37 τὴν κοινὴν αἴσθησιν ἐντὸς ἀ. προσαγορεύουσιν 230, 39
ἀφθαρσία cf. κόσμος
ἀ. κόσμου II 174, 10. B. III 265, 23
ἄφθαρτος τὰς ἀρχὰς ἀ. II 111, 5 τοὺς θεοὺς ἀ. εἶναι Ant. III 249, 13. 19
ἀφίημι τὰς καταλήψεις ἀ. II 90, 5
ἀφιλαρύνω III 43, 13
ἀφορμή cf. ὁρμή
ἀ. διχῶς λέγεσθαι III 40, 14 def. 40, 11 = λόγος ἀπαγορευτικὸς 42, 7 ἀδιάφορον τὸ μήτε ὁρμῆς μήτε ἀ. κινητικὸν III 28, 22. 29, 2 τῶν ἀδιαφόρων τὰ μὲν ὁρμῆς κινητικά, τὰ δὲ ἀ., τὰ δὲ οὔτε ὁρμῆς οὔτε ἀ. 29, 11 e. s. ἀδιάφορα λέγεσθαι οὐ πρὸς ὁρμὴν καὶ ἀ. 34, 25
ἡ φύσις ἀ. δίδωσιν ἀδιαστρόφους III 53, 10 πάντας ἀνθρώπους ἀ. ἔχειν ἐκ φύσεως πρὸς ἀρετὴν Cl. I 129, 18. III 65, 1 ἀ. ἔχειν εἰς τὸ ἀληθὲς εἶναι II 64, 24
ἀφραίνω ἀ. ἁμάρτημα III 136, 22 τοὺς φαύλους πάντας ἀ. 166, 25
Ἀφροδίτη Ἀ. παθῶν θεὸς II 300, 26 de dea Cl. I 124, 6
(stella) sphaera II 169, 5
ἀφρόνευσις ἡ ἀ. οὔτε ἕξις οὔτε διάθεσις III 25, 19
ἀφροσύνη = ἄγνοια ἀγαθῶν καὶ κακῶν καὶ οὐδετέρων II 50, 18. III 63, 29 = ἄγνοια ὧν ποιητέον καὶ οὐ ποιητέον καὶ οὐδετέρων III 63, 29. 66, 1 def. III 73, 27
ἀ. ἄγνοιά τινων καὶ ἀτεχνία III 23, 33 ἕξις II 49, 36 κακία III 23, 30 ἐν ταῖς πρώταις κακίαις III 65, 18 ἀ. κακὸν Z. I 47, 23. III 17, 19. 19, 31 ἀ. μόνη κακὸν III 19, 41 ἀ. ἔστιν αἰσθέσθαι III 21, 34
ἄφρων cf. φαῦλος
ἀ. = οἱ τοῦ ποῖα δεῖ ποιεῖν, ποῖα δ᾽ οὔ, τι ἀγνοοῦντες III 65, 43 ἀγνοοῦσι τὰ καθ᾽ αὑτοὺς πράγματα 153, 32

ἀ.: κατόρθωμα 139, 26 κατὰ παραγγέλματα βιοῦν μηδένα τῶν ἀ. 171, 3 μηδένα τῶν ἀ. ἕτοιμον πρὸς τὸ φιλοσοφεῖν 170, 35 πάντας ἐπίσης ἀ. τοὺς μὴ σοφοὺς 167, 31 τοὺς ἀ. ἐπίσης πάντας ἀ. 142, 6 εἶναί τινας ἐν αὐτοῖς διαφορὰς 142, 8 τοὺς ἀ. δυστυχεῖς εἶναι dem. 153, 32 τῶν κακῶν τὰ μὲν πᾶσι τοῖς ἀ. ὑπάρχειν καὶ ἀεὶ 25, 3. 5 sq. πᾶς τις ἀ. σύνεστιν ἡδέως τῇ ἑαυτοῦ κακίᾳ 171, 16 πάντας τοὺς ἀ. ἀσεβεῖς 157, 10 πάντα θεοῖς ἐχθρὸν 166, 15 οὔτε ἄρχειν οὔτε ἄρχεσθαι οἷός τ' ὁ ἀ., αὐθάδης ὢν καὶ ἀνάγωγος 158, 28 ἀ. πολιτεία οὐκ ἔστιν οὐδὲ νόμος Diog. III 241, 35

λυσιτελεῖ ζῆν ἀ. μᾶλλον ἢ μὴ βιοῦν, κἂν μηδέποτε μέλλῃ φρονήσειν III 188, 22 τὴν τῶν ἀ. ψυχὴν ἐπιμένειν πρὸς ποσούς τινας χρόνους II 223, 21 τὴν τῶν ἀ. ψυχὴν ἀσθενεστέραν ἀμαυρὸν σύγκριμα γίνεσθαι II 223, 26

τὸ ἀ. εἶδος τοῦ αἰσχροῦ III 20, 25 ὁ ἀ. ἄνθρωπος ποιητικὸν μόνον κακὸν 25, 31

ἀ. αἴσθησις III 25, 5 ἀ. ὁρμὴ 25, 5

ἀ. ἐρώτησις 25, 32 ἀ. ἀπόκρισις 25, 6 ἀ. πατρὶς καὶ ἀ. φίλος 24, 19
ἀφυῖα ἀποπροηγμένον ἐπὶ τῶν ψυχικῶν III 31, 6
ἄφωνα τὰ ἀ. enum. Diog. III 213, 17
ἀχαριστέω οὐδὲ ἀ. οἱ φαῦλοι οὐδ' οἱ νοῦν ἔχοντες III 168, 18
ἀχαριστία quia Charites Iovis filiae, parum se grate gerere sacrilegium II 318, 2
ἀχάριστος ἀνύπαρκτον τὸ ἀ. III 168, 19 τὸν φαῦλον εἶναι ἀ. 169, 39
ἄχθος def. III 99, 41. 100, 8. 24. 101, 11. 20 εἶδος λύπης 96, 9. 99, 37. 101, 19
ἄχος def. III 100, 9. 25. 101, 20 ἀ. εἶδος λύπης 96, 10. 101, 19
ἀχώριστος τὸ αἴτιον ἀ. τῆς ὕλης II 112, 15. 20 τὰς ἀρετὰς ἀ. εἶναι III 69, 6. 75, 3
ἀψικορία def. III 97, 8
ἄψις τὸ ποιοῦν πελάσει τινὶ ποιεῖ καὶ ἀ. II 119, 28
ἄψυχος τὰ ἀ. κατὰ μετάθεσιν κινεῖται II 205, 4 ἐξ ἑαυτῶν κινεῖται 287, 42

B

βάθος def. II 123, 8 τὸ β. σῶμα εἶναι 127, 14
βαθύς β. τινάς φαμεν διὰ τὸ μηδὲν ἐφικνεῖσθαι καταβῆναι αὐτῶν II 243, 23. 31
βάναυσος etymol. II 47, 25
βαρβαρισμός ὁ β., κακία λόγου, def. Diog. III 214, 20
βάρος β. εἶναι σώματος ἴδιον II 115, 40 οὐ πάντως σῶμα β. ἔχειν Z. I 27, 31 ἐπὶ τὸ μέσον τοῦ κόσμου τὴν φορὰν ἔχει τὰ β. ἔχοντα Z. I 27, 29 περὶ τὸν μέσον τόπον ἀντερείδει τὰ βάρη ῥέποντα II 195, 7
βαρυθυμία εἶδος τῆς λύπης def. III 100, 40
βαρύς β. ὃ νεύει εἰς μέσον II 178, 25 πᾶν σῶμα ἐμβριθὲς εἰς τὸ αὐτὸ συννεύει καὶ πρὸς τὸ αὐτοῦ μέσον ἀντερείδει 195, 12 ἔστιν ἴδιον τοῦ κούφου καὶ τοῦ β. τόπος 162, 15 γῇ καὶ ὕδωρ β. 175, 19. 34. 177, 36. 155, 34.
βασανίζω ἀλγεῖν μὲν τὸν σοφόν, μὴ βασανίζεσθαι δὲ III 152, 9
βασιλεία περὶ β. tit. l. P. I 96, 26. Cl. 107, 33. Sph. 139, 34

def. III 158, 35. 159, 1 ἡ β. εἶδος ἀρχικῆς ἐπιστασίας 158, 24 μόνῳ τῷ σοφῷ κατανέμεται 158, 24. 159, 23 β. τὸν σοφὸν ἑκουσίως ἀναδέχεσθαι, χρηματιζόμενον ἀπ' αὐτῆς 173, 24 ὁ χρηματισμὸς ὁ ἀπὸ β. προηγούμενος 172, 16. 174, 19

πολιτείαν ἀρίστην τὴν μικτὴν ἔκ τε δημοκρατίας καὶ β. καὶ ἀριστοκρατίας 175, 27
βασιλεύς β. λέγεσθαι τὸν ἔχοντα τὴν βασιλικὴν ἐπιστήμην III 159, 15 μόνον τὸν σοφὸν β. 81, 31. 158, 35 pass. Diog. 241, 36 ὁ σοφὸς συμ-

βιώσεται β. 173, 18. 26 στρατεύσεται μετά β. 173, 26 καταγέλαστος ὁ πορισμός ὁ ἀπὸ β. 172, 11

βασιλεύω καὶ β. ποτὲ τὸν νοῦν ἔχοντα III 173, 17 κἂν αὐτὸς β. μὴ δύνηται ὁ σοφός, συμβιώσεται βασιλεῖ 173, 26 β. καὶ πλουτοῦντες: ὁ ἀγαθός 36, 37

βασιλικός ἡ β., ἀρετή def. III 65, 31. 74, 19 ὁ ἔχων τὴν β. ἐπιστήμην ἄρχων καὶ βασιλεὺς 159, 16 ὁ β. βίος προηγούμενος 172, 15 β. ὁ σπουδαῖος Z. I 53, 10 μόνος ὁ σπουδαῖος β. III 150, 17. 159, 1

βέβαιος τὸ ἀμετάπτωτον ἐν ταῖς κρίσεσι καὶ β. III 145, 1 σύστημα ἐξ ἐπιστημῶν τεχνικῶν ἐξ αὐτοῦ ἔχον τὸ β. 27, 1 λόγος β. καὶ ἀμετάπτωτος Z. I 50, 3 III 111, 16 in def. ἀρετῆς pass.

βία β. τις ἔξωθεν τῶν ὀργιζομένων III 128, 27

βιάζω βιάζεσθαι οὐκ ἔστι δικαίως, ἀλλ' ἀπὸ μοχθηρᾶς πρόεισιν ἕξεως III 85, 9 ὁ σπουδαῖος οὔτε β. ὑπό τινος οὔτ' αὐτὸς β. τινὰ 150, 11

βίαιος ὁρμὴ β. καὶ πλεονάζουσα III 93, 25 β. φορά 95, 12 τὰ πάθη βιαίως προωθεῖν 95, 4

βίος cf. ζάω, ἐξαγωγή
περὶ βίων tit. l. Chr. III 194, 24
ζωή: β. Z. I 55, 17 βίων τριῶν ὄντων, θεωρητικοῦ καὶ πρακτικοῦ καὶ λογικοῦ, τὸν τρίτον αἱρετέον III 173, 4 τρεῖς προηγουμένους β. εἶναι, τὸν βασιλικόν, τὸν πολιτικόν, τὸν ἐπιστημονικόν 172, 15 ὅσοι ὑπολαμβάνουσι φιλοσόφοις ἐπιβάλλειν μάλιστα τὸν σχολαστικὸν β. ἀπ' ἀρχῆς, διαμαρτάνειν 176, 16 φαίνεται ὁ κατὰ τὴν ἡσυχίαν β. ἀκίνδυνόν τι καὶ ἀσφαλὲς ἔχειν 176, 33 οὐδὲν τὸν σχολαστικὸν β. τοῦ ἡδονικοῦ διαφέρειν 176, 14
οὐκ ἀγαθοῖς καὶ κακοῖς δεῖ παραμετρεῖσθαι τὸν β., ἀλλὰ τοῖς κατὰ φύσιν καὶ παρὰ φύσιν III 188, 20 in vita sibi quemque petere, quod pertineat ad usum, non iniquum est 173, 13 οὔτε μονὴν ἐν τῷ β. τοῖς ἀγαθοῖς, οὔτ' ἐξαγωγὴν τοῖς κακοῖς δεῖ παραμετρεῖν, ἀλλὰ τοῖς μέσοις κατὰ φύσιν

188, 7 ὁ β.: μακρὸν συμπόσιον 190, 38 inscientia vita expetitur 55, 38
ὁ β. διοικεῖται κατὰ ἐπιστήμην, κατὰ ἄγνοιαν III 60, 29 vita agenda est certo genere quodam, non quolibet 4, 34 πρὸς ἀρετὴν ὁ κατὰ φύσιν β. σπεύδει 53, 4 τέχναι δύνανται συνεργεῖν πρὸς τὸν κατὰ φύσιν β. 33, 2 ὁ κατὰ φύσιν β.: ἀξία 30, 30 ἡ ἀρετὴ ἄγει ἡμᾶς πρὸς τὸν ὀρθὸν β. 49, 44 ἀρετὴ περὶ ὅλον τὸν β. τέχνη 49, 7. 148, 42 ὁ κατ' ἀρετὴν β. τέλος 6, 19 τὸν σπουδαῖον ταῖς περὶ τὸν β. ἐμπειρίαις χρώμενον πάντ' εὖ ποιεῖν Z. I 52, 30 ὁ ὁμολογούμενος β. τέλος III 3, 24 ὁμολογούμενος β.: ἀξία 30, 28
ὁ β. ὁ σπουδαῖος = σύστημα λογικῶν πράξεων III 72, 19 = τῶν ὑπὸ τοῦ λόγου διδασκομένων ἀδιάπτωτος ἐνέργεια 72, 19

honesta vita = beata III 10, 28 ὀρθὸς β. = εὐδαιμονία A. I 86, 27. Cl. 126, 23 εὐδαιμονία = εὐδαίμων β. Cl. I 126, 23. III 6, 14 εὔροια β. = εὐδαιμονία III 4, 5. 6, 11. 18, 15 pass. ὁ τοῦ προκόπτοντος β. οὔπω εὐδαίμων 137, 46 τέλειον τοῖς σπουδαίοις εἶναι τὸν β. καὶ εὐδαίμονα 154, 19 τῶν φαύλων τὸν β. ἀτελῆ καὶ κακοδαίμονα 154, 20 μήτε κακίας ὑπερβολὴν ἀπολείπειν μήτε κακοδαιμονίας τὸν β. 167, 23 τὰ ἀδιάφορα οὐδαμῶς ἀξίαν συμβλητικὴν πρὸς τὸν εὐδαίμονα β. ἔχειν 28, 28 μὴ ἀξίαν ἔχειν τὴν ἡδονὴν ἐν τῷ β. Cl. I 130, 19 bonorum frequentia v. beatiorem non fieri III 15, 22 non magis expetenda v. beata, si sit longa, quam si brevis 141, 1 sapientis vitam non beatiorem fore, si ampulla aut strigilis accedat 15, 38
πρὸς πλεῖστα ἐπὶ τοῦ β. χρησιμεύειν τὴν μουσικὴν Diog. III 234, 10

βιόω cf. ζάω
ἐν τῷ κατ' ἀρετὴν β. μόνον ἐστὶ τὸ εὐδαιμόνως III 34, 10 κατὰ παραγγέλματα β. μηδένα τῶν ἀφρόνων 171, 3 λυσιτελεῖ ζῆν ἄφρονα μᾶλλον ἢ μὴ β. 188, 22

βλαβερός πάντα τὰ κακὰ β. III 21, 1 τὰ παρὰ φύσιν μὴ φευκτὰ καὶ β. 35, 29

βλάβη β. = κίνησις ἢ σχέσις κατὰ κακίαν III 19, 39 β. ὥσπερ κακία καὶ ἡ φαύλη πρᾶξις 19, 35 κακὸν = β. ἢ οὐχ ἕτερον βλάβης 19, 35 τὸν σπουδαῖον ἀπηλλάχθαι πάσης κακίας καὶ β. 19, 39. 152, 36 ἐχθρὸς καὶ αἱ ἀπ᾽ αὐτοῦ γινόμεναι β. ποιητικὰ κακὰ 26, 2 *in def.* ὕβρεως 152, 30

βλάμμα τὰ παρακείμενα τοῖς κακοῖς, ἅπερ ἐστὶν ὧν οὐ χρή, β. III 154, 9 τὸ ἁμάρτημα τῶν β. ἐστι 71, 16 detrimenta communia hominibus 23, 7 paria 23, 9

βλαπτικός ὁ φαῦλος β. ἄνθρωπος III 169, 36

βλάπτω *cf.* ὠφελέω
β. = κινεῖν ἢ ἴσχειν κατὰ κακίαν III 28, 17 prima conciliatione τὰ β. διωθεῖται 43, 8 quae nocent, mala sunt 23, 11 οὐδέτερα, ὅσα μήτε ὠφελεῖ μήτε β. 28, 6 quod malum est, nocet; quod nocet, deteriorem facit 39, 15 τινὰς φόβους, λύπας, ἀπάτας β. μέν, χείρονας δ᾽ οὐ ποιεῖν 110, 31 β. ἑαυτὸν παρὰ τὴν ἀξίαν = ἑαυτὸν ἀδικεῖν 71, 17. 20 ὁ βλαπτόμενος ὑφ᾽ ἑτέρου ἑαυτὸν β. καὶ παρὰ τὴν ἀξίαν ἑαυτὸν β. 71, 19 τὸν βλάπτοντα καὶ ἑαυτὸν β. 160, 21 μήτε ἀδικεῖσθαι μήτε β. τὸν σπουδαῖον 152, 31 οἱ ἀγαθοὶ ἀβλαβεῖς κατ᾽ ἀμφότερα, οὔτε β. οἵους τε ὄντας οὔτε βλάπτεσθαι 154, 10 sapientissimum esse, qui mavult perire, ne noceat 85, 1

βλίτυρι τὸ β. ἄσημον II 45, 13

βολβοφακῆ III 178, 33

βουκολέομαι οὐ β. τὸν σοφὸν III 147, 14

βουλεύομαι καὶ τοὺς β. τῷ φαινομένῳ συγκατατίθεσθαι II 286, 32

βουλευτός φρόνησις πρὸς τὰ β. III 67, 34

βουλή περὶ β. tit. l. Cl. I 107, 24

βούλησις *cf.* προαίρεσις
β. = εὔλογος ὄρεξις III 41, 33. 105, 20. 27. 107, 3 β. εἶδος εὐπαθείας 105, 17 τῆς β. εἴδη 105, 22. 30 β. ἐναντία τῇ ἐπιθυμίᾳ 105, 20 cupiditas : voluntas 106, 33 *sq.* 107, 2
κατηγορημάτων αἱ β. γίνονται III 22, 40 actio recta non erit, nisi recta fuerit voluntas; ab hac enim est actio. Rursus voluntas non erit recta, nisi habitus animi rectus fuerit; ab hoc enim est v. III 139, 27 non rei admissae quantitatem, sed admittentis vol. spectant 142, 39 β. οὐκ εἶναι ἀρετὴν 23, 25 vol. in solo esse sapiente 107, 3
nostrarum voluntatum causas non esse naturales et antecedentes II 275, 13 non esse sub necessitate nostras v. II 291, 30
ἡ τοῦ ὅλου διοικητοῦ β. III 4, 7

βουλητέος βουλητόν : β. III 22, 34 τὰ ὠφελήματα β. 22, 36 βούλεσθαι τὰ β. 22, 38

βουλητός β. : βουλητέον III 22, 34 β. τἀγαθά 22, 35. 41

βραβευτής ὁ σοφός III 175, 16

βραδύνοια ἐν ταῖς ὑπὸ τὰς πρώτας κακίαις III 65, 19

βρέφος τὸ β. ἐν τῇ γαστρὶ φύσει τρέφεσθαι, καθάπερ φυτὸν II 222, 18

βροντή *def.* Z. I 33, 35 II 202, 29. 203, 12. 22. 27

βωμός ἀφεκτέον εἶναι τοῦ πρὸς β. οὐρεῖν III 187, 22

Γ

γαμέω τὸ γ. μέσον καθῆκον III 134, 27 γ. τὸν σοφὸν Z. I 62, 20 III 172, 19 *expl.* ducendam uxorem sapienti, ne Iovem Gamelium et Genethlium violet III 183, 3

γάμος *cf.* μνηστεία, γυνή
περὶ γ. tit. l. P. I 96, 28. Ant. III 254, 23

γ. ἀδιάφορον III 39, 2. 4 οἰκεῖον τοῖς σπουδαίοις καὶ τὸ συγκαταβαίνειν εἰς γ. 158, 5. 33 περὶ γ. *disp.* Ant. III 254, 25 *sqq.* ζημία ἀγαμίου, ὀψιγαμίου, κακογαμίου A I 89, 36
ἐν τοῖς γ. τὴν μουσικὴν παρέχειν χρείαν Diog. III 225, 13

γαστριμαργία *def.* III 97, 19

Γάτις : Ἀταργάτις Ant. III 257, 13
γενεά = triginta anni Z. I 37, 26
γένεσις τοῦ κόσμου II 180, 24
γενικός τὸ γ. νοητόν, τὸ εἰδικὸν αἰσθητόν II 28, 1 τὸ γενικώτατόν ἐστιν ὃ γένος ὂν γένος οὐκ ἔχει Diog. III 214, 31 e. s. γενικώτερον τοῦ ὄντος II 117, 7 τὸ γενικώτατον τῶν ὄντων 117, 38
γ. ἀρετὴ III 19, 12. 48, 12 γενικωτάτην εἶναι τὴν ὁρμὴν πολλῶν εἰδῶν 40, 23
γενναῖος ὁ πρὸς ἀρετὴν καλῶς γεγονὼς γ. III 89, 11 ὁ γ. εὐγενὴς 89, 12
γενναιότης περιγίνεσθαι τι πρὸς γ. διὰ μουσικῆς Diog. III 226, 17
γέννησις aliquod fuit principium generandi animalium Z. I 35, 16
γεννητικός cf. σπερματικός
τὸ γ. μόριον ψυχικόν φασι II 234, 29
γένος ὁρῶν τῶν κατὰ γ. tit. l. Chr. II 8, 36 in tit. Chr. 9, 7. 10
γ. = πλειόνων καὶ ἀναφαιρετῶν ἐννοημάτων σύλληψις Diog. III 214, 23 τὸ τῶν ἀνθρώπων γ. s. v. ἄνθρωπος
γέρας def. III 149, 25 τιμὴ = γ. ἀξίωσις ib.
γεῦσις = πνεῦμα διατεῖνον ἀπὸ τοῦ ἡγεμονικοῦ μέχρι γλώττης II 227, 31 = τὸ διῆκον τῆς ψυχῆς εἰς γλῶτταν 238, 37
γεωμετρία γ. τέχνη θεωρητικὴ III 49, 3 γ.: φιλοσοφία II 31, 19
γῆ γ. στοιχεῖον Z. I 28, 28 II 134, 2 τῶν παθητικῶν στοιχείων ἐστὶν II 137, 39 γ. καὶ ὕδωρ συνέχεσθαι 144, 27 τὴν γ. δεῖσθαι τοῦ συνέχοντος 145, 2 πνευματικῆς μετοχῇ δυνάμεως τὴν ἑνότητα διαφυλάττειν 146, 32 δύο ὑποκείμενα βαρέα, γ. καὶ ὕδωρ 175, 19. 178, 24 γ. καὶ ὕδωρ βαρέα καὶ κατωφερῆ 175, 34. 177, 36 παχυμερῆ καὶ βαρέα καὶ ἄτονα 155, 34 γ. τὸ ξηρὸν ἐσχάτως σῶμα 144, 4. 180, 9
ἀπὸ γ. ἄρξασθαι τὴν γένεσιν τοῦ κόσμου II 180, 24 τρίτη μεταβολὴ τοῦ ὕδατος εἰς γ. 136, 22 τὸ παχυμερὲς τοῦ ὑγροῦ συστὰν ἀποτελεῖται γ. Z. I 28, 31 II 143, 40 ὕδωρ ὑφίστασθαι καὶ γ. συνίστασθαι Z. I 28, 17 ἐκ τοῦ ὑγροῦ

τὴν ὑποστάθμην γ. γεγενῆσθαι Z. I 29, 18. 21. 24 ὑποστάθμην πάντων τὴν γ. II 180, 12 τὴν γ. ἐν ὕδατι εἶναι 176, 27
πρώτη χύσις γ. εἰς ὕδωρ II 136, 23 τὴν γ. μεταβάλλειν εἰς ὕδωρ Cl. I 111, 7 γ. ἐκπυρωθεῖσα ἄνθραξ γίνεται II 140, 27 terra longo opere consumpta germinationem non ulterius prae se fert 182, 41 t. corruptione aquarum caenosa reddita II 178, 16. 182, 42
τὴν γ. μίαν καὶ πεπερασμένην II 195, 20 σφαιροειδῆ 195, 23. 196, 12 figuram t. per providentiam factam fuisse globosam 330, 36 γῆ περὶ τὸ μέσον σημεῖον τοῦ κόσμου κειμένη Z. I 27, 30. 29, 24. II 169, 9. 176₁ 34. 177, 36. 180, 12. 27. 183, 33. 330, 32 τὸ πῦρ ἐν τῷ μέσῳ τοῦ κόσμου εἶναι, ἀλλ' οὐ τὴν γ. Arch. III 264, 5 ἡ γ. κέντρου τάξιν καὶ μέγεθος ἐπέχουσα II 175, 27. 176, 26 τῇ δυνάμει μεγίστη, αὐτὴ τὸ πλεῖστον τῆς οὐσίας ὑπάρχουσα 178, 31 ἡ ὅλη γ. ἔχει βάρος Z. I 28, 1 ἡ γ. πάντων ὑπέρεισμα II 168, 18 συνερείδει πανταχόθεν αὑτῇ τοῖς μέρεσι 178, 12 inferior est 176, 29 τελευταία σφαῖρα ἡ τῆς γ. 169, 9 γ. οὐκ εἶναι τὴν σελήνην, ὅτι τῆς κάτω χώρας ἀφέστηκε 195, 18 τὴν τῆς γ. σφαῖραν μόνην ἑστάναι 175, 29. 36. 196, 12 παρὰ τὴν θέσιν διὰ τὸ τὴν μέσην ἔχειν χώραν ἐπὶ τοῦ τόπου τούτου μένειν Z. I 28, 2 τοῦ κόσμου τὸ ὑπομένον τὴν γ. II 168, 17 τὴν ἐπὶ τὸ μέσον φορὰν αἴτιον εἶναι τῆς γ. μονῆς ἐν τῷ κόσμῳ Z. I 27, 30 ἄνευ βάσεως διαμένει, τὸν κατὰ φύσιν τόπον ἔχουσα, τὸν μέσον II 195, 4
ἀναπέμπει τροφὴν τῷ οὐρανῷ καὶ τοῖς ἄστροις 178, 28
rite disposita sectio terrae pro habitatione hominum, proque spatio ad usum deorum II 331, 44 γῆ : νῆσοι : ἤπειροι 168, 22 ζῶναι τῆς γ. πέντε 195, 24 τὸ μὲν λίθος αὐτῆς, τὸ δὲ μεταλλευτόν τι σῶμα, τὸ δὲ ἡ γεωργουμένη γ. 144, 10 τὰ μὲν ἑλώδη τῆς γ. οἰκήσιμα γίνεται διὰ ξηρότητα, τὰ δὲ συμμέτρως ἔχοντα ἀοίκητα διὰ τὴν τῆς ξηρότητος ἐπίτασιν 183, 23

τὴν γ. ἡγεμονικὸν εἶναι τοῦ κόσμου II 194, 5 θεὸν εἶναι 30, 19. 306, 24 θεὸν εἶναι, οὐ τὴν ἀνασκαπτομένην οὐσίαν, ἀλλὰ τὴν διήκουσαν ἐν αὐτῇ δύναμιν 320, 8 διὰ τῆς γ. αὐτῆς τὸν νοῦν κεχωρηκέναι καθ' ἕξιν 192, 10 ἡ γ. μήτηρ διὰ τὸ δέχεσθαι τὰ σπέρματα καὶ τίκτειν 300, 18 τὰ ξύλα πάντα καὶ καρπῶν μόρια πολλὰ καὶ ζῴων γεώδη τὴν οὐσίαν εἶναι 144, 17
γῆρας τὸ γ. γίνεσθαι διὰ τὴν τοῦ θερμοῦ ἔλλειψιν II 215, 26 γ. κατὰ φύσιν ἔχον III 24, 38
γίγνομαι οἰκειούμεθα πρὸς αὐτοὺς εὐθὺς γενόμενοι III 43, 24. 34. 44, 16. 33 *pass.* nasci et mori fatis dant II 281, 42 ἔξω γ. ἑαυτῶν III 129, 19
γιγνώσκω καλῶς ἅπαντα γινωσκόντων ἡμῶν ὁ βίος διοικεῖται κατὰ ἐπιστήμην, κακῶς δὲ καὶ ψευδῶς γ. κατὰ ἄγνοιαν III 60, 28
γλυκύς τὸ γ. καὶ πικρὸν διαφορὰς μὲν ἔχει, οὐ μέντοι καθ' αὑτά ἐστι τοιαῦτα, ἀλλὰ πρός τι II 132, 32
γλῶττα γ., τὸ τῶν χυμῶν διαγνωστικὸν ὄργανον, ἐκ τῆς ὑγροτέρας ἰδέας τοῦ σώματος II 231, 39
γνώριμος οἱ γ. ἐκτὸς ἀγαθά III 24, 6
γνωριμότης φιλία ἐγνωσμένων III 27, 4
γνῶσις γ. ἀγαθὸν αὐτὸ δι' αὑτὸ αἱρετὸν III 26, 25 τοῦ κατὰ τὸν βίον ἁμαρτάνοντος ἐν τοῖς περὶ ἀγαθῶν καὶ κακῶν γ. καὶ κτήσεως αἱ μοχθηραὶ δόξαι συνίστανται 41, 22
γνωστικός *cf.* σοφός, σπουδαῖος πράσσεται τινα καὶ πρὸς τῶν μὴ γ. ὀρθῶς, ἀλλ' οὐ κατὰ λόγον III 138, 5 πᾶσα πρᾶξις γ. κατόρθωμα 139, 3 γ. : πιστός *ib.*
γοητεία γ. ὑπὸ τὴν ἡδονὴν ὑπάγονται III 96, 7 *def.* 98, 4. 6
γονεῖς γ. προηγμένων τῶν ἐκτὸς III 33, 3 γ. τῶν ἐκτὸς ἀγαθῶν εἶναι 23, 41 inter bona esse parentes bonos 24, 30 γ. τιμᾶν καθῆκον 135, 1 γ. ἀμελεῖν παρὰ τὸ καθῆκον 135, 2 parentes violare peccatum, quod est in effectu 137, 9 τὸ τιμᾶν τοὺς γ. κοινὸν τοῦ τε σπουδαίου καὶ μὴ σπουδαίου,

τὸ δὲ ἀπὸ φρονήσεως τιμᾶν τοὺς γ. ἴδιον τοῦ σοφοῦ 139, 15 καὶ γ. σεβήσεσθαι τοὺς σπουδαίους ἐν δευτέρᾳ μοίρᾳ μετὰ τοὺς θεοὺς 183, 22
natura liberi a parentibus amantur III 83, 19 ὅμοιοι γινόμεθα τοῖς γ. οὐ μόνον κατὰ τὸ σῶμα, ἀλλὰ καὶ κατὰ τὴν ψυχὴν Cl. I 116, 33. 117, 8. 16 parentes animos teneros et rudes inficiunt et flectunt III 55, 25 *sq.* admirationem nobis parentes auri argentique fecerunt 56, 3 ἀπογενομένων τῶν γ. ταφαῖς χρηστέον ταῖς ἁπλουστάταις 186, 42
γόος γ. εἶδος λύπης *def.* III 100, 39. 101, 14
γράμμα τριχῶς λέγεται τὸ γ. Diog. III 213, 14 τὰ εἰκοσιτέσσαρα γ. Diog. 213, 13
γραμματική γ. = ἀνάπτυξις τῶν παρὰ ποιηταῖς καὶ συγγραφεῦσιν II 31, 25 ostendit, quemadmodum quodque poëta finxerit verbum, confinxerit, declinarit Cl. I 109, 6 γ. : φιλοσοφία II 31, 25
γραμματικός ἀγαθὸς γ. ὁ σοφός Diog. III 241, 32
γραμμή *def.* Apollod. III 259, 27 γ., τοῖς σώμασι προσεοικός, εἰς ἄπειρον τέμνεται II 158, 17 πάσης γ. μέρος εἶναι γ. Apollod. III 260, 13
γραῦς ἐγκρατῶς ἀποσχέσθαι δυσθανατώσης γ. laude non dignum III 50, 36. 51, 3. 9 ἐγκρατεύεται οὐχ ὁ θανατώσης γ. ἀπεχόμενος, ἀλλ' ὁ Λαΐδος 67, 22
γραφεῖον γ. κρατεῖν οὔτε καθῆκον οὔτε παρὰ τὸ καθῆκον III 135, 6
γραφική ἡ γ. et γυμναστική : ἡ μουσική Diog. III 222, 7
γυμναστικός ἡ τῆς μουσικῆς πρὸς τὰς γ. ἐνεργείας συνεργία Diog. III 225, 32 ἡ γ. et ἡ γραφική : ἡ μουσική Diog. 222, 5
γυναικομανής γ. III 130, 26 καλοῦσι τοὺς φιλόγυνας γ. 167, 8
γυναικομανία εἶδος τῆς μανίας III 167, 6
γυνή *cf.* θήλεια περὶ γ. συμβιώσεως tit. l. Ant. III 254, 3

τὴν γ. τὴν αὐτὴν φύσιν καὶ ἀρετὴν ἔχειν τῷ ἀνδρὶ III 59, 34 φιλοσοφητέον καὶ ταῖς γ., ἐμφερῶς τοῖς ἀνδράσιν 59, 29. 36 κοινὰς εἶναι τὰς γ. δεῖν παρὰ τοῖς σοφοῖς Ζ. I 62, 17. 19. III 183, 9 περὶ γ. γαμετῆς disp. Ant. III 254, 27 sq. γ. ἐσθίειν κελεύουσιν ἀποθανούσας 186, 18 Ζήνων οὐδεπώποτε γ. ἐχρήσατο I 58, 36

διὰ τί γ. συνουσιάζουσα οὐ συλλαμβάνει II 213, 10 πῶς στεῖραι γίνονται αἱ γ. 213, 14 ἐν ταῖς πανσελήνοις εὐτοκώταται γίγνονται αἱ γ., κατὰ δὲ σκοτομηνίας δύστοκοι 212, 36. 40

Δ

δαιμόνιον δ. φαῦλα II 338, 32 ἀφανίζει τὸ δ. P. I 99, 4
δαίμων δ. ὑπάρχειν οὐσίας ψυχικὰς II 320, 27 εἰ διαμένουσιν αἱ ψυχαί, δ. αἱ αὐταὶ γίνονται 224, 10 τοὺς δ. ἐρρωμενεστέρους ἀνθρώπων γεγονέναι, τὸ δὲ θεῖον οὐκ ἀμιγὲς ἔχοντας 320, 36 εἶναί τινας δ. ἀνθρώπων συμπάθειαν ἔχοντας 320, 29 ἡ συμφωνία τοῦ παρ' ἑκάστῳ δ. πρὸς τὴν τοῦ ὅλου διοικητοῦ βούλησιν III 4, 6 φαύλους δ. ἀπέλιπε Chr. II 321, 5 τὸν ὑπὸ σελήνην οἰκοῦσι τόπον 321, 14 τροφῇ χρῶνται τῇ ἀπὸ γῆς ἀναθυμιάσει 321, 16
δάκτυλος τὸ προτεῖναι τὸν δ. ὡδὶ ἢ ὡδὶ ἀδιάφορον III 28, 24 τὸ ἐκτεῖναι τὸν δ. ἢ συστεῖλαι ἀδιάφορον 29, 3 μήτε προῆχθαι μήτε ἀποπροῆχθαι 29, 34 bonae famae causa ne digitum quidem porrigendum esse 37, 36 οὐδ' ἂν τὸν δ. καθήκοι προτεῖναι χάριν ἀμεριαίας φρονήσεως 50, 19. 25 ἀνδρείως τὸν δ. προτεῖναι quis laudabit? 50, 35 ἂν εἷς σοφὸς ὁπουδήποτε τὸν δ. προτείνῃ φρονίμως, οἱ σοφοὶ πάντες ὠφελοῦνται 160, 28 οὐδὲ τὸν δ. ὡς ἔτυχε σαλεύειν τῷ σοφῷ ὁ λόγος ἐπιτρέπει 183, 18
δειλαίνω οὐκ ἀεὶ δ. τὸν φαῦλον III 58, 1
δειλία = ἄγνοια δεινῶν καὶ οὐ δεινῶν καὶ οὐδετέρων III 63, 32 δ. ἄγνοιά τινων καὶ ἀτεχνία 23, 33 δ. κακία 23, 30 κακία ψυχῆς: ἀνδρεία 60, 37 δ. ἐν ταῖς πρώταις κακίαις 65, 18 ἴσην δ. τὴν Βρασίδου τῇ Δόλωνος 143, 10 δ. κακὸν Ζ. I 47, 23. III 17, 19. 19, 31 δ. ἐστιν αἰσθέσθαι 21, 34
δειλόν τὸ δ. εἶδος τοῦ αἰσχροῦ III 20, 25 ἡ μουσικὴ ἐπιφαίνει τὸ ἄνανδρον Diog. III 224, 18

δεῖμα def. III 98, 35. 43. 99, 2 δ. ὑπὸ τὸν φόβον ὑπάγεται 96, 8. 98, 34
δειμός III 123, 28
δεινός δ. ἐν λόγοις ὁ σοφός II 39, 34 in def. δειλίας III 63, 32 in def. φόβου 95, 19 in def. δικαιοσύνης 63, 28 pass.
δεῖξις II 65, 13. 66, 39. 67, 12
δεισιδαιμονία περὶ δ. tit. l. Ant. III 257, 12 δ. def. III 98, 43. 99, 13. 29 εἶδος φόβου 96, 8
δεκτικός ἕξις φαντασιῶν δ. III 27, 2 ψυχὴ φαντασιῶν ψευδῶν δ. 34, 19 σῶμα τραυμάτων δ. 34, 20
δεξιός δ. τοῦ κόσμου τὰ πρὸς ἄρκτον II 176, 15
δέομαι δ. μὲν τὸν σοφόν, μὴ προσδέχεσθαι δὲ III 152, 10 sapientem nulla re egere et tamen multis illi rebus opus esse; contra stulto nulla re opus est, sed omnibus eget 169, 10 τὸν φαῦλον οὐδενὸς δ. 168, 29 οὐ δ. μέν, ἐνδέονται δὲ οἱ φαῦλοι 169, 7
δέον τὸ δ. πολλάκις δεόντως οὐκ ἐνεργεῖται III 138, 23 τούς τι τῶν δ. ἀσυγκαταθέτῳ γνώμῃ πράττοντας μὴ κατορθοῦν 139, 33 τὸ ἀγαθὸν δ. Cl. I 127, 5 πᾶν ἀγαθὸν δ., ὅτι συνέχει ἐν οἷς χρή III 22, 6 quod bonum est, utique necessarium; quod necessarium est, non utique bonum 20, 14
δέος def. III 98, 43. 99, 3. (16) ὑπὸ τὸν φόβον ὑπάγεται 96, 8
δεσπόζω ὁ σπουδαῖος οὔτε δ. οὔτε δεσπόζεται III 150, 12
δεσποτεία δ. φαύλη οὖσα: δουλεία III 86, 34
δεύτερος τὰ μὲν προηγούμενα ἀγαθά, τὰ δὲ δ. δεύτερά ἐστιν, ὅσα περιέχει κακῶν ἀπαλλαγήν III 27, 34

δηγμός δ.: λύπη III 107, 26 μυίας δ. 51, 4
δημοκοπέω τὸ δ. εἰς σπουδαίους οὐ πίπτει III 158, 7
Δημήτηρ Δ. καλοῦσι κατὰ τὴν εἰς γῆν διάτασιν τοῦ θεοῦ II 305, 24 Δ. γῇ ᾗ τὸ ἐν αὐτῇ πνεῦμα 315, 17. 316, 7 Δ. καὶ Κόρη τὸ διὰ τῆς γῆς καὶ τῶν καρπῶν διῆκον πνεῦμα 319, 31 Δ. τῶν ὠφελούντων θεῶν εἶναι 300, 23 τροφὴν εὑροῦσαν θεὸν νενομίσθαι P. I 99, 8
δημιουργέω τὸν θεὸν διὰ πάσης τῆς ὕλης δ. ἕκαστα Z. I 24, 8. Cl. 110, 28
δημοκρατία πολιτείαν ἀρίστην τὴν μικτὴν ἐκ δ. καὶ βασιλείας καὶ ἀριστοκρατίας III 175, 27
δῆμος ὁ δ. ἀστεῖόν τι σύστημα III 81, 1 μὴ κατὰ πόλεις μηδὲ κατὰ δ. οἰκῶμεν, ἀλλὰ πάντας ἀνθρώπους ἡγώμεθα δημότας Z. I 61, 2
δῆξις τὰς ἐπὶ ταῖς κρίσεσιν ἀλόγους δ. εἶναι τὰ τῆς ψυχῆς πάθη Z. I 51, 24 τὰς δ. in affectibus τὸ μᾶλλον καὶ τὸ ἧττον δέχεσθαι III 119, 30
διά δι' ὅ : ἐξ οὗ : ὑφ' οὗ II 162, 22 δι' ἑαυτοῦ κινεῖν : ἐξ ἑαυτοῦ : ἀφ' ἑαυτοῦ 161, 27 κριτήριον ὡς δι' οὗ 33, 21
διαβαίνω αὔξεσθαι τὰς ἀρετὰς καὶ δ. III 52, 42
διαβάλλω μόνους τοὺς φαύλους καὶ διαβάλλεσθαι καὶ δ. III 153, 10
διαβολή def. III 153, 8 κακουργότερον οὐδὲν δ. Cl. I. 132, 15. δ. 132, 17
διαγωγή διαμαρτάνειν ὑπονοοῦντας δ. τινος ἕνεκεν δεῖν τὸν ὅλον βίον διελκύσαι III 176, 17
διαζευκτικός πρὸς τοὺς Ἀμεινίου δ. (sc. λόγους) tit. l. Chr. II 7, 24 δ. σύνδεσμος = ἤτοι II 68, 21 de modo concludendi ἐν τοῖς δ. συλλογισμοῖς 88, 4
διάθεσις ἕξις : δ. III 141, 12 τὰς δ. ἀνεπιτάτους εἶναι καὶ ἀνανέτους II 129, 38. III 141, 13 ἔστι τῆς ψυχῆς μέρη, δι' ὧν συνέστηκεν ἡ ἐν τῷ λόγῳ δ. III 122, 4 αἱ κατὰ ἕξιν ἢ δ. μεταβολαὶ τῆς ψυχῆς Z. I 50, 8 δ. αἱ ἀρεταί II 129, 42. III 25, 10 ἡ ἀρετὴ = δ. τις καὶ δύναμις τοῦ ἡγεμονικοῦ Z. I 50, 2 ἡ ἀρετὴ = δ. ὁμολογουμένη III 11, 37. 48, 4 pass. = δ. ψυχῆς σύμφωνος αὑτῇ περὶ ὅλον τὸν βίον III 48, 17. 63, 34. 72, 12 τὰ ἔργα διορίζεσθαι τῷ ἀπὸ τεχνικῆς δ. ἢ ἀπὸ ἀτέχνου γίγνεσθαι III 139, 11 τὸν σοφὸν ἕκαστον τῶν πραττομένων ἀπὸ ἀρίστης δ. πράττειν 139, 18 τὸν σοφὸν ἀπὸ ἕξεως καὶ δ. εὐλογίστου εὐλόγιστον 138, 22 καὶ τὸ ψεῦδος ἀπὸ ἀστείας δ. προφέρεσθαι II 42, 34 φρονίμη δ. III 11, 34. 36

τὰς σπουδαίας δ. = Διοσκούρους Z. I 43, 34 τῶν περὶ ψυχὴν ἀγαθῶν τὰ μὲν εἶναι δ., τὰ δὲ ἕξεις μέν, δ. δ' οὔ, τὰ δ' οὔτε ἕξεις οὔτε δ. III 25, 8. 20 e. s. item de malis 25, 13 e. s. τὰς τέχνας μὴ εἶναι δ. II 129, 44 ὅμοιοι τοῖς γονεῦσι γινόμεθα κατὰ τὴν ψυχὴν ταῖς δ. Cl. I 117, 9 τῶν οἰκείων δ. οὐκ ἔξωθεν, ἀλλ' ἐν ἡμῖν ἔχομεν τὰς αἰτίας Diog. III 222, 12
διαθέω διὰ τῆς ὕλης δ. τὸν τοῦ παντὸς λόγον Z. I 24, 31
διαιρέομαι πρὸς τοὺς μὴ δ. tit. l. Chr. II 6, 23
διαίρεσις περὶ τῶν δ. tit. l. Chr. II 9, 8. 10
def. Diog. III 215, 1 e. s. ἡ τέλειος δ. συντάξει τοῦ καθολικοῦ διενήνοχε II 75, 5 δ. ἐν ἁρμονικῇ πλείστας εἶναι Diog. III 233, 19
ἡ ὕλη δ. καὶ σύγχυσιν ἐπιδεχομένη κατὰ μέρη II 114, 27
διαιρετικός de modo concludendi ἐν τοῖς δ. συλλογισμοῖς II 88, 4 ὁ ἐξ ἀντιφάσεως δ. συλλογισμός 87, 43 ἐν τοῖς ἐξ ἐναντίων δ.: ἐξ ἀντικειμένων 88, 39
διαιρετός δι' ὅλων δ. τὴν ὕλην II 115, 7
διαιτάω οὐ δ. τὸν σοφόν III 147, 14
διακεκριμένον II 75, 17
διάκενος δ. ἑλκυσμός II 22, 6. 25, 1
διακοσμέω rerum naturae dispositorem atque artificem universitatis λόγον Z. I 42, 23 τὸ πῦρ ἄνωθεν ἄρχεσθαι δ. τὸ ὅλον Cl. I 111, 20 ἐκπυροῦσθαι τὸν κόσμον, εἶτ' αὖθις πάλιν δ. Z. I 27, 16
διακόσμησις δ. = τῶν δ' στοιχείων ἰσονομία II 187, 30 κόσμον λέ-

γουσι τὴν δ. 168, 9 qualis sit δ. 176, 25 quomodo fiat ἡ τοῦ ὅλου δ. expl. Z. I 28, 16. Cl. 111, 21 πάλιν ἐκ πυρὸς τοιαύτην ἀποτελεῖσθαι τὴν δ. οἷα πρότερον ἦν Z. I 32, 6. 9. Cl. 115, 3. II 183, 43. 184, 14 κατὰ περιόδους τὴν αὐτὴν διασώζεσθαι τοῦ κόσμου δ. II 184, 22. 190, 39 κατὰ τὴν δ. γενητὸν καὶ μεταβλητὸν τὸν κόσμον II 169, 18. 19 φθειρόμενον τὸν κατὰ τὴν δ. κόσμον II 182, 8 ὁ θεὸς ἐπὶ μέρους γίνεται τῆς οὐσίας, ὅταν δ. ᾖ 310, 31 μένει ἡ τῆς δ. ποιότης ἐπ᾽ ἐλάττονος οὐσίας τῆς τοῦ Διός 186, 37

διακρίνω τὸ φῶς ἀὴρ διακρινόμενος II 142, 36 τὸ φῶς διακριτικὸν τοῦ ἀέρος 143, 9

διαλανθάνω cf. διαλεληθώς
ὁ διαλεληθώς, αὐτὸς ἑαυτὸν οὐδέπω κατείληφε γεγονὼς σοφός III 144, 12 γίνεσθαι δὲ καὶ δ. τινὰ σοφόν 144, 24. 31

διαλέγομαι τὸ δ. ἐν συντομίᾳ κείμενον κἂν τῷ λαμβάνειν καὶ διδόναι λόγον II 95, 32 τοῦ αὐτοῦ εἶναι ὀρθῶς δ. καὶ διαλογίζεσθαι 39, 35 τὰ πρὸς τὰ ἐναντία δ. 38, 32 pass.
τὸ δ. μέσον καθῆκον III 134, 27

διαλεκτική περὶ δ. tit. l. Cl. I 108, 4 in tit. Chr. II 5, 1. 9, 32. 34 τέχνη δ. tit. l. Sph. I 140, 15 l. Chr. II 5, 2. Diog. III 215, 13. Crin. 269, 2
δ. μέρος τῆς φιλοσοφίας Cl. I 108, 11 cum ethicis et physicis coniungenda II 38, 18 τὸ λογικὸν μέρος τῆς φιλοσοφίας II 15, 10 τυγχάνει περὶ σημαίνοντα καὶ σημαινόμενα II 38, 5
= ἐπιστήμη τοῦ ὀρθῶς διαλέγεσθαι II 18, 25. 41, 32. III 65, 37 = ἐπιστήμη τοῦ εὖ λέγειν expl. II 38, 11 sollertia disputandi 33, 14 = ἐπιστήμη ἀληθῶν καὶ ψευδῶν καὶ οὐδετέρων 18, 26. 38, 3. 7 habet rationem, ne cui falso assentiamur neve captiosa probabilitate fallamur III 69, 29
δ.: ῥητορική Z. I 21, 33. II 95, 33 ἀναγκαίαν εἶναι καὶ ἀρετήν II 39, 21 a corporis sensibus ducendam II 33, 14 μὴ πρὸς ἡμᾶς εἶναι τὰ διαλεκτικά A. I 79, 21 τὴν δ. ὡς σοφίσματα λύειν δυναμένην ἐκέλευε παραλαμβάνειν Z. I 16, 17 de ratione disserendi etsi a Chr. maxime est elaboratum, tamen a Z. minus multo quam ab antiquis I 16, 6

διαλεκτικός πρὸς τοὺς δ. tit. l. A. I 75, 24 ὅροι δ. tit. l. Chr. II 4, 40 περὶ τῶν ἀντιλεγομένων τοῖς δ. tit. l. Chr. II 9, 35
μόνος ὁ σοφὸς δ. II 38, 15. 39, 39. III 164, 18 ἀγαθὸς δ. ὁ σοφός Diog. III 241, 31 διαλεκτικῶς ποιεῖ ὁ σοφός III 180, 22

διάλεκτος def. Diog. III 213, 10 δ. def.: φωνή: αὐδή II 44, 15 ἀμφίβολοι δ. II 56, 3. 58, 3. 6. 8

διαλεληθώς (sc. λόγος) in tit. Chr. II 8, 12 sophisma 90, 36

διάλληλος δ. λόγος II 90, 30

διαλογίζομαι τοῦ αὐτοῦ εἶναι ὀρθῶς διαλέγεσθαι καὶ δ. II 39, 35

διαλογισμός τοὺς δ. ἐν τῇ καρδίᾳ εἶναι II 242, 6. 17 ὅθεν ὁ λόγος ἐκπέμπεται, ἐκεῖσε δεῖ τὸν δ. γίγνεσθαι 244, 16

διάλογος in tit. l. A. I 75, 14. H. 91, 20 συμποτικοὶ δ. tit. l. P. I 101, 3. 23 δ. ἐρωτικοί tit. l. Sph. I 140, 5

διαλύω cf. ἀνάλυσις
δ.: συνίσταμαι II 136, 10 pass.—
δ. τὸν ψευδόμενον λόγον II 7, 39

διαμαρτάνω οἱ δ. ψόγον καρποῦνται III 58, 17 οὐδένα τῶν ἀστείων οὔθ᾽ ὁδοῦ δ. οὔτ᾽ οἰκίας οὔτε σκοποῦ 147, 17

διαμονή δ. ὑλική II 206, 7 ἡ τῶν σωμάτων δ. 206, 12

διανοέομαι πῶς ἕκαστα λέγομεν καὶ δ. tit. l. Chr. II 9, 24 ἡμᾶς δ. κατὰ τὴν καρδίαν II 250, 29. 33 ἀπὸ τῆς διανοίας δεῖ δ. 250, 33

διανόημα II 255, 39

διανοητικός δ. μόριον τῆς ψυχῆς = διάνοια II 226, 22

διάνοια vid. διαστροφή
τὸ ἡγεμονικὸν μέρος τῆς ψυχῆς καλεῖται δ. Z. I 50, 6. III 75, 9. 111, 19 δ. σῶμα III 75, 5
οὐκ ἄλλη μὲν πηγὴ λόγου, ἄλλη δὲ δ. II 244, 11 τὴν δ. λόγου πηγὴν II 228, 17 λόγος ἀπὸ δ. χωρεῖ Z. I 40, 30.

Diog. III 215, 32. 216, 4 *ἀπὸ τῆς δ. δεῖ λέγειν καὶ ἐν ἑαυτῷ λέγειν* II 250, 32 *ἐκλαλητικὴ ὑπάρχουσα, ὃ πάσχει ὑπὸ τῆς φαντασίας, τοῦτο ἐκφέρει λόγῳ* II 21, 10
οὐκ ἐν τῷ ἐγκεφάλῳ ἐστὶν ἡ δ. Z. I 40, 31. Diog. III 215, 33 *ἔσται μάλιστα πως περὶ τὴν καρδίαν* Diog. III 216, 9 *ἡ κατὰ τὴν ἀκοὴν αἴσθησις καταφερομένη περὶ τὴν δ.* II 242, 33
ταὐτόν ἐστι δ. καὶ αἴσθησις, οὐ κατὰ ταὐτὸ δέ II 230, 12 *δ. κατὰ φύσιν ἔχουσα* ad *αἴσθησιν* pertinet 26, 23 *αἱ διὰ τῆς δ. φαντασίαι τῶν ἀσωμάτων* 24, 18
τὸ αὐτὸ τῆς ψυχῆς μέρος διόλου τρεπόμενον καὶ μεταβάλλον ἐν τοῖς πάθεσι κακίαν τε γίνεσθαι καὶ ἀρετὴν Z. I 50, 6 III 111, 19 *τὰ κατὰ τὴν δ. πάθη* II 240, 2 *ἡ περὶ τὴν δ. γιγνομένη ταραχή* 240, 37 *νήφουσα δ.* III 138, 18 *ὑπὸ λοιδορίας κινεῖσθαι τὴν δ.* II 243, 21 *τὴν λογικὴν ὁρμὴν εἶναι φορὰν δ. ἐπί τι τῶν ἐν τῷ πράττειν* III 40, 10 *τὴν ὅρουσιν φορὰν δ. ἐπί τι μέλλον* 40, 13 *ἡ ὡς ἔτυχεν ἐπίκλισις τῆς δ.* 41, 37
ὀξύτης δ. προηγμένον περὶ ψυχὴν III 32, 42
κινητικὸν μᾶλλον τῆς λογιστικῆς δ. τὸ ᾀδόμενον ποίημα Diog. III 227, 31

διαπίπτω III 33, 25

διάρροια *εὐεμπτωσία τοῦ σώματος* III 103, 8 *σώματα ἐπιτήδεια εἰς δ. ἐμπίπτειν* 116, 33

διάρτησις *κατὰ δ. γίγνονται ἀπέραντοι λόγοι* II 79, 15

διασαφητικός *ὁ „ἤ" σύνδεσμος* II 71, 38

διασαφοῦν *τὸ μᾶλλον ἢ ἧττον* (sc. *ἀξίωμα*) II 59, 5 def. 68, 25. 28

διάστασις *ἐπὶ τῶν κατὰ δ.* (sc. *σωμάτων*) *μηδὲν εἶναι ἐκτόν* II 129, 13 *τὸ δ. οὐκ ἔχον* 151, 19 *αἱ τρεῖς δ., μῆκος βάθος πλάτος* 162, 30

διαστατός *τὸ τριχῇ δ. κοινὸν σώματος καὶ κενοῦ καὶ τόπου* II 162, 33

διάστημα *ἄθρουν μεριστὸν ἀνύειν δ.* II 160, 16 *λόγῳ θεωρητὰ δ.* 161, 14 *δ. ὁ τόπος* II 163, 31 *δ. κινήσεως ὁ χρόνος* 164, 15

διαστρέφομαι *δ. τὸ λογικὸν ζῷον* III 53, 8 *ἀνθρώπους ὑπὸ τῶν οὐ καλῶς ζώντων* 56, 21 *ὑπὸ τῆς ἡδονῆς* 56, 22

διαστροφή *διττὴν τῆς δ. τὴν αἰτίαν, ἐκ κατηχήσεως τῶν πολλῶν ἀνθρώπων, ἐξ αὐτῆς τῶν πραγμάτων τῆς φύσεως* III 53, 16. 55, 2 *τὰς περὶ ἀγαθῶν καὶ κακῶν ἐγγίνεσθαι τοῖς φαύλοις δ. διὰ τὴν πιθανότητα τῶν φαντασιῶν καὶ τὴν κατήχησιν* 55, 8 *γεγονέναι πολλοὺς κακοὺς διὰ τὰς δ.* 56, 17 *ὑπείκει ἐκ τῆς δ. ἀφροσύνη* 170, 31 *ἐκ δ. ἐκκρουόμενοι τοῦ σεμνοῦ* II 290, 16 *ἐκ τῶν ψευδῶν ἐπιγίνεσθαι τὴν δ. ἐπὶ τὴν διάνοιαν, ἀφ' ἧς πολλὰ πάθη* III 99, 30 *τὰ πάθη τοῦ λόγου δ.* 93, 18

διάτασις *ἡ εἰς αἰθέρα τοῦ θεοῦ δ.* II 305, 22

διατείνω *πνεῦμα δ.* II 226, 8 *in def. φωνῆς* Z. I 41, 6 pass. *τοῦ Διὸς τὸ διατετακός* Diog. III 217, 15 *τὸ καθῆκον καὶ εἰς ζῷα δ.* III 134, 14. 21 *ἡ χάρις εἰς τὰ μέσα δ.* III 168, 21. 31 in def. *σπερματικοῦ* II 227, 34

διατίθημι cf. *διάθεσις*
τὸ δ. λευκαντικῶς ἢ γλυκαντικῶς II 30, 10

διατριβή *διατριβαί* tit. l. Z. I 59, 11. P. I 97, 1. Cl. I 107, 39. Sph. I 139, 29 *περὶ σοφίας δ.* tit. l. A. I 75, 16 *ἐρωτικαὶ δ.* tit. l. A. 75, 17

διαφέρω *ἀξιώματα δ. διὰ τοῦ „εἰ" συνδεσμοῦ* II 70, 40 *τὸ δ. τῶν πρός τι λεγομένων εἶναι* III 34, 22

διαφοιτάω *πῦρ καὶ ἀέρα γῆς καὶ ὕδατος δ.* II 155, 32 *ὁ δ. τῆς ὕλης θεός* 308, 10

διαφορά *ἡ ποιότης δ. οὐσία* II 126, 20 *κατὰ δ. τὰ κατά τι εἶδος χαρακτηριζόμενα* 132, 26 *τὰ πρός τί πως ἔχοντα ἀντιδιαιροῦσι τοῖς κατὰ δ.* 132, 24 *τῇ γνώσει τῶν δ. αἱ τέχναι συνίστανται* II 76, 6 *τὰ ἀγαθὰ πρὸς τὰ κακὰ τὴν πᾶσαν ἔχειν δ.* III 21, 26

διαφορούμενος cf. *διφορούμενος*
ἀξίωμα δ. II 65, 38. 66, 2. 70, 37 *δ. λόγοι* 86, 41 *πότερον εἷς εἰμι ἢ διαφοροῦμαι* 191, 2

διαφωνέω *τοὺς φαύλους δ. πρὸς ἀλλήλους* III 160, 17 *πρὸς τοὺς θεοὺς* 166, 17 διαφωνία τῶν φιλοσόφων dubitationis argumentum II 36, 23

διαχέω ἡ θερμότης δ. τὴν αἴσθησιν τοῦ ἁπτομένου, καθάπερ ἡ λαμπρότης τοῦ ὁρῶντος II 141, 9 γῆ διαλυομένη καὶ δ. 136, 23

διάχυσις def. III 97, 40 ὑπὸ τὴν ἡδονὴν τάττεται 97, 37 τὰς ἐπὶ ταῖς κρίσεσιν ἀλόγους δ. εἶναι τὰ τῆς ψυχῆς πάθη Z. I 51, 25 τὰς δ. τὸ μᾶλλον καὶ τὸ ἧττον δέχεσθαι III 119, 31 δ. 116, 6

διαψεύδομαι δ. = ψευδέσι φαντασίαις εἴκειν II 291, 11 ὁ σπουδαῖος οὐ δ. III 150, 15 μὴ μᾶλλον ἄλλο ἄλλου δ. II 43, 1

διαψευστικῶς δ. τὸ ψεῦδος λέγειν III 148, 6

διδακτός δ. τὴν ἀρετήν Cl. I 129, 21. III 52, 17

διδασκαλία τῷ νηπίῳ δ. χρεία III 140, 3

διδάσκαλος γραμμάτων δ. βουλομένου στίχους ὅτι πλείστους ὑπὸ τὸ αὐτὸ διανόημα τάξαι II 255, 38

διδάσκω = τί ἀσκῶ II 47, 17 propensi sumus ad docendum III 84, 4

δίδυμος πῶς δ. γίνεται II 213, 6

διεζευγμένον (sc. ἀξίωμα)
περὶ ἀληθοῦς δ. tit. l. Chr. II 5, 17 def. II 68, 20 expl. 71, 22 in divisione ἀξιωμάτων 59, 5 δ. ἀξιώματα: αἱ κατὰ διαίρεσιν προτάσεις 71, 21. 31 in quarto et quinto ἀναποδείκτῳ 80, 14. 18 πότε ἀληθὲς γίγνεται 72, 7. 19 ἀληθὲς τὸ ἐξ ἀντικειμένων δ. 119, 9 πότε δ. ψεῦδος γίγνεται 72, 10 δύο γίγνεσθαι συλλογισμοὺς κατὰ τὸ δ. 71, 32

διεξάγω Z. I 44, 34. II 265, 28

διεξαγωγή ἡ φύσις κατὰ λόγον πάλιν τὴν αὐτὴν δ. ποιεῖται II 184, 36

διέξοδος μίαν τῶν πάντων τεταγμένην εἶναι δ. II 265, 20 ἡ τοῦ λόγου δ. 250, 28 τὸ λέγειν ἐν δ. θεωρούμενον 95, 33

διέρχομαι cf. ἔρχομαι, διήκω
σῶμα ὅλον δι' ὅλου τινὸς ἑτέρου δ. Z. I 28, 21 τὸν Δία ὅλον δι' ὅλης τῆς ὕλης δ. II 116, 12

διήγησις def. Z. I 23, 29 pars orationis II 96, 5

διήκω πνεῦμα δ. δι' ὅλου τοῦ κόσμου II 306, 21 διὰ πάντων 137, 30. 145, 17 τὴν ἕξιν δι' ὅλων τῶν σωμάτων δ. 155, 23. 157, 7 τὸ πνεῦμα διὰ πάσης τῆς οὐσίας 154, 8 δι' ἡμῶν καὶ τῶν ζῴων III 90, 14 καὶ διὰ τῶν εἰδεχθῶν Z. I 42, 21

τὸν θεὸν δ. διὰ πάσης τῆς ὕλης Z. I 42, 19 II 112, 29 διὰ τῶν τεσσάρων στοιχείων II 137, 16 τὸ μέρος τοῦ θεοῦ τὸ δ. διὰ πάντων II 305, 18 διὰ πάντων δ. τὴν πρόνοιαν τοῦ θεοῦ Z. I 41, 24

τὴν ψυχὴν δ. δι' ὅλου τοῦ κόσμου Cl I 111, 9 τὴν ψυχὴν, τὴν φύσιν, τὴν ἕξιν δι' ὅλου τοῦ σώματος δ. II 155, 25 sq.

τὸ ἀφ' ἡγεμονικοῦ πνεῦμα ἐπὶ τὰς αἰσθήσεις δ. II 26, 37 in def. σπερματικοῦ 239, 2

διΐσταμαι σῶμα ἐκ διεστώτων II 124, 8. 14. 22. 302, 21. III 38, 9 μηδὲν ἐκ δ. ἀγαθόν III 24, 24. 38, 14

δικάζω περὶ τοῦ δ. tit. l. Cl. I 107, 26. Chr. III 195, 17

δίκαιον τό cf. δίκαιος, δικαιοσύνη
τὸ δ. φύσει εἶναι καὶ μὴ θέσει III 76, 4. 7. 84, 14. 157, 39 φυσικῶς νοεῖται δ. τι II 29, 19 ius et iniuria natura diiudicantur III 76, 26

νόμον εἶναι κανόνα δ. καὶ ἀδίκων III 77, 37 a lege ducendum iuris exordium 78, 8 ius lex constituit una 79, 8 lex: ius 78, 29

ius datum est omnibus III 78, 30 est unum ius, quo devincta est hominum societas 79, 8 hominum inter homines iuris esse vincula 90, 25 inter homines et deos communio iuris 83, 8 μηδὲν εἶναι ἡμῖν δ. πρὸς τὰ ἄλλα ζῷα 89, 28. 90, 25 πρὸς τὰ ἄλογα 91, 15 πρὸς τὰ φυτὰ καὶ τοὺς λίθους 90, 17

τὸ δ. εἶδος τοῦ καλοῦ III 20, 22 πᾶν δ. καλόν 76, 12. 16 et ius et omne honestum sua sponte expetendum 12, 28 si natura confirmatura ius non erit, virtutes omnes tollentur 84, 31 τὸ καλὸν καὶ τὸ ἀγαθὸν δ. 76, 21 πᾶν ἀγαθὸν δ. Cl. I 127, 4. III 22, 11 πᾶν δ. ἀγαθόν III 76, 16 πᾶν δ. συμ-

φέρον 76, 18 numquam aequitatem ab utilitate posse seiungi 76, 11 μεῖζον ἀγαθὸν τὸ καλὸν καὶ τὸ δ. τῆς ἡδονῆς 8, 16
δικαιοπραγέω τὸ δ. κατόρθωμα III 134, 25. 136, 20
δικαιοπράγημα πᾶν κατόρθωμα καὶ δ. III 73, 15. 136, 28
δικαιοπραγία δ. ἀγαθὸν καθ᾽ ἑαυτό III 26, 39
δίκαιος qui ius commune cum genere humano conservaret, eum iustum III 90, 30   ὁ δ. ἰσότητος ἐν τοῖς ἀπονεμητέοις ἀρρεποῦς στοχαζόμενος 159, 31 μόνον τὸν σοφὸν δ. 81, 31. 159, 36 numquam iustus, qui stultus 73, 19 sq. ὁ αὐτὸς δ. καὶ εὐδαίμων Cl. I 127, 22 παρὰ τὸν δ. δικαιοσύνην ἀρετὴν τίθεσθαι III 60, 7
δικαιοσύνη περὶ δ. tit. l. Chr. III 195, 20. 34. 39. 43
  δ. = ἐπιστήμη ἀπονεμητικὴ τῆς ἀξίας ἑκάστῳ III 63, 27 ἀπονεμητικὴ τῶν κατ᾽ ἀξίαν 64, 8 = ἐπιστήμη ἀγαθῶν καὶ κακῶν, ὅταν τὸ κατὰ ἀξίαν ἑκάστῳ νέμῃ A. I 86, 2 = ἕξις ἀπονεμητικὴ τοῦ κατ᾽ ἀξίαν ἑκάστῳ III 30, 22. 65, 24. Diog. 219, 28 = φρόνησις ἐν ἀπονεμητέοις Z. I 49, 26. 32 = ἡ ἰσχὺς καὶ τὸ κράτος, ὅταν περὶ τὰς ἀξίας ἐγγένηται Cl. I 129, 2 = ἡ ἀρετὴ κοινωνήμασι καὶ συμβολαίοις ὁμιλοῦσα τοῖς πρὸς ἑτέρους A. I 86, 15 quid aliud iustitia est quam iniustitiae privatio II 335, 39 alienum esse a iustitia, detrahere quid de aliquo, quod sibi assumat III 85, 16
  δ. ἀρετή Z. I 49, 23. III 23, 23 δ. παρὰ τὸν δίκαιον ἀρετὴν τίθεσθαι III 60, 7 μίαν οὖσαν τὴν ἀρετὴν δ. λέγεσθαι A. I 86, 6. 21 δ. τῶν πρώτων ἀρετῶν εἶναι III 64, 16. 65, 6 προηγουμένως μὲν τὸ κατ᾽ ἀξίαν ἑκάστῳ σκοπεῖν, κατὰ δὲ τὸν δεύτερον λόγον καὶ τὰ ὑπὸ τὰς ἄλλας ἀρετάς III 69, 16 γίνεσθαι περὶ τὰς ἀπονεμήσεις 64, 18 περὶ τὰ ἀπονεμητέα 64, 1
  δ. ἐπιστήμη καὶ τέχνη III 23, 27 διάθεσις ἀναπόβλητος 143, 22 οὐκ ἔστιν ἀνδρίζεσθαι μὲν, στέρεσθαι δέ ποτε δ. 76, 24 iustitia intra se perfecta 137, 31 per se expetenda et colenda A. I 82, 7.

III 12, 32. 36 omnino esse non potest, nisi ipsa per se expetitur III 85, 19 minime propter utilitates adsciscitur 85, 17 omnes viri boni aequitatem amant 12, 30
  δ. ἀγαθόν Z. I 47, 21. III 17, 18 εἰ τῆς ἡδονῆς τέλους οὔσης ἀναιρεῖται ἡ δ. III 8, 24 sq. ἀγαθοῦ τῆς ἡδονῆς ἀπολειπομένης, τέλους δὲ μή, σώζεσθαι τὴν δ. 8, 13 sq. ἀναιρεῖσθαι τὴν δ., ἂν τὴν ἡδονὴν ἀγαθὸν ἀπολίπωμεν III 37, 18 si voluptatem sequaris, ruit iustitia 8, 1
  τῆς δ. ἀρχὴ καὶ γένεσις ἐκ τοῦ Διὸς καὶ ἐκ τῆς κοινῆς φύσεως III 80, 35 nos ad iustitiam esse natos 84, 13. 85, 16 τὴν οἰκείωσιν ἀρχὴν δ. Z. I 48, 37 οὐκ ἔστι τις ἡμῖν δ. πρὸς τὰ ἄλογα τῶν ζῴων 90, 15 τὴν δ. ἀσύστατον γίνεσθαι, εἰ πᾶσι τοῖς ζῴοις λόγου μέτεστιν 91, 2
  μὴ ἀχρήστως γεγονέναι πρὸς τὴν δ. τὴν ἀδικίαν II 339, 30
δικαίωμα δ. μόνα τὰ ἀπὸ δικαιοσύνης: κατορθώματα III 136, 32
δικανικόν τὸ δ. μέρος ῥητορικῆς II 96, 2
δικαστής μὴ δεῖν δ. ἔλεον ἐλεεῖν III 109, 44
δικαστικός δ. ἀρετὴ def. III 67, 9. 81, 27 τοὺς σοφοὺς δ. εἶναι 158, 9
δίκη τὸν Δία εὐνομίαν καὶ δ. II 315, 10
διοιδέω χόλος ὀργὴ δ. III 96, 16. 39
διοικέω cf. εἱμαρμένη
  ἐξ εἱμαρμένης τὰ πάντα δ. Z. I 24, 35 ὑπέρευ, καθάπερ ἐν εὐνομωτάτῃ πολιτείᾳ 27, 21 in def. εἱμαρμένης II 169, 33. 264, 19 pass. φύσει δ. τόνδε τὸν κόσμον II 264, 7 ὑπὸ τοῦ πνεύματος τὰ πάντα δ. II 137, 30 ὁ βίος δ. κατὰ ἐπιστήμην III 60, 29 πλῆθος ἀνθρώπων ὑπὸ νόμου δ. III 81, 1. 16
διοίκησις Ζεὺς τῆς τῶν ὄντων δ. καθηγεμών III 4, 4 providentia nihil praetermisit pertinentium ad certiorem utilioremque dispensationem Chr. Cl. I 124, 32 τὸν κόσμον ἔχειν δ. ἀΐδιον II 273, 1 ἀκώλυτος καὶ ἀπαρεμπόδιστος ἡ τοῦ κόσμου δ. II 297, 9 ἡ τοῦ κόσμου δ. III 17, 7 ἡ ἀρχὴ νόμιμος ἀνθρώπων δ. III 81, 21

διοικητής ὁ τοῦ ὅλου δ. III 4, 7
διοικητικός ἡ εἱμαρμένη, τάξει τοῦ παντός δ. II 264, 15
διομαλίζω III 139, 22. 25
Διόνυσος Δ. ἀπὸ τοῦ διανύσαι cognominatum Cl. I 124, 20 τὸ γόνιμον πνεῦμα καὶ τρόφιμον Δ. εἶναι II 319, 30 Liberum patrem, quia omnium parens sit II 306, 4 διὰ τὰς εἰς τὸν κοινὸν βίον εὐεργεσίας θεὸν γενέσθαι 300, 33 θεοὺς νενομίσθαι τὰ τρέφοντά καὶ ὠφελοῦντα ὡς Δ. P. I 99, 9
διόρθωσις ψυχῆς III 81, 30
διορθωτικός ἐπιστήμη δ. τῶν ἁμαρτανομένων III 81, 27
Διόσκουροι τοὺς ὀρθοὺς λόγους καὶ σπουδαίας διαθέσεις Δ. Ζ. I 43, 34 ἀγαθούς τινας εἶναι δαίμονας II 303, 14 διὰ τὰς εἰς τὸν κοινὸν βίον εὐεργεσίας θεοὺς γενέσθαι 300, 33
διφορούμενος cf. διαφορούμενος οἱ δ. λόγοι II 87, 42. 88, 6. 21
διχόνοια ἡ ἔχθρα δ. III 166, 16
διψάω III 108, 1. 5
διωθέω cf. ἀδιάφορον
in mediis rebus est aliud sumendum, aliud reiciendum III 136, 3. 12 ἡ ἀρετή τὰ μὲν δ. τῶν ἀδιαφόρων 57, 18 τὰ βλάπτοντα δ. 43, 9 vivere reicientem, quae essent contra naturam 5, 43. 6, 6
Δίων ἀρετῇ οὐχ ὑπερέχειν τὸν Δία τοῦ Δ. III 58, 37 κατάληψις πταρνυμένου Δ. 51, 14
Διώνη II 329, 12
δίωξις ἐπιθυμία δ. ἀγαθοῦ III 95, 20
δόγμα πιθανὰ λήμματα εἰς τὰ δ. tit. l. Chr. II 8, 32
δ. = κατάληψις λογική II 37, 10 εὐκρασία τῶν ἐν τῇ ψυχῇ δ. III 68, 29 οὐ περιεργάζεσθαι ἐν τῷ καιρῷ τῆς φλεγμονῆς τῶν παθῶν τὸ προκαταλαβὸν τὴν ψυχὴν δ. III 125, 1. 3
δοκέω οὐ δ. τι τῷ σοφῷ II 40, 23. III 147, 26
δόκησις def. II 40, 23
δοκιμαστής τὴν ἀμοιβὴν τοῦ δ. ἀξίαν λέγεσθαι III 30, 8. expl. 30, 16. 32. Diog. 219, 21
δοκιμαστικός οἱ σπουδαῖοι πρὸς ἀλλήλους δ. διακεῖσθαι III 160, 25
δοκιμαστός πᾶν ἀγαθὸν δ. III

22, 14 probandum etiam laudabile 11, 9 ἀρετὴ δ. ἀνυπόπτως 49, 44
δόξα
διττὰς εἶναι δ., τὴν μὲν ἀκαταλήπτῳ συγκαταθέσιν, τὴν δὲ ὑπόληψιν ἀσθενῆ III 147, 4 δ. = ἀσθενὴς καὶ ψευδὴς συγκατάθεσις Ζ. I 20, 6. II 29, 37 = imbecilla adsensio III 93, 7

τὴν δ. ἐν τῷ λογιστικῷ μόνῳ συνίστασθαι III 115, 33 ex inscientia exsistere opinionem, quae esset imbecilla et cum falso communis Ζ. I 18, 26 δ. μεταπτωτική II 41, 10 τοῦ κατὰ τὸν βίον ἁμαρτάνοντος ἐν τοῖς περὶ ἀγαθῶν καὶ κακῶν γνώσεως αἱ μοχθηραὶ δ. συνίστανται II 41, 23

τὰς δ. ἀλλοτρίους τῆς τοῦ σοφοῦ διαθέσεως III 147, 5 ἐν μόνοις τοῖς φαύλοις καθεστάναι II 30, 1

τὰ πάθη δ. III 92, 21. 93, 14 perturbationes opinione fieri 93, 1. 14 pass. ἐπὶ πάντων τῶν παθῶν παραλαμβάνεσθαι τὴν δ. ἀντὶ τῆς ἀσθενοῦς ὑπολήψεως 92, 22 in affectibus τὴν δ. αὐτὴν ἔχειν τὸ ἀτάκτως κινητικόν 95, 38 sq. ἐν τῷ χρόνῳ μαλάττεται τὰ πάθη, κἂν αἱ δ. μένωσι 117, 17 sq. duae perturbationes ex opinione boni 93, 38 duae ex o. malorum 93, 43 λύπη δ. πρόσφατος κακοῦ παρουσίας 95, 17. 30 ἡδονὴ δ. πρόσφατος ἀγαθοῦ παρουσίας 95, 21. 32 metus opinio impendentis mali 93, 43. 95, 33 libido venturi boni 95, 34 caput esse in consolando detrahere illam opinionem maerenti 132, 23

περὶ δ. tit. l. Cl. I 107, 22. Sph. 140, 13

δ. = ἡ ἐπὶ τῶν ἀσπούδων δόκησις: κλέος III 38, 41

ἡ δ. ἀδιάφορον Ζ. I 47, 24. A. I 81, 33. III 17, 20. 28, 31 προηγμένον III 29, 37. 31, 30 προηγμένον ἐπὶ τῶν ἐκτός III 31, 5 δι' ἕτερα ληπτόν 35, 2 μὴ πρὸς δ. ὅρα, ἐθέλων σοφὸς γενέσθαι Cl. I 127, 36 ἀνελεύθερος πᾶς ὅστις εἰς δ. βλέπει Cl. I 128, 6 οὕτω πολιτεύεσθαι τὸν σοφὸν ὡς καὶ τῆς δ. οὔσης ἀγαθοῦ III 175, 9
δοξάζω τὸ μὴ δ. τὸν σοφόν tit. l. Chr. II 9, 27

τὸ δ. = κοινῶς ἀκαταλήπτοις φαντασίαις εἴκειν II 291, 12 = ψευδεῖ συγκατατίθεσθαι III 147, 27 δ. ἀφροσύνης καὶ τῶν ἁμαρτημάτων αἴτιον 147, 30 αἴτιον τῶν παθῶν III 95, 37 sq. οὐ δ. τὸν σοφόν Z. I 16, 32. 17, 7. 35. Sph. I 141, 10. II 34, 22. 40, 21 III 147, 1. 27. 40

δοξομανής καλοῦσι τοὺς φιλοδόξους δ. III 167, 7

δόσις def. III 30, 14. Diog. 219, 19 τὴν δ. καὶ τιμὴν ἀξίαν λέγεσθαι 30, 8 σπουδαῖον τὴν δ., ἐπιστήμην οὖσαν 171, 12 μὴ ποιεῖσθαι τὴν κατ' ἀξίαν δ. τῆς ἀρετῆς τῶν φαύλων τινά 171, 11

δουλεία δ. = ἄγνοια ὧν τε ἔξεστι καὶ ὧν μή III 87, 6 στέρησις αὐτοπραγίας 86, 32 καὶ ἄλλην δ. τὴν ἐν ὑποτάξει, καὶ τρίτην τὴν ἐν κτήσει τε καὶ ὑποτάξει ib. οὐχ αἱ ὑπηρεσίαι μηνύματα δ. 87, 8 τὴν κατ' ἀλήθειαν δ. κακόν 155, 15 τελικὸν κακόν 26, 3

δοῦλος ἄνθρωπος ἐκ φύσεως δ. οὐδείς III 86, 19 δ. μὴ ὡς φύσει δ., ἀλλ' ὡς μισθωτοί 86, 20 οὐχ ἡ πρᾶσις ἀποφαίνει τὸν πραθέντα δ. 87, 25 δ.: οἰκέτης 86, 23 οὐ πράσει καὶ ὠνῇ τὸν δ., ἀλλὰ τῇ γνώμῃ τῇ ἀνελευθέρῳ 86, 29 τοὺς φαύλους δ. εἶναι 86, 31 διὰ τὴν ὑποπτωτικὴν διάθεσιν 155, 18 τοὺς ἀνοήτους δ. εἶναι καὶ ἃ μὴ ἔξεστιν αὐτοῖς, ταῦτα ποιεῖν 87, 4 δ. τὸν ἀγεννῆ 89, 13 τοὺς ἀπελευθέρους 86, 24 servus perpetuus mercenarius 86, 12 etiam s. beneficium dat 86, 14 et servis philosophandum esse 59, 29

δραστήριος δ. αἴτιον : παθητόν II 111, 19

δραστικός δ. ποιότητες II 133, 40 δ. στοιχεῖα 137, 38 δραστικώτατον τὸ θερμόν 135, 10

δραχμή τὸ τὴν οὐσίαν ἀποβαλεῖν οἱονεὶ δ. ἀποβαλεῖν III 36, 35. 40 δύο δ. ἀπαράλλακτοι in expl. ὁρμῆς et ἐπικλίσεως 29, 21. 175, 23 δύο δ. 41, 38

δρομεύς οἱ ὀργιζόμενοι : δ. III 128, 23 δύο δ. ad illustr. ἐπίκλισιν 175, 15

δρόμος cf. τρέχω, στάδιον III 123, 21

δρόσος def. II 202, 40

δύναμαι ἄτονοι καὶ εὔτονοι τῷ δ. ἡμᾶς ἢ ἀδυνατεῖν III 123, 17

δυναμικός ἐρωτήματα δυναμικώτερα τῶν Μεγαρικῶν II 90, 11

δύναμις δ. = ἡ πλειόνων ἐποιστικὴ συμπτωμάτων III 49, 12. 16

δ. διὰ τῆς ὕλης πεφοιτηκυῖα II 113, 2 ἔστι τις καθ' ἑαυτὴν αὐτοκίνητος 113, 6 ἐν τῇ ὕλῃ εἶναι τὴν δ. μορφοῦσαν 308, 17 ἀΐδιος ἡ κινοῦσα τὴν ὕλην δ. 113, 10 εἱμαρμένη = δ. κινητικὴ τῆς ὕλης Z. I 44, 36. 45, 1 ἡ δ. τῆς ὕλης ἐστὶν ὁ θεός II 308, 37 ὁ θεὸς προσονομάζεται κατὰ τὰς δ. 305, 19

τὰς δ. τῆς ψυχῆς ὡς ἐν ὑποκειμένῳ ποιότητας συμβιβάζουσι II 225, 41 ἔνιαι μὲν διακρίνονται διαφορότητι τῶν ὑποκειμένων σωμάτων, ἔνιαι δὲ ἰδιότητι ποιότητος περὶ τὸ αὐτὸ ὑποκείμενον II 226, 7 μίαν εἶναι δ. τῆς ψυχῆς III 61, 35 μηδεμίαν εἶναι τῆς ψυχῆς δ. ἢ ἐπιθυμητικὴν ἢ θυμοειδῆ III 112, 16. 115, 22 ἡ ψυχὴ δύο ἔχει δ., τὴν μὲν λογικήν, τὴν δὲ ἄλογον II 230, 23. 255, 15 intimus est motus animae vis rationabilis II 236, 6 διοικεῖσθαι ἡμᾶς ὑπὸ τριῶν δ. Cl. I 130, 8

ἀρεταὶ δ. III 68, 25 δ. in def. ἀρετῆς Z. I 50, 2. III 111, 15 pass., enum. II 235, 32 ἐπιστήμη ἕξις, ἣν φασι ἐν τόνῳ καὶ δ. κεῖσθαι III 27, 3

τῇ δ. οὐκ ἴσον, κατὰ τὸ ποσὸν δέ II 157, 3

δυνατός, όν. περὶ τῶν δ. tit. l. Chr. II 5, 22 scr. Cl. II 93, 16. Ant. III 248, 32. Arch. 263, 13

δ. = πᾶν τὸ ἐπιδεκτικὸν τοῦ γενέσθαι II 64, 42 = ὃ ὑπ' οὐδενὸς κωλύεται γενέσθαι II 279, 15 = ὃ οὔτ' ἔστιν ἀληθὲς οὔτ' ἔσται Cl. I 109, 34. II 93, 11. Ant. III 248, 35 quae non sint futura, posse fieri II 276, 31 τὸ „ἔσται" οὐ κωλύεται εἶναι ἀληθές, κἂν δ. ᾖ τὸ μὴ γενέσθαι II 64, 43. 278, 39 δυνατῷ ἀδύνατον ἕπεσθαι II 65, 5. 93, 12 δ. ἀδύνατον οὐκ ἀκολουθεῖ Cl. I 109, 34. II 93, 3 sq. μὴ ἀναιρεῖσθαι πάντων γινομένων καθ' εἱμαρμένην τὸ δ. II 279, 14

δ. ἀξίωμα τὸ ἐπιδεκτικὸν τοῦ ἀληθὲς εἶναι II 64, 17 δ. λόγοι (i. e. conclusiones) 78, 2

Index verborum, notionum, rerum ad Stoicam doctrinam pertinentium. 45

δυσαπόσχετος III 67, 21
δυσγένεια ἀδιάφορον III 28, 8. Apollod. 261, 10 ἀποπροηγμένον 31, 8
δυσδιόριστος II 91, 14
δυσθυμία def. III 100, 22 δ.: θυμός 102, 27 δ. τελικὸν κακόν 26, 4 ἐπιγέννημα τῆς κακίας 19, 33
δύσις = κρύψις ἄστρον ὑπὸ γῆν II 200, 23 = ἡ ἅμα ἡλίῳ δ. 200, 25
δυσμένεια def. III 97, 6
δύσνοια def. III 97, 7
δυσπραγία def. III 109, 44

δυστυχία τοὺς φαύλους ἐπ' ἄκρον ἥκειν δ. III 166, 26
δυσυπομένητος III 67, 25
δυσφορία def. III 100, 38
δυσφροσύνη ἐπιγέννημα τῆς κακίας III 19, 33
δυσχέρανσις def. III 100, 28
δυσχρήστημα incommoda communia, non paria III 23, 9 inter reiecta sunt 23, 13
δύσχρηστος πάντα τὰ κακὰ δ. III 22, 1 ποτὲ μὲν τὰ δ. συμβαίνειν τοῖς ἀγαθοῖς II 338, 4

E

ἔαρ def. II 201, 29. 33
ἑαυτοῦ etc. vid. s. praeposit. κατά, ἐν etc.
ἐγκατάλειμμα ὑπομένον ἀπὸ τῶν αἰσθητῶν II 24, 2
ἐγκεκαλυμμένος (sc. λόγος) in tit. Chr. II 8, 11 qualis sit docetur 90, 37. 94, 5
ἐγκέφαλος οὐκ ἐν τῷ ἐ. ἐστὶν ἡ διάνοια Z. I 40, 31. Diog. III 215, 33
ἐγκράτεια def. III 64, 34. 65, 12. 67, 20. 66, 40. 93, 28. Cl. I 128, 36 τῶν ἀγαθῶν ἐστιν III 8, 35 ὑποτάττεται τῇ σωφροσύνῃ 64, 23 τὸ κατ' ἐ. πραττόμενον κατόρθωμα 73, 16 μὴ ἀχρήστως γεγονέναι πρὸς τὴν ἐ. τὴν ἀκολασίαν II 339, 29
ἐγκρατεύομαι III 67, 22. 68, 1
ἐγκρατής III 149, 17
ἐγκρίνω περὶ τοῦ ἐ. τοὺς ἀρχαίους τὴν διαλεκτικήν tit. l. Chr. II 9, 32
ἐγκύκλιος τὰ ἐ. παιδεύματα: φιλοσοφία A. I 78, 27. 34 τὰς ἐ. λεγομένας τέχνας ἐπιτηδεύματα μέν, ἐπιστήμας δ' οὔ III 72, 23 εὐχρηστεῖν καὶ τὰ ἐ. μαθήματα III 184, 19 τὴν ἐ. παιδείαν ἄχρηστον Z. I 60, 28
ἐγκωμιαστικόν μέρος ῥητορικῆς II 96, 3
ἐγκώμιον τὰ ἐ. διὰ τῆς μουσικῆς παιδεύειν Diog. III 225, 10
ἐγχείρησις def. III 41, 31
ἐγχρονίζομαι III 117, 27. 118, 30
ἐγώ II 237, 34. 245, 20

ἔθος περὶ βαρβαρικῶν ἐ. tit. l. Dion. I 93, 27
κατὰ τὴν συγγυμνασίαν τὸ ἔ. III 51, 22 οἱ ἐν ἔ. ποιοῖς γεγονότες 173, 35
εἰδικός τὸ εἰδικώτατον def. Diog. III 214, 32 τὸ εἰ. αἰσθητόν: γενικόν II 28, 2 αἱ εἰ. ἀρεταί III 19, 13. 48, 15
εἰδοποιέω II 126, 22. 130, 8. 13. 148, 2. 308, 13
εἶδος περὶ εἰ. καὶ γενῶν l. Chr. II 9, 7. 10
def. Diog. III 214, 29 = ἰδέα II 123, 34 μέρη τοῦ ζῴου σώματος ὄντος τό τε εἰ. καὶ ἡ ὕλη, ὥστε καὶ σώματα II 220, 6
φυσικόν, ἠθικόν, λογικὸν εἰ. II 15, 19 ἑκάστη τῶν ἐπ' εἰ. ἀρετῶν ἀγαθόν III 19, 17 εἴδη τοῦ καλοῦ III 20, 22 τοῦ αἰσχροῦ 20, 24 ἀδιάφορα κατ' εἰ. προηγμένα 28, 10 τὰ πάθη σὺν τοῖς εἰ. 21, 32 οἱ ἐχθροὶ σὺν τοῖς εἰ. 24, 11 ἐν εἰ. 40, 6. 24
καταληπτὸν τὸ ἦθος ἐξ εἰ. Z. I 50, 18. Cl. 137, 19 ἡ μοχθηρία τοῦ ἤθους ἀναπίμπλησι τὸ εἰ. III 181, 13 νέοι, ἐμφαίνοντες διὰ τοῦ εἰ. τὴν πρὸς ἀρετὴν εὐφυΐαν Z. I 59, 5. III 180, 15. Apollod. 261, 24
εἰκαιότης II 39, 32
εἰκῆ εἰ. γίγνεσθαι τὰς κατὰ τὰ πάθη κινήσεις III 127, 26 sq.
εἰκός III 146, 23

εἴκω εἰ. ἐξ ἑαυτῶν τῇ φαντασίᾳ II 286, 16 ἀδήλοις, ψευδέσιν, ἀκαταλήπτοις εἴ. II 291, 10 τὸ εἴ. ἀδυναμία ψυχῆς πρὸς κολάσεις προσποιουμένη χρηστότητα III 163, 5 εὐθὺς ὁρμᾶν μὴ εἴ. μηδὲ συγκαταθεμένους 42, 27 sq.

εἱμαρμένη cf. τὸ ἐφ᾽ ἡμῖν
περὶ εἱ. tit. l. Chr. III 196, 7. B. III 265, 17
εἱ. εἰρομένη τις II 265, 12 = αἰτία τῶν ὄντων εἰρομένη Z. I 44, 33. II 265, 27 = εἴρουσα τὰς ἑκάστων ἀνελλιπῶς καὶ ἀδιαστάτως αἰτίας II 265, 6 = εἱρμὸς αἰτιῶν, τουτέστι τάξις καὶ ἐπισύνδεσις ἀπαράβατος 265, 36. 266, 1. 10 = series inplexa causarum 305, 39 = συμπλοκὴ αἰτιῶν τεταγμένη 284, 12 = ἡ τῶν λόγων καὶ τῶν αἰτιῶν ἐπιπλοκὴ καὶ ἀκολουθία Z. I 27, 20 = λόγος καθ᾽ ὃν τὰ μὲν γεγονότα γέγονε, τὰ δὲ γινόμενα γίνεται, τὰ δὲ γενησόμενα γενήσεται II 264, 20. 266, 18 = quod ex omni aeternitate verum fuit II 266, 14. 22 = κυριωτάτη αἰτία 273, 35 = αἰτία ἀνίκητος καὶ ἀκώλυτος καὶ ἄτρεπτος 292, 15 ἄναρχος καὶ ἀτελεύτητος II 265, 5 = ὁ τοῦ παντὸς λόγος Z. I 24, 31. 42, 24. 29 = ὁ τοῦ κόσμου λόγος II 264, 18 = λόγος καθ᾽ ὃν ὁ κόσμος διεξάγεται Z. I 44, 33. II 265, 27 = λόγος τῶν ἐν τῷ κόσμῳ προνοίᾳ διοικουμένων II 264, 19 = τοῦ Διὸς λόγος 270, 1. 292, 13 = ὁ Διὸς νοῦς 267, 36 = δύναμις κινητικὴ τῆς ὕλης κατὰ ταὐτὰ καὶ ὡσαύτως Z. I 44, 36. 45, 1 = κίνησις ἀΐδιος συνεχὴς καὶ τεταγμένη II 265, 30 = φυσική τις σύνταξις τῶν ὅλων 293, 29

ἡ εἱ. τὴν πίστιν λαμβάνει ἐκ τοῦ σῶμα διὰ σώματος χωρεῖν II 156, 13 ἡ οὐσία τῆς εἱ. δύναμις πνευματική, τάξει τοῦ παντὸς διοικητική 264, 15 εἱ. εἶναι καὶ γένεσιν ἐξ ἧς πάντα διοικεῖται καὶ πάσχει Z. I 24, 34 = ὁ κόσμος καθ᾽ ὅσον εἰρομένῳ λόγῳ πάντα διοικεῖ II 169, 33 χρωμένη ἁπάντων τῇ οἰκείᾳ φύσει πρὸς τὴν τοῦ παντὸς οἰκονομίαν 273, 27 εἱ. : κόσμου διοίκησις 297, 8 ἡ εἱ. θεός II 267, 32. 305,

39. Ant. III 249, 22 Ζεὺς II 267, 42. 315, 9 ἡ εἱ. καὶ ἡ φύσις θεός 273, 25 ἕν τε θεὸς καὶ νοῦς καὶ εἱ. Z. I 28, 22. II 179, 35 καὶ πρόνοια καὶ φύσις Z. I 44, 37. 45, 2 ἡ κοινὴ φύσις = εἱ. καὶ πρόνοια καὶ Ζεὺς II 269, 13 εἱ. = ἀλήθεια, αἰτία, φύσις, ἀνάγκη II 264, 22 = Ἄτροπος, Ἀδράστεια, Ἀνάγκη, Πεπρωμένη 292, 16 = τὸ κατηναγκασμένον 265, 30. 34. 266, 25. 27

δύναμις τῆς εἱ. ἀνίκητος καὶ ἀνεκβίαστος καὶ περιγενητικὴ ἁπάντων II 64, 44 καθ᾽ εἱ. τὰ πάντα γίνεσθαι Z. I 44, 31. II 265, 24. 266, 29. 267, 11. 272, 6. 29. 279, 14. B. III 265, 15 pass. si omnia quae fiunt, causis fiunt antegressis, fato omnia fiunt II 275, 28 omnia fato fieri causis antecedentibus = non causis perfectis et principalibus, sed causis adiuvantibus et proximis 283, 2 πάντα τὰ καθ᾽ εἱ. κατὰ τάξιν καὶ ἀκολουθίαν γίγνεσθαι II 266, 9 τὰ καθ᾽ εἱ. γιγνόμενα καὶ κατὰ πρόνοιαν γίγνεται 268, 16. 280, 14 quae ex providentiae auctoritate, fataliter quoque provenire, nec tamen quae fataliter, ex providentia Cl. I 125, 13 τὸ πάντα γίγνεσθαι καθ᾽ εἱ. ἐκ τοῦ μαντικὴν εἶναι δείκνυσι Chr. II 270, 21 fata denuntiativa et condicionalia 279, 1 ὁ τῶν δυνατῶν λόγος πρὸς τὸν τῆς εἱ. μαχόμενος II 64, 39 καθ᾽ εἱ. γίγνεται, οἷς τὰ ἀντικείμενα ἀδύνατόν ἐστιν ἢ εἶναι ἢ γενέσθαι 298, 7 τῶν καθ᾽ εἱ. γινομένων οὐ κεκώλυται τὰ ἀντικείμενα γενέσθαι 279, 16

τὴν εἱ. χρῆσθαι πᾶσι τοῖς γεγονόσι καὶ γινομένοις καθ᾽ εἱ. II 296, 14 ἕκαστον τῶν συνεστώτων φύσει καθ᾽ εἱ. εἶναι τοιοῦτον, ὁποῖόν ἐστι 295, 15 ducunt volentem fata, nolentem trahunt Cl. I 118, 26. 119, 7 τὴν εἱ. ποιεῖν τινα τοιαῦτα, ἃ χωρὶς βίας οὐ πείσεται τοῖς αἰτίοις II 280, 9 τὰ γιγνόμενα καθ᾽ εἱ., καίτοι ἀπαραβάτως γιγνόμενα, μὴ ἐξ ἀνάγκης γίγνεσθαι 279, 26 nasci et mori fatis dant, media omnia fortunae 281, 42 ἃ μὲν εἶναι κατ᾽ ἀνάγκην, ἃ δὲ καθ᾽ εἱ., ἃ δὲ κατὰ προαίρεσιν 281, 9 necessitas fati genera ipsa et principia causarum movet, impetus vero consiliorum voluntas cuiusque propria moderatur 294, 20 περιειλῆφθαι τὸ παρ' ἡμᾶς ὑπὸ τῆς εἱ. 293, 4 ἡ εἱ. χρῆται ζῴῳ ὡς ζῴῳ, εἰ δὲ ὡς ζῴῳ καὶ ὡς ὁρμητικῷ 296, 14 τὰς διὰ τῶν ζῴων ὑπὸ τῆς εἱ. γινομένας κινήσεις ἐπὶ τοῖς ζῴοις εἶναι 285, 33 διὰ τοῦ τὸ καθ' ὁρμὴν ἐνεργεῖν τὰ ζῷα τηρεῖν ἐν τῷ ἅπαντα γίνεσθαι καθ' εἱ. καὶ τὸ ἐφ' ἡμῖν εἶναί τι τηρεῖν 296, 22 animorum nostrorum motus esse ministeria decretorum fatalium 272, 25 δεδόσθαι τῷ ζῴῳ καθ' εἱ. τὸ συγκατατίθεσθαι 290, 25 ἡ εἱ. ποιεῖ φαντασίας ἀγωγοὺς ἐπὶ τὴν συγκατάθεσιν 291, 6 ὅπως πληρωθῇ τὸ τῆς εἱ. δρᾶμα, φαντασίαν ὁ θεὸς τῷ Λαΐῳ παρέσχεν 271, 32

εἶξις τὰ πάθη τοῦ ἡγεμονικοῦ εἴ. III 111, 35

εἰρήνη primum bonum III 27, 25

εἱρμός εἱ. αἰτιῶν II 265, 36. 266, 1. 10. 280, 7 διοίκησις κατὰ εἱ. καὶ τάξιν προϊοῦσα 273, 1 προδιατέτακται ἑκάστῳ κινήματι τῶν ἐφ' ἡμῖν καὶ τὸ κατὰ τὸν εἱ. τῶν ἐσομένων συμβησόμενον 289, 31 voluntas dei series causarum 268, 13 ὁ ἄνωθεν εἱ. 273, 41

εἴρω εἱμαρμένη = εἰρομένη τις II 265, 12 εἱμαρμένη εἴρουσα τὰς ἑκάστων αἰτίας 265, 6 εἰρομένῳ λόγῳ 169, 33

εἰρωνεύομαι III 161, 4

εἰς cf. ἕν
εἷς ὁ κόσμος vid. s. v. κόσμος etc.

εἰσάγω II 39, 6. 41, 5

εἰσαγωγή περὶ τῆς εἰς τὰς ἀμφιβολίας εἱ. tit. l. Chr. II 6, 28. 30 οἱ πρὸς εἱ. τρόποι 7, 16 ἡ εἰς τὸν ψευδόμενον εἱ. 7, 34. 35 εἱ. τῆς περὶ ἀγαθῶν καὶ κακῶν πραγματείας III 196, 17

εἰσαγωγικός συλλογισμοὶ εἱ. tit. l. Chr. II 7, 15

ἕκαστος τὰ καθ' ἕ. μόνα εἶναι II 123, 26. 29

ἔκγονος πῶς γίνεται ἡ πρὸς τοὺς γεννήσαντας ὁμοιότης τῶν ἐ. II 211, 38 οἰκειούμεθα πρὸς αὑτοὺς εὐθὺς γενόμενοι τὰ ἔ. ἑαυτῶν III 43, 24

ἔκκειμαι III 6, 14

ἐκεῖσε ἐ. ἀντὶ τοῦ ἐκεῖ II 244, 38

ἔκθεσις περὶ ἐ. tit. l. Chr. II 7, 32

ἐκθετικόν II 62, 4

ἐκκαλυπτικός ἐ. τοῦ λήγοντος II 72, 31. 73, 18 ἐ. τὸ πρῶτον τοῦ δευτέρου 73, 22

ἐκκαλύπτω τὴν ἐπιφορὰν ἐ. ὑπὸ τῶν λημμάτων II 78, 38 λόγος ἐπιφορὰν ἐ. ἄδηλον 89, 10

ἐκκλίνω ἡ ἀρετὴ τὰ μὲν ἐ. τῶν ἀδιαφόρων III 57, 18 τοὺς σπουδαίους ἐ. τὸ πράττειν τι παρὰ τὸ καθῆκον 163, 38

ἔκκλισις ἐ. λόγος ἀπαγορευτικός III 42, 7 ἐ. in def. εὐλαβείας 42, 8. 105, 19 pass. in def. φόβου 95, 19. 39 pass. in def. σωφροσύνης Cl. I 129, 2

ἐκκρούω III 95, 3

ἐκλαλητικός ἐ. ἡ διάνοια II 21, 10

ἐκλέγομαι τὰ μὲν τῶν ἀδιαφόρων ἐ., τὰ δὲ ἀπεκλέγεται III 29, 6 τὰ σωματικὰ καὶ τὰ ἐκτὸς τῆς ἀρετῆς ἕνεκα εἶναι, ὅπως ἐ. 46, 27 προηγμένον, ὃ ἀδιάφορον ὂν ἐ. κατὰ προηγούμενον λόγον Z. I 48, 8. III 31, 15 εὐλογίστως ἐ. III 32, 12 ἐ. in def. τοῦ τέλους III 5, 43. 6, 5. Ant. 252, 38. Arch. 264, 23 proprium sapientis officium recte eligere III 47, 6 ἀδιάφορος ἡ κτῆσις τῶν ἐκλεγομένων καὶ οὐ συντείνουσα πρὸς τὸ τέλος 46, 19 διὰ τὴν τούτων ἔνδειαν, ἃ δεῖ ἐ., οὐ διὰ τὸ ἀδυνατεῖν ἐ. ὁ ἀρετὴν ἔχων ἑαυτὸν ἐξάγει ποτέ 190, 29

ἔκλειψις ἐ. ἡλίου : σελήνης Z. I 34, 9. 30. II 196, 13

ἐκλεκτικός ἀξία ἐ. III 28, 27. 30, 9. Ant. 251, 35 ὁδὸς ἐ. τῶν ἐν ταῖς τέχναις οἰκείων πρὸς ἀρετὴν 26, 36 ὁ θεός με ἐ. ἐποίησεν 46, 9

ἐκλογή τὰ μεταξὺ ἀρετῆς καὶ κακίας ἀδιάφορα, οὐ μὴν πρὸς ἐ. καὶ ἀπεκλογὴν III 28, 26 ἀναγκαῖον τὴν τῶν προηγμένων ἐ. ποιεῖσθαι παρὰ τὰ ἀποπροηγμένα Z. I 48, 16. III 31, 22
οἰκείωσις : ἐ. : καθῆκον III 45, 16 ἡ φύσις τῆς τῶν οἰκείων ἐ. ἕνεκεν τὴν ἀρετὴν παραλαμβάνει 46, 23 περὶ τῶν κατὰ φύσιν καὶ οἰκείων ἐ. ἡ ἐνέργεια τῆς ἀρετῆς 190, 26 prima naturae sub sapientis dilectum cadunt 189, 37 ἡ ἀρετὴ = περὶ τὴν ἐ. τῶν κατὰ φύσιν

III 16, 15 virtutem rerum selectione exspoliat A. I 84, 14 inter eas res, quae ad vitam degendam pertinerent, nullum delectum adhiberi oportere 84, 28 si selectio nulla sit ab iis rebus, quae contra naturam sint, earum rerum, quae sint secundum naturam, fore ut tollatur omnis prudentia III 46, 3 ἡ εὐλόγιστος ἐ. τῶν πρώτων κατὰ φύσιν ἀγαθόν 46, 29 electionem laude et culpa non carere 47, 5
εὐλόγιστος ἐ. τῶν κατὰ φύσιν expl. Ant. III 253, 9 sqq. εὐλογιστεῖν ἐν τῇ τῶν κατὰ φύσιν ἐ. in def. τέλους Diog. III 219, 12 pass.

ἐκλύω III 123, 29. 33

ἑκούσιος αἱ τῶν σπουδαίων ἐ. πράξεις ἐπαινεταὶ πᾶσαι III 168, 3 βιαζομένους τὸ παρ' αὑτοῖς ἐ. μὴ κατορθοῦν 139, 34 βασιλείαν τὸν σοφὸν ἑκουσίως ἀναδέχεσθαι 173, 25

ἐκπίπτω III 130, 22

ἔκπληξις def. III 98, 36. 40. 99, 4. 26. 101, 31 εἶδος φόβου 96, 8. 98, 34. 101, 30

ἐκπυρόω cf. ἐξαιθερόω
κατά τινας εἱμαρμένους χρόνους ἐ. τὸν σύμπαντα κόσμον Ζ. Ι 27, 15 μεταβάλλειν τὸν κόσμον ἐ. εἰς φλόγα Cl. 1 114, 36

ἐκπύρωσις = ἡ εἰς πῦρ ἀνάλυσις τῶν ὅλων II 184, 10 ἐ. γίνεσθαι τοῦ ὅλου 183, 27 κατὰ περίοδον ἐ. τοῦ παντὸς γίνεσθαι 190, 38 fore aliquando, ut omnis hic mundus ardore deflagret 30, 21 γίνεται κατὰ τὸν τῆς εἰς ἄλληλα πάντων μεταβολῆς λόγον 187, 21 ἐπικρατήσαντος τοῦ ἰσχυροτέρου τῶν ἄλλων στοιχείου τὴν ἐ. ἔσεσθαι 185, 9 κατὰ τὴν τοῦ θεοῦ δυναστείαν ἐπικρατήσαντος τῶν ἄλλων 187, 29
ὁ κόσμος φθαρτὸς κατ' ἐ. II 181, 5 τῇ ἐ. τὴν τοῦ κόσμου ψυχὴν διεφθάρθαι, τὸν δὲ κόσμον μένειν 131, 21 καὶ οἱ ἀστέρες πρὸς τὴν ἑαυτῶν φθορὰν συνεργοῦσι τῷ ἡλίῳ, συνεργοῦντές τι πρὸς τὴν ἐ. Cl. I 114, 30 τὰ στοιχεῖα κατὰ τὴν ἐ. φθείρεσθαι . II 111, 5 umore consumpto mundus ignescit 183, 17. 39 ἐ. secuturam κατακλυσμούς 186, 26 ἐν τῇ ἐ. τὴν οὐσίαν ἐκχεῖσθαι 171, 28 εἰς κενὸν κατὰ τὴν

ἐ. ἀναλύεται ὁ κόσμος 186, 27 ἐν τῷ πυρὶ ἡ ὕλη καὶ ὁ θεὸς σῴζονται μόνοι 308, 43 ὅταν ἐ. ᾖ, ὁ θεὸς ἡγεμονικὸν ἔχει τὴν ὅλην οὐσίαν 310, 30 τὸν Δία ἀναχωρεῖν ἐπὶ τὴν πρόνοιαν 312, 36 Iuppiter resoluto mundo et dis in unum confusis paulisper cessante natura adquiescit sibi cogitationibus suis traditus 313, 3 οὐ πάσας τὰς ψυχὰς ἐπιδιαμένειν μέχρι τῆς ἐ. Cl. I 118, 4 τὰς τῶν σοφῶν ψυχὰς ἐπιμένειν μέχρι τῆς ἐ. II 223, 20. 27. 34. 224, 29 οὐ μένει τὰ κακὰ ἀεὶ ἐν ταὐτῷ διὰ τὴν πρόνοιαν τὰ ἐπὶ γῆς κατακλυσμοῖς καὶ ἐ. καθαίρουσαν 337, 32 διὰ τῆς ἐ. ἀνίστασθαι πάλιν τοὺς αὐτοὺς ἐπὶ τοῖς αὐτοῖς Ζ. Ι 32, 19
ὅπως περὶ τῆς τοῦ παντὸς ἐ. δοξάζουσιν οἱ Στ. II 184, 2 Ζήνωνα ἐπισχεῖν περὶ τῆς ἐ. Ζ. Τ. III 209, 31 Διογένης, ἡνίκα νέος ἦν συνεπιγραψάμενος τῷ δόγματι τῆς ἐ., ὀψὲ τῆς ἡλικίας ἐνδοιάσας ἐπισχεῖν Diog. III 215, 20 τὰς ἐ. τοῦ κόσμου κατέλιπεν Β. III 265, 22

ἐκρήγνυμι III 96, 18. 40

ἔκτασις ἐ. τῶν ὄγκων ἐν ταῖς δι' ὅλου κράσεσι II 157, 31

ἐκτείνω II 227, 26

ἐκτικός ἐ. πνεῦμα = ἕξις II 205, 20 ἐ. αἴτια 273, 19 ἀέρα καὶ πῦρ αὐτῶν εἶναι ἐ. 146, 35 αἱ μέσαι πράξεις προσλαμβάνουσι τὸ ἐ. III 138, 2

ἐκτόν χωρίζουσι τὰς ἕξεις ἀπὸ τῶν ἐ. II 150, 44 τὰς ποιότητας ἐ. λέγοντες 129, 11 ἐπὶ τῶν ἡνωμένων μόνων ἐ. ἀπολείπουσι 129, 12
τὰ μὲν ἐ. περὶ ἡμᾶς, τὰ δὲ ἐνεργήματα ἐκτός 128, 28

ἐκτός τὰ ἐ. ἀνωφελῆ καὶ ἀδιάφορα III 37, 1 ἀδιάφορα 190, 16 τὰ πλεῖστα τῶν ἐ. ἀδιάφορα 29, 27 τὰ ἐ. τῆς ἀρετῆς ἕνεκα εἶναι, ὅπως ἐκλέγηται καὶ περιποιῆται 46, 26 τῶν προηγμένων τὰ μὲν ἐ. εἶναι 32, 41 προηγμένα ἐπὶ τῶν ἐ. enum. 31, 5. 33, 3 ἀποπροηγμένα ἐπὶ τῶν ἐ. enum. 31, 8. 33, 6 τῶν ἐ. οὔτε προηγμένα οὔτε ἀποπροηγμένα def. 33, 11 τὰ περὶ ψυχὴν πλείονα τὴν ἀξίαν ἔχειν τῶν περὶ σῶμα καὶ τῶν ἐ. 33, 15 τὰ ἑ. ἀγαθά III 23, 38. 40. 24, 6. 14. 26. τὰ οὔτε περὶ ψυχὴν οὔτε ἑ. ἀγαθά 23, 38. 42. 24, 6. 14. 16 τὰ ἑ. κακά 24, 8. 10. 19 τὰ οὔτε περὶ ψυχὴν οὔτε ἑ. κακά 24, 9. 11. 21

τὰ ἑ. ἐναντιοῦται πρὸς τὸ ἀληθὲς εἶναι II 64, 17

ἐκτυπόω II 128, 5

ἐκφέρομαι (ἐκφερόμενος) cf. ἔκφορος

τὸ ἡγεμονικὸν ἑ. III 111, 24 ὁρμὴ ἑ. 92, 6 κινήσεις ἑ. 130, 9 οἱ ἐν τοῖς πάθεσιν ὄντες 94, 29. 114, 8. 127, 4

ἐκφεύγω III 92, 19

ἐκφλογίζω Cl. I 111, 16

ἐκφορά κατὰ τὸ ὑποκείμενον ὡρισμέναι ἑ. l. Chr. II 6, 3 ἑνικαὶ καὶ πληθυντικαί ἑ. l. Chr. 6, 8

ἑ. ἔχον ἀξιωματικὴν II 61, 13

ἐκφορικόν τὰ νοήματα ἑ. καλοῦσι II 77, 10

ἔκφορος ἑ. κίνησις III 130, 6

ἐλαιόω II 153, 21. 36

ἐλάχιστος περὶ ἑ. tit. l. Sph. I 139, 25

ἐλεγκτικός ὁ „ἢ" σύνδεσμος ἑ. II 72, 1

ἔλεγχος tit. l. Z. I 15, 6

ἐλεημοσύνη εὐκαταφορία τῆς ψυχῆς III 103, 8

ἐλεήμων τοὺς σοφοὺς ἑ. μὴ εἶναι III 163, 3

ἔλεος def. Dion. I 96, 9. III 99, 38. 100, 7. 15. 101, 10. 21. 106, 2. 109, 43. 110, 8 ἑ. εἶδος λύπης III 96, 9. 99, 37. 101, 20 ἑ. ἐμφαίνειν τὸ ἐφ' ᾧ γίνεται 96, 12 φυσικὰς φορὰς ἐκτρεπομένων ὁ ἔ. γίνεται 102, 17 ἑ. ἀδυναμία ψυχῆς πρὸς κολάσεις προσποιουμένη χρηστότητα 163, 5 morbus animi Z. I 52, 13 vitium animi III 110, 2 inter vitia et morbos ponit Z. I 52, 11 neminem misericordem esse nisi· stultum et levem Z. I 52, 16 sapientem non misereri III 109, 28. 110, 7 misericordiam de homine sustulisse St. 109, 24 μὴ δεῖν ἰατρὸν ἢ δικαστὴν τὸν ἑ. ἐλεεῖν 109, 45

ἐλευθερία περὶ ἑ. tit. l. Cl. I 107, 19 ἑ. = ἐπιστήμη τῶν ἐφειμένων καὶ τῶν κεκωλυμένων III 87, 5 = ἐξουσία αὐτοπραγίας 86, 31 τὴν κατ' ἀλήθειαν ἑ. ἀγαθόν 155, 15 τελικὸν ἀγαθόν 25, 38

ἐναργεστάτη πίστις ἑ. ἡ ἰσηγορία III 88, 10

ἐλευθεριότης ἀρετή def. III 67, 6

ἐλεύθερος τοὺς φρονίμους ἑ. εἶναι καὶ ἐξεῖναι αὐτοῖς ποιεῖν, ὡς ἐθέλουσι III 87, 3 μόνον τὸν σοφὸν ἑ. Z. I 53, 20. 54, 4. III 86, 30. 88, 37. 89, 6. 8. 146, 8. 155, 16 pass. ὅσοι μετὰ νόμου ζῶσιν ἑ. III 87, 44 τοὺς φίλους τῶν θεῶν ἑ. 87, 31 τὸν εὐγενῆ ἑ. 89, 13 τὴν μουσικὴν ταχθῆναι ἕνεκα τῆς τῶν ἑ. παιδείας Diog. III 224, 29. 230, 26

ἑλκυσμός διάκενος ἑ. τὸ φανταστικόν II 22, 6 φαντασία τῶν ἐν ἡμῖν παθῶν διάκενος ἑ. καλεῖται 25, 1

ἕλκω II 22, 10. 40, 14

ἔλλειψις κατ' ἑ. ἀπέραντος γίνεται λόγος II 79, 33

ἑλληνισμός ἀρετὴ τοῦ λόγου def. Diog. III 214, 13

ἐλλιπές (sc. λεκτόν) : πλῆρες II 31, 30 : τέλειον 59, 29 : αὐτοτελές 48, 25. 58, 30

ἐμβριθής cf. βαρύς

ἔμβρυον μέρος τῆς γαστρὸς τὸ ἔ., οὐ ζῷον II 213, 26 φυτῶν τρόπον ἐμπεριαυξανόμενα καὶ μέρη νομιζόμενα τῶν κυούντων 213, 37 ἅμα ὅλον γίνεσθαι τὸ ἔ. 213, 24 πῶς τρέφεται τὰ ἔ. 213, 21 τρέφεσθαι μὲν καὶ αὔξεσθαι, ὁρμὴν δὲ καὶ ἀφορμὴν οὐκ ἔχειν 213, 30

ἐμμενετέος αἱρετέα, ὑπομενετέα, ἀπονεμητέα, ἑ. III 72, 36 τὰ ὠφελήματα ἑ. 22, 25. 29 ἡ ἰσχύς, ὅταν ἐν τοῖς ἑ. ἐγγένηται, ἐγκράτειά ἐστιν Cl. I 128, 36

ἐμμενετός τὰ ἀγαθὰ πάντα ἑ. III 22, 24. 27

ἐμμενητικός III 64, 35. 73, 1

ἐμπαθής III 125, 16

ἐμπειρία = τὸ τῶν ὁμοειδῶν φαντασιῶν πλῆθος II 28, 18 οὐδὲν οὕτως πειστικὸν ὡς ἡ περὶ τῶν πραγμάτων ἀμετάπτωτος ἑ. Diog. III 237, 8 τὸ κατ' ἀρετὴν ζῆν = κατ' ἑ. τῶν φύσει συμβαινόντων ζῆν III 3, 28. 5, 13.

20. 24. 42. 6, 4 ὁ σοφὸς ταῖς περὶ τὸν βίον ἐ. χρώμενος Z. I 52, 31. III 149, 18. 150, 3
ἐμπίπτω III 116, 33
ἔμπνους ᾧ ἀναπνέομεν, τούτῳ ἐσμὲν ἐ. II 219, 43
ἐμπρόσθιος II 176, 12
ἔμφασις ἐ. τῶν φαντασιῶν αἱ ὡς ἂν ἀπὸ ὑπαρχόντων γινόμεναι II 24, 20
ἔμφυτος ἐ. προλήψεις III 17, 14
ἔμψυχος ἀφ᾿ ἑαυτῶν κινεῖται τὰ ἐ. II 288, 1
ἐν οἱ οὐκ ἐν ἑαυτοῖς ὄντες III 125, 18
ἕν cf. εἷς
τὸ ἓν πλῆθος II 160, 12 ἐξ ἑ. πάντα γίνεσθαι καὶ ἐκ πάντων ἓν συγκρίνεσθαι Cl. I 111, 27
ἐναντίος cf. μαχόμενον
περὶ τῶν ἐ. tit. l. Chr. II 9, 9. 11
ἐ. = ὅσα ἐν τῷ αὐτῷ γένει πλεῖστον ἀλλήλων διαφέρει II 49, 23 nullum contrarium est sine contrario altero 335, 37 ἐ.: ἀντικείμενα 51, 6. 88, 39 ἕξεις ἐ. ὑπέλαβον καὶ τὰ κατηγορήματα καὶ τὰς μεσότητας 49, 35 οἱ εἰς τἀναντία λόγοι 89, 42
ἐναντίωσις κατ᾿ ἐ. νοεῖταί τινα II 29, 17 ἐπὶ τῶν ἕξεων, σχέσεων, ἐνεργειῶν ἡ ἐ. θεωρεῖται 50, 7
ἐναπομάσσω in def. τῆς καταληπτικῆς φαντασίας Z. I 18, 8. II 21, 17. 25, 34. 42
ἐναποσφραγίζω in def. καταληπτικῆς φαντασίας Z. I 18, 8. II 21, 16. 25, 35. 42
ἐναποτυπόω in def. καταληπτικῆς φαντασίας Z. I 18, 10
ἐνάρετος cf. σπουδαῖος
τὸν ἐ. θεωρητικὸν καὶ πρακτικὸν τῶν ποιητέων III 72, 34 φρόνιμον καὶ ἀνδρεῖον καὶ δίκαιον καὶ σώφρονα 72, 37 ἐπίσης τῷ Διὶ μακαρίως ζῶν ὁ ἐ. 190, 15
ἐ. πολιτεία III 81, 19 adv. A. I 86, 29
ἔναρθρος ἐ. φωναί II 43, 19. 74, 5
ἐνδεής III 177, 29
ἐνδέομαι οἱ φαῦλοι οὐ δέονται μέν, ἐ. δέ III 169, 7
ἐνδέχομαι ἔσται μὲν τάδε τινά, ἐ. δὲ καὶ ἑτέρως γενέσθαι II 280, 26 τὸ δυνατὸν καὶ ἐ. 279, 15 ἐνδεχομένως : ἐξ ἀνάγκης 279, 36 οὐκ ἀναιρεῖται τὸ ἐ. τινὰ γίνεσθαι 279, 37
ἐνδιάθετος vid. λόγος
ἐ. λόγος : προφορικός II 43, 13. 74, 6
ἐνδίδωμι III 123, 29
ἐνδοτικός ἐστί τις ἐπιτελεστικὴ κατάστασις καὶ ἐ. III 123, 23 τοὺς φαύλους πράττειν ἐ. 124, 5
ἕνεκα οὗ ἕνεκα πάντα πράττεται = τέλος III 3, 16. 6, 8 αὐτὸ οὐδενὸς ἐ. 3, 17. 6, 8
ἐνέργεια αἱ ἐ. σώματα καὶ ζῷα II 230, 10 ἀσώματοι Arch. III 262, 32 ἐ.: ποιά et ποιότητες II 51, 4 τὰς ποιότητας λέγουσι ἐ. II 114, 40 ἐπὶ τῶν ἐ. ἡ ἐναντίωσις θεωρεῖται 50, 7 στερήσεις ἐ. 52, 31 ἡ ὕλη ἐπιδεκτικὴ τῶν τοῦ ποιοῦντος ἐ. 115, 4
ἀδιάπτωτος ἐ. = ὁ σπουδαῖος βίος III 72, 21 εὔλογον τὸ τὸν φρόνιμον τὰς κατὰ τὸν λόγον καὶ τὴν φρόνησιν ἐ. ἐνεργεῖν 57, 37 εἰ προσχρῆται ταῖς αἰσθήσεσιν ἡ ἀρετὴ πρὸς τὰς ἰδίας ἐ. 16, 5 τὰς ἐπαινετὰς ἐ. περὶ ψυχὴν ἀγαθά 24, 5 τὰς ψεκτὰς ἐ. περὶ ψυχὴν κακά 24, 10 αἱ κατ᾿ ἀρετὰς ἐ. οὔτε ἕξεις οὔτε διαθέσεις 25, 11. 22 αἱ κατὰ κακίας ἐ. οὔτε ἕξεις οὔτε διαθέσεις 25, 18 αἱ ἐ. αἱ χρηστικαὶ τῶν ἀρετῶν ἀγαθὰ ἀναγκαῖα 27, 13 ἀναγκαῖα κακὰ αἱ ἐ. αἱ ἀπὸ τῶν κακιῶν 27, 16
ἐνεργέω τὰ μὲν τῶν ζῴων ἐ. μόνον, τὰ δὲ πράξει τὰ λογικά II 295, 18 ἃ διὰ τῶν νεύρων ἐ. III 123, 22 εἰ ἐ. κατὰ ἀρετὴν ὁπωσοῦν ἐχουσῶν τῶν αἰσθήσεων 16, 8
ἐνέργημα τῶν ἐ. τὰ μὲν καθ᾿ ὁρμήν, τὰ δ᾿ οὔ II 295, 5 τῶν ἐ. τὰ μὲν κατορθώματα, τὰ δ᾿ ἁμαρτήματα, τὰ δ᾿ οὐδέτερα III 136, 18 sq. ἐ. in def. τοῦ καθήκοντος 134, 16 pass.; in def. τοῦ κατορθώματος 134, 25 pass. τὰ ἐκτὰ περὶ ἡμᾶς, τὰ δὲ ἐ. ἐκτὸς II 128, 29 ἐ. τὸ ἐφ᾿ ἡμῖν ἐστι II 295, 4 ὕπτια ὄντα ἐ. ἐστιν 59, 21
ἐνεργητέος φρόνησις ἐν ἐ. Z. I 49, 26
ἐνέστηκα τὸ ἀξίωμα ἐ. II 73, 34. 36
ἐνεστώς τὸν ἐ. ἐνεστῶτα παρατατικὸν ὁρίζονται expl. II 48, 6 ἐ. τὸ

μὲν μέλλον, τὸ δὲ παρεληλυθός 165, 30. 41 ἐ. μὴ εἶναι χρόνον 164, 25. 165, 38 μόνον ὑπάρχειν τὸν ἐ. 164, 26. 165, 35 τὸν ἐ. πεπερασμένον 166, 3
ἔνθερμος πνεῦμα ἐ. ΙΙΙ 75, 6
ἐνιαυτός ὁ ἐ. σῶμα ΙΙ 198, 2 ὁ ἥλιος ποιεῖ ἐ. Cl. I 112, 3 vim divinam tribuit annis annorumque mutationibus Z. I 43, 14
ἡ ἀνάστασις ἐκείνη ποιοῦσα ἐ. τὸν μέγιστον ΙΙ 184, 34 ὁ μέγας ἐ. ἐκ πέντε καὶ ἑξήκοντα καὶ τριακοσίων ἐ. Diog. III 215, 23
ταὐτὸν δύναται ἀνδρὶ σπουδαίῳ μία ἡμέρα πολλοῖς ἐ. ΙΙΙ 14, 16
ἐνικός περὶ τῶν ἐ. καὶ πληθυντικῶν ἐκφορῶν tit. l. Chr. II 6, 8
ἐ. ἀξίωμα ΙΙ 99, 2
ἐννόημα ἐ. = φάντασμα διανοίας λογικοῦ ζῴου expl. ΙΙ 28, 23 sq. = φάντασμα διανοίας οὔτε τὶ ὂν οὔτε ποιόν, ὡσανεὶ δέ τι ὂν καὶ ὡσανεὶ ποιόν Z. Ι 19, 20. 28. Diog. III 214, 26 μήτε σῶμα, μήτε ἀσώματον ΙΙ 117, 12 φαντάσματα : ἐ. ΙΙ 28, 27 ἐ. : ἰδέαι Z. I 19, 22. 28. ΙΙ 123, 21
ἐννοηματικὸς ὅρος ΙΙ 75, 39
ἔννοια περὶ τῶν ἐ. l. Chr. II 9, 25
ἡ ἐ. = φαντασία τις ΙΙ 229, 35 αἱ ἐ. = ἀποκείμεναί τινες νοήσεις 229, 42 ἐνέργειαι τῆς ψυχῆς 228, 31
αἱ μὲν φυσικῶς γίνονται, αἱ δὲ διὰ διδασκαλίας ΙΙ 28, 19 a corporis sensibus notiones animus concipit 33, 15 ab iis propagatur discendi docendique ratio 33, 17 a comprehensionibus notiones rerum in animis imprimuntur Z. I 18, 34 notitias rerum sine adsensione non posse constare II 35, 17 εἰς τὸ ἡγεμονικὸν μίαν ἑκάστην τῶν ἐ. ἐναπογράφεται ὁ ἄνθρωπος ΙΙ 28, 15 ὁ λόγος ἐ. τινῶν καὶ προλήψεων ἄθροισμα 228, 23 περὶ τὴν δευτέραν ἑβδομάδα ἐ. γίνεται καλοῦ καὶ κακοῦ 215, 10 quid homo intelligentiam vel notionem capiens profecerit III 45, 21 ἀκολουθίας ἐ. ἔχων ΙΙ 74, 7 πόθεν ἐλάβομεν θεῶν ἐ 299, 13. 300, 5 τὰς φυσικὰς ἐ. αἰτιῶνται ὅτι οἷόν τε ζητεῖν καὶ εὑρίσκειν 32, 34

τὰς κοινὰς ἐ. κριτήρια τῆς ἀληθείας ἡμᾶς παρὰ τῆς φύσεως λαβεῖν ΙΙ 154, 29 τὰς· κοινὰς ἐ. περὶ καλῶν καὶ αἰσχρῶν οὐ πάντως ἀπολωλεκέναι ΙΙΙ 51, 41
ἐνόχλησις cf. ὄχλησις
def. III 99, 41 εἶδος τῆς λύπης 99, 37
ἐνόω cf. ἡνωμένος
ἡνῶσθαι τὴν ὕλην ΙΙ 152, 19 τὴν σύμπασαν οὐσίαν 154, 7 τὸ πᾶν πνεύματος διήκοντος δι' αὐτοῦ 145, 16 σώματα ἀλλήλοις δι' ὅλων 155, 19
ἐνσκιρόω δόξα ἐ. ΙΙΙ 102, 38
ἔνστημα ταῖς κατὰ μέρος φύσεσι ἐ. πολλὰ γίνεσθαι ΙΙ 268, 30
ἐντείνω Diog. III 228, 25
ἐντολή πρόσταξις : ἀπαγόρευσις : ἐ. III 139, 36
ἔντονος Cl. I 115, 26
ἐντός ΙΙ 41, 29
ἐνύπνιον περὶ ἐ. scr. Chr. III 196, 45 a dis hominibus dispertiri somnia II 343, 37. 344, 1
ἕνωσις ἡ τοῦ παντὸς ἕ. καὶ συμπάθεια ΙΙ 156, 15 ἡ εἰς τὸ εἴσω κίνησις ἑ ἀποτελεστικὴ 149, 2 διεστῶσαι οὐσίαι καὶ μηδεμίαν ἔχουσαι ἕ. 129, 21
ἐξ ἐξ ἑαυτῶν κινεῖσθαι : δι' ἑαυτοῦ : ἀφ' ἑαυτοῦ ΙΙ 161, 25
ἐξ οὗ, οἷον ὕλη : ὑφ' οὗ : δι' ὅ 162, 21
ἐξάγω εὐλόγως ἐ. ἑαυτὸν τοῦ ζῆν τὸν σοφόν III 35, 33. 187, 33 pass.
ἐξαγωγή εὔλογος ἐ. III 187 sqq. πέντε τρόποι εὐλόγου ἐ. 190, 37 sq. ad principia naturalia referri excessum e vita 189, 30 οὐ δεῖν τὴν ἐ. τοῖς κακοῖς παραμετρεῖν, ἀλλὰ τοῖς μέσοις κατὰ φύσιν 188, 8 pass. τὴν ἐ. τὴν ἐκ τοῦ βίου τοῖς σπουδαίοις καθηκόντως γίγνεσθαι 187, 36 pass. (μὴ εἶναι εὔλογον ἐ. III 16, 37)
ἐξαιθερόω vid. ἐκπυρόω
ἐ. πάντα κατὰ περιόδους ΙΙ 184, 4
ἐξαλλάττω ΙΙ 40, 28
ἔξαμμα ἐ. νοερὸν ὁ ἥλιος ΙΙ 196, 25
ἐξαπατάω cf. ἀπάτη
ἐ. οὐκ ἔστι δικαίως, ἀλλ' ἀπὸ μοχθηρᾶς πρόεισιν ἕξεως ΙΙΙ 85, 9 ὁ σοφὸς οὔτ' ἐξαπατᾶται οὔτ' ἐ. ἄλλον

150,14 οἱ ἐξηπατημένοι : ἀποστρεφόμενοι τὸν λόγον 94, 36
ἐξελέγχω μὴ ἐξελέγχεσθαι σπουδαίων εἶναι II 40, 27
ἐξεργαστικός III 64, 40 pass.
ἐξηγητικός II 50, 22
ἕξις περὶ ἕ. tit. l. Sph. I 140, 9. Chr. II 9, 38. III 197, 1
ἕ. = πνεῦμα σώματος συνεκτικόν II 124, 20 = πνεῦμα ἀναστρέφον ἐφ' ἑαυτό 150, 2 τὰς ἕ. ἀέρας εἶναι 147, 39
ἡ οὐσία ἕ. ἔχει τὴν συνέχουσαν II 172, 1 τὴν ἕ. ἐν τοῖς συνεχομένοις ὑπὸ ἕ. δι' ὅλων τῶν σωμάτων διήκειν 155, 29. 157, 7 τρόπον ἕ. πνευματικῆς ἐλλοχᾷ δι' ὅλης ἄχρι περάτων τεταμένον (τὸ πῦρ) 187, 3 ὁ θεὸς ἕ. Z. I 42, 14
ἕ. : φύσις : ψυχή II 302, 36 ἕ. πνεῦμα τὸ συνέχον τοὺς λίθους 205, 21 ἕ. μετέχουσιν οἱ λίθοι 205, 5 λίθοι καὶ ξύλα 149, 36. 302, 37 τὰ ἐν ἡμῖν ὀστᾶ 149, 37
ἐν σῶμα ὑπὸ μιᾶς ἕ. συνέχεσθαι II 156, 3 ἡνωμένα σώματα ὑπὸ μιᾶς ἕ. κρατεῖται 124, 19. 302, 19 ἐπί τινα ὑπόστασιν ἐλθεῖν μιᾶς ἕ. 129, 15 ἕ. οὐκ ἔστιν ἐν διεστώσαις οὐσίαις 129, 20 ἕ. ἑκταί II 129, 31 ἕ. : τὰ ἑκτά 150, 44
τὰς ἕ. ταῖς ἐξ ἑαυτῶν ἐνεργείαις χαρακτηρίζεσθαι II 130, 7 τὰ ἐπιτηδεύματα ἕ. III 25, 10 τὰς ἕ. οὕτως ὑφεστηκέναι, ὥστε ἀφεθείσας διαμένειν δύνασθαι II 130, 21 τὰ ὑπὸ ἕ. κρατούμενα οὐδεμίαν ἀξιόλογον μεταβολὴν ἀναδέχεται 302, 40 τὰς ἕ. ἐπιτείνεσθαι δύνασθαι καὶ ἀνίεσθαι II 129, 37 τινὰς μὲν ἐπιδέχεσθαι ἐπίτασιν καὶ ἄνεσιν. τινὰς δὲ μὴ III 141, 7
ἡ ἕ. πρός τί ἐστιν II 132, 46 κυριώτατα ἐπὶ τῶν ἕ. ἡ ἐναντίωσις θεωρεῖται 49, 35 ἡ κατὰ ἕ. καὶ στέρησιν ἀντίθεσις 52, 1 ἕ. καὶ στερήσεως εἰς ἄλληλα μὴ γίνεσθαι μεταβολήν 52, 17
αἱ κατὰ ἕ. ἢ διάθεσιν μεταβολαὶ τῆς ψυχῆς Z. I 50, 8 ἕ. ὁρμητικὴ καὶ ἰδίως ὁρμὴ λέγεται III 40, 15 οἱ νήπιοι παῖδες οὐκ ἀπὸ λογικῆς ἕ. πολλὰ πράττουσιν ὧν οἱ λογικοί 138, 19 καὶ

ὁ φαῦλος ἔνια δρᾷ τῶν καθηκόντων οὐκ ἀφ' ἕ. καθηκούσης 138, 16 τὸν σοφὸν εἶναι ἀπὸ ἕ. εὐλογίστου 138, 22 ἕ. in def. ἐπιστήμης pass., in def. τέχνης pass., in def. δικαιοσύνης pass.
ἕ. ἀκολουθητικαὶ τῷ αἱροῦντι λόγῳ 93, 28 ὅλης τῆς λογικῆς ἕ. ἀποβολὴν γίνεσθαι 57, 9 τὴν μουσικὴν τὴν ἕ. ποιήσειν ἁρμονικωτάτην καὶ ῥυθμικωτάτην Diog. III 221, 32 τὴν φιλομουσίαν καὶ φιλογραμματίαν ἐν ταῖς σπουδαίαις ἕ. καταλείπουσιν III 72, 25
τὰς σπουδαίας ἕ. περὶ ψυχὴν ἀγαθὰ III 24, 5 τὰς κακίας σὺν ταῖς μοχθηραῖς ἕ. περὶ ψυχὴν κακά 24, 9 τῶν περὶ ψυχὴν ἀγαθῶν τὰ μὲν διαθέσεις, τὰ δὲ ἕ. μέν, διαθέσεις δ' οὔ, τὰ δ' οὔτε ἕ. οὔτε διαθέσεις 25, 8. 20 item de malis 25, 13 τῶν ἐν σχέσει ἀγαθῶν τὰ μὲν καὶ ἐν ἕ. εἶναι οἷον τὰς ἀρετάς 26, 30 ἕ., καθ' ἣν ἐπιμονοί εἰσιν ἐπὶ τῶν καθηκόντων, προηγμένον περὶ ψυχήν 32, 42
ἐξίσταμαι III 125, 16. 129, 7. 19
ἐξουσία ἕ. αὐτοπραγίας III 86, 31. def. 146, 8
ἐξυγραίνω ἕ. τὸ πᾶν Cl. I 111, 18
ἔξω ἕ. γινόμεθα ἑαυτῶν III 129, 19
ἔξωθεν τὰ ἕ. πράγματα III 53, 9 ἕ. ἐπέρχεται ταῖς ψυχαῖς ἡ κακία 56, 26 τὰ ἕ. : ἐφ' ἡμῖν II 288, 17. 290, 20
ἑορτάζω τὸ ἕ. μόνου τοῦ σοφοῦ εἶναι III 157, 32. 165, 44 τῶν φαύλων οὐδεὶς ἕ. 157, 37
ἑορτή def. III 165, 44 ἕ. ψυχῆς ἡ ἐν ἀρεταῖς εὐφροσύνη τελείαις 157, 32 μόνος ὁ σοφὸς τὴν τοιαύτην ἕ. ἑορτάζει 157, 33 οἱ σοφοὶ ἅπαντα τὸν βίον ἕ. ἄγουσι 157, 36
ἐπαγγέλλομαι ἕ. τὸ τοιοῦτον ἀξίωμα ἀκολουθεῖν τῷ πρώτῳ τὸ δεύτερον II 71, 9 οἱ νοῦν ἔχοντες οὐκ ἕ. ποιήσειν ἀγαθούς, καὶ ταῦτ' ἐν ἐνιαυτῷ III 176, 5
ἐπαινετός τὸ ἀρεστὸν ἕ., τὸ ἕ. καλόν III 9, 27. 11, 9. 12. 18 quod laudabile est, omne est honestum 11, 6. 9 τὰ ἕ. τιμῆς ἄξια II 296, 3. 297, 20
τὸ καλόν = τὸ ἕ. παρεχόμενον τοὺς ἔχοντας III 20, 26 τὸ καλὸν ἕ. II 296, 1. 297, 17 πᾶν ἀγαθὸν ἕ. III

22, 14 cur *ἡ ἀρετή ἑ.* 50, 2 virtus laudabiles efficit eos, in quibus est 48, 9 *ἑ. ἐνέργειαι* 24, 5 *αἱ τῶν σπουδαίων ἑκούσιοι πράξεις ἑ. πᾶσαι* 168, 3
ἐπαινέω *περὶ τῶν ἐπαινουμένων* tit. l. Dion. I 93, 26
ἑ. II 297, 20
ἔπαινος *οἱ ἑ. παρακολουθοῦσιν τοῖς ἐνεργοῦσι καὶ δρῶσι* III 58, 15 *μενόντων ἁμαρτημάτων καὶ κατορθωμάτων καὶ ἑ. μένουσι καὶ ψόγοι* II 295, 23 *κατορθοῦντες ἑ. καρποῦνται* III 58, 61 *ἀγαθὸν ἑ. ἄξιον* III 20, 26
ἐπαίρομαι III 95, 22. 110, 28
ἐπακολουθητικός : *προηγούμενος* II 114, 31
ἔπανδρος *προσοχὴ ἑ.* III 26, 30
ἐπαπορητικόν sc. *πρᾶγμα* def. II 61, 17. 62, 9
ἔπαρσις *τὸ κινητικὸν συστολῆς ἀλόγου ἢ ἑ.* III 92, 23 *τὰς ἐπὶ ταῖς κρίσεσιν ἀλόγους ἑ. εἶναι τὰ τῆς ψυχῆς πάθη* Z. I 51, 24 gestientis animi elatio voluptaria III 93, 13 *ἄλογος ἔ.* in def. *ἡδονῆς* pass. *εὔλογος ἔ.* in def. *χαρᾶς* pass.
ἐπαφρόδιτος *ὁ σπουδαῖος ἑ.* III 161, 2
ἐπέκεινα II 159, 10.17
ἐπέλευσις II 282, 15
ἐπέρεισις *ἑ. δεδέηται τὸ ποιεῖν* II 119, 33 *γίνεται τῷ φωτί, διότι σῶμα* II 142, 30
ἐπέρχομαι III 56, 26
ἐπέχω *καὶ ὁ δογματικὸς ἑ.* II 37, 13 *εἰ ἑ. καὶ μὴ συγκαταθησόμεθα* III 16, 11
ἐπί *τῶν παθῶν τὰ μὲν ἐμφαίνειν τὸ ἐφ' ᾧ γίνεται* III 96, 12
ἐφ' ἡμῖν *ἑ. ἡ. εἶναι τὸ γινόμενον καθ' ὁρμὴν δι' ἡμῶν* II 285, 3 *ἐν τῷ σῴζεσθαι τὴν καθ' ὁρμὴν τῶν ζῴων ἐνέργειαν σῴζεσθαι καὶ τὸ ἑ. ἡ.* 295, 1 *παραλελοιπότες τὸν λόγον, ἐν τῇ ὁρμῇ τὸ ἑ. ἡ. τίθενται* 286, 21 *ὅτι αἱ κινήσεις δι' ὁρμῆς καὶ συγκαταθέσεως γίνονται, ἑ. τοῖς ζῴοις εἶναι λέγονται* 285, 38 *τὸ ἑ. ἡ. ἐν τῷ φαντασίας προσπεσούσης εἶξαί τε ἐξ ἑαυτῶν τῇ φαντασίᾳ καὶ ὁρμῆσαι ἐπὶ τὸ φανὲν* 286, 15 in nostra potestate sita adsensio II 35, 15 perturbationes III 93, 2 ut sit aliquid in nostra potestate, in eo, qui nulli rei adsentietur, non erit II 35, 17 *ὁ θέλων μηδὲν εἶναι ἑ. ἡ., ἀναιδῶς ἐρεῖ μὴ αὐτὸς θέλειν μηδὲ αὐτὸς συγκατατίθεσθαι* 289, 14 *τὸ ὑποπεσεῖν τόδε τι τῶν ἔξωθεν φαντασίαν ἡμῖν κινοῦν τοιάνδε ἢ τοιάνδε, οὐκ ἑ. ἡ.* 288, 17 *τὰ μὲν ἔξωθεν οὐκ ἑ. ἡ., τὸ δὲ οὕτως ἢ ἐναντίως χρήσασθαι αὐτοῖς* 290, 20 *ἄτοπον τὸ μὴ λέγειν τὰς ἀρετὰς καὶ τὰς κακίας ἑ. ἡ.* 287, 6 ubi virtus, si nihil situm in ipsis nobis? 35, 19
τὸ ἑ. ἡ. τι εἶναι καθ' εἱμαρμένην II 298, 9 *τὸ ἑ. ἡ. καὶ τὸ καθ' εἱμαρμένην σῴζεται* 290, 25. 298, 10 *τὰς διὰ τῶν ζῴων ὑπὸ τῆς εἱμαρμένης γινομένας κινήσεις ἐπὶ τοῖς ζῴοις εἶναι* 285, 33 *περιειλῆφθαι τὸ παρ' ἡμᾶς ὑπὸ τῆς εἱμαρμένης* 293, 4 quae in nostra potestate posita, omnia certe ex initio disposita atque decreta 272, 4 *τὸ ἑ. ἡ. οὐκ ἀπολελυμένον τοῦ παντός* 291, 38 *τὸ ἐξ ἡμῶν συγκαθειμάρθαι τῇ τῶν ὅλων διοικήσει* 292, 28
τὰς αἰτίας τῶν πραγμάτων πῇ μὲν ἑ. ἡ., πῇ δὲ οὐκ ἑ. ἡ. Ζ. I 45, 5 *πράττεται τινὰ τῶν ἑ. ἡ. ἀκόλουθα τοῖς προγενομένοις οὐκ ἑ. ἡ.* II 291, 36 *σῴζεσθαι καὶ τὸ τοιοῦτον ἑ. ἡ., ὁ δυνατὸν ὑφ' ἡμῶν γενέσθαι τε καὶ μή* 295, 10 *μὴ ταῦτα εἶναι ἑ. ἡ., ὧν καὶ τὰ ἀντικείμενα δυνάμεθα* 286, 42 *καθ' οὓς ἑ. ἡ. ἐστιν, οὗ καὶ τὸ ἀντικείμενον ἑ. ἡ., κατὰ τούτους οὐδέν ἐστιν ἑ. ἡ.* 298, 2
ἐπιβάλλω *οἱ καλούμενοι ἑ. καὶ ἐπιβαλλόμενοι* II 85, 35 sq.
αἱ ἑ. τάσεις τῆς φωνῆς II 96, 16 *χρῆσθαι ἡμᾶς ἐνίοτε τῷ ὀνόματι τῆς ἀξίας, ἀντὶ τοῦ ἑ.* III 30, 21. 24
ὕψος ἑ. ἀνδρὶ γενναίῳ Z. I 52, 36 *ἡ ἰσχὺς ἑ. τῷ σπουδαίῳ* Z. I 53, 1 *ἐπιτελεῖν τὰ ἑ.* Cl. 128, 34
ἐπιβολή def. III 41, 30 *ἔρως ἑ. φιλοποιΐας* 96, 18. 29. 97, 2 expl. 97, 33. 164, 3. 10. 180, 18 pass. *οὐ παρὰ τὴν ἑ. γίνεσθαί τι περὶ τὸν σπουδαῖον* 149, 28

ἐπιγέννημα ἐ. τῆς ἀρετῆς III 19, 29 τῆς κακίας 19, 32 ἡδονὴ ἐ. 43, 11
ἐπιγεννηματικόν III 137, 5. 11
ἐπιδεκτικός τοῦ ἀληθὲς εἶναι II 64, 17 τοῦ γενέσθαι 64, 42 ἀρετῆς καὶ κακίας III 165, 22
ἐπιδέξιος ὁ σπουδαῖος ἐ. III 160, 41
ἐπιδεξιότης III 60, 10
ἐπιδοτική III 27, 9
ἐπιείκεια ἀδυναμία ψυχῆς πρὸς κολάσεις προσποιουμένη χρηστότητα III 163, 5 clementia def. 71, 22 sq.
ἐπιεικής τὸν ἀγαθὸν ἄνδρα οὐκ εἶναι ἐ. III 162. 39. expl. 40
ἐπιθυμέω de nomine ἐ. III 108, 4 τυγχάνειν ὧν ἐπεθ. 92, 19 ἀποτυγχάνειν 20 πᾶς ὁ ἐ. ἁμαρτάνει 119, 26 φωναὶ τῶν ἐ. 125, 27. versus Cl. I 130, 16
ἐπιθυμητικός μηδεμίαν εἶναι τῆς ψυχῆς δύναμιν ἐ. III 112, 16. 115, 23 τὸ ἐ. περὶ τὴν καρδίαν εἶναι II 251, 13. 35 τὸν ἔρωτα τῆς ἐ. εἶναι δυνάμεως III 112, 38
ἐπιθυμία = ἄλογος ὄρεξις III 95, 20. 26. 96, 22. 107, 4. 115, 35. 116, 17 = ὄρεξις ἀπειθὴς λόγῳ 95, 36. 108, 41 = ὄρεξις ὡς φαινομένου ἀγαθοῦ 94, 10 = immoderata appetitio opinati magni boni 93, 40 = δίωξις προσδοκωμένου ἀγαθοῦ 95, 20. 34 = ὄρεξις ἀθρόως ῥεπτικὴ πρὸς τὸ τυγχάνειν 108, 7 = πάθος περὶ ἀγαθὸν μέλλον 94, 23 opinio boni futuri 94, 19 = δόξα καὶ κρίσις πονηρὰ 111, 32 κατηγόρημα 97, 29
ἐ. εἴδη enum. III 96, 3. 22. 36 quid sit αἴτιον τῆς ἐ. 95, 37
τὰς ἐ. περὶ τὸν θώρακα γίνεσθαι II 241, 2. 242, 5. 16. 250, 22
ἐ. πάθος Z. I 51, 34. 35. III 126, 27 τῶν πρώτων παθῶν III 92, 16 πρὸς τὸ φαινόμενον ἀγαθόν 92, 17 ἐπὶ τοῖς προσδοκωμένοις ἀγαθοῖς συμβαίνει 94, 10 effrenatam adpetentiam efficit 93, 7 ἐξείη ἂν αὐτοῖς τὸ ἐπιὸν ποιεῖν ἀκολουθοῦσι τῇ ἐ. 126, 18
τὴν ἐ. αὐτὴν φαύλην εἶναι καὶ μόνοις τοῖς φαύλοις ἐγγίνεσθαι III 108, 6 in omnibus stultis invenitur 107, 5 in libidine esse peccatum etiam sine effectu 137, 10 morbi et aegrotationes oriuntur ex libidine 103, 35 ἡ θεραπεία τῷ θυμῷ τὴν ἐ. ἐπάγει, τῇ δ' ἐ. τὸν θυμόν 133, 11 πρὸς ἐ. πολλῆς δεῖ τῆς ἀσκήσεως καὶ μάχης A. I 85, 19 πλούσιος, εἰ τῶν ἐ. πένης Cl. I 137, 17
βούλησις : ἐ. III 105, 20. 106, 33 sq. 107, 5 προθυμίας τὰς ἐ. ὑποκορίζονται 107, 27
ἐπικλίνω III 175, 24
ἐπίκλισις III 41, 37 expl. 175, 22
ἐπικοσμέω III 20, 27
ἐπικρατέω ἀξιώματα, ἐν οἷς σύνδεσμοι ἐ. II 70, 38 ἐ. ὁ ἀὴρ 202, 14 τὸ πῦρ ἐ. 185, 8. 202, 15 ὁ θεός 187, 29
ἐπικράτησις ἐ. αἰθέρος II 185, 11
ἐπιλογισμός def. II 89, 38
ἐπίλογος pars orationis II 96, 6 μονομερῆ τὸν ἐ. 96, 11
ἐπιλυπία ἕξεις μόνον τὰς εὐκαταφορίας, οἷον τὴν ἐ. III 25, 16 ἐ. εὐεμπτωσία 102, 34 differt anxietas ab angore 103, 14
ἐπίμονος III 32, 42
ἐπινέμομαι τὸ πῦρ φθείρειν πάντα καὶ ἐ. II 310, 7
ἐπίνοια cf. ἔννοια
ἐ. = ἐναποκειμένη νόησις II 29, 30 οὐδέν ἐστιν εὑρεῖν κατ' ἐ., ὃ μὴ ἔχει τις κατὰ περίπτωσιν ἐγνωσμένον 29, 26
ἐπιορκέω εὐορκεῖν : ἐ. def. Cl. I 131, 27 ψεύδεσθαι ἐν ὅρκοις : ἐ. II 62, 26 : ψευδορκεῖν 63, 28
ἐπιπλοκή ἡ τῶν αἰτίων πρὸς ἄλληλα ἐ. II 273, 41 ἀπαράβατος οὖσα 293, 31
ἐπισπάομαι III 11, 32
ἐπισπαστικός III 46, 14
ἐπίσταμαι cf. ἐπιστήμη
ἐπιστασία ἡ ἀρχικὴ ἐ. III 158, 24
ἐπίστασις μέση πρᾶξις μὴ κατ' ἐ. κατορθουμένη III 139, 4
ἐπιστήμη περὶ ἐ. tit. l. Cl. I 107, 32. 132, 32. Chr. II 9, 28
ἐ. = κατάληψις ἀσφαλὴς καὶ ἀμετάπτωτος ὑπὸ λόγου Z. I 20, 10. 13 sq. II 39, 26. III 26, 41 = comprehensio rerum stabilis et immutabilis II 35, 36 = si ita erat comprehensum, ut convelli ratione non posset Z. I 18, 25.

20, 9 = ἀσφαλὴς καὶ βεβαία καὶ ἀμετάθετος ὑπὸ λόγου κατάληψις II 29, 37. 30, 22. 34 = ἕξις ἐν φαντασιῶν προσδέξει ἀμετάπτωτος ὑπὸ λόγου Z. I 20, 15. II 39, 26 = ἕξις ἐν φαντασιῶν προσδέξει ἀνυπόπτωτος ὑπὸ λόγου H. I 91, 27 = ἕξις φαντασιῶν δεκτικὴ ἀμετάπτωτος ὑπὸ λόγου III 27, 1 = σύστημα ἐξ ἐ. τοιούτων, οἷον ἡ λογικὴ III 26, 42 = σύστημα ἐξ ἐ. τεχνικῶν ἐξ αὑτοῦ ἔχον τὸ βέβαιον 26, 43

visum : comprehensio : scientia Z. I 20, 3 πᾶσα ἐ. πῶς ἔχον ἐστὶν ἡγεμονικόν II 42, 24 γινώσκουσα ἡ ψυχὴ χωρὶς τοῦ πράττειν τἀγαθὰ καὶ κακὰ σοφία ἐστὶν καὶ ἐ. A. I 86, 4 ἀστεῖον τὴν ἐ. ἀμετάπτωτον ὑπὸ λόγου III 147, 12 αἱ ἐ. τὸ ἀμετάπτωτον καὶ βέβαιον ἔχουσι II 229, 44 ἐ. = βεβαίας ἔχειν καταλήψεις II 95, 30

τὴν ἀρετὴν μίαν, ἐ. ἀγαθῶν καὶ κακῶν A. I 85, 36 μία ἀρετὴ ἡ ἐ. III 60, 32 ἐ. = φρόνησις Z. I 49, 33 πολλὰς ἐ. καὶ ἀρετὰς εἶναι III 61, 35 τῶν ἀρετῶν τὰς μὲν ἐ. καὶ τέχνας, τὰς δ᾽ οὔ III 23, 26 ἐ. ἀγαθὸν ἄμικτον 24, 36. ἁπλοῦν 24, 40 ἀγαθὸν καθ᾽ ἑαυτό 26, 39

τὴν ἐ. τέλος H. I 92, 7. 10. 19. 25. 27. 34. 93, 2. 4 τοῖς τέλος ἡγουμένοις τὴν ἐ. ἀνομολογεῖ Chr. III 9, 4 τέλος τὴν ἐ., ὅπερ ἐστὶ ζῆν ἀεὶ πάντα ἀναφέροντα πρὸς τὸ μετ᾽ ἐ. ζῆν H. I 91, 25 ἐ. καθ᾽ ἣν ὁμολογουμένως βιωσόμεθα II 39, 4 καλῶς ἅπαντα γινωσκόντων καὶ πραττόντων ἡμῶν ὁ βίος διοικεῖται κατὰ ἐ. III 60, 29 ἐ. : ἐπιτηδεύματα III 72, 24

ἡ ἐ. ἐν σοφῷ μόνῳ φυομένη II 95, 30 πᾶσα κατάληψις ἐν τῷ σοφῷ τὸ ἀσφαλὲς ἔχουσα, εὐθύς ἐστιν ἐ. καὶ ἀγαθὸν μέγα III 51, 15 ἐν μόνοις ὑφίσταται τοῖς σοφοῖς II 29, 41. III 147, 37 scientiam tribuunt nulli nisi sapienti Z. I 19, 33. 20, 5 καὶ ἄρχοντα καὶ βασιλέα λέγεσθαι τὸν ἔχοντα τὴν βασιλικὴν ἐ. III 159, 16

πρός τι ἡ ἐ. II 132, 46 ἐ. κριτήριον II 33, 7. B. III 265, 3 τὰ ὑπὸ τῶν ἐ. τικτόμενα ἐντὸς λόγῳ ἐκφέρεται διὰ τοῦ στόματος II 258, 1

Μοῦσαι = παιδευτικαὶ ἐ. Diog. III 234, 38

ἐπιστημονικός τὸ ἐ. εἶδος τοῦ καλοῦ III 20, 23 ὁ ἐ. βίος προηγούμενος 172, 15 ἐ. αἴσθησις Diog. III 222, 35 pass.

ἐπιστήμων ἐ. def. II 30, 37 πᾶσα ἡ διὰ τοῦ ἐ. πρᾶξις εὐπραγία III 138, 10

ἐπιστολαί tit. l. A. I 75, 25. 76, 4. Sph. 140, 18

ἐπισύνδεσις ἐ. ἀπαράβατος ἡ εἱμαρμένη II 265, 37. 266, 2 ἐ. τῶν αἰτίων 274, 16

ἐπίτασις ἕξεις τινὰς καὶ ποιοὺς ἐπιδέχεσθαι ἐ. καὶ ἄνεσιν III 141, 9 τὰ μέσα ἐμπεριλαμβανόμενα τῶν ἐ. 142, 12 ἀγαθὸν μήτε ἄνεσιν μήτε ἐ. δέχεσθαι 23, 4 τὰς ἐ. τῶν παθῶν οὐ γίνεσθαι κατὰ τὴν κρίσιν 119, 28

ἐπιτείνω ἕξεις δύνανται ἐ. καὶ ἀνίεσθαι II 129, 37. III 141, 12 pass. — intrans. II 250, 17

ἐπιτελεστικός ἐ. κατάστασις III 123, 23

ἐπιτερπής III 180, 10

ἐπιτευκτικός III 64, 30 pass.

ἐπιτηδείως III 56, 21

ἐπιτηδειότης III 51, 36

ἐπιτήδευμα def. III 72, 27 τὰ ἐ. ἕξεις μόνον καὶ οὐ διαθέσεις 25, 11. 22 τῶν ἐν ἕξει ἀγαθῶν εἶναι 26, 34 ἀγαθὰ οὐκ ἀναγκαῖα πρὸς εὐδαιμονίαν 27, 14 ἐπιστῆμαι : ἐ. 72, 24

ἐπιτήδευσις ἡ φιλοσοφία ἐ. σοφίας II 15, 11 ἐ. λόγου ὀρθότητος III 72, 14

ἐπιτολή = ἄστρον ἅμα ἡλίῳ ἀνατολή II 200, 25

ἐπιφάνεια def. Apollod. III 259, 26 τὰς ἐ. μήτ᾽ ἴσας εἶναι μήτ᾽ ἀνίσους II 160, 6 ἡ ἐ., τοῖς σώμασιν προσεοικός, εἰς ἄπειρον τέμνεται II 158, 17 πάσης ἐ. μέρος ἐ. εἶναι Apollod. III 260, 13 συναφὴ κατὰ τὰς ἐ. II 153, 3 φυλάττειν τὴν οἰκείαν ἐ. 158, 5

ἐπιφέρω III 95, 37. 40

ἐπιφορά περὶ τῶν ἐ. l. Chr. II 7, 1 expl. Crin. III 269, 16 = συμπέρασμα II 77, 14. 79, 17 pass. σύστημα ἐκ λημμάτων καὶ ἑ. 77, 5

ἐπιχαιρεκακία def. III 97, 38. 98, 3. 5. 9 εἶδος τῆς ἡδονῆς 96, 6. 97, 37 ἐμφαίνειν τὸ ἐφ' ᾧ γίνεται 96, 12 ἀνύπαρκτον εἶναι 168, 10. 13 ἑ.: φθόνος 102, 15 quid sit consilium eorum, qui ἑ. afficiuntur 102, 15 non cadit in sapientem Dion. I 95, 37 iratum necesse est alieno malo gaudere Dion. I 95, 36

ἐπίχαρις ὁ σπουδαῖος ἑ. III 161, 2

ἐπιχειρέω II 39, 12

ἐποιστικός δύναμις = ἡ πλειόνων ἑ. συμπτωμάτων III 49, 12. 16

ἕπομαι ἕ. = ἀκολουθεῖν (logice) II 81, 36 τὸ ἕ. II 88, 9

ἐποχή contra ἑ. disp. II 36, 28 sq. οἱ ἑ. ἄγοντες περὶ πάντων 39, 2

ἐραστής III 125, 36

ἐράω τὸ ἑ. αὐτὸ μόνον ἀδιάφορον: ὁ ἔρως III 180, 32 ἀδιάφορον ἀρρενομιξίαν Z. I 59, 9 ἑ. τὸν νοῦν ἔχοντα III 180, 32 δεῖ μὴ τῶν σωμάτων, ἀλλὰ τῆς ψυχῆς ἑ. Z. I 59, 2 τὸν σοφὸν ἑ. τῶν ἀξιεράστων III 164, 5 τῶν νέων τῶν ἐμφαινόντων διὰ τοῦ εἴδους τὴν πρὸς ἀρετὴν εὐφυΐαν Z. I 59, 4. III 180, 14. Apollod. 261, 23

quomodo se gerant οἱ ἑ. III 126, 3 φωναὶ τῶν ἑ. 125, 26 οἵας φορὰς καὶ οἱ ἐρώμενοι ἀξιοῦσι πρὸς ἑαυτοὺς ἔχειν τοὺς ἐραστάς 125, 35 ὥσπερ ἄκαιρον ἐπιτιμητὴν ἐν τῷ ἑ. ἀποκλίνουσι τὸν λόγον 126, 13

ἐργάζομαι III 33, 32

ἔργον πάντα κοινὰ εἶναι καὶ πάντων τὰ ἑ., διορίζεσθαι δὲ τῷ ἀπὸ τεχνικῆς διαθέσεως ἢ ἀπὸ ἀτέχνου γίνεσθαι III 139, 11 ἑ. κατὰ τὰς ἀρετὰς ὄντων οἰκείων, ἔστι τὰ προσενεχθέντα καὶ τούτων 50, 33 τὸ καλὸν τὸ εὖ πεφυκὸς πρὸς τὸ ἴδιον ἑ. 20, 27

Ἐρινύες τῶν βλαπτόντων θεῶν εἶναι 'E. II 300, 24

ἔριον III 129, 21

ἔρις def. III 97, 12 ἑ. εὐκαταφορία 103, 9

Ἑρμῆς tit. l. H. I 91, 18 μετὰ τὴν τοῦ Ἄρεος σφαῖραν εἶναι τὴν τοῦ 'E. II 169, 5

'E. = λόγος, ἐπαγαγὼν τὴν μουσικὴν Diog. III 235, 1 Mercurius, quia ratio penes illum numerusque et ordo II 306, 7 quod de Merc. refertur, reducas ad rationem 316, 25 'E. τῶν ὠφελούντων θεῶν 300, 23

ἔρχομαι. cf. διέρχομαι, διαφοιτάω ὁ ὀρθὸς λόγος διὰ πάντων ἕ. III 4, 3 ὁ νόμος διὰ πάντων ἕ. Z. I 43, 2

ἔρως cf. ἐρωτικός, ἐράω

περὶ "E. tit. l. Cl. I 107, 18. Chr. III 197, 6 περὶ ἕ. tit. l. P. I 96, 31 ἕ. = ἐπιβολὴ φιλοποιΐας διὰ κάλλος ἐμφαινόμενον III 96, 18. 29. 97, 2. 33. 164, 3. 10. 180, 18 pass. = ἐπιθυμία σωματικῆς συνουσίας 96, 43 = ἐπιθυμία φιλίας 97, 1

ἕ. σφοδροὶ ὑπὸ τὴν ἐπιθυμίαν ὑπάγονται III 96, 5. 23 τὸν ἕ. τῆς ἐπιθυμητικῆς εἶναι δυνάμεως 112, 38 ἔμφασις κάλλους ἐπαγωγὸν τοῦ ἕ. 181, 10 ἕ. ἐπιθυμία τις καὶ οὐχὶ περὶ σπουδαίους 96, 28 τὸν ἕ. οὔτε ἐπιθυμίαν εἶναι οὔτε τινὸς φαύλου πράγματος 180, 33 pass. τὸν ἕ. μὴ εἶναι συνουσίας, ἀλλὰ φιλίας 180, 18 pass. θήρα τις ὁ ἕ. εὐφυοῦς μειρακίου πρὸς ἀρετὴν 181, 14

"E. ὁ παθῶν θεός II 300, 26 τὰ τῶν ἐρώντων πάθη περὶ τὸν θώρακα φαίνεται γινόμενα 250, 22 τὸ ἐρωτικὸν πάθος οὐχ ὅσιον, ἀλλὰ ταραχῶδες Diog. III 225, 18

ne amores quidem sanctos a sapiente alienos esse III 164, 7

βοηθεῖται διὰ μουσικῆς ὁ ἕ. Diog. III 225, 21 μέλη συνεργεῖν πρὸς ὀρθὴν ἀναστροφὴν ἕ. 229, 9 ἡ μουσικὴ δύναται παραμυθεῖσθαι τὰς ἐν ἕ. δυσπραξίας 230, 13

ὁ "E. θεός, συνεργὸς ὑπάρχων πρὸς τὴν τῆς πόλεως σωτηρίαν Z. I 61, 16

ἐρωτάω τὸ ἑ. οὔτε κατόρθωμα οὔτε ἁμάρτημα III 136, 25 οὐκ ἀεὶ καθήκει 135, 13

σχήματα ἐν οἷς ἡ. οἱ λόγοι II 81, 20

Index verborum, notionum, rerum ad Stoicam doctrinam pertinentium.   57

ἐρώτημα *def.* II 61, 1   *ἐ.*: *πύσμα* 62, 18   *ἐ. τῶν ἀσωμάτων τελείων* 58, 39   *Μεγαρικὰ ἐ.* 90, 9. 14   *ἐ.* 31, 31
ἐρώτησις *περὶ ἐ.* l. Chr. II 5, 27 *περὶ ἐ. καὶ πεύσεως* tit. l. Chr. 5, 29
  ἐ. καὶ ἀπόκρισις II 41, 35   *ἀφρων ἐ. τελικὸν μόνον κακόν* III 25, 32
ἐρωτικός *cf. ἔρως, ἐράω*
  ἐ. διατριβαί tit. l. A. I 75, 17   *ἐ. τέχνη* Cl. 107, 20   *διάλογοι ἐ.* Sph. 140, 5   *ἐ. ἐπιστολαί* Chr. III 197, 4
  ὁ ἐ. διχῇ λέγεται def. III 180, 23 *ἐ. εἶναι τὸν σοφόν* 161, 34. 164, 4. 9. 180, 22
  ἡ ἐ. def. III 180, 30   *τὴν ἐ. παραλαμβάνουσιν εἰς τὰς ἀρετάς* 180, 27 *ἀρετὴν ἐ. εἶναι* Diog. III 229, 7   *τῷ τὸ μέλος συμβάλλεσθαι πρὸς τὴν ἐ. ἀρετὴν προσηκόντως καὶ μίαν τῶν Μουσῶν Ἐρατὼ ὠνομάσθαι* Diog. 230, 16   *ἐ. φιλία ἐξ ἔρωτος* 27, 7
ἐσθίω *cf. ἀνθρωποβορέω*
  οὐ γὰρ μόνον ἀξιοῦσι τοὺς τετελευτηκότας ἐ., ἀλλὰ καὶ τὰς αὐτῶν σάρκας III 186, 10   *καὶ τέκνα καὶ φίλους καὶ πατέρας καὶ γυναῖκας ἐ.* 186, 18 *pass.*
ἐσθλότης *παρὰ τὸν ἐσθλὸν ἐ. ἀρετὴν τίθεσθαι* III 60, 8
ἐσόμενον (*sc. ἀξίωμα*)
  ἐσομένων ἐ. μέχρι εἰς ἄπειρον II 97, 31
Ἑστία in deorum numero *Ἑ.* non habet Z. I 43, 22
ἔσχατον *cf. τέλος*
  τὸ ἔ. τῶν ὀρεκτῶν τέλος λέγουσι III 3, 26   unum ultimum bonorum 6, 35   *τὴν εὐδαιμονίαν τὸ ἔ. τῶν ὀρεκτῶν* 6, 30. 16, 27
ἑταίρα *cf. χαμαιτύπη*
  οὐκ ἄτοπον τὸ ἑ. συνοικεῖν ἢ τὸ ἐξ ἑ. ἐργασίας διαζῆν III 187, 26
ἑταιρία *def.* III 27, 5
ἑτεροίωσις *cf. ἀλλοίωσις*
  ἑ. ψυχῆς ἡ φαντασία II 23, 5
ἕτερος   III 18, 28 *pass.* 19, 35 *sqq.* 129, 34.   Cl. I 126, 23
ἐτυμολογία *στοιχεῖα τῆς ἐ.* II 44, 42
ἐτυμολογικός *περὶ τῶν ἐ.* l. Chr. II 9, 13. 14

εὖ *τὸ εὖ ζῆν = τὸ κατὰ φύσιν ζῆν = καλῶς ζῆν* III 6, 17
εὐαισθησία *εὐ. προηγμένον* III 31, 30   *προηγμένον περὶ σῶμα* 33, 2 *καθ' ἑαυτὸ ληπτόν* 34, 37   *δι' αὐτὸ καὶ δι' ἕτερα προηγμένον* 32, 37
εὐανάληπτος   III 89, 23
εὐαπαντησία *εὐ. ἀρεταί* III 60, 10
εὐαποκριτικός *ὁ διαλεκτικός* II 42, 3
εὐαποσείστως II 90, 7
εὐαρέστησις *ἡ τῶν σοφῶν πρὸς τὰ συμβαίνοντα εὐ.* II 264, 11
εὐάρεστος *τὸ ἀγαθὸν εὐ.* Cl. I 127, 8
εὐάρμοστος *ὁ σπουδαῖος εὐ. πρὸς πλῆθος ἀνθρώπων* III 161, 1
εὐβουλία *περὶ εὐ.* tit. l. Cl. I 107, 11
  def. III 64, 25. 65, 15. 27. 67, 33 *τῇ φρονήσει ὑποτάττεται* 64, 21. 66, 3. 73, 5
εὐγένεια *περὶ εὐ.* tit. l. Diog. III 220, 40
  def. III 89, 23   *εὐ. ἰσοτιμίας περίττημα καὶ διάξυσμα* 85, 28   *ἀδιάφορον* 28, 7.   Apollod. 261, 8   *προηγμένον ἐπὶ τῶν ἐκτός* 31, 5   *δι' ἕτερα προηγμένον* 32, 36
εὐγενής *μηδὲν διαφέρειν ὅτου παρὰ πατρὸς γεγονὼς τυγχάνῃς, εὐ. ἢ μὴ* III 85, 30   nemo altero nobilior, nisi cui rectius ingenium 85, 23   *τὸν γενναῖον εὐ.* 89, 12   *τὸν σοφὸν μόνον εὐ.* 155, 21. 40   *τὸν εὐ. ἐλεύθερον* 89, 13
εὐγηρέω *τὸ εὐ. def.* III 156, 29 *εὐ. μόνον τὸν σπουδαῖον* 156, 28
εὐγηρία *def.* III 24, 38   *ἡ εὐ. ἀγαθὸν μεμιγμένον* 24, 36. 40
εὐγνωμοσύνη *ἀρετή def.* III 67, 10   *ἕπεται τῇ δικαιοσύνῃ* 73, 6
εὐγνώμων   III 176, 11
εὐδαιμονέω *cf. εὐδαίμων*
  τέλος εἶναι τὸ τυχεῖν τῆς εὐδαιμονίας, ὅπερ ταὐτὸν τῷ εὐ. Cl. I 126, 25. III 6, 15   *εὐ. = τὸ κατὰ φύσιν διάγειν* III 6, 25   *= τὸ εὖ ζῆν* ib. *= τὸ ἔσχατον τῆς φυσικῆς ὀρέξεως* 6, 29 *παρὰ τὸν πλείονα χρόνον οὐδὲν μᾶλλον εὐ.* III 14, 6   *ἐνδέχεται χωρὶς τῶν ἀδιαφόρων εὐ.* 29, 1   *ἀδιάφορα*

Adler, Stoicorum veterum fragmenta IV.   5

τοιαύτην εὐφυΐαν προσφερόμενα, ὥστε εἰ μὴ λαμβάνοιμεν, μὴ ἂν εὐ. 136,11 πάντως εὐ. ἀεὶ τῶν ἀνθρώπων τοὺς ἀγαθούς 14,8 τοῖς εὐ. γίνεταί ποτε καθῆκον ἐξάγειν ἑαυτούς 188,9 εὐ. in def. τέλους Ant. III 253,15 pass.

εὐδαιμόνημα πάντα κατορθώματα εὐ. III 136,29

εὐδαιμονία cf. βίος, βιόω, εὐδαιμονέω, εὐδαίμων, ζάω

εὐ. = εὔροια βίου Z. I 46,16.18. Cl. I 126,20.26. III 6,11. 18,15 = εὐδαίμων βίος Cl. I 126,23. III 6,13 = ὁ ὀρθὸς βίος A. I 86,28 = ἡ τῆς ψυχῆς ἀρετή III 14,38 = τὸ ζῆν κατὰ φύσιν καὶ ὁ κατὰ φύσιν βίος III 16,29 = τὸ εὖ ζῆν καὶ ἡ εὐζωία ib.

τὴν εὐ. σκοπὸν ἐκκεῖσθαι, τέλος δ᾽ εἶναι τὸ τυχεῖν τῆς εὐ. Cl. I 126,24. III 6,14 εὐ. τὸ ἔσχατον τῶν ὀρεκτῶν 16,27 οὐσία τῆς εὐ. ἡ εὐλογιστία περὶ τὰς ἐκλογὰς τῶν ἀξίαν ἐχόντων Ant. III 253,19 στοιχεῖα τῆς εὐ. ἡ φύσις καὶ τὸ κατὰ φύσιν Z. I 46,14 beata vita secundum naturam A. I 81,30 ἐν διαθέσει ὁμολογουμένῃ εἶναι τὴν εὐ. III 11,39 τὸ ἀκολουθίᾳ φύσεως ζῆν τέλος εὐ. III 4,17 αἱ κοιναὶ περὶ εὐ. ἔννοιαι αὐτάρκειαν αὐτὴν ζωῆς τίθενται 16,26

beata vita in una virtute posita Z. I 46,22.38. 47,2.13 ἡ φρόνησις οὐχ ἕτερον τῆς εὐ., ἀλλ᾽ εὐ. III 13,36 τὴν εὐ. περιγίνεσθαι διὰ τῆς φρονήσεως III 70,8 vitam beatam virtute sola effici III 14,22. 15,5—18 αἱ ἀρεταὶ ἀπογεννῶσι τὴν εὐ. καὶ συμπληροῦσι, μέρη αὐτῆς γινόμεναι III 25,28 αὐτάρκης ἡ ἀρετὴ πρὸς εὐ. Z. I 46,34.36.38. III 13,18 sqq. 16,37. 172,10. 190,12. Ant. III 252,33 ἀρκεῖν πρὸς τὸ μακαρίως βιῶναι τὸν οἰκειοῦντα πρὸς ἀρετὴν λόγον A. I 80,25 ratio recta felicitatem hominis implevit III 48,24 prudentia ad vitam beatam satis est 15,2

τὰ ἀδιάφορα οὐδὲν συνεργεῖ πρὸς εὐ. III 34,1.12 in def. τῶν ἀδιαφόρων 28,30. 29,24 τὰ προηγμένα πρὸς εὐ. οὐ συμβάλλεσθαι Z. I 48,15

minus ad beatam vitam pertinet multitudo corporis commodorum III 15,24 si ad illam vitam, quae cum virtute degatur, ampulla aut strigilis accedat, sumpturum sapientem eam vitam potius, nec beatiorem tamen ob eam causam fore III 15,37 μηδὲν κωλύειν πρὸς εὐ. τὰ ἔξωθεν 154,2

ἀγαθὸν = τὸ συμπληρωτικὸν εὐ. III 18,14 τῶν ἀγαθῶν τὰ μὲν ἀναγκαῖα πρὸς εὐ., τὰ δὲ μή 27,11 καθὸ αἱ ἀρεταὶ ἀποτελοῦσι τὴν εὐ., ποιητικά ἐστιν ἀγαθά, καθὸ δὲ συμπληροῦσιν, τελικά 25,40 ἡ εὐ. σπουδαίας πατρίδος καὶ σπουδαίου φίλου, τῶν ἐκτὸς ἀγαθῶν 24,16

bonorum frequentia vitam beatiorem non fieri III 15,21 τὴν τῶν ἀγαθῶν εὐ. μὴ διαφέρειν τῆς θείας εὐ. 14,10 κατὰ μηδὲν αἱρετωτέραν τὴν τοῦ Διὸς εὐ. τῆς τῶν σοφῶν 14,13 τῷ προκόπτοντι ἐπιγίνεσθαι τὴν εὐ., ὅταν αἱ μέσαι πράξεις προσλάβωσι τὸ βέβαιον 138,1

εὐδαιμονικός III 29,1. 49,29

εὐδαίμων cf. εὐδαιμονία, βίος, ζάω

εὐ. = ὁ κεκοσμημένος τὴν ψυχὴν ἐναρέτως A. I 86,28 negant sine virtute effici quemquam beatum III 13,10 ἡ τοῦ εὐ. ἀρετή def. III 4,5 ὁ σπουδαῖος εὐ. Z. I 53,8. III 154,3 εὐ. μάλιστα III 150,16 τοὺς φρονίμους εὐ. III 15,1. 153,31 fortis beatus 15,3 δίκαιος = εὐ. Cl. I 127,22 qui sine tristitia est beatus III 5,1.4 ita sapientem b. fore, nihil aliud alii ullo momento anteponentem A. H. I 92,20

τὸν τοῦ προκόπτοντος βίον οὐκ εἶναί πω εὐ. III 137,46 bonorum frequentia vita beatior non fit 15,23 εὐ. τὸν τὰς Πριαμικὰς συμφορὰς ὑπομένοντα 153,39 ἀνεπιδεῆ τὸν εὐ. 16,27

εὐδοξία ἀδιάφορον III 28,7. Apollod. 261,8 bonae famae causa, detracta utilitate, ne digitum quidem porrigendum esse III 37,33. Diog. 219,3 ipsam propter se praepositam et sumendam 37,38. Ant. 252,24

εὐεμπτωσία *def.* III 102, 33 εὐ. ἐπὶ τοῦ σώματος : ἐπὶ τῆς ψυχῆς 103, 7 γίνεσθαι εὐ. καὶ εἰς ἔργα τῶν παρὰ φύσιν 102, 35
εὐέμπτωτος III 110, 22
εὐεξία καὶ ἐπὶ τοῦ σώματος εὐ. καὶ ἐν ψυχῇ III 120, 33 εὐ. σώματος *def.* 121, 22 προηγμένον ἐπὶ τῶν σωματικῶν 31, 4 μήθ᾽ αἱρετὸν μήτ᾽ ὠφέλιμον 35, 27
εὐεπιτήδευμα πάντα κατορθώματα εὐ. III 136, 29
εὐεργεσία τῶν εὐ. ἔστιν αἰσθέσθαι III 21, 35
εὐεργετέω τὸ εὐ. κατόρθωμα III 136, 20
εὐεργέτημα *cf.* χάρις
beneficium voluntas efficit Cl. I 131, 8 *sq.* multum a beneficio distat negotiatio 131, 2
εὐεργέτης οἱ φαῦλοι οὐδ᾽ εὐ. ἔχουσιν οὐδ᾽ εὐ. ἀμελοῦσι III 168, 17
εὐεργετικός III 149, 26
εὐερωτητικός ὁ διαλεκτικὸς εὐ. II 42, 3
εὐζωΐα εὐ. ἀγαθὸν μεμιγμένον III 24, 36 *def.* 24, 38 = εὐδαιμονία 16, 30
εὐθανατέω εὐ. μόνον τὸν σπουδαῖον III 156, 28 *def.* 29
εὐθεῖα (= nominativus) εἱ πτῶσις ἡ εὐ. II 47, 31 *sq.*
sc. γραμμή = ἡ εἰς ἄκρον τεταμένη II 149, 27 κίνησις εὐ. II 160, 30. Apollod. III 260, 5
εὐθυμία *def.* III 105, 38 εἶδος χαρᾶς 105, 24
εὐθυρρημονέω ὁ σοφὸς εὐ. Z. I 22, 28
εὐκαίρημα πάντα κατορθώματα εὐ. III 136, 29
εὐκαιρία opportunitas non fit maior productione temporis III 140, 32 omne bonum opport. finitur 141, 4 opportunitatis est beate vivere 190, 2
εὔκαιρος ὁ σπουδαῖος εὐ. III 161, 3
εὐκάρδιος εὐ. τινες καθάπερ εὔψυχοι II 247, 26
εὐκαταφορία ἕξις μόνον αἱ εὐ. e. s. III 25, 15 εὐεμπτωσία εὐ. εἰς πάθος 102, 33 εὐ. τῆς ψυχῆς *enum.* 103, 8

εὐκλεής ὁ σπουδαῖος οὐκ ἔνδοξος, ἀλλ᾽ εὐ. III 156, 41
εὐκοινωνησία *def.* III 64, 41 ὑποτάττεται τῇ δικαιοσύνῃ 64, 24
εὐκολία ἀρετή *def.* III 68, 10
εὐκρασία ἡ τοῦ σώματος ὑγίεια = εὐ. τῶν ἐν τῷ σώματι θερμῶν καὶ ψυχρῶν III 68, 27. 38. 121, 19 εὐεξία σώματος ἡ ἀρίστη εὐ. θερμοῦ καὶ ψυχροῦ 121, 23 ἡ τῆς ψυχῆς ὑγίεια = εὐ. τῶν ἐν τῇ ψυχῇ δογμάτων 68, 28
εὔκρατος εὐ. φύσις ἡ ὑγρὰ καὶ θερμή II 215, 34
εὐκτικόν II 31, 31 *expl.* 61, 32 = ἀρατικόν 61, 44
εὐλάβεια = εὔλογος ἔκκλισις III 42, 7. 99, 24. 105, 18. 29. 107, 11 ἔκκλισις σὺν λόγῳ 67, 42 εὐ. εἶδος εὐπαθείας 105, 17 εὐλαβείας εἴδη 105, 24. 39 τὴν εὐ. ἐναντίαν τῷ φόβῳ 105, 18 φόβος : εὐ. 106, 35. 107, 11. 22 ἡ εὐ. παράκειται τῇ σωφροσύνῃ 67, 42 in solo sapiente 107, 12
εὐλαβέομαι τὸ εὐ. σοφῶν ἴδιον, οὐ φαύλων III 42, 9 φοβηθήσεσθαι μὲν τὸν σοφὸν οὐδαμῶς, εὐ. δὲ 105, 19
εὐλαβητέος εὐ. : εὐλαβητά III 22, 30
εὐλαβητικός III 64, 34
εὐλαβητός εὐ. : εὐλαβητέα III 22, 30
εὐλογιστέω in *def.* τέλους Diog. III 219, 11. 15. 17
εὐλογιστία *def.* III 64, 26. 66, 5 ὑποτάττεται τῇ φρονήσει 64, 21. 66, 3 εὐ. περὶ τὰς ἐκλογάς Ant. III 253, 20
εὐλόγιστος τὸν σοφὸν εὐ. ἀπὸ ἕξεως καὶ διαθέσεως εὐ. III 138, 21 εὐ. ἐκλογή 46, 29. Ant. 253, 9 *pass.* ληπτόν, ὃ εὐ. ἐκλεγόμεθα 32, 12
εὔλογος εὐ. ἀξίωμα *def.* II 64, 23 διαφέρειν τὴν καταληπτικὴν φαντασίαν τοῦ εὐ. Sph. I 141, 6. 16 τὸ εὐ. κἂν ἄλλως ἀποβαίνειν 141, 6
αἵρεσις εὐ. III 22, 15 *sq.* 26, 18 εὐ. ἀπολογία vid. s. v. ἀπολογία. εὐ. ἀπολογισμός 134, 13 probabilis ratio 135, 29 *sq.* εὐ. ἐξαγωγή s. v. ἐξαγωγή εὐλόγως : ἀλόγως III 126, 31 εὐ. 22, 17 εὐ. ἐξάγειν τοῦ ζῆν 35, 33. 187, 33 *pass.*
εὐμένεια *def.* III 105, 32 εἶδος βουλήσεως 105, 22

60   Index verborum, notionum, rerum ad Stoicam doctrinam pertinentium.

εὐμετάπτωτος ὁ φαῦλος εὐ. III 149, 19
εὐμηχανία def. III 64, 30. 66, 10 ὑποτάττεται τῇ φρονήσει 64, 22. 66, 4
εὐνοητικός τοὺς σπουδαίους πρὸς ἀλλήλους εὐ. διακεῖσθαι III 160, 24
εὔνοια def. III 105. 31 εἶδος βουλήσεως 105, 22 εὔ. ἀγαθὸν πρός τι πως ἔχον 26, 40 ὁ σπουδαῖος προτρεπτικὸς εἰς εὐ. 161, 1
εὐνόμημα πᾶν κατόρθωμα εὐ. III 73, 15. 136, 28
εὐνομία τὸν Δία εὐ. II 315, 10
εὐορκέω τὸν ὀμνύοντα ἤτοι εὐ. ἢ ἐπιορκεῖν. εὐ. def. Cl. I 131, 27 εὐ.: ἀληθεύειν ἐν ὅρκοις II 62, 26 : ἀληθορκεῖν 63, 28
εὐπάθεια εὐ. εἶναι τρεῖς III 105 16 enum. 107, 18 de nomine εὐ. 107, 30 εὐ. εἴδη 105, 26 aegritudini nulla constantia opponitur 107, 19
εὐπείθεια βασιλικωτέραν τὴν εὐ. τῆς ἀγχινοίας Z. I 56, 33
εὐποιητικός ἐπιστήμη εὐ. III 64, 41 τὸ εὐ. τῶν θεῶν Ant. 249, 18
εὐπραγία πᾶσα ἡ διὰ τοῦ ἐπιστήμονος πρᾶξις εὐ. III 138, 10 sq.
εὕρεσις pars rhetoricae II 96, 3 = πέρας καὶ ἀνάπαυσις ζητήσεως ἐν καταλήψει γενομένης 32, 20 quaestionis finis inventio 32, 25 εὑ. τοῦ καθήκοντος III 65, 2
εὑρετικός ἐπιστήμη εὑ. τοῦ καθήκοντος III 64, 28 ἐπιστήμη εὑ. διεξόδου 64, 31 pass.
εὑρίσκω εἰ οἷόν τε εὑ. II 32, 31
εὔροια εὑ. βίου = εὐδαιμονία Z. I 46, 16. 18. Cl. 126, 20. 26. III 4, 5. 6, 11. 18, 15 εὑ. καὶ ἀπάθεια 35, 12
Εὐρυνόμη Gratiarum mater II 317, 30. 318, 9
εὐσέβεια = ἐπιστήμη θεῶν θεραπείας II 304, 18. III 64, 40. 67, 11. 157, 11. 25 μία τῶν ἀρετῶν II 304, 18 intra se perfecta III 137, 31 ὑποτάττεται τῇ δικαιοσύνῃ 64, 24 πραγματευομένη τὰ περὶ τοῦ Ὄντος (= τοῦ θεοῦ) 74, 12 πρὸς τὴν εὐ. συμβάλλεσθαι τὴν μουσικὴν Diog. III 228, 29
εὐσεβής ὁ σπουδαῖος εὐ. Z. I 53, 9. III 150, 17 τὸ ἀγαθὸν εὐ. Cl. I 127, 4

εὐστάθεια ἡ τῶν ὁρμῶν εὐ. III 65, 2
εὐστοχία def. III 64, 29. 66, 9 ὑποτάττεται τῇ φρονήσει 64, 22. 66, 4
εὔστοχος ὁ σπουδαῖος εὐ. III 161, 3
εὐστροφία III 178, 1
εὐσυναλλαξία def. III 64, 42. 67, 16 ὑποτάττεται τῇ δικαιοσύνῃ 64, 25
εὐσυνθετέω II 63, 34
εὐσχημόνημα πάντα κατορθώματα εὐ. III 136, 30
εὐσχήμων εὐ. ζῆν III 34, 23
εὐτάκτημα πάντα κατορθώματα εὐ. III 136, 28
εὔτακτος εὐ. ἡσυχία III 26, 29 πάντα εὐ. ποιεῖ ὁ νοῦν ἔχων 149, 17
εὐταξία def. III 64, 31. 67, 1. 68, 12 ὑποτάττεται τῇ σωφροσύνῃ 64, 22. 73, 6 ἡ αὐτὴ τῇ σωφροσύνῃ 27, 7 περιγίνεσθαί τι πρὸς εὐ. διὰ μουσικῆς Diog. III 226, 18
εὐτεκνέω εὐ. μόνον τὸν ἀστεῖον def. III 156, 26
εὐτεκνία def. III 24, 37 ἀγαθὸν μεμιγμένον 24, 36. 40
εὐτέλεια ἀρετὴ def. III 66, 41
εὐτελής III 33, 11
εὐτονία ἀέρα καὶ πῦρ αὐτῶν ἐκτικὰ δι' εὐ. II 146, 34 καὶ ἐπὶ τοῦ σώματος εὐ. καὶ ἐν ψυχῇ III 120, 32 ἡ τοῦ σώματος εὐ. def. 121, 28 ὁ ἐν τῇ ψυχῇ τόνος λέγεται ὡς εὐ. καὶ ἀτονία 123, 19 εὐ.: ἀτονία 123, 3 εὐ. ψυχῆς πρὸς τὸ ἐπιτελεῖν τὰ ἑαυτῆς ἔργα 66, 23 εὐ. ἕπεται τῇ ἀνδρείᾳ 73, 7 ὧν κατορθοῦσιν ἡ ὀρθὴ κρίσις ἐξηγεῖται μετὰ τῆς κατὰ τὴν ψυχὴν εὐ. 123, 6
εὔτονος οἱ τόνοι λέγονται ἄτονοι καὶ εὐ. εἶναι III 123, 17 πῦρ καὶ ἀὴρ εὐ. II 155, 33 καὶ κατὰ ψυχὴν τινας εὐ. λέγομεν III 121, 1
εὐτραπελία III 60, 10
εὐτύχημα πάντα κατορθώματα εὐ. III 136, 29
εὐτυχής εὐ. ὁ σπουδαῖος Z. I 53, 9. III 150, 16 ὁ τὴν ἀρετὴν ἔχων III 155, 32
εὐτυχία περὶ εὐ. tit. l. Dion. I 93, 24
εὐφραίνομαι τὸ εὐ. κατόρθωμα III 136, 20
εὐφροσύνη def. III 105, 37 εἶδος χαρᾶς 105, 24 εὐ.: χαρά, ἡδονή, τέρψις 106, 10 εὐ. οὐκ εἶναι ἀρετὴν 23, 25

ἐπιγέννημα τῆς ἀρετῆς 19, 30 ἑορτὴ ψυχῆς ἡ ἐν ἀρεταῖς εὐ. τελείαις 157, 32 εὐ. οὔτε πᾶσι τοῖς φρονίμοις ὑπάρχει, οὔτε ἀεί 25, 2 εὐ. τελικὸν μόνον ἀγαθόν 25, 26. 38 ἀγαθὸν ἐν κινήσει 26, 28 ἀγαθὸν οὐκ ἀναγκαῖον πρὸς εὐδαιμονίαν 27, 14

εὐφυής εὐ. πρὸς ἀρετὴν III 89, 17. 181, 14

εὐφυΐα περὶ εὐ. tit. l. Cl. I 107, 15 def. III 89, 21 εὐ. προηγμένον περὶ ψυχὴν 31, 3. 32, 42 δι' αὐτὸ προηγμένον 32, 36 εὐ. ψυχῆς πρὸς ἀρετὴν ὑπεράγει τῆς τοῦ σώματος 33, 17 νέοι ἐμφαίνοντες διὰ τοῦ εἴδους τὴν πρὸς ἀρετὴν εὐ. 180, 15 ἀδιάφορα τοιαύτην εὐ. προσφερόμενα, ὥστε εἰ μὴ λαμβάνοιμεν, μὴ ἂν εὐδαιμονεῖν 136, 11

εὐχαριστία ἀρετὴ def. III 67, 12

εὐχρήστημα commoda communia, non paria III 23, 9 inter praeposita sunt 23, 13 minus ad beatam vitam pertinet multitudo corporis commodorum 15, 24

εὐχρηστία εἰς τὰ μέσα διατείνει III 168, 30

εὔχρηστος πᾶν ἀγαθὸν εὐ. III 21, 43. 22, 8 ὅτι τὴν χρείαν ἐπαινετὴν ἀπεργάζεται 22, 8 τὰ αὐτὰ πράγματα ἀνωφελῆ μέν, εὐ. δέ 30, 3 τὰ εὐ. : εὐδαιμονία 35, 15

εὐψυχία def. III 64, 38. 66, 19. 23 ὑποτάττεται τῇ ἀνδρείᾳ 64, 23. 66, 13

εὐώνυμος εὐ. τὰ πρὸς μεσημβρίαν II 176, 15

ἐφίημι ἐπιστήμη τῶν ἐφειμένων III 87, 5

ἔχθρα def. III 166, 16

ἐχθρός ἐκτὸς κακὰ τοὺς ἐ. σὺν τοῖς εἴδεσιν III 24, 10 ὁ ἐ. ποιητικὸν μόνον κακόν 25, 31. 26, 2 οὐχ ἕτερον βλάβης ὁ ἐ. 19, 37 τοὺς φαύλους ἐ. ἀλλήλων 160, 18 πάντα τὸν ἄφρονα θεοῖς ἐ. 166, 15 sq. Diog. III 233, 12

ἔχω cf. ἕξις
εἰς τὸ· πῶς ἔ. ἀναφέρειν τὸ ἔ. II 132, 13
πρός τί πως ἔ. vid. s. v. πρός τί πως
τὸ κατὰ φύσιν ἔ. vid. s. v. κατὰ φύσιν

Z

ζάω cf. βίος
ἀδιάφορον τὸ ζ. III 172, 9 μὴ ἀγαθὸν 39, 9 τὸ εὖ ζ. ἀγαθόν, τὸ κακῶς ζ. κακόν, τὸ ζ. οὔτε ἀγαθὸν οὔτε κακόν 39, 11 τὸ ζ. οὐδὲν εἶναι πρὸς ἡμᾶς οὐδὲ συνεργεῖν πρὸς εὐδαιμονίαν οὐδέν 33, 38 ἡμᾶς ὑπὸ τῆς φύσεως πρὸς τὸ ζ. οἰκειοῦσθαι 39, 7 Ζῆνα ὠνομάσθαι παρ' ὅσον τοῦ ζ. αἴτιος II 169, 32. 305, 20. 312, 21. 315, 5
quid signif. secundum naturam vivere expl. III 5, 22 sqq. 6, 3 sq. ὁμολογουμένως ζ. = τὸ κατὰ φύσιν ζ. 6, 9 = κατ' ἐμπειρίαν τῶν κατὰ τὴν ὅλην φύσιν συμβαινόντων ζ. 5, 13 sqq. ὁμολογουμένως τῇ φύσει ζ. 4, 12. 153, 15 ἀκολούθως τῇ φύσει ζ. 4, 15 sq. 36, 5 ψυχὴν εἶναι κυριωτέραν τοῦ σώματος καὶ πρὸς τὸ κατὰ φύσιν ζ. 33, 14 τὸ κατὰ φύσιν ζ. = καλῶς ζ. = εὖ ζ.

6, 16 τὸ ζ. κατὰ φύσιν καὶ ὁ κατὰ φύσιν βίος = εὐδαιμονία 16, 28 τὸ κατὰ φύσιν διάγειν = εὖ ζ. = εὐδαιμονεῖν 6, 24 ὃς ἂν μὴ κατὰ φύσιν ζ., οὐδὲ εὐδαιμόνως 43, 28 beate vivere = convenienter naturae 190, 3 εὐσχημόνως ζ. = εὐδαιμόνως 34, 24 beate vivere = honeste v. 11, 3
τοῖς λογικοῖς τὸ κατὰ λόγον ζ. ὀρθῶς γίνεται κατὰ φύσιν III 43, 19 πασῶν τῶν ἀρετῶν τὸ τέλος τὸ ἀκολούθως τῇ φύσει ζ. 64, 44 τὸ κατ' ἀρετὴν ζ. = κατ' ἐμπειρίαν τῶν φύσει συμβαινόντων ζ. 3, 27 τέλος ὑπάρχειν ἐν τῷ κατ' ἀρετὴν ζ. 6, 9 τέλος = ζ. ἀεὶ πάντα ἀναφέροντα πρὸς τὸ μετ' ἐπιστήμης ζ. H. I 91, 25 τὸ κατ' ἀρετὴν ζ. ἀεὶ καθήκει III 135, 13 honeste = cum virtute vivere 11, 4 virtus ad beate vivendum se ipsa contenta

13, 29 pass. opportunitatis esse beate vivere 190, 3 τὸ κατὰ κακίαν ζ. = κακοδαιμόνως ζ. 14, 19

sapientes semper feliciter, absolute, fortunate vivere III 153, 16. 24 vivere otioso licet 174, 31 εἰ τοῦ ζ. ἕνεκεν ποριστέον τῷ σοφῷ 172, 8 οὔτε τὴν ἀρετὴν κατέχειν ἐν τῷ ζ. οὔτε τὴν κακίαν ἐκβάλλειν 188, 3 τοῖς φαύλοις καθήκει μένειν ἐν τῷ ζ. 189, 7 λυσιτελεῖ ζ. ἄφρονα μᾶλλον ἢ μὴ βιοῦν, κἂν μηδέποτε μέλλῃ φρονήσειν 188, 22 μονὴ ἐν τῷ ζ. vid. s. v. μονή

Ζεύς περὶ τοῦ Δ. tit. l. Chr. III 196, 1 hymnus Cl. I 121, 34

(stella) μετὰ τὴν τοῦ Κρόνου σφαῖραν εἶναι τὴν τοῦ Δ. II 169, 4

Ζῆνα ὠνομάσθαι παρ' ὅσον τοῦ ζῆν αἴτιος II 305, 20. 312, 21. 315, 5 Δία ὅτι δι' αὐτὸν τὰ πάντα 312, 22. 32 δι' ὃν τὰ πάντα 305, 20. 312,·22. 315, 5

Iovem caelum Z. I 43, 30 Δ. τὸν αἰθέρα II 312, 18. 315, 16. 316, 5 = aetherem i. e. ignem 313, 6 ὁ Ζ. τῇ αὑτοῦ φύσει χρώμενος ἐν μέγα πῦρ καὶ συνεχὲς 308, 25 = ὁ περὶ τὴν γῆν ἀὴρ 315, 19 = ὁ διὰ πάντων διήκων ἀὴρ 320, 21

Ζ. ὁ κόσμος, ἐπειδὴ τοῦ ζῆν αἴτιος II 169, 32 τὸν κόσμον τῷ Διὶ τὸν αὐτὸν ὑπάρχειν ἢ περιέχειν τὸν Δία Diog. III 217, 11 τὸν κόσμον πεποιηκέναι τὸν Δ. II 115, 37 τὸν πόλεμον τὸν Δ. 192, 25 οὐ ποιητὴν τὸν Δ., ἀλλ' ὅλον δι' ὅλης τῆς ὕλης διεληλυθότα πάντων δημιουργὸν γεγονέναι 116, 12 εἶναι τοῦ Δ. τὸ μὲν εἰς θάλατταν διατεταχὸς Ποσειδῶνα, τὸ δ' εἰς τὸν ἀέρα Ἥραν, τὸ δ' εἰς τὸν αἰθέρα Ἀθηνᾶν Diog. III 217, 14 Ζ. ἄρρην, Ζ. θῆλυς Diog. 217, 18 ὁ Ζ. πᾶν χρῆμα γεγονὼς καὶ γινόμενος ἐν ταῖς μεταβολαῖς II 308, 27 οὐκ ἔστιν ὅ,τι μὴ καὶ τῶν αἰσχίστων γίνεται 311, 30 Ζ. χείρων τοῦ μυθολογουμένου Πρωτέως 311, 25

ὁ Ζ. ἀΐδιος II 309, 22 οὐδένα τῶν θεῶν ἄφθαρτον οὐδ' ἀΐδιον πλὴν μόνου τοῦ Δ. Cl. I 121, 27 ὅταν ἐκπύρωσις γένηται, μόνον ἄφθαρτον

τὸν Δ. II 312, 37 τοῦ Δ. τὰ μέρη ἄφθαρτα 309, 24 εἰς Δ. πάντας καταναλίσκεσθαι τοὺς ἄλλους θεούς Cl. I 121, 27 II 309, 29 τὸν Δ. αὔξεσθαι, μέχρις ἂν εἰς αὐτὸν ἅπαντα καταναλώσῃ II 185, 44 μένει ἡ ποιότης ἐπ' ἐλάττονος οὐσίας τῆς τοῦ Δ. 186, 36 Iuppiter resoluto mundo et dis in unum confusis paulisper cessante natura adquiescit sibi cogitationibus suis traditus 313, 3 Ζ. ἀναχωρεῖ ἐπὶ τὴν πρόνοιαν 312, 37

ἓν θεὸς καὶ νοῦς καὶ εἱμαρμένη καὶ Ζ. Ζ. I 28, 23. II 179, 36 Ζ. = κοινὴ πάντων φύσις καὶ εἱμαρμένη καὶ ἀνάγκη II 315, 8 ἡ κοινὴ φύσις = εἱμαρμένη καὶ πρόνοια καὶ Ζ. 269, 14 ἐοικέναι τῷ ἀνθρώπῳ τὸν Δ. καὶ τὸν κόσμον, τῇ δὲ ψυχῇ τὴν πρόνοιαν 312, 35 Ζ. = εἱμαρμένη 267, 42. 305, 38 = ἡ πεπρωμένη Cl. I 118, 24 Διὸς νοῦς = εἱμαρμένη II 267, 36 Δ. λόγος = εἱμαρμένη 270, 1. 292, 13 μηδὲν ἴσχεσθαι μηδὲ κινεῖσθαι ἄλλως ἢ κατὰ τὸν τοῦ Δ. λόγον 270, 1. 292, 12 λόγος = animus Iovis Z. I 42, 25. 29 Ζ. = ὁ ἅπαντα διοικῶν λόγος II 315, 3 = καθηγεμὼν τῆς τῶν ὄντων διοικήσεως Z. I 43, 2. III 4, 3 = ἡ τοῦ ὅλου ψυχή II 315, 4 = ὁ κοινὸς νόμος Z. I 43, 2 lex vera = ratio recta summi Iovis III 78, 24 Ζ. = νόμος II 316, 8. 36 = εὐνομία καὶ δίκη 315, 10 = ὁμόνοια καὶ εἰρήνη 315, 10

ἐκ τοῦ Δ. ἀρχὴν ἔχειν τὴν δικαιοσύνην καὶ τὸν περὶ ἀγαθῶν καὶ κακῶν λόγον III 80, 36 τὰ κακὰ ἀπονέμεται κατὰ τὸν τοῦ Δ. λόγον II 338, 7 οἱ ἀγαθοὶ πάντες κατ' οὐδὲν προέχονται ὑπὸ τοῦ Δ. III 141, 22 ἀρετῇ οὐχ ὑπερέχειν τὸν Δ. τοῦ Δίωνος, ὠφελεῖσθαί τε ὁμοίως ὑπ' ἀλλήλων 58, 37 μηδὲ τὴν ἀμεριαίαν διαφέρειν τῆς τοῦ Δ. εὐδαιμονίας 14, 11 ἐπίσης τῷ Δ. μακαρίως ζῶν ὁ ἐνάρετος 190, 15 κατὰ μηδὲν αἱρετωτέρα μήτε σεμνοτέρα ἡ τοῦ Δ. εὐδαιμονία τῆς τῶν σοφῶν ἀνδρῶν 14, 13 τῷ Δ. προσήκει σεμνύνεσθαι ἐπ' αὐτῷ καὶ τῷ βίῳ 141, 19 Ζ. τῶν ὠφελούντων θεῶν II 300, 23 Ζ. Δω-

δωναῖος = ἀναδωδωναῖος *expl.* Cl. I 121,18

Iovem, qui deus appelletur, in deorum numero non habet Z. I 43,22 Ἥρας καί Δ. γάμος II 189,19. 314,3 ἐκ τῆς τοῦ Δ. κεφαλῆς τὴν Ἀθηνᾶν γενέσθαι II 256,20 πρῶτον μὲν Μήτιδι συγγενομένου τοῦ Δ., δεύτερον δὲ Θέμιδι 256,23 γενομένης ἔριδος τῷ Δ. καὶ τῇ Ἥρᾳ 256,25 πρὸς τῷ τοῦ Δ. αἰδοίῳ φύρων τῆς Ἥρας τὸ πρόσωπον 314,16. 20 ducendam uxorem sapienti, ne Iovem Gamelium et Genethlium violet III 183,3

ζῆλος *def.* III 99,39. 100,4. 18. 101,4 εἶδος λύπης 96,9. 99,37

ζηλοτυπία *def.* III 99,40. 100,6. 21. 101,8 εἶδος λύπης 96,9. 99,37 ἡ ἐπὶ μοιχείᾳ ζ. παρὰ τοῖς σοφοῖς περιαιρεθήσεται 183,12

ζημία τρέπεται καὶ δουλοῦται ἡμᾶς III 123,29

ζητέω εἰ οἷόν τε ζ. *quaer.* II 32,31

ζήτησις περὶ ζ. *tit. l. Chr.* II 5,31

def. II 32,18. 24 quarendi initium ratio attulit 32,23

ζωγράφος Diog. III 227,19

ζῳδιακός ὁ ζ. λοξός II 196,22 ὁ ἥλιος λοξὴν τὴν πορείαν ποιεῖται διὰ τοῦ ζ. κύκλου 196,1

ζῴδιον ἥλιον καὶ σελήνην φέρεσθαι φορὰν ἐναντίαν τῷ κόσμῳ ζ. ἐκ ζ. μεταβαίνοντας Z. I 34,29

ζωή ἡ ζ. θερμὴ καὶ ὑγρά II 215,30 μηδὲν παρὰ τὸ πνεῦμα τὴν ζ. τίθενται 146,20 τὸ ἡγεμονικὸν τῆς ψυχῆς ζ. 225,24

ζ. : βίος Z. I 55,15 ζ. ἀδιάφορον Z. I 47,24. III 17,20. 27,21. 28,6. Diog. 218,16. Apolld. 261,8 προηγμένον III 31,9 ζ. ἀντὶ θανάτου αἱρούμεθα 30,11 contemnendam esse pro laude 38,44 τοῖς καθήκουσι καὶ τοῖς παρὰ τὸ καθῆκον παραμετρεῖσθαι τὴν ζ. 188,5 *in def.* τοῦ καθήκοντος Z. I 55,7. 14. III 134,13 *pass.* ἀκόλουθον ἐν ζ. : ἐν βίῳ III 134,20 sqq.

ζώνη ζ. ἐπὶ τῆς γῆς πέντε *enum.* II 195,24 — solis meatus a plaga, quae usta dicitur, non recedit Cl. I 112,24 ὑπὸ τὴν διακεκαυμένην ζ. ὑποκεχύσθαι μεταξὺ τῶν τροπικῶν τὸν ὠκεανόν I 113,29

ζῷον περὶ ζ. *tit. l. Ant.* III 251,12

ζ. = οὐσία ἔμψυχος αἰσθητική II 191,37

κατὰ μίξιν ἐκ τῶν στοιχείων τὰ ζ. Z. I 28,33. II 180,21 διὰ τῶν τεττάρων στοιχείων συνέστηκε II 136,31 ἐν τοῖς ζ. πῦρ τεχνικόν Z. I 34,26 ἄνευ τοῦ συμφύτου πνεύματος μὴ δύνασθαι τὰ ζ. εἶναι II 220,1 ἡνωμένα καὶ συμφυᾶ σώματα τὰ ζ. II 124,11 τοῦ ὅλου μέρη τὰ ζ. Cl. I 111,24

aliquod fuit principium generandi animalium Z. I 35,16 ἡ φύσις τὰ σώματα τῶν ζ. συνίστησι II 329,34 φυσική τις σωτηρίας ἕνεκεν τῶν ζ. κατασκευή II 206,30 animalium semen ignis is, qui anima ac mens Z. I 35,31 οὐ ζ. τὸ ἔμβρυον II 213,26 τὸ γενόμενον ζ. ἀτελὲς τῷ ποσῷ, τέλειον δὲ τῷ ποιῷ 213,42 ἕκαστον ζ. εὐθὺς γενόμενον πρὸς αὐτὸ οἰκειοῦσθαι III 44,30 an esset animalibus constitutionis suae sensus 44,35 τὴν πρώτην ὁρμὴν τὸ ζ. ἴσχειν ἐπὶ τὸ τηρεῖν ἑαυτό III 43,1 secundum irrevocabilem operationem eliciunt ex propria constructione proprietates naturales II 209,14

φύσις ἡ διοικοῦσα τὸ ζ. δύναμις II 328,25 totum animal vivere 220,28 inter inanimem et animal hoc maxime interest, quod animal agit aliquid 35,13 τὰ μὲν τῶν ζ. ἐνεργήσει μόνον, τὰ δὲ πράξει 295,18 ἐν ἑαυτοῖς ἔχει τὴν αἰτίαν τοῦ κινεῖσθαι τὰ ζ. 287,38 πᾶν ζ., ὡς ζ. κινούμενον, κινεῖσθαι τὴν καθ' ὁρμὴν κίνησιν 285,27 τοῖς ζ. τὸ κατὰ φύσιν τῷ κατὰ τὴν ὁρμὴν διοικεῖσθαι III 43,17 τὸ ζ. τοῦ μὴ ζ. δυσὶ προέχει, φαντασίᾳ καὶ ὁρμῇ II 229,13 ἔν τισι τῶν ζ. φαντασίαι γίνονται ὁρμὴν προκαλούμεναι 288,2 κατὰ τὴν εἱμαρμένην καὶ αἰσθήσεται τὰ ζ. καὶ ὁρμήσει 295, 18 τῷ ζ. τὸ συγκατατίθεσθαι καὶ ὁρμᾶν καθ' εἱμαρμένην δεδόσθαι 290, 28 τὸ ὁρμῆσαι καὶ συγκατατίθεσθαι ἐπὶ τῷ ζ. εἶναι 286, 8. 14 φυσικῶς τὸ καλὸν καὶ ἀγαθὸν ἐπισπᾶται ζ. πρὸς τὴν αὑτοῦ αἵρεσιν III 11, 32 ζ. οὐδὲν ἄλλο μετὰ τὴν φανταστικὴν φύσιν πεπιστευμένον II 288, 6

πᾶν ζ. ὑπὸ φύσεως ἅμα καὶ ψυχῆς διοικεῖται II 205, 32 τὰ χερσαῖα καὶ τὰ πτηνὰ συγγενῆ τῷ ἀέρι τὴν ψυχὴν κεκτημένα 206, 3 οὐ μετέχειν τοῦ λόγου τὰ ζ. Cl. I 116, 6 οὐ σοφία οὐδὲ λόγος ἐν αὐτοῖς II 206, 30 . καὶ ἐπὶ τὰ ζ. διατείνει τὰ καθήκοντα Z. I 55, 8 ζ. φύσει πολιτικὸν III 63, 25. 77, 38 τὰ ζ. ὑπὸ τοῦ μέλους καταπραϋνόμενα Diog. III 234, 30

οὐκ ἀΐδιόν τι ζ. Z. I 31, 37 naturali spiritu recedente moritur animal Z. 38, 11. 22 ἐν τῇ ἐκπυρώσει φθείρεσθαι τὰ ζ. II 186, 22

προνοουμένη ἡ φύσις, ὅπως ἂν μὴ ζ. τι γένος ἀφανισθείη μηδενὸς II 329, 46 fruges ac fructus animantium causa generatos 333, 3 animantes autem hominum ib. τὰ ἀγριώτατα τῶν ζ. γυμνασίου ἕνεκα γεγονέναι τῷ λογικῷ 337, 7 πολλὰ τῶν ζ. ἕνεκα κάλλους ἡ φύσις ἐνήνοχε 334, 20 differentiae animantium corpore : animo III 7, 21

ἄλογον ζῷον νοῦς ἐν τοῖς ἀ. ζ. ἢ ὅλως οὐκ ἔστιν ἢ τελέως ἀσθενής A. I 86, 37 ὁ ἄνθρωπος οὐ τῷ προφορικῷ λόγῳ διαφέρει τῶν ἀ. ζ., ἀλλὰ τῷ ἐνδιαθέτῳ II 43, 18. 74, 4 habent etiam muta vim animae principalem, non tamen rationabilem II 236, 7 καὶ τοῖς ἀ. ζ. μεταδεδώκασι τῆς τοῦ σημείου νοήσεως 207, 16 pass. ἀ. ζ. nihil agit intellectu 209, 35 οὐδὲν τῶν ἀ. ζ. οὔτε τὸ θυμοειδὲς οὔτε τὸ ἐπιθυμητικὸν ἔχει 255, 26 τὰς τῶν ἀ. ζ. ψυχὰς συναπόλλυσθαι τοῖς σώμασι 223, 24

ἡ ἐν τοῖς ἀ. ζ. γινομένη ὁρμὴ III 40, 8 τὰ ἄ. ζ. ὁρμῆς καὶ φαντασίας, φύσεως καὶ ἕξεως μετέχει II 205, 6 τοῖς ἀ. ζ. ὅσα προσπίπτει φαντάσματα μόνον ἐστί II 28, 26 ζ. ἄ. οὔτε ἀρετῆς οὔτε κακίας μετέχει III 90, 35. 165, 22 οὐκ ἐν τοῖς ἀ. ζ. πάθη συνίστασθαι III 114, 27. 127, 24 καὶ τὰ ἄ. ζ. ἐνεργεῖ τι ἀκολούθως τῇ ἑαυτῶν φύσει Z. I 55, 16 καὶ εἰς τὰ ἄ. ζ. διατείνει τὸ καθῆκον Z. I 55, 15. III 134, 14. 21 in bestiis perspici φιλοστοργίαν III 83, 24

τὸ κοινωνικὸν περιγέγραπται ἀπὸ τῶν ἀ. ζ. III 85, 4 πολιτείας οὐδὲν ἐν τοῖς ἀ. ἔστιν εὑρεῖν 89, 41 homini nihil iuris cum bestiis 89, 28. 90, 25. 91, 15 οὐκ ἔστι τις ἡμῖν δικαιοσύνη πρὸς τὰ ἄ. ζ. 90, 15 τὴν θείαν φύσιν μέχρι τῶν ἀ. ζ. ἐκτείνειν τὸ πρὸς τὰ λογικὰ μίμημα 90, 2 bestiis homines uti ad utilitatem suam posse sine iniuria 90, 27

λογικὸν ζῷον τὸ λ. ζ. φύσιν ἔχειν προσχρῆσθαι εἰς ἕκαστα τῷ λόγῳ καὶ ὑπὸ τούτου κυβερνᾶσθαι III 95, 10 τὸ λ. ζ. ἀκολουθητικὸν φύσει τῷ λόγῳ 113, 21 οὐ πέφυκε κινεῖσθαι κατὰ τὴν ψυχήν, ἀλλὰ κατὰ τὸν λόγον 113, 32 γεγονέναι ὑπὸ τῆς φύσεως πρὸς θεωρίαν καὶ πρᾶξιν 173, 6

quomodo rationale animal agat III 40, 17 ἡ ἐν τοῖς ἀλόγοις ζ. γινομένη ὁρμή : ἡ ἐν τοῖς λ. 40, 8 τὰ μὲν τῶν ζ. ἐνεργήσει μόνον, τὰ δὲ λ. πράξει II 295, 18 τὸ λ. ζ. ἀπειθῶς τῷ λόγῳ ὠθούμενον ἐπὶ πλεῖον III 113, 24 διαστρέφεσθαι III 53, 8 τὸ καθῆκον ἐπὶ τῶν λ. ζ. def. Z. I 55, 17. III 134, 22 ἄλογα ζ. : λ. ζ. Z. I 55, 15 sq. λ. ζ. in def. ἁμαρτήματος III 136, 17 pass.

τὸ γαμεῖν καὶ παιδοποιεῖσθαι ἀκολουθεῖν τῇ τοῦ λ. ζ. καὶ κοινωνικοῦ καὶ φιλαλλήλου φύσει III 172, 20 παρὰ φύσιν τῷ λ. ζ. τὸ μοιχεύειν 183, 15 προηγουμένως γίνεται τὸ λ. ζ., διὰ τὴν αὑτοῦ χρείαν κτήνη καὶ τὰ ἀπὸ τῆς γῆς φυόμενα II 333, 23 τὰ ἀγριώτατα τῶν ζ. γυμνασίου ἕνεκα γεγονέναι τῷ λ. ζ. 337, 7

H

ἤ „ἤ" σύνδεσμος σημαίνει τρία II 71, 36

ἡγεμονικός ἡ. ἀξιώματα = τροπικά II 82, 9

τὸ ἡγεμονικόν περὶ τοῦ τῆς ψυχῆς ἡ. tit. l. Diog. III 215, 28
τὸ ἡ. = τὸ λογιστικὸν μόριον τῆς ψυχῆς II 228, 13 = τὸ λογιστικόν 226, 24 = λογισμός 227, 25 = διανοητικόν 226, 22 = διάνοια Z. I 50, 6. III 75, 8. 111, 19
τὸ ἡ. τὸ ἀνώτατον τῆς ψυχῆς μέρος II 227, 24 τὸ κυριώτατον τῆς ψυχῆς 228, 1 μέρος τῆς ὀκταμεροῦς ψυχῆς Z. I 39, 21
τὸ ἡ. σῶμα II 42, 25 ζῷον III 75, 8 πνεῦμα II 30, 43 πνεῦμα ἢ λεπτομερέστερόν τι πνεύματος Cl. I 108, 28 ἀπὸ τοῦ ἡ. ἑπτὰ μέρη τῆς ψυχῆς ἐκπεφυκότα καὶ ἐκτεινόμενα εἰς τὸ σῶμα II 227, 25 anima sensus velut ramos ex principali parte tamquam trabe pandit II 235, 35 principale: aranea 236, 12 πνεύματα ἀπὸ τοῦ ἡ. διατείνειν τὰ μὲν εἰς ὀφθαλμούς, τὰ δὲ εἰς ὦτα 226, 8 τὸ ἡ. βλέπει δι' ὀφθαλμῶν καὶ ἀκούει δι' ὤτων 231, 23. 232, 26 φωνῆς πηγὴ τὸ κυριεῦον τῆς ψυχῆς μέρος 244, 14 ambulationem esse spiritum a principali usque in pedes permissum Cl. I 118, 17 ipsum principale II 227, 42 sentire mentem perinde ut eam pepulerit spiritus 233, 2 παθόντος τοῦ περὶ τὸν δάκτυλον ψυχικοῦ πνεύματος, μεταδόντος δὲ τῷ ἐφεξῆς καὶ τούτου ἄλλῳ, ἕως οὗ πρὸς τὸ ἡ. ἀφίκοιτο 231, 32 intimae deliberationis proprium cuiusque sensus intelligere passionem 236, 3
tabula rasa II 28, 13 τὸ μέρος τὸ ἡγούμενον τῆς ψυχῆς ἀπὸ τῶν ὄντων τυποῦσθαι Z. I 39, 11 ἀλλάττοντας ἀεὶ τύπους δέχεται II 229, 1 φαντασία = τύπωσις ἐν ἡ. II 24, 6 ἡ φαντασία γίνεται κατ' αὐτὸ ἡ. 230, 33 ὁρμῶμεν κατὰ τοῦτο τὸ μέρος καὶ συγκατατιθέμεθα τούτῳ καὶ εἰς τοῦτο συντείνει τὰ αἰσθητήρια πάντα II 246, 1

ἡ. τὸ ποιοῦν τὰς φαντασίας καὶ συγκαταθέσεις καὶ αἰσθήσεις καὶ ὁρμὰς 227, 24 ἔχειν πᾶσαν ψυχὴν ἡ. τι ἐν αὐτῇ, ὃ ζωὴ καὶ αἴσθησίς ἐστι καὶ ὁρμὴ 225, 23 τὸ ἡ. ἐν ταὐτῷ φαντασίαν, συγκατάθεσιν, ὁρμήν, λόγον συνείληφε 226, 12. 36
τὸ ἡ. ὅθεν ὁ λόγος ἀναπέμπεται II 228, 1. 244, 10 = τὸ φαντασιούμενον καὶ μεμνημένον καὶ λογιζόμενον 231, 25. 232, 13 τὸ ὅλον τὸ τῶν ἀνθρώπων ἡ. λογικόν III 115, 25 τὸ αὐτὸ τῆς ψυχῆς μέρος, τὸ ἡ., διόλου τρεπόμενον καὶ μεταβάλλον ἐν τοῖς πάθεσι καὶ ταῖς κατὰ ἕξιν μεταβολαῖς, κακίαν τε γίνεσθαι καὶ ἀρετὴν Z. I 50, 6. III 111, 19 τὰς ἀρετὰς τὰς αὐτὰς τῷ ἡ. μέρει τῆς ψυχῆς καθ' ὑπόστασιν III 75, 3 τὴν ἀρετὴν τοῦ ἡ. τῆς ψυχῆς διάθεσιν καὶ δύναμιν Z. I 50, 2. III 111, 15 in def. ἀρετῆς pass. ἔστι καλὴ ἡ αἰσχρὰ ψυχὴ κατὰ τὸ ἡ. μόριον, ἔχον οὕτως ἢ οὕτως III 122, 4 τὸ ἡ. φρόνησιν εἶναι, διὸ καὶ Μῆτιν καλεῖσθαι Diog. III 217, 19 κἀκεῖ τὴν Ἀθηνᾶν γεγονέναι φρόνησιν οὖσαν 217, 20 τὸ ἡ. μηδὲν ἔχειν ἄλογον ἐν ἑαυτῷ, λέγεσθαι δὲ ἄλογον III 111, 22 εἶναι τὰ πάθη πάντα τοῦ ἡ. τῆς ψυχῆς 92, 13 τὰ πάθη ὅλου τοῦ ἡ. ῥοπὰς καὶ εἴξεις καὶ συγκαταθέσεις καὶ ὁρμὰς καὶ ὅλως ἐνεργείας τινὰς ἐν ὀλίγῳ μεταπτωτὰς 111, 35
τὸ ἡ. εἶναι ἐν καρδίᾳ II 228, 3 pass. 235, 20. 236, 15. 25. 239, 3. 37. 241, 24. 246, 42. Diog. III 216, 16 τὸν ἐν τῇ καρδίᾳ πόρον στιγμιαῖον, ὅπου τὸ ἡ. συστέλλουσι τῆς ψυχῆς II 230, 5 ἐν τῷ περὶ τὴν καρδίαν πνεύματι τὸ ἡ. 228, 5 περὶ τὸν θώρακα 242, 29 ἐν τῷ στήθει II 258, 19. Diog. III 217, 20 ἐν τῇ κεφαλῇ Diog. III 217, 19
τὸ ἡ. θεός II 315, 7. 31 τὸ ἡ. τοῦ κόσμου ὁ οὐρανός 194, 14 ὁ αἰθήρ 192, 8. 194, 6 τὸ καθαρώτατον τοῦ αἰθέρος 194, 15 ἡ πυρώδης καὶ θερμὴ οὐσία 307, 5 ὁ ἥλιος Cl. I 112, 1 ἡ γῆ II 194, 5. Arch. III 264, 1

ἡγούμενον ἡ. ἐν συνημμένῳ expl. II 71, 3.

70, 24. 27 77, 13. 80, 3. 7. 10

ἥδομαι ἤ.: χαίρειν III 107, 22. 34 διαχεῖται τὸ θερμὸν τοῖς ἡ. εἰς ἅπαν τὸ σῶμα II 234, 39

ἡδονή περὶ ἡ. tit. l. Dion. I 93, 21. Cl. I 108, 1. 127, 21. Chr. III 197, 22 περὶ τοῦ καλοῦ καὶ τῆς ἡ. l. Chr. II 10, 3 μὴ εἶναι τὴν ἡ. τέλος 10, 4 μὴ εἶναι τὴν ἡ. ἀγαθὸν 10, 5

ἡ. = ἄλογος ἔπαρσις III 95, 21 = ἔπαρσις ἄλογος ψυχῆς 98, 30. 107, 9 = ἔπαρσις ψυχῆς ἀπειθὴς λόγῳ 95, 43. 108, 42. 110, 27 = δόξα πρόσφατος ἀγαθοῦ παρουσίας 115, 30 = opinio boni praesentis 94, 19. 22 = δόξα πρόσφατος ἀγαθοῦ παρουσίας, ἐφ᾽ ᾧ οἴονται δεῖν ἐπαίρεσθαι 95, 21. 32 = ὅταν ὡς ἐπὶ παροῦσι τοῖς ἀγαθοῖς κινῆται ἡ ψυχή 94, 9 = ἄλογος ἔπαρσις ἐφ᾽ αἱρετῷ δοκοῦντι ὑπάρχειν 97, 36. 116, 5 voluptas gestiens = praeter modum elata laetitia, opinione praesentis magni alicuius boni 93, 38 = sublatio animi sine ratione, opinantis se magno bono frui 98, 17

αἴτιον τῆς ἡ. τὸ δοξάζειν πρόσφατον ἀγαθὸν παρεῖναι III 96, 1 τὴν χαρὰν ἐναντίαν τῇ ἡ. 105, 18 ἡ.: χαρά, τέρψις, εὐφροσύνη 106, 9 voluptas: gaudium 106, 34 sqq. 107, 9

μηδεμία οἰκείωσις φύσει πρὸς ἡ. III 54, 30 πρὸς ἡ. γίνεσθαι τὴν πρώτην ὁρμὴν τοῖς ζῴοις refellitur 43, 9 voluptas habet quiddam simile naturali bono 55, 35 in principiis naturalibus v. non esse ponendam 37, 5 κατὰ φύσιν μὲν εἶναι τὴν ἡ., οὐχὶ δὲ καὶ ἀξίαν ἔχειν Arch. III 264, 26 ἡ φύσις στοχάζεται ἡ. II 328, 17 μήτε κατὰ φύσιν τὴν ἡ. εἶναι μήτ᾽ ἀξίαν ἔχειν ἐν τῷ βίῳ Cl. I 130, 19

ἡ. ἀδιάφορον Z. I 47, 25. 48, 28. III 17, 21. 28, 6. 44, 13. 172, 9. Diog. 218, 16. Apollod. 261, 8 ἀδιάφορον καὶ προηγμένον III 37, 8 οὔτε προηγμένον οὔτ᾽ ἀποπροηγμένον περὶ σῶμα 33, 10 οὐ τὴν ἡ. ἀγαθὸν 37, 13. 29 μεῖζον ἀγαθὸν τὸ καλὸν καὶ τὸ δίκαιον τῆς ἡ. 8, 16 ἡ.: αἱ ἀρεταὶ Cl. I 125, 28 sqq. III 8, 5 ἀναιρεῖσθαι τὰς ἀρετὰς ἁπάσας, ἂν τὴν ἡ. ἀγαθὸν ἀπολίπωμεν

III 37, 20 voluptatem si sequare, virtutes ruunt 7, 35 virtutem nullam requirere voluptatem 13, 28 quae voluptate quasi mercede aliqua ad officium impellitur, non est virtus 8, 3 τὸ ἀγαθὸν καὶ καλὸν εἶναι τὰς ἡ. Cl. I 123, 7 τὸν τῆς ἡ. καὶ ἀρετῆς μεσότοιχον διορύττει A. I 70, 17

ἡ. ὡς ἀγαθὸν πιθανὴν προβάλλειν φαντασίαν III 55, 10. 36. 56, 37 animis tenduntur insidiae a voluptate 55, 30 voluptas illecebra turpitudinis 55, 35 εὐδοκήσας τῷ γαργαλισμῷ καὶ τῷ λείῳ τῆς ἡ. II 288, 29 διαστρέφεσθαι ἡμᾶς ὑπὸ τῆς ἡ. III 56, 23 τὴν ψυχὴν φέρεσθαι πρὸς τὸ αἰσχρὸν ὑφ᾽ ἡ. 111, 32 ἡ πάντα διαλυμηναμένη ἡ. 178, 16 εἶναι καὶ αἰσχρὰς ἡ. 37, 15

de voluptate fine bonorum III 7, 28 τέλος τὴν ἡ. Dion. I 93, 9. 94, 20. 95, 23 τῆς ἡ. ἐμφαινομένης τέλους virtutes per se quidem non expetendae, bonum tamen manere possunt III 8, 30 ἀγαθοῦ τῆς ἡ. ἀπολειπομένης, τέλους δὲ μή, σῴζοιμεν ἂν τὴν δικαιοσύνην 8, 13 sq. εἰ τέλος ἐστὶν ἡ ἡ., πρὸς κακοῦ τοῖς ἀνθρώποις τὴν φρόνησιν δεδόσθαι Cl. I 126, 33

ἐπιγέννημα ἡ. III 43, 11 ἡ. ἐπιγίνεσθαι, ὅταν τυγχάνωμεν, ὧν ἐπεθυμοῦμεν ἢ ἐκφύγωμεν, ἃ ἐφοβούμεθα 92, 19 δι᾽ αἰσθήσεως δεχόμεθα τὴν παρεπομένην ἑκάστῳ τῶν ‹ αἰσθητῶν ἡ. Diog. III 223, 2

beatam esse vitam, non quae secundum volupt. A. I 81, 31 ἡ. μόνῳ τῷ φαύλῳ προσγίνεται, σπουδαίῳ οὐδενί III 98, 31 τοὺς σπουδαίους οὐ πρὸς ἡ. ὁμιλεῖν, οὔτε παρ᾽ ἄλλων τὰ πρὸς ἡ. προσδέχεσθαι 162, 21 οὐδὲν ἡ. ἕνεκα πράξειν τοὺς πολίτας 177, 10 εἰ ἡ. ἕνεκα ποριστέον τῷ σοφῷ 172, 9

ἡ. πάθος Z. I 51, 34. 35 πάθη, ἃ ὑπὸ τὴν ἡ. ὑπάγεται enum. III 96, 6. 97, 37. 42 ἡ ἡ. τῶν πρώτων παθῶν ἐστιν 92, 16 ἐξ ἀλόγου πάθους, παρὰ φύσιν ἐπαιρούσης καὶ μετεωριζούσης ἡ. 95, 24 τὸ σεσοβημένον καὶ ἀπειθὲς τῷ λόγῳ οὐχ ἧττον ἐπὶ τῆς ἡ. καταγίνεται 129, 17 καὶ τοῖς ἡ. ἀγαθὸν καὶ τέλος τιθεμένοις ἀνομολογούμενον ἐστι πᾶν πάθος 125, 4   laetitia profusam hilaritatem efficit 93, 6   morbi et aegrotationes oriuntur ex laetitia 103, 35

πρὸς ἡ. πολλῆς δεῖ τῆς ἀσκήσεως καὶ μάχης A. I 85, 18

divitias non eam modo vim habere, ut quasi duces sint ad voluptatem, sed etiam uti eam contineant Diog. III 218, 27   τὰ σύμπαντα συνίστασθαι ἐξ ἡ. Diog. III 219, 8

ἡδονικός οὐδὲν τὸν σχολαστικὸν βίον τοῦ ἡ. διαφέρειν III 176, 14

ἥδω III 108, 4. 115, 39. 116, 19

ἠθικός   ἠθική tit. l. Apollod. III 261, 11. 19. 25   περὶ τῆς ἠ. διατάξεως l. Sph. I 139, 30   ἠ. ζητήματα l. Chr. III 197, 25   ἠ. θέσεις H. I 91, 21. Chr. II 8, 31   ἠ. στοιχείωσις l. Eudr. III 268, 14   ἠ. σχολαί l. P. I 102, 14   ὑπογραφὴ τοῦ λόγου τοῦ ἠ. l. Chr. II 8, 30

τὸ ἠ. μέρος φιλοσοφίας Cl. I 108, 11. II 15, 8. Diog. III 212, 19   ἠ. μέρος τῆς φιλοσοφίας = τὸ κατησχολημένον περὶ τὸν ἀνθρώπινον βίον II 15, 9   τῶν μερῶν τῆς φιλοσοφίας τὸ ἠ. τάττεσθαι δεύτερον II 16, 38. 17, 7. Apollod. III 259, 11   τρίτον II 17, 4. Arch. III 262, 19. Eudr. 268, 17   τὸ ἠ. μέρος τῆς φιλοσοφίας dispertitur III 3, 1. Z. T. 209, 26. Diog. 218, 10. Ant. 251, 29. Apollod. 261, 6. Arch. 264, 13

μόνον τὸν ἠ. τόπον τῆς φιλοσοφίας εἶναι πρὸς ἡμᾶς A. I 79, 13. 20   μόνα τὰ ἠ. δεῖ φιλοσοφεῖν A. 79, 27. 80, 16   cum fructibus horti comp. II 15, 24. 16, 7. 13   ἠ. ἀρετή def. III 74, 16

ἦθος   ἠ. πηγὴ βίου, ἀφ' ἧς αἱ κατὰ μέρος πράξεις ῥέουσι Z. I 50, 15   ὅμοιοι τοῖς γονεῦσι γινόμεθα κατὰ τὴν ψυχὴν τοῖς ἠ. Cl. I 116, 34. 117, 9   καταληπτὸν τὸ ἠ. ἐξ εἴδους Z. I 50, 18. Cl. 137, 19   ἡ μοχθηρία τοῦ ἠ. ἀναπίμπλησι τὸ εἶδος III 181, 13   τῶν διθυραμβικῶν τρόπων ἐπιφαινόμενα ἠ. Diog. III 222, 23

Ἠλέκτρα sophisma II 94, 5

ἠλίθιος vid. s. v. φαῦλος

ἥλιος ἡ. = ἄναμμα νοερὸν τὸ ἐκ θαλάσσης Cl. I 112, 17 = ἄναμμα νοερὸν ἐκ τοῦ θαλάσσης ἀναθυμιάματος Z. I 35, 1 = τὸ ἀθροισθὲν ἔξαμμα νοερὸν ἐκ τοῦ θαλάττης ἀναθυμιάματος II 196, 24. 32 pass.

ὁ ἠ. πῦρ εἰλικρινές II 136, 33. 196, 2   igneus Cl. I 113, 14   solis ignis similis eorum ignium, qui sunt in corporibus animantium Cl. I 113, 23   τὸν ἠ. ζῷον ὄντα πύρινον II 199, 26   ἄστρον νοερὸν καὶ φρόνιμον, πύρινον δὲ πυρὸς τεχνικοῦ Z. I 34, 22   γεγονέναι ἔμψυχον, τοῦ ὑγροῦ μεταβάλλοντος εἰς πῦρ νοερόν II 223, 8   ἔμψυχος ὁ ἠ. πύρινος ὢν καὶ γεγενημένος ἐκ τῆς ἀναθυμιάσεως εἰς πῦρ μεταβαλούσης II 179, 29   sol animans Cl. I 113, 24

ali solem aquis Cl. I 112, 20. II 139, 24   τρέφεσθαι ἐκ τῆς μεγάλης θαλάττης II 196, 9. 331, 1   Oceani humoribus Cl. I 113, 14   κατὰ τὸ διάστημα τῆς ὑποκειμένης τροφῆς διέρχεσθαι τὸν ἥλιον Cl. I 112, 24. 27. II 196, 41   cur se sol referat nec longius progrediatur Cl. I 112, 21   ὠκεανός ἐστιν ἡ γῆ, ἧς τὴν ἀναθυμίασιν ἐπινέμεται Cl. I 112, 22. 27. II 196, 42   ὁ ἠ. ἐκ θαλάττης ἀνάπτεται καὶ τρέφεται II 197, 28   ἐκ θαλάσσης ἀνάπτεται 179, 33   ex nubibus flagrantia solis accenditur 197, 5

ὁ ἠ. σφαιροειδής II 196, 2. 25. 28. 30. 198, 8. 200, 13   μείζων τῆς γῆς 196, 2. 198, 6. 199, 26   μετὰ τὴν τῆς Ἀφροδίτης σφαῖραν εἶναι τὴν τοῦ ἠ. 169, 5   τὸν ἠ. δύο φορὰς φέρεσθαι Z. I 34, 27   λοξὴν τὴν πορείαν ποιεῖσθαι διὰ τοῦ ζωδιακοῦ κύκλου II 196, 1   ἐκλείπειν ἐπιπροσθούσης αὐτῷ σελήνης Z. I 34, 9. II 196, 13   ἡ. ἔκλειψιν γίνεσθαι περὶ τὰς συνόδους Z. I 34, 11. 30

ἡγεμονικὸν τοῦ κόσμου ὁ ἠ. Cl. I 112, 1. 5. 7. 9   μέγιστον τῶν ἄστρων ὑπάρχει καὶ πλεῖστα συμβάλλεται πρὸς τὴν τῶν ὅλων διοίκησιν 112, 1   ἡμέραν καὶ ἐνιαυτὸν ποιεῖ καὶ τὰς ἄλλας ὥρας I 112, 3. II 202, 5   τὸν ἀέρα φύσει ψυχρὸν ὄντα τῇ μὲν ἀλεαίνει, τῇ δὲ καταφλέγει II 197, 36

68 Index verborum, notionum, rerum ad Stoicam doctrinam pertinentium.

efficit, ut omnia floreant Cl. I 113, 22 πλῆκτρον τὸν ἥ. καλεῖ Cl. I 112, 30 τὴν σελήνην καὶ τὰ λοιπὰ ἄστρα τὸν ἥ. ἐξομοιώσειν πάντα ἑαυτῷ καὶ μεταβαλεῖν εἰς ἑαυτὸν Cl. I 114, 28
ὁ ἥ. γενητός II 309, 20 θεός 30, 19. 315, 22. 316, 3 = Ἀπόλλων Diog. III 217, 12 δᾳδοῦχος Cl. I 123, 9
ἡμεῖς vid. s. v. ἄνθρωπος. ἐφ' ἡμῖν s. v. ἐπί. πρὸς ἡμᾶς s. v. πρός etc.
ἡμέρα ἡ. σῶμα II 197, 43 ὁ ἥλιος ἡ. ποιεῖ Cl. I 112, 3 ταὐτὸν δύναται ἀνδρὶ σπουδαίῳ μία ἡ. πολλοῖς ἐνιαυτοῖς III 14, 16
ἡμιδουλεία II 284, 27
ἡμίφωνον : φωνῆεν, ἄφωνον II 31, 33
ἡνωμένος cf. ἑνόω
ἡ. σώματα ὅσα ὑπὸ μιᾶς ἕξεως κρατεῖται II 124, 19. 302, 18 ἡ. ἡ οὐσία 115, 8. 35 ἐπὶ τῶν ἡ. μόνων ἑκτὰ ἀπολείπουσι 129, 12 ἐπὶ τῶν ἡ. συμπάθειά τίς ἐστι 302, 34 ἡ. σώματα τὰ ζῷα 124, 10
ἤπειρος καὶ τὰς ἡ. περιέχεσθαι πελάγεσι μεγάλοις II 168, 24
Ἥρα Ἥ. καλοῦσι κατὰ τὴν εἰς ἀέρα διάτασιν τοῦ θεοῦ II 305, 22 τοῦ Διὸς τὸ εἰς τὸν ἀέρα διατεταχὸς Ἥ. Diog. III 217, 15 Iuno = aër Z. I 43, 30. II 313, 7. 316, 24 aër interiectus inter mare et caelum 314, 31
Ἥ. καὶ Διὸς γάμος = generatio mundi II 189, 17. 314, 3 ὕλη ἡ Ἥ. 314, 29 πρὸς τῷ τοῦ Διὸς αἰδοίῳ φύρων τῆς Ἥ. τὸ πρόσωπον 314,

16. 19 Ἥ. ἐγέννησε δι' ἑαυτῆς τὸν Ἥφαιστον 256, 26
Ἥ. τῶν ὠφελούντων θεῶν εἶναι II 300, 23 Iunonem, quae dea appelletur, in numero deorum non habet Z. I 43, 22
Ἡρακλῆς Ἡ. = τὸ πληκτικὸν καὶ διαιρετικὸν πνεῦμα II 319, 31 = ὁ ἐν τοῖς ὅλοις τόνος Cl. I 115, 16 Η., quia vis eius invicta sit II 306, 6 διὰ τὰς εἰς τὸν κοινὸν βίον εὐεργεσίας Ἡ. θεὸν γενέσθαι 300, 33
ἠρεμέω ἡ. καὶ ἡσυχάζειν ζῴων συμπτώματα II 161, 41 μένειν : ἡ. : ἀκινητεῖν 161, 35
ἥρως ἥ. = τὰς κεχωρισμένας ψυχὰς τῶν σωμάτων II 320, 27 = τὰς ὑπολελειμμένας ψυχὰς τῶν σπουδαίων 320, 31
ἡσυχάζω ἡ. expl. II 91, 20 μένειν : ἠρεμεῖν : ἡ. : ἀκινητεῖν 161, 35 ἡ. ὁ σοφός 91, 16 ἡ. καὶ ἠρεμεῖν ζῴων συμπτώματα 161, 41
ἡσυχάζων (sc. λόγος) in tit. Chr. II 8, 10
ἡσυχία εὔτακτος ἡ. ἐν σχέσει ἀγαθόν III 26, 29
ἡσύχιος ὁ σοφὸς ἡ. III 161, 22
ἡσυχιότης def. III 161, 23
ἧττον τὸ μᾶλλον καὶ τὸ ἧ. III 141, 8. 40
Ἥφαιστος Ἥ. καλοῦσι κατὰ τὴν εἰς τὸ τεχνικὸν πῦρ διάτασιν τοῦ θεοῦ II 305, 23 Ἥ. = πῦρ Z. I 43, 30. II 315, 14. 316, 23 Ἥ. = τέχνη II 258, 22 ὑπὸ Ἥ. τὴν Ἀθηνᾶν γεγονέναι, διότι τέχνη γίνεθ' ἡ φρόνησις Diog. III 217, 23

Θ

θάλαττα mare deum esse II 30, 19 Neptunum Z. I 43, 30 τοῦ Διὸς τὸ μὲν εἰς τὴν θ. διατετακὸς Ποσειδῶνα Diog. III 217, 15 extensum mare hominum deorumque commodo II 330, 41
ἄναμμα νοερὸν τὸ ἐκ θ. etc. vid. s. v. ἥλιος
θάνατος cf. ἀποθνῄσκω

περὶ θ. tit. l. Sph. I 140, 14
θ. = ἄνεσις παντελὴς τοῦ αἰσθητικοῦ πνεύματος II 215, 20 = χωρισμὸς ψυχῆς ἀπὸ σώματος 185, 45. 219, 25. 33 ἡ ψυχὴ ὡς σῶμα ἔξεισιν ἐκ τοῦ σώματος Z. I 39, 32 consito spiritu digresso animal emoritur I 38, 12. 21 ὁ θ. ψυχρὸς καὶ ξηρός II 215, 29 κατ' ἐναντίωσιν ἐνοήθη θ. II 29, 17

mors non est malum Z. I 48, 32 ϑ. ἀδιάφορον Z. I 47, 24. III 17, 20. 28, 7. 60, 33. Diog. 218, 16. Apollod. 261, 9 non sic indifferens, quomodo utrum capillos pares habeas III 29, 9 ἀποπροηγμένον 31, 7 ζωὴν ἀντὶ ϑ. αἱρούμεϑα 30, 11 τοῖς καϑήκουσι καὶ τοῖς παρὰ τὸ καϑῆκον παραμετρεῖται ὁ ϑ. 188, 5 inscientia mors fugitur, quasi dissolutio naturae 55, 37

θαρραλεότης def. III 64, 36. 66, 16 ὑποτάττεται τῇ ἀνδρείᾳ 64, 23. 66, 13

θαρρέω ἀνδρεία = ἐπιστήμη ὦν χρὴ ϑ. ἢ μὴ ϑ. III 60, 38

θαρρητέον ϑ.: αἱρετέον : ποιητέον : ἀγαϑόν III 61, 13 τὸ ἀγαϑὸν μόνον ϑ. 61, 17

θάρρος = θάρσος def. III 70, 26 ϑ. οὐκ εἶναι ἀρετήν 23, 25 τελικὸν μόνον ἀγαϑόν 25, 26. 37 τὸ ϑ. περὶ τὴν καρδίαν γίνεται II 248, 18

θαυμάζω τὸν σοφὸν οὐδὲν ϑ. τῶν δοκούντων παραδόξων III 163, 7

θαυμαστικόν πλεονάζον τῷ ϑαύματι παρὰ τὸ ἀξίωμα II 62, 28

θέατρον mundus : ϑ. III 90, 31 ὅτι τῆς πρὸς τὸ ϑεῖον τιμῆς ἕνεκα συντέτακται ἡ σπουδαζομένη μουσική, σημαίνειν τὸ ὄνομα τοῦ ϑ. Diog. III 224, 31

θεῖος οἳ τἀνϑρώπεια ἐπίστανται, καὶ τὰ ϑ., οἱ δὲ τῶν ϑ. ἐπιστήμονες ὅσιοι III 153, 28 οὐδὲ οἳ τὰ σφέτερα πράγματα ἀγνοοῦσι, τὰ ϑ. ἴσασι, οὐδὲ οἱ φαύλως περὶ τῶν ϑ. ὑπειληφότες οὐκ ἀνόσιοι 153, 34 ἄμεινον τὰ ποιητικὰ καὶ τὰ μουσικὰ τοῦ λόγου τοῦ τῆς φιλοσοφίας ἐξαγγέλλειν τὰ ϑ. Cl. I 109, 12 sq. τοὺς κατόχους τῶν ϑ. τελεστὰς ἔλεγε Cl. 123, 10 τὴν ἔννομον καὶ σπουδαζομένην μουσικὴν ἕνεκα τῆς πρὸς τὸ ϑ. συνταχϑῆναι τιμῆς· καὶ αὐτὰ σημαίνειν τὰ ὀνόματα· ϑεωρεῖν, ϑεατήν, ϑέατρον Diog. III 224, 28

θέλησις def. III 41, 33

θέμα ϑ. = ὑποϑετικοὶ συλλογισμοὶ II 77, 15. 26 πρῶτον καὶ δεύτερον ϑ. 83, 24 τὸ ϑ. τὸ δεύτερον καλούμενον 86, 42 τὸ τρίτον ϑ. expl. 85, 22. 28 διὰ τοῦ τρίτου ϑ. ἢ τετάρτου συλλογισμοὺς ἀναλύουσι 83, 26 ἐκ τοῦ συνϑετικοῦ ϑεωρήματος ἐποίησαν τὸ δεύτερον ϑ. καὶ τρίτον καὶ τέταρτον 86, 20

θεολογικός ϑ. μέρος τῆς φιλοσοφίας Cl. I 108, 12

θεός ὅτι ἔστι ϑ. dem. Cl. I 120, 18 ϑ. σῶμα Z. I 41, 27. II 306, 41 pass. 310, 27. 30. 38 σωματοειδής II 306, 33 σῶμα τὸ καϑαρώτατον Z. I 41, 24. II 306, 38 ϑ. = σῶμα, πνεῦμα ὂν νοερόν II 112, 31 = πνεῦμα νοερὸν καὶ πυρῶδες II 299, 11 σῶμα πνευματικὸν καὶ αἰϑερῶδες μάλιστα κατὰ τὸ ἡγεμονικὸν αὐτοῦ 311, 12 aether summus deus, mente praeditus Z. I 41, 33 aether Z. I 41, 30. 31. Cl. 120, 25. 121, 5 aër et aether Z. 41, 31 ignis Z. I 40, 14 πῦρ νοερόν II 307, 2. 6. 310, 6 ϑ. = πῦρ τεχνικὸν ὁδῷ βαδίζον ἐπὶ γένεσιν κόσμου 306, 20

ϑ. τὸ ποιοῦν II 111, 10 pass. Arch. III 263, 23 οὐχ ὡς στοιχεῖον, ἀλλ᾽ ὡς τὸ ποιοῦν II 113, 14 ὁ ϑ. τοῦ ποιεῖν αἴτιος Z. I 24, 11 ἀρχὴ τῶν πάντων Z. 41, 23 ἀρχὰς τὸν ϑ. καὶ τὴν ὕλην Z. I 24, 10. 13. 18. Cl. 111, 6 II 111, 16. 112, 28 pass. τὴν ὕλην σύγχρονον τῷ ϑ. Z. 24, 34 ϑ. = ἡ κινοῦσα τὴν ὕλην δύναμις II 113, 11 deum hoc esse quod silva sit vel etiam qualitatem inseparabilem deum silvae Z. I 25, 5 = ὕλη πως ἔχουσα II 115, 22 ὁ ἐξ ἁπάσης τῆς οὐσίας ἰδίως ποιός II 168, 5. 169, 21

ὁ ϑ. διήκει διὰ τῶν στοιχείων II 137, 16 διὰ τῆς ὕλης 112, 29. 156, 16 διὰ πάσης οὐσίας Z. I 42, 12 sic per materiam transit quomodo mel per favos Z. I 42, 2. 3. II 307, 18 velut semen per membra genitalia Z. I 25, 6 πάντα διήκει Z. 42, 34 διήκει διὰ τοῦ κόσμου καὶ τῆς ὕλης II 308, 3 μέμικται τῇ ὕλῃ II 112, 29 ὡς ἡ ψυχὴ τῷ σώματι 308, 36 τὸν ϑ. ἐν τῇ ὕλῃ εἶναι 112, 8 pass. μένειν ἐν τῇ ὕλῃ ὁποία ποτ᾽ ἂν ᾖ 309, 6 καὶ διὰ τῆς ἀτιμοτάτης ὕλης διήκειν Z. I 42, 19 ϑ. πνεῦμα διῆκον καὶ διὰ τῶν εἰδεχϑῶν Z. 42, 21

ὁ ϑ. δημιουργὸς τῆς διακοσμήσεως II 168, 7 διὰ πάσης τῆς ὕλης δημιουργεῖ ἕκαστα Z. I 24, 8. Cl. 110, 28.

II 111, 11. Arch. III 263, 23 δημιουργὸς τῶν ὅλων II 305, 18 ἀπογεννᾷ τὰ τέσσαρα στοιχεῖα II 180, 4 κατ' ἀρχὰς καθ' αὑτὸν ὢν τρέπει τὴν πᾶσαν οὐσίαν δι' ἀέρος εἰς ὕδωρ Z. I 28, 24. II 179, 37 ὁ θ. σπερματικὸς λόγος ὢν τοῦ κόσμου ὑπολείπεται ἐν τῷ ὑγρῷ Z. I 28, 26. II 180, 2 materiam primam non generavit sempiterne, sed per eam caelum et terram Cl. I 114, 19 συστέλλεται καὶ πάλιν ἐκτείνεται μετὰ τῆς κτίσεως II 187, 25 ἀναλίσκει εἰς ἑαυτὸν τὴν ἅπασαν οὐσίαν καὶ πάλιν ἐξ αὑτοῦ γεννᾷ II 168, 8 αὐτὸν τὸν θ. εἰς πῦρ ἀναλύεσθαι 187, 17

κόσμος θ. Cl. I 120, 21. II 315, 30 ὅλος ὁ κόσμος = θ. II 169, 14 θ. πνεῦμα διῆκον δι' ὅλου τοῦ κόσμου 306, 21. 307, 8. 17. 310, 18 deus positus extra mundum 307, 12 οὐσίαν θ. τὸν ὅλον κόσμον καὶ τὸν οὐρανόν Z. I 43, 6. II 305, 26 οὐσίαν θ. τὴν τῶν ἀπλανῶν σφαῖραν B. III 265, 8 astris vim divinam tribuit, tum annis, mensibus Z. I 43, 14

εἷς ὁ θ. Z. I 43, 12 unus naturalis deus 43, 9 unus deus, cui nomina variantur pro actibus et officiis II 313, 33 = πνεῦμα μεταβάλλον εἰς ὃ βούλεται II 299, 11 ὁ θ. τρεπτὸς καὶ δι' ὅλων ἀλλοιωτὸς καὶ μεταβλητός 310, 39. 43 πολλαῖς προσηγορίαις προσονομάζεται Z. I 28, 23. II 179, 36. 305, 19. 306, 22 ἓν εἶναι θ. καὶ νοῦν καὶ εἱμαρμένην καὶ Δία Z. I 28, 22. II 179, 35 deus pertinens per naturam cuiusque rei, per terras Ceres, per maria Neptunus, alii per alia II 316, 30

formam dei intellegi non posse A. I 87, 5 θ. οὐκ ἔχει μορφὴν II 299, 11. 311, 35 οὐκ ἀνθρωπόμορφος 305, 17. 311, 36 nec cor nec caput habet 312, 6 ἰδίαν ἔχει μορφὴν τὸ σφαιροειδές 312, 11 rotundus 312, 5

utrum deus animans necne A. I 87, 6 = ζῷον ἀθάνατον λογικὸν τέλειον etc. II 305, 15 = ζῷον μακάριον καὶ ἄφθαρτον Ant. III 249, 13

ὁ θ. ἀΐδιος Z. I 24, 8. Cl. 110, 28. II 111, 11. Arch. III 263, 23 τὸν θ. μὴ φθαρῆναι παρὰ τὸ μηδὲν εἶναι τὸ φθεῖρον αὐτόν II 310, 40. 311, 14

ὁ θ. ἡ τοῦ κόσμου ψυχή Cl. I 120, 38. Diog. III 216, 33 totius naturae menti atque animo tribuit nomen dei Cl. I 120, 22. 121, 4

λόγος = θ. Z. I 42, 25. 29. 30. Cl. 120, 30. 121, 5. II 111, 10 pass. ratio faciens = deus II 120, 19 θ. = ὁ ἐν τῇ ὕλῃ λόγος Z. I 24, 7. Cl. 110, 27 = σῶμα νοερὸν καὶ νοῦς ἐν ὕλῃ II 113, 17 τὸ ποιοῦν ὁ ἐν τῇ ὕλῃ λόγος, ὁ θ. Arch. III 263, 23 rationem quandam per omnem naturam rerum pertinentem vi divina esse affectam Z. I 42, 32 vim divinam in ratione esse positam II 315, 29 est prima homini cum deo rationis societas III 83, 5 θ. ὁ νοῦς Z. I 40, 5 = νοῦς κόσμου πύρινος Z. I 42, 8. 9 mens modo animus, modo aether, plerumque ratio deus Cl. I 121, 5 ὁ θ. ποῦ μὲν νοῦς, ποῦ δὲ ψυχή, ποῦ δὲ φύσις, ποῦ δὲ ἕξις Z. I 42, 13

θ. ἡ εἱμαρμένη Ant. III 249, 22 deus = prima omnium causa, ex qua ceterae pendent II 306, 1 causarum ordinem et quandam conexionem dei tribuunt voluntati II 268, 5. 13 determinatam cognitionem attribuentes deo admiserunt necessitatem 271, 39 si deus cuncta scit, scit quoque dubiam illam naturam 271, 43 μὴ δύνασθαι τὸν θ. εἰδέναι πάντα 340, 19 αἰσθήσεων αὐτῷ δεῖ· μὴ γὰρ δύνασθαι ἑτέρως ἀντιλαμβάνεσθαι 311, 37

deus mundi opifex et providens II 111, 31 προνοητικὸς κόσμου καὶ τῶν ἐν κόσμῳ 305, 16 ὁ θ. ὁ τὰ ὅλα διοικῶν 118, 18 gubernatoris vice intra id quod regit semper manet 308, 6 ψυχή ἐστι καὶ φύσις ἀχώριστος τῶν διοικουμένων 308, 4 διὰ πάντων διήκει ἡ πρόνοια τοῦ θ. Z. I 41, 24 θ. προνοεῖ τῶν ἀνθρώπων II 169, 30 visa quaedam mitti a deo II 26, 11

σπουδαῖος ὁ θ. III 166, 20 πάσαις ταῖς ἀρεταῖς συμπεπληρωμένος Cl. I 120, 17 κακοῦ παντὸς ἀνεπίδεκτος Cl. I 120, 17. II 305, 16 lenis, tranquillus, propitius, beneficus conser-

Index verborum, notionum, rerum ad Stoicam doctrinam pertinentium. 71

vator II 325, 26 εὐεργετικὸς καὶ χρηστός II 169, 31 εὐποιητικὸς ἀνθρώπων Ant. III 249, 13 ipse deus sibi lex Z. I 43, 5 μόνον καὶ πάντα τὸν σοφὸν ἐπιστήμην ἔχειν τῆς τοῦ θ. θεραπείας III 146, 7 τὸ παρὰ τὴν βούλησίν τι πράττεσθαι τοῦ θ. ἀσέβεια III 166, 4 ὁ θ. κολάζει τὴν κακίαν II 338, 2 φθορᾶς ἀρχὰς δίδωσι 338, 15 ἀρετὴν οὐ δίδωσιν ἀνθρώποις III 51, 25 ψευδεῖς ἐμποιεῖ φαντασίας III 42, 28

θεοί

περὶ θ. tit. l. Cl. I 107, 6. Chr. III 197, 9. Ant. 249, 11

τῶν φυσικῶν ἔσχατος ὁ περὶ τῶν θ. λόγος II 17, 1

εἰσὶν θ. Z. I 41, 19 Z. syllogism. εἰσὶν ἄρα θ. expl. Diog. III 217, 2 οὐκ ἔστι μὲν κόσμος, οὐκ εἰσὶν δὲ θ. II 297, 10 εἰσὶ θ., ὅτι εἰσὶ βωμοί II 304, 40 εἰ μὴ εἰσὶ θ., οὐκ ἔστιν εὐσέβεια 304, 17 si di sunt, est divinatio 343, 19 sq. quattuor de causis in animis hominum informatas esse d. notiones Cl. I 119, 11 οἱ θ. μυστικὰ σχήματα καὶ κλήσεις ἱεραί Cl. I 123, 8

usitatas perceptasque cognitiones d. tollit Z. I 43, 21 παιδαριωδῶς πλάττεσθαι θ. ἀνθρωποειδεῖς II 315, 18. Diog. III 217, 13 in d. sensum non esse A. I 87, 5 fingit formam quandam et speciem d. Cl. I 120, 28 vulgi d. elementa Z. I 43, 15. 31 θ. = αἰθέρια ζῷα II 303, 20 τοὺς ἀστέρας ἀεὶ θέοντας θ. προσηγόρευσαν 300, 20 οἱ θ. ἀέρων ἕξεις καὶ ὑδάτων καὶ πυρὸς ἐγκεκραμέναι δυνάμεις 311, 17 τὴν οὐσίαν ἔχουσι τῇ ὕλῃ συμμεμιγμένην II 112, 16 μὴ εἶναι θ. ἄρρενας μηδὲ θηλείας 315, 11 cum in actu sunt, mares sunt, feminae cum patiendi habent naturam 313, 34

κόσμος: θ. II 297, 10 οὐδεὶς τῶν θ. πλὴν τοῦ πυρὸς ἄφθαρτος 309, 15 οὐδεὶς ἄφθαρτος οὐδ' ἀΐδιος πλὴν μόνου τοῦ Διός Cl. I 121, 26 οἱ ἄλλοι θ. γεννητοί, ὁ δὲ Ζεὺς ἀΐδιος II 309, 21 οἱ ἄλλοι θ. φθαρτοί 309, 24 pass. οἱ ἄλλοι θ. ἅπαντες γεγονότες καὶ φθαρησόμενοι ὑπὸ πυρός Cl. I 121, 30 εἰς τὸν Δία καταναλίσκονται οἱ ἄλλοι θ.

Cl. 121, 28 resoluto mundo di in unum confusi II 313, 3 ἡ τῶν θ. περίοδος καὶ ἀποκατάστασις 190, 27 τροφῇ οἱ ἄλλοι θ. χρῶνται 313, 23

mundum regi numine deorum III 81, 39 d. numini parere omnia II 346, 36 mundum d. consilio et providentia administrari 327, 15 ἄτοπον τὸ λέγειν τοὺς θ. ἀγνοεῖν τι τῶν ἐσομένων 271, 7. 272, 2

mundum esse communem urbem hominum et deorum III 81, 40 κοινωνίαν ὑπάρχειν τοῖς ἀνθρώποις καὶ θ. διὰ τὸ λόγου μετέχειν II 169, 28 eadem in dis, quae humano in genere ratio 327, 11 ὅσα ἡμῖν καὶ τοῖς θ. προσπίπτει, ἐννοήματά ἐστι II 28, 27 d. consilium, rationem, prudentiam habent maiora 327, 13 di quodcunque faciunt, in eo nihil praeter ipsam faciendi rationem sequuntur 325, 4 τὴν αὐτὴν ἀρετὴν εἶναι θ. καὶ ἀνθρώπων Cl. I 129, 10 sq. III 58, 32. 59, 2 pass. τοὺς ἀνθρώπους τῆς αὐτῆς τοῖς θ. μετέχειν πολιτείας III 82, 19. 83, 9. 12 pass. inter homines et d. communio legis et iuris III 83, 8 μίαν εἶναι κοινὴν πολιτείαν τῶν καθαρῶν ψυχῶν πρὸς τοὺς θ. A. I 87, 11 di animantes, rationis compotes inter se quasi civili conciliatione et societate coniuncti II 327, 7

τοὺς θ. διὰ τὴν τῶν θνητῶν σωτηρίαν τὰς οἰκείας ἐνεργείας ἐνεργεῖν II 324, 11 τὸ τέλος καὶ τἀγαθὸν τῶν θ. εἶναι ἐν τῇ τῶν θνητῶν τάξει καὶ προνοίᾳ 324, 19 εἰ εἰσὶν θ., εἰσὶν ἀγαθοί 297, 11 οὐκ αἰσχροῦ οὐδενὸς παραίτιοι οἱ θ. 326, 36 dei benefici generique hominum amici 343, 6 natura dis causa benefaciendi 324, 8 non idcirco non optume nobis a dis esse provisum, quod multi eorum beneficio perverse uterentur 341, 7 eam vim deorum esse, ut etiamsi quis morte poenas sceleris effugerit, expetantur eae poenae a liberis, a posteris 339, 11 di iniuriam facere nequeunt 324, 9 gratiam in deo esse, iram non esse 325, 9 minora di neglegunt 339, 4. 8 τοὺς θ. οἰκειοῦσθαι τῇ ἀρετῇ καὶ τοῖς

ταύτης ἔργοις, ἀλλοτριοῦσθαι δὲ τῇ κακίᾳ III 166, 5   τοὺς φίλους τῶν θ. ἐλευθέρους εἶναι III 87, 31   καθ' ἕκαστον ἁμάρτημα ὁ φαῦλος ἀπάρεστόν τι ποιεῖ θ. 166, 9   πάντα τὸν ἄφρονα θ. ἐχθρόν 166, 15 οὐ τῷ ἀπὸ τῶν θ. φόβῳ τῆς ἀδικίας ἀποτρέπεσθαι ἀνθρώπους 77, 22 οἱ πολλοὶ θ. ὄντες ἐχθροὶ τὰς ἀληθινὰς τιμὰς τῶν κρατίστων οὐδ' ὠνειροπολήκασι 233, 12
τὸν περὶ θ. σεβασμὸν διὰ τριῶν ἐξέθηκαν εἰδῶν, φυσικοῦ, μυθικοῦ, νομικοῦ II 300, 8   in deos caerimonias religionesque ea coniunctione, quae est homini cum deo, conservandas III 84, 36   οὐ τοὺς ἀνοσίους οἷόν τε φίλους εἶναι θ., οὐδὲ τοὺς μὴ φίλους θ. μὴ δυστυχεῖς III 153, 36   τὰ μέλη πρὸς θ. τιμὴν οἰκεῖόν τι ἔχειν Diog. III 233, 4   μὴ δεῖν θ. οἰκοδομεῖν ἱερά Z. I 40, 4
τοὺς θ. διεῖλον εἴς τε τὸ βλάπτον καὶ τὸ ὠφελοῦν II 300, 22 τὰ τρέφοντα καὶ ὠφελοῦντα θ. νενομίσθαι P. I 99, 6. 11 ipsas res utiles et salutares deorum vocabulis nuncupata P. I 99, 12 θ. νενομίσθαι τοὺς εὑρόντας ἢ τροφὰς ἢ σκέπας ἢ τὰς ἄλλας τέχνας P. I 99, 8

θεοσεβής θ. τοὺς σπουδαίους expl. III 157, 24

θεοφιλής quis sit θ. III 82, 20 θ. ὁ σπουδαῖος Z. I 53, 10 III 150, 17 οἱ ὅσιοι θ., οἱ θ. εὐδαίμονες III 153, 30

θεραπεία de ratione medendi perturbationibus animi IH 132, 38 vetat Chr. ad recentes quasi tumores animi remedium adhibere 132, 17 τριττὴ θ. οἰήσεως καὶ παντὸς πάθους 133, 17 ὁ Στ. τρόπος διὰ τῶν ἐναντίων τὰ ἐναντία ἰᾶται 133, 10 ἡ ἐγχωροῦσα θ. 125, 4

θεραπεύω III 124, 37

θερεία vid. s. v. θέρος

θερίζων sophisma II 94, 4 ὁ θ. λόγος Z. I 64, 16

θερμός ἴδιον τοῦ θ. τὸ θερμαίνειν III 28, 11 δραστικὰ τὸ θ. καὶ τὸ ψυχρόν II 134, 8. 14 δραστικώτατον τὸ θ. 135, 10 in omni rerum natura id vivere, quod caleat 139, 17 quanta vis insit caloris in omni corpore Cl. I 115, 5 sq. πνεῦμα : τὸ θ. II 147, 7 τὰ θ. τῆς αὐτοφυοῦς αἰσθήσεως δεῖσθαι Diog. III 222, 36 ἡ ἐν θ. καὶ ψυχροῖς γενομένη συμμετρία ἢ ἀσυμμετρία = ὑγίεια ἢ νόσος III 121, 26 ἡ ὑγίεια = εὐκρασία τῶν ἐν τῷ σώματι θ. καὶ ψυχρῶν etc. III 68, 27 νόσος ἡ ἀσυμμετρία τῶν ἐν αὐτῷ, θ. καὶ ψυχροῦ etc. III 121, 17 διαχεῖται τὸ θ. τοῖς ἡδομένοις εἰς ἅπαν τὸ σῶμα II 234, 39

θερμότης ἡ θ. σῶμα II 127, 39 δραστικωτάτη τῶν ποιοτήτων 133, 41 τῆς ἄκρας θ. ἐγγινομένης τῇ ὕλῃ πῦρ ἀποτελεῖται 134, 29

θέρος ὁ ὑπὲρ γῆς ἀὴρ καταθαλπόμενος τῇ τοῦ ἡλίου πρὸς ἄρκτον πορείᾳ II 201, 30 = ὥρα ἔτους ἡ μάλισθ' ὑφ' ἡλίου διακεκαυμένη 201, 34 θ. σῶμα 198, 1 θερείαν γίνεσθαι τοῦ πυρὸς ἐπικρατοῦντος, ὅταν εἰς τὸ κατωτέρω βιάζηται 202, 15

θέσεις θ. ἠθικαί tit. l. H. I 91, 21 θ. λογικαί Chr. II 4, 38 ἠθικαί 8, 31 θ. φυσικαί III 17, 3

θεσμός def. III 82, 32 οἱ ἄνθρωποι καὶ οἱ θεοὶ ὑφ' ἑνὶ θ. καὶ νόμῳ κεκοσμημένοι 82, 18

θεωρέω ὠφέλημα, ὃ θ. παρὰ τὸ ἔχειν τὸ ἀγαθόν III 22, 20 τὸ φρονεῖν, ὃ θ. παρὰ τὸ ἔχειν φρόνησιν 22, 22 ὅτι πρὸς τὸ θεῖον συντέτακται ἡ σπουδαζομένη μουσική, σημαίνει τὸ ὄνομα τοῦ θ. Diog. 224, 30

θεώρημα in tit. Chr. II 7, 14
θ. τέχνης ἴδιον II 74, 27 ἀ θ. omnis ars proficiscitur 276, 15 πᾶσα τέχνη σύστημα ἐκ θ. συγγεγυμνασμένων III 51, 20 κατὰ τὰ θ. ὁ λόγος 51, 21 τὰς ἀρετὰς συνεστηκέναι ἐκ θ. III 68, 23 τῶν ἀρετῶν τὰ θ. κοινά 72, 32
τὸ συνθετικὸν θ. II 86, 19

θεωρηματικός ἀρετὴ θ. III 48, 7

θεωρητικός βίοι τρεῖς, θ., πρακτικός, λογικός III 173, 4 ὁ ἐνάρετος θ. καὶ πρακτικὸς τῶν ποιητέων 72, 35

θεωρητός II 161, 14

θεωρία γεγονέναι ὑπὸ τῆς φύσεως

ἐπίτηδες τὸ λογικὸν ζῷον πρὸς θ. καὶ πρᾶξιν III 173, 6

θήλεια cf. γυνή
τὰς θ. ὕλην ὑγρὰν προΐεσθαι, οὐ μὴν σπερματικήν Z. I 36, 26 τὸ τῆς θ. σπέρμα ἄγονον 36, 29

θήρα θ. τις ὁ ἔρως εὐφυοῦς μειρακίου πρὸς ἀρετήν III 181, 14 ἡ ἐρωτικὴ ἐπιστήμη νέων θ. εὐφυῶν 180, 30

θηρευτικός ὁ σπουδαῖος θ. III 160, 41

θηρίον τὰ θ. συμμέτρως τῇ χρείᾳ τῶν ἐκγόνων ᾠκειῶσθαι πρὸς αὐτὰ II 206, 19 πρὸς τὰ θ. δεῖν ἀποβλέπειν III 187, 13

θηριώδης ὁ φαῦλος θ. ἄνθρωπος III 169, 36

θησαυρισμός μνήμη θ. φαντασιῶν II 23, 20

θνητός : φθαρτός II 309, 38

θόρυβος def. III 98, 37. 41. 99, 12 εἶδος φόβου 96, 8. 98, 34

θρῆνος τοὺς θ. ἰατρεύειν τὴν λύπην Diog. III 225, 24

θρίξ τὸ σῶμα καθάπερ ὄνυξ ἢ τ. οὐδὲν πρὸς ἡμᾶς III 187, 1 οὐδεμίαν ἐπιστροφὴν ποιεῖσθαι καθάπερ ὄνυχος ἢ τ. 187, 9 τὸ ἀρτίας ἔχειν ἐπὶ τῆς κεφαλῆς ἢ περιττὰς ἀδιάφορον 28, 23. 29, 3. 9. 14. 19 nullus pilus talis, qualis alius II 35, 1

θυγάτηρ θ. μίγνυσθαι ἀδιάφορον III 185, 8 δεῖν μίγνυσθαι τοῖς πατράσι τὰς θ. 185, 18. 37 οὐ κακῶς τεκνοποιεῖσθαι τὸν πατέρα ἐκ τῆς θ. 185, 29 ὁ σοφὸς μετὰ τῆς θ. μόνης καταλελειμμένος παντὸς τοῦ τῶν ἀνθρώπων γένους διεφθαρμένου 185, 11

Θυέστης tit. l. P. I 96, 30

θυμοειδής τὸ λογιστικὸν καὶ τὸ θ. περὶ τὴν καρδίαν εἶναι II 251, 8. 17. 34 θ. δύναμιν τῆς ψυχῆς μὴ εἶναι III 112, 16. 115, 23 ὁ χόλος τῆς θ. δυνάμεως 112, 39

θυμός = ζέσις τοῦ κατὰ τὴν καρδίαν θερμοῦ II 235, 13 = ζέσις τοῦ περὶ καρδίαν αἵματος ἐξ ἀναθυμιάσεως τῆς χολῆς III 101, 44 ἐκ τῆς καρδίας ἀναθυμιώμενος καὶ ὠθούμενος ἐκτός II 240, 5 συναισθανόμεθα τοῦ θ. καθ' ὃν ἡ καρδία τέτακται τόπον ib. θ. ἐμφυσῶν τὸ πρόσωπον 240, 7 ἀναβαίνει τινῶν 242, 21
θ. = ὄρεξις ἀντιτιμωρήσεως III 101, 46 = ὀργὴ ἐναρχομένη 96, 15. 34. 38. 97, 24 εἶδος ὀργῆς 96, 4 ὑπὸ τὴν ἐπιθυμίαν ὑποτάττεται 96, 23 quando et ut nascatur 102, 4 εἴδη τοῦ θ. 101, 48 θ.: δυσθυμία 102, 26 καὶ θ. τινὰς φέρεσθαι 125, 13 ἀφαιρεῖται τοὺς λέοντας τὸν θ. Chr. II 255, 25 ἡ θεραπεία τῷ θ. τὴν ἐπιθυμίαν ἐπάγει καὶ τῇ ἐπιθυμίᾳ τὸν θ. III 133, 11 Λογισμὸν Θ. διαλεγόμενον inducit Cl. I 129, 35

θυσία ἔμπειρον περὶ τὰς θ. τὸν σοφόν III 157, 6. 29

θυτικός τὸ θ. εἶδος τῆς μαντικῆς III 157, 17

θύω θ. οἱ σπουδαῖοι θεοῖς III 157, 26

I

Ἰάπετος = πάντα τὰ κοῦφα, ἃ ἀφιέμενα πίπτει ἄνω Z. I 28, 10

ἰατρική = περὶ τὸ νοσοῦν σῶμα τέχνη III 120, 16 ἡ τῶν σωμάτων ἰ. μέσον 184, 31

ἰατρός ὁ περὶ τὰ σώματα ἰ.: ὁ τῆς ψυχῆς ἰ. III 120, 19 ὁ ἰ. τῶν παθῶν καὶ τῆς ἑκάστῳ οἰκείας θεραπείας ἐντὸς εἶναι δεῖ ib. ἄριστος αὐτοῦ ἰ. ὁ σπουδαῖος 164, 28 μὴ δεῖν ἰ. τὸν ἔλεον ἐλεεῖν 109, 44 τὸ τῷ κάμνοντι μὴ ἀληθεῦσαι τὸν ἰ., οὐ καθῆκον δεόντως ἐνεργεῖται 138, 28

ἰδέα αἱ ἰ. = ἐννοήματα ἡμέτερα Z. I 19, 28. II 123, 21 ἰ.: ἐννοήματα Z. I 19 oὐδ' ἐννοήματά εἰσιν αἱ ἰ. Cl. I 111, 2 τὰς ἰ. ἀνυπάρκτους εἶναι Z. I 19, 24 εἰ ἡ ἰ. „τόδε τι" ῥηθήσεται II 91, 25 αἱ ἰ. τῶν ἀπείρων ἐν πέρασιν ὡρισμένοις τὴν γένεσιν περιλαμβάνουσι II 124, 2

ἴδιος περὶ ἰ. tit. l. Cl. I 108, 2

ὅρος ὁ τὸ ἴ. ἀποδιδούς II 75, 20
ἰδιότης εἰδοποιοῦνται αἱ ἕξεις ἰ. καὶ χαρακτῆρι II 130, 8 αἱ ἀρεταί τῇ ἰ. διαφέρουσι III 74, 24 τῶν παθῶν τὰ μὲν τὴν ἰ. τῆς κινήσεως ἐμφαίνει III 96, 13 διαφορὰ εἰς ἓν νόημα καὶ ἰ. ἀπολήγουσα II 126, 21
ἰδίωμα πάντα τεχνικῶς τὰ ἰ. τῶν φανταστῶν ἀναμάττεται II 25, 43 ἰ. εἶχεν ἡ τοιαύτη φαντασία παρὰ τὰς ἄλλας 26, 4 ἐκλελυμένον τὸ ἰ. ἔχει 130, 12
ἰδιώτης ἰ. : τεχνίτης III 139, 14 ποιῆσαι ἄν ποτε καὶ ἰ. τὸ τεχνικὸν ἔργον, ἀλλὰ οὐ πάντοτε οὐδὲ κατὰ τὸ αὐτό 139, 23
ἱερεύς τίνων νόμων τὸν ἰ. δεῖ ἔμπειρον εἶναι III 157, 5 ἰ. μόνος ὁ σοφός 146, 6. 157, 4 pass.
ἱερόν ἰ. οἰκοδομεῖν οὐδὲν δεήσει Z. I 61, 28 sqq. fana depeculari peccatum, quod est in effectu III 137, 9 τὸ προελθεῖν ἀπὸ λεχοῦς ἢ θανάτου πρὸς ἰ. ἀλόγως διαβεβλῆσθαι 187, 13
ἱκανότης ἀρετὴ def. III 68, 3
ἵμερος def. III 96, 19. 97, 4 ὑπὸ τὴν ἐπιθυμίαν ὑπάγεται 96, 5
Ἱπποκένταυρος κατὰ σύνθεσιν ἐνοήθη II 29, 17
Ἶρις = προφορικὸς λόγος II 43, 30 = αὐγαὶ ἀφ' ὑγρῶν νεφῶν ἀνακεκλασμέναι 201, 21
ἰσηγορία ἐναργεστάτη πίστις ἐλευθερίας III 88, 10 οὐκ εἶναι ἰ. τῷ φαύλῳ πρὸς σπουδαῖον Z. I 54, 33
ἰσημερία γίνεται, ὅταν ἡ νὺξ καὶ ἡ ἡμέρα ἴσαι ὦσιν, ἡ μὲν ἔαρι, ἡ δὲ μετοπώρῳ II 202, 1
ἰσοδυναμέω ἰ. λέξεις II 83, 18 αἱ εἰς τὰς ἰ. λέξεις μεταλήψεις 85, 2 ὁ λαμβάνων τὸ ἰ. (sc. λόγος) 88, 30
ἰσονομία ἡ τῶν τεττάρων στοιχείων ἰ. II 187, 30
ἴσος πάντα τὰ ἀγαθὰ ἴ. III 23, 3 mala paria 23, 12 detrimenta 23, 9 virtutibus exceptis atque vitiis cetera in summa aequalitate esse A. I 84, 35

ἰσότης ἀρετή, ἕπεται τῇ δικαιοσύνῃ III 73, 6 per se expetenda 12, 39
ἰσοτιμία ἡ εὐγένεια ἰ. περίτηγμα III 85, 28
ἱστορία ὠφέλιμον, εἰ καὶ μὴ πρὸς ἀρετῆς κτῆσιν τελείας, ἀλλά τοι πρὸς πολιτείαν III 184, 24
ἰσχυρός ὁ σπουδαῖος ἰ. Z. I 52, 34. expl. 53, 1 III 150, 9
ἰσχύς ἐπὶ τοῦ σώματος ἰ. καὶ ἐν ψυχῇ III 120, 31 ἰ. τοῦ σώματος = τόνος ἱκανὸς ἐν νεύροις Cl. I 129, 3. III 68, 29 = ἡ ἐν νεύροις συμμετρία III 121, 28 κατὰ φύσιν 34, 16 πρῶτον κατὰ φύσιν 34, 30 ἀδιάφορον III 28, 6. 31. Apollod. 261, 8 προηγμένον 29, 36 δι' αὑτὸ καὶ δι' ἕτερα προηγμένον 32, 37 μηδ' αἱρετὸν μηδ' ὠφέλιμον 35, 28
ἡ τῆς ψυχῆς ἰ. = τόνος ἱκανὸς ἐν τῷ κρίνειν καὶ πράττειν Cl. I 129, 4. III 68, 30 ἂν ὁ τόνος ἱκανὸς ἐν τῇ ψυχῇ γένηται πρὸς τὸ ἐπιτελεῖν τὰ ἐπιβάλλοντα, ἰ. καλεῖται Cl. I 128, 35 ἀσθένεια, ἀτονία : ἰ., εὐτονία III 123, 3 ἰ. ψυχῆς ἀρετὴ III 23, 24 οὔτε ἐπιστήμην οὔτε τέχνη 23, 28 = δύναμις ἐκ τῆς ἀσκήσεως περιγινομένη 68, 26 ἰ. ἐπιβάλλουσα τῷ σπουδαίῳ Z. I 53, 2 ἡ. ἀνελεγξία ἰ. ἐν λόγῳ II 39, 24 ἡ ἰ. ὅταν ἐν τοῖς ἐμμενετέοις ἐγγένηται, ἐγκράτειά ἐστιν, ὅταν ἐν τοῖς ὑπομενετέοις, ἀνδρεία etc. Cl. I 128, 35
ἰσχύω ἐν φαντασίαις II 40, 11 κατὰ ψυχήν III 120, 39
ἴσχω ποιὸν τὸ ἰ. κατὰ διαφορὰν II 128, 37 ἴ. κατὰ τὸν τοῦ Διὸς λόγον 270, 1. 292, 11 ὠφελεῖν = κινεῖν ἢ ἴ. κατ' ἀρετήν III 23, 19. 28, 17 βλάπτειν κατὰ κακίαν 28, 18
ἰχθύς τοὺς ἰ. ἀναπνεῖν τὸν ἀέρα, ὃς ἐγκέκραται τῷ ὕδατι II 206, 5 τοῖς ἰ. πρὸς τὴν τῶν σωμάτων διαμονὴν παρασπαρέντος τοῦ ψυχοειδοῦς 206, 12 τοὺς ἰ. μὴ ᾠκειῶσθαι πρὸς τὰ ἔκγονα 206, 20

K

καθαριότης ἀρετὴ *def.* III 68, 7
κάθαρσις = ἡ φθορὰ καὶ ἡ ἑτέρου ἐξ αὐτῆς γένεσις II 184, 28 κ. τοῦ κόσμου 184, 26
καθείμαρται II 292, 31
καθῆκον περὶ τοῦ κ. tit. l. Z. I 14, 31. Cl. 107, 10. Sph. 139, 31. Chr. III 197, 34
de officiis vitae *disp.* Chr. cum A. III 9, 14 ἀκόλουθος τῷ λόγῳ τῷ περὶ τῶν προηγμένων ὁ περὶ τοῦ κ. τόπος 134, 19 τὸ κ. κατωνομάσθαι οὕτως ὑπὸ πρώτου τοῦ Z. 134, 15 ἀπὸ τοῦ κατά τινας ἥκειν κατωνομάσθαι Z. I 55, 10 III 134, 15 officiorum genera duo, rationes tripertitae III 138, 34
κ. = ὁ πραχθὲν εὔλογον ἴσχει ἀπολογισμόν Z. I 55, 6. III 134, 12 = ὁ πραχθὲν εὔλογον ἀπολογίαν ἔχει Z. I 55, 14. 18. III 135, 28 = ὅσα λόγος αἱρεῖ ποιεῖν III 134, 31 = τὸ ἀκόλουθον ἐν ζωῇ Z. I 55, 7. 14 ἐπὶ τῶν λογικῶν ζῴων = τὸ ἀκόλουθον ἐν βίῳ Z. I 55, 17. III 72, 18. 134, 23 = τὸ ἀκόλουθον ἐν ζωῇ, ὃ πραχθὲν εὔλογον ἀπολογίαν ἔχει III 134, 20
τοῦ κ. ἀρχὴ ἡ φύσις καὶ τὸ κατὰ φύσιν III 134, 5 a principiis naturalibus omnia proficisci off. 45, 1. 135, 17 sq. 189, 29 ex natura petit agendi principium i. e. off. Z. I 47, 15 ἔχει ὁ ἄνθρωπος παρὰ τῆς φύσεως ἀφορμὰς πρὸς τὴν τοῦ κ. εὕρεσιν III 65, 1 off. homini a prima conciliatione nascendi sumuntur 134, 8 primum est off., ut se conservet in naturae statu homo 45, 14. 138, 40 τὸ κ. ἐνέργημα ταῖς κατὰ φύσιν κατασκευαῖς οἰκεῖον 134, 16 esse earum rerum, quae secundum naturam sunt 32, 17
officium: recte factum III 5, 28. 135, 41 κ. τέλειον = κατόρθωμα 134, 23. 135, 41. 136, 9. inter recte factum et peccatum officium et contra off. media locabat Z. I 55, 22 off. nec in bonis ponitur, nec in malis III 135, 26 off. servata praetermissaque media putabat Z. I 55, 24 παραμετρεῖσθαι τὰ μέσα κ. ἀδιαφόροις

τισὶ III 136, 9 τὰ αὐτὰ πράγματα οὐδὲν μὲν πρὸς ἡμᾶς, ἀρχαὶ δὲ τῶν κ. III 30, 3 a rerum dilectu ad off. inventionem aditus A. I 84, 8. H. 92, 31 inventionem off. sustulit A. *ib.* H. I 92, 26. 31 ἔστι καὶ ἐν τοῖς μέσοις τι κ. III 135, 15 τὰ μέσα τῶν κ. ἐφαρμόττει καὶ τοῖς ἀτελέσι 140, 22 off. inchoatum cadere in nonnullos insipientes potest 5, 29 καὶ ὁ φαῦλος ἔνια δρᾷ τῶν κ., οὐκ ἀφ' ἕξεως καθηκούσης 138, 16 ὁ ἐπ' ἄκρον προκόπτων ἅπαντα πάντως ἀποδίδωσι τὰ κ. 137, 44 οὐχ ἁπλῶς τὸ εὖ πράττειν, ἀλλὰ τὸ πρός τινα σκοπὸν καὶ κατὰ λόγον κ. 139, 7 τὴν φρόνησιν περὶ τὰ κ. γίνεσθαι 64, 16 τὸ μὴ κ. ἔστιν ὅτε δρᾶται καθηκόντως 138, 24 εἰ οἱ σοφοὶ τοῖς φαύλοις κατορθώματα προστάττουσιν ἢ μέσα 140, 19 τὰ κ. καὶ ἐπὶ τὰ φυτὰ καὶ ζῷα διατείνει 134, 14 καὶ εἰς τὰ ἄλογα τῶν ζῴων 134, 21

πάντα τὰ κ. ἐπιτελοῦντα ζῆν τέλος Arch. III 264, 17 *pass.* secundum naturam vivere = off. media omnia aut pleraque servantem vivere III 5, 27

τῶν καθ' ὁρμὴν ἐνεργουμένων τὰ μὲν κ., τὰ δὲ παρὰ τὸ κ., τὰ δὲ οὔτε κ. οὔτε παρὰ τὸ κ. III 134, 30 μέσα κ. *enum.* 134, 27 τῶν κ. τὰ μὲν ἀεὶ καθήκει, τὰ δ' οὐκ ἀεὶ e. s. 135, 12 τὰ μὲν κ. ἄνευ περιστάσεως, τὰ δὲ περιστατικὰ e. s. 135, 7

τὸ παρὰ τὸ κ. *def.* Z. I 55, 14. III 134, 20. 135, 2 e. s. πᾶν τὸ παρὰ τὸ κ. ἐν λογικῷ γινόμενον = ἁμάρτημα III 136, 8 τοὺς σπουδαίους ἐκκλίνειν τὸ πράττειν τι παρὰ τὸ κ. 163, 38 τῶν παρὰ τὸ κ. τὰ μὲν ἀεὶ οὐ καθήκει, τὰ δ' οὐκ ἀεὶ 135, 14 τῶν παρὰ τὸ κ. τὰ μὲν ἄνευ περιστάσεως, τὰ δὲ περιστατικὰ 135, 11

οὔτε κ. οὔτε παρὰ τὸ κ. *def.* e. s. III 135, 4

φαντασία ὁρμητικὴ τοῦ κ. III 40, 5 ἕξις, καθ' ἣν ἐπίμονοί εἰσιν ἐπὶ τῶν κ. 32, 42

καθήκω *vid. s. v.* καθῆκον

III 95, 43. 96, 2 ἕξις καθήκουσα 138, 16

καθολικόν (sc. ἀξίωμα)
κ. tit. l. Z. I 14, 38
τὸ κ. τῶν ἐπὶ μέρους περιληπτικόν II 74, 40 τὸν ὅρον τῇ συντάξει διαφέρειν τοῦ κ. 74, 35 ἡ τέλειος διαίρεσις συντάξει τοῦ κ. διενήνοχε 75, 5

κακία vitium = inconstantia III 77, 9 vitiositas habitus aut adfectio in tota vita inconstans et a se ipsa dissentiens 104, 14 ἡ κ. λογικόν ἐστι, μᾶλλον δὲ λόγος ἡμαρτημένος 188, 33 inest animo pravis opinionibus malitia contracta A. I 82, 19 τὸ αὐτὸ τῆς ψυχῆς μέρος, ὃ καλοῦσι διάνοιαν καὶ ἡγεμονικόν, διόλου τρεπόμενον κ. γίνεσθαι καὶ ἀρετὴν Z. I 50, 8. III 111, 21 λόγος ἀπαλλοτριῶν κ. A. I 80, 26 τῶν ἄλλων ζῴων πλὴν ἀνθρώπου κ. οὐδὲν ἐπιδεκτικόν III 165, 22 ἄγνοιαι αἱ κ. ὧν αἱ ἀρεταὶ ἐπιστῆμαι III 65, 20 μία κ. ἡ ἄγνοια 60, 32 κ. πᾶσαι διαθέσεις 25, 15 adfectiones manentes 104, 21

κ. σῶμα II 230, 2. III 21, 5. 23 τῶν κ. ἔστιν αἰσθέσθαι III 21, 35 ἔξωθεν ἐπέρχεται ταῖς ψυχαῖς ἡμῶν τὸ σύμπαν τῆς κ. 56, 27 ἀπορία τῆς κατὰ τὴν κ. γενέσεως 54, 38

τῶν κ. αἱ μὲν πρῶται, αἱ δὲ ὑπὸ ταύτας III 65, 17 e. s. γίνεσθαι τὸ πλῆθος τῶν κ. ἐν ταῖς οἰκείαις οὐσίαις ὑπαλλαττομέναις κατὰ τὰς ποιότητας 63, 3 τῶν κ. τὰς μὲν ἀγνοίας τινῶν καὶ ἀτεχνίας, τὰς δ' οὔ 23, 32

πᾶσα κ. κακὸν III 25, 4 ἡ κ. μόνη κακόν A. I 81, 32. III 165, 21 κακὸν πᾶν ὅ ἐστι κ. ἢ μετέχον κ. Z. I 47, 23. Diog. III 218, 15 τῶν κακῶν τὰ μὲν κ., τὰ δ' οὔ III 23, 29 αἱ κ. περὶ ψυχὴν κακά 24, 9 αἱ κ. καὶ ποιητικὰ καὶ τελικὰ κακά 25, 33 καθὸ μὲν ἀποτελοῦσι τὴν κακοδαιμονίαν, ποιητικά· καθὸ δὲ συμπληροῦσι, τελικά 25, 33. 26, 5 οὐσία κακοδαιμονίας ἡ κ. 14, 17. 22 ἀναγκαῖα κακὰ αἱ κ. πᾶσαι καὶ αἱ ἐνέργειαι αἱ ἀπ' αὐτῶν 27, 16 αἱ κατὰ κ. ἐνέργειαι οὔτε ἕξεις οὔτε διαθέσεις 25, 18 οὔτε περὶ ψυχὴν οὔτε ἐκτὸς οἱ τὰς κ. ἔχοντες 24, 11

βλάβη κ. 19, 35 αἱρετέον. αἱρετόν : κ. 22, 26 εὐλαβητόν, εὐλαβητέον : κ. 22, 31

αἱ κ. φευκταί III 8, 37 μηδεμία δι' αὑτὴν φευκτή, ἀλλὰ ἀναφέρεσθαι δεῖ πρὸς τὸν ὑποκείμενον σκοπόν 8, 33 nulla res praeter virtutes et vitia aut expetenda aut fugienda A. I 84, 31 μηδὲν μέσον ἀρετῆς καὶ κ. A. I 84, 19. Cl. 129, 17. III 143, 16 οὐδὲ οἱ πελάζοντες ἀρετῇ τῶν μακρὰν ὄντων ἧττόν εἰσιν ἐν κ. III 143, 43 μὴ κ. κακίας ὑπερέχειν 141, 16 vitia crescere negant, fundi et dilatari putant 142, 19 μήτε κακίας ὑπερβολὴν ἀπολείπει μήτε κακοδαιμονίας ὁ βίος 167, 22 τὸ κατὰ κ. ζῆν = κακοδαιμόνως ζῆν 14, 19 ὁ μίαν ἔχων κ. πάσας ἔχει 166, 11 πᾶσα κ. πᾶσι τοῖς ἄφροσιν ὑπάρχον καὶ ἀεί 25, 4

turpes actiones oriuntur e vitiis III 12, 8 ἁμαρτητικὸς διὰ κ. γενόμενος 26, 21 πᾶς φαῦλος ὅσα ποιεῖ, κατὰ κ. ποιεῖ 166, 10 πᾶς ἄφρων σύνεστιν ἡδέως τῇ ἑαυτοῦ κ. 171, 16 stultus omnia vitia habet, sed non in omnia natura pronus 165, 33 non sic omnia vitia esse in omnibus, quomodo in quibusdam singula eminent, sed malum ac stultum nullo vitio vacare 165, 36 τὸν φαῦλον διὰ παντὸς τοῦ βίου χρῆσθαι ταῖς κ. Z. I 52, 29 οὐδ' ἐν χρόνῳ πολλῷ μέρος ἀφεῖλε κ. ὁ σοφός, ἅμα πᾶσαν ἐξαίφνης ἐκπέφευγε III 144, 10 ὁ σοφὸς τὴν κ. ἐφέξει 175, 5 ipsa turpitudo deterret ab iniuriosa facinorosaque vita 12, 16 *

vitium corporis def. III 104, 10 vitium : morbus et aegrotatio 104, 12 morbi et aegrotationes partes vitiositatis 104, 20 aegrotationes morbosque animorum difficilius evelli quam summa illa vitia, virtutibus contraria 105, 12

vitium ad naturam referendum III 77, 9 dum virtus hominibus per consilium naturae gignitur, vitia ibidem per adfinitatem contrariam nata sunt II 336, 27 ἡ κ. γίνεται κατὰ τὸν τῆς φύσεως λόγον καὶ οὐκ ἀχρήστως πρὸς τὰ ὅλα 339, 16 ἀναγκαῖον κατὰ τὴν τῶν ὅλων οἰκονομίαν καὶ περὶ

Index verborum, notionum, rerum ad Stoicam doctrinam pertinentium. 77

τὴν κ. ἔχειν ἡμᾶς, ὡς ἂν ποτ᾽ ἔχομεν 269, 9 κ. καθόλου ἆραι οὔτε δυνατὸν οὔτ᾽ ἔχει καλῶς ἀρθῆναι 340, 11 ψέξειας ἂν αὐτὴν ἐφ᾽ ἑαυτῆς τὴν κ., τοῖς δ᾽ ἄλλοις οὐκ ἀχρηστός ἐστι 339, 35 τὰς κ. ἐφ᾽ ἡμῖν II 287, 7 ὁ θεὸς κολάζει τὴν κ. 338, 2
τὴν κ. οὐκ ἐκβάλλειν ἐκ τοῦ ζῆν III 188, 3 ἡ. κ. οὐδέν ἐστι πρὸς τὸ δεῖν ἡμᾶς ἀπιέναι 189, 9. 190, 5

κακοβουλία ἐν ταῖς ὑπὸ τὰς πρώτας κακίαις III 65, 19

κακοδαιμονέω cf. εὐδαιμονέω
περὶ τὰ μεταξὺ ἀρετῆς καὶ κακίας οἱ πολλοὶ πτοηθέντες κ. A. I 80, 27 τοὺς φαύλους κ. III 14, 9 μένειν ἐν τῷ ζῆν γίνεταί ποτε τοῖς κ. 188, 10

κακοδαιμονία οὐσία κ. ἡ κακία III 14, 17. 22 miseriam summam malitia sola posse effici 14, 22 αἱ κακίαι ἀπογεννῶσι τὴν κ. καὶ συμπληροῦσι, μέρη αὐτῆς γινόμεναι 25, 33 αἱ κακίαι καθὸ μὲν ἀποτελοῦσι τὴν κ., ποιητικὰ κακά· καθὸ δὲ συμπληροῦσιν αὐτήν, τελικά 26, 5 τῶν κακῶν τὰ μὲν ἀναγκαῖα πρὸς κ., τὰ δ᾽ οὐκ ἀναγκαῖα 27, 14 τὴν τῶν ἀφρόνων φίλων κ. ἐκτὸς κακόν 24, 19 μήτε κακίας ὑπερβολὴν ἀπολείπει μήτε κ. ὁ βίος 167, 23 τοὺς φαύλους ἐπ᾽ ἄκρον ἥκειν κ. ἁπάσης 166 26

κακοδαιμονικός III 29, 1

κακοδαιμόνως τὸ κατὰ κακίαν ζῆν = κ. ζῆν III 14, 19

κακοδαίμων τὸ αὐτὸν ἑαυτῷ εἶναι κ. οὔτε ἐκτὸς οὔτε περὶ ψυχὴν κακόν III 24, 21

κακόν cf. ἀγαθόν
ὁ περὶ κ. τόπος pars eth. III 3, 3 ubi inserendus sit ὁ τῶν ἀγαθῶν καὶ κ. λόγος 17, 5. 8 τὸν περὶ κ. λόγον μάλιστα τῶν ἐμφύτων ἅπτεσθαι προλήψεων 17, 13 bonum et malum natura iudicatur 77, 16 τὸ κ. λέγεσθαι πλεοναχῶς 18, 22
κ. enum. III 17, 18
κ. = πᾶν ὅ ἐστι κακία ἢ μετέχον κακίας Z. I 47, 22. III 17, 19. Diog. 218, 15 = ἀφ᾽ οὗ συμβαίνει βλάπτεσθαι III 18, 23 = καθ᾽ ὃ συμβαίνει βλάπτεσθαι 18, 24 = τὸ οἷον βλάπτειν 18, 25 = βλάβη ἢ οὐχ ἕτερον βλάβης 19, 34

nihil malum, nisi quod virtuti contrarium A. I 83, 32 nisi quod turpe Z. I 46, 20. 25. A. 83, 36. 84, 37. Cl. 130, 27. III 10, 40. 12, 6. 31, 25. 44, 8 ἡ κακία μόνη κ. III 165, 21 ἀφροσύνη μόνη κ. 19, 41 quod malum est, nocet 39, 15 quae nocent, mala sunt 23, 12 τὰ παρακείμενα τοῖς κ. βλάμματα 154, 8
τῶν ὄντων τὰ μὲν ἀγαθά, τὰ δὲ κ., τὰ δ᾽ ἀδιάφορα III 17, 16. 23. 28, 4. Diog. 218, 14 τοιαῦτα τἀγαθά ἐστι τοῖς ἀνθρώποις, ὥστε τὰ κ. τῶν ἀνὰ μέσον προτερεῖν 188, 25 πᾶν κ. φευκτόν 22, 14 τὰ κ. βλαβερά, δύσχρηστα, ἀσύμφορα, φαῦλα, αἰσχρά etc. 22, 1 nullum malum gloriosum Z. I 48, 32 τῶν κ. τὰ μὲν κακίαι, τὰ δ᾽ οὔ III 23, 29 τῶν κ. τὰ μὲν περὶ ψυχήν, τὰ δ᾽ ἐκτός, τὰ δ᾽ οὔτε περὶ ψυχὴν οὔτε ἐκτός 24, 8. 18 sq. τῶν περὶ ψυχὴν κ. τὰ μὲν διαθέσεις, τὰ δ᾽ ἕξεις μέν, διαθέσεις δ᾽ οὔ, τὰ δὲ οὔτε ἕξεις οὔτε διαθέσεις 25, 13 τῶν κ. τὰ μὲν ποιητικὰ τῆς κακοδαιμονίας, τὰ δὲ τελικά, τὰ δ᾽ ἀμφοτέρως ἔχοντα 25, 29 e. s. 26, 1 e. s. τὰ μὲν ἀναγκαῖα πρὸς κακοδαιμονίαν, τὰ δ᾽ οὐκ ἀναγκαῖα 27, 14 e. s. τὰ μὲν πᾶσι τοῖς ἄφροσιν ὑπάρχειν καὶ ἀεί, τὰ δ᾽ οὔ 25, 3
mala sint paria necesse est III 23, 12 τῶν φαύλων πάντα κοινὰ τὰ κ. 160, 20 τοῖς φαύλοις πάντα κ. ὑπάρχειν 154, 16 τὰ παρακείμενα τοῖς κ., μόνοις τοῖς κακοῖς συμβαίνειν 154, 8
περὶ τὸ κ. παρὸν ἢ προσδοκώμενον εἶναι λύπην καὶ φόβον III 94, 18. 23. 99, 18 metus et aegritudo opinione malorum sunt 93, 43 malum dolor Dion. I 95, 17 ὁ σπουδαῖος οὔτε κ. περιπίπτει οὔτ᾽ ἄλλον ποιεῖ κ. περιπίπτειν III 150, 13 τῶν ἀστείων οὐδεὶς ἐπ᾽ ἀλλοτρίοις κ. χαίρει 168, 11 παντὸς κ. ἀνεπίδεκτος ὁ θεὸς Cl. I 120, 17
περὶ τὴν δευτέραν ἑβδομάδα ἔννοια γίνεται καλοῦ καὶ κ. II 215, 11
ἀγαθῶν ὑπαρχόντων καὶ κ. ὑπάρχει II 340, 6 non bona esse potuisse, si non essent mala 335, 34 τὰ κ. ἀπο-

νέμεται κατὰ τὸν τοῦ Διὸς λόγον 338, 7   οὐ πάντως ἡ τῶν κ. γένεσις ἀεὶ ἡ αὐτή 337, 16   τὰ κ. οὐ μένει ἀεὶ ἐν ταὐτῷ διὰ τὴν ἤτοι τηροῦσαν τὰ ἐπὶ γῆς πρόνοιαν ἢ κατακλυσμοῖς καὶ ἐκπυρώσεσι καθαίρουσαν 337, 30   ὅταν ἐκπυρώσωσι τὸν κόσμον, κ. οὐδ᾽ ὁτιοῦν ἀπολείπεται 186, 19

κακοποιέω ὁ σπουδαῖος οὔτε κ. τινα οὔτ᾽ αὐτὸς κ. III 150, 12

κακοποιητικός τοὺς φαύλους κ. ἀλλήλων III 160, 18

ὁ κακός cf. φαῦλος

ὁ κ. φύσει διὰ κακίαν ἁμαρτητικὸς γενόμενος φαῦλος καθέστηκε III 26, 20   ὁ κ. τὴν κακίαν ἑκὼν εἵλετο 26, 21   ἐξ ἀνάγκης ἡμᾶς εἶναι καὶ γίνεσθαι ἀγαθοὺς ἢ κ. 165, 16   γεγονέναι πολλοὺς κ. παρὰ τὰς ἀνατροφὰς καὶ τὰς διαστροφὰς 56, 17   τῶν ἀνθρώπων οἱ πλεῖστοι κ. 165, 23   οἱ πάντες κ. καὶ ἐπίσης ἀλλήλοις τοιοῦτοι 165, 25   πάντας ἐπίσης κ. τοὺς μὴ σοφούς 167, 30   τὰ παρακείμενα τοῖς κ. μόνοις τοῖς κ. συμβαίνειν 154, 9

κακοπραγία πᾶσα ἡ διὰ τοῦ ἀπεπιστήμονος πρᾶξις κ. III 138, 11

κάλλος κ. ψυχῆς: σώματος III 154, 33   κ. τοῦ σώματος = ἡ τῶν μορίων συμμετρία 122, 19. 23.   154, 34   = ἡ ἐν τοῖς μέλεσι συμμετρία 121, 29   = συμμετρία τῶν μελῶν πρὸς ἄλληλα καὶ πρὸς τὸ ὅλον 68, 31   = συμμετρία μερῶν εὔχροιά τε καὶ εὐσαρκία 68, 41.   95, 27   κ. ἀδιάφορον 28, 6. Apollod. 261, 8   προηγμένον 29, 36. 31, 4   καθ᾽ ἑαυτὸ ληπτόν 34, 37   μὴ αἱρετὸν μηδ᾽ ὠφέλιμον 35, 27   κ.: ὑγίεια 122, 19   ἔμφασις κ. ἐπαγωγὸς τοῦ ἔρωτος 181, 10   κ. in def. ἔρωτος pass.

τὸ κ. τῆς ψυχῆς = συμμετρία τοῦ λόγου καὶ τῶν μερῶν αὐτοῦ πρὸς τὸ ὅλον καὶ πρὸς ἄλληλα III 68, 33   = opinionum iudiciorumque aequabilitas et constantia cum firmitate et stabilitate 68, 42   = ἁρμονία δογμάτων καὶ ἀρετῶν συμφωνία 95, 28   δύναμις ἐκ τῆς ἀσκήσεως περιγινομένη 68, 26

καλόν περὶ καλῶν tit. I. Cl. I 107, 30   περὶ τοῦ κ. Chr. III 197, 38   περὶ τοῦ κ. καὶ τῆς ἡδονῆς Chr. II 10, 3   in tit. Ant. III 252, 32   de honesto disp. Chr. contra A. III 9, 12

τὸ κ. = τὸ τέλειον ἀγαθὸν ἢ τὸ τελείως σύμμετρον III 20, 20   = τὸ ἐπαινετοὺς παρεχόμενον τοὺς ἔχοντας ἢ ἀγαθὸν ἐπαίνου ἄξιον 20, 25   = τὸ εὖ πεφυκὸς πρὸς τὸ ἴδιον ἔργον 20, 26   = τὸ ἐπικοσμοῦν 20, 27

τέτταρα εἴδη τοῦ κ. III 20, 22

τὸ κ. = τὸ ἀγαθόν III 9, 33. 10, 6. 76, 21   μόνον τὸ κ. ἀγαθόν Z. I 47, 3. 6. A. 84, 36. III 9, 24 sqq. 10, 6. 20 pass. 31, 25. 44, 8. 135, 24   πᾶν κ. ἀγαθόν III 22, 1. 9. 76, 16   τὸ ἀγαθὸν κ. Cl. I 127, 5. III 6, 18. 9, 32   πᾶν ἀγαθὸν κ., ὅτι συμμέτρως ἔχει πρὸς τὴν ἑαυτοῦ χρείαν III 22, 9   τὸ σεμνὸν κ. 9, 28   τὸ κ. δι᾽ αὑτὸ αἱρετὸν III 8, 14. 12, 1. 28   honesti inane nomen Dion. I 95, 23   κ. αὐθαίρετον III 51, 25   φύσει αἱρετὸν καὶ ἀπὸ τῶν ἀλόγων ζῴων 11, 25   ἐπαινετόν II 296, 1. 297, 17   quidquid honestum, id utile, nec utile quidquam, quod non honestum Cl. I 127, 28   ὁ περὶ ἀγαθῶν καὶ κ. τελείων πόνος κἂν ὑστερίξῃ τοῦ τέλους ἱκανὸς ἐξ αὑτοῦ προσωφελῆσαι τοὺς χρωμένους III 137, 17

τὸ καλὸν κἀγαθὸν = ἡ ἀρετὴ καὶ τὸ μέτοχον τῆς ἀρετῆς III 6, 17   cur ἡ ἀρετὴ κ. 50, 3

omnia honesta ac turpia natura diiudicantur III 76, 27. 77, 16   facere omnia ut adipiscamur, quae secundum naturam sunt, id et honestum et solum per se expetendum et solum bonum 12, 42   φυσικῶς τὸ κ. καὶ ἀγαθὸν τοὺς ἀνθρώπους καὶ πᾶν τὸ γενναῖον ζῷον ἐπισπᾶται πρὸς τὴν αὑτοῦ αἵρεσιν 11, 31   τὸ κ. μεῖζον ἀγαθὸν τῆς ἡδονῆς 8, 15   τὸ ἀγαθὸν καὶ κ. = αἱ ἡδοναί Cl. I 123, 7   ὁ νόμος προστάτης τῶν κ. τῶν αἰσχρῶν III 77, 36   οὐδὲν τῶν κ. εἰκῇ καὶ ὡς ἔτυχε γίνεται II 299, 14   τὸ κ. ἐφ᾽ ἡμῖν III 10, 2

περὶ τὴν δευτέραν ἑβδομάδα ἔννοια γίνεται τοῦ κ. II 215, 11

καλός ὁ ἀξιέραστός ἐστι κ. III 156,6 οἱ νέοι κ. σοφοί ὄντες 181,6
καλὸς κἀγαθός οὐ φύσει, μαθήσει δὲ οἱ κ. κ. γίνονται III 52,30 ἀδιάβολος πᾶς ὁ κ. κ. 153,6 τὸ κ. κ. III 6,17. 11,31
καλῶς cf. ζάω
e virtute = honeste vivere III 5,41 τὸ κ. ζῆν = τὸ κατὰ φύσιν ζῆν 6,16 honeste vivere finis bonorum Z. I 46,3 vid. s. v. τέλος
καλότης παρὰ τὸν καλὸν κ. ἀρετὴ τίθεται III 60,9
κανών ὁ νόμος κ. δικαίων καὶ ἀδίκων III 77,37
καρδία τοὔνομα ἔσχηκεν ἡ κ. κατά τινα κράτησιν καὶ κυρείαν, ὡς ἂν κρατία λεγομένη II 245,34 πρώτη φύεται τῶν τοῦ ζῴου μορίων 214,3 φλεβῶν καὶ νεύρων ἀρχή 214,4 ὥσπερ τῆς γενέσεως, οὕτω τῆς διοικήσεως ἡγεμών 214,10 τὸ ἡγεμονικὸν εἶναι ἐν κ. II 228,3. 235,20. 236,15.25.34. Diog. III 216,17 ἐν τῷ περὶ τὴν κ. πνεύματι II 228,5 τοῦ ψυχικοῦ πνεύματος πλήρης ἡ ἀριστερὰ κοιλία τῆς κ. 246,13 ἡ διάνοια μάλιστά πως περὶ τὴν κ. Diog. III 216,10 ἐκ τῆς κ. ἡ φωνὴ καὶ ὁ λόγος ἐκπέμπεται II 244,19 τῇ κ. καθάπερ ἂν τῇ ψυχῇ χρώμεθα 249,2 „ἡψάμην σου τῆς κ." ὥσπερ τῆς ψυχῆς 248,33
πάντα τὰ πάθη περὶ τὴν κ. συνίστασθαι Z. I 51,29. Cl. 130,14. II 236,31 ἡ ἐν τοῖς φόβοις πάλσις τῆς κ. II 247,36 κ. ἀλγεῖν λέγονται οἱ κηδόμενοί τινων 247,27 καὶ μὴ ἔχειν κ. τινὰς καὶ ἔχειν 249,13
κάρος ἐν κ. ἀποβολὴν γίνεσθαι τῆς ἀρετῆς III 57,7
καρτερία = ἐπιστήμη ἢ ἕξις ὧν ἐμμενετέον καὶ μὴ καὶ οὐδετέρων III 65,13 = ἐπιστήμη ἐμμενετέων καὶ οὐκ ἐμμενετέων 67,40 = ἐπιστήμη ἐμμενετῶν καὶ οὐκ ἐμμενετῶν καὶ οὐδετέρων 66,29 = ἐπιστήμη ὑπομενετέων καὶ οὐχ ὑπομενετέων ἢ ἀρετὴ ὑπεράνω ποιοῦσα ἡμᾶς τῶν δοκούντων εἶναι δυσυπομενήτων 67,24

= ἐπιστήμη ἐμμενητικὴ τοῖς ὀρθῶς κριθεῖσι 64,35. 66,15
κ. ὑποτάττεται τῇ ἀνδρείᾳ III 64,23. 66,13. 67,40 κ. ἕξις ἀκολουθητικὴ τῷ αἱροῦντι λόγῳ 93,28 ἀγαθόν 8,36 τὸ κατὰ κ. πραττόμενον κατόρθωμα 73,16 tormentorum patientia secundum bonum, in materia infelici expressum 27,26 temperantia in morbo gravi ib.
κάρφος κ. ἀνελέσθαι ἀδιάφορον III 28,25 οὔτε καθῆκον οὔτε παρὰ τὸ καθῆκον 135,5
κατά οἱ μὴ κρατοῦντες τῆς κινήσεως κ. ἑαυτοὺς οὐ κινοῦνται III 128,26 τῶν ἀγαθῶν τὰ μὲν κ. ἑαυτά 26,38 διαφέρει τὸ κ. αὑθ' αἱρετὸν τοῦ κ. αὑτὸ ληπτοῦ 32,14 τῶν ἀδιαφόρων τὰ μὲν κ. αὑτά 32,23. 29
καθ' ὃ συμβαίνει ὠφελεῖσθαι III 18,21 pass. βλάπτεσθαι 18,24
καταβαίνω II 242,24. 243,12
καταγορευτικόν (sc. ἀξίωμα)
περὶ τῶν κ. tit. l. Chr. II 5,10 κ. def. II 66,14
κατακλυσμός ἐκπύρωσις quam secuturam κ. II 186,26 ἡ πρόνοια τὰ ἐπὶ γῆς κ. καὶ ἐκπυρώσεσι καθαίρουσα 337,31
κατακρημνίζω III 50,29
καταλαμβάνω αἰσθήσεσι κ. τὰ καταλαμβανόμενα II 33,29 sensibus eadem omnia comprehenduntur III 84,25 percipi et comprehendi multa posse II 35,11. 35 pass. percipi posse visum Z. I 17,35 κ. εὐαποσείστως II 90,7 ἡ ὀργὴ τοῖς κ. ἐπιπροσθεῖ III 95,2 sapiens distinguit, quae non possint percipi ab iis quae possint II 34,25
καταληπτικὴ φαντασία s. v. φαντασία
καταληπτόν visum cum ipsum per se cerneretur, comprehendibile Z. I 18,18
κατάληψις in tit. Chr. II 9,28
similitudo nominis κ. Z. I 20,2 cum acceptum iam et approbatum esset visum, comprehensionem appellabat, similem iis rebus, quae manu prehenderentur Z. 18,20

κ. = καταληπτικῆς φαντασίας συγκατάθεσις II 26, 31. 29, 39. 30, 6 = ἕξις καὶ συγκατάθεσις τῆς διανοίας 37, 11

ὁ περὶ κ. καὶ νοήσεως λόγος οὐκ ἄνευ φαντασίας συνίσταται II 21, 8 visum : comprehensio : scientia Z. I 20, 1 τὰς κ. γίνεσθαι περὶ τὸ ἡγεμονικόν II 30, 42 πᾶσα αἴσθησις κ. II 26, 39 πᾶσαν κ. ἠρτῆσθαι τῶν αἰσθήσεων 33, 30 γίνεσθαι αἰσθήσει μέν, λόγῳ δὲ τῶν δι᾽ ἀποδείξεως συναγομένων 28, 31 fieri sine adsensione non potest 35, 12 αἱ συγκαταθέσεις ὅπως γίνονται μετὰ κ. 41, 26

κ. habent in se quiddam continens veritatem III 45, 34 κριτήριον ἀληθείας II 30, 1 comprehensioni soli credendum esse Z. I 18, 27 ἐν μεθορίᾳ ἐπιστήμης καὶ δόξης τεταγμένη ἡ κ. Z. I 20, 20 inter scientiam et inscientiam collocabat Z. 18, 27

comprehensio neque in rectis neque in pravis Z. I 18, 28. 20, 18 ipsa propter se adsciscenda III 45, 33 κοινὴ τῶν σοφῶν καὶ τῶν φαύλων II 30, 1 πᾶσα κ. ἐν τῷ σοφῷ καὶ μνήμῃ τὸ ἀσφαλὲς ἔχουσα εὐθύς ἐστιν ἐπιστήμη III 51, 14 κ. in def. ἐπιστήμης = κ. ἀσφαλὴς καὶ ἀμετάπτωτος ὑπὸ λόγου pass. ὁ σοφὸς ἐν πολλαῖς κ. καὶ μνήμαις κ. γεγονώς, ὀλίγας πρὸς αὑτὸν ἡγεῖται III 51, 11 τὸ προπίπτειν πρὸ κ. φαῦλον III 147, 6 πίστις = κ. ἰσχυρά 147, 11 τὸ μέν τι ἔχει ἀκούσιον, τὸ δὲ ἑκούσιον ἡ κ. II 30, 8 οἱ βεβαιοῦντες : ἀναιροῦντες τὴν κ. λόγοι 89, 43

καταναγκάζω II 278, 16. 37 μηδὲν διαφέρειν τοῦ εἱμαρμένου τὸ κατηναγκασμένον 265, 30. 34

καταναλίσκομαι εἰς Δία πάντας κ. τοὺς ἄλλους θεούς Cl. I 121, 27. II 309, 29 ἅπαντα κ. II 185, 44

καταπίνω κ. τὴν χολήν II 242, 21 σπαράγματα 242, 22 τὸ ῥηθέν 242, 25. 257, 35

κατάπληξις def. III 99, 5. 101, 31 κ. εἶδος τοῦ φόβου 101, 30 τελικὸν κακόν 26, 3

κατάποσις ἡ κ. τῆς Μήτιδος II 256, 28. 257, 36

κατάρρους εὐεμπτωσία τοῦ σώματος III 103, 7

κατασκευή αἱ κατὰ φύσιν κ. III 134, 16 sq. εὐφυὴς ἐκ φύσεως : ἐκ κ. 89, 18 εὐγενὴς ἐκ γένους : ἐκ κ. 89, 24 τὸ ψιλὴν τὴν κ. αἰτιᾶσθαι τῶν ἁμαρτανομένων ἡμῖν παρὰ τὸ ἐναργές ἐστιν II 290, 8 κ., λόγου ἀρετή, def. Diog. III 214, 19

κατάστασις ψυχῆς κ. καὶ σώματος οὔτε παρὰ φύσιν οὔτε κατὰ φύσιν III 34, 19 ἔστι τις ἐπιτελεστικὴ κ. καὶ ἐνδοτική 123, 23 πᾶσαι αἱ κ. ἐν τοῖς πάθεσιν ἀπειθεῖς τῷ λόγῳ 126, 28 ἀκρατεῖς αἱ κ. τῶν ἐμπαθῶν 127, 3

κατάσχεσις φιλία = κ. φιλικὴ πρὸς τῶν πέλας III 24, 26

κατατρεπτικῶς III 34, 36. 35, 1

καταφάσκω II 57, 22. 24

καταφατικός ἀξίωμα κ. II 53, 14. 16. 23. 29. 31. 38. 54, 1. 8. 10. 17. 19. 35. 37. 55, 3. 4. 27. 29. 33. 37. 56, 17. 19. 26. 28. 34. 36. 58, 10. 12. 18. 20. 69, 22

μόνα τὰ ἀποφατικὰ τοῖς κ. ἀντικεῖσθαι II 51, 8 dedicativae propositiones : abdicativae 66, 19

καταχωρισμός κ. πράξεων III 67, 1

κατέχω in def. τοῦ τόπου II 162, 40 pass.

κατηγόρημα περὶ κ. tit. l. Cl. I 108, 6. Sph. 140, 16. Chr. II 5, 34. 37 def. II 59, 12. 31 λεκτὰ τὰ κ. Cl. I 109, 24. Arch. III 263, 2 τῶν ἀτελῶν ἀσωμάτων II 59, 9 ἐν τοῖς ἐλλιπέσι λεκτοῖς 59, 11 κ. ὑπάρχειν λέγεται μόνα τὰ συμβεβηκότα II 164, 28 ἔλαττον ἢ κ. def. 60, 1 ὡς ἐναντία λέγεται τὰ κ. 50, 8 τὰ μὲν τῶν κ. ὀρθά, ἃ δ᾽ ὕπτια, ἃ δ᾽ οὐδέτερα 59, 17 πότε ὀρθὸν καὶ πότε ὕπτιον 60, 20 παρεληλυθότα et παρεληλυθότων παρεληλυθότα 99, 26 ὕπτια et ὑπτίων ὕπτια 99, 34 πληθυντικὰ et πληθυντικῶν πληθυντικά 99, 39

κ. αἴτιον II 119, 22. 121, 8. 10. τὰ αἴτια τὰ μὲν κ. αἴτια, τὰ δ᾽ ἀξιωμάτων Arch. III 263, 3 κ. τὸ φρονεῖν καὶ ἀφραίνειν II 49, 36 τὸ φρονεῖν καὶ σωφρονεῖν ἀσώματα καὶ κ. III 23, 1   τὰ ὠφελήματα κ. III 22, 36   κ. αἵ τε αἱρέσεις καὶ ὀρέξεις καὶ βουλήσεις, ὥσπερ αἱ ὁρμαί 22, 39   ὁρμαὶ ἐπὶ κ. III 40, 30   κ. προστάττεται II 109, 26

κατηγορία ἀληθεῖς φαντασίαι, ὧν ἔστιν ἀληθῆ κ. ποιήσασθαι II 25, 17

κατηγορικόν (sc. ἀξίωμα) def. II 66, 13 e. s.   οἱ ἐκ κ. προτάσεων συλλογισμοί 82, 14   οἱ κ. συλλογισμοί 87, 30

κατήχησις ἡ κ. III 55, 9   τῶν συνόντων 53, 10   τῶν πολλῶν ἀνθρώπων 55, 2

κατορθόω ὁ σπουδαῖος κ. III 26, 22   ἀεὶ ἐν ἅπασι Z. I 52, 29   οἱ κ. ἔπαινον καρποῦνται III 58, 16   ὁ μέσος οὔτε ἁμαρτάνει οὔτε κ. III 139, 40   οἱ φαῦλοι οὐ δύνανται κ. 140, 10   τοὺς ἄλλο τι τῶν δεόντων ἀσυγκαταθέτῳ γνώμῃ πράττοντας ἐθελουσίως μὴ κ. 139, 33   τοὺς θυμοειδεῖς ἐνίοτε τὰ αὐτὰ κ. τοῖς ἀνδρείοις 138, 8   τὰ πράγματα διὰ τὸν ἐν ἡμῖν λόγον δύναται κ. γίνεσθαι καλῶς 140, 29   ὧν κ. ἡ ὀρθὴ κρίσις ἐξηγεῖται μετὰ τῆς κατὰ τὴν ψυχὴν εὐτονίας 123, 5   κατὰ τὴν εἱμαρμένην τὰ μὲν ἁμαρτήσεται τῶν ζῴων, τὰ δὲ κ. II 295, 19   πρᾶξις κ. III 139, 4

κατόρθωμα περὶ κ. tit. l. Chr. III 200, 38
κ. = πάνθ' ὅσα κατὰ τὸν ὀρθὸν λόγον πράττεται III 136, 21 e. enum. = ὅπερ πραχθὲν εὔλογον ἔχει τὴν ἀπολογίαν 70, 10   = τὰ κατ' ἀρετὴν ἐνεργήματα 134, 24 e. s.   = τὸ κατ' ἐγκράτειαν ἢ καρτερίαν ἢ φρόνησιν ἢ ἀνδρείαν πραττόμενον 73, 17   = τέλειον καθῆκον 134, 24. 135, 40. 136, 14   = καθῆκον πάντας ἐπέχον τοὺς ἀριθμούς 136, 14
omnes numeros virtutis continet III 4, 41   quae proficiscuntur a virtute, susceptione prima, non perfectione recta sunt 137, 13   τὴν φρόνησιν κινεῖσθαι ἐν τοῖς κ. 70, 9   recte facta sola in bonis actionibus Z. I 55, 23   τὸ κ. νόμου πρόσταγμα III 140, 8   ἡ πρόσταξις περὶ κ. γίνεται 139, 38   προστάττεται τὰ κ. II 295, 33

πᾶν κ. εὐνόμημα καὶ δικαιοπράγημα III 73, 14. 136, 27
ποιητέα τὰ κ. II 297, 14   καλὰ 297, 16   πάντα κ. τέλεια III 142, 3   κ. μεῖζον καὶ ἔλαττον οὐ γίνεται 142, 1   ἐμφαίνει τινὰ τῶν κ. διαφορὰν Chr. III 50, 32   recte facta et peccata non habentur communia 23, 14
κ. contingit sapienti soli III 5, 28   μενόντων ἁμαρτημάτων καὶ κ. ἔπαινοι μένουσι καὶ ψόγοι II 295, 20   εἰ οἱ σοφοὶ τοῖς φαύλοις κ. προστάττουσιν ἢ μέσα III 140, 12
inter recte factum atque peccatum officium et contra officium media Z. I 55, 22   κ. : μέσα καθήκοντα III 134, 26   τὸ καθῆκον τελειωθὲν κ. γίνεσθαι 136, 9   κ. : μέσαι πράξεις 139, 2
οὐ πᾶν κ. εἰς σεμνολογίαν πίπτει III 50, 23
τῶν κ. τὰ μέν, ὧν χρή, τὰ δ' οὔ III 136, 35 e. s.
οὔτε κ. οὔτε ἁμάρτημα e. enum. III 136, 24

κατόρθωσις actio recta non erit, nisi recta fuerit voluntas III 139, 27   crescendi accessionem nullam habet 140, 34   μὴ κ. κ. ὑπερέχουσαν εἶναι 141, 17   πολλῶν κ. ἔστιν αἰσθέσθαι 21, 36

κάτω ἄνω καὶ κ. μέρη τοῦ τόπου II 162, 2   τὸ μέσον σημεῖον τοῦ κόσμου = τοῦ παντὸς κ. 169, 10   κ. ἀπὸ παντὸς τοῦ κόσμου τὸ μεσαίτατον 176, 19   τὸ αὐτὸ μέσον καὶ κ. 176, 22   κ. ἐν τῷ κόσμῳ τὰ ἀπὸ τῶν περάτων πρὸς τὸ μέσον 176, 7

καχεξία καὶ ἐπὶ τοῦ σώματος κ. καὶ ἐν ψυχῇ III 120, 33   κ. ἀποπροηγμένον ἐπὶ τῶν σωματικῶν 31, 7

κενοδοξία ὑπομνήματα ὑπὲρ κ. tit. l. A. I 75, 18

κενόν περὶ κ. tit. l. Chr. III 200, 40. Apollod. 259, 21
τὸ κ. = τὸ οἷόν τε ὑπὸ ὄντος κατέχεσθαι, μὴ κατεχόμενον δὲ II 163, 18. 171, 7. 172, 16   ἡ τοῦ κ. ἐπίνοια def. 172, 7   τὸ κ. = ἐρημία

σώματος Z. I 26, 22   κ. : τόπος : χώρα Z. I 26, 22. II 163, 14
τὸ κ. ἀσώματον Z. I 26, 28. II 117, 21. 172, 16 οὐδὲν ὑπάρχει ἐν τῷ κόσμῳ κ. Z. I 26, 21. 27. 32. II 140, 4. 143, 6. 20. 156, 36. 162, 37. 169, 16 ἐκτὸς τοῦ κόσμου κ. ἄπειρον Z. I 26, 21. 27. 32. II 167, 14. 170, 38. 171, 5. 31. 34. 172, 15. 174, 32. 188, 24 τὸ κ. ἄπειρον II 163, 5 pass. 186, 27. Apollod. III 260, 27   κ. ἄπειρον, ἵνα ὁ κόσμος μὴ ἀπορῇ τοῦ δεξομένου χωρίου τὴν ἀνάχυσιν II 188, 24   κ. εἰς ὃ κατὰ τὴν ἐκπύρωσιν ἀναλύεται ὁ κόσμος 186, 27   κ. οὐκ ἄπειρον, ἀλλ᾽ ὅσον χωρῆσαι λυθὲν τὸ πᾶν 186, 30   περατοῦται ἐκπληρούμενον 163, 11   κ. εἰς ἄπειρον τέμνεσθαι 158, 17   μὴ κατεσπάρθαι ἐν τοῖς σώμασιν, ἀλλ᾽ εἶναι συνεχῆ Z. I 26, 32 τὸ κ. κεχωρισμένον καὶ ἀθρόον εἶναι καθ᾽ αὑτὸ περιέχον τὸν οὐρανόν Z. I 26, 16

κ. ἀπολείπουσιν ἐν τῇ τῶν ὄντων πραγμάτων φύσει II 162, 34   τὸ πᾶν = τὸ ἐκ τοῦ κόσμου καὶ τοῦ ἔξωθεν κ. σύστημα II 167, 5 pass. Apollod. III 260, 26   ὁ θεὸς οὐ γεννήσας τὸ κ., ἐν τῷ κ. ἔκτισε τὸν κόσμον II 330, 15

οὐχ ὑπάρχει ἐν τῷ κ. διαφορά, ᾗ τὰ σώματα δευρὶ μᾶλλον ἢ δευρὶ προσάγεται II 173, 20   ἀὴρ σῶμα μηδαμόθι κ. παραπλοκὴν ἔχον 139, 45 pass.

κέντρον   τὸ κ. τῆς γῆς κατ᾽ ἀναλογίαν ἐνοήθη ἀπὸ τῶν μικροτέρων σφαιρῶν II 29, 15   ἐπὶ τὸ κ. καὶ τὸ μέσον τοῦ κόσμου νεύει τὰ σώματα 173, 22

κεράννυμι   cf. κρᾶσις, συγκίρναμαι
ἴδιον τῶν κεκραμένων τὸ δύνασθαι χωρίζεσθαι πάλιν ἀπ᾽ ἀλλήλων II 154, 26   ἔλαττόν ποτε καὶ ἴσον τὸ ἐξ ἀμφοῖν 151, 38   τὰς οὐσίας κ. δι᾽ ὅλων ἀλλήλαις 151, 9. 14 pass.   τὰ στοιχεῖα κ. δι᾽ ὅλων ἀλλήλων 137, 24 κεκρᾶσθαι ὅλην δι᾽ ὅλου τοῦ σώματος τὴν ψυχήν Z. I 40, 1

κέρασμα   σπέρμα τοῦ σπέρματος τοῦ τῶν προγόνων κ. Z. I 36, 4. 13. 16

κερατίδες   κ. λόγοι sophisma II 90, 36. 92, 14

κεραυνός = ἔξαψις σφοδρὰ μετὰ πολλῆς βίας πίπτουσα ἐπὶ γῆς νεφῶν παρατριβομένων ἢ ῥηγνυμένων Z. I 34, 1. II 203, 22 = σφοδροτέρα ἔκλαμψις 203, 28   ὅταν ἡ τοῦ πνεύματος φορὰ σφοδροτέρα γένηται καὶ πυρώδης, κ. ἀποτελεῖσθαι 203, 16

κέρδος   τρέπεται καὶ δουλοῦται ἡμᾶς III 123, 28 sq.

κεφάλαιον   τὰ τῶν ἀρετῶν κ. III 69, 8 sqq.   κεφαλαιοῦσθαι ἑκάστην τῶν ἀρετῶν περί τι ἴδιον κ. 73, 2

κεφαλαιόω III 73, 2

κεφαλαιώδης   τὸ ὄνομα τὸ συνῃρημένον = τὸ κ. δηλοῦν II 75, 16

κεφαλή   τινὲς τῶν Στ. ὅτι τὸ ἡγεμονικὸν ἐν τῇ κ. Diog. III 217, 19 ἡ διάνοια οὐκ ἔστιν ἐν τῇ κ. 216, 9 ὁ λόγος οὐκ ἐκ τῆς κ. ἐκπέμπεται 216, 3   ἡ φωνὴ οὐκ ἐκ τῶν κατὰ τὴν κ. τόπων ἐκπέμπεται 215, 37   ἡ κ. λεγομένη, ὃν τρόπον προβάτου κ. λέγεται II 258, 5

κήλησις   def. III 97, 38. 98, 1. 10 ὑπὸ τὴν ἡδονὴν τάττεται 97, 37

κιθαρίζω   οὐχ εὑρεθῆναι πρεπωδεστέραν ἐλευθέροις ἄνεσιν τοῦ κ. Diog. III 230, 27

κιθαρῳδός III 148, 39

κίνδυνος   τὸν σοφὸν μὴ πολιτεύεσθαι, ἐὰν κ. παρακολουθεῖν ὑπολαμβάνῃ χαλεποὺς ἐκ τῆς πολιτείας III 173, 21

κινέω   πᾶν τὸ κ. κινεῖσθαι II 119, 15   πᾶν τὸ κ. σῶμα, πᾶν τὸ κινούμενον σῶμα 128, 6. 7   τῶν κινουμένων τὰ μὲν ἐν ἑαυτοῖς ἔχει τὴν τῆς κινήσεως αἰτίαν, ἕτερα δὲ ἔξωθεν μόνον κ. 287, 34. 288, 37   τὰ μὲν ἐξ ἑαυτῶν κ., τὰ δὲ ἀφ᾽ ἑαυτῶν 287, 42. 289, 2. 4   κ. ἑαυτὸ πρὸς ἑαυτὸ καὶ ἐξ ἑαυτοῦ 152, 32   ἐξ ἑαυτοῦ : δι᾽ ἑαυτοῦ : ἀφ᾽ ἑαυτοῦ κ. 161, 25   τὸ κινούμενον σῶμα ὑφ᾽ ἕνα χρόνον ἀθρουν μεριστὸν ἀνύειν διάστημα 160, 15

illud, quod movet, prius oportet videri eique credi II 35, 25   τῇ φαντασίᾳ ὑπόκειται λευκὸν κ. ἡμᾶς 21, 27 καθ' ὁρμὴν καὶ φαντασίαν κ. τὰ ζῷα 205, 2   τὸ κ. τὴν ὁρμὴν = φαντασία ὁρμητικὴ τοῦ καθήκοντος III 40, 4   κατὰ μετάθεσιν κ. τὰ ἄψυχα II 205, 2   rationale animal specie alicuius rei inritatum III 40, 18   τὸ κ. τὸν ἄνθρωπον τὰς κατὰ προαίρεσιν κινήσεις = ψυχική τις ἀναθυμίασις Diog. III 216, 19   ὑπὸ τοῦ πνεύματος ἡμᾶς κ. Z. I 38, 5   τὴν ψυχὴν σώματα κ. Z. I 38, 7   ὅταν ὡς ἐπὶ παροῦσι τοῖς ἀγαθοῖς κ. ἡ ψυχή, ἡδονή, ὅταν δὲ ... τοῖς κακοῖς, λύπη III 94, 9   τὸ ὠφελεῖσθαι = κ. κατ' ἀρετήν III 23, 19   ὠφελεῖν = κ. ἢ ἴσχειν κατ' ἀρετήν· βλάπτειν δὲ κατὰ κακίαν 28, 17

κίνημα φαντασίαι λεῖον κ. περὶ ψυχὴν ἐργαζόμεναι II 25, 7

κίνησις περὶ κ. tit. l. Chr. III 200, 43

def. II 160, 23 sq. 34. Apollod. III 260, 2

τὰς πρώτας κ. δύο, τὴν εὐθεῖαν καὶ τὴν καμπύλην II 160, 30. Apollod. III 260, 5   κατὰ πᾶσαν κ. ὑπεῖναι τὴν τοπικήν II 161, 13   περὶ τὸ αὐτὸ γίνεσθαι κ. πολλὰς καὶ ἐν τῷ αὐτῷ τόπῳ Apollod. III 260, 6   πάσης κ. μέρος κ. Apollod. III 260, 14   τὰς κ. σώματα εἶναι II 127, 33   κοινὸν τοῦ ποιεῖν καὶ τοῦ πάσχειν τὰς κ. II 161, 17   τὸ ἀτελὲς ἐπὶ τῆς κ. εἰρῆσθαι, οὐχ ὅτι οὐκ ἔστιν ἐνέργεια 161, 19

ἡ περὶ τῆς τονικῆς κ. δόξα II 147, 32. 148, 9. 37   κ. εἰς τὸ εἴσω ἅμα κινουμένη καὶ εἰς τὸ ἔξω 148, 48 sq.   κ. μανωτικὴ καὶ πυκνωτικὴ 149, 8   ἡ εἰς τὸ ἔξω κ. μεγεθῶν καὶ ποιοτήτων ἀποτελεστική, ἡ δ' εἰς τὸ εἴσω ἑνώσεως καὶ οὐσίας 149, 1 sq.

τοῖς σώμασιν ἡ πρώτη κατὰ φύσιν κ. πρὸς τὸ τοῦ κόσμου μέσον II 173, 31   ὅτε κόσμος ἦν, τότε κ. ἀναγκαῖον εἶναι 179, 14   πρὸς τὴν κ. τοῦ κόσμου ἁρμοδιώτατον τὸ σχῆμα σφαιροειδές Ant. III 250, 24   τὸ ἀΐδιον τῆς κ. κυκεῶνι παρεικάζει Chr. II 269, 2   χρόνος = τῆς τοῦ κόσμου κ. διάστημα in def. χρόνου pass. μηκέτι τὸν κόσμον ἕνα μένειν, εἰ ἀναίτιός τις κ. II 273, 13   εἰ ἀναίτιος

ἔστι κ., οὐ πᾶν ἀξίωμα ἢ ἀληθὲς ἔσται ἢ ψεῦδος 275, 24

ἐξ αὐτῶν : ἀφ' αὐτῶν : δι' αὐτῶν κ. II 289, 1 sq.   a se ipso est motus animae 221, 37   σωματοειδεῖς τὰς κ. τῆς ψυχῆς 221, 28   τὴν κ. τῇ ψυχῇ τὴν κατὰ τόπον δίδωσι Z. I 39, 30   διαδίδοσθαι τὴν ἐκ τοῦ προσπεσόντος ἔξωθεν ἐγγενομένην τῷ μορίῳ κ. εἰς τὴν ἀρχὴν τῆς ψυχῆς, ἵν' αἴσθηται τὸ ζῷον Z. I 41, 10   πᾶν ζῷον ὡς ζῷον κινούμενον κινεῖσθαι τὴν καθ' ὁρμὴν κ II 285, 28

ἡ ἄλογος ψυχῆς κ. in def. πάθους pass. κ. ψυχῆς παρὰ φύσιν in def. πάθους pass. ἡ παρὰ φύσιν κ. in affectibus expl. III 113, 25. 114, 16   τῶν παθῶν τὰ μὲν τὴν ἰδιότητα τῆς κ. ἐμφαίνει 96, 13 e. s.   πᾶσαι αἱ κ. ἐν τοῖς πάθεσιν ἀπειθεῖς τῷ λόγῳ καὶ ἀπεστραμμέναι 126, 27   αἱ ἄλογοι κ. πάθη τε λέγονται καὶ παρὰ φύσιν εἶναι 127, 18   οἱ κατὰ τὸν λόγον κινούμενοι κρατοῦσι τῆς τοιαύτης κ. 127, 8. 14   ἡ τῶν σκελῶν κ. τῶν τρεχόντων πλεονάζει παρὰ τὴν ὁρμήν 114, 8   οἱ τῷ τόνῳ τρέχοντες οὐ κρατοῦσι τῆς τοιαύτης κ. 127, 6   οἱ μὴ κρατοῦντες τῆς κ. καθ' ἑαυτοὺς οὐκ ἂν κινεῖσθαι λέγοιντο 128, 26   ἐπὶ τῶν ἐκφερομένων κ. ἄν τις πλεονάζουσαν κ. εἴποι 130, 9   ἔκφορος κ. 130, 6

κ. κατὰ τοὺς σπερματικοὺς λόγους γινομένη πρῶτον κατὰ φύσιν III 34, 28 e. s.   quidam motus praepositum per se 32, 31   τῶν ἀγαθῶν τὰ μὲν ἐν κ., τὰ δ' ἐν σχέσει 26, 28 e. s.   κοσμιότης = ἐπιστήμη πρεπουσῶν καὶ ἀπρεπῶν κ. 64, 33

κινητικός δύναμις κ. τῆς ὕλης in def. εἱμαρμένης Z. I 44, 36. 45, 1   τὸ μήτε ὁρμῆς μήτε ἀφορμῆς κ. ἀδιάφορον III 28, 22. 29, 2   τῶν ἀδιαφόρων τὰ μὲν ὁρμῆς κ., τὰ δὲ ἀφορμῆς, τὰ δὲ οὔτε ὁρμῆς οὔτε ἀφορμῆς 29, 11 e. s.   αἱρετὸν τὸ ὁρμῆς αὐτοτελοῦς κ. 32, 12   ὅσα ὁρμῆς κ. κατατρεπτικῶς ἐφ' ἑαυτὰ = καθ' αὑτὰ ληπτά 34, 36   τὰς πρακτικὰς ὁρμὰς καὶ τὸ κ. περιέχειν 40, 28   τὸ κ.

συστολῆς ἀλόγου ἢ ἐπάρσεως 92, 23 κρίσις κ. ὁρμῆς βιαίου 93, 25 ἐν πάθεσι τὴν δόξαν αὐτὴν ἔχειν τὸ ἀτάκτως κ. πρόσφατον 95, 38. 40
κ. μᾶλλον εἶναι τῆς λογιστικῆς διανοίας τὸ ᾀδόμενον πόημα Diog. III 227, 30 τὰ μαντευόμενα τῶν οἰκείων ἄνωθεν ἔχειν φύσει τὸ μέλος κ. τι πρὸς τὰς πράξεις 226, 22
κλαίω e. τῶν κ. ill. ἡ ἄνεσις τῆς λύπης III 117, 31
κλαῦσις εἶδος λύπης def. III 100, 41. 101, 13
κλείς III 129, 26
κλέος κ. def. : δόξα III 38, 41 claritas bonorum virorum secunda opinio 24, 33 laus a bonis reddita 24, 34 cl. quae post mortem contingit, bonum esse 24, 32 disp. 38, 1—31
κλέπτω τὸ κ. ἁμάρτημα III 136, 23
κλοπή κ. ἔργον παρὰ φύσιν III 102, 36 τελικὸν μόνον κακόν 25, 32 κ. ἔστιν αἰσθέσθαι 21, 33
Κλωθώ Κ. ὅτι ἡ κατὰ τὴν εἱμαρμένην διανέμησις τοῖς κλωθομένοις παραπλησίως διεξάγεται II 264, 27 Κ. ὡς ἐπικλώθουσα ἑνὶ ἑκάστῳ τὸ εἱμαρμένον 319, 23 Κ. παρὰ τὸ συγκεκλῶσθαι καὶ συνείρεσθαι τὰ πάντα 265, 19
κόθορνος III 141, 2
κοινός οὗ τινα τὰ κ. λέγεται II 91, 28 ἀναιροῦσι τῶν κ. φύσιν 123, 29 communia : paria III 23, 5 sqq. πάντα κ. εἶναι καὶ πάντων τὰ ἔργα III 139, 10 κ. φύσις 4, 9. 80, 36 κ. νόμος 4, 2 κ. ἔννοιαι vid. s. v. ἔννοια
κοινωνία cf. ἄνθρωπος
nos ad coniunctionem congregationemque hominum et ad naturalem communitatem esse natos III 83, 40 pass. societas hominum per se expetenda 12, 39 a φιλοτεκνίᾳ profecta communis humani generis societas 83, 20 hominum societas fundamentum iuris 84, 14. 35 societatis humanae communio est retinenda 109, 25 si voluptatem sequaris, ruit communitas cum hominum genere 8, 1 φιλία κ. βίου 27, 3

μίαν πολιτείαν τὴν θεῶν πρὸς ἀλλήλους καὶ τῶν ἀνθρώπων III 82, 8 homini cum deo rationis societas 83, 5 hominum et deorum communio legis et iuris 83, 8
κοινωνικός ὁ σπουδαῖος κ. III 160, 34 οὐ τὸ κ. περιγέγραπται ὥσπερ ἀπὸ τῶν ἀλόγων ζῴων οὕτω καὶ ἀπὸ τῶν ἀγροικοτέρων ἀνθρώπων 85, 4 τὸ γαμεῖν ἀκολουθεῖ τῇ τοῦ λογικοῦ ζῴου καὶ κ. φύσει 172, 20
Κοῖος K. = ἡ ποιότης Z. I 28, 7 ὠνομάσθη ὁ λόγος, καθ' ὃν ποιά τινα τὰ ὄντα ἐστίν II 318, 28
κολάζω ἃ ψέγομεν κ. II 297, 20 τὸν θεὸν κ. τὴν κακίαν καὶ πολλὰ ποιεῖν ἐπὶ κολάσει τῶν πονηρῶν 338, 2 ὅπως κολαζομένων τῶν πονηρῶν οἱ λοιποὶ παραδείγμασι τούτοις χρώμενοι ἧττον ἐπιχειρῶσι τοιοῦτόν τι ποιεῖν 337, 40
κόλασις = ἐπανόρθωσις II 296, 6. 297, 21 κ. τῶν φαύλων 338, 2. 5. 8 etiamsi quis morte poenas sceleris effugerit, expetuntur eae poenae a liberis, a nepotibus, a posteris 339, 12
κολαστική ἡ κ. def. III 81, 29
κομήτης κ. πυρὰ ὑφεστῶτα πάχους ἀέρος εἰς τὸν αἰθερώδη τόπον ἀνενεχθέντος II 201, 22 ἀέρος ἀνημμένου φαντασία B. III 267, 7 κ. esse ultra XXXII II 201, 20 cometis exterriti homines vim quandam esse caelestem et divinam suspicati sunt Cl. I 119, 20
Κόρη vid. s. v. Δημήτηρ
κοσμέω οἱ ἄνθρωποι καὶ οἱ θεοὶ ὑφ' ἑνὶ θεσμῷ καὶ νόμῳ κεκοσμημένοι III 82, 18
κόσμιος κ. εἶδος τοῦ καλοῦ III 20, 23 quis sit κ. 82, 20 ὁ σοφὸς κ. 161, 22 πάντα κ. ποιεῖ ὁ νοῦν ἔχων 149, 17 ἡ μουσικὴ ἐπιφαίνει τὸ κ. καὶ τὸ θρασύ Diog. III 224, 18
κοσμιότης def. III 64, 32. 66, 43. 161, 23 ὑποτάττεται τῇ σωφροσύνῃ 64, 22. 73, 6
κοσμοποιέω II 112, 30
κοσμοπολίτης ὁ κ. χρῆται πολιτείᾳ, ᾗ καὶ σύμπας ὁ κόσμος III

Index verborum, notionum, rerum ad Stoicam doctrinam pertinentium. 85

82, 30   *νόμιμος ἀνὴρ* κ. 82, 24   κ. *expl.* 82, 27

κόσμος κ. *δεῖ ἐπιστρέφεσθαι ἐπὶ τῶν λόγων* II 96, 15

περὶ κ. tit. l. Sph. I 139, 21. Chr. III 201, 1. Ant. 250, 26. 29. 33

κ. *λέγουσι τριχῶς* II 168, 5

κ. = *σύστημα ἐξ οὐρανοῦ καὶ γῆς καὶ τῶν ἐν τούτοις φύσεων* II 168, 11. 169, 39   = *σύστημα ἐξ οὐρανοῦ καὶ γῆς καὶ τῶν μεταξὺ φύσεων* 192, 35   = *σύστημα ἐξ οὐρανοῦ καὶ ἀέρος καὶ γῆς καὶ θαλάττης καὶ τῶν ἐν αὐτοῖς φύσεων* 169, 22   = *τὸ ἐκ θεῶν καὶ ἀνθρώπων σύστημα καὶ ἐκ τῶν ἕνεκα τούτων γεγονότων* 168, 13. 169, 24   = *τὸ οἰκητήριον θεῶν καὶ ἀνθρώπων* 169, 23. = *διήκουσα ἄχρι τῆς ἐκπυρώσεως οὐσία* 189, 4

ὁ κ. = *τὸ ὅλον* II 167, 8 *pass.* *τὸ πᾶν λέγεται ὅ τε* κ. *καὶ καθ' ἕτερον τρόπον τὸ ἐκ τοῦ* κ. *καὶ τοῦ ἔξωθεν κενοῦ σύστημα* Apollod. III 260, 25

γενητὸς ὁ κ. II 179, 5. 8 *pass.* 181, 9   *πῶς γίνεται ὁ* κ. Z. I 28, 30. II 180, 17   *ἐκ τῆς πρώτης οὐσίας γεγονέναι* II 127, 17   *ἐκ τῆς πρώτης ὕλης τὸν* κ. *πεποιηκέναι τὸν Δία* 115, 37   *ὑπὸ τοῦ αἰθερίου πυρὸς γέγονε ὁ* κ. 116, 36   *διόλου πυρώδης* 186, 12   *ἀεροειδὴς ἡ οὐσία τοῦ* κ. Ant. III 250, 29   *ἐκ τῶν τεττάρων στοιχείων ὁ ὅλος* κ. *συνίσταται καὶ εἰς ταῦτα διαλύεται* II 136, 10 — constat quattuor elementis Cl. I 112, 4   *ἀπὸ γῆς ἄρξασθαι τὴν γένεσιν τοῦ* κ. *καθάπερ ἀπὸ κέντρου* II 180, 25 — verno tempore conditus 180, 31. 181, 1

nec quidquam esse praeter hunc sensibilem mundum Z. I 40, 13   ὁ κ. *πάντα τὰ σώματα ἐμπεριέχει* II 169, 40   *εἰς ὃ* κ. *καὶ πάντα τὰ ὄντα ἐν αὐτῷ περιέχων* 272, 39   *εἷς ἐστιν ὁ* κ. Z. I 27, 5. 7. II 169, 15. 170, 3. 5. 172, 13. 188, 38. III 165, 11. Ant. 250, 23. Apollod. 260, 32   *διὰ τὸ ἡνῶσθαι τὴν οὐσίαν* II 170, 23   *ἡνῶσθαι τὸν* κ. 172, 18   ὁ κ. *οὔτε ἐκ συναπτομένων οὔτε ἐκ διεστώτων, ἀλλὰ σῶμα ἡνωμένον* 302, 24   *ἕν τι συνέχει τὸν σύνολον* κ. *ἅμα τοῖς ἐν αὐτῷ* 147, 35   *ὑφ' ἑνὸς τόνου συνέχεσθαι τὸν* κ. 172, 39   *πνευματικὸς τόνος συνέχει τὸν* κ. 147, 29   *τὸ πνεῦμα δι' ὅλου συμφυές* 172, 40

σφαιροειδὴς ὁ κ. II 173, 2. 200, 13. 299, 17. Ant. III 250, 23   figura mundi per providentiam globi in formam facta II 330, 25

πεπερασμένος ὁ κ. II 169, 15. 170, 28. Ant. III 250, 23. Apollod. 260, 26   *οὐδὲν ἐν* κ. *κενόν* II 140, 3. 162, 37. 169, 16. 172, 18. 29. 36   *οὐκ ἔνδον τι κενὸν εἶναι, ἔξωθεν τοῦ* κ. *ὑπάρχειν αὐτό* 172, 12   *ἐντὸς μὲν τοῦ* κ. *μηδὲν εἶναι κενόν, ἔξω δ' αὐτοῦ ἄπειρον* Z. I 26, 21. 27. 32. II 171 *pass.* 174, 32. 188, 24   *τὸν* κ. *ἐκπεπληρῶσθαι πάντα σώμασι* II 172, 30   *ἄπειρον κενὸν ἐκτὸς περιέχειν τὸν* κ. 174, 32

μένειν τὸν κ. *ἐν ἀπείρῳ κενῷ διὰ τὴν ἐπὶ τὸ μέσον φοράν* II 175, 12   *ἡ ἐπὶ τὸ μέσον φορὰ αἴτιον τῆς τοῦ* κ. *μονῆς ἐν ἀπείρῳ κενῷ καὶ τῆς γῆς ἐν τῷ* κ. Z. I 27, 29   *πάντα τὰ μέρη τοῦ* κ. *ἐπὶ τὸ μέσον τοῦ* κ. *τὴν φορὰν ἔχει* Z. I 27, 25. II 175, 13   *ἐπὶ τὸ κέντρον τοῦ* κ. *τὰ σώματα νεύει πανταχόθεν* II 173, 10. 22   *ἔχει καὶ ἄνω καὶ κάτω καὶ τὰς λοιπὰς σχέσεις* 176, 11

μένειν τὸν κ. dem. II 175, 7   *μένει τῆς ἕξεως τῆς αὐτῆς αὐτὸν συνεχούσης* 174, 35   *ἐπὶ τὴν συμμονὴν τὴν ἑαυτοῦ κινεῖσθαι πέφυκε* 173, 26   *ὑπὸ δίνης οὐκ ἂν κινοῖτο* 304, 3   *μένει ὁ* κ. *τῷ ἴσον ἔχειν τὸ βαρὺ τῷ κούφῳ* 175, 22   *οὐ βάρος ἔχει* Z. I 27, 35   *ἐν μέσῳ ἵδρυται* II 174, 7   *εἰς τὴν ἀφθαρσίαν τῷ* κ. *συνεργεῖ ἡ τῆς χώρας κατάληψις* 174, 10

τὸν μέν τινα κ. *ἀΐδιον, τὸν δέ τινα φθειρόμενον, τὸν κατὰ τὴν διακόσμησιν* II 182, 7   *φθαρτὸς ὁ κατὰ τὴν διακόσμησιν, ἀΐδιος δὲ ὁ παλιγγενεσίαις καὶ περιόδοις ἀθανατιζόμενος* 188, 42   *τὰς ἐκπυρώσεις καὶ παλιγγενεσίας καταλιπὼν τὸν* κ. *ἄφθαρτον ἀπέδειξεν* B. III 265, 22   *οὐκ ἀποθνῄσκει ὁ* κ. II 186, 3   ὁ κ. *ἀΐδιος, κατὰ δὲ τὴν διακόσμησιν γενη-*

τὸς καὶ μεταβλητός 169, 19 γενητὸς καὶ φθαρτός 179, 9. 181, 9 φθαρτὸς ἅτε γεννητός dem. 181, 46 φθαρτὸς κατ' ἐκπύρωσιν 181, 5 τοῦ κ. πάντα τὰ μέρη φθαρτά, φθαρτὸς ἄρα ὁ κ. Z. I 30, 31. 32, 2 ex hoc mundo quamvis aliqua intereant, tamen ipsum perpetuo manere Z. I 32, 15 τῇ ἐκπυρώσει τὴν τοῦ κ. ψυχὴν διεφθάρθαι, τὸν δὲ κ. μένειν II 131, 24 κατά τινας εἱμαρμένους χρόνους ἐκπυροῦσθαι τὸν σύμπαντα κ., εἶτ' αὖθις πάλιν διακοσμεῖσθαι Z. I 27, 16 κατὰ περιόδους ἀπαράλλακτοι οἱ κ. II 191, 10. 14 mundum, cum venerit tempus, arsurum Z. I 32, 12. II 30, 21 μεταβάλλει ἐκπυρωθεὶς εἰς φλόγα Cl. I 114, 35 εἰς φλόγα ἢ εἰς αὐγήν II 186, 33 ἐξαυχμοῦται καὶ ἐξυδατοῦται 182, 4 umore consumpto mundus ignescit 183, 17 ἐκ βραχυτέρου ὄγκου χύσιν ἔχων πολλήν 187, 43 κενὸν ἄπειρον, ἵνα ὁ κ. μὴ ἀπορῇ τοῦ δεξομένου χωρίου τὴν ἀνάχυσιν 188, 24 εἰς κενὸν κατὰ τὴν ἐκπύρωσιν ἀναλύεται ὁ κ. 186, 27 μήτε αὔξεται μήτε μειοῦται 184, 23 ὁτὲ μὲν παρεκτείνεται πρὸς πλέονα τόπον, ὁτὲ δὲ συστέλλεται 184, 24

κατὰ τὴν φύσιν ὁ σύμπας κ. διοικεῖται III 82, 25 φύσιν ἔχει τὴν διοικοῦσαν II 170, 30 φύσει διοικεῖται σύμπνους καὶ συμπαθὴς ὤν 264, 7 ὑπὸ φύσεως συνέχεται καὶ διοικεῖται 172, 38 αὐτάρκης ὁ κ. καὶ τρέφεται ἐξ αὐτοῦ καὶ αὔξεται 186, 5 εἰ ἀρίστη φύσις ἡ τὸν κ. διοικοῦσα, νοερὰ ἔσται καὶ ἀθάνατος 303, 7 ὁ κ. ὑπὸ φύσεως διοικούμενος ζωτικῆς καὶ λογικῆς καὶ νοερᾶς 272, 39 ὁ κ. φύσις λογική, οὐ μόνον ἔμψυχος, ἀλλὰ καὶ φρόνιμος 188, 10

ὁ κ. ζῷον II 169, 15 οὐ ζῷον B. III 265, 18 ζῷον λογικὸν καὶ ἔμψυχον καὶ νοερόν II 191, 34. 192, 7 pass. Apollod. III 260 28 λογικόν Z. I 32, 34. 33, 14 τὸ ὅλον φρόνιμον καὶ σοφόν II 186, 19 ὁ κ. νοερὸς καὶ ἔμψυχος Z. I 32, 37. 33, 2. 8. 17. 21 προΐεται σπέρμα λογικοῦ Z. I 33, 13 natura mundi omnis motus habet voluntarios conatusque et adpetitiones sic adhibet ut nos Z. 44, 17 διασπᾶσθαι τὸν κ., εἰ ἀναίτιος εἰσάγοιτο κίνησις II 273, 10 εἰς σῶμα καὶ ψυχὴν μετέβαλε 186, 14 mundus sapiens, habet mentem 30, 17 beatum animal Z. I 25, 22 ἡ τῆς τάξεως παράβασις λύει τὴν εὐδαιμονίαν τοῦ κ. II 274, 30 ὁ κ. ψυχὴ ἐστιν ἑαυτοῦ καὶ ἡγεμονικόν 186, 12 ἔχει ἡγεμονικὸν τὸν αἰθέρα 192, 8. 194, 6. 15 τὸ πῦρ ἐν τῷ μέσῳ τοῦ κ. ἐστιν, ἀλλ' οὐχ ἡ γῆ Arch. III 264, 4 ἡγεμονικὸν τοῦ κ. ὁ ἥλιος Cl. I 112, 1. 5. 7. 9 τὸ ἡγεμονικὸν ἐν γῇ ὑπάρχει Arch. III 264, 2

ἡ τοῦ κ. ψυχή = ὁ θεός Cl. I 120, 38. Diog. III 216, 33 ὁ κ. ἔμψυχος καὶ θεός II 315, 6 ὅλον τὸν κ. προσαγορεύουσι θεόν 169, 14 ὁ κ. = θεός Z. I 25, 22. Cl. 120, 21. II 306, 23 νοερὸς καὶ θεός II 303, 34. 306, 13 sapiens et deus 194, 2 ὁ θεὸς καθ' ὃν ἡ διακόσμησις γίνεται 168, 14 τῷ Διὶ ὁ αὐτὸς ὑπάρχει ἢ περιέχει τὸν Δία Diog. III 217, 10 οὐσία θεοῦ ὁ ὅλος κ. Z. I 43, 7 οὐκ ἔστι μὲν κ., οὐκ εἰσὶν δὲ θεοί II 297, 10

καλὸς ὁ κ. II 299, 15 τὸ χρῶμα τοῦ κ. καλόν· κυανώδει γὰρ κέχρωσται 299, 20 nihil maius nec melius mundo 327, 15 οὐδὲν κ. κρεῖττον Z. I 32, 33. 36. 33, 2 est mundo nihil perfectius, nihil virtute melius: igitur mundi propria virtus II 193, 38 τέλεον ὁ κ. σῶμα, οὐ τελέα δὲ τοῦ κ. μέρη 173, 24 μηδὲν ἐγκλητὸν μηδὲ μεμπτὸν κ. 338, 25 mundi natura non artificiosa solum, sed plane artifex Z. I 44, 14

Ζεὺς ὁ κ. καὶ εἱμαρμένη καὶ πρόνοια II 169, 32 ὁ κ. ἔχει τὴν τῶν ὄντων διοίκησιν ἀΐδιον κατὰ εἱρμόν τινα καὶ τάξιν προϊοῦσαν 272, 40 mens mundi providentia Z. I 44, 20 κ. προνοίᾳ διοικεῖται III 165, 11 nec fieri mundum sine divina ratione potuisse nec constare II 322, 22 regi numine deorum III 81, 38 deorum consilio et providentia administrari II 327, 15 nullatenus impedit esse providentiam, etsi una cum materia mundus ingenitus supponatur Cl. I 114, 22 *πρόνοια* providet, ut mundus quam aptissimus sit ad permanendum, ut nulla re egeat, ut in eo pulchritudo sit atque omnis ornatus Z. I 44, 22 *λόγος ἡγούμενος τῶν ἐν τῷ κ.* Cl. I 120, 32 mundus prudentia ac lege firmatus Z. I 43, 4. II 322, 24 *οἰκεῖται κατὰ νοῦν καὶ πρόνοιαν* II 192, 1

mundus propter nos factus II 331, 43 praeter mundum cetera omnia aliorum causa esse generata 333, 1 deorum et hominum causa factus m. 328, 6 m. deorum domus II 301, 30 *ὁ κ. πόλις* 169, 26. 194, 16. 327, 31 *ἡ μεγαλόπολις ὅδε ὁ κ. καὶ μιᾷ χρῆται πολιτείᾳ καὶ νόμῳ ἑνί* III 79, 39 *ὁ θεὸς ἐν τῷ κενῷ τὴν μεγάλην πόλιν ἔκτισε, τὸν κ.* II 330, 15 sapiente res publica digna mundus III 175, 1 *ὁ κ. συμπολιτευόμενος θεοῖς καὶ ἀνθρώποις* II 192, 23 quasi communis urbs et civitas hominum et deorum III 81, 38. 83, 12 domus aut urbs II 328, 9 mundum domicilium et patriam di nobis communem secum dederunt III 82, 39 di m. ut communem rem publicam atque urbem regentes II 327, 9 pass. *πάντα διοικεῖσθαι τὰ κατὰ τὸν κ. ὑπέρευ, καθάπερ ἐν εὐνομωτάτῃ τινὶ πολιτείᾳ* Z. I 27, 22

ὅλος ὁ κ. δεῖται καθαρσίου, ὅταν πολλὴ ἡ κακία γένηται ἐν αὐτῷ II 337, 33

τὸν κ. μυστήριον εἶναι Cl. I 123, 10 **κότος** def. III 96, 17. 42. 102, 2 *εἶδος ὀργῆς* 96, 4

κοῦφος *κ. = ὃ νεύει ἀπὸ τοῦ ἰδίου μέσου* II 178, 24 *ἔστιν ἴδιος τοῦ κ. καὶ τοῦ βαρέος τόπος* 162, 15

κρᾶσις *ὁ περὶ κ. λόγος ἤρτηται τοῦ σῶμα διὰ σώματος χωρεῖν* II 156, 11 *κ. = σωμάτων ὑγρῶν δι' ὅλων ἀντιπαρέκτασις τῶν περὶ αὐτὰ ποιοτήτων ὑπομενουσῶν* II 153, 12. 28. 31. 154, 19 *κ. γίνεσθαι τῇ εἰς ἄλληλα τῶν στοιχείων μεταβολῇ, σώματος ὅλου δι' ὅλου τινὸς ἑτέρου διερχομένου* Z. I 28, 20 *τὰς κ. διόλου γίνεσθαι* II 157, 36 *τὴν ὅλοις ὅλων ἁφὴν κ. ποιεῖν* 159, 20 *ἐν τῇ κ. φυλάττει τῶν κιρναμένων ἕκαστον τὴν οἰκείαν ἐπιφάνειαν* 158, 4 *οὐ κατὰ μεγάλα μέρη παραλλὰξ ἡ κ., οὕτω γὰρ παράθεσιν ἔσεσθαι* 221, 14 *ἡ τῶν σωμάτων κ. οὐδὲν ἐνεργείᾳ ἐᾷ εἶναι τῶν κραθέντων* 221, 8

ἄλλοι ἄλλως τὰς κ. γίνεσθαι λέγουσι II 152, 23 *περὶ κ. πολλὰ τῶν εἰρημένων ὑπ' Ἀριστοτέλους λέγει* Sosig. III 258, 9 *μάλιστα εὐδοκιμεῖ παρ' αὐτοῖς ἡ Χρ. περὶ κ. δόξα* II 152, 24

κράσπεδον III 36, 39. 37, 2

κρατέω *κ. τῆς κινήσεως* III 127, 5. 7 *οἱ μὴ κ. τῆς κινήσεως* 128, 25 *ὁ ὑπὸ τοῦ πάθους κ.* 125, 5 *οὐ κ. ἑαυτῶν* 127, 4. 129, 8

κράτος *ἂν ὁ τόνος ἐν τῇ ψυχῇ ἱκανὸς γένηται πρὸς τὸ ἐπιτελεῖν τὰ ἐπιβάλλοντα, ἰσχὺς καλεῖται καὶ κ.* Cl. I 128, 35 *τὸ κ. ὅταν ἐν τοῖς ἐμμενετέοις ἐγγένηται, ἐγκράτεια* etc. Cl. 128, 36

κρέας cf. *σάρξ* III 187, 4

Κρεῖος *= τὸ βασιλικὸν καὶ ἡγεμονικόν* Z. I 28, 8

κρήνη III 187, 21

κρῖμα *ἐμμένειν τοῖς κ.* III 58, 2 *τὰ τῆς φρονήσεως κ.* 67, 36

κρίνω *ἡ τῆς ψυχῆς ἰσχὺς = τόνος ἱκανὸς ἐν τῷ κ. καὶ πράττειν ἢ μή* Cl. I 129, 5

κρίσις II 33, 23 sq. *ἀγαθῶν μέγιστον τὸ ἀμετάπτωτον ἐν ταῖς κ. καὶ βέβαιον* III 145, 1 *ὧν κατορθοῦσιν ἡ ὀρθὴ κ. ἐξηγεῖται μετὰ τῆς κατὰ τὴν ψυχὴν εὐτονίας* 123, 6 *ἡ σπουδαία πρᾶξις = ψυχῆς ἐνέργεια λογικῆς κατὰ κ. ἀστείαν* 72, 16 *οὐ πλῆθος ἔχει συνετὴν κ. οὔτε δικαίαν οὔτε καλήν* Cl. I 128, 1 *ἡ δόσις κ.* III 30, 14 *κ. in def. πάθους* pass. perturbationes iudicio fieri 93, 1 *τὰ πάθη κ.* 110, 38 *τὰ πάθη λόγου κ. ἡμαρτημένα* 93, 18 *τὰ πάθη δόξαι καὶ κ. πονηραί* 111, 33 *οὐ πᾶσα κ. πάθος, ἀλλὰ ἡ κινητικὴ ὁρμῆς βιαίου καὶ πλεοναζούσης* 93, 25 *οὐ τὰς κ. αὐτὰς τῆς ψυχῆς, ἀλλὰ τὰς ἐπὶ ταύταις ἀλόγους συστολὰς καὶ ἐπάρσεις = τὰ πάθη* Z. I 51, 23 *τὰς ἐπιτάσεις τῶν παθῶν οὐ γίνεσθαι κατὰ τὴν κ., ἐν ᾗ τὸ ἁμαρτητικόν* III 119,

30 Ἀχιλλέα ἐξίστασθαι οὐκ ὀλιγάκις ἐκ τῶν κ. 129, 8

κριτήριον τὸ κ. κατὰ γένος φαντασία ἐστίν II 21, 7 κ. τῶν πραγμάτων ἡ καταληπτικὴ φαντασία 21, 15 κ. τῆς ἀληθείας ἡ καταληπτικὴ φαντασία II 22, 29. 33, 3. Ant. III 246, 31. Apollod. 259, 12 κ. τῆς ἀληθείας ἡ κατάληψις II 30, 2 κ. αἴσθησις καὶ πρόληψις 33, 7 νοῦς καὶ αἴσθησις καὶ ὄρεξις καὶ ἐπιστήμη B. III 265, 3 τὰς κοινὰς ἐννοίας κ. τῆς ἀληθείας παρὰ τῆς φύσεως ἡμᾶς λαβεῖν II 154, 29 τὸ μὲν ὡς ὑφ' οὗ, τὸ δὲ ὡς δι' οὗ, τὸ δὲ ὡς προσβολὴ καὶ σχέσις 33, 20 μὴ ἄτοπον τὸ ἑαυτό τι κ. ἀπολείπειν 36, 6

κριτικός πρὸς τοὺς κ. l. Chr. II 9, 19 μόνον τὸν σοφὸν κ. III 164, 19 τῇ κ. παραπλησίαν τινὰ θεωρίαν ἔχειν τοὺς φιλομουσοῦντας Diog. III 233, 31

κροκοδειλίτης (sophisma) = ἄπορος ἐν κατηγορίᾳ II 93, 33

Κρόνος ὑψηλοτάτη ἡ τοῦ Κ. σφαῖρα II 169, 3 ὄμβρων καταφερομένων πολλῶν τὴν τούτων ἔκκρισιν Κ. ὠνομάσθαι II 319, 4. 8 Κ. ὁ τοῦ ῥεύματος ῥόος 315, 15 Κ. = χρόνος 318, 32. 319, 17 ex se natos comesse fingitur 318, 34. 319, 18

κρύσταλλος = τὸ ἐπὶ τῆς γῆς πεπηγὸς ὕδωρ II 203, 4

κτῆσις κ. σύμμετρος τῶν ἐκτὸς προηγμένων III 33, 3 τὴν κ. διαρριπτεῖν καθῆκον κατὰ περίστασιν 135, 10

οἰκέτης δοῦλος ἐν κ. κατατεταγμένος III 86, 25

ἐν τοῖς περὶ ἀγαθῶν καὶ κακῶν κ. καὶ φυγῆς αἱ μοχθηραὶ δόξαι συνίστανται III 41, 22

κύαθος κ. οἴνου εἰς πέλαγος ἐκχυθείς II 157, 1

κυβερνάω τὸ λογικὸν ζῶον ὑπὸ τοῦ λόγου κ. III 95, 12

κυβερνήτης gubernator aeque peccat, si palearum navem evertit, et si auri III 142, 25

κυβιστάω III 173, 8

Κυθέρεια nomen expl. II 320, 14

κύκλος κ. ἐν τῷ οὐρανῷ πέντε enum. II 196, 18

Κύκλωψ Κ. = αἱ ἐγκύκλιοι φοραί Z. I 34, 5

κυνίζω κ. ὁ σοφός III 162, 27. Apollod. 261, 20

κυνισμός ὁ κ. σύντομος ἐπ' ἀρετὴν ὁδός Apollod. III 261, 21 Cynicorum rationem atque vitam cadere in sapientem III 163, 18 τὸν σοφὸν ἐπιμένειν τῷ κ., οὐ μὴν σοφὸν ὄντα ἐνάρξεσθαι τοῦ κ. 162, 27

Κύπρις Κ. ὀνομασθῆναι παρὰ τὸ κύειν παρέχειν II 320, 13

κυριεύω ἡ ἀπόφασις κ. τοῦ ὅλου ἀξιώματος II 70, 17 τὸ κ. τῆς ψυχῆς μέρος = τὸ ἡγεμονικόν 244, 10. 14. 245, 36

ὁ κυριεύων λόγος Cl. I 109, 26 sq. II 92, 33 περὶ τοῦ κ. tit. l. Cl. I 109, 36. Ant. III 248, 31. Arch. 263, 14

κυρίττων sophisma II 94, 5

κύων ἐγγὺς εἶναι τοῦ λογικοῦ τὸ ἐν τοῖς ἰχνευταῖς κ. ἔργον II 288, 16 ὁ κ., ὅτε ἐκ τοῦ ἴχνους στιβεύει τὸ θηρίον, σημειοῦται 207, 17 ὁ κ., ἐὰν μὲν βούληται ἕπεσθαι, καὶ ἕλκεται καὶ ἕπεται, ἐὰν δὲ μὴ βούληται, πάντως ἀναγκασθήσεται 284, 4

κῶλον def. Arch. III 262, 29

κωλύω κωλύεται ὁ μὴ τυγχάνων ὧν ὀρέγεται III 88, 42 ὁ σοφὸς οὔτε κωλύεται οὔτε κ. 150, 11 τὸν σπουδαῖον οὐκ ἔστι κ. 88, 40

ἐπιστήμη τῶν ἐφειμένων καὶ κ. 87, 6

κῶνος εἰ κ. τέμνοιτο παρὰ τὴν βάσιν ἐπιπέδῳ II 159, 35 κ. ἐξ ἴσων συγκείμενος κύκλων 160, 4

Λ

λαγνεία def. III 97, 21

Λάϊος cf. Οἰδίπους

Λαΐς ἐγκρατεύεται ὁ Λ. ἀπεχόμενος III 67, 23

λαμβάνω τέλος τὸ ἐκλέγεσθαι καὶ λ. τὰ πρῶτα κατὰ φύσιν φρονίμως III 46, 35 in mediis rebus est aliud sumendum, aliud reiciendum 136, 2 λ. καὶ διωθεῖσθαι 136, 12 sumpturum sapientem eam vitam potius, quo ampulla et strigilis adiecta sint 15, 39 κατ' ἄδηλόν τινα λόγον λ. 42, 2

λαμπαδία *def.* II 201, 23

λανθάνω *cf. διαλανθάνω*
οὐ λ. τὸν σοφόν τι III 147, 8 οὐ λ. ἑαυτόν 150, 15

Λάχεσις ἀπὸ τοῦ λαγχάνειν II 319, 24 παρὰ τὸ λαγχάνειν ἑκάστῳ τὸ πεπρωμένον 265, 17 Λ. ὅτι ὂν κλῆρον λελόγχασιν ἕκαστοι ἀπονέμεται 264, 25

λέγω *cf. λεκτόν, ῥηθέν*
λ. in tit. Chr. II 6, 17. 18. 19 πῶς ἕκαστα λέγομεν καὶ διανοούμεθα tit. l. Chr. II 9, 24 περὶ λέξεως καὶ τῶν λεγομένων tit. l. Ant. III 247, 26
λ.: διαλέγεσθαι II 95, 31 λ.: προφέρεσθαι *expl.* Diog. III 213, 22 notio loquendi *expl.* II 44, 10 τὸ εὖ λ. in *def. ῥητορικῆς pass.* εὖ λ. *expl.* II 38, 12 τὸ λ. ἐν μήκει καὶ διεξόδῳ θεωρούμενον ῥητορικῆς ἴδιον II 95, 33 bene dicere non potest nisi bonus Cl. I 110, 17. II 95, 21
λ. = τὴν τοῦ νοουμένου πράγματος σημαντικὴν προφέρεσθαι φωνήν II 48, 28 ἀπὸ τῆς διανοίας δεῖ λ. καὶ ἐν ἑαυτῷ λ. II 250, 28. 32 τὸ λ. οὔτε κατόρθωμα οὔτε ἁμάρτημα III 136, 25 λ.: ἀπαγορεύειν: προστάσσειν II 49, 2 λ. μὲν τὰ πράγματα καὶ σημαίνουσι, οὔτε δὲ ὀμνύουσιν οὔτε προστάττουσι II 106, 2 τὸ διαφέρον καὶ τὸ ἀδιάφορον τῶν πρός τι λεγομένων εἶναι III 34, 22

λεκτόν = σημαινόμενον II 48, 23 = τὸ κατὰ φαντασίαν λογικὴν ὑφιστάμενον 58, 28. 61, 23 τὸ λ. μέσον τοῦ νοήματος καὶ τοῦ πράγματος 48, 34 ἀσώματον 42, 22. 48, 41. 117, 22 ὄντα δ' οὐ λέγουσιν εἶναι τὰ λ. 117, 42 ἀνῄρηκε τὴν ὕπαρξιν τῶν λ. Bas. III 268, 6 τὰ λ. κατὰ μετάβασιν νοεῖται II 29, 18 τὸ ἡγεμονικὸν ἐπ' αὐτοῖς φαντασιούμενον, οὐχ ὑπ' αὐτῶν 29, 2 λ. τὰ κατηγορήματα Cl. I 109, 24 Arch. III 263, 2 λ. τὰ διδασκόμενα II 48, 41 τὰ μὲν ἐλλιπῆ, τὰ δὲ αὐτοτελῆ 48, 25. 58, 29. 61, 25 λ. 105, 12. 107, 37

λέξις περὶ λ. tit. l. Z. I 15, 1. Chr. II 6, 9 λ. tit. l. Chr. II 6, 15 περὶ τῆς κατὰ τὰς λ. ἀνωμαλίας Chr. 6, 10 περὶ λ. καὶ τῶν λεγομένων Ant. III 247, 25
λ. *def.* Diog. III 213, 5 φωνή : λ. Diog. 213, 18 λ. : λόγος Diog. 213, 20 δεῖ τὸν φιλόσοφον εἰς νοῦν ἀποβάπτοντα προφέρεσθαι τὴν λ Z. I 23, 12

λεπτομερής πῦρ καὶ ἀὴρ λ. II 155, 32

λεπτύνω II 155, 8

λευκότης λ. οὔτε προηγμένον οὔτ' ἀποπροηγμένον περὶ σῶμα III 33, 9

λῆγον τὸ λ. ἐν συνημμένῳ II 70, 23. 25. 71, 4 *expl.* 77, 13. 80, 4. 6. 9

λήθαργος τὸν τὴν ἀρετὴν ἔχοντα ἐν λ. γενέσθαι III 57, 13 ἐν λ. ἀποβολὴν γίνεσθαι τῆς ἀρετῆς 57, 7

λήκυθος III 37, 2

λῆμα ἀρετὴ *def.* III 66, 19

λῆμμα in tit. Chr. II 8, 6. 32 λ. = προτάσεις II 77, 18. 79, 16. 20. 84, 22 *pass. e. ill.* Crin. III 269, 15 τὸ ἕτερον λ. II 81, 8 τὸ λοιπὸν λ. 81, 10 σύστημα ἐκ λ. 77, 4 ἡ διὰ τῶν λ. συμπλοκή 74, 12

ληπτός λ. = ὃ εὐλογίστως ἐκλεγόμεθα III 32, 12 αἱρετόν : λ. 32, 11 τὸ καθ' αὑτ' αἱρετόν : καθ' αὑτὸ λ. 32, 14 alia sumere, alia expetere 32, 20 τὰ αὐτὰ πράγματα λ. καὶ οὐχ αἱρετά 30, 2 πάντα τὰ κατὰ φύσιν λ. Z. I 47, 34. III 34, 34 τῶν κατὰ φύσιν τὰ μὲν καθ' αὑτὰ λ., τὰ δὲ δι' ἕτερα III 34, 35 quae sunt sumenda, ex iis alia pluris aestimanda, alia minoris Z. I 48, 18

ληρέω III 179, 16. 20

λήρησις III 163, 11

λῆσις *def.* III 147, 8

λῆψις ἡ εὐλόγιστος ἐκλογὴ καὶ λ. τῶν πρώτων κατὰ φύσιν III 46, 30

λίθος εἶδος τῆς γῆς II 144, 10 τῷ λ. τὸ κατωφερὲς καθ' εἱμαρμένην δεδόσθαι 290, 27 ἕξεως οἱ λ. μετέχουσι 205, 6. 21 καὶ διὰ τῶν λ. πεφοίτηκέ τι πνεῦμα, ὥστε ἡμᾶς αὐτοῖς συνενοῦσθαι III 90, 16 οὐδὲν ἡμῖν δίκαιον πρὸς τοὺς λ. 90, 17 πρὸς τοὺς λ. ἐὰν προσπταίωμεν, τιμωρητικῶς προσφερόμεθα 129, 28

λιμός III 177, 17

λιτότης ἀρετὴ def. III 66, 42

λογική divisio atque argumentum disciplinae II 43, 4   utrum instrumentum sit an pars philosophiae 19, 1 sq.   ὕλη μὲν αὐτῆς οἱ λόγοι, τέλος δὲ ἡ γνῶσις τῶν ἀποδεικτικῶν μεθόδων 19, 30   ἀξιώματα καὶ προτάσεις τὰ ὑποκείμενα ταύτῃ 20, 6   propositum eius ad conclusiones pertinet 20, 7   ἐπιστήμη = σύστημα ἐξ ἐπιστημῶν τοιούτων, οἷον ἡ τῶν κατὰ μέρος λ. ἐν τῷ σπουδαίῳ ὑπάρχουσα III 26, 42

λογικόν (μέρος τῆς φιλοσοφίας) τοῦ κατὰ φιλοσοφίαν λόγου μέρος τὸ λ. Z. I 15, 28. Diog. III 212, 20 τῶν τριῶν γενῶν τῆς φιλοσοφίας δεῖν τάσσεσθαι πρῶτα τὰ λ. II 16, 37. 17, 3   πρῶτον τὸ λ., δεύτερον τὸ φυσικόν, τρίτον τὸ ἠθικόν Z. I 16, 1. Arch. III 262, 18. Eudr. 268, 16   τὸ λ. μέρος εἰς δύο διαιρεῖσθαι ἐπιστήμας, εἰς ῥητορικὴν καὶ εἰς διαλεκτικήν II 18, 22   τὸ περὶ τὸν λόγον, ὃ καὶ διαλεκτικὸν καλοῦσι II 15, 10   τὰ λ. τῶν ἄλλων ἐστὶ διακριτικὰ καὶ ἐπισκεπτικὰ καὶ μετρητικὰ καὶ στατικά Z. I 16, 9. Cl. 108, 17. II 20, 14   θεωρήματα τοῦ φιλοσόφου γνῶναι τὰ τοῦ λόγου στοιχεῖα, ποῖόν τι ἕκαστον αὐτῶν ἐστιν καὶ πῶς ἁρμόττεται πρὸς ἄλληλα etc. Z. I 16, 19   λ. cum saeptis horti comp. II 15, 25. 16, 7   τὸν λ. τόπον ἀνῄρει A. I 79, 11. 80, 15. 21. 29

λογικός θέσεις λ. tit. l. Chr. II 4, 38   λ. συνημμένα 7, 7
βίων τριῶν ὄντων, θεωρητικοῦ καὶ πρακτικοῦ καὶ λ., τὸν λ. αἱρετέον III 173, 5
κατὰ τὸν λόγον προσαγορευόμεθα λ. Z. I 41, 2. II 28, 22   τοῖς λ. τὸ κατὰ λόγον ζῆν ὀρθῶς γίνεσθαι κατὰ φύσιν III 43, 18   οὔπω τοὺς παῖδας ἡ φύσις λ. πεπαίδευκε 138, 19   οἱ παῖδες πολλὰ πράττουσιν ὧν οἱ λ. 138, 20   ἐν τοῖς λ. μόνοις ὁ νοῦς φαίνεται A. I 87, 1   ἡ λ. δύναμις ἰδία τῆς ἀνθρωπείας ψυχῆς II 205, 7   κινεῖσθαι τὴν λ. δύναμιν τῆς ψυχῆς ὑπὸ τῶν νοητῶν II 230, 25   οὐκ εἶναι τὸ παθητικὸν καὶ ἄλογον διαφορᾷ τινι καὶ φύσει ψυχῆς τοῦ λ. διακεκριμένον Z. I 50, 5. III 111, 18   τὸ λ. μόνον εἶναι τῆς ψυχῆς III 63, 7. 16   τὸ ἀγαθόν = τὸ τέλειον κατὰ φύσιν λ. ὡς λ. III 19, 27
ἡ ἐν τοῖς λ. γιγνομένη ὁρμή III 40, 7   λ. ὁρμή vid. s. v. ὁρμή; λ. ζῷον s. v. ζῷον etc.

λογισμός τὸ ἡγεμονικόν = λ. II 227, 25   Δ. Θυμῷ διαλεγόμενον inducit Cl. I 129, 35   τὰ πάθη ἐκκρούει τοὺς λ. III 95, 3   ἤδη πρὸ τοῦ λ. ἔχειν ἅπτεσθαι τὴν μουσικὴν δύναμιν παιδικῆς ψυχῆς Diog. III 222, 16

λογιστικός τὸ λ. μέρος ψυχῆς II 226, 24   λ. μόριον τῆς ψυχῆς = ἡγεμονικόν 228, 13   τὸ λ. καὶ τὸ θυμοειδὲς περὶ τὴν καρδίαν 251, 8. 34   κατὰ τὸ λ. μόνον τῆς ψυχῆς εἶναι τὴν ἀρετήν III 63, 16   τὴν δόξαν καὶ τὴν προσδοκίαν ἐν τῷ λ. μόνῳ συνίστασθαι III 115, 34

λόγος περὶ λ. tit. l. Z. I 15, 29. 16, 3. Cl. 107, 28. Sph. 140, 11. in tit. Chr. II 6, 33—8, 23 pass.   περὶ λ., περὶ τῆς χρήσεως τοῦ λ. tit. l. Chr. II 9, 29. 30

λόγος (loqui, lingua, oratio)
λ. = φωνὴ σημαντικὴ ἀπὸ διανοίας ἐκπεμπομένη Diog. III 213, 8 = φωνὴ σημαίνουσα ἀπὸ διανοίας ἐκπεμπομένη 216, 5 = ἡ σημαίνουσα ἔναρθρος φωνή 215, 36   ὁ προφορικὸς λ.: ὁ ἐνδιάθετος II 43, 15   λ.: λέξις Diog. III 213, 20   τοῦ λ. μέρη πέντε enum. Diog. 213, 24   ἀρεταὶ λ. πέντε enum. 214, 11   ὅθεν λ., καὶ φωνὴ ἐκεῖθεν χωρεῖ Z. I 40, 29. Diog. III 215, 32   ὁ λ. οὐκ ἐκ τῆς κεφαλῆς ἐκπέμπεται, ἀλλὰ κάτωθεν μᾶλλον Diog. 216, 2   ἐκ τῆς καρδίας διὰ φάρυγγος καὶ ἡ φωνὴ καὶ ὁ λ. ἐκπέμπεται II 244, 19   ἐξ οὗ ὁ λ., ἐκεῖνο τὸ κυριεῦον τῆς ψυχῆς μέρος II 244, 10   λ. ἀπὸ διανοίας χωρεῖ Z. I 40, 30. Diog. III 215, 32. 216, 4   περὶ σολοικιζόντων

λ. tit. l. Chr. II 6, 13   λ. παρὰ τὰς συνηθείας 6, 14

λόγος (notio)
κατὰ τὸν ἴδιον λ. II 114, 37. 39. 115, 2

λόγος (conclusio)
λ. = σύστημα ἐκ λημμάτων καὶ ἐπιφορᾶς II 77, 4 = τὸ συνεστηκὸς ἐκ λήμματος καὶ προσλήψεως καὶ ἐπιφορᾶς Crin. III 269, 12 μὴ μονολημμάτους εἶναι λ. II 84, 10 λ. καὶ τὰ ἀντικείμενα τῶν συμπερασμάτων ἔχειν ἀληθῆ 84, 22 τῶν λ. οἱ μὲν ἀληθεῖς, οἱ δὲ ψευδεῖς 77, 23 οἱ μὲν ἀπέραντοι, οἱ δὲ περαντικοί 77, 20 δυνατοὶ καὶ ἀδύνατοι 78, 2 ἀναγκαῖοι καὶ οὐκ ἀναγκαῖοι 78, 3 παρέλκων λ. in tit. Chr. II 7, 13 τάττεσθαι τὸν αὐτὸν λ. ἐν πλείοσι τρόποις tit. l. Chr. 7, 2

λόγος (ratio)
ἡ περὶ λ. πραγματεία = φιλοσοφία II 41, 28 λ. in def. φιλοσοφίας pass. ὁ τῆς φιλοσοφίας λ. s. v. φιλοσοφία vid.; κατὰ τὰ θεωρήματα ὁ λ. III 51, 21 θεωρήματα τοῦ φιλοσόφου γνῶναι τὰ τοῦ λ. στοιχεῖα Z. I 16, 20 ἐντὸς ὄντες τῶν τοῦ λ. μορίων καὶ τῆς συντάξεως αὐτῶν χρησόμεθα ἐμπείρως αὐτῷ II 41, 29 τῇ τοῦ λ. δυνάμει πρὸς τὴν τῶν ἀληθῶν εὕρεσιν δεῖ χρῆσθαι II 39, 16 τῷ ἐνδιαθέτῳ λ. τὰ ἀκόλουθα καὶ τὰ μαχόμενα γινώσκομεν 43, 15

οὐ μετέχει τὰ ζῷα τοῦ λ. Cl. I 116, 6 in homine solo ratio II 302, 4 solus homo ex mortalibus r. utitur II 236, 11 homini tributa animi excellentia III 7, 24 ὁ λ. τοῖς λογικοῖς κατὰ τελειοτέραν προστασίαν δέδοται III 43, 18 r. una praestamus beluis III 84, 22 in homine proprium r.; hac antecedit animalia, deos sequitur III 48, 20 r. perfecta proprium bonum hominis 48, 21 ὁ ἄνθρωπος οὐχὶ τῷ προφορικῷ λ. διαφέρει τῶν ἀλόγων ζῴων, ἀλλὰ τῷ ἐνδιαθέτῳ II 43, 18. 74, 4 λ. ὁ κατὰ φύσιν πᾶσι τοῖς λογικοῖς ὑπάρχων II 41, 31 τὸ λογικὸν ζῷον ἀκολουθητικὸν φύσει τῷ λ. III 113, 22 τοῖς λογικοῖς τὸ κατὰ λ. ζῆν ὀρθῶς γίνεται κατὰ φύσιν III 43, 19 τὸ λογικὸν ζῷον φύσιν ἔχον προσχρῆσθαι εἰς ἕκαστα τῷ λ. καὶ ὑπὸ τούτου κυβερνᾶσθαι III 95, 11 οὐ πέφυκε τὸ λ. ζῷον κινεῖσθαι κατὰ τὴν ψυχήν, ἀλλὰ κατὰ τὸν λ. 113, 33

ὁ λ. = ἐννοιῶν τινων καὶ προλήψεων ἄθροισμα II 228, 23 ὁ λ. ἐκ τῶν προλήψεων συμπληροῦται κατὰ τὴν πρώτην ἑβδομάδα Z. I 41, 2. II 28, 22 τὰ παιδία οὐδέπω συμπεπλήρωκε τὸν λ. III 128, 2. 7 postea per incrementa aetatis exorta e seminibus suis r. est III 44, 3 μὴ εὐθὺς ἐμφύεται ὁ λ., ὕστερον δὲ συναθροίζεται ἀπὸ τῶν αἰσθήσεων καὶ φαντασιῶν περὶ δεκατέσσερα ἔτη Z. I 40, 37. II 227, 20 δὶς ἑπτὰ ἐτῶν ὁ τέλειος ἐν ἡμῖν ἀποφαίνεται λ. Z. I 40, 33 dociles natura nos edidit et r. dedit imperfectam, sed quae perfici posset III 52, 1 natura, etiam nullo docente, confirmat ipsa per se r. et perficit 52, 5 r. cum adulevit atque perfecta est, nominatur sapientia III 83, 2 iam a nutricibus formandam quam optimis institutis mentem infantium III 183, 37 animis omnes tenduntur insidiae, vel ab iis, qui teneros et rudes inficiunt, vel a voluptate 55, 26

ἐν τῷ ἡγεμονικῷ τὸν λ. συνίστασθαι II 228, 35 ἔστι τῆς ψυχῆς μέρη, δι' ὧν ὁ ἐν αὐτῇ λ. συνέστηκε II 228, 20. III 122, 3

r. ad quandam formam vivendi data III 4, 32 summum bonum id, non ut excellere animo, sed ut nihil esse praeter animum videretur 7, 25 animus perfectus est, nullus autem perfectus aliquo eget III 151, 30 ἀρκεῖ πρὸς τὴν εὐδαιμονίαν ὁ οἰκείων πρὸς ἀρετὴν λ., ἀπαλλοτριῶν δὲ κακίας, παρατρέχων δὲ τῶν μεταξὺ τούτων A. I 80, 26 ἡ ἀρετὴ τοῦ ἡγεμονικοῦ διάθεσις καὶ δύναμις γεγενημένη ὑπὸ λ., μᾶλλον δὲ λ. οὖσα αὐτὴ ὁμολογούμενος καὶ βέβαιος καὶ ἀμετάπτωτος Z. I 50, 3. III 111, 16 vid. def. ἀρετῆς. λ. in def. ἐπιστήμης pass.

ἐν τῇ φύσει τοῦ λ. εἰσὶν ἀφορμαί τοῦ θεωρῆσαι τὸ καλὸν καὶ τὸ αἰσχρόν II 288, 10   ἐκλεγόμεθα κατὰ προηγούμενον λ. III 31, 15   κατ' ἀδηλόν τινα λ. λαμβάνομεν III 42, 2 ἀποσπᾷ ὁ λ. ἡμᾶς καὶ ἀποστρέφει ἁπάντων τῶν προηγμένων 34, 5 ἀποστροφὴ τοῦ λ. vid. s. v. ἀποστροφή

ὁρμὴ = τοῦ ἀνθρώπου λ. προστακτικὸς αὐτῷ τοῦ ποιεῖν III 42, 5 λ. τεχνίτης ἐπιγίνεται τῆς ὁρμῆς 43, 20 λ. in def. πάθους pass. πολλάκις ἀποστρέφεσθαι ἡμᾶς τὸν λ. III 95, 11 τὸ λογικὸν ζῷον πολλάκις ἀπειθῶς τῷ λ. ὠθεῖται ἐπὶ πλεῖον III 113, 24 λ. πονηρὸς καὶ ἀκόλαστος = πάθος Z. I 50, 11   πᾶσαι αἱ κινήσεις καὶ καταστάσεις ἐν τοῖς πάθεσιν ἀπειθεῖς τῷ λ. III 126, 28 οἱ κατὰ τὸν λ. κινούμενοι κρατοῦσι τῆς κινήσεως 127, 6   οὐχ ἕτερον τοῦ λ. τὸ πάθος, ἀλλὰ ἑνὸς λ. τροπὴ ἐπ' ἀμφότερα III 111, 28 τῆς παθητικῆς φλεγμονῆς ἀνιεμένης ὁ λ. παρεισδύεται καὶ παρίστησι τὴν τοῦ πάθους ἀλογίαν 118, 31 διὰ τοῦ λ. μωλύονται αἱ ὁρμαὶ καὶ τὰ πάθη Cl. I 118, 19 οἱ ἐρῶντες μακρὰν ἀπέχουσιν ἀπὸ τοῦ λ. III 126, 3   ὥσπερ ἄκαιρον ἐπιτιμητὴν ἐν τῷ ἐρᾶν ἀποκλίνουσι τὸν λ. 126, 13 τὰ πράγματα διὰ τὸν ἐν ἡμῖν λ. ἁμαρτανόμενα μὲν κακῶς πράττεται, κατορθούμενα δὲ καλῶς III 140, 28 οὐδὲ τὸν δάκτυλον ὡς ἔτυχε σαλεύειν τῷ σοφῷ ὁ λ. ἐπιτρέπει 183, 19

τὸ ποιοῦν = ὁ ἐν τῇ ὕλῃ λ. = ὁ θεός Z. I 24, 7. Cl. 110, 27. II 111, 10 Arch. III 263, 23 ratio faciens = deus II 120, 18 διὰ τῆς ὕλης διαθεῖ ὁ τοῦ παντὸς λ. Z. I 24, 31   κινεῖ τὴν ὕλην ὁ λ. ἐνυπάρχων καὶ σχηματίζει II 335, 25   ἀποίου δημιουργὸς ὕλης εἰς λ. 322, 18   ὁ λ. τοῦ θεοῦ, ὁ μέχρι ἀνθρώπων καταβαίνων, οὐδὲν ἄλλο ἢ πνεῦμα σωματικόν 310, 24 ratio quaedam per omnem rerum naturam pertinens vi divina affecta Z. I 42, 31   ὁ κοινὸς λ. = κοινὴ φύσις II 184, 31   ἡ φύσις ἐπανελθοῦσα εἰς τὸν λ. 184, 33   οὐδὲν ἔστιν ἄλλως γενέσθαι ἢ κατὰ τὴν κοινὴν φύσιν καὶ τὸν ἐκείνης λ. II 269, 12. 24 ὁ κοινὸς τῆς φύσεως λ. = εἱμαρμένη καὶ πρόνοια καὶ Ζεύς 269, 13   rerum naturae dispositor atque artifex universitatis λ., quem et fatum et necessitatem rerum et deum et animum Iovis nuncupat Z. I 42, 24. 26 λ. ἡγούμενος τῶν ἐν τῷ κόσμῳ Cl. I 120, 31   ὁ τοῦ κόσμου λ. = εἱμαρμένη II 264, 18 pass. λ. in def. εἱμαρμένης pass. ὁ τοῦ Διὸς λ. ὁ αὐτὸς τῇ εἱμαρμένῃ II 292, 13   Ζεύς = ὁ πάντα διοικῶν λ. 315, 3   ὁ λ., καθ' ὃν διοικεῖται τὸ πᾶν = θεός 273, 26 totius naturae menti atque animo tribuit nomen dei Cl. I 120, 22   ratio deus Z. I 42, 30. Cl. 121, 5

nihil ratione divinius Cl. I 120, 30 nihil melius III 83, 4   nihil praestantius II 302, 4. 328, 5

εἷς ἔστιν ὁ λ. II 327, 18   ἑνὶ λ. περιλαμβάνεται πᾶν τὸ λογικόν 328, 1 r. communis omnibus hominibus III 84, 22   eadem in deis, quae humano in genere r. II 327, 11   est prima homini cum deo r. societas III 83, 5 κοινωνία ὑπάρχει ἀνθρώποις καὶ θεοῖς διὰ τὸ λ. μετέχειν II 169, 29   soli r. utentes homines et di iure ac lege vivunt 328, 11   λ. = φύσει νόμος II 169, 29   λ. φύσεως προστακτικὸς μὲν ὢν πρακτέον, ἀπαγορευτικὸς δὲ ὢν οὐ ποιητέον III 79, 40

cum omnia completa sint mente divina, contagione divinorum animorum animos humanos commoveri II 346, 20

naturam imitata r. res ad vitam necessarias sollerter consecuta est II 334, 17   ὁ λ. ἐπήγαγεν τὴν μουσικήν Diog. III 235, 2   λ. = Ἑρμῆς Diog. 234, 38

τὸν ὦν οὐκ ἄνευ λ. ἔχουσιν αἱ αἰσθήσεις III 16, 3   οὐ τὸν ὦν οὐκ ἄνευ λ. ἔχει τὰ κατὰ φύσιν 16, 20   ἀνὰ λ. pass. e. gratia III 20, 24   κατὰ τὸν αὐτὸν λ. e. gratia 22, 26   ὁ περὶ ἀγαθῶν λ. III 17, 5. 8. vid. s. v. ἀγαθόν ὁ **αἱρῶν λόγος** καρτερία καὶ ἐγκράτεια ἕξεις ἀκολουθητικαὶ τῷ αἱ. λ.

III 93, 29   λ. αἱρεῖ ποιεῖν τὰ καθήκοντα 135, 1   τὸ ἡγεμονικὸν λέγεται ἄλογον, ὅταν πρός τι τῶν ἀτόπων παρὰ τὸν αἱ. λ. ἐκφέρηται Z. I 50, 11. III 111, 24   πάθος = ὁρμὴ ἀπειθὴς τῷ αἱ. λ. III 92, 11
ὀρθὸς λόγος quibus ratio a natura data, iisdem etiam recta r. data est III 78, 28   ὁ ὀ. λ. κριτήριον St. I 142, 16   φύσει εἶναι τὸν ὀ. λ. III 76, 5 recta r. et consummata felicitatem hominis implet III 48, 23   virtus = r. r. 48, 10. 27   ὀ. λ. *in def. ἐγκρατείας* 68, 1   αἱ παρὰ τὸν ὀ. λ. ὁρμαί 68, 1 πάνθ' ὅσα κατὰ τὸν ὀ. λ. πράττεται, κατόρθωμα 136, 21   πάνθ' ὅσα παρὰ τὸν ὀ. λ. πράττεται, ἁμάρτημα 108, 39. 136, 16. 24   κατὰ ὀ. λ. ἐπιτελεῖ πάντα ὁ σοφός 148, 41   ὁ μέσος οὐ κατορθοῖ κατὰ τὴν τοῦ ὀ. λ. πρόσταξιν 139, 40 ὀ. λ. διὰ πάντων ἐρχόμενος, ὁ αὐτὸς ὢν Διὶ III 4, 3   inter homines et deos r. r. communis 83, 6   lex vera = r. r. summi Iovis 78, 24   ὀ. λ. = ὁ κοινὸς νόμος Z. I 43, 2. III 4, 3   νόμος = ὀ. λ. προστακτικὸς μὲν ὢν ποιητέον, ἀπαγορευτικὸς δὲ ὢν οὐ ποιητέον pass. *in def. νόμου.* ὁ τῆς φύσεως ὀ. λ. = δεσμός, νόμος III 82, 31   r. r. neque probos frustra iubet aut vetat nec improbos iubendo aut vetando movet 80, 23   οἱ ὀ. λ. = Διόσκουροι Z. I 43, 33
σπερματικὸς λόγος cf. σπέρμα σπ. λ. τοῦ κόσμου II 180, 2   ὁ θεὸς σπ. λ. τοῦ κόσμου Z. I 28, 26   θεὸς = πῦρ τεχνικὸν ἐμπεριειληφὸς πάντας τοὺς σπ. λ., καθ' οὓς ἕκαστα καθ' εἱμαρμένην γίνεται II 306, 20   τοὺς σπ. λ. ἀφθάρτους ἐποίησαν II 205, 29   τοὺς σπ. λ. τοῦ θεοῦ ἡ ὕλη παραδεξαμένη ἔχει ἐν ἑαυτῇ 314, 27   mundum perpetuo manere, quia inhaereant ei elementa, e quibus generantur materiae Z. I 32, 17   τινὲς λ. τῶν μερῶν εἰς σπέρμα συνιόντες μίγνυνται καὶ αὖθις διακρίνονται γινομένων τῶν μερῶν Cl. 111, 25
τοὺς πρώτους ἀνθρώπους γεγονέναι σπ. λ. συστάντων ἐν τῇ γῇ II 211, 6 κίνησις ἢ σχέσις κατὰ τοὺς σπ. λ. γινομένη πρῶτα κατὰ φύσιν III 34, 28 sq.

ψυχὴ = σῶμα κινούμενον κατὰ σπ. λ. II 218, 3
λογότροπος *def.* Crin. III 269, 19
λογόφιλος τὸν φαῦλον μὴ εἶναι φιλόλογον, λ. δὲ μᾶλλον III 171, 4
λυπέομαι οὐ δεῖ λ. III 94, 40   τὸ λ. ἁμάρτημα 136, 23   maerere peccatum etiam sine effectu 137, 10   πᾶς ὁ λ. ἁμαρτάνει 119, 25   οὐ λ. ὁ σοφός Apollod. 261, 17 *pass.*
λύπη = δόξα πρόσφατος κακοῦ παρουσίας Z. I 52, 9. III 115, 29. 131, 6 = δόξα πρόσφατος τοῦ κακὸν αὐτῷ παρεῖναι Z. I 52, 8. III 131, 5   = opinio mali praesentis Z. I 51, 36. III 94, 18. 23   = recens opinio magni mali praesentis III 93, 44   = δόξα πρόσφατος κακοῦ παρουσίας, ἐφ' ᾧ οἴονται δεῖν συστέλλεσθαι III 95, 17. 30   = ἄλογος συστολὴ ψυχῆς Apollod. III 261, 18   = συστολὴ ψυχῆς ἀπειθὴς λόγῳ III 95, 41   = ἄλογος συστολὴ 95, 17. 25. 99, 36. 107, 17   = μείωσις ἐπὶ φευκτῷ δοκοῦντι ὑπάρχειν 116, 3 μᾶλλον τοῦ μεγάλου κακοῦ ἀνυπομονήτου ἢ ἀκαρτερήτου τὴν λ. ἔδει εἰρῆσθαι δόξαν 131, 14
aegritudo perturbatio animi III 151, 12   τῶν πρώτων παθῶν Z. I 51, 33. 35. III 92, 16   αἴτιον τῆς λ. τὸ δοξάζειν πρόσφατον κακὸν παρεῖναι, ἐφ' ᾧ καθήκει συστέλλεσθαι III 95, 42   ἀντὶ λ. συστολὴν καλοῦσι Στ. 94, 14   λ., ὅταν ὡς ἐπὶ παροῦσι τοῖς κακοῖς κινῆται ἡ ψυχή 94, 10   ὅταν ἀποτυγχάνωμεν ὧν ἐπεθυμοῦμεν ἢ περιπέσωμεν οἷς ἐφοβούμεθα 92, 20   aegritudo : timor 150, 35   λ. : ὀργή medic. doctrina 102, 27 εἴδη τῆς λ. III 96, 9. 99, 36. 100, 13. 101, 19   aegritudini nulla constantia opponitur 107, 19
τὰς λ. περὶ τὴν καρδίαν συνίστασθαι Z. I 51, 28. Cl. 130. 13 συναισθανόμεθα τῶν λ. μάλιστα καθ' ὃν ἡ καρδία τέτακται τόπον II 240, 4   περὶ τὸν θώρακα II 248, 21   κατὰ τὴν καρδίαν τὴν κατὰ τὴν λ. ἀλγηδόνα γίνεσθαι 247, 28. 248, 2   οὔτε τῆς λ. οὐκ ἔστιν ἀλγηδών, οὔτ' ἐν ἑτέρῳ τόπῳ ἢ τῷ ἡγεμονικῷ γίνεται 248, 22   aegritudo quasi morsum aliquem doloris efficit

III 93, 5 ἀντὶ λ. δηγμοὺς λέγουσι Στ. III 107, 26 ἡ λ. ψυχῆς παράλυσις Cl. I 130, 22 λ. quasi solutio totius hominis III 132, 20 cur διὰ λ. ἀποθνήσκουσί τινες II 235, 5

λ. αἰσθητή ἐστιν III 21, 32

περὶ τῆς ἀνέσεως τῆς λ. III 117, 20 τῆς λ. ὡς ἂν ἐμπλησθέντες τινὲς φαίνονται ἀφίστασθαι 118, 21 πρὸς λ. πολλῆς δεῖ τῆς ἀσκήσεως καὶ μάχης Α. I 85, 19 τοὺς θρήνους ἰατρεύειν τὴν λ. Diog. III 225, 26

λ. οὐκ εἶναι κακίαν III 23, 31 τελικὸν μόνον κακόν 25, 32 πᾶσα λ. κακὸν τῇ ἑαυτῆς φύσει 101, 22 εἶναί τινας λ., αἳ βλάπτουσι μὲν ἡμᾶς, χείρονας δ' οὐ ποιοῦσι 110, 30 non cadit in sapientem aegritudo 150, 43.

151, 5 pass. sapiens ea vacat Dion. I 96, 2. 14 si sapiens posset in aegritudinem incidere, posset etiam in misericordiam, invidentiam Dion. I 96, 3 λ. stultorum est III 107, 15 οὔτε πᾶσι τοῖς ἄφροσιν ὑπάρχει οὔτ' ἐν παντὶ καιρῷ 25, 6

αἴσθησις, δι' ἧς δεχόμεθα τὴν παρεπομένην ἑκάστῳ τῶν αἰσθητῶν ἡδονὴν καὶ λ. Diog. III 223, 3

λύσις (sophismatum) λ. tit. l. Z. I 15, 5 in tit. Chr. II 7, 30. 31. 8, 2. 3. 4

λυσιτελής πᾶν ἀγαθὸν λ., ὅτι λύει τὰ τελούμενα εἰς αὐτό III 22, 6 πάντα τἀγαθὰ λ. Cl. I 127, 7. III 21, 43 ἀδιάφορα οὐκ ὠφέλιμα οὐδὲ λ. III 35, 28 cur ἡ ἀρετὴ λ. 50, 7

λυτικός III 156, 32

Μ

μάθημα εὐχρηστεῖν καὶ τὰ ἐγκύκλια μ. III 184, 19

μαθηματική ὑπαρκτὴν εἶναι τὴν μ. ἐπιστήμην II 31, 12

μάθησις οὐ φύσει, μ. δὲ οἱ καλοὶ κἀγαθοὶ γίνονται III 52, 29 θεραπεία οἰήσεως μ. τοῦ αἰτίον 133, 18

μαθητής ὁ σοφὸς σοφιστεύσει ἐπ' ἀργυρίῳ παρ' ὧν μὲν προλαμβάνων. πρὸς οὓς δὲ συντιθέμενος τῶν μ. III 174, 23. 175, 32

μαίνομαι μ. πάντες ὅσοι μὴ σοφοὶ III 165, 26 pass. πᾶς φαῦλος μ. 166, 28 pass.

μακάριος μ. ὁ σπουδαῖος Z. I 53, 9. III 150, 16 μακαρίως ζῆν Α. I 80, 26. III 190, 15

μᾶλλον τὸ μ. καὶ τὸ ἧττον III 141, 7. 40

μανθάνω ad discendum propensi sumus III 84, 3

μανία = ἄγνοια αὐτοῦ καὶ τῶν καθ' αὑτὸν III 166, 28 = ἄγνοια πτοιώδης 166, 31 = ἀφροσύνη 166, 31 = animi mala valitudo Α. I 82, 40

τὰ εἴδη τῆς μ. enum. III 167, 5 opinionibus falsis laborat Α. I 82, 39 οὐδὲ αἱ ψευδεῖς φαντασίαι, οἷον αἱ κατὰ μ., ἀπηρτημέναι τῶν διὰ τῆς αἰσθήσεως κατὰ περίπτωσιν ἡμῖν ἐγνωσμένων II 29, 24 insania vulgi, primum quod inter se dissideant, deinde quod a semet ipsis mutent subinde proposita III 167, 39 τὴν μ. τοῖς πλείστοις προσάπτεσθαι 167, 3

μαντεύομαι Diog. III 226, 21

μαντική περὶ μ. tit. l. Sph. I 140, 4. Chr. III 201, 16. Diog. 217, 34. Ant. 249, 27 sqq.

ἡ μ. ὑπὸ τῶν Στ. ἀξιουμένη τιμῆς III 228, 11 κατὰ τὸν αὐτῶν μόνον λόγον σῴζεσθαι λέγουσι τὴν μ. II 271, 12 διὰ τὸ βιωφελὲς δοκεῖ ὁ Χρ. ὑμνεῖν τὴν μ. II 270, 28

μ. = ἐπιστήμη θεωρητικὴ καὶ ἐξηγητικὴ τῶν ὑπὸ θεῶν ἀνθρώποις διδομένων σημείων II 304, 33. 342, 13 = ἐπιστήμη θεωρητικὴ σημείων τῶν ἀπὸ θεῶν ἢ δαιμόνων πρὸς ἀνθρώπινον βίον συντεινόντων III 164, 20

artificiosa divinatio: naturalis II 346, 10 sq. artificiosa genera divinandi def., enum. 346, 5

τὰ ἐπιτηδεύματα, ὡς ἡ μ., ἕξεις μόνον καὶ οὐ διαθέσεις III 25, 11 τέχνη ἡ μ. διά τινας ἐκβάσεις Z. I 44, 29. II 342, 24 τῶν μελλόντων ἁπάντων θεωρητικὴ καὶ προαγορευτική II 270, 25 demonstrat, proventus iam dudum esse decretos II 272, 22 μ. τῶν ἀδήλων δοκούντων εἶναι τοῖς ἄλλοις γνωστική 281, 17 concedit aliquid Chaldaeis, cetera quae profiteantur, negat ullo modo sciri posse Diog. III 217, 37 μ. ὑφεστάναι πᾶσαν, εἰ καὶ πρόνοιαν εἶναι Z. I 44, 28. II 342, 23 τὰ εἴδη τῆς μ. εἶναι περὶ τὸν σπουδαῖον e. enum. III 157, 15

μαντικός μόνος ὁ σπουδαῖος μ. III 157, 13

μάντις μὴ τὰς τῶν μ. προρρήσεις ἀληθεῖς ἂν εἶναι, εἰ μὴ πάντα ὑπὸ τῆς εἱμαρμένης περιείχοντο II 270, 15 μόνος ὁ σοφὸς μ. ἀγαθός III 164, 18

μάχαιρα III 129, 22

μάχη κατὰ τὴν ἐλλιπῆ μ. II 82, 8

μαχόμενον cf. ἐναντίον
μ.: ἀντικείμενον II 51, 10 τὰ μ. (: ἀκόλουθα) λόγῳ γινώσκομεν 43, 15 μ. 70, 24. 27

μεγαλόπολις μ. ὅδε ὁ κόσμος III 79, 39

μεγαλοπρέπεια def. III 66, 30

μεγαλοπρεπής ἡ μουσικὴ ἐπιφαίνει τὸ μ. Diog. III 224, 17

μεγαλότης παρὰ τὸν μέγαν μ. ἀρετὴν τίθεσθαι III 60, 9

μεγαλοψυχία def. III 64, 37. 65, 10. 66, 17. 26. 67, 28. 41 μ. ὑποτάττεται τῇ ἀνδρείᾳ 64, 23. 66, 13 μ. ἀρετὴ 23, 24 μέρος ἀρετῆς 13, 20 οὔτε ἐπιστήμη, οὔτε τέχνη 23, 28 αὐτάρκης πρὸς τὸ πάντων ὑπεράνω ποιεῖν 13, 20 ἀναιρεῖσθαι τὴν μ., ἂν τὴν ἡδονὴν ἀγαθὸν ἀπολίπωμεν 37, 19

Μεγαρικὰ ἐρωτήματα s. v. ἐρώτημα

μέγας ὁ σπουδαῖος μ. Z. I 52, 33. expl. 52, 34. III 150, 6

μέγεθος ἡ εἰς τὸ ἔξω τονικὴ κίνησις μ. ἀποτελεστική II 149, 1

μέθη def. III 110, 40. 163, 11 μικρὰ μανία ἡ μ. 180, 2 ἀποβλητὴ ἡ ἀρετὴ διὰ μ. 56, 41

μεθύω τὸ μ. διττόν, ἓν = οἰνοῦσθαι, ἕτερον = ληρεῖν ἐν οἴνῳ III 179, 15 οἰνωθήσεται μέν, οὐ μ. ὁ σπουδαῖος 163, 14 εἰ μ. ὁ σοφός 179, 15 sqq. ὁ καλὸς κἀγαθὸς ἀνὴρ μ. P. I 100, 13

οὐ μ. ὁ ἀστεῖος Z. I 54, 38. 55, 3 οὐχ οἷον μ. τὸν νοῦν ἔχοντα III 163, 10 καὶ ὁ μ. ἔστιν ὅτε νηφάλια φθέγγεται καὶ ποιεῖ, ἀλλ' οὐκ ἀπὸ νηφούσης διανοίας III 138, 17

μείγνυμι cf. συνέρχομαι
μεμιγμένα ἀγαθά III 24, 36 μικτὰ 24, 39 θυγατράσι μ. ἀδιάφορον 185, 8. 36

μείς = τὸ φαινόμενον τῆς σελήνης πρὸς ἡμᾶς II 199, 33

μείωσις μ.: αὔξησις II 114, 26 μ. in def. λύπης III 116, 4

μελαγχολία οἷόν τε τὸν τὴν ἀρετὴν ἔχοντα ἐν μ. γενέσθαι III 57, 13 ἀποβλητὴ ἡ ἀρετὴ διὰ μ. 56, 41. 57, 7

μελανότης οὔτε προηγμένον οὔτ' ἀποπροηγμένον περὶ σῶμα III 33, 10

μελέτη ἐν ὀλίγοις κυρίων γίνεσθαι τὰς μ. τῶν κατὰ τὰς ἀρετάς Diog. III 221, 20

μέλλησις def. III 99, 10

μέλλων, μέλλον τὸν παρῳχημένον καὶ τὸν μ. χρόνον ὑφεστάναι μέν, ὑπάρχειν δὲ οὐδαμῶς II 164, 27. 165, 34 ἀπείρους εἶναι 166, 3 ἀληθὲς ἢ ψεῦδος ἐν τοῖς εἰς τὸν μ. χρόνον ἀξιώμασι 63, 39 et quae non sint futura, posse fieri 276, 31 ἡ τῶν μ. πρόγνωσις III 184, 32. 35 ex praesensione rerum futurarum in animis hominum informatas deorum notiones esse Cl. I 119, 13
ἀγαθὸν μ. III 94, 22 μ. in def. ὁρούσεως III 40, 13

μέλος (membrum) ἡ ἐν τοῖς μ. συμμετρία ἢ ἀσυμμετρία κάλλος ἢ αἶσχος III 121, 29 ἂν τῶν μ. ἀποκοπῇ τι μέρος πρὸς τὴν τροφὴν χρήσιμον, ἀναλίσκειν αὐτό 186, 13
τὰ μ. τῆς μουσικῆς τὰ μὲν καλὰ καὶ σώφρονα καὶ ἀνδρεῖα, τὰ δὲ δειλὰ καὶ ἀκόλαστα καὶ αἰσχρά Diog. III 221, 23 μὴ μόνον τὰς ψυχὰς διατιθέναι πως, ἀλλὰ καὶ τὰ σώματα 227, 6 sq. εὐχρηστεῖν καὶ πρὸς σύνεσιν 233, 19 τὸ μ. καὶ στάσεων καὶ ταραχῶν καταπαυστικόν 234, 29 ἐπεγείρειν καὶ τὴν διάνοιαν ἐπιτείνειν πρὸς τὴν ὁμιλίαν καὶ τὴν ἁρμόττουσαν ἀναστροφήν 228, 25 διὰ τοῦ μ. πολίτας

ἀντιπαρατεταγμένους διαλλαγῆναι 232,
33 συνεργεῖν πρὸς ὀρθὴν ἀναστροφὴν
ἔρωτος 229, 9 πρὸς τὴν ἐρωτικὴν ἀρε-
τὴν 230, 15 πρὸς τὴν συμποτικὴν ἀρε-
τὴν 230, 24 τὰ μ. πρὸς θεῶν τιμὴν,
οὐ μόνον κοινῶς, οἰκεῖόν τι ἔχειν,
ἀλλὰ καὶ κατὰ τὰς διαφορὰς τῶν δαι-
μόνων 233, 4 τὰ μαντευόμενα ἔχειν
φύσει τὸ μ. κινητικὸν καὶ παραστατι-
κὸν πρὸς τὰς πράξεις 226, 22
πρέπον μ. καὶ ἀπρεπές Diog. 234, 6
ἐν μ. καὶ ῥυθμοῖς πρέπον καὶ ἀπρεπές,
καλὸν καὶ αἰσχρόν 233, 33

μένω cf. μονή
μ. τὸ κατέχον τὸν αὐτὸν τόπον καὶ
καθέξον II 161, 37 καὶ ἐπὶ τῶν ἀσω-
μάτων ἀντὶ τοῦ μὴ κινεῖσθαι 161, 40
τὸ μ.: ἠρεμεῖν: ἀκινητεῖν 161, 35

μερισμός def. Diog. III 215, 9.
Crin. 268, 24

μεριστός ἄθρουν μ. ἀνύειν διάστημα
II 160, 16

μέρος περὶ τῶν μ. tit. l. Chr. III
201, 21
μ. τοῦ λόγου II 31, 27 τὰ τοῦ λόγου
μ. πέντε enum. II 44, 44. Diog. III
213, 25 ἓξ enum. Ant. III 247, 24
οὔτε ἕτερον τοῦ ὅλου τὸ μ. οὔτε τὸ
αὐτό II 167, 15. III 18, 33 μὴ ἀπο-
λείπουσιν ἐλάχιστα μ. σώματος II 159,
16 οὐ παύσεται τὰ μ. τοῦ ὑπολειπο-
μένου μεριζόμενα 159, 5 μηδὲν μ.
ἔσχατον μηδὲ πρῶτον ἀπολείπουσι
159, 22 οὐδὲν τῶν ἐσχάτων μ. ὑπο-
ληπτέον 158, 32
οἰκειούμεθα πρὸς αὑτοὺς εὐθὺς γε-
νόμενοι τὰ μ. III 43, 24
ἔστι τῆς ψυχῆς μ., δι' ὧν ὁ ἐν αὐτῇ
λόγος συνέστηκε III 122, 3 τὸ λογι-
κὸν καὶ τὸ παθητικὸν τὸ αὐτὸ τῆς
ψυχῆς μ. 111, 19 καλὴ ἢ αἰσχρὰ
ψυχὴ κατὰ συμμετρίαν καὶ ἀσυμμετρίαν
τῶν μ. 121, 36
tres philosophiae partes non sepa-
ratae, sed mixtae II 16, 26 quo or-
dine tradendae sint 16, 29. 17, 3 μ.:
μόριον: ὄργανον 19, 3 sqq. τὰ μ. τῆς
φιλοσοφίας τόπους καλεῖ Apollod. III
259, 9 εἴδη Eudr. III 268, 15 τὸ
ἠθικὸν μ. III 3, 1 pass. ἡ τῶν κατὰ

μ. λογικὴ 26, 42 τὰ μ. τῆς φιλοσο-
φίας vid. s. v. φιλοσοφία.

μέσον cf. ἀδιάφορον
ὅρων τῶν ἀνὰ μ. tit. l. Chr. II 8, 35
μ. ἀξίωμα τὸ οὔτε ἀόριστον οὔτε
ὡρισμένον II 67, 2
ἡ ἐπὶ τὸ μ. φορά Z. I 27, 28. 33.
28, 4. II 175, 12 ὁ κόσμος ἐν μ. ἵδρυ-
ται II 174, 7 τὸ πῦρ ἐν τῷ μ. τοῦ
κόσμου, οὐχ ἡ γῆ Arch. III 264, 4
γῆ μ. ἁπάντων Z. I 29, 24 γῆ τὴν μ.
χώραν ἔχει Z. 28, 2 τὸν κατὰ φύσιν
τόπον ἔχει ἡ γῆ, τὸν μ. II 195, 4
ἐκφλογισθέντος τοῦ παντὸς συνίζει τὸ
μ. αὐτοῦ πρῶτον Cl. I 111, 17 τὸ
ἔσχατον τοῦ πυρός, ἀντιτυπήσαντος
αὐτῷ τοῦ μ., τρέπεσθαι πάλιν ποιεῖν
εἰς τοὐναντίον τὸ μ. Cl. I 111, 19
μ.: σπουδαῖα, φαῦλα II 50, 36 τὰ
ἀναμέσον II 41, 15. 18 est et horum,
quae media appellamus, grande dis-
crimen III 29, 8 οὐδὲν μέσον εἶναι
ἀρετῆς καὶ κακίας III 143, 15 τοιαῦτα
τἀγαθά ἐστιν τοῖς ἀνθρώποις, ὥστε
τὰ κακὰ τῶν ἀνὰ μ. προτερεῖν III
188, 25 τοῖς κατὰ φύσιν et παρὰ φύσιν
alia interiecta et media Z. I 47, 33
media omnia fortunae dant II 281, 43
ἔστι καὶ ἐν τοῖς μ. τι καθῆκον III
135, 15. 39 in rebus mediis aliquid
agere sapientem 135, 37 τῶν μ. ἐστὶ
τὸ θέλειν τὰ καλὰ καὶ τὸ τρέχειν ἐπὶ
τὰ καλά III 143, 35 τὰ μ. τὰ ἐμπερι-
λαμβανόμενα τῶν ἐπιτάσεων συμβαι-
νουσῶν 142, 12 μ. καθήκοντα vid. s. v.
καθῆκον, μ. πρᾶξις s. v. πρᾶξις, μ.
τέχνη s. v. τέχνη

μέσος ὁ μ., ὁ μήτε φαῦλος μήτε
σπουδαῖος, οὔτε ἁμαρτάνει οὔτε κατορ-
θοῖ III 139, 38

μεσότης λόγοι μεταπίπτοντες πρὸς
τὴν μ. tit. l. Chr. II 7, 23
μ. μέρος λόγου Ant. III 247, 25
τὰς μ. ἐναντίας εἶναι e. s. II 50, 1

μεταβάλλω cf. μεταβολή, τρέπω
τὴν οὐσίαν μ. οἷον εἰς σπέρμα τὸ
πῦρ Z. I 32, 4. 8. Cl. 115, 1. II 183, 42.
184, 13 μ. ὁ κόσμος εἰς φλόγα Cl. I
114, 35 τὸ πῦρ μ. εἰς ἑαυτὸ τὴν
τροφήν Z. I 34, 24 ὁ ἥλιος μ. εἰς

ἑαυτὸν πάντα τὰ ἄστρα Cl. I 114, 28
ἡ γῆ μ. εἰς ὕδωρ Cl. I 111, 7
τὸ ἡγεμονικὸν διόλου τρεπόμενον καί μ. ἐν τοῖς πάθεσι Z. I 50, 7. III 111, 20
ὁ σοφὸς οὐ μ. III 147, 23
μετάβασις κατὰ μ. νοεῖται τὰ λεκτὰ καὶ ὁ τόπος II 29, 18
μ. in def. κινήσεως II 160, 34
μεταβατικός τῇ μ. φαντασίᾳ ὁ ἄνθρωπος τῶν ἀλόγων διαφέρει II 43, 20. 74, 7
μεταβλητός δι' ὅλων μ. ἡ ὕλη II 115, 6. 116, 21
μεταβολή πάσας δέχεται ἡ οὐσία τὰς μ. καὶ ἀλλοιώσεις II 114, 36 πρώτη, δευτέρα, τρίτη μ. 136, 20 ἡ μ. κατὰ τὴν τῶν ποιοτήτων ἀμοιβὴν γίνεται 135, 6 ἡ κρᾶσις γίνεται τῇ εἰς ἄλληλα τῶν στοιχείων μ. Z. I 28, 20 τὴν τῶν στοιχείων μ. χύσεσι καὶ πιλήσεσιν ἀναφέρουσι II 134, 12 μ. πυρὸς εἰς ἀέρα 142, 3 ἡ τοῦ ὅλου μ. καὶ φθορά 183, 26 pass.
μ. in def. κινήσεως II 160, 24 pass.
τὸ ἡγεμονικὸν διόλου τρεπόμενον καὶ μεταβάλλον ἐν τοῖς πάθεσι καὶ ταῖς κατὰ ἕξιν ἢ διάθεσιν μ. Z. I 50, 8. III 111, 21 ἡ μ. τῶν παθῶν 119, 1
μετάδοσις μ. χάριτος III 170, 1
μεταδοτική μ. καὶ ἐπιδοτική = χρηστότης III 27, 9
μετάθεσις κατὰ μ. νοεῖται τινὰ e. s. II 29, 16 κατὰ μ. κινεῖται τὰ ἄψυχα 205, 3
μεταλαμβάνω τὸ μ.: προσλαμβανόμενον II 85, 16. 86, 26 sq.
μετάληψις περὶ μ. tit. l. Cl. I 133, 4. 6 αἱ εἰς τὰς ἰσοδυναμούσας λέξεις μ. II 85, 2.
μέταλλα ὑπὸ φύσεως καὶ ψυχῆς συνέχεται καὶ τὰ μ. II 287, 39 τὰ ἐκκοπέντα τοῦ μ. ὑπὸ ἕξεως μόνης συνεχόμενα 288, 40
μεταλλαγή κίνησις μ. κατὰ τόπον ἢ σχῆμα II 160, 25 pass.
μεταλλευτόν τὸ μ. εἶδος τῆς γῆς II 144, 10
μεταμέλεια def. III 100, 32. 149, 20 numquam sapientem poenitentia subit 149, 33 ὁ φαῦλος παρ' ἕκαστα μ. συνεχόμενος 149, 20
μετανοέω οὐ μ. ὁ νοῦν ἔχων III 147, 21
μετάνοια τὴν μ. ἔχεσθαι ψευδοῦς συγκαταθέσεως III 147, 22
μεταξύ ἀδιάφορα τὰ μ. ἀρετῆς καὶ κακίας III 28, 25 τὰ μ. τῶν ἀγαθῶν καὶ κακῶν 17, 24. 28, 19 quae in medio sunt, neque honesta neque turpia, neque bona neque mala 44, 9 ἄνευ τῶν μ., ἃ ὕλης ἐπέχει τάξιν, οὔθ' αἱ ἀγαθαὶ οὔθ' αἱ κακαὶ συνίστανται πράξεις 27, 20 ἐπιστήμη δεινῶν καὶ οὐ δεινῶν καὶ τῶν μ. 67, 27. 38 in def. ἀνδρείας pass μ. in def. κόσμου II 192, 36
μεταπείθω μεταπεισθῆναι οὐ σπουδαίων εἶναι II 40, 28
μεταπίπτω λόγοι μ. tit. l. Chr. II 7, 22
ἀξιώματα μ. ἀπεριγράφως II 67, 17 in falsum e vero praeterita non possunt convertere 276, 42 οἱ τοῖς δόγμασι μ. III 147, 25
μεταπολέω II 293, 30
μετάπτωσις ἀξιωμάτων ἐξ ἀληθῶν εἰς ψεύδη II 64, 25. 67, 27
μεταπτωτικός μ. δόξα II 41, 9 ἄγνοια = μ. συγκατάθεσις Z. I 20, 12. III 147, 2
μετάπτωτος τὰ πάθη τοῦ ἡγεμονικοῦ ἐνέργειαι ἐν ὀλίγῳ μ. III 111, 36
μετατίθημι οὐ μ. ὁ σοφός III 147, 24
μετέχω τὸ μ. ἀρετῆς III 17, 18. 19, 24 μ. κακίας 19, 31 τὰ μ. τῶν ἀγαθῶν, ὡς αἱ καλαὶ πράξεις 27, 19 ὁ σπουδαῖος ὁ μ. τῆς ἀρετῆς 19, 26 ὅσα μ. κινήσεως καὶ σχέσεως κατὰ τοὺς σπερματικοὺς λόγους 34, 30
μετεωρολογική ἀρετή def. III 74, 13
μετόπωρον cf. φθινόπωρον
μ. = ὥρα ἔτους ἡ μετὰ θέρος μέν, πρὸ χειμῶνος δὲ κεκραμένη II 201, 35 τῇ παλινδρομίᾳ τοῦ ἡλίου ἀφ' ἡμῶν γίνεται 201, 31
μετοχή τὰ μὲν πρῶτα κατὰ φύσιν, τὰ δὲ κατὰ μ. def. e. s. III 34, 27. 30
μέτοχος τὸ μ. ἀρετῆς III 6, 18

Μήδεια tit. l. H. I 91, 19

μῆκος *def.* II 123, 5 τὸ μ. σῶμα εἶναι 127, 13

μήν = ἡ τοῦ δρόμου τῆς σελήνης περίοδος II 199, 32 μ.: σελήνη 315, 13 ὁ μ. σῶμα 198, 1 divinam vim tribuit mensibus Z. I 43, 14

μῆνις *def.* III 96, 16. 41. 102, 1 εἶδος ὀργῆς 96, 4 ὑπὸ τὴν ἐπιθυμίαν ὑποτάττεται 96, 23

μήτηρ δεῖν μίγνυσθαι ταῖς μ. τοὺς παῖδας III 185, 17. 37 καὶ τὴν μ. ἐκ τοῦ υἱοῦ τεκνοποιεῖσθαι 185, 28

Μῆτις Ζεὺς τὴν Ἀθηνᾶν γεννᾷ ἐκ τῆς Μ. καταποθείσης ὑπ᾽ αὐτοῦ II 256, 27 Μ. λέγεται καταποθῆναι, ὡσανεί τις φρόνησις καὶ τῶν κατὰ τὸν βίον τέχνη 257, 33 τὸ ἡγεμονικὸν φρόνησις, διὸ καὶ Μ. καλεῖται III 217, 20

μιαρός οἱ φαῦλοι μ. III 165, 43

μικρός in tit. Chr. II 8, 9

μικροψυχία κακία III 23, 30 οὔτε ἄγνοια οὔτε ἀτεχνία 23, 34

μῖξις = σωμάτων ἀντιπαρέκτασις δι᾽ ὅλων II 153, 6 = σωμάτων διαφερόντων οὐκ ἐν κόσμῳ παράθεσις 153, 29 μ. ἐν τῇ τοῦ κόσμου γενέσει Z. I 28, 20. 33

μίμησις τῇ ποιητικῇ ἀνάλογον εἶναι τὴν μουσικὴν κατὰ τὴν μ. Diog. III 233, 39

μισανθρωπία *def.* III 104, 45 odium in hominum universum genus nasci a metu 104, 3 μ. κατὰ προσκοπὴν γινόμενον 103, 1

μισθός εἰσπράττονται τὸν μ. οὐ πάντας οἱ νοῦν ἔχοντες ὡσαύτως III 176, 3 πότερον ὁ σοφὸς εὐθὺς δεῖ τὸν μ. λαμβάνειν ἢ καὶ χρόνον τοῖς μαθηταῖς διδόναι 176, 8

μισθωτός : δοῦλος III 86, 13. 21

μισογυνία *def.* III 104, 44 nasci a metu 104, 2 μ. κατὰ προσκοπὴν γινόμενον 103, 1

μισοινία inhospitalitas *def.* III 104, 42 nascitur a metu 104, 4 μ. κατὰ προσκοπὴν γινόμενον 103, 1

μισοπονηρία ἀνύπαρκτος ἡ μ. III 168, 14

μῖσος *def.* III 96, 25 ὑπὸ τὴν ἐπιθυμίαν ὑποτάττεται 96, 23

μνήμη = θησαυρισμὸς φαντασιῶν Z. I 19, 16. II 23, 20 = μόνιμος καὶ σχετικὴ τύπωσις II 229, 43 ἀπελθόντος τοῦ αἰσθητοῦ μ. ἔχουσιν· ὅταν δὲ ὁμοειδεῖς πολλαὶ μ. γένωνται, ἔχειν ἐμπειρίαν II 28, 17 sine adsensione non posse constare memoriam 35, 16 ἐν τῷ σοφῷ πᾶσα μ. τὸ ἀσφαλὲς ἔχουσα εὐθύς ἐστιν ἐπιστήμη III 51, 15 ὁ σοφὸς ἐν πολλαῖς καταλήψεσι καὶ μ. καταλήψεων γεγονώς, ὀλίγας πρὸς αὑτὸν ἡγεῖται 51, 11 αἱ μ. σώματα II 230, 2 μ. προηγμένον περὶ ψυχὴν III 32, 42 μ. Apolloph. I 90, 24

μνηστεία πῶς χρὴ τὴν μ. ποιήσασθαι Ant. III 254, 5

Μοῖρα Μ. θεά II 267, 40 τρεῖς εἶναι τὰς Μ. 319, 22 cur tres Parcas esse voluerint 181, 23 Μ. = οἱ τρεῖς χρόνοι 265, 15 καλεῖσθαι ἀπὸ τοῦ κατ᾽ αὐτὰς διαμερισμοῦ 264, 24. 265, 13

μοιχεία μ. ἔργον παρὰ φύσιν III 102, 36 μ. ἔστιν αἰσθέσθαι 21, 33 ἡ ἐπὶ μ. ζηλοτυπία παρὰ τοῖς σοφοῖς περιαιρεθήσεται 183, 12. 14

μοιχεύω ἐκκλίνουσι τὸ μ. διὰ τὸ κοινωνικὸν Z. I 58, 11. III 183, 15

μοιχός Cl. I 132, 2

μονάς τὴν μ. ἐν πλῆθος καλοῦσι II 160, 12

μονή πολλαχῶς λέγεσθαι τὴν μ. II 160, 29 = τὸ μὲν οἷον ἀκινησία σώματος, τὸ δὲ οἷον σχέσις σώματος κατὰ ταὐτὰ καὶ ὡσαύτως 160, 27

τὴν μ. ἐν τῷ βίῳ οὐ τοῖς ἀγαθοῖς δεῖ παραμετρεῖν III 188, 7 γίνεται τοῖς φαύλοις μ. ἡ ἐν τῷ ζῆν 188, 2 μ. ἀτάραχος ἀγαθὸν ἐν σχέσει 26, 29

μονολήμματος μὴ εἶναι λόγους μ. II 84, 10

μόριον μ. φιλοσοφίας: μέρος II 19, 9 sq. τὰ τοῦ λόγου μ. 41, 29 στερητικὸν μ. 66, 12 ἀρνητικὸν μ. 66, 10 ἀόριστον μ. 66, 16. 67, 1 μ. τοῦ σώματος: στοιχεῖα III 122, 19 τὸ ἡγεμονικὸν μ. s. v. ἡγεμονικόν

μορφόω τὰ στοιχεῖα μεμορφῶσθαι II 111, 7 μορφοῦντα τὴν ὕλην 112, 30

Μοῦσαι = παιδευτικαί ἐπιστῆμαι Diog. III 235, 1 λελέχθαι ἀπὸ Μ. μουσικὴν 228, 19 τῷ τὸ μέλος συμβάλλεσθαι πρὸς τὴν ἐρωτικὴν ἀρετὴν μία τῶν Μ. Ἐρατὼ ὠνόμασται 230, 17
μουσική cf. ἁρμονικὸν, ῥυθμικόν; μέλος, ἐγκώμιον, θρῆνος, ὑμέναιος περὶ μ. l. Diog. III 221 pass.
ἀπὸ Μουσῶν λελέχθαι μ. Diog. III 228, 19 ὁ λόγος, Ἑρμῆς, ἐπήγαγε τὴν μ. 235, 2 ἡ μ. : γυμναστική : γραφική 222, 8 μιμητικὸν ἡ μ. 224, 13 τῇ ποιητικῇ ἀνάλογον κατὰ τὴν μίμησιν καὶ κατὰ τὴν ἄλλην εὕρεσιν 233, 38 τῇ κριτικῇ παραπλησίαν τινὰ θεωρίαν ἔχει 233, 32 τῶν κοινῶν τι ἡ μ. 222, 14
πότερον οἴσεταί τινας ἀρετὰς ἢ τίνας Diog. III 222, 1 τὴν περὶ μ. φιλοτεχνίαν οἰκείως διατιθέναι πρὸς πλείους ἀρετάς, μᾶλλον δὲ πρὸς πάσας 234, 10 τὰς μελέτας τῶν κατὰ τὰς ἀρετὰς στοιχειοῦσθαι συμβαίνει διὰ τῆς μ. 221, 22 ἡ ἔννομος καὶ σπουδαζομένη μ. ἕνεκα τῆς πρὸς τὸ θεῖον συνετάχθη τιμῆς, ἔπειτα τῆς τῶν ἐλευθέρων παιδείας 224, 28 ἡ μ. πρὸς ἀγωγὴν παραλαμβάνεται παίδων εἰς ὑποτύπωσιν ἀρετῶν 228, 28 ἤδη

πρὸ τοῦ λογισμὸν ἔχειν καὶ σύνεσιν ἅπτεται ἡ μ. δύναμις παιδικῆς ψυχῆς 222, 16 τὰ μέλη τῆς μ. τὰ μὲν καλά, τὰ δὲ αἰσχρὰ ὡς συνεπιφερούσης τὰς τοιαύτας διαθέσεις 221, 23 περιγίνεσθαί τι πρὸς γενναιότητα καὶ σωφροσύνην καὶ εὐταξίαν διὰ τῆς μ. τῆς πρὸς τὰς χορικὰς ὀρχήσεις προσηγμένης 226, 9. 17 ἡ τῆς μ. πρὸς τὰς πολεμικάς, γυμναστικάς, ἀθλητικὰς ἐνεργείας συνεργία 225, 32 ἡ μ. πάσας τῶν ἠθῶν ποιότητας ἐπιφαίνει ἐναργῶς 224, 16 δύναται ἀκίνητον ψυχὴν ἐγείρειν ἢ φερομένην πραΰνειν 223, 35 καὶ τὴν ψυχὴν ἀφίησι καὶ ἀφιλαροῖ 231, 33 πρὸς πλεῖστα ἐπὶ τοῦ βίου χρησιμεύει 234, 10 ἔχει τι πρὸς φιλίαν οἰκεῖον 231, 29 δυνατὴ παραμυθεῖσθαι τὰς ἐν ἔρωτι δυσπραξίας 230, 13 ἡ οἰκειότης τῆς μ. πρὸς τὰ συμπόσια 231, 10

μοχθηρία ἡ μ. τοῦ ἤθους ἀναπίμπλησι τὸ εἶδος III 181, 13
μοχθηρός μ. ἕξεις III 24, 10 αἱ μ. δόξαι 41, 23 οἱ προκόπτοντες μ. διαμένουσι 144, 1
μυῖα III 51, 4. 8
μύρμηξ III 90, 9

N

ναυαγέω τί ὄφελος φρονήσεως μέλλοντι ν.; III 50, 28
ναυαρχία εἶδος τῆς ἀρχικῆς ἐπιστασίας, τοῖς ἀστείοις κατανέμεται III 158, 25
νέμεσις def. III 100, 37 οὐκ ἔστι μὲν ν., οὐκ ἔστι δὲ νόμος II 295, 30
νέος αἰσχροὺς εἶναι τοὺς ν., φαύλους ὄντας καὶ ἀνοήτους, καλοὺς δὲ τοὺς σοφούς III 181, 6 ἐρασθήσεται ὁ σοφὸς τῶν ν. τῶν ἐμφαινόντων διὰ τοῦ εἴδους τὴν πρὸς ἀρετὴν εὐφυΐαν 180, 15
νεῦρον ἰσχὺς τοῦ σώματος = τόνος ἱκανὸς ἐν ν. III 68, 30 ἡ ἐν ν. συμμετρία ἢ ἀσυμμετρία ἰσχὺς ἢ ἀσθένεια καὶ εὐτονία ἢ ἀτονία 121, 27 ἔστι τις ἐπιτελεστικὴ κατάστασις καὶ ἐν-

δοτική, τῶν ν. προεκλελυμένων καὶ ἀνειμένων 123, 23 κατὰ μεταφορὰν τινας λέγομεν ν. ἔχειν 123, 26
νευρώδης οἱ ἐπὶ τοῦ σώματος τόνοι ἄτονοι καὶ εὔτονοι κατὰ τὸ ν. III 123, 17 καὶ ἐπὶ ψυχῆς τοιοῦτο ν. 123, 24
νήπιος cf. παῖς
τῷ ν. παραινέσεως καὶ διδασκαλίας χρεία III 140, 2 sq.
νῆσος def. II 168, 23
νηστεύω „ν. ἀργότερον ἐσθίειν ἢ προφαγόντας" III 146, 19
νήφω III 138, 18
νικάω ν. ὑπὸ τῶν παθῶν III 129, 9
νίκη διὰ τί τὴν ν. τὴν ἐν Ὀλυμπίασιν ἐπαινουμένην πρὸς τῶν πολλῶν ἀκούομεν ὡς ἀγαθόν III 55, 11

νοερός πνεῦμα ν. II 299, 11 τὰ ἄστρα ν. Z. I 34, 22 σῶμα ν. ὁ θεός II 113, 17 θεός = πῦρ ν. 307, 2 ν. θεὸν ἀποφαίνονται 306, 19 ὁ κόσμος ν. II 191, 34. 192, 7 pass. Apollod. III 260, 28. Z. I 32, 37. 33, 2 pass. ν. ὧν ὁ κόσμος καὶ θεὸς καθέστηκε II 303, 34

νοέω τὰ ν. quot modis oriantur ex sensibus II 29, 9

νόημα τὸ ἐν τῇ ψυχῇ II 47, 40 τὰ ν. ἐκφορικὰ καλοῦσι 77, 10 διαφορὰ οὐσίας εἰς ἓν ν. ἀπολήγουσα = τὸ κοινὸν τῆς ποιότητος 126, 21

νόησις ὁ περὶ ν. λόγος II 21, 8 αἱ λογικαὶ φαντασίαι = ν. 24, 22 ἐπίνοια = ν. ἐναποκειμένη, ν. = λογικὴ φαντασία 29, 31 πᾶσα ν. ἀπὸ αἰσθήσεως γίνεται 29, 21

νοητός ν. οὐσίας ἀναιροῦσι Στ. II 33, 28 τὸ γενικὸν ν.: τὸ εἰδικὸν αἰσθητόν 28, 1 τὸ ἀξίωμα ν. 63, 18 τὸ σημεῖον ν. 72, 29 κινεῖσθαι τὴν λογικὴν δύναμιν τῆς ψυχῆς ὑπὸ τῶν ν. 230, 25

νομικός νόμιμος : ν. def. III 158, 15 ὁ σοφὸς μόνος ν. 158, 22 οὐδεὶς τῶν φαύλων ν. 158, 16. 22

νόμιμος ὁ ν. def. III 158, 14 ν. : νομικός ib. quis sit ν. 82, 20 ν. ἀνὴρ κοσμοπολίτης 82, 23 ὁ ν. ἀστεῖος 158, 13 μόνος ὁ σοφὸς ν. 158, 20 οὐδεὶς τῶν φαύλων ν. 158, 16 ν. in def. ἀρχῆς 81, 21

νομοθετέω τὸ ν. οἰκεῖον τοῖς σπουδαίοις III 158, 2

νομοθέτης μόνος ὁ σοφὸς ν. III 81, 31. 159, 24

νομοθετική ἀρετὴ def. III 67, 17. 74, 20

νόμος περὶ ν. tit. l. Z. I 14, 32. Cl. 107, 25. Sph. 140, 3. Chr. III 201, 24. Diog. 221, 17

legem Graeco nomine a suum cuique tribuendo appellatam III 78, 7 ν. = λόγος φύσεως προστακτικὸς μὲν ὧν πρακτέον, ἀπαγορευτικὸς δὲ ὧν οὐ ποιητέον III 78, 2. 79, 40 = λόγος ὀρθὸς προστακτικὸς μὲν ὧν ποιητέον, ἀπαγορευτικὸς δὲ ὧν οὐ ποιητέον II 295, 31. III 81, 23. 158, 11. 19 = recta ratio in iubendo et vetando III 78, 28. 87, 44 pass. = recta ratio imperandi atque prohibendi 79, 9 legem vim obtinere recta imperantem prohibentemque contraria Z. I 42, 36 φύσει εἶναι τὸν ν. III 76, 5 λόγος = φύσει ν. II 169, 29 naturalis lex divina Z. I 42, 35 deus divina naturalisque lex Z. I 42, 38 ὁ ν. θεός II 315, 23 ὁ ν. ὁ κοινός, ὅσπερ ἐστὶν ὁ ὀρθὸς λόγος, διὰ πάντων ἐρχόμενος, ὁ αὐτὸς ὢν τῷ Διί Z. I 43, 1. III 4, 2 lex vera atque princeps ratio est recta summi Iovis III 78, 23 princeps lex mens omnia ratione cogentis aut vetantis dei 78, 15 legis perpetuae et aeternae vis = Iuppiter II 316, 8 leges teneri fatalibus condicionibus e. s. II 272, 7 naturalis lex atque divina omnium principium Z. I 42, 39 mundum lege firmatum ipsumque deum esse sibi legem Z. I 43, 5 a lege ducendum iuris exordium III 78, 8 lex : ius 78, 29

ν. πάντων βασιλεὺς θείων καὶ ἀνθρωπίνων πραγμάτων III 77, 34 προστάτης τῶν καλῶν καὶ τῶν αἰσχρῶν καὶ κανὼν δικαίων καὶ ἀδίκων ib. τὸ κατόρθωμα ν. πρόσταγμα, τὸ ἁμάρτημα ν. ἀπαγόρευμα 140, 8 ὁ ν. πολλὰ τοῖς φαύλοις ἀπαγορεύει, προστάττει δὲ μηδέν 140, 9 παραίτιον γενέσθαι παρανομήματος ἀπαγορεύει ὁ ν. 71, 12 ὁ ν. σπουδαῖος 81, 5. 158, 11. 18 omnis lex laudabilis 78, 33 legem haberi in rebus optimis 79, 4 δέδωκε τοῖς σοφοῖς παντελῆ ἐξουσίαν ὁ ν. 154, 23 ὅσοι μετὰ ν. ζῶσιν, ἐλεύθεροι 87, 44 legi qui non parebit, ipse se fugiet ac naturam hominis aspernabitur 80, 30

inter homines et deos communio legis III 83, 7 sq. τοὺς ἀνθρώπους καὶ τοὺς θεοὺς ὑφ' ἑνὶ ν. κεκοσμῆσθαι 82, 18 ἡ μεγαλόπολις, ὅδε ὁ κόσμος, χρῆται ν. ἑνί 79, 39 ἐνάρετος ἡ πολιτεία ν., οἵ μόνον τὸ καλὸν ἀγαθὸν εἰσηγοῦνται 81, 19 ἀφρόνων πολιτεία οὐκ ἔστιν οὐδὲ ν. Diog. III 241, 36 τοὺς κειμένους ν. ἡμαρτῆσθαι ἅπαντας III 80, 18 τὰ δόξαντα συμφέρειν κοινῇ τοῖς ὁμογνώμοσιν ὁμίλοις ταῦτα ν. ἐπεφήμισαν 80, 10 προσθῆκαι οἱ κατὰ πόλεις ν. τοῦ τῆς φύσεως ὀρθοῦ λόγου 80, 12

νοσερός ὑγιεινά : ν. def. III 156, 31

νοσέω τῷ ἀγαθῷ τὸ ν. οἷον προσκόψαι III 36, 40 ὁ σοφὸς ν. ἰατροῖς τελεῖ μισθοὺς 174, 6 καὶ κατὰ ψυχὴν τινας λέγομεν ν. 121, 1

νόσημα = δόξα ἐπιθυμίας ἐρρυηκυῖα εἰς ἕξιν καὶ ἐνεσκιρωμένη, καθ' ἣν ὑπολαμβάνουσι τὰ μὴ αἱρετὰ σφόδρα αἱρετὰ εἶναι e. s. III 102, 37. 104, 31 = οἴησις σφόδρα δοκοῦντος αἱρετοῦ 103, 6 = iudicium in pravo pertinax, tamquam valde expetenda sint, quae leviter expetenda sunt 105, 1 = nimis imminere leviter petendis vel ex toto non petendis etc. 105, 3
ν. εἴδη 104, 37
ν. : ἀρρώστημα III 103, 1
corporis morbi cum animi comp. III 103, 18. 27. 104, 7 τὰ πρῶτα ν. τέτταρα, τὸ θερμόν, τὸ ψυχρόν, τὸ ὑγρόν, τὸ ξηρόν II 216, 12 ν. γίγνεται τὰ κατὰ δίαιταν ὑπερβάλλοντος ἢ ἐλλείποντος τοῦ θερμοῦ καὶ ψυχροῦ καὶ ὑγροῦ καὶ ξηροῦ Z. I 37, 14 ὅταν εἰς μόνιμον ἀφίκηται διάθεσιν ἡ ἀλλοίωσις III 105, 8 morbi partes sunt vitiositatis 104, 20 omnes ex aspernatione rationis eveniunt 104, 27 in hominibus solum existunt 104, 28 τὰ παιδία εἰς ν. οὐκ ἐμπίπτει 128, 1 morbi oriuntur ex libidine et ex laetitia 103, 34 σχέσεις αἱ κακίαι καὶ τὰ ν. e. enum. II 269, 29 ἕξεις μόνον τὰ ν. e. enum. III 25, 17 morbi animorum corpora 21, 4 difficilius evelli possunt quam vitia 105, 11

νόσος quomodo in corpore est morbus, sic in animo III 104, 8. 120, 33 ἡ τῆς ψυχῆς ν. ὁμοιοτάτη τῇ τοῦ σώματος πυρετώδει καταστάσει 117, 1 τῇ τοῦ σώματος ἀκαταστασίᾳ 121, 15 σώματος ν. = ἡ ἀσυμμετρία τῶν ἐν αὐτῷ, θερμοῦ καὶ ψυχροῦ, ξηροῦ καὶ ὑγροῦ 121, 16. 27 = totius corporis corruptio 104, 8 ἅπασα ν. ἡ δυσκρασία ἢ διαίρεσις II 216, 17 εἰ αἱ τῶν ἀνθρώπων ν. κατὰ φύσιν γίνονται 336, 9 ν. παρὰ φύσιν εἶναι III 34, 17 ν. ἀδιάφορον Z. I 47, 25. III 17, 21. 28, 7. 36, 8. 14. 60, 34. Apollod. 261, 9 ν. ἀποπροηγμένον III 29, 37 ἀποπροηγμένον ἐπὶ τῶν σωματικῶν 31, 7 οὐ πάντως ἀποπροηγμένον A. I 83, 22 satis habet causae, quam ob rem reiceretur III 31, 33 ὑγίειαν ἀντὶ ν. αἱρούμεθα 30, 11 ν. μὴ φευκτὰ καὶ βλαβερά 35, 30 τὴν ψυχὴν οὐκ εἰς κακίαν ἡ ν. καθέλκει 36, 8. 13 εὐλόγως ἐξάξει ἑαυτὸν τοῦ βίου ὁ σοφός, ἂν γένηται ἐν ν. ἀνιάτοις 187, 35

νουμηνία cf. μήν
ν. σῶμα II 197, 44

νουνέχεια def. III 64, 29. 66, 8 ὑποτάττεται τῇ φρονήσει 64, 21. 66, 3

νουνεχόντως ν. ποιεῖ ὁ σοφός III 180, 21

νοῦς ν., μέρος τῆς ψυχῆς, ἐν τοῖς λογικοῖς μόνοις φαινόμενος A. I 87, 2 ν. καὶ φρένες = φρόνησις III 27, 8 θύραθεν εἰσκρίνεσθαι τὸν ν. Cl. ? I 118, 7 ἅμα τῷ ἀνιέναι τοὺς σωφρονιστῆρας (ὀδόντας) καὶ τὸ σῶφρον τοῦ ν. λαμβάνειν ἡμᾶς Cl. 118, 14 ἡ αὐτὴ δύναμις κατ' ἄλλο μέν ἐστι ν., κατ' ἄλλο δὲ αἴσθησις II 230, 17 ν. ἀπολείπει κριτήριον B. II 33, 6. III 265, 3 τὸν ν. καὶ ἐν τοῖς φαυλοτάτοις εἶναι θεῖον ὄντα II 307, 24 εἰς ἅπαν τοῦ κόσμου μέρος διήκει ὁ ν. II 192, 4 ὁ ἀνωτάτω θεὸς ν. ἐν αἰθέρι 306, 24 θεὸς ν. κόσμου πύρινος Z. I 42, 7 θεὸς ν. Z. 42, 13 δεῖ ἔχειν τὸ θεῖον ἐν μόνῳ τῷ ν., μᾶλλον θεὸν ἡγεῖσθαι ν. Z. 40, 5 ἐν θεὸς καὶ ν. καὶ εἱμαρμένη Z. I 28, 22. II 179, 35 ὁ ν. ἔχων = σοφός III 147, 22. 25. 149, 16. 168, 18. 176, 3. 180, 32

νῦν ἁρμή τις καὶ συμβολὴ τοῦ παρῳχημένου χρόνου καὶ τοῦ ἐπιφερομένου τὸ ν. Arch. III 263, 33

νύξ ἡ ν. σῶμα II 197, 42 θεὰ πρωτίστη 192, 22

Ξ

ξενία φιλία ἀλλοδαπῶν III 27, 6
ξηρός παθητικὰ τὸ ξ. καὶ τὸ ὑγρόν II 134, 9 τὸ ξ. ἐσχάτως σῶμα γῆ 144, 4 ἡ ἐν ὑγροῖς καὶ ξ. γενομένη συμμετρία ἢ ἀσυμμετρία = ὑγίεια ἢ νόσος III 121, 26 εὐκρασία τῶν ἐν τῷ σώματι, ξ. καὶ ὑγρῶν = ἡ ὑγίεια 68, 28 ἡ ἀσυμμετρία τῶν ἐν τῷ σώματι, ξ. καὶ ὑγροῦ = νόσος 121, 17
ξηρότης ἡ ξ. ποιότης δραστικὴ II 133, 36
ξύλον τὰ ξ. πάντα γεώδη II 144, 17 ὡς δεῖ ἢ ὀρθὸν εἶναι ξ. ἢ στρεβλόν, οὕτως ἢ δίκαιον ἢ ἄδικον III 143, 17

Ο

ὄγκος σώματα ἐπί τ' ἐλαττόνων ἐναργῶν ὄ. ἐπί τε μειζόνων ὄντα II 155, 6 σώματα ἐλάττω τὸν ὄ. 155, 21 ἐκτάσεις ὄ. 157, 31 τῷ ὄ. βραχεῖα, τῇ δυνάμει μεγίστη ἡ γῆ 178, 30
ὅδε εἰ ἡ ἰδέα „τόδε τι" ῥηθήσεται II 91, 25
ὁδοποιητικός τέχνη = ἕξις ὁ. Ζ. I 20, 31
ὁδός οὐδεὶς τῶν ἀστείων ὁ. διαμαρτάνει III 147, 16
ὁ. τις ἐκλεκτικὴ τῶν ἐν ταῖς τέχναις οἰκείων πρὸς ἀρετήν III 26, 36 ὁ. in def. τέχνης Ζ. I 20, 32. Cl. 110, 10. 12. Chr. pass. τὸ ἀναστῆναι ἐκ τῆς νόσου ὁ. τῇ ἀπὸ ἰατρικῆς γίνεται II 278, 34 στοιχεῖον γένεσιν διδόναι ἀφ' αὑτοῦ ὁ. μέχρι τέλους καὶ ἐξ ἐκείνου τὴν ἀνάλυσιν δέχεσθαι τῇ ὁμοίᾳ ὁ. II 136, 35 τεταγμένως καὶ ὁ. 137, 6 ὁ. καὶ συμφώνως Cl. I 111, 28
ὀδύνη def. III 100, 1. 10. 30. 101, 13 εἶδος τῆς λύπης 96, 10. 99, 37 ἐμφαίνει τὴν ἰδιότητα τῆς κινήσεως 96, 13
Οἰδίπους exemplum fati inevitabilis II 270, 39. 271, 17 e. rei confatalis 277, 36. 278, 18
οἴησις cf. οἴομαι
def. II 40, 24. III 104, 35 μηδὲν τῆς οἰ. ἀλλοτριώτερον πρὸς κατάληψιν τῶν ἐπιστημῶν Ζ. I 20, 28 opinationem a virtute sapientiaque removebat Ζ. I 16, 29. 18, 36 οἴ. in def. νοσήματος III 103, 6 τριττὴ θεραπεία οἰ. 133, 18
οἰκεῖος τὰ αὐτὰ πράγματα οἰ. καὶ οὐκ ἀγαθά III 30, 2 πάντα τἀγαθὰ οἰ. εἶναι 22, 1 τὰ οἰ. : εὐδαιμονία 35, 15 ἐν ταῖς τέχναις οἰ. πρὸς ἀρετὴν 26, 36 τῷ φαύλῳ οἰ. οὐδέν 168, 35. 169, 2 τὰ οἰ. προσίεται prima conciliatione 43, 9

πρῶτον οἰ. εἶναι τὸ ζῷον αὐτῷ III 44, 30 πρῶτον οἰ. παντὶ ζῴῳ ἡ αὐτοῦ σύστασις καὶ ἡ ταύτης συνείδησις 43, 3 τὰ πρῶτα οἰ. ἀδιάφορα 44, 45

οἰ. φαντασία III 42, 26

οἰκειόω τὰ θηρία συμμέτρως τῇ χρείᾳ τῶν ἐκγόνων ᾠκειῶσθαι πρὸς αὐτά II 206, 19 οἰ. ἡμεῖς πρὸς αὑτοὺς εὐθὺς γενόμενοι καὶ τὰ μέρη καὶ τὰ ἔκγονα τὰ ἑαυτῶν III 43, 23 simulatque natum sit animal, ipsum sibi conciliari et commendari ad se conservandum 44, 17 ἡμᾶς ὑπὸ τῆς φύσεως πρὸς τὸ ζῆν οἰ. 39, 8 τὴν πρώτην ὁρμὴν οἰ. τῷ ζῴῳ ἡ φύσις ἀπ' ἀρχῆς 43, 2 adfectionem τῶν πρώτων κατὰ φύσιν fundamentum conservandae hominum perpetuitatis 43, 38 πρὸς ἃ μὲν τῶν ἀδιαφόρων ἀλλοτριοῖ, πρὸς ἃ δ' οἰ. ἡμᾶς ἡ φύσις 35, 31 ἡμᾶς οἰ. πρὸς μόνον τὸ καλόν 54, 35

οἰκείωσις def. II 206, 21 οἰ. πάσης ἀρχὴ τὸ αἰσθάνεσθαι Ζ. I 48, 36 prima est conciliatio hominis ad ea, quae sunt secundum naturam III 45, 19 non inest in primis naturae conciliationibus honesta actio III 135, 21 μηδεμίαν οἰ. εἶναι φύσει πρὸς ἡδονὴν III 54, 30 honeste vivere duci a conciliatione naturae Ζ. I 46, 4 ἡ οἰ. ἀρχὴ δικαιοσύνης Ζ. I 48, 37 officia = quae homini a prima conciliatione nascendi sumuntur III 134, 9

Index verborum, notionum, rerum ad Stoicam doctrinam pertinentium. 103

οἰκέτης ὁ οἰ. = δοῦλος ἐν κτήσει κατατεταγμένος III 86, 25 = ὁ μὴ τῆς κτήσεως ἀφειμένος 86, 24 δοῦλος : οἰ. 86, 23

οἰκία οὐδεὶς τῶν ἀστείων οἰ. διαμαρτάνει III 147, 17

οἰκονομέω ἡ φύσις τὰ ζῷα καὶ τὰ φυτὰ οἰ. III 43, 15

οἰκονομία def. III 159, 41 urbanitas et oec. cognatae sunt virtutes 160, 9 eorum est oec., quorum et politice; unius enim utraque virtutis proles II 209, 25 ἡ τῶν ὅλων οἰ. 269, 4 μὴ ἔξωθεν εἶναι τὸ ἐνστησόμενον τῇ οἰ. 269, 26

οἰκονομικός οἰ. ἀρετὴ def. III 65, 35. 159, 40 ἠθικῆς ἰδέα 74, 17 ὁ αὐτὸς οἰ. τε καὶ πολιτικός 80, 15 οἰ. ὁ σπουδαῖος Z. I 53, 11. III 150, 18. 159, 38

ο κος φαῦλος οὐδεὶς προστάτης ἀγαθὸς οἰ. γίγνεται III 160, 1

οἶκτος οἰ., εἶδος λύπης, def. III 100, 43

οἰνομανής ὁ φίλοινος οἰ. III 167, 11

οἰνοφλυγία def. III 97, 20 ἕξεις μόνον τὰ νοσήματα καὶ ἀρρωστήματα οἷον οἰ. 25, 17

οἰνόω οἰ. μέν, οὐ μεθυσθήσεσθαι δὲ τὸν σπουδαῖον III 163, 14 τὸ μὲν οἰ. καὶ σπουδαίῳ προσῆκον, τὸ δὲ ληρεῖν ἀνοίκειον 179, 19 εἰ οἰ. ὁ σπουδαῖος, καὶ μεθυσθήσεται 179, 40

οἴομαι ὁ σοφὸς μηδὲ οἰ. μηδέν II 40, 24

οἰωνοσκοπικός τὸ οἰ. εἶδος τῆς μαντικῆς III 157, 16

ὄκνος def. III 98, 36. 39. 46. 101, 30 εἶδος τοῦ φόβου 96, 7. 98, 34. 101, 29

ὄλβιος ὁ. ὁ σπουδαῖος Z. I 53, 9. III 150, 16

ὀλιγοπραγμοσύνη ἀστεῖον III 176, 30

ὀλιγοπράγμων ὁ φρόνιμος ὁ. III 176, 29

ὀλιγοχρόνιος ἀρετῆς ὁ. οὐδὲν ὄφελος III 50, 28

ὁλοκληρία cf. ἀρτιότης
μαίνεσθαι τοὺς τὴν ὁ. τοῦ σώματος ἐν μηδενὶ ποιουμένους III 33, 30 ἡ τῶν αἰσθητηρίων ὁ. οὐδέν ἐστι πρὸς ἡμᾶς οὐδὲ συνεργεῖ πρὸς εὐδαιμονίαν οὐδέν 33, 38

ὅλον περὶ τοῦ ὁ. tit. l. Z. I 14, 35. 71, 29
οὔτε ἕτερον τοῦ ὁ. τὸ μέρος οὔτε τὸ αὐτό II 167, 15
τὸ ὁ. = χωρὶς τοῦ κενοῦ ὁ κόσμος II 167, 5. 8 ὁ. : τὸ πᾶν 167, 4 τὸ ὁ. πεπερασμένον 167, 13 τείνεσθαι εἰς ταὐτὸ καὶ κινεῖσθαι 173, 29 τὸ πῦρ ἄνωθεν ἄρχεσθαι διακοσμεῖν τὸ ὁ. Cl. I 111, 21 τοῦ ὁ. τὰ μέρη ἐν τοῖς καθήκουσι χρόνοις φύεται Cl. I 111, 24 ὁ τοῦ ὁ. διοικητής III 4, 6
ἀρχαὶ τῶν ὁ. δύο Z. I 24, 5. Cl. 110, 25 τὸν ἥλιον πλεῖστα συμβάλλεσθαι πρὸς τὴν τῶν ὁ. διοίκησιν Cl. I 112, 3 τὸν ἐν τῇ τῶν ὁ. οὐσίᾳ τόνον μὴ παύεσθαι Cl. I 111, 22 Ἡρακλῆς = ὁ ἐν τοῖς ὁ. τόνος Cl. 115, 16

ὄμβρος def. II 203, 1

ὁμιλητικός ὁ σπουδαῖος ὁ. III 160, 40

ὁμιλία σώφρων ὁ. ἀγαθὸν ἐν κινήσει III 26, 29 τινὰ μέλη τὴν διάνοιαν ἐπιτείνει πρὸς τὴν ὁ. καὶ τὴν ἁρμόττουσαν ἀναστροφήν Diog. III 228, 26

ὁμίχλη def. II 202, 40

ὄμνυμι vid. s. v. ὅρκος

ὁμογενής (opp. ἀνομογενής) λόγοι ἐξ ὁ. συνεστῶτες II 81, 31 αἱ ἀρχαὶ οὐκ ἐξ ἀνάγκης ὁ. τοῖς πράγμασι, τὰ δὲ στοιχεῖα ὁ. 134, 37

ὁμοδογματία συμφωνία ὁ. περὶ τῶν κατὰ τὸν βίον III 27, 3

ὅμοιος περὶ τῶν ὁ. tit. l. Sph. I 140, 7. Chr. II 9, 2
σώματος τὸ ὁ. καὶ τὸ ἀνόμοιον Cl. I 116, 35. 117, 10 ὁ. τοῖς γονεῦσι γινόμεθα Cl. 116, 33. 117, 8. 15

ὁμοιότης καθ᾽ ὁ. νοεῖταί τινα e. s. II 29, 12 rerum notiones fiunt, si aliquid cognitum est similitudine III 17, 28

ὁμοιώματα tit. l. A. I 78, 33. 88, 4. 7. 13. 17. 89, 6. 12. 18. 22. 31

ὁμολογία ἡ ὁ. = τέλος III 3, 23. 45, 26 ἡ ψυχὴ πεποιημένη πρὸς τὴν ὁ. παντὸς τοῦ βίου 11, 40 convenientia crescendi accessionem nullam habet 140, 36 ὁμολογούμενος ἡ ἀρετὴ = διάθεσις ὁ. III 48, 4 = λόγος ὁ. Z. I 50, 3. III 111, 16 pass. in def. ἀρετῆς. τὸ ἀγαθόν ἐστιν ὁ. Cl. I 127, 9 ὁ. βίος III 3, 24. 30, 28 ὁμολογουμένως ζῆν II 39, 5. III 5, 14. 6, 9 pass. ὁμολογουμένως ζῆν in def. τέλους pass. quid sit „convenienter congruenterque naturae vivere" expl. III 6, 3 sq. ὁ. τῇ φύσει ζῆν III 4, 12. 5, 18 pass.

ὁμομήτριος cf. ἀδελφός

ὁμονοέω οἱ σπουδαῖοι πάντες ὁ. ἀλλήλοις III 160, 16

ὁμόνοια περὶ ὁ. tit. l. Chr. III 201, 27

def. III 72, 9. 160, 15. 161, 8 ἐν μόνοις τοῖς σοφοῖς ὁ. γίνεται περὶ τῶν κατὰ τὸν βίον 161, 8 φιλία = ὁ. περὶ τῶν κατὰ τὸν βίον 166, 17 ὁ Ζεὺς εὐνομία καὶ δίκη καὶ ὁ. II 315, 10

ὁμοτικόν II 62, 2. 25

ὄν τὸ ὄν πνεῦμα κινοῦν ἑαυτὸ πρὸς ἑαυτὸ καὶ ἐξ ἑαυτοῦ ἢ πρόσω καὶ ὀπίσω II 152, 32 κατὰ σωμάτων μόνων λέγεται 117, 5 τὰ σώματα μόνα τὰ ὀ. 115, 11. 18. 167, 24 ὂν καὶ σῶμα τὸ αἴτιον 118, 3 ὄντος τὸ ποιεῖν τι καὶ πάσχειν 167, 24 τὸ τί γένος τοῦ ὀ. 117, 4

τῶν ὀ. τὰ μὲν ἀγαθά, τὰ δὲ κακά, τὰ δὲ οὐδέτερα Z. I 47, 20. III 28, 4. Diog. 218, 13

ὀνειροκριτικόν τὸ ὀ. εἶδος τῆς μαντικῆς III 157, 16

ὀνειροπολικόν somniorum coniectio = vis cernens et explanans, quae a diis hominibus significantur in somnis II 342, 17

ὄνειρος περὶ ὀ. disp. Ant. III 250, 9 ἀπὸ τῶν ὀ. ἕκαστον αὐτοῦ συναισθάνεσθαι προκόπτοντος Z. I 56, 14

ὄνομα cf. σημαῖνον
ὀ. in tit. Chr. II 5, 1. III 201, 4
φύσει τὰ ὀ. II 44, 40 φιλοσοφίας ἴδιον ἐξετάζειν, τί κοινὸν ὀ., τί ἴδιον 31, 30 ἐκ τῶν συλλαβῶν γεννᾶται τὸ ὀ. 45, 9 τὸ κατηγορούμενον ὀ. κατηγορεῖται 59, 27 ὀ. τι κατηγορηθέν 59, 30 τὸ ὀ. μέρος λόγου II 45, 1. Diog. III 213, 30. Ant. 247, 24

ὀνομάζομαι cf. σημαινόμενον
τὰ ὀνομαζόμενα II 114, 34

ὄνυξ III 187, 1. 9

ὀξύτης ὁ. διανοίας προηγμένον περὶ ψυχήν III 32, 42

ὀπίσθιος ὁ. τὰ πρὸς τῇ ἀνατολῇ II 176, 14

ὅρασις = πνεῦμα διατεῖνον ἀπὸ ἡγεμονικοῦ μέχρις ὀφθαλμῶν II 227, 29 ἐκ τῆς ὁ. προχεῖσθαί τινα εἰς τὸ σκότος αὐγήν 234, 9 ὁ. ἀπὸ τοῦ ἀέρος λαμβάνει τὸ φῶς Z. I 70, 2 τῆς ἀκοῆς ὀξυτέρα ἡ ὁ. II 203, 15

ὁράω τὸ ὁ. expl. II 233, 29. 35. Apollod. III 260, 35 διὰ τῆς τοῦ ἀέρος συνεντάσεως τὸ ὁ. γίνεται II 233, 12 τοῦ πνεύματος μὴ δι' ὅλου τοῦ κόσμου ὄντος συμφυοῦς, οὐχ οἷόν τ' ἂν ἦν ἡμῖν ὁ. 172, 41

ὄργανον : μόριον ἢ μέρος II 19, 2 sq.

ὀργή περὶ ὀ. l. Ant. III 257, 21
ὀ. = ἐπιθυμία τοῦ τιμωρήσασθαι τὸν δοκοῦντα ἠδικηκέναι παρὰ τὸ προσῆκον III 96, 14. 97, 23 = ἐπιθυμία τιμωρίας τοῦ δοκοῦντος ἠδικηκέναι οὐ προσηκόντως 96, 27 = ἐπιθυμία τιμωρίας τοῦ ἠδικηκέναι δοκοῦντος 96, 37 ὀ. ὑπὸ τὴν ἐπιθυμίαν ὑπάγεται 96, 3. 23 τὰ εἴδη τῆς ὀ. enum. 96, 4. 38 sqq. ὀ.: λύπη medic. doctr. 102, 27 ἡ ὀ. περὶ τὸν θώρακα γίνεται II 241, 2. 242, 5. 15. 250, 21 συναισθανόμεθα τῆς ὀ. καθ' ὃν ἡ καρδία τέτακται τόπον 240, 5

ὀ. δόξα καὶ κρίσις πονηρά, ὅλου τοῦ ἡγεμονικοῦ ῥοπή III 111, 33 proprium est irati cupere, a quo laesus videatur, ei quam maxumum dolorem inurere Dion. I 95, 34 τυφλὸν ἡ ὀ. καὶ οὐκ ἐᾷ ὁρᾶν τὰ ἐκφανῆ III 95, 1 τὴν κακολογίαν ἡ ὀ. φαίνεται ἀπογεννῶσα· ὥστε ἡ μήτηρ οὐκ ἀστεία A. I 89, 16 numquam sapiens irascitur Dion. I 95, 33. 96, 2 iram volunt St. penitus excidere III 108, 35 quid opus est ira, cum sine hoc affectu peccata corrigi possint 108, 37

ὀργίζομαι οἰκείως ἐκφέρεσθαι λέγονται οἱ ὀ. παρὰ τὸν ἴδιον λόγον III 128, 22 φωναὶ τῶν ὀ. 125, 27

ὀργιλότης differt iracundia ab ira III 103, 13 ὁ. εὐεμπτωσία 102, 34
ὀρέγομαι de nomine ὁ. III 108, 2
ὀρεκτέος ὀρεκτὸν : ὁ. III 22, 34 τὰ ὠφελήματα ὁ. 22, 37 ὀρέγεσθαι τὰ ὁ. 22, 38
ὀρεκτός τὸ ἔσχατον τῶν ὁ. τέλος λέγουσι III 3, 26 ἡ εὐδαιμονία τὸ ἔσχατον τῶν ὁ. 16, 28 ὁ. τἀγαθά 22, 36. 42
ὄρεξις = ὁρμὴ λογικὴ ἐπί τι ὅσον χρὴ ἥδον III 115, 37. 116, 18 = ὁρμὴ λογιστικὴ ἐπί τι ὅσον χρὴ ἥδοντος 108, 3 ὁ. λογικὴ κίνησις 108, 19 οὐκ ἔστι λογικὴ ὁρμή, ἀλλὰ λογικῆς ὁρμῆς εἶδος 40, 8 κατηγορημάτων αἱ ὁ. γίνονται 22, 39 ὁ. κριτήριον II 33, 7. B. III 265, 3
ὅ. ἐπιθυμίας διακρίνουσι III 108, 17 ἐπιθυμία ἄλογος ὅ: 95, 20. 37 ὅ. in def. ἐπιθυμίας pass. εὔλογος ὅ. in def. βουλήσεως pass. ἀστεῖόν τι ἡ ὅ. καὶ μόνου τοῦ σοφοῦ 108, 2 οὐ παρὰ τὴν ὁ. γίνεται τι περὶ τὸν σπουδαῖον 149, 27 τὸ εὐδαιμονεῖν τὸ ἔσχατον τῆς φυσικῆς ὁ. 6, 30
ὀρθά (sc. κατηγορήματα) περὶ ὁ. καὶ ὑπτίων tit. l. Chr. II 5, 35
ὀρθός ὁ. βίος vid. s. v. βίος, ὁ. λόγος s. v. λόγος, ὁ. κατηγόρημα s. v. κατηγόρημα
ὁρίζω in tit. Chr. II 6, 3. 8, 15
ὁρικός ὁ. στάσις Arch. III 263, 16
ὁρισμός cf. ὅρος
ὁ ὁ. τὸ διακεκριμένον δηλοῖ II 75, 17
ὁρκικόν II 58, 39. 60, 41
ὅρκος τὸν ὀμνύοντα ἤτοι εὐορκεῖν ἢ ἐπιορκεῖν καθ' ὃν ὄμνυσι χρόνον Cl. I 131, 27
ὁρμάω ἀφ' οὗ συμβαίνει ὁ. III 40, 16 ὁ. κατὰ τὸ ἡγεμονικόν II 246, 1 τὸ ὁ. καὶ τὸ συγκατατίθεσθαι ἐπὶ τῷ ζῴῳ εἶναι 286, 8 κατὰ τὴν εἱμαρμένην ὁ. τὰ ζῷα 295, 18 μήτε πράττειν μήτε ὁ. ἀσυγκαταθέτως III 42, 25. Ant. 246, 37 πλάσματα λέγειν τοὺς ἀξιοῦντας ὁ. μὴ εἴξαντας μηδὲ συγκαταθεμένους 42, 27 pass.
ὁρμή περὶ ὁ. tit. l. Z. I 14, 29. Cl. 107, 4. Sph. 139, 32. Chr. III 201, 29
ὁ περὶ ὁ. τόπος pars eth. III 3, 2
ὁ. πενταχῶς λέγεται 40, 14 ἰδίως καὶ

ἡ ὅρουσις ὁ. λέγεται 40, 12 ἕξις ὁρμητικὴ καὶ ἰδίως ὁ. λέγεται 40, 15
ὁ. = πρώτη ψυχῆς κίνησις II 150, 22 = φορὰ ψυχῆς ἐπί τι III 40, 6 = φορὰ διανοίας ἐπί τι καὶ ἀπό του III 92, 4 ἡ ὁ. συνίσταται κατὰ τὴν τοῦ νοῦ τονικὴν δύναμιν II 229, 15 ἡ λογικὴ ὁ. = φορὰ διανοίας ἐπί τι τῶν ἐν τῷ πράττειν III 40, 9 = τοῦ ἀνθρώπου λόγος προστακτικὸς αὐτῷ τοῦ ποιεῖν 42, 5
γενικωτάτη ἡ ὁ. πολλῶν εἰδῶν, ὥσπερ ἀφορμῆς καὶ ὁ. III 40, 23
ὁ. : ἀφορμή 40, 25 ὄρεξις : λογικὴ ὁ. 40, 8 ὁ. εἶναι ἐπὶ κατηγορήματα 40, 30 ὁ. κατηγορημάτων γίνονται 22, 40 ὁ. = σώματα II 230, 3
καθ' ὁ. καὶ φαντασίαν κινεῖται τὰ ζῷα II 205, 3 (ἡ καθ' ὁ. κίνησις vid. s. v. κίνησις) πᾶν ζῷον, ὡς ζῷον κινούμενον, κινεῖται τὴν καθ' ὁ. κίνησιν 285, 27 ἐν εἴδει θεωρεῖσθαι τὴν ἐν τοῖς λογικοῖς γινομένην ὁ. καὶ τὴν ἐν τοῖς ἀλόγοις ζῴοις III 40, 7 ὁ. καὶ φαντασίας τὰ ἄλογα ζῷα μετέχει II 205, 6 τὸ ἔμβρυον ὁ. καὶ ἀφορμὴν οὐκ ἔχει II 213, 31 τὴν πρώτην ὁ. τὸ ζῷον ἴσχει ἐπὶ τὸ τηρεῖν ἑαυτό III 43, 1 οὐ πρὸς ἡδονὴν γίνεσθαι τὴν πρώτην ὁ. τοῖς ζῴοις 43, 10 τοῖς ζῴοις τὸ κατὰ φύσιν τῷ κατὰ τὴν ὁ. διοικεῖσθαι 43, 17
nihil agi sine impetu potest III 75, 21 τὸ ἀφ' ἑαυτοῦ ποιεῖν = ἀπὸ ἰδίας ὁ. ποιεῖν ἢ ἀπὸ λογικῆς ὁ. II 161, 31 adpetitione ad agendum impellimur et id adpetimus, quod est visum II 35, 24 τῆς πρακτικῆς ὁ. εἴδη enum. III 41, 27 τῆς πρακτικῆς εἶδος ἡ ὅρουσις 40, 12 τὰς πρακτικὰς ὁ. καὶ τὸ κινητικὸν περιέχειν 40, 28 rationale animal nihil agit, nisi impetum cepit, deinde adsensio confirmavit hunc impetum 40, 18 τὸ κινοῦν τὴν ὁ. = φαντασία ὁρμητικὴ τοῦ καθήκοντος 40, 4 πρακτικὴν ὁ. οὐ παρίστησι φαντασία δίχα συγκαταθέσεως 42, 35 ὁ. non est sine adsensione II 35, 23 πᾶσαι αἱ ὁ. συγκαταθέσεις III 40, 27 ἡ συγκατάθεσις καθ' ὁ. οὖσα II 27, 6 ἐν τῇ ὁ. καὶ τῇ συγκαταθέσει τὸ ἐφ'

ἡμῖν II 286, 13. 19. 21 adpetitum esse in nostra potestate 273, 13. 283, 9 λανθάνειν ἡμᾶς ἀδήλους αἰτίας ἐπὶ θάτερα τὴν ὁ. ἀγούσας 282, 15

appetitio animi non ad quodvis genus vitae, sed ad quandam formam vivendi data III 4, 31 ἀδιάφορον = τὸ μήτε ὁ. μήτε ἀφορμῆς κινητικόν 28, 22. 29, 2. 18 ἀδιάφορον = πρὸς ὃ ὁ. μὲν καὶ ἀφορμὴ γίνεται, οὐ μᾶλλον δὲ πρὸς τόδε ἢ τόδε 29, 18 ἀδιάφορα λέγεσθαι οὗ πρὸς ὁ. καὶ ἀφορμήν 34, 25 τῶν ἀδιαφόρων τὰ μὲν ὁ. κινητικά, τὰ δὲ ἀφορμῆς, τὰ δὲ οὔτε ὁ. οὔτε ἀφορμῆς 29, 11 e. s. αἱρετὸν = τὸ ὁ. αὐτοτελοῦς κινητικόν 32, 12 καθ' αὐτὰ ληπτά = ὁ. κινητικὰ κατατρεπτικῶς ἐφ' ἑαυτά 34, 36 naturalis appetitio earum rerum, quae secundum naturam sunt 32, 17

τῶν καθ' ὁ. ἐνεργουμένων τὰ μὲν καθήκοντα, τὰ δὲ παρὰ τὸ καθῆκον, τὰ δὲ οὔτε καθήκοντα οὔτε παρὰ τὸ καθῆκον III 134, 29 ἔχει ὁ ἄνθρωπος ἀφορμὰς παρὰ τῆς φύσεως πρὸς τὴν τῶν ὁ. εὐστάθειαν 65, 2 τῆς σωφροσύνης ἴδιον κεφάλαιον τὸ παρέχεσθαι τὰς ὁ. εὐσταθεῖς 69, 12 ἡ σωφροσύνη περὶ τὰς ὁ. τοῦ ἀνθρώπου γίνεται 64, 17 ἐγκρατεύεται ὁ κατέχων τὰς παρὰ τὸν ὀρθὸν λόγον ὁ. 68, 2 οὐ παρὰ τὴν ὁ. γίνεσθαί τι περὶ τὸν σπουδαῖον 149, 28 φρονίμη ὁ. πᾶσι τοῖς φρονίμοις ὑπάρχει καὶ ἀεὶ 25, 1 ἄφρων ὁ. πᾶσι τοῖς ἄφροσι καὶ ἀεὶ 25, 5

οἱ κατὰ τὸν λόγον κινούμενοι κρατοῦσι τῶν κατὰ τὴν κίνησιν ὁ. III 127, 9. 14 φυσικὴ τῶν ὁ. συμμετρία 114, 2 συμμετρία ἐστὶν φυσικὴ ὁ. ἡ κατὰ τὸν λόγον 114, 14 ὁ. λογικὴ in def. ὀρέξεως pass. πλεονάζουσα ὁ. in def. πάθους pass. τὰ πάθη ὅλου τοῦ ἡγεμονικοῦ ὁ. III 111, 35 τὸ πάθος ἐν εἴδει τῆς ὁ. 92, 10 πλεονασμὸν λέγεσθαι ἐπὶ τῆς ὁ. παρὰ τὸν λόγον 114, 13. 130, 10 ὁ. ἄλογος 130, 14 τὸ πλεονάζον τῆς ὁ. in def. ἀλόγου Z. I 50, 10. III 111, 23 πλεονάζουσα ὁ. καὶ παρὰ φύσιν III 114, 16. 130, 12 ὁ πλεονασμὸς τῆς ὁ. expl. 114, 1. 130, 8 πλεοναζούσης ὁ. παράδειγμα

οἱ τρέχοντες σφοδρῶς 113, 17 δρομεῖς 'προεκφερόμενοι παρὰ τὴν ἐν τῷ τρέχειν ὁ. 128, 24 διὰ τοῦ λόγου μωλύονται αἱ ὁ. Cl. I 118, 20 μανία = ἄγνοια ἀκαταστάτους καὶ πτοιώδεις παρεχομένη τὰς ὁ. III 166, 30 ἡ ἐπὶ τὴν συστολὴν ὁ. ἀνίεται 117, 28

natura mundi adpetitiones sic adhibet ut nosmet ipsi Z. I 44, 18

cognitiones comprehensionesque rerum, e quibus efficiuntur artes, appetitionem movent Diog. III 218, 35 δύναται ἡ μουσικὴ ἀποστρέφειν τὴν ψυχὴν πρὸς ἄλλην ὁ. ἀπ' ἄλλης Diog. 224, 4

ὁρμητικός φαντασία ὁ. III 40, 5 ἕξις ὁ. 40, 15

ὀρνιθομανής III 130, 26. 167, 8

ὅρος περὶ ὁ. tit. l. Sph. I 140, 8. Ant. III 247, 28 ὁ. διαλεκτικοί l. Chr. II 4, 40. in tit. l. eth. Chr. II 8, 33—9, 6 ὁ. = ἰδίου ἀπόδοσις II 75, 19 pass. III 247, 35 = λόγος κατὰ ἀνάλυσιν ἀπαρτιζόντως ἐκφερόμενος Ant. III 247, 27 πότερον τὰ κατὰ τοὺς ὁ. ἐναντία II 50, 18 τοῦ καθολικοῦ τῇ συντάξει διαφέρει 74, 35 ἐπὶ πάντα τὰ εἴδη τοῦ ἀποδιδομένου διήκει 74, 41 ὁ. ἐν ἁρμονικῇ πλείστους εἶναι Diog. III 233, 19 ὁ. pass.; e. gr. III 30, 22

ὅρουσις = φορὰ διανοίας ἐπί τι μέλλον III 40, 13 καὶ τὴν ὁ. ὁρμὴν λέγουσι, τῆς πρακτικῆς ὁρμῆς οὖσαν εἶδος 40, 12

ὀρρωδία def. III 99, 11

ὀρτυγομανία εἶδος τῆς μανίας III 167, 6

ὅσιος cf. εὐσεβής

τὸ ἀγαθὸν ὁ. Cl. I 127, 4 οἱ τῶν θείων ἐπιστήμονες ὁ., οἱ δὲ ὕ. θεοφιλεῖς III 153, 29 ὁ. οἱ σπουδαῖοι 157, 28

ὁσιότης = ἐπιστήμη παρεχομένη πιστοὺς καὶ τηροῦντας τὰ πρὸς τὸ θεῖον δίκαια III 67, 14 = δικαιοσύνη πρὸς θεούς II 304, 22. III 165, 41 in deos caerimonias religionesque non metu, sed ea coniunctione, quae est homini cum deo, conservandas III 84, 36 ὄσφρησις = πνεῦμα διατεῖνον ἀπὸ τοῦ ἡγεμονικοῦ μέχρι μυκτήρων II 227, 30 = τὸ διῆκον τῆς ψυχῆς εἰς ῥῖνας 238, 36 μεταξὺ ἀέρος καὶ ὑγροῦ τὸ τῆς ὀ. ἐστιν αἰσθητόν 231, 40 τὸ ἀτμῶδες ἀλλοιοῦται ὑπὸ τῶν ὀσφρητῶν 232, 7

οὐδέτερος τῶν ὄντων τὰ μὲν ἀγαθά, τὰ δὲ κακά, τὰ δὲ οὐ., οὐ. = ὅσα μήτε ὠφελεῖ μήτε βλάπτει III 28, 5 e. s. Apollod. 261, 7 τῶν ἀδιαφόρων τὰ μὲν προηγμένα, τὰ δ᾽ ἀποπροηγμένα, τὰ δ᾽ οὐδετέρως ἔχοντα III 31, 28. 32, 24 neutra in mediis relinquebat, in quibus ponebat nihil omnino esse momenti Z. I 48, 1 οὔτε προήχθη οὔτε ἀποπροήχθη τὰ οὐ. ἔχοντα III 31, 9 οὐ. in def. φρονήσεως, ἀφροσύνης etc. 63, 24 sqq. τῶν ἐνεργημάτων τὰ μὲν οὐ. 136, 19

ἡ διαλεκτικὴ ἐπιστήμη ἀληθῶν καὶ ψευδῶν καὶ οὐ. II 18, 26. 38, 3. 7 pass. οὐ. κατηγορήματα 59, 20

οὐρανός = αἰθέρος τὸ ἔσχατον Z. I 33, 28 τοῦ αἰθέρος τὸ αὐγοειδὲς οὐ. γεγονέναι II 198, 11 πύρινος ὁ οὐ. Z. I 33, 31 πρὸς τὴν φαντασίαν δέχεται τὸ ἀναπεπταμένον τοῦ οὐ., οὐ κατὰ τὴν ὑπόστασιν Β. III 267, 4 οὐ. περιέχει πάντα πλὴν αὐτοῦ Z. I 33, 29 τὸ κενὸν περιέχει τὸν οὐ. Z. I 26, 17 ἔξω τοῦ οὐ. εἶναι κενόν τι Z. I 26, 32. 34 κύκλοι ἐν τῷ οὐ. πέντε enum. II 196, 18 caelum non directe, sed circuitu circumfertur II 176, 40 ἡ γῆ ἀναπέμπει τροφὴν τῷ οὐ. 178, 29 πατὴρ ἔδοξεν οὐ. ὑπάρχειν, διὰ τὸ τὰς τῶν ὑδάτων ἐκχύσεις σπερμάτων ἔχειν τάξιν 300, 17

ὁ οὐ. τὸ ἡγεμονικὸν τοῦ κόσμου II 194, 13 οὐσία θεοῦ ὁ ὅλος κόσμος καὶ ὁ οὐ. Z. I 43, 7 Iuppiter caelum Z. 43, 30 exsectum Caelum a filio Saturno cur finxerint expl. II 313, 15 aequabilitate motus conversionumque caeli in animis hominum deorum notiones informatas esse Cl. I 119, 24 constantia caeli Cl. 119, 31 λέγουσι τὸν οὐ. κυρίως πόλιν III 80, 41

οὐρέω III 187, 21

οὐσία περὶ οὐ. tit. l. Z. I 24, 9. Chr. III 201, 46. Ant. 249, 9
οὐ. καλεῖται διχῶς Z. I 25, 2. II 114, 19 οὐ. def. Z. I 24, 28. II 114, 32 silva : essentia Z. I 24, 20. II 114, 22 ἡ οὐ. = ἡ ὕλη II 170, 23 πρώτη οὐ. = πρώτη ὕλη II 115, 36
τὸ πάσχον ἡ ἄποιος οὐ., ἡ ὕλη Z. I 24, 7. Cl. 110, 27. II 111, 9. Arch. III 263, 23 ἡ τῶν ὄντων οὐ. ἀκίνητος ἐξ αὑτῆς καὶ ἀσχημάτιστος II 112, 39 essentia prima rerum omnium silva, suapte natura sine vultu et informe Z. I 24, 21 τῷ ἀορίστῳ ἀναφέρουσι τὴν οὐ. II 113, 28 ἄποιος ἡ πρώτη οὐ. II 127, 17 ἄποιος ἡ οὐ., οὐχ ὅτι πάσης ἐστέρηται ποιότητος, ἀλλ᾽ ὅτι πάσας ἔχει 126, 40 τὰ τέτταρα στοιχεῖα εἶναι ὁμοῦ τὴν ἄποιον οὐ., τὴν ὕλην 180, 7 τὴν οὐ. ταῖς ποιότησιν ὑφεστάναι 126, 30 τοῖς γινομένοις ὑφεστάναι 184, 39 δύο ἡμῶν ἕκαστός ἐστιν ὑποκείμενα, τὸ μὲν οὐ., τὸ δὲ ποιότης 214, 30
σῶμα ἡ οὐ. II 170, 23. Ant. III 249, 8. Apollod. 259, 16 μία οὐ. ἡ αἰσθητή II 116, 39 οἱ Στ. αἰτιώμενοι τοὺς ἐκ μὴ οὐ. οὐ. ποιοῦντας 113, 42
ὑπερβαλλούσῃ δυνάμει χρωμένη συνέχει ἑαυτήν II 172, 3 ἡνῶσθαι τὴν ὅλην οὐ. ἑαυτῇ 140, 7. 170, 23 ἡ οὐ. ἡνωμένη 115, 8. 35 ἡνῶσθαι τὴν κατὰ τὸν κόσμον οὐ. ἅπασαν 172, 24 ἡνῶσθαι τὴν σύμπασαν οὐ. πνεύματος δι᾽ αὐτῆς διήκοντος 154, 7 ἡ εἰς τὸ εἴσω κίνησις ἑνώσεως καὶ οὐ. ἀποτελεστική 149, 2. 9 ἡ οὐ. ταῖς εἰς τὸ ἑαυτῆς μέσον καὶ ταῖς ἀπὸ τοῦ ἑαυτῆς μέσον διοικεῖται καὶ συνέχεται κινήσεσι 174, 27

ἡ οὐ. πεπερασμένη II 115, 41. Ant. III 249, 8. Apollod. 259, 16 essentia finita unaque ea communis omnium, quae sunt, substantia Z. I 25, 8

ἡ οὐ. ἁπλῆ II 115, 40 ἡ οὐ. τομὴ εἰς ἄπειρον Apollod. III 259, 19 essentia dividua et usque quaque mutabilis Z. I 25, 10

παθητὴ ἡ οὐ. II 115, 3. 158, 21. Apollod. III 259, 18 διόλου τρεπτὴ III 165, 12 ἀναδέχεται τὰς μεταβολὰς πάσας II 185, 1 πᾶσαν μεταβολὴν ἐπιδέχεται καὶ σύγχυσιν II 152, 36 ἡνῶσθαι καὶ ἠλλοιῶσθαι τὴν ὑποβεβλημένην οὐ. γενέσει καὶ φθορᾷ II 216, 16 τὰς οὐ. κεράννυσθαι δι' ὅλων ἀλλήλαις Z. I 26, 6. 8. II 151, 8 καὶ τὰς οὐ. αὐτὰς δι' ἀλλήλων ἰέναι II 135, 39 διὰ πάσης οὐ. πεφοιτηκέναι τὸν θεόν Z. I 42, 12

κόσμος = ὁ θεὸς ὁ τῆς ἁπάσης οὐ. ἰδίως ποιός II 168, 6. 169, 17 ἐκ τῆς πρώτης οὐ. ὁ κόσμος καὶ τὰ ἐπὶ μέρους εἴδη γέγονε 127, 17 ἡ τοῦ ὅλου διακόσμησις ἐκ τῆς οὐ. Z. I 28, 16 κατ' ἀρχὰς ὁ θεὸς τρέπει τὴν πᾶσαν οὐ. δι' ἀέρος εἰς ὕδωρ Z. I 28, 24 ἡ οὐ. μεταβάλλει οἷον εἰς σπέρμα τὸ πῦρ Z. I 32, 4. 7. Cl. 115, 1. II 183, 42. 184, 12 ἄλλοτε εἰς πῦρ χεομένη, ἄλλοτε εἰς κοσμογονίαν ὁρμῶσα II 172, 4 εἰς πῦρ ἀναλυομένη ἡ οὐ. μυριοπλασίονα τόπον καταλαμβάνει 171, 25 ἀεὶ ῥεῖ καὶ φέρεται μήτ' αὐξόμενον μήτε μειούμενον 214, 32 οὐ. πᾶσα ἀΐδιος καὶ οὔτε πλείων γινομένη οὔτε ἐλάττων Z. I 24, 29 οὔτε τῆς οὐ. ἀρχὴ κἀνάπαυσις οὔτε τοῦ διοικοῦντος αὐτήν II 184, 38 ὁ ἐν τῇ τῶν ὅλων οὐ. τόνος οὐ παύεται Cl. I 111, 22 ἡ οὐ. τὸν μέσον κατειληφυῖα τόπον II 174, 13. 22

ἐν ταῖς οἰκείαις οὐ. ὑπαλλαττομέναις κατὰ τὰς ποιότητας γίνεται τὸ πλῆθος τῶν ἀρετῶν III 63, 3

ὁ σοφὸς εἰ τὴν μεγίστην οὐ. ἀποβάλοι, δραχμὴν μίαν ἐκβεβληκέναι δόξει III 36, 35. 39 de diligentia rei familiaris discept. Chr. cum A. 9, 13

οὖτις ἀνυπόστατα τῇ διανοίᾳ τὰ οὔ. II 117, 15

οὔ. (sophisma) in tit. Chr. II 8, 14. 16 qualis sit *ill.* 91, 2 γίνεται παρὰ τὴν ἄγνοιαν τοῦ μὴ πᾶσαν οὐσίαν „τόδε τι" σημαίνειν 91, 29 e. 92, 10

οὗτος τὸ „τοῦτο", δεικτικὸν ὑπάρχον, ὅν τι σημαίνει II 65, 27

ὄφελος τὸ τὶ ὄ. = ἀγαθόν III 19, 22

ὀφθαλμός πνεύματα ἀπὸ τοῦ ἡγεμονικοῦ διατείνει εἰς ὀ. II 226, 9 ὄψις = τὸ διῆκον τῆς ψυχῆς εἰς ὀ. 238, 36 οὐκ ὀ. ὁρᾶν, ἀλλὰ νοῦν δι' ὀ. 232, 26

ὀχληρός ἡ ἀρετὴ καταφρονοῦσα καὶ τῶν δοκούντων ὀ. III 13, 22

ὄχλησις *def.* III 100, 29

ὄψις περὶ ὄ. tit. l. Z. I 14, 34

ὄ. = τὸ διῆκον τῆς ψυχῆς εἰς ὀφθαλμούς II 238, 36 ἐπὶ τῆς ὄ. τὰ τῆς τονικῆς κινήσεως ἐστί 233, 17 ἡ αἴσθησις γίνεται καθάπερ τῇ ἁφῇ διὰ βακτηρίας 233, 15. 39 spiritus porrectus et veluti patefactus candida esse denuntiat, confusus atra 233, 4 προχέονται ἐκ τῆς ὄ. ἀκτῖνες πύριναι, οὐχὶ μέλαιναι 233, 33 φωτοειδέστατον τὸ τῆς ὄ. ὄργανον, ὡς ἂν μόνον αὐγῆς αἰσθανόμενον 231, 36 αὐγοειδεῖ μέλλοντι τῷ κατὰ τὴν ὄ. αἰσθητηρίῳ γενήσεσθαι τὸ πνεῦμα πλεῖστον ἀπὸ τῆς ἀρχῆς ἐπιπέμπεται 232, 15 neque valde adplicata visui nec nimium distantia clare videri 232, 36 νυττόμενος ὑπὸ τῆς ὄ. ὁ ἀὴρ σχηματίζεται εἰς κῶνον 233, 12

St. visum deum vocant II 233, 9 τῶν πρὸς ὄ. ἐπιτερπνῶν ἀπείργει τοὺς πολίτας Χρ. III 180, 10

ὀψομανής III 167, 11

ὀψοφάγος II 128, 45

Π

παγκράτιον III 150, 32

πάθημα πρῶτα αἰσθητὰ ἐν τοῖς ἡμετέροις σώμασι τὰ π., δεύτερα τὰ τούτων ποιητικά II 27, 33

παθητικός π. μόριον II 59, 19
π. τὸ ξηρὸν καὶ τὸ ὑγρόν II 134, 8 π. στοιχεῖα γῆ καὶ ὕδωρ 137, 39

τὸ π. τὸ αὐτὸ τῆς ψυχῆς μέρος, ὃ διάνοιαν καὶ ἡγεμονικὸν καλοῦσι III 111, 19 οὐ φύσει ψυχῆς τοῦ λογικοῦ διακεκριμένον Z. I 50, 4. III 111, 17

ἡ π. φλεγμονή III 118, 30

παθητός π. αἴτιον : δραστήριον II

111, 20 π. ἡ οὐσία II 115, 3. 158, 21. Apollod. III 259, 18

πάθος περὶ π. tit. l. Z. I 14, 30. H. 91, 10. Sph. 139, 33. Chr. III 110; 39 pass.

ὁ περὶ π. τόπος pars eth. III 3, 3 Chr. in animi perturbationibus partiendis et definiendis occupatus est; illa eius perexigua oratio, qua medeatur animis 132, 13 τὸ π. λέγεσθαι ἀπὸ τῆς τοῦ σώματος πρὸς ψυχὴν ἀναλογίας 121, 2

π. = ὁρμὴ πλεονάζουσα Z. I 50, 21. 26. III 92, 5. 95, 15. 99, 33. 113, 14. 130, 8 = ὁρμὴ σφοδρὰ ἢ ὁρμὴ ἄλογος III 94, 4 = ὁρμὴ ἐκφερομένη καὶ ἀπειθὴς λόγῳ 92, 6 = ὁρμὴ πλεονάζουσα καὶ ἀπειθὴς τῷ αἱροῦντι λόγῳ Z. I 50, 32. 34. III 92, 11 = κίνησις ψυχῆς ἀπειθὴς τῷ λόγῳ III 114, 36 = motus vel rationis expers vel rationi non oboediens 93, 35 = κίνησις παρὰ φύσιν 126, 25 = κίνησις ψυχῆς ἄλογος καὶ παρὰ φύσιν Z. I 50, 21. 25 sqq. III 92, 11. 95, 14. 99, 32. 113, 14 = τῆς ψυχῆς κίνησις παρὰ φύσιν ἄλογος III 92, 11. 116, 26 = πτοία 92, 13 = πτοία ψυχῆς Z. I 51, 2. 4 τῶν π. τὰ ἀνωτάτω γένη τέτταρα enum. Z. I 51, 32 π. sunt genere quattuor, partibus plura III 93, 10. enum. 93, 34 γενικὰ π. enum. III 92, 16. 93, 11. 94, 6. 95, 15. 99, 34. 108, 26 τῶν π. τὰ μὲν πρῶτα, τὰ δὲ εἰς ταῦτα τὴν ἀναφορὰν ἔχει 92, 15 e. s. τὰ μὲν ἐμφαίνει τὸ ἐφ' ᾧ γίνεται, τὰ δὲ τὴν ἰδιότητα τῆς κινήσεως e. s. 96, 11

τὸ π. ἐν εἴδει τῆς ὁρμῆς III 92, 9 οἰκείως τῷ τῶν π. γένει ἀποδίδοται ἡ πτοιά 127, 30 π.: morbi et aegrotationes 104, 21 εὐεμπτωσία = εὐκαταφορία εἰς π. 102, 34 π.: vitia 104, 21

ἅπαντα τὰ π. συνίσταται κατὰ τὴν καρδίαν Z. I 51, 28. Cl. 130, 14. II 236, 30 περὶ τὸν θώρακα καὶ τὴν καρδίαν II 255, 14 περὶ τὸν θώρακα γίνεται καὶ μάλιστα καθ' ὃν ἡ καρδία τέτακται τόπον II 240, 3. 242, 6. 16 εἶναι τὰ π. πάντα τοῦ ἡγεμονικοῦ τῆς ψυχῆς III 92, 12 τὰ π. ὅλου τοῦ ἡγεμονικοῦ ῥοπαὶ καὶ εἴξεις καὶ ἐνέργειαι III 111, 32 τὸ αὐτὸ τῆς ψυχῆς μέρος, ἡγεμονικόν, διόλου τρεπόμενον καὶ μεταβάλλον ἐν τοῖς π. Z. I 50, 7. III 111, 20 ἔνθ' ἂν ᾖ τὰ π. τῆς ψυχῆς, ἐνταῦθα καὶ τὸ λογιζόμενον II 236, 32 αἰτίαι τῶν π. αἱ περὶ τὸ πνεῦμα τροπαὶ II 215, 15 an affectus corpora sint III 20, 43 τὰ π. σώματα II 230, 3. III 21, 4 αἰσθητὰ σὺν τοῖς εἴδεσι III 21, 31

perturb. in hominibus solum existunt III 104, 28 ὅμοιοι τοῖς γονεῦσι γινόμεθα κατὰ τὴν ψυχὴν τοῖς π. Cl. I 116, 34. 117, 9 τὰ π. οὐκ ἐν τοῖς ἀλόγοις ζῴοις συνίσταται III 104, 29. 127, 24 μήτ' ἀψύχῳ τινὶ μήτ' ἀλόγῳ ζῴῳ π. ἐγγίνεται ψυχικόν 114, 29 εἰς π. τὰ παιδία οὐκ ἐμπίπτει 127, 35. 128, 1

κρίσεις τινὰς εἶναι τοῦ λογιστικοῦ τὰ π. III 113, 2 κρίσεις 110, 38. 115, 4 κρίσεις καὶ οὐκ ἐπιγινόμενά τινα ταῖς κρίσεσι 112, 36 δόξαι καὶ κρίσεις πονηραί 111, 32 opiniones et iudicia levitatis 93, 14 πάντα τὰ τῆς ψυχῆς π. δόξαι 92, 21 causa omnis in opinione 93, 32 omnes perturb. iudicio fiunt et opinione 92, 32 ἐκ τῶν ψευδῶν ἐπιγίνεται ἡ διαστροφὴ ἐπὶ τὴν διάνοιαν, ἀφ' ἧς πολλὰ π. βλαστάνει 99, 31 τὰ π. τοῦ λόγου διαστροφαὶ καὶ κρίσεις ἡμαρτημέναι Z. I 51, 16. III 93, 17 οὐ τὰς κρίσεις αὐτάς, ἀλλὰ τὰς ἐπὶ ταύταις ἀλόγους συστολὰς καὶ ταπεινώσεις καὶ δήξεις ἐπάρσεις τε καὶ διαχύσεις εἶναι τὰ τῆς ψυχῆς π. Z. I 51, 19. 23 τὸ π. = λόγος πονηρὸς καὶ ἀκόλαστος, ἐκ φαύλης καὶ διημαρτημένης κρίσεως σφοδρότητα προσλαβούσης Z. I 50, 11. III 111, 24 τὰ ἐπιγινόμενα π. ἐκκρούει τοὺς λογισμούς III 95, 3 ἄνευ λόγου καὶ κρίσεως τὰ π. γίνεται 115, 3 οὐ πᾶσα κρίσις π., ἀλλὰ ἡ κινητικὴ ὁρμῆς βιαίου καὶ πλεοναζούσης 93, 25 π. nulla naturae vi commoventur 93, 14 αἱ ἄλογοι κινήσεις π. λέγονται καὶ παρὰ φύσιν εἶναι 127, 18 perturbationes opinionis iudicio suscipi et omnium

matrem esse immoderatam quandam intemperantiam Z. I 51, 11   omnium p. fons intemperantia III 92, 24
γίνεται τὰ π. δι' ὑπόληψιν ἀγαθοῦ καὶ κακοῦ III 94, 7. 106, 29   duae perturbationes sunt ex opinione boni 93, 37. 94, 17. 22. 108, 27   duae ex opinione malorum 93, 42. 94, 17. 23. 108, 28 τοῖς ἡδονὴν τἀγαθὸν καὶ τέλος τιθεμένοις ἀνομολογούμενόν ἐστι πᾶν π. 125, 8
omnes perturb. ex aspernatione rationis eveniunt III 104, 27   πάντες οἱ ἐν τοῖς π. ὄντες ἀποστρέφονται τὸν λόγον 94, 36   τῆς ἐν τοῖς π. ἀλογιστίας ee. 129, 33   διὰ τοῦ λόγου μωλύνονται τὰ π. Cl. I 118, 20   δύναμιν περιβεβλῆσθαι φρόνησιν π. σβεστήριον III 179, 23   τὰ π. ἐν ταῖς τῶν ἀστείων οὐκ ἐγγίνεται ψυχαῖς 116, 29 sapiens perturb. semper vacabit 93, 15   πᾶν π. ἁμαρτία 119, 25   οὐκ ἀναγκαῖα κακὰ τὰ π. πάντα 27, 17 πᾶν π. ἐπίληπτον 109, 2   perturb. voluntarias esse Z. I 51, 11
St. affectus expellunt III 108, 23. 25 affectus exstirpari posse radicitus, si bonorum malorumque opinio falsa tollatur 108, 30. 109, 8   τῆς παθητικῆς φλεγμονῆς ἀνιεμένης ὁ λόγος παρεισδύεται καὶ παρίστησι τὴν τοῦ π. ἀλογίαν 118, 30   τῷ χρόνῳ παύεται τὰ π., καίτοι τῆς δόξης διαμενούσης 117, 17 sqq.   οὐ περιεργάζεσθαι ἐν τῷ καιρῷ τῆς φλεγμονῆς τῶν π. τὸ προκαταλαβὸν δόγμα 125, 1   τὰς ἐπιτάσεις καὶ τὰς σφοδρότητας τῶν π. οὐ γίνεσθαι κατὰ τὴν κρίσιν 119, 29 loci poëtarum referuntur εἰς τὴν μεταβολὴν τῶν π. 119, 1   ἂν τρία ᾖ γένη τῶν ἀγαθῶν, καὶ οὕτω θεραπευτέον τὰ π. 124, 38
φαντασία = π. ἐν τῇ ψυχῇ γινόμενον II 21, 24   ἡ φαντασία γίνεται ἢ τῶν ἐκτὸς ἢ τῶν ἐν ἡμῖν π. 25, 2
τὸ ἐρωτικὸν π. vid. s. v. ἔρως (ἐρωτικός)

παιδαγωγία caedi discentis non improbat Chr. III 184, 12 chironomia in praeceptis de liberorum educatione 184, 17

παιδαγωγός τὸ πείθεσθαι τοὺς παῖδας τοῖς π. ἐν τοῖς μέσοις καθῆκον III 135, 16
παιδεία περὶ τῆς Ἑλληνικῆς π. tit. l. Z. I 14, 33
τοὺς νέους χρὴ παιδεύειν ἐπισκώπτοντας A. I 88, 19   τὴν ἔννομον καὶ σπουδαζομένην μουσικὴν συνταχθῆναι ἕνεκα τῆς τῶν ἐλευθέρων π. Diog. III 224, 29   αὐτὴ καθ' ἑαυτὴν ἡ σύνεσις τοῦ ἁρμονικοῦ καὶ τοῦ ῥυθμικοῦ πρὸς τὴν π. χρήσιμος Diog. 221, 31 οὐχ εὑρεθῆναι πρεπωδεστέραν ἐλευθέροις π. τοῦ ᾆσαι, κιθαρίσαι, χορεῦσαι Diog. 230, 26
ἐγκύκλιος π. s. v. ἐγκύκλιος
παιδεύω cf. παιδεία, παιδίον, παῖς
ὁ πεπαιδευμένος ἐν πλούτῳ καὶ ἐν πενίᾳ οὐ ταράττεται A. I 89, 20   ὁ π. III 145, 8
παιδικόν ἀδιάφορον ἀρρενομιξία Z. I 59, 9. Cl. 132, 13   τοῖς π. χρῆσθαι ἀκωλύτως Z. 59, 30   διαμηρίζειν μηδὲν μᾶλλον μηδὲ ἧσσον π. ἢ μὴ π. μηδὲ θήλεα ἢ ἄρρενα Z. 59, 13   π. ἀεὶ ἐχρήσατο Z. I 58, 36
παιδίον cf. παῖς, τέκνον
τὰ π. οὐδέπω συμπεπλήρωκε τὸν λόγον III 128, 3. 7   τὰ π. κἂν προσηκόντως παιδεύηται, πάντως ἐξαμαρτάνει τι 54, 43   κἂν ὑπὸ φιλοσόφῳ τρέφηται μόνῳ καὶ μηδὲν θεάσηται παράδειγμα κακίας, ὅμως οὐκ ἐξ ἀνάγκης φιλοσοφήσει 54, 48   τοῖς π. τῶν παθῶν μετέχειν οὐ συγχωροῦσι 127, 35   τὰ π. οὔτε εἰς πάθη οὔτε εἰς ἀρρωστήματα καὶ νοσήματα τῆς ψυχῆς ἐμπίπτει 128, 2   τὰ π. τὸν φόβον τῶν φαύλων οὐ πάσχει 128, 10   τὸ τῶν π. ἀμνησίκακον 128, 13
παιδογονία ἀδιάφορον III 39, 5
παιδοποιοῦμαι τὸν σοφὸν π. Z. I 62, 21. III 172, 19   π. ἀκολουθεῖ τῇ τοῦ λογικοῦ ζῴου καὶ κοινωνικοῦ φύσει III 172, 19
παιδοτροφία ἀδιάφορον III 39, 2
παῖς cf. παιδίον, τέκνον
οὔπω τοὺς π. ἡ φύσις λογικοὺς πεπαίδευκε III 138, 19   μηδέπω οἱ π. λογικοί, διὸ μηδὲ δίκαιοι μηδὲ ἄδικοι 143, 28   καὶ οἱ νήπιοι π. οὐκ ἀπὸ λογι-

κῆς ἕξεως πολλὰ πράττουσι καὶ λέγουσι ὧν οἱ λογικοί 138, 18 μεταβάλλοντες δὲ εἰς τὸ λογικὸν εὐθύς εἰσι κακοί, ἀλλ' οὐ γίνονται 143, 31 περὶ τῆς τῶν π. διοικήσεως disp. 54, 24 sqq. τὸ πείθεσθαι τοὺς π. τοῖς παιδαγωγοῖς ἐστι καθῆκον ἐν τοῖς μέσοις 135, 15 αἱ τῶν π. ἐπιδρομαί cum affectibus comp. 111, 36
λόγον ἔχει τὰ λογικὰ π. γεννωμένων II 333, 30 πάντας π. στέρξουσιν οἱ σοφοὶ πατέρων τρόπον III 183, 11 δεῖν μίγνυσθαι ταῖς μητράσι τοὺς π. 185, 37
ἡ τῶν π. ἀγωγή vid. s. v. ἀγωγή
παλαίωσις μῆνις = ὀργὴ εἰς π. ἀποτεθειμένη III 96, 16. 41
παλιγγενεσία ab igne animante ac deo renovatio mundi fit II 183, 19 ea enarratur 189, 7 τὸν αὐτὸν ἐμὲ πάλιν γίνεσθαι ἐν τῇ π. 191, 2 ἐκπύρωσις καὶ π. 187, 8 τὰς π. τοῦ κόσμου κατέλιπεν B. III 265, 22
πάλσις ἡ ἐν τοῖς φόβοις π. τῆς καρδίας II 247, 36
πᾶν cf. κόσμος
τὸ π.: τὸ ὅλον II 167, 4 π. = ὁ κόσμος μετὰ τοῦ κενοῦ 167, 8 = τὸ σὺν τῷ κενῷ 167, 5 τὸ π. λέγεται ὅ τε κόσμος καὶ καθ' ἕτερον τρόπον τὸ ἐκ τοῦ κόσμου καὶ τοῦ ἔξωθεν κενοῦ σύστημα Apollod. III 260, 24 τὸ π. ὑπάρχει τὰ τέσσαρα, πῦρ, ὕδωρ, ἀήρ, γῆ II 137, 14 τὸ π. ἡνῶσθαι πνεύματος διήκοντος 145, 16 ὑπὸ τοῦ πνεύματος συνέχεται καὶ συμπαθές ἐστιν αὐτῷ 154, 9 ἡ τοῦ π. ἕνωσις καὶ συμπάθεια πρὸς αὑτὸ ἤρτηται ἐκ τοῦ σῶμα χωρεῖν διὰ σώματος 156, 15 ἐντὸς τοῦ π. μηδὲν κενόν, ἐκτὸς δ' αὐτοῦ ἄπειρον Z. I 26, 25 τὸ π. ἄπειρον II 167, 13 οὔτε σῶμα οὔτε ἀσώματον 167, 22 μήτε μένον μήτε κινούμενον 167, 26 μήτ' ἔμψυχον μήτ' ἄψυχον 167, 27 οὔτε μέρος οὔτε ὅλον 167, 30 οὔτε τοῦ π. αἴτιον οὔτ' ἄλλου τὸ π. 168, 1 ingenitum ac sempiternum Cl. I 114, 11 κάλλιστον κατὰ φύσιν ἀπειργασμένον ἔργον καὶ ζῷον ἔμψυχον, νοερὸν καὶ λογικόν Z. I 32, 29 de conflagratione τοῦ π. Cl. I 111, 16

ἐξ ἑνὸς π. γίνεται καὶ ἐκ π. ἓν συγκρίνεται Cl. I 111, 27
πανσέληνος cf. σελήνη
ταῖς π. τὰς γυναῖκας εὐτοκωτάτας εἶναι II 212, 35. 40
παρά οἱ οὐ π. ἑαυτοῖς ὄντες III 125, 18 π. c. accus. e. gr. III 22, 21. 22 pass.
παράδειγμα def. Z. I 23, 32
παραδέχομαι ψευδῆ φαντασίαν π. II 40, 30. 41, 1
παραδιεζευγμένον def. II 72, 10. 24
παραδιαζευκτικός ὁ „ἤ" σύνδεσμος II 71, 41
παράδοξος sunt Socratica pleraque mirabilia St., quae π. nominantur III 156, 10 δόγματα καλούμενα π., τῷ σοφῷ πλεῖστα ὅσα προσάπτοντα μετά τινος ἀποδείξεως ἢ φαινομένης ἀποδείξεως 146, 4. 26 ὁ σοφὸς οὐδὲν θαυμάζει τῶν δοκούντων π. 163, 8
παράδοσις π. τῆς φιλοσοφίας II 16, 28. 17, 1
παραδοχή ἡ τῶν ὀρθῶν λόγων π. III 170, 31
παράθεσις = σωμάτων συναφὴ κατὰ τὰς ἐπιφανείας II 153, 2 καθ' ἁρμὴν expl. 154, 10 π. expl. 221, 15 τὰς κράσεις μὴ κατὰ π. γίνεσθαι 157, 38 οὐ κατὰ π. ἐν σώματι ἡ ψυχή 220, 25. 40
παραίνεσις ἡ π. πρὸς τὸν μέσον, τὸν μήτε φαῦλον μήτε σπουδαῖον, γίνεται III 139, 38 τῷ νηπίῳ π. χρεία 140, 3 πρόσταξις: ἀπαγόρευσις: ἐντολή: π. 139, 36
παραινετικός παρῃτεῖτο τὸν π. τόπον A. I 80, 23. 31
παραινέω τῷ τελείῳ π. οὐχὶ δεῖ III 140, 1
παρακαταθήκη π. ἀπόδοσις ὅταν μὴ ἀπὸ γνώμης ὑγιοῦς γίνηται, καθῆκον ἔργον οὐ δεόντως ἐπιτελεῖται III 138, 25 iuste depositum reddere: depositum reddere 135, 42
παράκειμαι τὰ π. τοῖς ἀγαθοῖς, ὠφελήματα III 22, 37. 154, 7 τὰ π. τοῖς κακοῖς, βλάμματα 154, 8
παρακολουθέω π. τῇ ἰδίᾳ κινήσει II 289, 7

παρακοπή τὸν τὴν ἀρετὴν ἔχοντα ἐν π. γενέσθαι III 57, 14
παρακούω ὁ σοφὸς οὐ. π. II 40, 29. 32. III 147, 18
παραλείπω III 136, 16
παραλλαγή π. τοῖς ἰδίως ποιοῖς τοῖς ἐν ἄλλῳ κόσμῳ παρὰ τοὺς ἐν ἄλλῳ γίνονται II 190, 4
ἡ π. γίνεται διὰ τὴν τοῦ λόγου ἀποστροφήν III 125, 20
παραλλάττω οἱ ἐμπαθεῖς παρηλλαχότες III 125, 17 τὸ π. ἐν ἡμῖν 129, 16
παρανοέω ὁ σπουδαῖος οὐ π. II 40, 29
παρανομέω ὁ ἀδικῶν γίνεται ἑαυτῷ τοῦ π. αἴτιος III 71, 8 ὁ π. εἰς ἕνα καὶ ἀδικεῖ ἐκεῖνον 71, 14
παρανόμημα παραίτιον γενέσθαι π. ἀπαγορεύει ὁ νόμος καὶ τὸ ἀδικεῖν = π. III 71, 11
παράνομος οἱ φαῦλοι πάντες π. III 166, 26
παραριθμέω ὁ σοφὸς οὔτ' αὐτὸς π. οὔτε ὑπ' ἄλλου π. II 40, 31 III 147, 14
παραρίθμησις ἡ π. τῶν ἀναμέσον ἐστίν II 41, 18
παρασκευαστικός ἀγαθὰ ἑτέρων τινῶν π. III 26, 18
παρασκευή def. III 41, 30
παραστατικός τὸ σημεῖον ἀληθοῦς π. II 73, 8 ἀδήλου π. λόγος ἡ ἀπόδειξις 89, 8
τὰ μαντευόμενα ἔχει φύσει τὸ μέλος π. πρὸς τὰς πράξεις Diog. III 226, 22
παρασύμβαμα II 59, 33. 36. 60, 10 ἔλαττον ἢ π. 60, 5 ἧττον ἢ π. 60, 14
παρασυνημμένον π. ἀξίωμα II 59, 5 def. Crin. III 269, 1 quibus condicionibus ἀληθές ἐστιν ἢ ψεῦδος Crin. 269, 7
παρατατικός ἐνεστὼς π. II 48, 7
πάρειμι ἀγαθὰ ἀεὶ π., οὐκ ἀεὶ παρόντα III 24, 41 π. ἀγαθὸν 93, 39. 94, 8. 32. 96, 1 π. κακὸν 93, 44. 94, 9. 23. 31. 95, 43
παρεισδύομαι ὁ λόγος π. III 118, 31
παρεκτείνω II 156, 41
παρεκτικός τὸ π. δύο σημαίνει II 119, 37

παρεληλυθός πᾶν π. ἀληθὲς ἀναγκαῖον II 93, 1. 11. 276, 40 οὐ πᾶν π. ἀληθὲς ἀναγκαῖον Cl. I 109, 35. 110, 6. II 93, 8. 276, 41 παρεληλυθότων π. μέχρι εἰς ἄπειρον II 97, 27. 99, 3. 29
παρέλκω π. λόγοι in tit. Chr. II 7, 13
παρέμφασις περὶ π. tit. l. Chr. II 6, 4
παροιμία περὶ π. tit. l. Chr. II 9, 16. III 202, 4
παρολκή κατὰ π. ἀπέραντος γίνεται λόγος II 79, 19
παροράω ὁ π., κατὰ τὴν ὄψιν λαμβάνων φαντασίαν ψευδῆ, ταύτην παραδέχεται II 40, 34 ὁ σοφὸς οὐ π. II 40, 32. III 147, 17
παρόρασις τῶν ἀναμέσον ἐστίν II 41, 18
παρουσία δόξα κακοῦ π. in def. λύπης pass. ἀγαθοῦ π. in def. ἡδονῆς pass.
παρῳχημένος (sc. χρόνος)
ὁ π. ὑφέστηκε μέν, ὑπάρχει δὲ οὐδαμῶς II 164, 26. 165, 34 ὁ π. ἄπειρος 166, 2
πάσχον ἀρχαὶ τῶν ὅλων δύο, τὸ ποιοῦν καὶ τὸ π. Z. I 24, 6. Cl. 110, 26. II 111, 9. Arch. III 263, 22 τὸ π. = ἡ ἄποιος οὐσία, ἡ ὕλη ib. σώματα τὸ ποιοῦν καὶ τὸ π. Z. I 27, 14 σωματικῶς τὰ π. πάσχει II 119, 32
πάσχω διττὸν τὸ π., τὸ μὲν τῷ ποιεῖν συνηρτημένον, τὸ δὲ κατὰ τὴν διάθεσιν θεωρούμενον II 60, 28 ἐν δυοῖν ἐστι τὸ π., ἀλλοιώσει τῇ δι' ὅλων καὶ λύσει τῆς συνεχείας 139, 2 κοινὸν τοῦ ποιεῖν καὶ τοῦ π. αἱ κινήσεις 161, 17 ἡ ὕλη τοῦ π. αἰτία Z. I 24, 11 οἱ φαῦλοι οὐκ εὖ π. III 168, 16
πατήρ μηδὲν διαφέρειν ὅτου παρὰ π. γεγονὼς τυγχάνῃς, εὐγενοῦς ἢ μὴ III 85, 29 εἰ καθηκόντως ὁ π. συνελεύσεται τῇ θυγατρὶ ὑπὲρ τοῦ μὴ ἀπολέσθαι τὸ πᾶν τῶν ἀνθρώπων γένος 185, 13 καὶ τεκνοποιεῖσθαι τὸν π. ἐκ τῆς θυγατρός 185, 29 δεῖ μίγνυσθαι τοῖς π. τὰς θυγατέρας 185, 37 τοὺς π. ἐσθίειν κελεύουσιν ἀποθανόντας 186, 18. 22

πατρίς φύσει οὐκ ἔστι π. A. I 85, 22 σπουδαίαν ἔχειν π. ἐκτὸς ἀγαθόν III 24, 16 τὸ ἄφρονα π. ἔχειν ἐκτὸς κακόν 24, 19 bene morata patria bonum 24, 30 salus patriae primum bonum 27, 25 π. τιμᾶν καθῆκον 135, 1 ὑπερορᾶν παρὰ τὸ καθῆκον 135, 3 p. prodere peccatum, quod est in effectu 137, 9 πρὸς τοὺς πολεμίους ψεύσασθαι ἐπὶ τῇ τῆς π. σωτηρίᾳ, οὐ καθῆκον ἔργον δεόντως ἐνεργεῖται 138, 31 τὸν σοφὸν μὴ πολιτεύεσθαι, ἂν μηδὲν ὠφελεῖν μέλλῃ τὴν π. 173, 21 εὐλόγως ἐξάξει ἑαυτὸν τοῦ βίου ὁ σοφὸς ὑπὲρ π. 187, 34

πάχνη def. II 203, 4. 8

παχυμερής γῆ καὶ ὕδωρ π. II 155, 34

παχύς II 90, 18

πειθαρχικός μόνος ὁ σπουδαῖος π. def. III 158, 27

πειστικός τῶν σπουδαίων ἄλλοι ἄλλων π. III 142, 11

πελαργός III 90, 9

πέλας φιλία κατάσχεσις φιλικὴ πρὸς τῶν π. III 24, 26 φίλος τῶν π. 24, 27

πέλασις τὸ ποιοῦν π. τινὶ ποιεῖ II 119, 28

πένης ὁ φαῦλος π. III 155, 17 pass.

πένθος def. III 100, 8. 27. 101, 12 ὑπὸ τὴν λύπην ὑπάγεται 96, 9 non habet locum in incorruptis 151, 18

πενία def. Ant. III 252, 17 π. ἀδιάφορον Z. I 47, 25. III 17, 21. 28, 8. 39, 33. 47, 4. 60, 34. Apollod. 261, 10 ἀποπροηγμένον III 29, 37. 31, 33 ἀποπροηγμένον ἐπὶ τῶν ἐκτὸς 31, 8 πλοῦτον ἀντὶ π. αἱρούμεθα 30, 11 malum non est 39, 16 π. : κακία 39, 25 sq. ἡ κατ' ἀλήθειαν π. κακόν 155, 14 ex multis paupertatibus divitias non fieri Ant. III 252, 12 ὁ μὲν πεπαιδευμένος καὶ ἐν πλούτῳ καὶ ἐν π. οὐ ταράττεται, ὁ δὲ ἀπαίδευτος ἐν ἀμφοῖν A. I 89, 21

πεπερασμένος π. ἡ οὐσία II 115, 41. Ant. III 249, 8. Apollod. 259, 16 ὁ κόσμος II 169, 15. 170, 28. Ant. III 250, 23. Apollod. 260, 26

πεποιωμένος σώματα π. (: ἄποιος ὕλη) II 220, 15

πεπρωμένη τὴν π. πεπερασμένην τινὰ εἶναι καὶ συντετελεσμένην διοίκησιν II 265, 10 τὴν εἱμαρμένην π. καλεῖ, ὡς πέρας ἅπασιν ἐπιτιθεῖσαν 292, 17 εἱμαρμένη : π. 295, 28 Ζεὺς ἡ π. Cl. I 118, 24

περαίνω περὶ τῶν π. λόγων tit. l. Chr. II 7, 10 π. in def. τῆς ἀποδείξεως 77, 6 οἱ ἀδιαφόρως π. 83, 23. 87, 41 οἱ ἀμεθόδως π. 87, 4. 10. 13. 20 οἱ σῶμα μηδὲν εἰς ἔσχατον μέρος π. 159, 11

περαντικός (sc. λόγος) π. : ἀπέραντος II 77, 20 : συλλογιστικοί 85, 5 οἱ μὲν ὁμωνύμως τῷ γένει π., οἱ δὲ συλλογιστικοί 77, 24 π. εἰδικῶς οἱ συνάγοντες μὴ συλλογιστικῶς 77, 28 διὰ πεπονθυίας λέξεως ἑρμηνευόμενοι 83, 16 οἱ ὑποθετικοὶ λόγοι π. μέν, οὐ συλλογισμοὶ δέ 84, 38

πέρας κατ' ἐπίνοιαν ψιλὴν ὑφεστάναι τὰ π. II 159, 27 τὸ π. σῶμα οὐκ ἔστιν 159, 24 ψαύειν κατὰ π. τὰ σώματα 159, 23

περιγραφή II 154, 12

περιεκτικός — (περιέχω) — οὐδὲν ἑαυτὸ περιέχει, ἀλλ' ἑτέρου ἐστὶ π. Z. I 33, 30

περιήχησις γεγονέναι πολλοὺς κακοὺς διὰ τὰς π. III 56, 18

περιλυπία τελικὸν κακόν III 26, 4

περίοδος κατὰ χρόνων ποιάς π. mundi vices fiunt II 168, 7 κατὰ π. ἀπείρους 169, 20 κατὰ π. τὰς μεγίστας 184, 4 αἱ τοιαῦται π. ἐξ ἀϊδίου γινόμεναι ἀκαταπαύστως 184, 37 π. καὶ διακόσμησις Cl. I 111, 21 ὁδῷ καὶ συμφώνως διέξεισι ἡ π. Cl. I 111, 28

περιπατέω π. οὔτε κατόρθωμα οὔτε ἁμάρτημα III 136, 25 φρονίμως π. κατόρθωμα 136, 21 τὸ π. οὐκ ἀεὶ καθήκει 135, 14 κρατοῦσι τῶν κινήσεων παραπλησίως τοῖς π. 127, 16

περιπάτησις ambulatio = spiritus a principali usque in pedes permissus Cl. I 118, 16. II 227, 41 = ipsum principale II 227, 41 π. ἀγαθὸν οὐκ ἀεὶ παρόν III 24, 41 φρονίμη π. τελικὸν μόνον ἀγαθόν 25, 27 φρονίμη π. οὔτε πᾶσι τοῖς φρονίμοις ὑπάρχει οὔτε ἀεί 25, 2

114 Index verborum, notionum, rerum ad Stoicam doctriñam pertinentium.

περιπίπτω δεινῷ οὐ π. III 64, 37 pass. π. οἷς ἐφοβούμεθα 92, 20 ὁ σπουδαῖος οὔτε κακοῖς π. οὔτ' ἄλλον ποιεῖ κακοῖς π. 150, 13

περίπτωσις νοεῖται κατὰ π. τὰ αἰσθητά II 29, 11 πᾶσα νόησις ἢ ἀπὸ π. ἢ οὐκ ἄνευ π. γίνεται 29, 22 οὐδέν ἐστιν εὑρεῖν κατ' ἐπίνοιαν, ὃ μὴ ἔχει τις κατὰ π. ἐγνωσμένον 29, 26 notiones in animis fiunt, si usu aliquid cognitum sit III 17, 28

περισπάω π. τὴν κατάληψιν II 89, 43 π. ὑπὸ τῶν ἐναντίων πιθανῶν 90, 5

περίστασις κατὰ πρόθεσιν : κατὰ π. III 101, 24 δὸς π. καὶ λαβὲ τὸν ἄνδρα III 49, 33 κατὰ τὰς διαφόρους τῶν καιρῶν π. μὴ τὰ λεγόμενα προῆχθαι πάντως γίνεσθαι προηγμένα A. I 83, 15 οὐ φυσικὴ πρόκρισις ἐν τοῖς ἀδιαφόροις, κατὰ π. δὲ μᾶλλον A. 83, 29 καθήκοντα ἄνευ π. III 135, 8 sq. κατὰ τὰς π. ἀλλάττεσθαι τὸ τέλος H. I 91, 28 ὁ σπουδαῖος γεύσεται καὶ ἀνθρωπίνων σαρκῶν κατὰ π. III 186, 5 πρὸς τὰς διαφόρους π. ἀρτίζεσθαι A. I 83, 23

περιστατικός τὰ μεταξὺ ἀναγκαῖα ἢ π. III 27, 21 π. καθήκοντα 135, 7

περίψυξις τὸ πνεῦμα τῇ π. γίνεται ψυχή II 134, 25. 222, 27. 37

πεσσός III 32, 4

πεῦσις περὶ π. in tit. Chr. II 5, 28. 29

πέψις def. II 135, 13

πηλικότης τοῦ θείου πυρός II 116, 13

πῆξις πάθος μὲν ὕδατος, ἔργον δὲ ἀέρος II 142, 7 αἱ μέσαι πράξεις λαμβάνουσιν ἰδίαν π. III 138, 2

πηρόω τὸ π. ἑαυτὸν καθῆκον κατὰ περίστασιν III 135, 10

πήρωσις π. παρὰ φύσιν εἶναι III 34, 17 ἀποπροηγμένον 31, 33 ἐπὶ τῶν σωματικῶν 31, 7 μὴ φευκτὸν καὶ βλαβερόν 35, 30 εὐλόγως ἐξάξει ἑαυτὸν τοῦ βίου ὁ σοφός, ἂν ἐν π. γένηται 187, 35 σῶμα π. δεκτικόν 34, 20

πιθανός συνημμένα π. tit. l. Chr. II 5, 3 π. in tit. Chr. 8, 32. 9, 6. 10

π. ἀξίωμα τὸ ἄγον εἰς συγκατάθεσιν II 64, 13 οὐ προσετέα τὰ ἐναντία π. 90, 4 φαντασία π. 25, 7. 291, 24 ὁ σπουδαῖος π. III 161, 2

πιθανότης αἱ τῶν ἔξωθεν πραγμάτων π. III 53, 9 ἡ π. τῶν φαντασιῶν 55, 8

πικρία def. III 96, 18. 40 εἶδος ὀργῆς 96, 4

πίλησις II 134, 13

πίννη pinae cum pinotera συμβίωσις adumbratur II 207, 23. 34. 41. 208, 7. 15. π. III 90, 6

πιννοτήρης cf. πίννη etiam aliorum causa quaedam facit III 90, 7

πίστις def. III 147, 11 τὴν π. ἀστεῖον ὑπάρχειν 147, 10

πλανώμενα τὰ π. ἑπτὰ τὸν ἀριθμόν II 168, 32 sec. ordinem enum. 169, 2 ταπεινότερα τῶν ἀπλανῶν 168, 33 τετάχθαι ἐπ' ἄλλης καὶ ἄλλης σφαίρας 169, 1 ἐν τῷ αἰθέρι τὴν τῶν π. σφαῖραν δευτέραν γεννᾶσθαι 180, 11 τὰ π. κατ' ἰδίας κινήσεις κινεῖσθαι 195, 30 ἀποκαθιστάμενοι οἱ πλάνητες εἰς τὸ αὐτὸ σημεῖον κατὰ μῆκος καὶ πλάτος, ἐκπύρωσιν καὶ φθορὰν τῶν ὄντων ἀπεργάζονται 190, 11 numerus planetarum prodest universo 332, 4

πλάτος def. II 123, 6 τὸ π. σῶμα εἶναι 127, 14

πλέκω ἀναπόδεικτοι ἐκ τῶν ἁπλῶν π. II 81, 28

πλεονάζω τὸ π. III 128, 24 οὐ π. ἡ τῶν σκελῶν κίνησις 114, 4 τὸ π. τῆς ὁρμῆς Z. I 50, 9

ὁρμὴ π. expl. III 130, 13 appetitus vehementior = qui procul absit a naturae constantia Z. I 50, 30 ὁρμή π. in def. πάθους pass.

ὁ ποιητής π. ἐν τούτοις II 251, 7

πλεονασμός ὁ π. τῆς ὁρμῆς expl. III 114, 1. 130, 10 ὁ ἐν ταῖς ὁρμαῖς π. in def. πάθους pass.

πλεονεκτέω οὐ π. ὁ σοφός III 147, 13

πλέω εἰ τὸ εὖ π. ἀγαθόν, τὸ δὲ κακῶς κακόν, τὸ π. οὔτε ἀγαθὸν οὔτε κακόν III 39, 10

πλῆθος II 159, 5. 6. 160, 12

π. οὐκ ἔχει συνετὴν κρίσιν Cl. I 128, 1 aurum argentumque suspicit III 56, 5

πληθυντικὸν (ἀξίωμα vel κατηγόρημα)
π. πληθυντικῶν II 98, 39 μέχρι εἰς ἄπειρον 99, 40
π. II 103, 20. 25 in tit. Chr. II 6, 8

πλήμμυρα ὠκεανοῦ π. ὑπὸ τῆς σελήνης II 200, 1. 347, 21

πλούσιος ὁ πολλοῦ ἄξια κεκτημένος = π. III 156, 4 ὁ σπουδαῖος μόνος π. 155, 16 pass. 159, 6. 37 ὁ σοφὸς οὐ π., ἀλλὰ πάμπλουτος 156, 39 soli sapientes, si mendicissimi, divites Z. I 53, 36

πλουτέω βασιλεύοντες καὶ π. : ὁ ἀγαθός III 36, 38

πλοῦτος περὶ π. tit. l. Sph. I 140, 12 περὶ π. καὶ χάριτος καὶ τιμωρίας tit. l. Dion. I 93, 22
pecunia nec bonum nec malum A. I 81, 21 divitiae non sunt bonum A. I 85, 2. III 36, 19. 22. 25. 61, 1. Diog. 218, 35 ὁ π. οὐ μᾶλλον ὠφελεῖ ἢ βλάπτει· οὐκ ἄρα ἀγαθόν III 28, 13 π. ἔστιν εὖ καὶ κακῶς χρῆσθαι· οὐκ ἄρα ἀγαθόν 28, 15 μήτε πρὸς εὐδαιμονίαν μήτε πρὸς κακοδαιμονίαν συνεργεῖ 28, 31 π. κακῶς χρῶνται οἱ ἀνόητοι· διόπερ οὐκ ἀγαθόν 29, 43 π. καὶ διὰ πορνοβοσκίας κακοῦ ὄντος γίνεται· οὐκ ἄρα ἀγαθόν 36, 28
π. ἀδιάφορον Z. I 47, 25. A. 81, 33. III 17, 21. 28, 6. 31. 47, 4. Diog. 218, 16. Apollod. 261, 8 π. ἀξίαν τινὰ προσφέρεται πρὸς τὸν κατὰ φύσιν βίον III 30, 31. 31, 30 μαίνεσθαι τοὺς τὸν π. ἐν μηδενὶ ποιουμένους 33, 30 π. προηγμένον 29, 36. 31, 30 π. ἀντὶ πενίας αἱρούμεθα 30, 11 π. προηγμένον ἐπὶ τῶν ἐκτός 31, 5 δι' ἕτερα ληπτόν 32, 36. 35, 2 praepositum, quod ex se aliquid efficiat 32, 32
ὁ κατ' ἀλήθειαν π. ἀγαθόν III 155, 13 πάντα τἆλλα πλὴν τοῦ νομίμως αὐτοῖς (sc. auro et argento) καὶ καλῶς χρῆσθαι ἀδιάφορα Z. I 57, 18 ὁ μὲν πεπαιδευμένος καὶ ἐν π. καὶ ἐν πενίᾳ οὐ ταράττεται, ὁ δὲ ἀπαίδευτος ἐν ἀμφοῖν A. I 89, 21 οὕτω ῥητορεύσει καὶ πολιτεύσεται ὁ σοφός, ὡς καὶ τοῦ π. ὄντος ἀγαθοῦ III 175, 8 divitias non eam modo vim habere, ut duces sint ad voluptatem et ad valetudinem bonam, sed etiam uti ea contineant. non idem facere eas in virtute neque in ceteris artibus Diog. III 218, 26. 36 carminibus poëtarum cupiditatem divitiarum nobis infundi III 56, 6 ex multis paupertatibus divitias non fieri Ant. III 252, 15 περὶ π. disp. A. I 89, 24. 28. Cl. 128, 17

πνεῦμα π. (ἄνεμος) = ἀὴρ κινούμενος II 152, 33 πᾶν π. ἀέρος ῥύσις 202, 17 τῆς γενέσεως αἴτιον γίνεσθαι τὸν ἥλιον ἐξατμίζοντα τὰ νέφη 202, 24
θερμασία καὶ π. τὸ αὐτό Z. I 35, 34 ἔνθερμον Z. I 38, 3. III 75, 6 σύνθετον II 128, 22 δύο κέκτηται μόρια δι' ὅλων ἀλλήλοις κεκραμένα, τὸ ψυχρὸν καὶ τὸ θερμόν II 228, 36 συγκείμενον ἐκ πυρὸς καὶ ἀέρος 218, 34 ἀέρος καὶ πυρὸς τὴν οὐσίαν ἔχει 112, 35 τὸ π. γεγονὸς ἐκ πυρὸς καὶ ἀέρος 145, 41
π. ἑκτικόν : φυσικόν : ψυχικόν def. II 205, 20 οὐσία φύσεως καὶ ψυχῆς τὸ π. 205, 12 ὑγρότερον καὶ ψυχρότερον τὸ τῆς φύσεως π., ξηρότερον καὶ θερμότερον τὸ τῆς ψυχῆς 205, 13. 218, 39 π. διήκει δι' ἡμῶν καὶ τῶν ἀλόγων ζῴων III 90, 14 καὶ διὰ τῶν λίθων καὶ διὰ τῶν φυτῶν πεφοίτηκέ τι π., ὥστε ἡμᾶς αὐτοῖς συνενοῦσθαι 90, 16
π. κινούμενον ἐξ αὐτοῦ καὶ εἰς αὑτό II 146, 10 τὸ θερμὸν οὔτ' εἴσω μόνον οὔτ' ἔξω κινεῖται, διαδέχεται δ' ἀεὶ τὴν ἑτέραν αὐτοῦ κίνησιν ἡ ἑτέρα 147, 7 τὸ ὂν π. κινοῦν ἑαυτὸ πρὸς ἑαυτὸ καὶ ἐξ ἑαυτοῦ 152, 32
τὰ αἴτια π. II 119, 18 spiritus movet silvam rationabiliter Z. I 25, 17 ἡ ποιότης π. πως ἔχον II 126, 27. 147, 45 spiritus permeator universitatis Cl. I 121, 6 π. διὰ πάσης τῆς οὐσίας διήκει II 154, 8 διὰ πάντων διήκει τῶν σωμάτων 145, 41 τὸ διῆκον διὰ πάντων ἀρχηγὸν καὶ πρωτόγονον π. 192, 37 τὸ διῆκον διὰ πάντων π.,

ὑφ' οὗ τὰ πάντα συνέχεται καὶ διοικεῖται 137, 30   τὸ π. συνέχει ἑαυτὸ καὶ τὰ ἄλλα 145, 1   τὸ πᾶν ἡνῶσθαι, π. διήκοντος δι' αὐτοῦ 145, 17   τὸ π. αἴτιον τοῦ μὴ διαπίπτειν, ἀλλὰ συμμένειν τὰ σώματα 145, 31

καθάπερ στομώσει τῇ περιψύξει τὸ π. τοῦ βρέφους μεταβαλόν II 222, 27   τὸ π. ἐν τοῖς σώμασι τῶν βρεφῶν τῇ περιψύξει στομοῦσθαι καὶ μεταβάλλον ἐκ φύσεως γίνεσθαι ψυχὴν 134, 25. 222, 36   οἷον στομώσει τὸ π. μεταβάλλον ἐκ φυτικοῦ ψυχικὸν γενόμενον 223, 7

μηδὲν παρὰ τὸ π. τὴν ζωὴν καὶ τὴν ψυχὴν τίθενται II 146, 20   vita in solo spiritu 220, 26   consito spiritu digresso animal emoritur Z. I 38, 12. 22   ὑπὸ τοῦ π. ἡμᾶς κινεῖσθαι Z. 38, 4   τῷ π. ἡμᾶς ἐμπνόους εἶναι ib.   οὐσία τῆς ψυχῆς ὑπάρχει τὸ π. Z. I 38, 33. Cl. 118, 2   π. ἔνθερμον ἡ ψυχή Z. 38, 3   τὸ συμφυὲς π. ἡμῖν ψυχή Z. I 38, 22. II 217, 15. 29. III 75, 6   spiritus motivus = anima et quidem rationabilis Z. I 25, 20   ἡ ψυχὴ καὶ τὸ ἡγεμονικὸν = π. ἢ λεπτομερέστερόν τι π. Cl. I 108, 28   εἰλικρινές τι καὶ καθαρὸν π. τὸ κατὰ τὴν ἀρχὴν τῆς ψυχῆς II 246, 16   ὃ πρῶτον π. ἀρύεται, ἐν τούτῳ ὑπάρχει τὸ ἡγεμονικόν, ὃ δὲ πρῶτον π. ἀρύεται, ἡ καρδία Diog. III 216, 16   τὸ ἡγεμονικὸν π. ὑπάρχει II 30, 43   ἐξ ὅλου κινεῖται καθ' ἑκάστην τύπωσιν 31, 2.   αἴσθησις = τὸ ἀφ' ἡγεμονικοῦ π. ἐπὶ τὰς αἰσθήσεις διῆκον 26, 36   π. ἀπὸ τοῦ ἡγεμονικοῦ διατείνει, εἰς ὀφθαλμούς, εἰς ὦτα etc. 226, 8   ambulatio = spiritus a principali usque in pedes permissus Cl. I 118, 16

consitus spiritus corpus est Z. I 38, 13   ἀναθυμίασίς τις αἵματος τὸ ψυχικόν π. II 218, 6   spiritus, i. e. anima, unum quid est 220, 30

ἔννουν τὸ π. καὶ πῦρ νοερόν II 146, 17   spiritus deus Cl. I 121, 6   ὁ θεὸς π. νοερὸν καὶ πυρῶδες II 299, 11   ὁ θεὸς π. νοερὸν καὶ ἀΐδιον II 112, 31   ὁ θεὸς π. διῆκον δι' ὅλου τοῦ κόσμου 306, 21   διῆκον καὶ διὰ τῶν εἰδεχθῶν 307, 21   λόγος τοῦ θεοῦ = π. σωματικόν 310, 24

πνευματικός   π. ἡ οὐσία τῶν σωματικῶν ποιοτήτων II 128, 20   ἡ π. οὐσία τετονωμένη 149, 22   μὴ εὑρίσκεσθαι π. τι ἓν ἐπὶ τῶν κατὰ συναφὴν 129, 14   π. οὐσία τὸ συνέχον (: ὑλική) 144, 26   ἕξις π. 187, 3   δύναμις π. 264, 14

ποδάγρα   ἀρρώστημα ἐπὶ τοῦ σώματος III 103, 4

πόθος   def. III 96, 19. 97, 5   ὑπὸ τὴν ἐπιθυμίαν ὑπάγεται 96, 5

ποιέω   cf. ποιητέον, πράττω

κοινὸν τοῦ π. καὶ τοῦ πάσχειν αἱ κινήσεις II 161, 17   ἀφ' ἑαυτοῦ π. = τὸ ἀπὸ ἰδίας ὁρμῆς π. 161, 30   ὁ θεὸς τοῦ π. αἴτιος Z. I 24, 11

τὸ ποιοῦν   ἀρχαὶ τῶν ὅλων δύο, τὸ π. καὶ τὸ πάσχον Z. I 24, 6. Cl. 110, 26. II 111, 9. 307, 34. Arch. III 263, 22   τὸ π. = ὁ ἐν τῇ ὕλῃ λόγος, ὁ θεός Z. I 24, 7. Cl. 110, 27. II 111, 10. Arch. III 263, 23   τὸ π. ἐν τῇ ὕλῃ εἶναι II 112, 8   πᾶν τὸ π. σῶμά ἐστι Z. I 27, 13. II 44, 2.   Ant. III 246, 20.   Arch. 262, 23   σωματικῶς τὰ π. ποιεῖ II 119, 32   πελάσει τινὶ ποιεῖ καὶ ἅψει II 119, 27

ποίημα   in tit. Chr. II 9, 17. 18

κινητικὸν μᾶλλον τῆς λογιστικῆς διανοίας τὸ ᾀδόμενον π. Diog. III 227, 31   sensus nostros clariores carminis arta necessitas efficit Cl. I 109, 21

ποίησις   αἱ π. κοινῶς, ἐν αἷς εἰσιν αἱ κινήσεις καὶ αἱ σχέσεις II 115, 1

ποιητέον   π.: αἱρετέον, θαρρητέον, ἀγαθόν III 61, 13   τὰ π. καὶ αἱρετέα καὶ ὑπομενετέα καὶ ἀπονεμητέα καὶ ἐμμενητέα 72, 35   τὸ ἀγαθὸν μόνον π. 61, 17   π. τὰ κατορθώματα, οὐ π. τὰ ἁμαρτήματα II 297, 13   π. in def. νόμου, φρονήσεως pass.

ποιητής   περὶ τοῦ π. tit. l. Cl. I 107, 9

grammatica ostendit, quemadmodum quodque poëta finxerit verbum Cl. I 109, 7   poëtae animos teneros et rudes inficiunt et flectunt III 55, 25 sq.   carminibus poëtarum divitiae velut unicum vitae decus laudantur 56, 6 *ὠφέλιμον, εἰ καὶ μὴ πρὸς ἀρετῆς κτῆσιν τελείας, ἀλλά τοι πρὸς πολιτείαν, ἅπερ οἱ π. μνήμῃ παραδεδώκασι* 184, 24 *ἀγαθὸς π. ὁ σοφός* Diog. III 241, 32 *μόνος ὁ σοφὸς π.* 164, 18. 25

ποιητικός *περὶ π. ἀκροάσεως* tit. l. Z. I 15, 3 *τῇ π. ἀνάλογον ἡ μουσικὴ κατὰ τὴν μίμησιν καὶ κατὰ τὴν ἄλλην εὕρεσιν* Diog. III 233, 38 *ἀμείνονα τὰ π. καὶ μουσικὰ παραδείγματα τοῦ λόγου τοῦ τῆς φιλοσοφίας ἐξαγγέλλειν τὰ θεῖα* Cl. I 109, 11

τῶν ἀγαθῶν τὰ μὲν τελικά, τὰ δὲ π., τὰ δὲ ἀμφοτέρως ἔχοντα III 25, 24. 35 *e. s.* bona efficientia 26, 10 *π. κακὰ* 25,29. 26, 1 *e. s.* *τῶν ἀδιαφόρων τὰ μὲν καθ' αὑτά, τὰ δὲ π.* 32, 14. 28 *τῶν κατὰ φύσιν τὰ μὲν καθ' αὑτὰ ληπτά, τὰ δὲ π.* 34, 37

ποιόν *τριχῶς τὸ π. ἀφορίζονται* II 128, 31. *τὰ δύο σημαινόμενα ἐπιπλέον τῆς ποιότητος λέγουσι* 128, 31. 129, 4 *π. = πᾶν τὸ κατὰ διαφοράν* 128, 33 *= τὸ ἰσχόμενον κατὰ διαφοράν* 128, 37 *= ὕλη ποιά* 126, 9

π. : ποιότητες II 51, 2 *ὑποκείμενα : π. : πῶς ἔχοντα* 124, 31. 125, 6 *τὰ π. ἕτερα τῶν ὑποκειμένων* 126, 7 *δεύτερον ὑποκείμενον τὸ π., ὃ κοινῶς ἢ ἰδίως ὑφίσταται* 125, 34 *τὸ ἀτομωθὲν εἶδος, ὃ ἰδίως λέγεται π.* 130, 44 *τὰ μὲν π. περὶ τὴν ὕλην πῶς ἔχοντα, τὰ ἰδίως δὲ πῶς ἔχοντα περὶ τὰ π.* 132, 1

σώματα τὰ π. II 127, 20 *τοῦ π. ἕκαστον εἶναι ὁ συνέχων αἴτιος ἀήρ* 147, 40 *τὸ π. καὶ ἐν τοῖς ἐκ συναπτομένων καὶ ἐν τοῖς ἐκ διεστώτων* 129, 15 *ἀθρόως ἐπιγίνεται καὶ ἀπογίνεται* 130, 45 *τὸ αὐτὸ ἐν παντὶ τῷ βίῳ διαμένει, τῶν μορίων γινομένων καὶ φθειρομένων* 130, 46

ποιός *τοὺς ἀπαρτίζοντας καὶ ἐμμόνους ὄντας κατὰ διαφορὰν π. ἐτίθεντο* II 128, 41 *τοὺς κοινῶς π. πρὸ τῶν ἰδίως π. ἀποτίθενται* 131, 27 *οἱ π. οὐκ ἐνάντιοι, ἀλλ' ἐναντίως ἔχουσι* 50, 1 Academici *ἐπὶ δυεῖν οὐσιῶν ἕνα π. εἶναι βιαζόμενοι* 34, 36 singularum rerum singulae proprietates

35, 6 *ἐπὶ μιᾶς οὐσίας δύο ἰδίως γενέσθαι π.* 131, 3 *δύο ἰδίως π. ἐπὶ τῆς αὐτῆς οὐσίας ἀμήχανον συστῆναι* 131, 8 *δύο ἰδίως π. περὶ τὸ αὐτὸ ὑποκείμενον οὐ δύνανται εἶναι* 131, 19 *ὁ ἐκ τῆς ἁπάσης οὐσίας ἰδίως π.* II 168, 6. 169, 17. 182, 9 *μετὰ τὴν ἐκπύρωσιν καὶ ὁ ἰδίως π. πάλιν ὁ αὐτὸς γίνεται* 189, 38. 191, 10. 21 *τοῖς ἰδίως π. τοῖς ὕστερον γινομένοις παραλλαγὰς γίνεσθαι κατά τινα τῶν ἔξωθεν συμβεβηκότων* 190, 3

κατὰ τὸ π. ἀρετὴ ἰδίᾳ ποιότητι συνίσταται III 60, 4 *π. αἱ ἀρεταὶ* 62, 22 pass. *τινὰς ἕξεις καὶ τοὺς κατὰ ταύτας π. μὴ ἐπιδέχεσθαι τὸ μᾶλλον καὶ τὸ ἧττον, τινὰς δὲ ἐπιδέχεσθαι* 141, 7 *ἡ π. τῶν ἀδιαφόρων χρῆσις εὐδαιμονικὴ ἢ κακοδαιμονικὴ* 29, 1

ποιότης *μοναχῶς λέγεται, τριχῶς δὲ ὁ ποιός* II 129, 7 *τὰ μὲν δύο σημαινόμενα τοῦ ποιοῦ ἐπιπλέον τῆς π. λέγουσι, τὸ δὲ ἓν συναπαρτίζειν αὐτῇ* 128, 31. 129, 4

π. = σχέσις ποιοῦ II 129, 6 *= πνεῦμα πῶς ἔχον ἢ ὕλη πῶς ἔχουσα* 126, 27 *= διαφορὰ οὐσίας, οὐκ ἀποδιαληπτὴ καθ' ἑαυτήν* 126, 20

ἡ ὕλη πάσῃ ἔκκειται π. II 114, 40 *ἡ οὐσία καὶ ἡ ὕλη ὑφεστᾶσι ταῖς π.* 126, 31 *τοῖς κατὰ π. ὑφισταμένη πρώτη ὕλη* 114, 25 *ἡ π. τὸ γινόμενον καὶ ἀπογινόμενον τῆς ὕλης* 134, 34

αἱ π. τῶν μὲν ἀσωμάτων ἀσώματοι, τῶν δὲ σωμάτων σωματικαὶ II 128, 15. 17 *πνευματικὴ ἡ οὐσία τῶν σωματικῶν π.* 128, 20 *ἡ εἰς τὸ ἔξω τονικὴ κίνησις π. ἀποτελεστική* 149, 1. 9 *τὰς π. οὐσίας καὶ σώματα ποιοῦσι* 126, 32 *σώματα αἱ π.* 115, 38. 126, 17. 135, 23. 142, 25. 152, 3 *αἱ τῆς ψυχῆς π. σώματα καὶ αἱ τοῦ σώματος* 220, 43 *ἡ π. σῶμα ἔνυλον* 130, 42 *αἱ π. δι' ὅλων κεράννυνται* Z. I 26, 6 sq. *π. διαμένει καὶ αὐξάνεται καὶ μειοῦται* II 214, 33 *μένει ἡ τῆς διακοσμήσεως π. ἐπ' ἐλάττονος οὐσίας* 186, 37 *οὐκ ἀίδιοι αἱ ἄλλαι π.* 116, 11 *π. στερήσεις* 52, 31

π. δραστικαὶ II 133, 40 *ἡ θερμότης δραστικωτάτη τῶν π.* 133, 42 *αἱ* π. πνεύματα οὖσαι καὶ τόνοι ἀερώδεις εἰδοποιοῦσιν ἕκαστα 147, 45   π. = ἐνέργειαι καὶ ποιήσεις, ἐν αἷς αἱ κινήσεις καὶ αἱ σχέσεις 114, 40

δύο ἡμῶν ἕκαστός ἐστιν ὑποκείμενα, τὸ μὲν οὐσία, τὸ δὲ π. II 214, 30 ἀρετῇ ἰδίᾳ π. συνίσταται III 60, 4   π. τὰ ὑποπίπτοντα ὑπὸ τὴν ἀρετὴν II 51, 1   τὰς μέσας π. ἐπιδέχεσθαι ἐπίτασιν καὶ ἄνεσιν III 141, 10   ὑπὸ ἄλλης δυνάμεως περὶ τὴν αἴσθησιν καταλαμβάνεσθαι τὰς π. ὧν ἀντιλαμβάνονται, καὶ τὰς ἡδονὰς τὰς ἀπ' αὐτῶν Diog. III 223, 9

duos status esse, coniecturalem et finitivum exclusa qualitate Arch. III 263, 17

πόκος III 146, 18

πολέμιος κατὰ στρατηγίαν κατὰ τῶν ἀντιπάλων τῷ ψεύδει ὁ σοφὸς συγχρήσεται III 148, 9. 16   οἱ φαῦλοι π. ἀλλήλων 160, 18

πόλεμος ἡ τῆς μουσικῆς πρὸς τοὺς π. συνεργία Diog. III 225, 32

πόλις cf. πολιτεία
π. λέγεται διχῶς II 169, 25   τριχῶς III 81, 10   π. = πλῆθος ἀνθρώπων ὑπὸ νόμου διοικούμενον III 80, 42 = πλῆθος ἀνθρώπων ἐν ταὐτῷ κατοικούντων ὑπὸ νόμου διοικούμενον 81, 15 = σύστημα ἀνθρώπων II 327, 32

λέγουσι τὸν οὐρανὸν κυρίως π. III 80, 41   τὰ δὲ ἐπὶ γῆς ἐνταῦθα οὐκέτι π. 80, 42   ἡ Z. πολιτεία εἰς ἓν τοῦτο συντείνει κεφάλαιον, ἵνα μὴ κατὰ π. μηδὲ κατὰ δήμους οἰκῶμεν Z. I 61, 2   σπουδαῖον ἡ π. Cl. I 132, 20. III 80, 42. 81, 5   π. ὅλης εὐδαιμονία ἀπ' ἀρετῆς ἐγγίνεται καὶ ὁμονοίας Z. I 61, 19   δεῖ τὰς π. κοσμεῖν οὐκ ἀναθήμασιν, ἀλλὰ ταῖς τῶν οἰκούντων ἀρεταῖς Z. I 62, 8   Ἔρως θεὸς συνεργὸς πρὸς τὴν τῆς π. σωτηρίαν Z. 61, 17

ὁ κόσμος οἱονεὶ π. II 169, 26. 194, 16. 327, 31. 328, 10   ὁ κόσμος ἡ μεγάλη π. 330, 15   (cf. μεγαλόπολις) mundus communis urbs hominum et deorum III 81, 39. 82, 7. 83, 12   di mundum ut communem rem publicam atque urbem aliquam regentes II 327, 10. 24. 30

πολιτεία π. tit. l. Z. I 14, 26. 72, 7 περὶ π. Chr. III 202, 43   π. Λακωνική tit. l. P. I 96, 27. Sph. 140, 1

π. = τροφὴ ἀνθρώπων καλὴ κατὰ κοινωνίαν III 81, 26

ἐνάρετος ἡ π. νόμοις, οἳ μόνον τὸ καλὸν ἀγαθὸν εἰσηγοῦνται III 81, 19 π. οὐδὲν ἐν τοῖς ἀλόγοις ἐστὶν εὑρεῖν 89, 40   ἀφρόνων π. οὐκ ἔστιν Diog. III 241, 35   τὰς κειμένας π. ἡμαρτῆσθαι ἁπάσας 80, 18   αἱ κατὰ μέρος π. προσθῆκαι μιᾶς τῆς κατὰ φύσιν 80, 11   π. ᾗ καὶ σύμπας ὁ κόσμος διοικεῖται = ὁ τῆς φύσεως ὀρθὸς λόγος 82, 30   ἡ μεγαλόπολις ἥδε ὁ κόσμος ἐστὶν καὶ μιᾷ χρῆται π. 79, 39   ὁ κόσμος ἡμᾶς παρέχεται τῆς αὐτῆς μετέχοντας π. 82, 19   μία κοινὴ π. τῶν καθαρῶν ψυχῶν πρὸς τοὺς θεούς A. I 87, 11   Z. π. εἰς τοῦτο συντείνει κεφάλαιον, ἵνα πάντας ἀνθρώπους ἡγώμεθα δημότας καὶ πολίτας, εἷς δὲ βίος ᾖ καὶ κόσμος Z. I 61, 1

Λυκούργου ἔλαβε τῆς π. ὑπόθεσιν Z. I 60, 35   π. ἀρίστη ἡ μικτὴ ἐκ δημοκρατίας καὶ βασιλείας καὶ ἀριστοκρατίας III 175, 26   sapiens ad quamlibet rempublicam non accedet 174, 32. Z. Cl. Chr., quorum nemo ad rempublicam accessit, nemo non misit Z. I 62, 25. Cl. 132, 25. III 174, 34 cum sapienti rem publicam ipso dignam dedimus, mundum, non est extra rem publicam, etiamsi recesserit 174, 37

ὠφέλιμον πρὸς π. τὸ παλαιαῖς ἐντρέφεσθαι δόξαις καὶ ἀρχαίαν ἀκοὴν ἔργων καλῶν μεταδιώκειν III 184, 22 τὸν ἀπὸ τῆς π. χρηματισμὸν προηγούμενον 172, 18

πολιτεύομαι π. ὁ σοφός III 157, 40. 158, 32   π. κατὰ τὸν προηγούμενον λόγον 172, 18. 173, 19   π. ὁ σοφός, ἂν μή τι κωλύῃ 175, 3   μὴ π., ἐάν τι κωλύῃ καὶ μάλιστ' ἂν μηδὲν ὠφελεῖν μέλλῃ τὴν πατρίδα 173, 20   διὰ τί Χρ. οὐκ ἐπολιτεύετο 174, 26

εἰ πονηρά τις π., τοῖς θεοῖς ἀπαρέσει III 174, 28   οὕτω π. ὁ σοφὸς ὡς καὶ τοῦ πλούτου ὄντος ἀγαθοῦ καὶ τῆς δόξης 175, 8

πολίτης οὐδὲν ἡδονῆς ἕνεκα πράξειν τοὺς π. III 177, 11   τῶν πρὸς ἀκοὴν καὶ ὄψιν ἐπιτερπῶν ἀπείργει τοὺς π. Χρ. 180, 10   π. οἱ σπουδαῖοι μόνον Z. I 54, 4

πολιτικὴ = ἕξις θεωρητικὴ καὶ πρακτικὴ τῶν πόλει συμφερόντων III 65, 34   urbanitas et oeconomia cognatae virtutes 160, 9   eorum est oeconomia, quorum et π. II 209, 25   urbanitas oeconomia urbis est et oeconomia urbanitas domi III 160, 11

π. ἠθικῆς ἰδέα III 74, 17   τὴν π. μὴ εἶναι ῥητορικὴν πάντως Diog. III 242, 24

πολιτικὸς π. tit. l. Cl. I 107, 24
π. μέρος τῆς φιλοσοφίας Cl. I 108, 11
ὁ π. βίος προηγούμενος III 172, 15
φύσει π. ζῷον 63, 25. 77, 38   ὁ αὐτὸς οἰκονομικὸς καὶ π. 80, 16   π. ὁ σπουδαῖος Z. I 53, 10. III 150, 18   π. οὐκ ἔσται ῥήτωρ χωρὶς φιλοσοφίας Diog. III 243, 23   περὶ τοῦ π. disp. Diog. 241, 27. 242, 3

οἱ πολλοὶ cf. φαῦλοι
θεοῖς ἐχθροὶ καὶ ἀνόητοι Diog. III 233, 11

πολυφιλία ἀγαθὸν III 161, 18

πονηρός vid. s. v. φαῦλος

πόνος π. ἀδιάφορον Z. I 47, 25. III 17, 21. 28, 7. Diog. 218, 17. Apollod. 261, 9   οὔτε προηγμένον οὔτ' ἀποπροηγμένον περὶ σῶμα 33, 10   μηδεμίαν ἀλλοτρίωσιν εἶναι φύσει πρὸς π. 54, 30   ὁ π. φευκτὸς Dion. I 94, 19 sqq.

ὁ περὶ ἀγαθῶν καὶ καλῶν π., κἂν ὑστερίξῃ τοῦ τέλους, ἱκανὸς ἐξ αὑτοῦ προσωφελῆσαι τοὺς χρωμένους III 137, 17   οὐδένα τῶν φαύλων ἀνυπόπτως ἔχειν πρὸς τὸν π. 171, 9

πορεύομαι π.: τρέχειν comp ὁρμαὶ κατὰ λόγον: πλεονάζουσαι III 114, 4

πορίζομαι ὅπως ποριστέον τῷ σοφῷ III 172, 7

πορισμός καταγέλαστοι οἱ τρόποι τοῦ π., οἷον ὁ ἀπὸ βασιλέως καὶ ὁ ἀπὸ φιλίας καὶ ὁ ἀπὸ σοφίας III 172, 10

ποριστικὸς ἕξις π. τῶν πρὸς τὸ ζῆν καθηκόντων III 67, 3. 68, 5

πορνοβοσκία πλοῦτος καὶ διὰ π. κακοῦ ὄντος γίνεται III 36, 29

Ποσειδῶν τοῦ Διὸς τὸ εἰς τὴν θάλατταν διατετακὸς Diog. III 217, 15   Π. καλοῦσι κατὰ τὴν εἰς τὸ ὑγρὸν διάτασιν τοῦ θεοῦ II 305, 23   Π. = ὁ διὰ τῆς γῆς καὶ θαλάττης ἀὴρ 315, 21. 316, 6   τὸ διὰ τῆς θαλάσσης πνεῦμα 319, 32   mare Z. I 43, 30

ποταμὸς καλῶς ἀπαγορεύεσθαι εἰς π. οὐρεῖν III 187, 21

ποὺς III 46, 10. 179, 12. 187, 5

πρᾶγμα (: λεκτόν) ἐν τοῖς π. τὰ ἐναντία θεωρεῖται II 50, 10

τὸ λογικὸν ζῷον διὰ τὰς τῶν ἔξωθεν π. πιθανότητας διαστρέφεται III 53, 9   διαστροφὴ ἐξ αὑτῆς τῶν π. τῆς φύσεως 53, 17. 55, 3

πρακτικὸν (sc. μέρος τῆς φιλοσοφίας)
τῶν τριῶν μορίων τοῦ π.   ὕλη μὲν τὰ ἀνθρώπινα, τέλος δὲ ἡ τοῦ ἀνθρωπίνου βίου εὐδαιμονία II 19, 26

πρακτικὸς βίοι τρεῖς, θεωρητικὸς καὶ π. καὶ λογικὸς III 173, 5   ὁ ἐνάρετος θεωρητικός τε καὶ π. τῶν ποιητέων 72, 35   ὁ σπουδαῖος π. 160, 34   π. ὁρμὴ 40, 12. 28. 41, 27

πρᾶξις cf. πράττω
περὶ π. tit. l. Cl. I 107, 31
περὶ τῆς πρώτης ἀξίας καὶ τῶν π. pars eth. III 3, 4
γέγονεν ὑπὸ τῆς φύσεως ἐπίτηδες τὸ λογικὸν ζῷον πρὸς θεωρίαν καὶ π. III 173, 6
ἡ π. ἡ κατ' ἀρετὴν ἀγαθὸν III 19, 3. 25   αἱ κατὰ τὰς ἀρετὰς π. περὶ ψυχὴν ἀγαθὰ 24, 15   σπουδαῖαι π. περὶ ψυχὴν ἀγαθὰ 23, 40   πᾶσα ἡ κατ' ἀρετὴν π. τελικὸν ἀγαθὸν 25, 38. 26, 11   καὶ τὰς καλὰς π. ἀγαθὰ καλοῦμεν 26, 23   αἱ καλαὶ π. μετέχοντα τῶν ἀγαθῶν 27, 19   τῆς ἀρετῆς μετέχοντα αἱ π.. αἱ κατ' ἀρετὴν 19, 28   τὸ κυρίως συμφέρον ἀρετὴ καὶ ἡ κατ' ἀρετὴν π. 20, 19   ἐν τοῖς δ' εἴδεσι τοῦ καλοῦ τὰς καλὰς π. συντελεῖσθαι 20, 23

ἡ ἐπιστήμη πρὸς τὰς π. ἀφικνουμένη τὰς κατὰ τὸν βίον ὀνόματα πλείω λαμβάνει A. I 86, 4

αἱ κατὰ τὰς κακίας π. κακὰ περὶ ψυχήν III 24, 18   πᾶσα ἡ κατὰ κακίαν π. τελικὸν κακόν 26, 4   μετέχοντα τῆς κακίας αἱ π. αἱ κατὰ κακίαν 19, 32   ἡ φαύλη π. βλάβη 19, 36

ἄνευ τῶν μεταξὺ οὔθ' αἱ ἀγαθαὶ οὔθ' αἱ κακαὶ συνίστανται π. III 27, 20   τὰ πάθη βιαίως προωθεῖ ἐπὶ τὰς ἐναντίας (sc. τοῖς λογισμοῖς) π. 95, 5

αἱ π. ἢ ἀπ' ἀρετῆς εἰσι κατορθώματα ἢ ἀπὸ κακίας ἁμαρτήματα ἢ μέσα καὶ ἀδιάφορα III 88, 44   ἡ π. ἡ σπουδαία = ψυχῆς ἐνέργεια λογικῆς κατὰ κρίσιν ἀστείαν 72, 15   ὁ σπουδαῖος βίος = σύστημα λογικῶν π. 72, 20   οὐκ ἔστι π. τελεία, ἡ οὐ κατὰ πάσας πράττεται τὰς ἀρετάς 73, 33   πᾶσα π. τοῦ σοφοῦ τελεία 148, 23   αἱ τῶν σπουδαίων ἑκούσιοι π. ἐπαινεταὶ πᾶσαι 168, 2   πᾶσα ἡ διὰ τοῦ ἐπιστήμονος π. εὐπραγία 138, 10   πᾶσα π. γνωστικοῦ κατόρθωμα 139, 3   ἡ διὰ τοῦ ἀπεπιστήμονος π. κακοπραγία 138, 11   παντὸς τοῦ ἐθνικοῦ π. ἁμαρτητική 139, 5   ὁ κακὸς ἁμαρτητικὸς ὢν καὶ κατὰ τὰς π. διαμαρτάνει 26, 22   ἐπιγίνεται τῷ προκόπτοντι ἡ εὐδαιμονία, ὅταν αἱ μέσαι π. προσλάβωσι τὸ βέβαιον καὶ ἑκτικόν 138, 1   μέση π. def. 139, 3   μέσαι π. : κατόρθωμα 139, 2

τὰ μαντευόμενα ἔχει φύσει τὸ μέλος κινητικὸν καὶ παραστατικὸν πρὸς τὰς π. Diog. III 226, 23

πρᾶος   παρὰ τὸν π. πραότητα ἀρετὴν τίθεσθαι III 60, 6   ὁ σοφὸς π. 161, 20

πραότης def. III 161, 20   παρὰ τὸν πρᾶον ἀρετὴ τίθεται 60, 7

πράττω τὰ μὲν τῶν ζῴων ἐνεργήσει μόνον, τὰ δὲ π., τὰ λογικά II 295, 19   nihil agi sine impetu potest III 75, 21   ἡ λογικὴ ὁρμή = φορὰ διανοίας ἐπί τι τῶν ἐν τῷ π. III 40, 10   quodsi aliquid aliquando acturus est animus, necesse est, id ei verum, quod occurrit, videri II 35, 32   μήτε π. μήτε ὁρμᾶν ἀσυγκαταθέτως III 42, 25 pass.

Ant. 246, 37   ἡ τῆς ψυχῆς ἰσχὺς = τόνος ἱκανὸς ἐν τῷ κρίνειν καί π. ἢ μή Cl. I 129, 5   Chr. αἰτιᾶται τῶν π. οὐκ ὀρθῶς ἀτονίαν καὶ ἀσθένειαν τῆς ψυχῆς III 123, 1   τὰ πράγματα διὰ τὸν ἐν ἡμῖν λόγον δύναται ἁμαρτανόμενα κακῶς π., κατορθούμενα γίνεσθαι καλῶς III 140, 28   καλῶς π. ἡμῶν ὁ βίος διοικεῖται κατὰ ἐπιστήμην, κακῶς δὲ κατὰ ἄγνοιαν 60, 28   γινώσκουσα ἡ ψυχὴ χωρὶς τοῦ π. τἀγαθὰ καὶ κακὰ ἐπιστήμη ἐστίν A. I 86, 3   τὸ π. in def. φρονήσεως A. I 85, 38   ὁ φρόνιμος τὰ αὑτοῦ π. III 176, 29   ὁ κατὰ μίαν ἀρετὴν π. κατὰ πάσας π. III 69, 7   ἐπαινεῖν μὴ πᾶν τὸ π. κατ' ἀρετὴν 50, 32   εὔλογον ἐξαγωγὴν τῷ σπουδαίῳ συγχωροῦσιν, εἴ τι τοῦ π. οὕτω στερήσειεν αὐτόν, ὡς μηκέτι ἀπολελεῖφθαι μηδὲ ἐλπίδα τῆς πράξεως 190, 22

πρέπον π., λόγου ἀρετή, def. Diog. III 214, 18

πάντα τἀγαθὰ π. III 21, 43   ἐπιστήμη περὶ τὸ π. ἐν κινήσει καὶ σχέσει 66, 43

πρεσβεύω τὸ π. μέσον καθῆκον III 134, 27

πρηστήρ = νέφος περισχισθὲν πυρὶ μετὰ πνεύματος II 203, 26   = νωχελεστέρα ἔκλαμψις 203, 29   γίνεται, ὅταν ἄθρουν ἐκπέσῃ τὸ πνεῦμα καὶ ἧττον πεπυρωμένον 203, 17

προάγω vid. προηγμένον

οὔτε π. οὔτε ἀποπροῆχθη τὰ οὐδετέρως ἔχοντα III 31, 9   μήτε π. μήτε ἀποπροῆχθαι οἷον τὸ ἐκτεῖναι τὸν δάκτυλον 29, 34   τῶν προηγμένων τὰ μὲν δι' αὑτὰ προῆκται 32, 35   λέγομέν τινα τῇ ἀξίᾳ π. 30, 18

προαίρεσις cf. βούλησις

def. III 41, 32   ὁ σπουδαῖος δύναται ἐφικνεῖσθαι τῶν κατὰ π. ὄντων αὐτῷ Z. I 52, 35   beneficium voluntas efficit Cl. I 131, 5   κατ' ἀνάγκην : καθ' εἱμαρμένην : κατὰ π. : κατὰ τύχην II 281, 9

προγιγνώσκω τὸ τὰ μέλλοντα π. οὐ πάντως θεῖον III 184, 35

πρόγνωσις οὐχὶ ἡ π. τοῦ θεοῦ αἰτία γίνεται τοῖς ἐκ τοῦ ἐφ' ἡμῖν

ἐνεργηθησομένοις II 289, 34 πλέον ἀπὸ τῆς π. γίνεται τὸ κατάταξιν λαμβάνειν εἰς τὴν τοῦ παντὸς διοίκησιν τὸ ἐφ' ἡμῖν 289, 37
ἡ περὶ τῶν μελλόντων π. μέσον III 184, 32 praesensione rerum futurarum in animis hominum informatas esse notiones deorum Cl. I 119, 13
προγνωστικόν prognosticorum causas persequitur B. III 265, 13
προδιαλογίζομαι III 129, 34
προδιαπίπτω ψευδὴς συγκατάθεσις ὥς ἂν π. III 147, 23
προεκλύω III 123, 23
προεκφέρω οἱ ἐπὶ τῶν δρομέων π. III 128, 23
προηγμένον cf. προάγω
τῷ περὶ τῶν π. λόγῳ ἀκόλουθος ὁ περὶ τοῦ καθήκοντος III 134, 19 Z. ταύτας τὰς ὀνομασίας θέμενος πρῶτος 31, 13
π. = ὃ ἀδιάφορον ὂν ἐκλεγόμεθα κατὰ προηγούμενον λόγον Z. I 48, 8. III 31, 14 = ὅσα ἀδιάφορα ὄντα πολλὴν ἔχει ἀξίαν III 32, 24 = quod sit indifferens cum aestimatione mediocri 31, 38 = τὰ ἔχοντα ἀξίαν 30, 26. 31, 2 = τὰ πολλὴν ἔχοντα ἀξίαν Z. I 48, 6. III 31, 12 = τὰ ἱκανὴν ἀξίαν ἔχοντα III 29, 32 e. s. praeposita = quae pluris essent aestimanda Z. I 48, 20
nec bonum nec malum praepositum III 31, 37 οὐδὲν τῶν ἀγαθῶν π. Z. I 48, 11. III 31, 17 quae aestimanda essent, eorum in aliis satis esse causae, quam ob rem quibusdam anteponerentur III 31, 28 e. s. res „bonas" haberi aestimabiles et ad naturam accomodatas Z. I 55, 28 aestimabile = quod aut ipsum secundum naturam sit, aut tale quid efficiat, ut selectione dignum sit III 35, 4 τὰ π. οὐδὲν συνεργεῖ πρὸς μὲν τὴν εὐδαιμονίαν, πρὸς δὲ τὸν κατὰ φύσιν βίον 35, 19 π. λέγεσθαι οὐ τῷ πρὸς εὐδαιμονίαν τινὰ συμβάλλεσθαι, ἀλλὰ τῷ ἀναγκαῖον εἶναι τούτων τὴν ἐκλογὴν ποιεῖσθαι παρὰ τὰ ἀποπροηγμένα Z. I 48, 15. III 31, 20 δίχα κειμένων ἀρετῆς τε σὺν π. καὶ ἀρετῆς μόνης, μηδέποτ'

ἂν τὸν σοφὸν τὴν κεχωρισμένην ἑλέσθαι III 46, 13 τὸ π. τὴν δευτέραν χώραν καὶ ἀξίαν ἔχον, συνεγγίζει πως τῇ τῶν ἀγαθῶν φύσει 31, 18 e. s. τὸ π. τῷ ἀγαθῷ συναγαγὼν ἐγγὺς καὶ συμμίξας Chr. 34, 3 τρόπον τινὰ συγχωρεῖ τοῖς βουλομένοις τὰ π. καλεῖν ἀγαθά Chr. 33, 20
οὐδὲν τῶν π. πρὸς ἡμᾶς, ἀλλ' ἀποσπᾷ ὁ λόγος ἡμᾶς ἁπάντων τῶν τοιούτων III 34, 5 sq. non est ulla causa, cur aliud alii anteponatur A. I 84, 22 inter res eas, quae ad vitam degendam pertinerent, nihil omnino interesse neque ullum delectum adhiberi oportere A. 84, 27 μή τινα εἶναι φύσει π. A. 83, 14 μὴ τὰ λεγόμενα προῆχθαι πάντως γίνεσθαι π. A. 83, 16 ἴσον ἐστὶ τὸ π. λέγειν ἀδιάφορον τῷ ἀγαθὸν ἀξιοῦν A. 83, 11

productiones et relationes suis momentis distinctae, quae π. et ἀποπροηγμένα vocantur III 44, 11 commoda inter praep. sunt 23, 13 παραμετρεῖσθαι τὸ μέσον καθῆκον ἀδιαφόροις τισίν (sc. π.) 136, 11 praeposita possunt paria non esse 23, 13

ἀδιάφορα, κατ' εἶδος π. e. enum. III 28, 10 τῶν π. τὰ μὲν περὶ ψυχήν, τὰ δὲ περὶ σῶμα, τὰ δ' ἐκτός 32, 40 e. s.; e. π. ἐπὶ τῶν ψυχικῶν, ἐπὶ τῶν σωματικῶν, ἐπὶ τῶν ἐκτός 31, 3 τῶν π. τὰ μὲν δι' αὐτὰ προῆκται, τὰ δὲ δι' ἕτερα, τὰ δὲ καὶ δι' αὐτὰ καὶ δι' ἕτερα 32, 28. 34 e. s. δι' αὐτὰ μέν, ὅτι κατὰ φύσιν ἐστί, δι' ἕτερα δέ, ὅτι περιποιεῖ χρείας 32, 37 τὰ περὶ ψυχὴν κατὰ φύσιν ὄντα καὶ π. πλείονα τὴν ἀξίαν ἔχει τῶν περὶ σῶμα καὶ τῶν ἐκτός 33, 15

οὔτε π. οὔτε ἀποπροηγμένα = ὅσα μήτε πολλὴν ἔχει ἀξίαν μήτε ἀπαξίαν III 32, 26 οὔτε π. οὔτε ἀποπροηγμένα περὶ ψυχήν, περὶ σῶμα, ἐκτός 33, 8 e. s.
προηγούμενος τὰ λογικά, ἅπερ ἐστὶν π. II 333, 31 προηγουμένως γίνεται τὸ λογικὸν ζῷον 333, 22 προηγμένον ἐκλεγόμεθα κατὰ π. λόγον Z. I 48, 9. III 31, 15 τὰ π. κατὰ φύσιν in def. τέλους Ant. III 253, 1

κατά π. αἰτίας II 264, 7 π. τισὶν αἰτίαις ἕπεσθαι 268, 38
π. ἀγαθά, δεύτερα δέ III 27, 34 προηγουμένως, κατὰ δὲ τὸν δεύτερον λόγον 69, 9 pass.
πρόθεσις λόγου στοιχεῖον II 45, 10 π. def. III 41, 29 κατὰ π. 101, 24
προθυμία π. τὰς ἐπιθυμίας ὑποκορίζονται Στ. III 107, 27
προκαταλαμβάνω III 125, 1. 3
προκαταρκτικός π. αἴτια II 119, 46. 273, 18 π. αἰτία 292, 3 π. αἴτια ἑνὸς γίνεται πλείονα 120, 39 τῶν π. αἰρομένων μένει τὸ ἀποτέλεσμα 121, 25
προκοπή προηγμένον ἐπὶ τῶν ψυχικῶν III 31, 3. 32, 42 δι' αὐτὸ προηγμένον 32, 36 πρὸς τὰς ἀρετὰς τὴν ἀξιόλογον π. ἐκ φύσεως προϋπάρχειν 51, 37 ἡ π. τοὺς μὴ πάντων ἅμα παθῶν ἀφειμένους τοῖς μηδενὸς ἀπηλλαγμένοις ὁμοίως παρέχει κακοδαιμονοῦντας 143, 6
προκόπτω prima homini ad sapientiam tendenti sunt molimenta, quae ad vitam salutemque pertinent conservandam III 138, 40 ὁ ἐπ' ἄκρον π. ἅπαντα πάντως ἀποδίδωσι τὰ καθήκοντα καὶ οὐδὲν παραλείπει 137, 44 ὁ τοῦ π. βίος οὔπω εὐδαίμων 137, 46 ἐπιγίνεται τῷ π. ἡ εὐδαιμονία, ὅταν αἱ μέσαι πράξεις προσλάβωσι τὸ βέβαιον 138, 1 τοῦ ἁπλῶς πιστοῦ μέση πρᾶξις, μηδέπω κατὰ λόγον ἐπιτελουμένη μηδὲ κατ' ἐπίστασιν κατορθουμένη 139, 3 eorum, qui non longe a sapientia absunt, vitiositas discrepans quidem sibi ipsa, sed non prava 104, 18 μὴ δεῖσθαι τοῦ ἀμεταπτώτου ἐν ταῖς κρίσεσι τὸν ἐπ' ἄκρον π. μηδὲ φροντίζειν παραγενομένου 145, 2 ὁ π. εἰς αὑτὸν ἀναφέρει τὴν αἰτίαν ὧν ποιεῖ πάντων ἢ λέγει κακῶς 145, 7 qui processit aliquantum ad virtutis habitum, nihilo minus in miseria est quam ille, qui nihil processit 142, 17 qui natura doctrinaque longe ad virtutem processissent, nisi eam plane consecuti essent, summe esse miseros 142, 33 neque inter eorum vitam et improbissimorum quicquam omnino interesse 142, 34 οἱ π. ἄχρις οὗ τὴν ἀρετὴν ἀναλάβωσιν, ἀνόητοι καὶ μοχθηροὶ διαμένουσιν 143, 44
ἀπὸ τῶν ὀνείρων ἕκαστον αὑτοῦ συναισθάνεσθαι π. Ζ. I 56, 15 οἱ π. ἐπὶ ποσόν III 173, 34
πρόληψις π. = ἔννοιαι φυσικῶς γινόμεναι II 28, 21 κριτήρια αἴσθησις καὶ π. 33, 9 ὁ λόγος ἐκ τῶν π. συμπληροῦται Ζ. I 41, 2. II 28, 22 ὁ λόγος ἐννοιῶν τινῶν καὶ π. ἄθροισμα II 228, 23 αἱ π. ἐνέργειαι 228, 32 ὁ περὶ ἀγαθῶν καὶ κακῶν λόγος μάλιστα τῶν ἐμφύτων ἅπτεται π. III 17, 14 τὸν περὶ τὰς π. καὶ τὰς ἐννοίας τάραχον ἀφελὼν Χρ. II 12, 26
προνοητικός ζῷον π. κόσμου II 305, 16
πρόνοια περὶ π. tit. l. Chr. III 203, 5
π. ἀρετή def. III 65, 29 ἡ ἀρχὴ = π. ἀνθρώπων κατὰ νόμον 81, 21
προηγουμένως ἡ π. πάντα πεποίηκε II 333, 29 materiae universae fictrix et moderatrix 322, 14 ἀποίου δημιουργὸς ὕλης εἷς λόγος καὶ μία π. 322, 18 non solum creare et edere materiam proprium pr., sed etiam conservare et moderari Cl. I 114, 24 ἡ π. ἰχθῦς καὶ ὄρνιθας καὶ μέλι παρεσκεύασε II 334, 2 quod formica horrea sibi parat et apis mel facit, pr. dei tribuendum est 209, 30. 334, 8
διὰ πάντων διήκει ἡ π. II 306, 39 ἡ τῶν πάντων π. τὴν πίστιν λαμβάνει ἐκ τοῦ σῶμα χωρεῖν διὰ σώματος 156, 13
nullatenus impedit esse pr., etsi una cum materia mundus ingenitus supponatur Cl. I 114, 22 ὁ κόσμος π. διοικεῖται III 165, 11 κόσμος = π. II 169, 35 π. providet, primum ut mundus quam aptissimus sit ad permanendum, deinde ut nulla re egeat, maxume autem, ut in eo eximia pulchritudo sit Ζ. I 44, 21 figura mundi, sicut et mundus ipse, per pr. facta II 330, 25 pr. nihil praetermisit pertinentium ad certiorem utilioremque dispensationem Cl. I 124, 30. II 332, 6 τὰ ἄστρα διοικούμενα κατὰ π. II 168, 31 mens mundi = π. Ζ. I 44, 20 ἔοικε

τῷ μὲν ἀνθρώπῳ ὁ Ζεύς, τῇ δὲ ψυχῇ ἡ π. II 312, 35 καὶ τῇ π. — ψυχὴ δ' ἐστι τοῦ κόσμου — φθορὰν ἐπιφέρουσιν 187, 13 ὅταν ἐκπύρωσις γένηται, ὁ Ζεὺς ἀναχωρεῖ ἐπὶ τὴν π. 312, 37
prov. dei voluntas II 268, 13 ἐν τῷ προνοεῖν ἡ οὐσία τοῦ θεοῦ 324, 23 τὸ τέλος τῶν θεῶν ἐν τῇ τῶν θνητῶν τάξει καὶ π. 324, 20
ἡ εἱμαρμένη ἡ αὐτὴ καὶ π. καὶ φύσις Z. I 44, 37. 45, 2 εἱμαρμένη = λόγος τῶν π. διοικουμένων II 264, 19 τὰ καθ' εἱμαρμένην γινόμενα καὶ κατὰ π. γίνεται 280, 15 quae secundum fatum, sunt etiam ex pr.; quae secundum pr., ex fato 268, 16 quae ex pr. auctoritate, fataliter quoque provenire, nec tamen quae fataliter, ex pr. Cl. I 125, 13 προδιατέτακται κατ' ἀξίαν ἑκάστῳ κινήματι τῶν ἐφ' ἡμῖν τὸ καὶ ἀπὸ τῆς π. αὐτῷ ἀπαντησόμενον II 289, 31
καὶ μαντικὴ ὑφέστηκε πᾶσα, εἰ καὶ π. ἐστιν II 342, 24
οὐ μένει τὰ κακὰ ἀεὶ ἐν ταὐτῷ διὰ τὴν τηροῦσαν τὰ ἐπὶ γῆς π. 337, 31
προοίμιον pars orationis II 96, 5
προπέτεια ἡ ἐν ταῖς ἀποφάνσεσι π. II 39, 31 temeritas vitiosa III 69, 34 eam, quae aliena firmae et constantis adsensionis, a virtute sapientiaque removet Z. I 16, 28
προπετής π. συγκατάθεσις III 41, 21 τὸ συγκατατίθεσθαι κατὰ τὸν π. φαῦλον 147, 6
προπίπτω π. = ἀδήλοις φαντασίαις εἴκειν II 291, 11 π. καὶ ἁμαρτάνειν ἀκαταλήπτοις συγκατατιθεμένους III 42, 37 τὸ π. πρὸ καταλήψεως φαῦλον III 147, 6
πρὸς ἡμᾶς praeter virtutem τῶν ἄλλων οὐδὲν πρὸς ἡμᾶς III 34, 11 οὐδὲν π. ἡ. τὸ ζῆν καὶ ἡ ὑγίεια καὶ ἡ ἀπονία 33, 38 οὐδὲν τῶν προηγμένων π. ἡ. 34, 5 τὰ αὐτὰ πράγματα οὐδὲν π. ἡ., ἀρχαὶ δὲ τῶν καθηκόντων 30, 3 τὸ σῶμα καθάπερ ὄνυξ ἢ τρίχες οὐδὲν π. ἡ. 187, 2
ὁ λογικὸς τόπος οὐδὲν π. ἡ. A. I 79, 12. 20 τὰ ἠθικὰ π. ἡ. A. 79, 20

πρός τι πρός τι τὸ πρὸς ἑτέρῳ νοούμενον II 133, 22 τὰ πρός τι ἀντιδιαιροῦσι τοῖς καθ' αὑτά 132, 23 τὰ π. τ. καθ' αὑτὰ μὲν οὐκ ἔστι, κατὰ διαφορὰν δέ 132, 39 τὸ π. τ. ὑφ' ἓν τοῖς ἄλλοις (sc. categoriis) ἐτίθεσαν 132, 15 εἴ τινα διδόασιν ὑπόστασιν ταῖς τοιαύταις σχέσεσι 132, 16 π. τ. ἡ ἕξις καὶ ἡ ἐπιστήμη καὶ ἡ αἴσθησις 132, 46 π. τ. τὸ γλυκὺ καὶ πικρὸν καὶ ὅσα τοιῶσδε διατίθησι 132, 25 ἐν τῷ κόσμῳ ἕκαστα π. τ. πεποιῆσθαι 170, 33
τὸ διαφέρον καὶ τὸ ἀδιάφορον τῶν π. τ. λεγομένων εἶναι III 34, 22 οὐκ ἐν τῇ π. τ. σχέσει γινόμενον τὸ πλῆθος τῶν ἀρετῶν 63, 2
πρός τί πως ἔχον τῷ μὲν π. τ. π. ἔ. τὸ πρός τι ἕπεται, τῷ δὲ πρός τι οὐκέτι τὸ π. τ. π. ἔ. II 133, 12 ὑποκείμενα, ποιά, πῶς ἔχοντα, π. τ. π. ἔ. 124, 31. 125, 6 τὰ π. τ. π. ἔ. πάντως καὶ πρός τι ἐστίν 132, 34 ἐκ τῆς πρὸς ἕτερον σχέσεως ἤρτηται μόνης 132, 39 τὰ π. τ. π. ἔ. ἀντιδιαιροῦσι τοῖς κατὰ διαφοράν 132, 24 πάσης τῆς κατὰ διαφορὰν ἰδιότητος ἀπηλλάχθαι 133, 15 π. τ. π. ἔ. οἷον δεξιόν, πατήρ 132, 26
τῶν ἀγαθῶν τὰ μὲν εἶναι καθ' ἑαυτά, τὰ δὲ π. τ. π. ἔ. III 26, 39 π. τ. 26, 40 κατὰ τὸ π. τ. π. ἔ. τὴν ἀρετὴν A. I 79, 16 τῷ π. τ. π. διαφόρους καὶ πλείονας ἀρετὰς εἶναι A. 86, 10 ἀλυπία, εὐταξία etc. τῷ π. τ. π. ἔ. ὠνομάσθησαν III 27, 9
προσαγορευτικόν π. (sc. πρᾶγμα αὐτοτελές) def. II 61, 10 = κλητικόν 61, 45
προσβολή τῆς φαντασίας II 33, 21
προσδέχομαι δεῖσθαι μὲν τὸν σοφόν, μὴ π. δέ III 152, 10
προσδοκάω ἀγαθὸν προσδοκώμενον III 94, 10. 95, 20 κακὸν π. 94, 11. 23. 95, 19
προσδοκία ἐν τῷ λογιστικῷ μόνῳ συνίσταται III 115, 33 π. in def. τοῦ φόβου pass.
προσεκφέρω III 127, 5
προσηγορία μέρος λόγου II 45, 2. Ant. III 247, 24. Diog. 213, 26 def. Diog. III 213, 27

προσηγορικά περὶ τῶν π. l. Chr. II 6, 5
π. 50, 20
προσθήκη π. αἱ κατὰ μέρος πολιτεῖαι μιᾶς τῆς κατὰ φύσιν III 80, 11
προσίημι τὸ ζῷον τὰ οἰκεῖα π. III 43, 9
προσκοπή offensio def. III 104, 34 κατὰ π. γινόμενα e. enum. 102, 40 nasci a metu 104, 2
προσλαμβάνω τὰ μεταλαμβανόμενα καὶ π. II 85, 16 τὸ μεταλαμβανόμενον π. οἱ νεώτεροι λέγουσι 86, 31 τὸ ἔξωθεν π. 85, 31
πρόσληψις = propositio altera II 77, 14. 78, 11. 80, 9. 82, 6. Crin. III 269, 16 ἡ τοῦ ἑπομένου π. ἐν τοῖς συνεχέσιν ἀσυλλόγιστος II 88, 9 συλλογισμοὶ οἱ διὰ τροπικοῦ καὶ τῆς π. 85, 10
προσοχή π. ἔπανδρος ἐν σχέσει ἀγαθόν III 26, 30
προσπάθεια def. III 97, 13
προσπίπτω II 28, 2
πρόσταγμα περὶ π. tit. l. Chr. II 5, 26 τὸ κατόρθωμα = νόμου π. III 140, 8
προστακτικόν def. II 61, 6. 27 περιεκτικόν errore libr. 31, 31
προστακτικός λόγος π. τοῦ ποιεῖν III 42, 5 π. ὧν ποιητέον 77, 38 pass.
πρόσταξις π.: ἀπαγόρευσις: παραίνεσις III 139, 36 ἡ π. περὶ κατορθωμάτων γίνεται 139, 38 ὁ μέσος οὐ κατορθοῖ κατὰ τὴν τοῦ ὀρθοῦ λόγου π. 139, 40
προστάττω λέγειν: ἀπαγορεύειν: π. II 49, 2 π. τὰ κατορθώματα 295, 33 τῷ τελείῳ π. οὐ δεῖ III 140, 1 ὁ νόμος τοῖς φαύλοις μηδὲν π. 140, 10 π. II 106, 5. 107, 39. 108, 5. 109, 10 sq.
προστάτης νόμος π. τῶν καλῶν καὶ τῶν αἰσχρῶν III 77, 35
πρόσφατος τὸ π. = τὸ ὑπόγυον κατὰ τὸν χρόνον III 131, 7 ἐπὶ τῶν παθῶν παραλαμβάνεσθαι τὸ π. ἀντὶ τοῦ κινητικοῦ συστολῆς ἢ ἐπάρσεως 92, 23 δόξα π. κακοῦ παρουσίας in def. λύπης pass. δόξα π. ἀγαθοῦ παρουσίας in def. ἡδονῆς pass. quo iure

τὸ π. in def. λύπης ponatur disp. 131, 9 sq.
πρόσωπον δεῖ ἐπιστρέφεσθαι ἐπὶ τῶν λόγων σχηματισμῶν τοῦ π. II 96, 17 = praepositum per se ipsum III 32, 30 bonum tertium 27, 29 π. τῆς σελήνης vid. s. v. σελήνη
προτρεπτικός tit. l. A. I 75, 12. P. 96, 32. Cl. 107, 13. Chr. III 17, 15. 33, 36. 203, 20
ὁ σπουδαῖος π. III 160, 41 τῶν σπουδαίων ἄλλοι ἄλλων προτρεπτικώτεροι 142, 10
προτρέπω περὶ τοῦ π. tit. l. Chr. III 203, 20
μήτε προτετράφθαι τινὰ τῶν φαύλων μήτε π. πρὸς ἀρετήν III 170, 32 μόνον προτετράφθαι τὸν σοφὸν καὶ μόνον π. δύνασθαι, τῶν ἀφρόνων μηδένα 171, 2
προτροπή περὶ τῶν καθηκόντων π. καὶ ἀποτροπῶν pars eth. III 3, 5
προϋπάρχω III 51, 38
προϋφίσταμαι οὐσία = τὸ π. τοῖς οὖσιν II 114, 35
προφέρομαι λέγειν: π. expl. Diog. III 213, 22
προφορικὸς λόγος: ἐνδιάθετος II 43, 18. 74, 4 Ἶρις ὁ π. λόγος ἀπὸ τοῦ εἴρω τὸ λέγω 43, 30
πρῶτος π. ἀρεταί III 64, 15. 65, 5 π. κακίαι 65, 17 τὰ π. κατὰ φύσιν vid. s. v. φύσις, ἡ π. ὁρμή s. v. ὁρμή
πτάρνυμαι III 51, 13
πτοία πᾶσα π. πάθος III 92, 13 οἰκείως τῷ τῶν παθῶν γένει ἀποδίδοται ἡ π. 127, 30 πάθος = π. ψυχῆς expl. Z. I 51, 2. 4
πτοιώδης ἄγνοια ἀκαταστάτους καὶ π. παρεχομένη τὰς ὁρμάς III 166, 30 μανία = ἄγνοια π. 166, 31
πτῶσις περὶ τῶν ε΄ π. l. Chr. II 6, 2 ὀρθὴ π. II 59, 14 πλάγιαι 59, 18. 23 ex rectis casibus obliqui et ex obliquis recti recuperari possunt 47, 2 εἰ π. ἡ εὐθεῖα 47, 31
πυγμή = χεὶρ πῶς ἔχουσα II 126, 28
πῦρ = πᾶν τὸ πυρῶδες II 136, 25 π. τριττὸν εἶδος· ἄνθραξ, φλόξ, αὐγή 187, 2 πᾶν ὅπερ ἂν ἀνθρακωθῇ = π.

140, 23   φλὸξ καὶ ἄνθραξ εἴδη π. 140, 29   αὐγὴ τρίτον τι π. εἶδος 142, 40   τὸ π. στοιχεῖον Z. I 28, 28. II 134, 2   στοιχεῖον τῶν ὄντων Z. I 27, 11   κατ᾽ ἐξοχὴν στοιχεῖον λέγεται II 136, 11   τὸ π. τῶν δραστικῶν στοιχείων 137, 39   τὸ π. τὸ θερμόν 180, 8   τῆς ἄκρας θερμότητος ἐγγινομένης τῇ ὕλῃ π. ἀποτελεῖται 134, 29   μὴ ἐπιδέχεσθαι τὴν εἰς ἄλλο χύσιν 136, 13

δύο γένη π., τὸ ἄτεχνον : τὸ τεχνικόν def. Z. I 34, 24   π. τεχνικὸν = πνεῦμα πυροειδὲς καὶ τεχνοειδές II 217, 14   = φύσις καὶ ψυχή Z. I 34, 25   ignis = ipsa natura Z. 44, 6   π. τεχνικὸν in def. φύσεως pass.

ἀὴρ καὶ π. συνέχει II 144, 27   τὸ πνεῦμα καὶ τὸ π. συνέχει ἑαυτὸ καὶ τὰ ἄλλα 145, 2   π. καὶ ἀὴρ αἴτια τῇ γῇ τῆς σκληρότητος 145, 9   π. αὐτοῦ δι᾽ εὐτονίαν ἑκτικόν 146, 34   πληγὴ π. ὁ τόνος Cl. I 128, 33

τὸ π. ὅλον δι᾽ ὅλου χωρεῖ τοῦ σιδήρου II 155, 30. 156, 21   τοῦ π. καὶ τοῦ σιδήρου δι᾽ ὅλων γίνεται ἡ ἀντιπαρέκτασις 153, 9

δύο ὑποκείμενα κοῦφα, π. καὶ ἀὴρ II 175, 20. 177, 36. 178, 24   ἀβαρὲς τὸ π. Z. I 27, 32   φύσει ἀνώφοιτον διὰ τὸ μηδενὸς μετέχειν βάρους Z. 27, 34. II 143, 31. 162, 16. 177, 42   τὸ π. ἄνω φέρεσθαι Cl. I 111, 8   τῷ π. τὸ ἀνωφερὲς καθ᾽ εἱμαρμένην δέδοται II 290, 28   π. λεπτομερὲς καὶ κοῦφον καὶ εὔτονον ὄν 155, 32   π. κουφότατον ὂν ἐπὶ τὴν ἄνω φορὰν ἔχει τὴν ὁρμὴν καὶ περιδινεῖται 175, 32   τὸ π. κατ᾽ εὐθεῖαν κινεῖται Z. I 28, 11

τὸ π. κωνοειδές Cl. I 111, 30   omnis ignis pastus indiget Cl. I 112, 19. II 139, 24   nullus ignis sine pastu aliquo potest permanere Cl. I 113, 15

ignis corporeus vitalis et salutaris omnia conservat, alit, auget, sustinet Cl. I 113, 20   solis ignis similis eorum ignium, qui sunt in corporibus animantium Cl. 113, 23   animalium semen ignis is, qui anima ac mens Z. I 35, 32   primi homines ex solo, adminiculo divini ignis, geniti Z. 35, 22

π. τεχνικὸν ὁδῷ βαδίζον ἐπὶ γένεσιν κόσμου II 306, 20 (cf. def. φύσεως pass.)   ignis artificialis in viam cadit ad semina in generationem producenda 139, 31   ignis vivens et sapiens et mundi fabricator 139, 38   τὸ πρῶτον π. εἶναι καθαπερεὶ τι σπέρμα Z. I 27, 17   nihil animal intrinsecus in natura praeter ignem II 139, 18

ἡ ἐκ π. κατὰ σύστασιν εἰς ἀέρα μεταβολή II 136, 20   ἐκ π. τροπὴ εἰς ὕδωρ δι᾽ ἀέρος γίνεται Z. I 28, 16. 30. II 179, 31. 182, 13   τὸ π. νυνὶ ὑφεῖται καὶ κέκαμπται καὶ διεσχημάτισται II 308, 26   τὸ π. ἀΐδιον, τοιοῦτον ὄν, οἷον τὸ ἡμῖν συνεγνωσμένον 310, 6   οἱ ἄλλοι θεοὶ πλὴν Διὸς φθαρησόμενοι ὑπὸ π. Cl. I 121, 31   ἀνάπτεται τῇ κάτω συννεύσει, αἰρόμενον δὲ καὶ σκιδνάμενον σβέννυται II 147, 12   ἡ σβέσις ἐμφανῆ ποιεῖ τὴν εἰς ἀέρα μεταβολὴν τοῦ π. 141, 35   τείνεσθαι καὶ τὸ π. πως ἐπὶ τὸ τοῦ κόσμου μέσον Z. I 27, 32   τὸ π. ἐν τῷ μέσῳ τοῦ κόσμου εἶναι ἀλλ᾽ οὐ τὴν γῆν Arch. III 264, 4   τὴν σύστασιν πρὸς τὴν περιφέρειαν τοῦ κόσμου ποιεῖσθαι Z. I 27, 33   τὸ ἔσχατον τοῦ π. τρέπεσθαι πάλιν ποιεῖν εἰς τοὐναντίον τὸ μέσον τοῦ παντός Cl. I 111, 18   ὁ ἀὴρ εἰς π. μεταβάλλει Cl. 111, 8   ἐκ τοῦ ἀέρος π. ἐξάπτεται Z. I 28, 19. 32   εἰς π. αἰθερῶδες ἀναλυόμενα πάντα II 184, 4   ἡ οὐσία μεταβάλλει οἷον εἰς σπέρμα τὸ π. Z. I 32, 5. 8. Cl. 115, 2. II 183, 42. 184, 13   τὸ ἀναστοιχειῶσαν τὴν διακόσμησιν εἰς αὐτὸ π. τοῦ κόσμου σπέρμα εἶναι 188, 7   καὶ πάλιν ἐκ τούτου τοιαύτη ἀποτελεῖται ἡ διακόσμησις, οἵα πρότερον ἦν Z. I 32, 5. 8   τὸ π. ἄνωθεν αὔξεται καὶ ἄρχεται διακοσμεῖν τὸ ὅλον Cl. I 111, 20   ab igne rursum animante ac deo renovatio mundi fit II 183, 19

deus ipse ignis Z. I 42, 9   θεὸς νοῦς κόσμου πύρινος Z. 42, 8   ignis deus II 139, 40   π. νοερόν II 146, 18. 223, 2. 9   τοῦ θείου π. τὸ λογικὸν καὶ ἡ μακαριότης 116, 13

Vulcanus ignis Z. I 43, 30

τῶν δοκούντων παραδόξων π. ἀναφυσήματα ὁ σοφὸς οὐ θαυμάζει III 163, 9

πυραμίς ἐκ τριγώνων συνισταμένη II 159, 32

πυρετός σώματα ἐπιτήδεια εἰς π. ἐμπίπτειν III 116, 33

πυρετώδης ἡ τοῦ σώματος π. κατάστασις III 117, 2

πύσμα def. II 61, 5. 30 expl. 62, 22 τὸ π. τῶν τελείων λεκτῶν 58, 39 ἐρώτημα : π. 62, 19 π. 31, 31

πωγωνία def. II 201, 23

πῶς ἵνα αἰσθητικὴ γένηται φαντασία δεῖ συνδραμεῖν καὶ τὸ π. II 26, 22

πῶς ἔχειν εἰς τὸ π. ἔ. ἀναφέρειν τὸ ἔχειν II 132, 13

πῶς ἔχων ὑποκείμενα, ποιά, π. ἔ., πρός τι π. ἔ. II 124, 31 εἰς τὸ π. ἔ. συντάττουσι τὰς πλείστας κατηγορίας 131, 30 τὰ π. ἔ. τρίτα τίθενται 131, 35 ἡ ποιότης πνεῦμα π. ἔ. 126, 26 ἄλλως πῶς ἔχειν τὴν ὕλην ὡδὶ καὶ οὕτως, ἄλλως δὲ ἐν τοῖς π. ἔ. 131, 37 τὰ ἰδίως π. ἔ. περὶ τὰ ποιά 132, 2 τοὺς π. ἔ. οὐκ ἐναντίους εἶναι, ἀλλ᾽ ἐναντίως ἔχειν II 50, 2

Ρ

ῥάβδος III 133, 13

Ῥέα ῾Ρ. ἡ γῆ II 315, 16 expl. 318, 13. 15 ἡ ῾Ρ. καὶ μήτηρ τοῦ Διὸς καὶ θυγάτηρ 316, 21

ῥεπτικός ὄρεξις ῥ. πρὸς τὸ τυγχάνειν III 108, 7

ῥευστός ῥ. ἡ ὕλη II 112, 1. 116, 21 ῥ. πάντα τὰ σώματα 288, 44

ῥηθέν cf. λέγω
τὰ ῥ. ἐν σχέσει μόνον ἀγαθά III 26, 31

ῥῆμα μέρος λόγου II 45, 2. 10. Diog. III 213, 32. Ant. 247, 24 def. Diog. 213, 32 εἴδη τοῦ ῥ. II 60, 6 τὸ ἀπαρέμφατον ῥ. καλοῦσι 60, 16 verba ex verbis ita declinari, ut verba litteras alia assumant, alia mittant, alia commutent Ant. III 246, 28

ῥητορεύω οὕτω ῥ. ὁ σοφὸς ὡς καὶ τοῦ πλούτου ὄντος ἀγαθοῦ III 175, 7

ῥητορική τέχνη ῥ. tit. l. Cl. I 110, 19 περὶ τῆς ῥ. scr. Chr. II 9, 36. 95, 6 tit. l. Diog. III 235 sqq.
ῥ. = ἐπιστήμη τοῦ εὖ λέγειν Cl. I 110, 15. II 95, 23. 26. 28. III 65, 38 περὶ τῶν ἐν διεξόδῳ λόγων II 18, 24 = τέχνη περὶ κόσμον εὑρημένον λόγου καὶ τάξιν II 96, 12 τριμερὴς 96, 1

διαίρεσις τῆς ῥ. 96, 3 ῥ. : διαλεκτικὴ Ζ. I 21, 33 sq. II 18, 24 τὴν πολιτικὴν μὴ ῥ. εἶναι πάντως Diog. III 242, 24 eloquentia virtus ac sapientia II 95, 17 ἡ ῥ. ἐν σοφῷ μόνῳ φύεται 95, 30

ῥητορικός ῥ. μέρος τῆς φιλοσοφίας Cl. I 108, 11
τοὺς σοφοὺς ῥ. εἶναι III 158, 10

ῥήτωρ πρὸς τοὺς ῥ. tit. I. A. I 75, 22
πολιτικὸς οὐκ ἔσται ῥ. χωρὶς φιλοσοφίας Diog. III 243, 23 ὁ σοφὸς μόνος ῥ. III 155, 21. 159, 37. 164, 18. 25. Diog. 237, 11. 241, 32

ῥιψοφθαλμία def. III 97, 9

ῥοπή τὰ πάθη τοῦ ἡγεμονικοῦ ῥ. III 111, 35

ῥυθμικός αὐτὴ καθ᾽ ἑαυτὴν ἡ σύνεσις τοῦ ῥ. πρὸς τὴν παιδείαν χρήσιμος Diog. III 221, 30

ῥυθμός ἐν ῥ. πρέπον καὶ ἀπρεπές, καλὸν καὶ αἰσχρόν Diog. III 233, 33

ῥώμη ῥ. προηγμένον ἐπὶ τῶν σωματικῶν III 31, 4 ῥ. σώματος κακῶς χρῶνται οἱ ἀνόητοι, διόπερ οὐκ ἀγαθὸν 29, 43 ῥ. ψυχῆς ἀρετὴ 23, 24 ῥ. ψυχῆς οὔτε ἐπιστήμη οὔτε τέχνη 23, 28

Σ

σαρκάζω τῶν φαύλων εἶναι τὸ σ. def. III 161, 6
σάρξ γεύσεσθαι καὶ ἀνθρωπίνων σ. κατὰ περίστασιν τὸν σπουδαῖον III 186, 5 καὶ τὰς αὐτῶν σ. ἐσθίειν, εἴ ποτε τύχοι τι μέρος τοῦ σώματος ἀποκοπέν 186, 10
σαφήνεια ἀρετὴ λόγου def. Diog. III 214, 15
σεισμός def. II 203, 33
σέλας def. II 201, 24
σελήνη cf. πανσέληνος
ταὐτὰ εἶναι σ. καὶ μῆνα II 315, 13 σ. = τὸ ἀθροισθὲν ἔξαμμα μετὰ τὸν ἥλιον νοερὸν ἐκ τοῦ τῶν ποτίμων ὑδάτων ἀναθυμιάματος 199, 30 ἡ τῆς σ. σφαῖρα πλησιάζουσα τῷ ἀέρι II 169, 6 ἡ σ. οὐ γῆ, ὅτι τῆς κάτω χώρας ἀφέστηκε 195, 18 ἡ σ. διὰ πυρὸς καὶ ἀέρος συνέστηκε 136, 32 μικτὴ ἐκ πυρὸς καὶ ἀέρος 198, 19. 26 πυροειδής Cl. I 113, 34 κρᾶμα ἐξ αἰθερώδους οὐσίας καὶ ἀερώδους II 199, 2 διὰ τὸ ἀερομιγὲς μὴ εἶναι τῆς σ. ἀκήρατον τὸ σύγκριμα 198, 14 ἡ σ. τῶν ἄστρων τὸ νωθρότατον καὶ θολερώτατον 198, 12 γεωδεστέρα ἅτε προσγειοτέρα οὖσα 196, 7 τὸ ἐμφαινόμενον μέλαν ὁ ἀὴρ 199, 3 τοῦ ἀέρος διαμελαίνοντος ἔμφασις γίνεται προσώπου 198, 28
ἡ σ. γενητή II 309, 20 τὴν σ. ὁ ἥλιος ἐξομοιώσει ἑαυτῷ καὶ μεταβαλεῖ εἰς ἑαυτόν Cl. I 114, 27
ἡ σ. μείζων τῆς γῆς II 198, 5
σφαιροειδής II 198, 7. 199, 32. 200, 13 πιλοειδὴς τῷ σχήματι Cl. I 113, 34
δύο φορὰς φέρεται Ζ. I 34, 27 ἑλικοειδῆ τὴν πορείαν ποιεῖται II 196, 2
σχηματίζεται πολλαχῶς II 198, 8 per incrementum et deminutionem variationes commutationesque pro emolumento universi facit 331, 35
ἡ σ. οὐκ ἴδιον ἔχει φῶς II 196, 12 οὐκ ἀνακλάσει γίνεται ὁ φωτισμός 199, 17 χρόα ἀνθρακώδης καὶ βλοσυρὰ ἴδιος τῆς σ. 198, 23 ἀμαυροφανὲς τὸ φῶς· ἀεροειδὲς γὰρ 198, 16
mensium periodos luna apposite coaptavit II 331, 34 τὰς μηνιαίους ἀποκρύψεις ποιεῖται συνοδεύουσα ἡλίῳ 199, 21 ἐκλείπει ἡ σ. ἐμπίπτουσα εἰς τὸ τῆς γῆς σκίασμα Ζ. I 34, 13 expl. II 199, 22. 38 ἐκλείπει τῆς γῆς αὐτῇ ἐπιπροσθούσης II 199, 35 ταῖς πανσελήνοις ἐκλείπει μόναις Ζ. I 34, 14. 31
ali lunam aquis Cl. I 112, 20. II 139, 24 ἀπὸ τῶν ὑγρῶν τῶν ἀπὸ τῆς γῆς τρέφεται II 199, 26 ἐκ ποτίμων ὑδάτων 196, 9. 199, 32 τῇ σ. τὰ κρηναῖα καὶ λιμναῖα νάματα γλυκεῖαν ἀναπέμπει ἀναθυμίασιν 197, 28 ἡ ἀπὸ τῆς σ. δύναμις διατείνει εἰς τὰ περίγεια II 169, 7 fretorum et aestuum accessus et recessus lunae motu gubernantur 347, 21 ὠκεανοῦ πλημμύρας καὶ πορθμῶν ἐπιδόσεις, διαχεομένων καὶ αὐξανομένων ὑπὸ τῆς σ. 200, 1 κατὰ τὰς τῆς σ. αὐξήσεις καὶ φθίσεις πολλὰ τῶν ζῴων φθίνει καὶ αὔξεται, ἀμπώτεις καὶ πλημμυρίδες γίνονται 302, 25 τὰ περὶ τόκους εἰς τὴν σ. ἀναφέρεται 212, 39 lunae phasibus fructus nocte maturescere 200, 4 ostreis et conchyliis omnibus contingere, ut cum luna pariter crescant pariterque decrescant 347, 17 arbores cum luna simul senescente tempestive caedi 347, 19
ἡ σ. ἄστρον νοερὸν καὶ φρόνιμον, πυρινὸν δὲ πυρὸς τεχνικοῦ Ζ. I 34, 22. 33 luna deus II 30, 19. 315, 22. 316, 3 σ. ἡ Ἄρτεμις II 212, 39. Diog. III 217, 12
σεμνολογία οὐ πᾶν κατόρθωμα εἰς σ. πίπτει III 50, 23
σεμνός τὸ χαρτὸν σ.· τὸ δὲ σ. καλόν III 9, 28. 11, 16
σημαινόμενον = τὸ πρᾶγμα τὸ ὑπὸ τῆς φωνῆς δηλούμενον II 48, 18 ἀσώματον καὶ λεκτόν 48, 23 ἡ διαλεκτικὴ τυγχάνει περὶ σημαίνοντα

καὶ σ. 38, 6 τοῦ σ. τελέως ἀποπλανῶνται 107, 1

σημαῖνον σ. = ἡ φωνή II 48, 18 ἡ διαλεκτικὴ τυγχάνει περὶ τὰ σ. καὶ σημαινόμενα 38, 5 similes res dissimilibus verbis et dissimiles similibus esse vocabulis notatas 45, 27 omne verbum ambiguum natura 45, 29

σημαίνω εἰς ὃ ἐνσημαίνεται τὰ λεγόμενα, καὶ σημαίνεσθαι ἐκεῖθεν II 244, 20

σημαντικός σ. προφέρεσθαι φωνήν II 48, 29

σημασία in tit. Chr. II 5, 23

σημεῖον περὶ σ. tit. l. Z. I 14, 36 def. II 72, 30. 73, 37 τὸ σ. ἐκκαλυπτικὸν εἶναι δεῖ τοῦ λήγοντος 73, 18 ἀληθὲς εἶναι δεῖ καὶ ἀληθοῦς παραστατικὸν 73, 8 παρὸν παρόντος εἶναι δεῖ σ. 73, 24

ἀξίωμα τὸ σ. καὶ νοητὸν II 72, 29. 73, 14 ἀκολουθίας ἔννοιαν ἔχων σ. νόησιν λαμβάνει 43, 21. 74, 7

τὰ σ. τοῦ πράγματος δι' ἀλλήλων συγκατασκευάζεται 90, 33

τὸ μέσον σ. τοῦ κόσμου II 169, 9

σημειωτόν συνυπάρχειν ὀφείλει τῷ σημείῳ II 73, 12 (cf. 73, 32)

σίδηρος διὰ παντὸς τοῦ σ. χωρεῖ τὸ πῦρ II 155, 30. 156, 21 τοῦ πυρὸς καὶ τοῦ σ. δι' ὅλων γίνεται ἡ ἀντιπαρέκτασις 153, 9

σκέμμα τῶν τοῦ φιλοσόφου σ. tit. l. Chr. II 4, 39

σκινδαψός τὸ σ. ἄσημον II 45, 13

σκοπός καὶ τὸν σ. τέλος λέγουσι III 3, 24 τοῦ τέλους στοχαζόμενοι ὥσπερ ἐν ταῖς τοξείαις σ. τοῦ περὶ βίον 4, 26 πάντα δεῖ ἀναφέρεσθαι πρὸς τὸν ὑποκείμενον σ. 8, 33 εὐδαιμονία σ. ἔκκειται 6, 14 οὐδεὶς τῶν ἀστείων σ. διαμαρτάνει 147, 17

σκοτεινός τὸ σ. ὄψεως συγχυτικὸν II 141, 8

σκότος ὁρατὸν εἶναι τὸ σ. Sph. I 141, 26. II 233, 34. 234, 8

σκότωσις τὸν τὴν ἀρετὴν ἔχοντα οἷόν τε ἐν σ. γενέσθαι III 57, 14

σοβέω III 129, 16

σολοικίζω περὶ σ. λόγων l. Chr. II 6, 13 τὸ σ. expl. Z. I 23, 20. 24

σολοικισμός περὶ σ. l. Chr. II 6, 12 def. Z. I 23, 24 σ., κακία λόγου, def. Diog. III 214, 22 admitti iubet Chr. II 96, 22

σοφία περὶ σ. διατριβαί tit. l. A. I 75, 16

σ. = ars vivendi II 35, 38 = conveniens actio III 26, 13 = ἐπιστήμη θείων καὶ ἀνθρωπίνων πραγμάτων II 15, 4. 12. 304, 25 γινώσκουσα ἡ ψυχὴ χωρὶς τοῦ πράττειν τἀγαθὰ καὶ κακὰ = σ. A. I 86, 4 μεταβάλλει ἡ ψυχὴ εἰς σ. III 52, 9 ratio cum adulevit atque perfecta est, nominatur sapientia 83, 3

sap. a principiis naturae proficisci III 45, 2 initium naturae accommodatum sequitur sap. II 35, 22 primo nos sap. commendamur ab initiis naturae, post autem ipsa sap. nobis carior fit quam illa III 45, 5 prima naturae subiecta materia sap. 189, 36 sap. bonum Diog. III 218, 31 et ad ultimum pertinens et efficiens 26, 12

in sap. ipsa inest, non foris petitur extremum III 4, 36 sola sap. in se tota conversa 4, 42 sap. et animi magnitudinem complectitur et iustitiam ib. omnia, quae essent aliena firmae et constantis adsensionis a sap. removet Z. I 16, 30

non est sap. negotium vesci; sed sine vita, quae cibo constat, nulla sapientia III 138, 44 καταγέλαστος ὁ πορισμὸς ὁ ἀπὸ σ. 172, 13

σόφισμα περὶ τῶν σ. scr. Chr. II 8, 18

τὰ καλούμενα σ. 90, 23

σοφιστεία τὸ χρηματίζεσθαι ἀπὸ τῆς σ. III 172, 22 ἁρμόζων τῷ σοφῷ ὁ ἀπὸ σ. χρηματισμὸς 174, 20 sq.

σοφιστεύω περὶ τοῦ τὸν σοφὸν σ. tit. l. Cl. I 107, 37

περὶ τοῦ σ. ἀμφισβήτησις κατὰ τὸ σημαινόμενον def. III 172, 22 sqq. τὸ σ. εἰς σπουδαίους οὐ πίπτει 158, 7

σοφός cf. ἀγαθός, ἀστεῖος, ἐνάρετος, νοῦν ἔχων, πεπαιδευμένος, φρόνιμος; ὁ μὴ σοφός vid. s. v. φαῦλος

Index verborum, notionum, rerum ad Stoicam doctrinam pertinentium. 129

σ. = σοφός σπ. = σπουδαῖος
περὶ τοῦ τὸν σ. σοφιστεύειν tit. l. Cl.
I 107, 37 μὴ δοξάσειν τὸν σ. tit. l.
Chr. II 9, 27

δύο γένη τῶν ἀνθρώπων, τὸ μὲν τῶν σπ., τὸ δὲ τῶν φαύλων Z. I 52, 27

σ. = ὁ τὴν τοῦ ἀληθοῦς ἐπιστήμην ἔχων II 42, 33

μέχρι τοῦ νῦν ἀνεύρετος ὁ σ. III 216, 39 οἱ σ. οὐκ ἐπεὶ πεφύκασιν εἶναι, ἤδη καὶ εἰσίν Diog. III 217, 8 ἕνα ἢ δύο μόνους σ. γεγονέναι 167, 34 οὔθ' αὑτὸν ὁ Χρ. ἀποφαίνει σπ. 166, 23

ἀκαρεῖ χρόνου ἐκ τῆς ὡς ἔνι μάλιστα φαυλότητος εἰς οὐκ ἐχούσαν ὑπερβολὴν ἀρετῆς διάθεσιν μεταβάλλει ὁ σ. III 144, 9 περὶ τοῦ διαλεληθότος, ὃς αὐτὸς ἑαυτὸν οὐδέπω κατείληφε γεγονὼς σ. 144, 13. 25. 31

μόνος ὁ σ. ἀληθεύει καὶ ἐπιστήμην ἔχει τἀληθοῦς βεβαίαν III 164, 32 ἡ τῶν κατὰ μέρος λογικὴ ἐν τῷ σπ. ὑπάρχουσα 26, 43 nemo scit rem ullam nisi sap. Z. I 19, 33 scientiae compos nisi sap. nemo Z. I 20, 5. III 147, 37 οὐ δοξάσει ὁ σ. Z. I 16, 32. 17, 7. Sph. 141, 10. II 40, 22. III 147, 1. 27. 29. 40 ὁ σ. ἀδόξαστος A. I 78, 19 οὐκ οἴεται οὐδέν II 40, 24 οὐ δοκεῖ τι τῷ σ. III 147, 26 οὐδὲν θαυμάζει τῶν δοκούντων παραδόξων e. s. III 163, 7 potest falsa a veris et quae non possunt percipi ab iis, quae possunt, distinguere II 34, 22 οὐ τὸ παράπαν ἀκαταλήπτῳ τινὶ συγκατατίθεται III 146, 30 μηδὲν ὑπολαμβάνει ἀσθενῶς 147, 2 τὸ προπίπτειν πρὸ καταλήψεως καὶ συγκατατίθεσθαι κατὰ τὸν προπετῆ οὐ πίπτει εἰς τὸν σπ. 147, 7 ὁ σπ. οὐ παραδέχεται ψευδῆ φαντασίαν II 40, 30 ψεῦδος οὐχ ὑπολαμβάνει ὁ σπ. Z. I 53, 8. III 150, 15 ὁ σ. III 146, 30 sap. in furore sustinet se ab omni adsensu III 147, 33 ὁ σ. ἐν πολλαῖς καταλήψεσι καὶ μνήμαις καταλήψεων γεγονὼς ὀλίγας πρὸς αὐτὸν ἡγεῖται III 51, 10 πᾶσα κατάληψις ἐν τῷ σ. καὶ μνήμῃ τὸ ἀσφαλὲς ἔχουσα εὐθύς ἐστιν ἐπιστήμη

51, 14 μὴ ἀγνοεῖ μηδὲν ὁ σ. II 41, 12. III 147, 1 ὁ σπ. 150, 15 οὐδὲ λανθάνει τὸν σ. τι III 147, 8 τὸν σπ. 150, 15 καὶ ἀνεξέλεγκτοι οἱ σ. καὶ καταληπτικοὶ ἀξιωμάτων II 42, 13 ἀνεξαπάτητοι 41, 24 ὁ σπ. οὐκ ἐξαπατᾶται III 150, 10 μήτε ἐξελέγχεσθαι σπ. εἶναι μήτε μεταπεισθῆναι II 40, 26

sapientis animus ita semper adfectus est, ut ratione optime utatur III 151, 11 recta ratio probos frustra non iubet aut vetat 80, 23 ὁ σ. μὴ ἐκ τύχης εὐλόγιστος, ἀλλ' ἀπὸ ἕξεως καὶ διαθέσεως εὐλογίστου 138, 20 οὐδὲ τὸν δάκτυλον ὡς ἔτυχε σαλεύειν τῷ σ. ὁ λόγος ἐπιτρέπει 183, 19 ὁ σ. τέχνην ἔχει περὶ τὸν βίον, ἧς ἴδιόν ἐστιν ἔργον τὸ ἕκαστον τῶν πραττομένων ἀπ' ἀρίστης διαθέσεως πράττειν 139, 17 ὁ σ. ταῖς περὶ τὸν βίον ἐμπειρίαις χρώμενος 149, 17 ὁ σπ. 150, 3; ὁ σπ. μετέχων τῆς ἀρετῆς 19, 26. 29 οἱ σ. οὐ μόνον εὐφυεῖς γίνονται πρὸς ἀρετὴν ἐκ φύσεως, ἀλλὰ καί τινες ἐκ κατασκευῆς 89, 17 μόνος προτέτραπται πρὸς ἀρετήν 171, 2 πάντα κατ' ἀρετὴν ποιεῖ καὶ τὸν ἀπὸ ταύτης ὀρθὸν λόγον ὁ σπ. 163, 12 πᾶς σπ. ὅσα ποιεῖ κατ' ἀρετὴν ποιεῖ 166, 10 αἱ τῶν σπ. ἑκούσιοι πράξεις ἐπαινεταὶ πᾶσαι 168, 2 πάσαις ταῖς κινήσεσι καὶ σχέσεσιν ὁ σπ. ἐπαινετός 148, 30 τέχναι ἐν τῷ σπ. ἀνδρὶ ἀλλοιωθεῖσαι ὑπὸ τῆς ἀρετῆς καὶ γενόμεναι ἀμετάπτωτοι 26, 32 πάντα ποιεῖ κατὰ πάσας τὰς ἀρετὰς ὁ σ. 148, 22 ὁ σπ. 150, 2; οἱ σπ. διὰ παντὸς τοῦ βίου χρῶνται ταῖς ἀρεταῖς Z. I 52, 28 πάντα εὖ ποιεῖ ὁ σ. Z. I 53, 14. II 41, 25. III 148, 38. 149, 4. 16 ὁ σ. μεθ' ὑπεξαιρέσεως πάντα ποιεῖ καὶ μηδὲν αὐτῷ τῶν ἐναντιουμένων ἀπρόληπτον προσπίπτει III 149, 28. 35 quicquid a sapiente proficiscitur, id continuo debet expletum esse omnibus suis partibus 137, 6 πᾶσα πρᾶξις γνωστικοῦ κατόρθωμα 139, 3 ὁ σπ. κατορθοῖ 26, 22 κατόρθωμα contingit sapienti soli 5. 29

est quoddam commune officium sap. et insipientis III 136, 6 prandere, lavari, ungui sunt sap. officia 138, 42 tam insipiens quam sap. sumet, quae secundum naturam sunt 136, 5 in rebus mediis aliquid agit sapiens 135, 37 sap. commodius est, si ea quoque habet, quae naturae accomodata sunt Z. I 55, 29 sap. ab insipiente vel praecipue consilio et dilectu rerum discerni III 47, 2 proprium sap. officium est recte eligere 47, 5 δίχα κειμένων ἀρετῆς τε σὺν προηγμένοις καὶ ἀρετῆς μόνης, μηδέποτ᾽ ἂν τὸν σ. τὴν κεχωρισμένην ἑλέσθαι 45, 15 τῶν σπ. συμβαίνει τὰς πρὸς καλοκἀγαθίαν ἀφορίας ἀμείνους εἶναι ὧν ἐκ τύχης οἱ φαῦλοι κατορθοῦσι 148, 35 ὁ σ. ποιῆσαι ἂν ἅπαντα βέλτιον, ὅ τι ἂν τύχῃ ποιῶν, τῶν ἄλλων ἀνθρώπων καὶ τὰ κατὰ τὰς τέχνας 149, 7 τὸ τιμᾶν τοὺς γονεῖς κοινὸν τοῦ σπ. καὶ μὴ σπ.· τὸ δὲ ἀπὸ φρονήσεως τιμᾶν τοὺς γονεῖς ἴδιον τοῦ σ. 139, 12. 17 εἰ οἱ σ. τοῖς φαύλοις κατορθώματα ἢ μέσα προστάττουσι 140, 12

οἱ σπ. ἐκκλίνουσι τὸ πράττειν τι παρὰ τὸ καθῆκον III 163, 37 ἐν μηδενὶ ὁ σπ. ἁμαρτάνει 163, 12 ἀναμάρτητοι οἱ σ. II 41, 24. III 148, 19 οὐχ ὁδοῦ διαμαρτάνει ὁ σ. 147, 16 οὐδὲ παρορᾷ οὐδὲ παρακούει 147, 18 οὐδὲ παρορᾷ τῶν δεόντων οὐδέν 145, 8 τοὺς σ. οὐ παρορᾶν ἢ ἀτέχνους εἶναι II 41, 5 τῶν σπ. οὐδεὶς οὔτε παρακούσεται οὔτε παρανοήσει II 40, 29 οὐ πλεονεκτεῖται III 147, 13 οὐ βουκολεῖται 147, 14 ὁ σπ. οὔτ᾽ αὐτὸς παραριθμεῖ οὔτ᾽ ὑπ᾽ ἄλλου παραριθμεῖται II 40, 31 ὁ σ. III 147, 14 οὐδὲ σφάλλεται Z. I 16, 32. 17, 7. III 147, 23 sapientis haec vis maxima cavere, ne capiatur, ne fallatur, videre Z. I 16, 25 οὐκ ἀπιστεῖ ὁ σ. III 147, 9 οὐχ ὑπονοεῖ 147, 20 μὴ ψεύδεσθαι τὸν σ. 148, 5. 150, 15 ἐρεῖ ποτε ψεῦδος, οὐ ψεύσεται δέ II 42, 36 τῷ ψεύδει ποτὲ συγχρήσεται ὁ σ. III 148, 7. 13 e. s. πολλάκις οἱ σ. ψεύδει χρῶνται πρὸς τοὺς φαύλους II 291,

23 πρὸς τοὺς πολεμίους τὸν σ. ψεύσασθαι ἐπὶ τῇ τῆς πατρίδος σωτηρίᾳ, οὐ καθῆκον ἔργον δεόντως ἐνεργεῖται III 138, 30 ψευδεῖς ἐμποιεῖ φαντασίας ὁ σ. III 42, 29 οὐ μετανοεῖ ὁ σ. Z. I 16, 32. 17, 7. III 147, 22 οὐδὲ μετατίθεται Z. I 16, 32. 17, 7. III 147, 23 μήτε παρὰ τὴν ὄρεξιν, μήτε παρὰ τὴν ὁρμὴν γίνεταί τι περὶ τὸν σπ. III 149, 28 ἀπαθὴς ὁ σ. P. I 99, 22. III 109, 12 sapiens perturbationibus semper vacabit III 93, 15 sentiet suspiciones quasdam et umbras affectuum, ipsis quidem carebit Z. I 52, 20 sap. animus semper vacat vitio Dion. I 95, 31 non cadit in sap. aegritudo Dion. I 96, 14. III 110, 10. 150, 43 sqq. si sap. in aegritudinem incidere posset, posset etiam in misericordiam, posset in invidentiam Dion. I 96, 3 εἰ ὁ σπ. λυπηθήσεται III 101, 22 οὐ λυπηθήσεται ὁ σ. Apollod. III 261, 17 flecti ac misereri non est sap. III 109, 29. 110, 7 τοὺς σ. ἐλεήμονας μὴ εἶναι 163, 3 non ignoscere 110, 7 μὴ συγγνώμην ἔχειν μηδενί 162, 36. 163, 3 veniam dari a sap. non debere 110, 12 numquam cuiusquam delicto ignoscit Z. I 52, 16 gratia numquam movetur Z. 52, 15 ἡ ἡδονὴ σπ. οὐδενὶ προσγίνεται III 98, 32 numquam sap. irascitur Dion. I 95, 33 φοβηθήσεται μὲν ὁ σ. οὐδαμῶς, εὐλαβηθήσεται δέ III 105, 19 cautio in solo sap. est 107, 12 τὸ εὐλαβεῖσθαι σ. ἴδιον 42, 9 alieno malo non gaudet Dion. I 95, 37 nihil est fas concupiscere sapienti, quod fors fuat an frustra concupiscat III 47, 8

οὐ κακοῖς περιπίπτει ὁ σ. III 11, 2 ὁ σπ. 150, 10 sap. malis non adfici 152, 14 οὐδεμία βλάβη γίνεται περὶ τοὺς σ. 19, 40 sapientis constantia nullis terroribus de sententiae proposito potest depelli 152, 25 οὐδ᾽ ἀναβάλλεταί ποτε ὁ σπ. οὐδέν, ὑπερτίθεται δέ τινα 163, 29 ὁ σ. τοῖς πράγμασι μὴ συμμεταβάλλει 149, 42 sapientes quicquid oportet et iuvat 152, 5 ὁ σ. ἀνύβριστος, οὔθ᾽ ὑβρίζεται οὔθ᾽ ὑβρίζει 152, 28 μήτ᾽ ἀδικεῖται μήτε βλάπτεται

Index verborum, notionum, rerum ad Stoicam doctrinam pertinentium. 131

152, 30. 39. 153, 1 ἀδικεῖταί πως 152, 41 οὐ κακοποιεῖται 150, 10 ἀλγεῖ μέν, μὴ βασανίζεται δέ 152, 9 οὔτε ἀναγκάζεται ὑπό τινος οὔτε ἀναγκάζει, οὔτε κωλύεται οὔτε βιάζεται ὁ σ. 153, 17 ὁ σπ. 88, 40. 150, 10 ὁ σ. ἀσφαλής, ἀκίνδυνος 188, 15 summum bonum eaque vita, quae ex summo bono degitur, in sapientem solum cadit III 5, 36 τῆς ὑποτελίδος καὶ οἱ μὴ σ. στοχάζονται, τοῦ δὲ τέλους μόνος ὁ σ. H. I 91, 31 ὁ σπ. εὐδαίμων μάλιστα καὶ εὐτυχὴς καὶ μακάριος καὶ ὄλβιος III 150, 16 εὐδαίμων καὶ ὄλβιος Z. I 53, 8 ὄλβιος, μακάριος, πανευδαίμων III 188, 15 omnes sap. semper feliciter, absolute, fortunate vivere 153, 15 τοὺς σ. ἀνάγκη εὐδαιμόνως ζῆν 153, 23 ἡ τῶν σ. πρὸς τὰ συμβαίνοντα εὐαρέστησις II 264, 11 quomodo erit miser, cui nihil accidit praeter voluntatem? III 151, 45 κατὰ μηδὲν αἱρετωτέρα μήτε καλλίων μήτε σεμνοτέρα ἡ τοῦ Διὸς εὐδαιμονία τῆς τῶν σ. ἀνδρῶν 14, 13. 190, 15 si ampulla aut strigilis ad vitam sapientis accedat, non beatiorem ob eam causam fore III 15, 39 ita sap. beatum fore, nihil aliud alii ullo momento anteponentem A. H. I 92, 20 εἶναι τὸν σπ. μακάριον, κἂν ὁ Φαλάριδος ταῦρος ἔχῃ καιόμενον III 154, 3 ταὐτὸν δύναται ἀνδρὶ σπ. μία ἡμέρα, μᾶλλον δὲ καὶ μία ὥρα πολλοῖς ἐνιαυτοῖς 14, 15
μόνος ὁ σ. ἀγαθὸς καὶ καλὸς III 20, 28 τελειωθέντες οἱ σπ. Cl. I 129, 20 πάντοτε τῇ ψυχῇ οὔσῃ τελείᾳ χρῆται ὁ σπ. Cl. I 129, 29 nullus perfectus aliquo eget III 151, 30. 153, 17 ἐν ἑαυτῷ ἔχει ὁ σ. τὸ ἀγαθὸν καὶ τὴν θείαν ἀρετὴν 152, 35 τοῖς σπ. πάντα τἀγαθὰ ὑπάρχει 21, 43. 154, 15 expl. τὰ ἀγαθὰ πάντα τῶν σπ. κοινά 160, 13. 20 ὁ σ. φρόνιμος 164, 25 νουνεχόντως ποιεῖ 180, 22 καὶ φακῆν φρονίμως ἀρτύσει 178, 22 ὁ σ. μόνος ἀνδρεῖος 159, 36. 164, 25 nemo sapiens nisi fortis 150, 42 omnis sapiens fortis 151, 5. 32 μόνος ὁ σ. δίκαιος 81, 31. 159, 36. 164, 25 non

potest idem esse sapiens et iniustus 73, 19 sq.
ὁ σπ. μέγας, ἀδρός, ὑψηλός, ἰσχυρός Z. I 52, 33. III 150, 5 expl. ἀξιωματικός Z. I 53, 8 III 150, 17 ὁ σ. μόνος εὐγενής III 155, 21. 156, 38. 159, 24 οὐκ ἔνδοξος, ἀλλ᾽ εὐκλεής 156, 41 ὁ σ. πρᾷος 161, 20 ἡσύχιος 161, 22 κόσμιος ib. ἐπαφρόδιτος, ἀγχίνους ὁ σπ. 160, 40 sq. ἁπλοῦς ib. ἄπλαστος 160, 5. 161, 4. 163, 27 ὁ σ. εὐθυρρημονήσει Z. I 22, 28 ἀκίβδηλος III 163, 24
ὁ σ. πλούσιος III 164, 26 μόνος ὁ σ. πλούσιος 159, 6. 24. 37 ὁ σπ. 155, 16 pass. οὐ πλούσιος, ἀλλὰ πάμπλουτος 156, 39 soli sapientes sunt, si mendicissimi, divites Z. I 53, 36 τῶν σ. πάντα εἶναι III 154, 22. 155, 36. 43. 156, 12. 159, 12 καὶ ἐν πλούτῳ καὶ ἐν πενίᾳ οὐ ταράττεται ὁ σπ. A. I 89, 20 ὁ σ. εἰ τὴν μεγίστην οὐσίαν ἀποβάλοι, δραχμὴν μίαν ἐκβεβληκέναι δόξει III 36, 34
ὁ σ. καλός III 154, 28 pass. 159, 24. 36 αἰσθήσει καταληπτὸς ἀπὸ τοῦ εἴδους τεκμηριωδῶς Z. I 50, 19. III 150, 28 soli sapientes sunt, si distortissimi, formosi Z. I 53, 37 sap. etsi Silenum superaverit corporis deformitate, pulcherrimus est necessario III 155, 9
ὁ σ. ἐλεύθερος III 154, 29. 155, 16 pass. 158, 34. 159, 11. 24 ὁ σπ. Z. I 53, 30 μόνος ὁ σ. ἐλεύθερος III 86, 30. 89, 8 ὁ σπ. Z. I 54, 4 μόνος καὶ πᾶς ὁ σ. ἐλεύθερος III 146, 8 ὑπὸ τῆς τύχης ἀήττητος καὶ ἀδούλωτος καὶ ἀκέραιος P. I 99, 22 ὁ σ. ἀήττητος III 154, 30 ὁ σπ. οὐδὲν δεῖται τῆς τύχης 13, 31 voluntas in solo sap. 107, 3 θᾶττον ἂν ἀσκὸν βαπτίσαις πλήρη πνεύματος ἢ βιάσαιο τὸν σπ. ἄκοντα δρᾶσαί τι τῶν ἀβουλήτων Z. I 53, 22
θεῖοι οἱ σπ. III 157, 18 quisquam divinus esse non potest nisi sap. 157, 23 θεοσεβεῖς οἱ σπ. 157, 24 expl. εὐσεβεῖς καὶ θεοφιλεῖς Z. I 53, 8. III 150, 17 μόνος ὁ σ. ὅσιος, θεοφιλής III 81, 31 μόνος καὶ πᾶς ὁ σ. ἱερεύς

146, 6. 157, 4 pass. θύει ὁ σπ. αὐτὸς
θεοῖς, ἁγνός τε ὑπάρχει καὶ ὅσιος
157, 26   μόνος ὁ σ. μάντις ἀγαθός
164, 17 μαντικὸς μόνος ὁ σπ. 157,
14 μόνος ἑορτάζει ὁ σ. 157, 33 ἅπαν-
τα τὸν βίον ἑορτὴν ἄγει 157, 36

ὁ σπ. πολιτικὸς καὶ οἰκονομικὸς καὶ
χρηματιστικός Z. I 53, 8 III 150, 18.
159, 38   πολῖται οἱ σπ. μόνοι Z. I
54, 4 οἱ σ. III 156, 14 πολιτεύεται
ὁ σ. 157, 40 πολιτεύσεται κατὰ τὸν
προηγούμενον λόγον 172, 18. 173, 19
sap. vult gerere et administrare rem
publicam 158, 32   negant sap. ad
quamlibet rem publicam accessurum
174, 32   μὴ πολιτεύεσθαι, ἐάν τι κω-
λύῃ καὶ μάλιστ' ἂν μηδὲν ὠφελεῖν
μέλλῃ τὴν πατρίδα 173, 20   πολιτεύ-
σεται ἂν μή τι κωλύῃ Z. I 62, 23. III
175, 3   οὕτω ῥητορεύσει καὶ πολιτεύ-
σεται, ὡς καὶ τοῦ πλούτου ὄντος ἀγα-
θοῦ καὶ τῆς δόξης καὶ τῆς ὑγιείας
175, 8   cum sapienti rem publicam
ipso dignam dedimus, i. e. mundum,
non est extra rem publicam, etiamsi
recesserit 174, 37

ὁ σ. ἄρχει ἁπάσας τὰς κατὰ πόλιν
ἀρχάς Diog. III 241, 29   πειθαρχικὸς
μόνος ὁ σπ. III 158, 27   οἱ σ. ἀρχικοί
158, 9. 23.   159, 4 pass.   μόνος ὁ σπ.
ἄρχει 158, 26   μόνος ὁ σ. ἄρχων 89, 8

ὁ σπ. στρατηγικός Z. I 53, 8. III
150, 17   ὁ σ. στρατηγός III 164, 26.
Diog. 241, 36   μόνος ὁ σ. στρατηγός
Z. I 54, 11. P. 98, 17. III 81, 31

συμβιώσεται βασιλεῖ καὶ στρατεύ-
σεται μετὰ βασιλέως III 173, 26   βα-
σιλείαν ἑκουσίως ἀναδέχεται χρηματι-
ζόμενος ἀπ' αὐτῆς 173, 24   καὶ βασι-
λεύσει ποτὲ καὶ βασιλεῖ συμβιώσεται
173, 17   ὁ σπ. βασιλικός Z. I 53, 8.
III 150, 17. 159, 1   ὁ σ. βασιλεὺς III
164, 26. Diog. 241, 36   μόνος ὁ σ. βα-
σιλεύς 81, 31. 155, 44. 156, 11. 42. 158,
35 pass. 170, 19 μόνος ἄρχων ὁ σπ.,
μόνος δυνάστης, μόνος βασιλεύς 159, 10

μόνος ὁ σ. νομοθέτης III 81, 31.
159, 24. 37   τὸ νομοθετεῖν οἰκεῖον τοῖς
σπ. 158, 2   οἱ σ. δικαστικοί 158, 9
μόνος ὁ σ. νόμιμος 158, 20

ὅπως ποριστέον τῷ σ. III 172, 7
τρεῖς ἁρμόζοντες μάλιστα τῷ σ. χρη-
ματισμοὶ enum. 174, 18   εἰσπράττον-
ται τὸν μισθὸν οὐ πάντας οἱ νοῦν
ἔχοντες ὡσαύτως 176, 3   χρημάτων
ἕνεκα πρὸς Λεύκωνα πλεῖ ὁ σ. καὶ
πρὸς Ἰδάνθυρσον 174, 6   καὶ κυβι-
στήσει τρίς, ἐπὶ τούτῳ λαβὼν τάλαν-
τον 173, 8   νοσῶν ἰατροῖς τελεῖ μι-
σθούς 174, 6

ὁ σπ. κοινωνικὸς φύσει καὶ πρακ-
τικός III 160, 34 ὁμιλητικός, ἐπιδέξιος
160, 40 φίλοι καὶ οἰκεῖοι οἱ σπ. μόνοι
Z. I 54, 4   τὸ ἀγαπᾶν καὶ τὸ ἀσπά-
ζεσθαι καὶ τὸ φιλεῖν μόνων τῶν σπ.
III 161, 14   ἐν μόνοις τοῖς σ. φιλία
161, 7. 15. solus sap. amicus 161, 34
ἐν μόνοις σ. ὁμόνοια περὶ τῶν κατὰ
τὸν βίον 161, 7   πάντας τοὺς σπ.
ὁμονοεῖν ἀλλήλοις 160, 16   ὠφελεῖν
ἀλλήλους 160, 22   ἂν εἷς σ. ὁπουδή-
ποτε προτείνῃ τὸν δάκτυλον, οἱ κατὰ
τὴν οἰκουμένην σ. πάντες ὠφελοῦνται
160, 27   sap. sapientibus etiam
ignotis amici 161, 44   τὰ ὠφελήματα
μόνοις τοῖς σπ. συμβαίνει 154, 8   τὸ
ὠφελεῖν καὶ ὠφελεῖσθαι σ. ἐστὶν 168,
22. 26   alienum a sap. non modo in-
iuriam cui facere, verum etiam nocere
76, 8   sapientissimus, qui mavult per-
ire, ne noceat 85, 1

οὐδὲ οἱ νοῦν ἔχοντες ἀχαριστοῦσι
III 168, 18   non scit quisquam gra-
tiam referre nisi sap. 161, 32   unus
sap. scit debere beneficium 161, 27
unus scit dare 161, 32   δεῖται μέν,
μὴ προσδέχεται δέ 152, 9 parcit sap.,
consulit et corrigit 110, 13 sap. quem-
quam falli non patitur 160, 36

τὸ παιδεύειν ἀνθρώπους οἰκεῖον τοῖς
σπ. III 158, 2   ὁ σ. μόνος προτρέπειν
δύναται 171, 2   ὁ σπ. προτρεπτικὸς
160, 40   οὔτε εἰρωνεύεται οὔτε σαρ-
κάζει 161, 4

αὐστηροὶ πάντες οἱ σπ. III 162,
20 pass. εἰ μεθυσθήσεται ὁ σ. 179,
15 sqq. συμποτικῶς ποιεῖ ὁ σ. 180, 22
οὐχ οἷον μεθυσθήσεσθαι τὸν νοῦν ἔχον-
τα Z. I 54, 37. 55, 3. III 163, 11   ὁ
καλὸς κἀγαθὸς ἀνὴρ μεθυσθείη ἂν P.

I 100, 12 οἰνωθήσεται μὲν, οὐ μεθυσθήσεται δὲ ὁ σπ. III 163, 15 ὁ σπ. οὐ μανήσεται III 163, 15 οὐδεὶς ἄνθρωπος, ὃς οὐχὶ μαίνεται πλὴν τοῦ σ. 167, 34 κυνιεῖ ὁ σπ. III 163, 18. Apollod. 261, 20 ἄτυφος ὁ σ. 163, 21 γεύσεται καὶ ἀνθρωπίνων σαρκῶν κατὰ περίστασιν 186, 6
ἐρασθήσεται ὁ νοῦν ἔχων III 180, 32. 181, 20 ἐρωτικὸς ὁ σ. 164, 5 pass. solus sap. scit amare 161, 34 ἐρωτικῶς ποιεῖ ὁ σ. 180, 22 ἐρασθήσεται ὁ σ. τῶν νέων τῶν ἐμφαινόντων διὰ τοῦ εἴδους τὴν πρὸς ἀρετὴν εὐφυΐαν Ζ. Ι 59, 4. III 180, 14 pass. Apollod. 261, 23
καὶ γαμήσει ὁ σ. καὶ παιδοποιήσεται Ζ. Ι 62, 21. III 158, 33. 172, 19 ducenda uxor sapienti 183, 3 κοιναὶ αἱ γυναῖκες παρὰ τοῖς σ. Ζ. Ι 62, 17. III 183, 9 ὁ σ. μετὰ τῆς θυγατρὸς μόνης καταλελειμμένος, παντὸς τοῦ τῶν ἀνθρώπων γένους διεφθαρμένου 185, 11 οἰκεῖον τοῖς σπ. τὸ συγκαταβαίνειν καὶ εἰς γάμον καὶ εἰς τεκνογονίαν καὶ αὐτοῦ χάριν καὶ τῆς πατρίδος 158, 4 καὶ γονέας σεβήσεσθαι τοὺς σπ. καὶ ἀδελφοὺς 183, 23
ὁ σ. ἀγαθὸς διαλεκτικὸς καὶ γραμματικὸς καὶ ποιητὴς καὶ ῥήτωρ Diog. III 241, 31 μόνος ὁ σ. διαλεκτικὸς II 38, 15. 39, 39. III 164, 18 διαλεκτικῶς ποιεῖ III 180, 22
ὁ σ. ῥητορικὸς III 158, 10 ἡ ῥητορικὴ ἐν σ. μόνῳ φύεται II 95, 30 bene dicere non potest nisi bonus Cl. I 110, 17 ὁ σ. μόνος ῥήτωρ III 155, 21. 159, 37. 164, 18. 25. Diog. 237, 12
μόνος ὁ σ. φιλόμουσος καὶ φιλογράμματος III 72, 25 μόνος κριτικὸς 164, 19 μόνος ποιητὴς 164, 18. 25. τοὺς παλαιοὺς σ. τὸν ᾠδὸν νομίζειν Diog. III 234, 25
ἄριστος αὑτοῦ ἰατρὸς ὁ σπ. ἀνήρ III 164, 28
εὐγηρεῖ τε μόνος καὶ εὐθανατεῖ ὁ σπ. III 156, 28 εὐλόγως ἐξάξει ἑαυτὸν τοῦ βίου ὁ σ. 187, 34. 189, 34 τῶν αἰσθήσεων ἔστιν ἃς ἀποβαλὼν οὐδὲ ζῆν ὑπομένει 174, 9 ἡ ἐξαγωγὴ ἡ

ἐκ τοῦ βίου τοῖς σπ. καθηκόντως γίνεται 188, 1 τὰς τῶν σ. ψυχὰς ἐπιδιαμένειν μέχρι τῆς ἐκπυρώσεως II 223, 20. 27. 34. 224, 29
τῶν σπ. ἄλλοι ἄλλων προτρεπτικώτεροι καὶ πειστικώτεροι καὶ ἀγχινούστεροι III 142, 10 τῷ σπ. ὁ φαῦλος ἐναντίος 166, 20 οὐκ εἶναι ἰσηγορίαν τῷ φαύλῳ πρὸς σπ. Ζ. Ι 54, 33 non navigationis socius nec comes in via nec concivis nec vitae consors sap. cum insipiente III 161, 41 πᾶς σ. λύτρον τοῦ φαύλου 162, 4 cet. vid. s. v. φαῦλος

σπάνις def. III 96, 24. 97, 10 ὑπὸ τὴν ἐπιθυμίαν τάττεται 96, 23

σπέρμα περὶ σ. tit. l. Sph. I 139, 23 σ. διὰ τὴν ἐπὶ μικρὸν ὄγκον σπείρασιν ὠνομάσθαι II 212, 10 σ. = τὸ οἷόν τε γεννᾶν τοιαῦτα, ἀφ' οἵου αὐτὸ ἀπεκρίθη 211, 21. 30
εἶναι τὸ σ. πνεῦμα κατὰ τὴν οὐσίαν II 211, 24. 30 δοκεῖ ὁ τεχνίτης αὐτὸς εἶναι τὸ σ. 212, 1 τὸ σ. αἴτιον τῶν ἐξ αὐτοῦ φυομένων 118, 9 ἐν τῷ σ. οὐ ψυχή ἐστιν, ἀλλὰ φύσις 212, 5 εἰς μήτραν καταβληθὲν εἰς φύσιν τρέπεται 212, 15 τὸ σ. πάντων γεννητικὸν τῶν τοῦ σώματος μερῶν Sph. I 141, 22 ἀπὸ τοῦ σώματος ὅλου καὶ τῆς ψυχῆς φέρεται II 212, 42 ἀναπληροῖ τοὺς οἰκείους λόγους 161, 29 ἐπισπᾶται τὴν παρακειμένην ὕλην ib. ἔχει τοὺς λόγους τοῦ σπείραντος ἐν ἑαυτῷ 212, 21 ἀνθρώπου σ. συγκιρνᾶται κατὰ μιγμὸν τοῦ τῶν προγόνων λόγου 211, 22 τὸ σ., ὅ μεθίησιν ἄνθρωπος, πνεῦμα μεθ' ὑγροῦ, ψυχῆς μέρος καὶ ἀπόσπασμα καὶ τοῦ σ. τοῦ τῶν προγόνων κέρασμα καὶ μίγμα τῶν τῆς ψυχῆς μερῶν συνεληλυθός Ζ. Ι 36, 2 sq.
οὐ χορίου πατέρα καλεῖσθαι τὸν παρασχόντα τὸ σ. II 333, 38 τὸ τῆς θηλείας σ. ἄγονον Ζ. Ι 36, 29 expl. Sph. 141, 22
καὶ ἑνός τινος ζῴου καὶ τοῦ ὅλου τὰ μέρη πάντα φύεται ἐκ σ. ἐν τοῖς καθήκουσι χρόνοις Cl. I 111, 23 τινὲς λόγοι τῶν μερῶν εἰς σ. συνιόντες μίγνυνται καὶ αὖθις διακρίνονται γινομένων τῶν μερῶν Cl. 111, 26 σ. τὸ

πῦρ II 183, 42   τὸ πῦρ σ. τοῦ μέλλοντος ἀποτελεῖσθαι κόσμου 188, 7 ὁ κόσμος προΐεται σ. λογικοῦ Ζ. Ι 33, 13 τοῦ κόσμου τὸ σ. μεῖζον εἶναι II 187, 42. 188, 15 ὑγρὸν τὸ ὡς σ. τῆς διακοσμήσεως 182, 14 μετὰ τὴν ἐκπύρωσιν εἰς σ. μετέβαλεν ὁ κόσμος 187, 42 ἡ οὐσία μεταβάλλει οἷον εἰς σ. τὸ πῦρ καὶ πάλιν ἐκ τούτου ἡ διακόσμησις ἀποτελεῖται Ζ. Ι 32, 5. 8. Cl. 115, 2

σπερματικόν cf. γεννητικός
τὸ σ. μέρος τῆς ψυχῆς Ζ. Ι 39, 22. II 226, 16. 30 = πνεῦμα διατεῖνον ἀπὸ τοῦ ἡγεμονικοῦ μέχρι τῶν παραστατῶν II 227, 34   = τὸ εἰς ὄρχεις διῆκον τῆς ψυχῆς 239, 2
σπερματικὸς λόγος vid. s. v. λόγος.

σπιθαμή II 47, 21
σπόγγος III 129, 21
σπουδαῖος ὁ σπ. vid. s. v. σοφός
σπ. πρᾶξις s. v. πρᾶξις
τῶν ἐκτὸς ἀγαθῶν εἶναι τὸν σ. ἄνθρωπον καὶ τὰ σ. τέκνα III 23, 41 αὐτὸς ὁ σ. ἄνθρωπος οὔτε περὶ ψυχὴν οὔτε ἐκτὸς ἀγαθόν 23, 42. 24, 7 τὸ αὐτὸν ἑαυτῷ εἶναι σ. καὶ εὐδαίμονα 24, 17   σ. ἕξεις περὶ ψυχὴν ἀγαθά 24, 5   σ. πατρὶς καὶ σ. φίλος ἐκτὸς ἀγαθόν 24, 15   σ. χρῆσις 24, 37. 38
ἡ ἀρετὴ σ. III 50, 1   σ.: ἀδιάφορα 30, 20   τῶν σ. μηδὲν εἰς φαύλους πίπτει 171, 13   ὁ νόμος σ. 81, 5 ἡ πόλις 80, 42. 81, 5

στάδιον III 173, 11
σταλαγμός εἰς ὅλον τὸν κόσμον διατενεῖ τῇ κράσει ὁ σ. II 158, 2 οἴνου σ. ἕνα κεράσαι τὴν θάλατταν 157, 42
στάσις duos esse status, coniecturalem et finitivum exclusa qualitate Arch. III 263, 16
στατικός III 156, 32
στεναγμός οἱ σ. ἐκ τῆς καρδίας προΐενται II 251, 1
στέρησις περὶ τῶν κατὰ σ. λεγομένων tit. l. Chr. II 5, 11
σ. = ἔκλειψις καὶ ὑποχώρησις τῆς ἀντικειμένης δυνάμεως II 134, 21 κατὰ σ. νοεῖται τινά 29, 19   ἠθικὴ σ.

51, 17   φυσικὴ 51, 16   συνεμφαίνεσθαι τὸ εἰθισμένον καὶ ὅτε εἴθισται τὴν σ. 51, 22   καθήκοντος ἀπόπτωσιν ἐμφαίνει ἡ σ. 51, 28   ἀντίθετον τῇ ἕξει 51, 39   ἕξεως καὶ σ. εἰς ἄλληλα μὴ γίνεσθαι μεταβολήν 52, 17   οὐ μόνον ποιοτήτων αἱ σ., ἀλλὰ καὶ ἐνεργειῶν 52, 31

στερητικός οὐ σ. ὀνόματα στέρησιν δηλοῖ II 52, 2. 4   ποτὲ μὲν ταῖς ἀποφάσεσι, ποτὲ δὲ τοῖς ἐναντίοις συμφύρεσθαι τὰς σ. φωνάς 52, 9   σ. ἀξίωμα def. 66, 11
στέρξις def. III 72, 7
στῆθος ἐν τῷ σ. τὸ ἡγεμονικὸν εἶναι κἀκεῖ τὴν Ἀθηνᾶν γεγονέναι III 217, 20
στιγμή def. Apollod. III 259, 29
στλεγγίς III 135, 6
στοιχεῖον περὶ τῶν σ. τοῦ λόγου in tit. l. Chr. II 6, 17. 19. 20
σ. τοῦ λόγου = μέρη τοῦ λόγου II 45, 11   τὰ τῆς λέξεως σ. = τὰ εἰκοσιτέσσαρα γράμματα Diog. III 213, 13   σ. τῆς ἐτυμολογίας II 44, 42 περὶ σ. tit. l. Sph. I 139, 22. Arch. III 263, 25
τριχῶς λέγεσθαι τὸ σ. II 136, 26 sqq. σ. = πῶς ἔχουσα ὕλη 115, 20   = ἐξ οὗ πρώτου γίνεται τὰ γινόμενα καὶ εἰς ὃ ἔσχατον ἀναλύεται 180, 5   = τὸ ἐλάχιστον μόριον τοῦ ὅλου 134, 45
σ. τοῦ σώματος: μόρια III 122, 18 σ.: ἀρχή II 111, 4. 134, 43   ἀπὸ τῶν ἀρχῶν τὰ δ' σ. γέγονε Ζ. Ι 24, 14 τὰ δ' σ. ὁμοῦ = ἡ ἄποιος οὐσία II 180, 7   γίνεται μεταβαλλούσης τῆς ὕλης 112, 24   ὁ θεὸς ἀπογεννᾷ τὰ δ' σ. Ζ. Ι 28, 28   ὑπὸ τοῦ αἰθερίου πυρὸς τὰ σ. γέγονε II 116, 36   σ. τέτταρα Ζ. Ι 24, 12. 16. enum. 28, 28. Cl. 112, 4. II 112, 25. 146, 30   τῶν ἐκ τῆς ὕλης γεγονότων πρῶτον τεττάρων ἕκαστον ἔχει ποιότητα II 116, 34   ὁμογενὲς τὸ σ., οὗπερ ἂν ᾖ σ. 134, 35   μεμορφῶσθαι 111, 7 κεχρῶσθαι φυσικῶς 137, 40
τῶν σ. τὰ μὲν δραστικά, τὰ δὲ παθητικά II 137, 38   ὅσα σώματα πρῶτον ἔχει τὰς δραστικὰς ποιότητας, ἐκεῖνα σ. τῶν ἄλλων ἁπάντων 133, 44

τὸ πῦρ κατ' ἐξοχὴν σ. λέγεται 136,11 σ. τῶν ὄντων τὸ πῦρ Z. I 27,11 τῶν δ' σ. τὰ δύο, πῦρ καὶ ἀήρ, διὰ τῶν δύο, γῆς καὶ ὕδατος, διαπεφοίτηκε ὅλα δι' ὅλων II 155,32 quattuor elementa cognationem habent inter se tam substantia quam circumactione 176,37 ἀλλοιούμενα τὰ σ. 138,31 τὸ σ. ἀλλοιωτὸν δι' ὅλου 133,25 ἡ τῶν σ. εἰς ἄλληλα μεταβολή Z. I 28,20. II 134,4. 12 τὰ δ' σ. κεράννυσθαι δι' ὅλων ἀλλήλων καὶ δρᾶν εἰς ἄλληλα 137,23 εἰς ἄλληλα δρᾶν καὶ πάσχειν 135,9. 32 ἄπειροι αἱ ἐκ τῶν σ. ἀλλοιώσεις καὶ κράσεις 139,10 ἡ τῶν σ. μεταβολὴ κατὰ τὴν τῶν ποιοτήτων ἀμοιβὴν γίνεται 135,6 ἀδύνατον ἐν εἶναι τῷ εἴδει τὸ σ. 138,8 e quattuor elementis omnia esse effigiata Cl. I 111,12 ἐκ τῶν σ. τὰ σύμπαντα κεκρᾶσθαι II 135,31 κατὰ μῖξιν ἐκ τῶν σ. φυτὰ καὶ ζῷα Z. I 28,33. 29,3 ἐκ τῶν δ' σ. ἡ σύστασις τοῦ ὅλου γέγονε II 175,17 ἡ ὅλη τοῦ κόσμου σύστασις ἐκ τῶν βάρος ἐχόντων σ. καὶ ἐκ τῶν ἀβαρῶν Z. I 28,1 constat mundus quattuor elementis Cl. I 112,4 ἐκ τῶν δ' σ. ὁ ὅλος κόσμος συνίσταται καὶ εἰς ταῦτα διαλύεται II 136,8 ὁ ὅλος κόσμος εἰς τὰ σ. διαλύεται 136,10 τὰ σ. κατὰ τὴν ἐκπύρωσιν φθείρεται 111,5

στοιχειόω II 39,6

στομόω ἡ φύσις σ. ψυχὴ γίνεται II 222,3 ψυχόμενον ὑπὸ τοῦ ἀέρος καὶ σ. τὸ πνεῦμα μεταβάλλει 222,20 τὸ πνεῦμα ἐν τοῖς σώμασι τῶν βρεφῶν τῇ περιψύξει σ. 134,25

στοχαστικός σ. στάσις Arch. III 263,16

στρατεύομαι ὁ σοφὸς σ. μετὰ βασιλέως III 173,26

στρατηγία εἶδος τῆς ἀρχικῆς ἐπιστασίας τοῖς ἀστείοις κατανέμεται III 158,24

στρατηγικός σ. ἀρετή def. III 65,32 ὁ σπουδαῖος σ. Z. I 53,10. III 150,17

στρατηγός ὁ σοφὸς σ. III 164,26.

Diog. 242,1 μόνος ὁ σοφὸς σ. Z. I 54,10. P. 98,16. III 81,31

συγγεγυμνασμένος in def. τέχνης pass.

συγγενικός σ. φιλία ἐκ συγγενῶν III 27,6

συγγνώμη def. III 110,13 τὸ σ. ἔχειν expl. 162,36 μὴ σ. ἔχειν μηδενὶ τὸν νοῦν ἔχοντα 110,12. 162,35 μὴ σ. ἔχειν τοῖς ἁμαρτάνουσι 162,38

συγγυμνασία III 51,22

συγκαθειμάρθαι σ. καὶ τὰ ἐξ ἡμῶν τῇ τῶν ὅλων διοικήσει II 292,29

συγκατάθεσις cf. αἴσθησις, δόξα, κατάληψις

ὁ περὶ σ. λόγος οὐκ ἄνευ φαντασίας συνίσταται II 21,8 adsensio non potest fieri nisi commota viso 283,17 ad haec, quae visa sunt et quasi accepta sensibus, assensionem adiungit animorum Z. I 19,2 comprendi multa et percipi sensibus sine adsensione fieri non potest II 35,12 πᾶσα αἴσθησις σ. 26,39 αἰσθητικῇ φαντασίᾳ σ. ἡ αἴσθησις 27,5 ὅπως γίνονται μὴ ἄλλως, ἀλλὰ μετὰ καταλήψεως 41,25 καταληπτικαί τινές εἰσι φαντασίαι παρόσον ἐπάγονται ἡμᾶς εἰς σ. 26,17

τὴν φαντασίαν οὐκ εἶναι αὐτοτελῆ τῆς σ. αἰτίαν II 291,20 rationale animal nihil agit, nisi adsensio confirmavit impetum III 40,18 e. s. πρακτικὴν ὁρμὴν οὐ παρίστησι φαντασία δίχα σ. 42,36 τὰ πάθη = τοῦ ἡγεμονικοῦ σ. III 111,35 σ. καὶ ῥοπὴ τοῦ ἡγεμονικοῦ II 288,24

περὶ ἀσθενοῦς σ. disp. III 41,8 sqq. ἐν τοῖς περὶ ἀγαθῶν καὶ κακῶν γνώσεως καὶ κτήσεως καὶ φυγῆς συνίσταται ἡ ψευδὴς σ. ἢ προπετὴς ἢ ἀσθενὴς 41,23 ὁ ἀπρόπτωτος δεῖ κρατεῖν τῶν σ. II 40,15 σ. in def. δόξης pass. πᾶσα δόξα καὶ κρίσις καὶ ὑπόληψις καὶ μάθησις σ. II 291,3 nec memoria sine adsensione potest constare nec notitiae rerum nec artes 35,16 σ. quam vim habeat ad hominis vitam 35,9 sqq.

σ. οὔτε προηγμένον οὔτ' ἀποπροηγμένον περὶ ψυχὴν III 33,9 a falsa assensione magis alienati sumus quam a ceteris rebus, quae sunt contra naturam 45, 41 omnia quae essent aliena firmae et constantis adsensionis a virtute sapientiaque removebat Z. I 16, 30. 18, 38

ἡ σ. ἐφ' ἡμῖν II 35, 15. 283, 27. 291, 1 in nobis posita et voluntaria Z. I 19, 2 necessitate motus animorum liberatos esse II 282, 23 sq. ἐν τῇ ὁρμῇ καὶ σ. τὸ ἐφ' ἡμῖν 286, 13. 19 αἱ σ. σώματα II 230, 3

ἐν ταῖς σ. ἐπινεύοντες τὴν κεφαλὴν II 245, 26

συγκαταθετικός II 40, 10

συγκατατίθεμαι δεδόσθαι τῷ ζῴῳ καθ' εἱμαρμένην τὸ σ. II 290, 25 τὸ σ. ἐπὶ τῷ ζῴῳ εἶναι 286, 8 σ. τῷ ἡγεμονικῷ 246, 1 τὸ σ. κεῖται ἐπὶ τῷ παραδεχομένῳ τὴν φαντασίαν 30, 12 εἰ ταῖς ψευδέσι φαντασίαις σ. III 16, 9 προπίπτειν καὶ ἁμαρτάνειν σ. ἀκαταλήπτοις III 42, 38 ἡμᾶς φαύλους ὄντας σ. ὑπ' ἀσθενείας ψευδέσι φαντασίαις 42, 31 . εὐθὺς ὁρμᾶν μὴ εἴξαντας μηδὲ σ. reicitur 42, 27 pass. ἀπροπτωσία ἐπιστήμη τοῦ πότε δεῖ σ. II 39, 23 ὁ σοφὸς οὐκ ἀκαταλήπτῳ τινὶ σ. III 146, 30 ἐφ' ὧν φαντασιῶν πλείων προσπίπτει διαφορά, ἐπὶ τούτων ὁ σοφὸς σ. τῇ ἑτέρᾳ ὡς ἀληθεῖ II 91, 17 dialectica habet rationem, ne cui falso assentiamur III 69, 31

συγκεφαλαιωτικός III 64, 27

συγκίρναμαι Z. I 36, 23

σύγκριμα τὰ ἐπὶ γῆς σ. διὰ τῶν δ' στοιχείων συνέστηκε II 136, 31

σύγκρουσις σ. φωνηέντων admitti iubet Chr. II 96, 20

συγχέω πᾶσαν οὐσίαν πάσῃ σ. δύνασθαι II 115, 8

σύγχυσις = ποιοτήτων περὶ τὰ σώματα μεταβολὴ εἰς ἑτέρας διαφερούσης γένεσιν II 153, 23 = φθορὰ ποιοτήτων εἰς διαφερούσης μιᾶς γένεσιν 153, 39 σ. γίνεται τῶν οὐσιῶν καὶ τῶν ἐν αὐταῖς ποιοτήτων συμφθειρομένων ἀλλήλαις 154, 15 ἡ ὕλη σ. ἐπιδεχομένη 114, 27 φθορὰ γίνεται τῶν μερῶν τῇ σ. γινομένων τινῶν ἔκ τινων 114, 29

σ. def. III 100, 1. 34 εἶδος τῆς λύπης 99, 37

συγχυτικός τὸ ψυχρὸν ἁφῆς σ. II 141, 8

συζυγέω τρία τὰ σ. ἀλλήλοις II 29, 35 τρεῖς ἀλλήλοις σ. λόγους 78, 4

συζυγία τοὺς ὅρους κατὰ σ. ἀντιτιθέασι II 50, 26

συλλαμβάνομαι πρὸς εὐδαιμονίαν σ. III 18, 13. 29, 24

συλλογισμός σ. in tit. Chr. II 7, 5. 11. 12. 14. 15. 17

def. II 77, 5 σ. οἱ κατηγορικοὶ λόγοι 84, 38 σ.: περαντικοὶ λόγοι ib. μόνοι σ. οἱ διὰ τροπικοῦ καὶ προσλήψεως γιγνόμενοι 85, 9 δύο μὲν γίνονται κατὰ τὸ συνημμένον, δύο δὲ κατὰ τὸ διεζευγμένον 71, 31 μονολήμματοι σ. Ant. III 248, 8 e. s. ex una acceptione plenam conclusionem esse Ant. 248, 13 pass. πῶς οἱ διὰ δύο τροπικῶν ἢ τριῶν ἀναλύονται σ. καὶ οἱ ἀδιαφόρως περαίνοντες II 83, 22. Ant. III 249, 5

πρῶτοι σ. II 82, 14 πρῶτοι καὶ ἀναπόδεικτοι in tit. l. Chr. 7, 11

συλλογιστικός in tit. l. Chr. II 6, 39. 7, 3. 18

λόγος σ. def. II 77, 25. 85, 4 λόγος σ.: περαντικός 85, 5 : περαντικοὶ εἰδικῶς 77, 24

συμβαίνω cf. συμβεβηκός

τὰ φύσει συμβαίνοντα III 3, 28. 5, 13. 42. 6, 4

τὰ σ. 22, 5. 51, 2

συμβάλλομαι III 30, 30

σύμβαμα = κατηγόρημα def. II 59, 31. 60, 12 τῶν κατηγορημάτων τὰ μέν ἐστι σ. 59, 15

συμβεβηκός II 59, 9. 127, 2 Z. I 25, 25. 26. 27 sqq.

συμβιόω ὁ σοφὸς βασιλεῖ σ. III 173, 18. 26

συμβίωσις περὶ γυναικὸς σ. tit. l. Ant. III 254, 4

σύμβλησις in def. ἀξίας III 30, 28

συμβλητικός III 28, 28

συμβολικῶς II 61, 5

σύμβολον II 258, 7

συμβουλευτικόν *μέρος ῥητορικῆς* II 96, 2
συμμετρία *φυσικὴ τῶν ὁρμῶν* σ. III 114, 2. 13 σ. *in def. κάλλους pass. in def. ὑγιείας pass.*
σύμμετρος *καλὸν τὸ τελείως* σ. III 20, 22 *κτῆσις* σ. 33, 3
σύμμιξις *ἡ οὐσία ἐπιδέχεται* σ. II 152, 37
συμμνημόνευσις II 27, 40
συμμονή *ἐπὶ τὴν* σ. *τὴν ἑαυτοῦ κινεῖται ὁ κόσμος* II 173, 27
συμπάθεια *ἐπὶ τῶν ἡνωμένων* σ. *τίς ἐστι* II 302, 34 *ἡ τοῦ παντὸς ἕνωσις καὶ* σ. *πρὸς αὑτό* 156, 15 σ. *τῶν ἐν τῷ κόσμῳ μερῶν πρὸς ἄλληλα* 170, 32. 172, 39. 302, 25. 347, 12
συμπαθής σ. *αὑτῷ τὸ πᾶν* II 154, 9 *ὁ κόσμος* 264, 8
συμπαρεμφαίνω II 107, 8
συμπάσχω *οὐδὲν ἀσώματον* σ. *σώματι οὐδὲ ἀσωμάτῳ σῶμα* Cl. I 117, 11 σ. *ἡ ψυχὴ τῷ σώματι καὶ τὸ σῶμα τῇ ψυχῇ* 117, 12
συμπεπλεγμένον (*sc. ἀξίωμα*) *περὶ τοῦ* σ. tit. l. Chr. II 5, 8 *def.* II 68, 18. 33. 69, 5 *ἀποφατικὸν* σ. 69, 2 *ὑγιὲς τὸ πάντ' ἔχον ἐν αὑτῷ ἀληθῆ* 69, 28 σ. *τι δι' ἀντικειμένων μὴ ψεῦδος εἶναι* 84, 21 in omni coniuncto si unum est mendacium, totum est mendacium 70, 4
συμπέρασμα II 78, 16. 21. 29. 80, 7. 15 *pass.* 81, 3. 14 *λόγους καὶ τὰ ἀντικείμενα τῶν* σ. *ἔχειν ἀληθῆ* 84, 24 *τῇ διὰ τῶν λημμάτων συμπλοκῇ ἕπεται τὸ* σ. 74, 12. 78, 16
συμπεριφέρομαι III 135, 1
συμπλεκτικός σ. *σύνδεσμος e. s.* II 68, 19. 69, 12
συμπληρόω *αἱ ἀρεταὶ* σ. *τὴν εὐδαιμονίαν* III 25, 29. 41 *αἱ κακίαι τὴν κακοδαιμονίαν* σ. 25, 34. 26, 6 *τὰ παιδία οὐδέπω* σ. *τὸν λόγον* 127, 3. 7
συμπληρωτικός *ἀγαθόν = τὸ* σ. *εὐδαιμονίας* III 18, 14 *ἀδιάφορα μὴ* σ. *τῆς κατὰ φύσιν τελειότητος* 35, 28
συμπλοκή = *ἡ μετὰ συμπλεκτικοῦ συνδέσμου προφορά* II 69, 12 *ἀποφατικὴ* σ. 69, 2. 80, 11. 81, 13

συλλογιστική σ. 88, 6 *αἱ διὰ δέκα ἀξιωμάτων* σ. 69, 17 *ἡ διὰ τῶν λημμάτων* σ. *σημεῖον τοῦ ὑπάρχειν τὸ συμπέρασμα* 74, 12 *τῇ διὰ τῶν λημμάτων* σ. *ἕπεται τὸ συμπέρασμα* 78, 16 *ὁ κατὰ* σ. *τρόπος : ἀπ' εὐθείας* 127, 4
σύμπνοια *ἡ τῶν οὐρανίων πρὸς τὰ ἐπίγεια* σ. II 172, 19
σύμπνους *ὁ κόσμος* σ. *καὶ συμπαθὴς αὐτὸς αὑτῷ* II 264, 8
συμπόσιον *περὶ* σ. tit. l. Cl. I 107, 35 *περὶ τῆς οἰκειότητος τῆς μουσικῆς πρὸς τὰ* σ. Diog. III 231, 10 *τὸ τέλος τῶν* σ. *ἡ φιλοφροσύνη* Diog. 231, 32
συμποτικός σ. *διάλογοι* tit. l. P. I 101, 2. 23 σ. *ὑπομνήματα* 100, 6. 101, 25 *τὴν* σ. *παραλαμβάνουσιν εἰς τὰς ἀρετὰς* III 180, 27 σ., *ἀρετή, ἠθικῆς ἰδέα def.* 74, 18. 180, 28 *τὸ μέλος συνεργεῖ πρὸς τὴν* σ. *ἀρετὴν* Diog. III 230, 24
ὁ σοφὸς ποιεῖ σ. III 180, 22
σύμπτωμα *μὴ οἷόν τε κοινὸν εἶναι* σ. *σωμάτων καὶ ἀσωμάτων* II 126, 24 *ἡ κακία πρὸς τὰ δεινὰ* σ. *ἴδιόν τινα ἔχει λόγον* 339, 16 *δύναμις ἡ πλειόνων ἐποιστικὴ* σ. III 49, 12. 16
συμφέρει *τὰ δόξαντα* σ. *νόμους ἐπεφήμισαν* III 80, 9
συμφέρον *τὸ ἀγαθὸν τῷ* σ. *ταὐτόν* III 76, 17 quidquid honestum est, id utile est nec utile quicquam, quod non honestum Cl. I 127, 29 *πάντα τἀγαθὰ* σ. III 21, 43 *τὸ ἀγαθὸν ἀεὶ* σ. Cl. I 127, 6 *πᾶν ἀγαθὸν* σ., *ὅτι φέρει τοιαῦτα, ὧν συμβαινόντων ὠφελούμεθα* III 22, 5 *τὸ κυρίως* σ. *ἀρετή* 20, 18 cur *ἡ ἀρετὴ* σ. 50, 4 *πᾶν δίκαιον* σ. 76, 18 *κατὰ τὴν τοῦ* σ. *πρόορασιν ὁ σοφὸς τῷ ψεύδει συγχρήσεται* 148, 9
συμφθείρω *οὐσίαι* σ. *ἀλλήλαις* II 154, 16 *τὰ συγκεχυμένα καὶ* σ. 154, 32. 156, 2 *οἶνος εἰς πέλαγος βληθεὶς* σ. 157, 39
συμφορά *def.* III 100, 23
συμφυής *τὸ μόριον* σ. *τῷ λοιπῷ* II 173, 36 σ. *σῶμα* III 72, 17 *δι' ὅλου* σ. *ἡ τῶν ὅλων οὐσία* II 172, 37 *πνεῦμα*

σ. δι' ὅλου 172, 40 τὸ σ. ἡμῖν πνεῦμα = ψυχή II 217, 15. 29. III 75, 5

σύμφυσις ἡ οὐσία ἐπιδέχεται σ. II 152, 37

σύμφυτος ψυχὴ πνεῦμα σ. II 238, 32 consitus spiritus Z. I 38, 11. 15

συμφωνία = ὁμοδογματία περὶ τῶν κατὰ τὸν βίον III 27, 3 ἀγαθὸν πρός τι 26, 40 ἡ σ. τοῦ παρ' ἑκάστῳ δαίμονος πρὸς τὴν τοῦ ὅλου διοικητοῦ βούλησιν 4, 6 σ. in def. φιλίας pass.

σύμφωνος ὁδῷ καὶ σ. διέξεισι ἡ περίοδος Cl. I 111, 28 ὁ περὶ ἀγαθῶν καὶ κακῶν λόγος σ. τῷ βίῳ III 17, 13 διάθεσις ψυχῆς σ. αὑτῇ περὶ ὅλον τὸν βίον 63, 35. 72, 12

συνάγω II 77, 31. 34. 78, 10. 14. 81, 27. 30

συναγωγή II 89, 10

συναίτιον εἰ καὶ τὸ σ. αἴτιον II 120, 34 αἴτιον ὂν σὺν αἰτίῳ 121, 39. 122, 6 σ. αἴτια 273, 19

συνακτικός σ. λόγος πότε γίνεται II 78, 15 σ. λόγος ἡ ἀπόδειξις 89, 4

σύναμμα περὶ σ. tit. l. Chr. II 5, 36

συναμφότερον ὂν κατέχει τὸ ἕν τόπον, τὸ σ. καθέξει II 156, 42

συναπτικός σ. σύνδεσμος = εἰ II 68, 15

συνάπτω II 273, 4. 124, 10. 20. 302, 19 III 38, 7

συναφή ἐπὶ τῶν κατὰ σ. μηδὲν εἶναι ἐκτόν II 129, 13

σύνδεσμος μέρος λόγου II 45, 2. 10 Diog. III 214, 1. Ant. 247, 24 def. Diog. III 214, 1 μετὰ σ. τοὺς ὅρους προφέρομεν II 50, 22 σ. συναπτικός 68, 15 συμπλεκτικοί 68, 19. 69, 12 διαζευκτικός 68, 21 ὁ „ἤ" σ. σημαίνει τρία 71, 36 ὁ „εἰ" ἢ ὁ „εἴπερ" σ. 71, 3 ὁ „ἤτοι" σ. 71, 22

συνδέω II 273, 6

συνδιατίθεμαι III 135, 3

συνείδησις ἡ τῆς συστάσεως σ. III 43, 5. 44, 36 parvi non appeterent aliquid, nisi sensum haberent sui 44, 23

συνειμαρμένον si cui quid accidere decretum est, una etiam illud decretum est, cuius ope debeat provenire II 272, 8 copulata res et confatalis 277, 38

σύνειμι ἡ κατήχησις τῶν συνόντων III 53, 10. 56, 9 sqq.

συνεκτικός σ. τόνος II 134, 20 ἅπαν τὸ ὂν αἰτίας δεῖται σ. εἰς τὸ εἶναι 144, 36 σ. αἴτια 273, 19 σ. αἴτια = αὐτοτελῆ 120, 2. 121, 27. πλείονα ἑνὸς κατὰ γένος, ἓν δὲ κατ' εἶδος 120, 42 sq. σ. αἴτιον = οὗ παρόντος μένει τὸ ἀποτέλεσμα καὶ αἰρομένου αἴρεται 121, 25 cf. 122, 20 sq.

συνέντασις διὰ τῆς τοῦ ἀέρος σ. τὸ ὁρᾶν γίνεται II 233, 12. 28

συνέορσις? φόβος σ. III 107, 26

συνεργέω πρὸς εὐδαιμονίαν σ. III 28, 30. 34, 1. 12 σ. πρὸς τὸν κατὰ φύσιν βίον 33, 1

συνεργός σ. αἴτια II 120, 7 def. 121, 29 συνεργεῖ πρὸς τὸ σφοδρότερον γίνεσθαι τὸ ἀποτέλεσμα 121, 42 τὰ μὲν πλείονα, τὰ δὲ ἐλάττονα προσφέρεται δύναμιν 122, 9

συνερειστικός σ. τόνος II 134, 20

συνέρχομαι cf. μείγνυμαι ιῇ θυγατρὶ σ. III 185, 13. 18

συνερώτησις σ. τοῦ σωρίτου II 91, 7

σύνεσις ἕπεται τῇ φρονήσει σ. III 73, 5 αὑτὴν καθ' ἑαυτὴν τὴν σ. τοῦ ἁρμονικοῦ καὶ τοῦ ῥυθμικοῦ εἶναι πρὸς τὴν παιδείαν χρήσιμον Diog. III 221, 30 ἤδη πρὸ τοῦ σ. ἔχειν ἅπτεσθαι τὴν μουσικὴν δύναμιν παιδικῆς ψυχῆς 222, 16 εὐχρηστεῖν τὸ μέλος καὶ πρὸς σ. 233, 19

συνέστηκα II 158, 33 in def. λόγου Crin. III 269, 12 in def. συνημμένου pass.

συνέχεια ἡ κατὰ σ. ὑποθετικὴ πρότασις = συνημμένον ἀξίωμα II 83, 5 ὁ τόνος ὑφ' οὗ τὴν σ. ἔχει πρὸς τὰ οἰκεῖα μέρη II 145, 24 σῶμα οὐκ ἔχον χώραν ἐν αὐτῷ διὰ τὴν σ. 151, 19 διαπεφοιτηκέναι ὅλα δι' ὅλων σῴζοντα τὴν σ. 155, 35

σ. τῶν αἰτίων 274, 16

συνέχω ἡ πνευματικὴ οὐσία τὸ σ., ἡ δὲ ὑλικὴ τὸ συνεχόμενον II 144, 26 ἀέρα καὶ πῦρ σ., γῆν καὶ ὕδωρ

συνέχεσθαι 144, 27. 145, 1. 146, 32 ἔν τι σ. τὸν σύνολον κόσμον 147, 34
συνεχής ἡ τοῦ ἑπομένου πρόσληψις ἐν τοῖς σ. ἀσυλλόγιστος II 88, 10
συνήθεια (σ. = sensuum fides) κατὰ τῆς σ. et ὑπὲρ τῆς σ. scr. Chr. II 2, 10. 33, 31 κατὰ τῆς σ. tit. l. Chr. 8, 22 ὑπὲρ (περί?) τῆς σ. 8, 23
οἱ τὴν σ. καταλαμβάνοντες II 90, 7 λόγοι παρὰ τὰς σ. tit. l. Chr. II 6, 14 στοχαζόμενος τῆς κατὰ τὰς ὀνομασίας σ. III 33, 26
σ. φιλία συνειθισμένων III 27, 5 τρίτον εἶδος τῆς φιλίας τὸ ἐκ σ. 181, 36
συνηκολουθηκότως II 257, 36
συνημμένον (sc. ἀξίωμα) cf. συνάπτω, συνεχής
σ. in tit. l. Chr. II 5, 3. 18. 6, 26. 30. 37. 7, 7
σ. = ὑποθετικὴ πρότασις II 69, 37 = αἱ κατὰ συνέχειαν προτάσεις 71, 30 = τὸ συνεστὸς διὰ τοῦ „εἰ" συναπτικοῦ συνδέσμου II 68, 13. Diog. III 215, 12 συνέστηκεν ἐξ ἀξιώματος διαφορουμένου etc. διὰ τοῦ „εἰ" II 70, 39 τῶν οὐχ ἁπλῶν ἀξιωμάτων ἐστίν II 59, 4 πότε ἀληθὲς γίνεται 70, 23. 71, 11 πότε ψεῦδος 70, 26. 71, 13 κρίσεις τοῦ ὑγιοῦς σ. 72, 32 τὸ σ. ἀληθὲς διὰ τὸ μηδέποτε ἀρχόμενον ἀπὸ ἀληθοῦς λήγειν ἐπὶ ψεῦδος 78, 22 ἀληθὲς σ. ἐξ ἀναγκαίου ἀρχόμενον λήγει εἰς ἀναγκαῖον: hoc Chr. non videtur valere in omnibus 276, 43 δύο γίνεσθαι συλλογισμοὺς κατὰ τὸ σ. ἀξίωμα 71, 32 infinita conexa 277, 8 in primo et altero ἀναποδείκτῳ 80, 3. 6 τὸ σ. in def. τοῦ σημείου pass.
συνηρημένον τὸ ὄνομα τὸ σ. = τὸ κεφαλαιῶδες δηλοῦν II 75, 15
σύνθεσις κατὰ σ. νοεῖται τινά e. s. II 29, 16 rerum notiones in animis fiunt, si aliquid cognitum sit coniunctione III 17, 28
συνθετικός τῇ σ. φαντασίᾳ ὁ ἄνθρωπος τῶν ἀλόγων διαφέρει II 43, 20. 74, 7 τὸ σ. θεώρημα 86, 19
σύνθετος τὸ αὐτοτελὲς ἀξίωμα σ. II 64, 6
συνιζάνω II 247, 39

συνίζω σ. τὸ μέσον τοῦ παντός Cl. I 111, 16
συνίσταμαι cf. συνέστηκα, σύστασις, συστατικός
σ.: διαλύεσθαι II 136, 12 pass. σ. III 60, 4 pass.
συνοχή ἐπὶ τὴν σ. τὴν ἑαυτοῦ κινεῖται ὁ κόσμος II 173, 27
συντακτός II 59, 13
σύνταξις περὶ τῆς σ. τῶν λεγομένων tit l. Chr. II 6, 18. 19
σ. τῶν τοῦ λόγου μορίων II 41, 30 ψιλῇ τῇ σ. ὁ ὅρος διαφέρει τοῦ καθολικοῦ 74, 35
συντάσσω κατηγορήματα πτώσει σ. II 59, 17. 19 ὀνόματι σ. 59, 36 πλαγίᾳ πτώσει 60, 4 ἀξίωμα σ. 68, 23. 26 λόγος σ. 80, 3. 17
συντείνω III 29, 28
συντελέομαι III 20, 23
συντελικός περὶ σ. ἀξιωμάτων tit. l. Chr. II 5, 15
συντομία ἀρετὴ λόγου def. Diog. III 214, 16
συντονία τῶν οὐρανίων πρὸς τὰ ἐπίγεια II 172, 19
συνώνυμα def. II 45, 19
σῦς animum sui datum pro sale, ne putisceret II 206, 14
σύστασις cf. συνίσταμαι
περὶ τρόπων σ. tit. l. Chr. II 6, 35 σ. τοῦ συνημμένου II 71, 8
ἡ ἐκ πυρὸς κατὰ σ. ἐξ ἀέρος μεταβολή (: ἀνάλυσις, χύσις) II 136, 20 ἡ οὐσία ἐπιδέχεται σ. 152, 37
ἡ αὐτοῦ σ. πρῶτον οἰκεῖον παντὶ ζώῳ III 43, 5 44, 18. 40 πρὸς τὴν σ. ᾠκειῶσθαι εὐθὺς γενομένους ἡμᾶς 44, 33 an esset omnibus animalibus constitutionis suae sensus 44, 36 e. s. constitutio = principale animi quodammodo se habens erga corpus 44, 38 hominis constitutio rationalis est 44, 41 αἱ ἄλογοι κινήσεις πάθη καὶ παρὰ φύσιν, ἅτε ἐκβαίνουσαι τὴν λογικὴν σ. 127, 19
συστατικός II 136, 19
συστέλλω cf. συστολή III 95, 18
σύστημα in def. λόγου II 77, 4 σπουδαίου βίου III 72, 19 ἐπιστήμης

III 26, 42. 43 *κόσμου pass. πόλεως pass. ἀστεῖον* σ. III 81, 1

συστολή *οἱ Στ. λύπην ἀντὶ λύπης σ. καλοῦσι* III 94, 15 *λύπη ἄλογος σ.* 95, 17. 42

αἱ σ. = παθήματα ταῖς δόξαις ἐπιγινόμενα III 116, 6 *αἱ ἐπὶ ταῖς κρίσεσιν ἄλογοι σ. = τὰ τῆς ψυχῆς πάθη* Ζ. Ι 51, 24 *τὸ κινητικὸν σ. ἀλόγου* III 92, 23 *αἱ σ.* in affectibus *τὸ μᾶλλον καὶ τὸ ἧττον δέχονται* 119, 30 *δόξης ἐγχρονιζομένης ἀνίεται ἡ σ. καὶ ἡ ἐπὶ τὴν σ. ὁρμή* 117, 27

σφαῖρα *αἱ τῶν πλανωμένων σ.* II 169, 1 *ἡ τῶν ἀπλανῶν* II 169, 2. B. III 265, 8 *αἱ τῶν στοιχείων σ.* II 175, 29

pilae lusus comp. cum beneficii ratione III 182, 14

σφαιρίζω III 51, 14

σφακελισμός *def.* III 100, 26. 101, 15

σφάλλομαι *οὐ σ. ὁ σοφός* Ζ. Ι 16, 33. 17, 10 III 147, 23

σφοδρότης *τὰς σ. τῶν παθῶν οὐ γίνεσθαι κατὰ τὴν κρίσιν* III 119, 29

σχέσις *= συνοχὴ κατὰ τόπον ἢ σχῆμα καὶ τὸ ἴσχεσθαι τοιοῦτο* Apollod. III 260, 3 *ποιὰ καθ' ἕτερον σημαινόμενον αἱ σ.* II 128, 36 *ταῖς ἐπικτήτοις καταστάσεσι χαρακτηρίζονται* 130, 7 *ἡ σ. κατὰ τὸ εὐανάλυτον διϊσταμένη πρὸς τὴν ἕξιν* 130, 2 *ἄρριζος καὶ ἀπαγής* 130, 20 *εἴ τινα διδόασιν ὑπόστασιν ταῖς σ.* 132, 16 *σ.* in expl. notione *τοῦ πῶς ἔχειν* 126, 14 *in* expl. notione *πρός τί πως* 133, 2 pass. *πάσης σ. μέρος σ.* Apollod. III 260, 15 *ἐπὶ τῶν σ. ἡ ἐναντίωσις θεωρεῖται* II 50, 6 *αἱ ποιήσεις κοινῶς, ἐν αἷς αἱ κινήσεις καὶ αἱ σ.* 115, 1

συμπίπτουσαι αἱ δύο σ. ἐν ταὐτῷ καὶ τὸ αὐτὸ μέσον καὶ κάτω ὑπάρχον II 176, 22

σ. κατὰ τοὺς σπερματικοὺς λόγους γινομένη πρῶτον κατὰ φύσιν e. s. III 34, 28 *τῶν ἀγαθῶν τὰ μὲν ἐν κινήσει, τὰ δὲ ἐν σ. e. s.* 26, 27 *τῶν ἐν σ. τὰ μὲν καὶ ἐν ἕξει, τὰ δὲ ἐν σ. μόνον* 26, 30 *οὐκ ἐν τῇ πρός τι σ. γίνεται τὸ πλῆθος τῶν ἀρετῶν* 63, 2 *σ. αἱ κακίαι καὶ τὰ νοσήματα* II 269, 29

σχετικῶς *οὐ σ. εὐλόγιστος, ἀλλ' ἀπὸ ἕξεως* III 138, 21

σχῆμα *οἱ κατὰ ψευδῆ σ. συλλογισμοί* tit. l. Chr. II 7, 17

ἐν ὑγιεῖ ἠρωτῆσθαι σ. II 78, 10. 14 *ἐν μοχθηρῷ ἠρωτῆσθαι σ.* 79, 15. 22 *ὑγιῆ σ.* 79, 23 *σ. τῶν ἀναποδείκτων = τρόποι* 81, 20

σώματα εἶναι τὰ σ., ὥσπερ τὰ ἄλλα ποιά II 127, 20 *σ. οἰκεῖον τῆς πνευματικῆς οὐσίας* 149, 20 *τὸ σ. τὴν τάσιν παρέχεσθαι* 149, 25.

σχηματίζω *σ. τὴν ὕλην* II 112, 30. 41 *τὸ ὑποκείμενον αὐτὸ πάντα γίνεται σ.* 113, 39

σχηματισμός *σ. τοῦ προσώπου καὶ τῶν χειρῶν* II 96, 17 quidam habitus oris et vultus praepositum per se ipsum III 32, 30

σχηματότης *τὸν Δία οὐ μῖξαι τῇ πρώτῃ οὐσίᾳ σ.* II 116, 8

σχολαί *σ.* tit. l. A. I 75, 15 *ἠθικαὶ σ.* P. 102, 14

σχολαστικός *οὐδὲν τὸν σ. βίον τοῦ ἡδονικοῦ διαφέρειν* III 176, 13 vivere otioso licet 174, 31

σχολή *ἡ ἄκαιρος περὶ τὴν ἀνατροπὴν τῶν δογμάτων σ.* III 125, 3

σῶμα *= τὸ τριχῇ διαστατὸν μετ' ἀντιτυπίας* II 114, 13. 127, 6 *= τὸ τριχῇ διαστατὸν* II 123, 4. 14. Apollod. III 259, 24 *σ. καὶ τόπου κοινὸν τὸ τριχῇ διαστατὸν* II 162, 31. 33 *σ. τὸ πάντῃ διεστηκός* 123, 15 *τὸ σ. καὶ στερεὸν σ. καλεῖται* Apollod. III 259, 26

ταὐτὸν σ. καὶ οὐσία II 123, 17 *πᾶν σ. ἐξ ὕλης καὶ ποιότητος* 114, 11 *ἄποιον σ. ἡ ὕλη* 115, 23. 116, 25 *πᾶν σ. ἡ ὕλη ἢ ἐξ ὕλης* 130, 35 *ἐκ τῆς τῶν δ' στοιχείων κράσεως γίνεται* 137, 18

τὸ ὂν κατὰ σωμάτων μόνων λέγεται II 117, 5 *τὰ σ. εἶναι τὰ ὄντα* 115, 11. 18 *ὄντα μόνα τὰ σ.* 167, 24 *ἄμφω σ. εἶναι, τὸ ποιοῦν καὶ τὸ πάσχον* Ζ. Ι 25, 37. 27, 13 nihil in mundo agi nisi corpore Ζ. Ι 40, 14 *τὸ αἴτιον σ.* II 118, 3 *πᾶν τὸ ποιοῦν σ. ἐστιν* II 44, 2. III Ant. 246, 20. Arch. 262, 23 *πᾶν τὸ δρῶν σ.* II 128, 4 *πᾶν τὸ κινοῦν καὶ ἐνοχλοῦν σ.* 128, 6 *πᾶν*

τὸ κινούμενον σ. 128, 7   a corpore corpora fieri 139, 37   σ. σώματι ἀσωμάτου αἴτιον 119, 20   οὐδὲν σ. ἀσωμάτῳ συμπάσχει Cl. I 117, 12   οὐδὲν ἀσώματον συμπάσχει σ. Cl. ib. II 219, 38   σ. σώματι συμπάσχει Cl. I 117, 12   οὐδὲν ἀσώματον ἀπὸ σ. χωρίζεται II 219, 26. 30. 40   οὐκ ἐφάπτεται σ. ἀσωμάτον 219, 27. 31   σ. τὸ ὅμοιον καὶ τὸ ἀνόμοιον Cl. I 117, 10
τὸ σ. διὰ σ. χωρεῖ II 37, 40 pass. 151, 17. 156, 10. 220, 42. 221, 4. 12 σ. ὅλον δι' ὅλου τινὸς ἑτέρου διερχόμενον Z. I 28, 21   πρὸς κατασκευὴν τοῦ σ. διὰ σ. χωρεῖν χρῶνται ταῖς τῶν ζῴων διὰ τῆς τροφῆς αὐξήσεσι II 210, 4
τὰ σ. εἰς ἄπειρον τέμνεσθαι II 127, 2. 158, 15. 160, 19   παντὸς σ. μέρος εἶναι σ. Apollod. III 260, 12   τῶν τοῦ σ. μερῶν καὶ τὰ μέρη σ. εἶναι II 220, 1 οὗ τὸ μέρος σ., καὶ αὐτὸ σ. 220, 8
πᾶν σ. πεπερασμένον II 185, 42   μηδὲν σ. ἄπειρον 163, 7   μήτ' ἄκρον τῶν σ. μήτε πρῶτον μήτ' ἔσχατον εἶναι 159, 8   ψαύειν κατὰ πέρας τὰ σ. 159, 23 βάρος σ. ἴδιον II 115, 40   οὐ πάντως σ. βάρος ἔχει Z. I 27, 31   πᾶσι τοῖς σ. εἶναι τὴν πρώτην κατὰ φύσιν κίνησιν πρὸς τὸ τοῦ κόσμου μέσον II 173, 31
σ. ἐκ διεστώτων, ἐκ συναπτομένων, ἡνωμένα II 124, 8. III 38, 7   ἐν σ. συνίσταται ἐκ διεστώτων II 124, 13 ἡνωμένα 124, 19
divisio τῶν σ. II 58, 35
πᾶν σ. μιᾷ γέ τινι αἰσθήσει αἰσθητόν II 220, 14   τὸ σ. οἱονεὶ ψαῦον τοῦ ἡγεμονικοῦ ποιεῖται τὴν ἐν τούτῳ τύπωσιν 28, 42
ἐκ ψυχῆς καὶ σ. συνέστηκεν ὁ ἄνθρωπος III 24, 2   ἡ ψυχὴ κυριωτέρα τοῦ σ. 33, 14   τὸ σ. καθάπερ ὄνυξ οὐδὲν πρὸς ἡμᾶς 187, 1   ἐξαιροῦσι τὸ γένος τῶν περὶ τὸ σ. ἀγαθῶν ὡς μὴ ἀγαθῶν 23, 39   ἡ ψυχὴ μηδὲν ὑπὸ τοῦ σ. ἢ ὠφελεῖται ἢ βλάπτεται 36, 6. 12
κατάστασις σ., καθ' ἣν ἐστι τραυμάτων καὶ πηρώσεων δεκτικόν, οὔτε παρὰ φύσιν οὔτε κατὰ φύσιν III 34, 19   σ. ὑγιεινὸν τῶν κατὰ φύσιν κατὰ

μετοχήν 34, 31   membrorum corporis alia propter eorum usum a natura donata, alia ad quendam ornatum II 335, 5. 11   τῶν προηγμένων τὰ μὲν περὶ σ. e. s. III 32, 41   item τῶν ἀποπροηγμένων 33, 6   item οὔτε προηγμένων, οὔτε ἀποπροηγμένων 33, 9 τὰ περὶ ψυχὴν προηγμένα πλείονα τὴν ἀξίαν ἔχει τῶν περὶ σ. 33, 15
corporis et animae analogia ἐν τῇ κατὰ μέρος θεωρίᾳ καὶ θεραπείᾳ III 120, 17 sqq.   ἐπὶ τοῦ σ. ἰσχὺς καὶ ἀσθένεια, εὐτονία καὶ ἀτονία: ἐν ψυχῇ 120, 31   οἱ ἐπὶ τοῦ σ. τόνοι: ὁ ἐν ψυχῇ τόνος 123, 17   ἰσχὺς τοῦ σ. def. Cl. I 129, 4   σ. in def. ὑγιείας, εὐεξίας pass. ἡ τῆς ψυχῆς νόσος ὁμοιοτάτη τῇ τοῦ σ. ἀκαταστασίᾳ III 117, 2. 121, 15   τὸ νοσοῦν σ.: ἡ νοσοῦσα ψυχή 120, 15   ἡ τῶν φαύλων ψυχὴ ἀνάλογον τοῖς ἐπιτηδείοις σ. εἰς πυρετοὺς ἐμπίπτει 116, 32   σ. in def. νόσου pass. τέχνη περὶ τὸ νοσοῦν σ. III 120, 15
συμπάσχει τὸ σ. τῇ ψυχῇ Cl. I 117, 13   ἡ ψυχὴ τῷ σ. Cl. ib.   μὴ μόνον τὰς ψυχὰς διατιθέναι πως τὸ μέλος, ἀλλὰ καὶ τὰ σ. Diog. III 227, 7   σ. in def. τῆς σπουδαίας πράξεως III 72, 17
σ. εἶναι τὰς ποιότητας καὶ τὴν ψυχήν II 152, 2   bona corpora III 21, 6 ἡ ἀρετὴ καὶ ἡ κακία σ. II 230, 2. III 21, 23   ἡ νὺξ σ. II 197, 42
ὅμοιοι τοῖς γονεῦσι γινόμεθα κατὰ τὸ σ. Cl. I 116, 32. 117, 8
σωματικός   τὸ σ. πεπερασμένον II 163, 7   πάντα τὰ σ. ἀδιάφορα III 29, 26. 190, 16   τὰ σ. τῆς ἀρετῆς ἕνεκα εἶναι, ὅπως ἐκλέγηται αὐτὰ καὶ περιποιῆται III 46, 26   προηγμένα ἐπὶ τῶν σ. 31, 4   ἀποπροηγμένα 31, 7
σωρίτης   περὶ τῶν πρὸς τὰς φωνὰς σ. λόγων tit. l. Chr. II 6, 11
σ. λόγος ἄπορος II 90, 36   ἐν τῇ συνερωτήσει τοῦ σ. δεῖ ἵστασθαι καὶ ἐπέχειν 91, 6 sq.
σωστικός III 130, 12
σωφρονέω   τὸ σ. ἀσώματον καὶ κατηγόρημα III 23, 1   σ. κατόρθωμα 136, 20   τῶν κατορθωμάτων ὧν χρὴ

137, 1 *οὐκ ἔστι σ. μέν, ἀδίκως δὲ ζῆν* 76, 23
σωφρόνημα *σ. μόνα τὰ ἀπὸ σωφροσύνης* III 136, 32
σωφροσύνη = *ἐπιστήμη αἱρετῶν καὶ φευκτῶν καὶ οὐδετέρων* III 63, 26. 65, 23 = *ἐπιστήμη, ὅταν αἱρεῖσθαί τε δέῃ τἀγαθὰ καὶ φεύγειν τὰ κακά* A. I 85, 38 = *ἕξις ἐν αἱρέσεσι καὶ φυγαῖς σῴζουσα τὰ τῆς φρονήσεως κρίματα* III 67, 35. 39 = *φρόνησις ἐν αἱρετέοις* Z. I 49, 32 = *ἡ ἰσχὺς περὶ τὰς αἱρέσεις καὶ ἐκκλίσεις* Cl. I 129, 2
σ. ἀρετή Z. I 49, 23. III 23, 23 *τῶν πρώτων ἀρετῶν* III 64, 16. 65, 7 *μία οὖσα ἡ ἀρετὴ σ. καλεῖται* A. I 86, 6. 20 *σ. ἐπιστήμη καὶ τέχνη* III 23, 27 *ἀγαθόν* Z. I 47, 21. III 17, 17. 19, 20 *σωφρονεῖν παρέχεται* III 19, 20 *αἱρούμεθα ἔχειν τὴν σ., οὐ τὸ σωφρονεῖν* 22, 42 *ἡ τῆς σ. κτῆσις οὔτε ἕξις οὔτε διάθεσις* 25, 12

ἡ σ. περὶ τὰ αἱρετέα III 64, 1 *γίνεται περὶ τὰς ὁρμὰς τοῦ ἀνθρώπου* 64, 17 *τῆς σ. ἴδιον κεφάλαιον τὸ παρέχεσθαι τὰς ὁρμὰς εὐσταθεῖς* 69, 11 *ἀλυπία καὶ εὐταξία αἱ αὐταὶ τῇ σ.* 27, 7 *σ. ἡ ἀρετὴ ἐπιθυμίαν κοσμοῦσα καὶ τὸ μέτριον καὶ τὸ εὔκαιρον ἐν ἡδοναῖς ὁρίζουσα* A. I 86, 14 *ἀναιρεῖται ἡ σ., ἂν τὴν ἡδονὴν ἀγαθὸν ἀπολίπωμεν* III 37, 19 *περιγίνεταί τι πρὸς σ. διὰ μουσικῆς* Diog. III 226, 18

σώφρων *ἅμα τῷ ἀνιέναι τοὺς σωφρονιστῆρας ὀδόντας καὶ τὸ σ. τοῦ νοῦ λαμβάνει ἡμᾶς* Cl. I 118, 14 *τὸ σ. δίκαιον διὰ τὴν τῶν ἀρετῶν ἀντακολούθησιν* III 76, 22 *ὁ σπουδαῖος πάντα σ. ποιεῖ* Z. I 52, 32. III 150, 4 *ὁ σ., ἡγεμὼν ἀκολάστων, τὰ περὶ τὰς αἱρέσεις καὶ φυγὰς ἠκριβωκώς* III 159, 29

σ. ὁμιλία III 26, 29

T

τάξις pars rhetoricae II 96, 4
ταπεινός *ἡ μουσικὴ ἐπιφαίνει τὸ τ.* Diog. III 224, 17
ταπεινότης *τελικὸν κακόν* III 26, 3
ταπείνωσις *αἱ ἐπὶ ταῖς κρίσεσι ἄλογοι τ.* = *τὰ τῆς ψυχῆς πάθη* Z. I 51, 24
τάριχος III 146, 16
ταρταρίζω II 141, 30
τάρταρος = *ἀὴρ ψυχρός* II 141, 27
τάσις *τὸ σχῆμα τὴν τ. παρέχεσθαι* II 149, 26
αἱ ἐπιβάλλουσαι τ. τῆς φωνῆς 96, 16
ταφή supervacaneam sepulturam; si forte non fiat, nihil esse incommodi III 186, 32 *ἀπογενομένων τῶν γονέων τ. χρηστέον ταῖς ἁπλουστάταις* 186, 42
ταχύτης velocitas corporis celeritas, quae eadem ingenii laus habetur III 69, 1
τείνω II 173, 29
τέκνα *τ. τῶν ἐκτὸς προηγμένων* III 33, 3 liberi pii inter bona 24, 29 *σπουδαῖα τ. ἐκτὸς ἀγαθόν* 23, 41

natura liberi a parentibus amantur III 83, 19 *τὴν πρὸς τὰ τ. φιλοστοργίαν φυσικὴν εἶναι καὶ ἐν φαύλοις μὴ εἶναι* 183, 24
parvi salutaria appetunt aspernanturque contraria; statum suum diligunt; sensum habent sui eoque se diligunt III 44, 21 *sqq.* parvos delectari, si quid ratione per se ipsi invenerint 45, 35 iam a nutricibus formanda quam optimis institutis mens infantium 183, 37
τὰ τ. ἐσθίειν κελεύουσιν ἀποθανόντα 186, 17
τεκνογονία *οἰκεῖον τοῖς σπουδαίοις τὸ συγκαταβαίνειν εἰς τ.* III 158, 5. 33
τεκνοποιέομαι *καὶ ἡ μήτηρ ἐκ τοῦ υἱοῦ τ. καὶ ὁ πατὴρ ἐκ τῆς γυναικὸς καὶ ὁ ὁμομήτριος ἐκ τῆς ὁμομητρίας* III 185, 28
τεκτονική *τέχνη πρακτική* III 49, 4
τέλειος *τῶν ἀσωμάτων τὰ μὲν τ., τὰ δ' ἀτελῆ* II 58, 38. 59, 28
οὔτε ἀνὴρ τ. ὁ μὴ πάσας ἔχων τὰς ἀρετὰς οὔτε πρᾶξις τ., ἥτις οὐ κατὰ

πάσας πράττεται τὰς ἀρετάς III 73,
32 τ. καθήκοντα 134, 24. 26 *in def.*
κατορθώματος *pass.* ὁ τ. 139, 42 (*cf.*
σοφός) τῇ ψυχῇ οὔσῃ τ. χρῆται ὁ σπουδαῖος Cl. I 129, 29
τὸ τ. ἀγαθόν III 20, 20 = τὸ τελείως σύμμετρον 20, 22 τὸ τέλος τοῦ πρὸς τὸ τέλος τελειότερον ἀγαθόν 9, 2
τ. βίος καὶ εὐδαίμων 154, 19
τελειότης ἡ ἀρετή = τ. τῆς ἑκάστου φύσεως III 58, 34. 61, 38 τ. κατ' ἀρετήν 52, 33 ἀδιάφορα μὴ συμπληρωτικὰ τῆς κατὰ φύσιν τ. 35, 29
τελειόω καθῆκον τ. κατόρθωμα γίνεται III 136, 9 τ. σπουδαῖοι Cl. I 129, 20
τελείωσις ἀρετή = τ. III 48, 6
τελεταί = αἱ τοῦ περὶ τῶν θεῶν λόγου παραδόσεις II 17, 1 τοὺς περὶ τῶν θείων λόγους εἰκότως καλεῖσθαι τ., χρῆναι γὰρ τούτους τελευταίους διδάσκεσθαι 299, 4
τελικός ἀγαθὰ τ. III 25, 24. 27. 35. 39. 26, 8 κακὰ τ. 25, 30. 26, 1. 4 ἀγαθὰ ποιητικὰ καὶ τ. 25, 27. 36. 39 κακὰ ποιητικὰ καὶ τ. 25, 28. 26, 1. 5 τ. ἀγαθὸν λέγεται τέλος 3, 22
τέλος περὶ τ. tit. l. Cl. I 107, 29. Chr. III 204, 14
ὁ περὶ τ. τόπος pars eth. III 3, 3
τὸ τ. λέγεται τριχῶς 3, 21 τ. = τὸ τελικὸν ἀγαθόν 3, 22 = ὁ σκοπός 3, 24 = τὸ ἔσχατον τῶν ὀρεκτῶν 3, 26
τ. = οὗ ἕνεκα πάντα πράττεται καθηκόντως, αὐτὸ δὲ πράττεται οὐδενὸς ἕνεκα III 3, 16 = οὗ χάριν τἆλλα, αὐτὸ δὲ οὐδενὸς ἕνεκα 3, 18 = ἐφ' ὃ πάντα τὰ ἐν τῷ βίῳ πραττόμενα καθηκόντως τὴν ἀναφορὰν λαμβάνει, αὐτὸ δ' ἐπ' οὐδέν *ib.*
τ. = τὸ εὐδαιμονεῖν III 6, 15. 69, 26 = τὸ τυχεῖν τῆς εὐδαιμονίας 6, 15 = τὸ· κατ' ἀρετὴν ζῆν Ζ. I 45, 22. 46, 2. Cl. 125, 21 = ὁ κατ' ἀρετὴν βίος III 6, 19 = τὸ πάντα τὰ καθήκοντα ἐπιτελοῦντα ζῆν Arch. III 264, 17 *pass.* = honeste vivere Ζ. I 46, 4. III 5, 41 = τὸ ὁμολογουμένως ζῆν = καθ' ἕνα λόγον καὶ σύμφωνον ζῆν Ζ. I 45, 23 = τὸ ὁμολογουμένως τῇ φύσει ζῆν Ζ. I 45, 21. 27. 30. 32. 34. Cl. 125, 19. 20. III 4, 12. 69, 26 = τὸ ἀκολούθως τῇ φύσει ζῆν Ζ. I 45, 34. III 3, 30. 4, 15—22. 36, 5. 64, 44. 69, 26 = congruenter naturae convenienterque vivere III 153, 14 = consentire naturae 5, 40 = ζῆν κατ' ἐμπειρίαν τῶν φύσει συμβαινόντων 5, 13. 19. 23. 42. 6, 4 = τὸ εὐλογιστεῖν ἐν τῇ τῶν κατὰ φύσιν ἐκλογῇ Diog. III 219, 9 *pass.* = ζῆν ἐκλεγομένους τὰ κατὰ φύσιν, ἀπεκλεγομένους τὰ παρὰ φύσιν Ant. III 252, 37 = τὸ ἐκλέγεσθαι καὶ λαμβάνειν τὰ πρῶτα κατὰ φύσιν φρονίμως 46, 35 = πᾶν τὸ καθ' αὑτὸν ποιεῖν διηνεκῶς καὶ ἀπαραβάτως πρὸς τὸ τυγχάνειν τῶν προηγουμένων κατὰ φύσιν Ant. III 252, 39 *pass.* = ζῆν ἐκλεγόμενον τὰ κατὰ φύσιν μέγιστα καὶ κυριώτατα, οὐχ οἷόν τε ὄντα ὑπερβαίνειν Arch. III 264, 23 = τὸ ἀδιαφόρως ἔχοντα ζῆν πρὸς τὰ μεταξὺ ἀρετῆς καὶ κακίας Α. I 79, 6 = ἀδιαφορία Α. I 83, 7. 33 = ἡ ἐπιστήμη H. I 91, 24. 92, 7. 10. 19. 25. 27. 34. 93, 3 = ἡ ἡδονή Dion. I 93, 9. 94, 20. 95, 23

τοῦ τ. στοχάζονται ὥσπερ ἐν ταῖς τοξείαις σκοποῦ III 4, 26 τῶν στοχαστικῶν τεχνῶν τ. τὸ ἀποπληρῶσαι τὰ τῆς τέχνης 6, 42.—7, 18 ὁδός τις ἐκλεκτική, ἀναφέρουσα τὰ ἐν ταῖς τέχναις οἰκεῖα πρὸς ἀρετὴν ἐπὶ τὸ τοῦ βίου τ. 26, 36 δυοῖν ἀγαθοῖν, τοῦ μὲν τ., τοῦ δὲ πρὸς τὸ τ., μεῖζον τὸ τ. 9, 1

μηδὲν εἶναι τ., ἀλλὰ κατὰ τὰς περιστάσεις καὶ τὰ πράγματα ἀλλάττεσθαι H. I 91, 28 in sapientia ipsa inest III 4, 36 nulla in re nisi in virtute propensio ad summum bonum adipiscendum est Ζ. I 47, 8 τοῖς τ. ἡγουμένοις τὴν ἐπιστήμην Χρ. ἀνομολογεῖ III 9, 4 ἡ περὶ τ. ὑπόληψις ψευδὴς ἀρχὴ ἁμαρτημάτων 9, 19 summum bonum homini constituit Chr., ut nihil esse praeter animum videretur 7, 24 διαφέρει τὸ τ. καὶ ὑποτελίς H. I 91, 30 τοῦ τ. μόνος ὁ σοφὸς στοχάζεται H. 91, 31 cognito summo bono reverti se ad naturam Z. I 47, 15

de finibus bonorum tres solas sententias defendi posse III 7, 26 quid consequatur, *εἴ τις ὑπόθοιτο ἡδονὴν* τ. 8, 18 *def.* τ. *imp.* a Posidonio 5, 4

τέμνω *cf.* τομή
μὴ δεῖν τ. *τὰ ἀόριστα* tit. l. Chr. II 7, 41
τὰ σώματα εἰς ἄπειρον τ. II 158, 15 *πάντα εἰς ἄπειρον* τ. 160, 14 *τέμνοντα κατὰ πᾶν ἀναιρήσει ἄλληλα* 157, 21

τέρψις *def.* III 97, 39. 44. 105, 36 *ὑπὸ τὴν ἡδονὴν τάττεται* 97, 37 *εἶδος χαρᾶς* 105, 24 τ.: *χαρά, ἡδονή, εὐφροσύνη* 106, 10 τ. *τελικὸν ἀγαθόν* 25, 38

Τερψιχόρη *τὸ περὶ τὰς ὁμιλίας ἐπιτερπὲς εἴληχε καὶ κεχαρισμένον* II 320, 17

τετράχορδον = *ἡδονή, λύπη, φόβος, ἐπιθυμία* A. I 85, 18

τέχνη τ. tit. l. Z. I 15, 4. Cl. 106, 37; in tit. Chr. II 8, 37 *περὶ* τ. *καὶ ἀτεχνίας* l. Chr. II 9, 39 τ. *ῥητορικὴ* tit. l. Cl. I 110, 19 τ. *διαλεκτικὴ* Sph. I 140, 15. Chr. II 5, 2. Diog. III 215, 13. Crin. 269, 2 *ἐρωτικὴ* τ. Cl. I 107, 20 *ἡ περὶ τῆς φωνῆς* τ. l. Diog. III 212, 25

τ. = *ἕξις ὁδῷ πάντα ἀνύουσα* Cl. I 110, 9. 11 = *ἕξις ὁδοποιητικὴ* Z. I 20, 31 = *σύστημα καὶ ἄθροισμα καταλήψεων* II 23, 21. 208, 41 = *σύστημα ἐκ καταλήψεων συγγεγυμνασμένων πρός τι τέλος εὔχρηστον τῶν ἐν τῷ βίῳ* Z. I 21, 5. II 30, 25. 32 *pass.* = *σύστημα ἐκ καταλήψεων ἐμπειρίᾳ συγγεγυμνασμένων* etc. II 30, 29 = *σύστημα ἐκ θεωρημάτων συγγεγυμνασμένων* III 51, 20

ἔνιαι τῶν τ. *θεωρητικαί, ἔνιαι πρακτικαί* III 49, 2 *c. s.* artes constant ex cognitionibus et continent quiddam in se ratione constitutum et via III 45, 39 e cognitionibus comprehensionibusque rerum effici artes Diog. III 218, 34 sine adsensione non posse constare II 35, 17 nulla ars divitiis contineri potest Diog. III 218, 35 *αἱ* τ. *συνίστανται ἐν τῇ γνώσει τῶν διαφορῶν* II 76, 6 *τὰς ἐγκυκλίους λεγομένας* τ. *ἐπιτηδεύματα μὲν, ἐπιστήμας δ᾽ οὔ* III 72, 24 *πρὸς τὰς* τ. *ἐπιτηδειότητα μόνην ἀπέλιπον* III 51, 36 *οὔτε οὐθὲν αὐταῖς φωρατὸν οὔτε εἰς πάντα τὸν ὁμογενῆ τόπον διατείνειν δύνανται* II 101, 26 *μὴ ὁμοίως τοῖς φύσει γινομένοις γίνεται τὰ κατὰ* τ. II 308, 12 artes innumerabiles repertae sunt docente natura 334, 16

τῶν στοχαστικῶν τ. *τέλος* = *τὸ ἀποπληρῶσαι τὰ τῆς* τ. III 6, 43. — 7, 18 ars : virtus Diog. III 218, 36 *τῶν ἀρετῶν αἱ μὲν ἐπιστῆμαί τινων καὶ* τ., *αἱ δ᾽ οὔ* 23, 6 *ἐν ἕξει εἶναι καὶ τὰς* τ. *τὰς ἐν τῷ σπουδαίῳ ἀνδρὶ ἀλλοιωθείσας ὑπὸ τῆς ἀρετῆς καὶ γενομένας ἀμεταπτώτους* 26, 31 *τὰς* τ. *μὴ εἶναι διαθέσεις* II 129, 43 *ὁδός τις ἐκλεκτικὴ τῶν ἐν ταῖς* τ. *οἰκείων πρὸς ἀρετὴν* III 26, 36 τ. *προηγμένον ἐπὶ τῶν ψυχικῶν* 31, 3 τ., *ὅσαι δύνανται συνεργεῖν πρὸς τὸν κατὰ φύσιν βίον, προηγμένα περὶ ψυχὴν* 33, 1 artes ipsae propter se assumendae 45, 38 *ὁ σοφὸς* τ. *ἔχει περὶ τὸν βίον, ἧς ἴδιόν ἐστιν ἔργον τὸ ἕκαστον τῶν πραττομένων ἀπ᾽ ἀρίστης διαθέσεως πράττειν* 139, 17

μέσαι τ. III 137, 15. 139, 21 *μέσαι* τ. *ἐπιδέχονται ἐπίτασιν καὶ ἄνεσιν* II 130, 31. III 141, 9

artes quoque sub fati decretum cadere II 272, 16 *κατὰ τὴν τῶν ὅλων οἰκονομίαν ἀναγκαῖον καὶ περὶ τὰς* τ., *ὡς ἂν ποτ᾽ ἔχωμεν, ἔχειν ἡμᾶς* 269, 9 *σώματα αἱ* τ. II 221, 1. 230, 2

περὶ τὸ νοσοῦν σῶμά ἐστί τις τ. *καὶ περὶ τὴν νοσοῦσαν ψυχήν ἐστί τις* τ. III 120, 15

τεχνικός τ. *ἡ φύσις* II 135, 33 τ. *φαντασίαι* 24, 23 *τὰ ἔργα διορίζεται τῷ ἀπὸ* τ. *διαθέσεως ἢ ἀπὸ ἀτέχνου γίνεσθαι* III 139, 11 τ. in def. *ἐπιστήμης* 26, 43

πῦρ τ. vid. s. v. *πῦρ*

τεχνίτης τ.: *ἰδιώτης* III 139, 14 *ἐπὶ τῶν μέσων τεχνῶν ἴδιον τοῦ* τ.

τὸ τεταγμένως τι ποιεῖν καὶ τὸ ἐν τοῖς ἀποτελέσμασι διομαλίζειν 139, 21

τηρέω ἡ πρώτη ὁρμὴ ἐπὶ τὸ τ. ἑαυτό III 43, 2 animal ipsum sibi conciliari et commendari ad se conservandum 44, 18

τήρησις πρὸς τὴν σύστασιν καὶ τ. ᾠκειῶσθαι εὐθὺς γενομένους ἡμᾶς III 44, 33

τί γένος τοῦ ὄντος II 117, 3 τὸ γενικώτατον τῶν ὄντων 117, 28. 37. 39 τετραχῶς διαιρεῖται 125, 5 κατηγορούμενον κατὰ σωμάτων καὶ κατὰ ἀσωμάτων 117, 7. 11 οὐκ ἐφαρμόττει ἀσωμάτοις καὶ σώμασι 125, 9

τιθήνη a nutricibus iam formanda quam optimis institutis mens infantium III 183, 36 nutrices sapientes optavit, certe optimas eligi voluit Chr. 184, 2 nutricum illi quae adhibetur infantibus allectationi suum quoddam carmen adsignat 184, 9 ·

τιμάω ἃ ἐπαινοῦμεν, τ. II 297, 20

τιμή περὶ τ. tit. l. Cl. I 107, 21
τ. = γέρως ἀξίωσις II 296, 5. 297, 21. III 149, 25 τ. ἀγαθὸν πρός τί πως ἔχον III 26, 40 ἡ τ. ἀξία λέγεται 30, 8 ἄτιμος πᾶς φαῦλος, μήτε τ. ἄξιος ὢν μήτε τίμιος ὑπάρχων 149, 24

τιμωρητικῶς in affectibus τ. πρὸς τοὺς λίθους προσφερόμεθα III 129, 28

τιμωρία περὶ πλούτου καὶ χάριτος καὶ τ. tit. l. Dion. I 93, 22

Τιτάν τοὺς Τ. εἰρῆσθαι τὰ στοιχεῖα τοῦ κόσμου Z. I 28, 6

τοιουτότης II 126, 22

τομή cf. τέμνω
διὰ τῆς τ. διαλύειν τὸν ψευδόμενον λόγον in tit. l. Chr. II 7, 39 ἡ τ. τῶν ἀορίστων 8, 1
ἄπειρος, οὐκ εἰς ἄπειρον ἡ τ. II 158, 24 ἐπ' ἄπειρον ἡ τ. προάγει τὰ σώματα 159, 3 εἰς ἄπειρον ἡ τ. τῶν συνεχόντων 164, 23

τονικός cf. κίνησις
περὶ τῆς τ. κινήσεως II 147, 32 αἱ τ. καλούμεναι κινήσεις 148, 9. 48 τ. χρώμενος τῇ κινήσει 149, 12 καὶ ἐπὶ τῆς ὄψεως τὰ τῆς τ. κινήσεώς ἐστι 233, 17 διαλείψεις τῆς τ. κινήσεως 233, 22

τόνος ὁ τ. πληγὴ πυρός Cl. I 128, 33 ὁ τ. τοῦ πνεύματος II 145, 24 τὸ πνεῦμα μετά τινος ἔσται τ. 218, 30 ὁ διήκων πνευματικός τ. καὶ συνέχων τὸν κόσμον II 147, 28 ὑφ' ἑνός τ. συνεχόμενος ὁ κόσμος 172, 39 ἀέρα καὶ πῦρ γῇ καὶ ὕδατι ἐγκεκραμένα τ. παρέχειν 146, 35 Ἡρακλῆς = ὁ ἐν τοῖς ὅλοις τ. Cl. I 115, 16 ὁ ἐν τῇ τῶν ὅλων οὐσίᾳ τ. οὐ παύεται Cl. 111, 22

ὁ συνὼν τῇ ὕλῃ τ. πάσης ποιότητος αἴτιος II 115, 5 ῥώμη συνερειστικὸν καὶ συνεκτικὸν ἔχουσα τ. 134, 20
ὁ τ. ἐν τοῖς τῶν ζῴων σώμασι II 149, 30 καὶ οἱ ἐπὶ τοῦ σώματος λέγονται τ. ἄτονοι καὶ εὔτονοι εἶναι καὶ ὁ ἐν τῇ ψυχῇ τ. III 123, 17. 19 ἰσχὺς τοῦ σώματος = τ. ἱκανὸς ἐν νεύροις Cl. I 129, 4. III 68, 30 ἡ τῆς ψυχῆς ἰσχὺς = τ. ἱκανὸς ἐν τῷ κρίνειν καὶ πράττειν Cl. I 129, 5. III 68, 30 ἂν ἱκανὸς ἐν τῇ ψυχῇ γένηται πρὸς τὸ ἐπιτελεῖν τὰ ἐπιβάλλοντα, ἰσχὺς καλεῖται καὶ κράτος Cl. I 128, 34 ἐκλυόμενος ὁ αἰσθητικὸς τ. περὶ τὸ ἡγεμονικὸν II 215, 14 καταπίπτων ἐν σφοδραῖς ὀδύναις ὁ κατὰ τὸ ψυχικὸν πνεῦμα τ. 235, 11 ἐπιστήμην ἐν τ. καὶ δυνάμει κεῖσθαι III 27, 2 ἀφίστασθαι ἔστιν ὅτε τῶν ὀρθῶς ἐγνωσμένων ἡμῖν ἐνδόντος τοῦ τ. τῆς ψυχῆς III 123, 11
οἱ τῷ τ. τρέχοντες III 127, 5

τονόω ἡ πνευματικὴ οὐσία τετονωμένη II 149, 22

τόπος = pars philosophiae Apollod. II 15, 18. III 259, 9 ὁ περὶ ὁρμῆς etc. τ. III 3, 2 ὁ τ. μᾶλλον ἀδικήματα ἐπιδεχόμενος III 176, 9
τ. = τὸ κατεχόμενον δι' ὅλου ὑπὸ ὄντος II 162, 40 = τὸ ἐπεχόμενον ὑπὸ σώματος Z. I 26, 23 κενὸν : τ. : χώρα Z. I 26, 22. II 163, 14. 20 sq. τ. εἶναι dem. II 162, 2 κατὰ μετάβασιν νοεῖται 29, 18 κἂν κατ' ἐπίνοιαν ἅπαντα ἀνέλωμεν, ὁ τ. οὐκ ἀναιρεθήσεται 162, 29 ἀσώματον 117, 21 ἔστι μὲν ἄλλο παρὰ τὰ σώματα, ἀεὶ δὲ σῶμα ἔχει 164, 10 ἐκπληρωθὲν ὑπὸ σώματος οὐδὲν μέρος τῆς χώρας, ὅπερ

οὐκ ἔσται τ. 330, 17   σώματος καὶ τ. κοινὸν τὸ τριχῇ διαστατόν 162, 30. 34 τ. τὰς τρεῖς ἔχει διαστάσεις χωρὶς ἀντιτυπίας 162, 30   παρυφίσταται τοῖς σώμασι 163, 40

ὁ τ. πεπερασμένος II 163, 6   εἰς ἄπειρον τέμνεται 158, 17. 160, 20 παντὸς τ. μέρος τ. ἐστίν Apollod. III 260, 14

ὁ θεὸς συνέκτισε τῷ κόσμῳ τὸν τ. II 330, 16   ἴδιος τοῦ κούφου καὶ τοῦ βαρέος τ. 162, 15   sine loco esse non potest motus aut statio 272, 28   ἵνα αἰσθητικὴ γένηται φαντασία, δεῖ συνδραμεῖν καὶ τὸν τ. 26, 22

τραῦμα   σῶμα τ. δεκτικόν III 34, 20
τραχυτής   def. III 97, 11
τρεῖς, τρία   περὶ τοῦ διὰ τ. tit. l. Chr. II 5, 21

ἀπροπτώτως ἀκοῦσαι τοῦ τὰ τ. τέσσαρα μὴ εἶναι τελέως III 50, 37
τρεπτός   ὑλικὴ φύσις τ. καὶ ἀλλοιωτή II 311, 9   διόλου τ. ἡ οὐσία III 165, 12
τρέπω   ὁ θεὸς τ. τὴν πᾶσαν οὐσίαν δι' ἀέρος εἰς ὕδωρ Z. I 28, 24   ἡ οὐσία τ. ἐκ πυρὸς εἰς ὑγρότητα Z. 28, 30 τὸ πῦρ τ. πάλιν ποιεῖ τὸ μέσον τοῦ παντός Cl. I 111, 19

τὸ ἡγεμονικὸν διόλου τ. καὶ μεταβάλλον Z. I 50, 7.   III 111, 20 pass.
τρέφω   τ. δι' ὅλων τὰ τρεφόμενα II 135, 11
τρέχω   cf. δρόμος, δρομεύς

πορεύεσθαι : τ. comp. cum ὁρμαῖς κατὰ λόγον : πλεοναζούσαις III 114, 6 οἱ τῷ τόνῳ τ. προσεκφέρονται 127, 5 παρὰ τὴν ἐν τῷ τ. ὁρμήν 128, 24
Τριτογένεια   ἡ Ἀθηνᾶ T. εἴρηται διὰ τὸ τὴν φρόνησιν ἐκ τριῶν συνεστηκέναι λόγων II 258, 23. Diog. III 217, 24
Τριτωνίς   T. ἡ Ἀθηνᾶ εἴρηται διὰ τὸ τὴν φρόνησιν ἐκ τριῶν συνεστηκέναι λόγων II 258, 23. Diog. III 217, 24
τροπή   ἐκ πυρὸς τ. εἰς ὕδωρ Z. I 28, 17   ἡ ἀΐδιος δύναμις αὐτὴν κινεῖ κάτω πρὸς τὴν τ. καὶ ἀπὸ τῆς τ. ἄνω II 137, 2

δύο τ., ἡ μὲν θέρους, ἡ δὲ χειμῶνος II 202, 2

τροπικός   περὶ τῶν τ. ἀμφιβολιῶν tit. l. Chr. II 6, 25   περὶ συνημμένης τ. ἀμφιβολίας 6, 26   σύγκρισις τῶν τ. ἀξιωμάτων 6, 36   τ. ζητήματα scr. sp. Chr. 7, 19

τὸ συνημμένον ἢ διεζευγμένον τ. (in syllogismo) II 77, 11   τὸ τ. ἢ συνημμένον ἢ διεζευγμένον ἢ συμπεπλεγμένον 85, 10   τ. ἀξιώματα 82, 9   οἱ διὰ δύο τ. ἢ τριῶν συλλογισμοί 83, 22. Ant. III 249, 5   οἱ διὰ τ. καὶ τῆς προσλήψεως γινόμενοι II 85, 9
τρόπος   περὶ τ. tit. l. Cl. I 108, 5 τέχνη λόγων καὶ τ. Chr. II 6, 33   περὶ τ. συστάσεως 6, 35   τ. in tit. Chr. 7, 2. 4. 6. 8. 16

τ. = οἱονεὶ σχῆμα λόγου Crin. III 269, 17 e. s.   τ. τῶν ἀναποδείκτων = σχήματα II 81, 20. 82, 21
τροφή   πάντῃ ἡ τ. προσκρίνεται τῷ σώματι, διὰ παντὸς καὶ πρὸς πᾶν ἐνεχθεῖσα II 210, 6   μὴ διὰ κενῶν γίνεται ἡ δίοδος τῆς τ. 210, 20   κρατουμένου καὶ ἀλλοιουμένου ἡ τ. ὑπάρχει ὄνομα 210, 26. 30   πρὸς κατασκευὴν τοῦ σῶμα διὰ σώματος χωρεῖν χρῶνται ταῖς τῶν ζῴων διὰ τῆς τ. αὐξήσεσι 210, 4   πᾶσα ἀναθυμίασις ἐκ τῆς τ. ἀνάγεται Diog. III 216, 20   ὃ πρῶτον τ. ἀρύεται, ἐν τούτῳ ὑπάρχει τὸ ἡγεμονικόν, ὃ δὲ πρῶτον τ. ἀρύεται, ἡ καρδία Diog. 216, 16   Platonis sententia περὶ τ. a Chr. refutatur II 215, 2
τυγχάνον   = τὸ ἐκτὸς ὑποκείμενον (: τὸ σημαῖνον : σημαινόμενον) II 48, 21 τὰ πράγματα = τ. 77, 9
τυγχάνω   III 92, 19
τύπος   οἱονεὶ σφραγιστῆρος II 22, 25 τὸ τυποῦντος ἐν τῷ τυπουμένῳ σχῆμα γινόμενον 23, 37
τυπόω   τὸ μέρος τὸ ἡγούμενον τῆς ψυχῆς τ. δύναται ἀπὸ τῶν ὄντων Z. I 39, 10
τυπωδῶς   in def. ὑπογραφῆς pass.
τύπωσις   τὸ μέρος τὸ ἡγούμενον τῆς ψυχῆς δύναται παραδέχεσθαι τὰς τ. Z. I 39, 12   ἤκουσε τὴν τ. κατὰ εἰσοχὴν καὶ ἐξοχήν, ὥσπερ καὶ τὴν διὰ τῶν δακτυλίων γινομένην τοῦ κηροῦ τ. Cl. I 108, 22. 25 sq. II 22, 33   τ. ἐν ψυχῇ = ἀλλοίωσις· οὐ γὰρ δεκτέον τὴν τ.

οἱονεί τύπον σφραγιστῆρος II 22, 23 ἡ τ. ἐν τῇ ψυχῇ = ἑτεροίωσις Chr. I 17, 25. II 23, 5 ἡ ἐπιγινομένη τ. ἀεὶ τὴν πρὸ αὐτῆς ἀπαλείψει II 31, 1 τ. in def. φαντασίας Z. I 17, 24. Cl. 108, 21. II 21, 12. 24, 6 pass.
τυραννικός ὁ φαῦλος τ. III 169, 37
Τυφών τ. ἀποτελεῖται, ὅταν ἔτι ἧττον ᾖ πεπυρωμένον τὸ πνεῦμα II 203, 18 = κεραυνὸς πολύς, βίαιος καὶ πνευματώδης 203, 25 = πνεῦμα καπνῶδες ἐρρωγότος νέφους ib.
τύχη περὶ τ. tit. l. Sph. I 139, 24 τ. = ἄδηλος αἰτία ἀνθρωπίνῳ λογισμῷ II 281, 1. 7. 12. 40 καθ' εἱμαρμένην : κατα προαίρεσιν : κατὰ τ. : κατὰ τὸ αὐτόματον 281, 9 nasci et mori fatis dant, media omnia fortunae 281, 43 ὁ σπουδαῖος οὐδὲν δεῖται τῆς τ. III 13, 31 ὁ σοφὸς ὑπὸ τῆς τ. ἀήττητος P. I 99, 22

Y

ὑβρίζω ὁ σοφὸς οὔθ' ὑβρίζεται οὔθ' ὑ. III 152, 29
ὕβρις def. III 152, 29 ὑ. ἔργον παρὰ φύσιν 102, 36 ἀδικία : ὑ. 152, 33
ὑγιάζω τὸ ὑ. κοινὸν τοῦ ἰατροῦ καὶ ἰδιώτου, τὸ δὲ ἰατρικῶς ὑ. τοῦ τεχνίτου III 139, 14
ὑγιαίνω καὶ κατὰ ψυχήν τινας ὑ. λέγομεν III 121, 2
ὑγίεια καὶ ἐπὶ τοῦ σώματος ὑ. καὶ ἐν ψυχῇ συνίσταται καὶ ὀνομάζεται III 120, 33 ὑ. τοῦ σώματος = εὐκρασία θερμοῦ καὶ ψυχροῦ καὶ ὑγροῦ καὶ ξηροῦ Z. I 37, 13. III 68, 27 = εὐκρασία καὶ συμμετρία τῶν δ' στοιχείων III 121, 19. 27 = corporis temperatio, cum ea congruunt inter se, e quibus constamus 68, 38 = συμμετρία ἐν θερμοῖς καὶ ψυχροῖς καὶ ξηροῖς καὶ ὑγροῖς 122, 21
ἡ τῆς ψυχῆς ὑ. = εὐκρασία τῶν ἐν τῇ ψυχῇ δογμάτων III 68, 28. 39 = δύναμις ἐκ τῆς ἀσκήσεως περιγινομένη 68, 25 ὑ. τῆς ψυχῆς ἀρετὴ ἀθεώρητος 48, 7 τὴν ἀρετὴν ὑ. ὠνόμαζε A. I 86, 9
ἡ ὑ. ἕξις II 130, 5 ἡ ὑ. : τὸ κάλλος τῶν σωμάτων III 122, 18
πότερον ἡ ὑ. ἀγαθὸν ἢ οὔ III 35, 36 sqq. ἡ ὑ. οὐκ ἀγαθόν A. I 85, 2. III 15, 27. 29, 15 ὑ. ἔστιν εὖ καὶ κακῶς χρῆσθαι· οὐκ ἄρα ἀγαθὸν III 28, 15 κακῶς χρῶνται οἱ ἀνόητοι· διόπερ οὐκ ἀγαθόν 29, 43 οὐ μᾶλλον ὠφελεῖ ἢ βλάπτει· οὐκ ἄρα ἀγαθόν 28, 13 μήθ' αἱρετὸν μήτ' ὠφέλιμον 35, 27. 61, 1 ὑ. οὐδὲν πρὸς ἡμᾶς οὐδὲ συνεργεῖ πρὸς εὐδαιμονίαν οὐδέν 33, 38 ἀναιρεῖσθαι τὰς ἀρετὰς ἁπάσας, ἂν τὴν ὑ. ἀγαθὸν ἀπολίπωμεν 37, 21 οὐκ εἰς ἀρετὴν τὴν ψυχὴν ἡ ὑ. μὴ βουλομένην βιάζεται 36, 7. 13 sapiens bonam valetudinem non concupiscet 47, 7
ὑ. ἀδιάφορον Z. I 47, 25. A. 81, 33. III 17, 21. 28, 6. 31. 29, 15. 26. 36, 8. 14. Diog. 218, 16. Apollod. 261, 8 ὑ. κατὰ φύσιν III 34, 16 πρῶτον κατὰ φύσιν 34, 29 ἀξίαν τινὰ προσφέρεται πρὸς τὸν κατὰ φύσιν βίον 30, 31 aestimatione aliqua digna 15, 27 μαίνεσθαι τοὺς τὴν ὑ. ἐν μηδενὶ ποιουμένους 33, 30 in valetudine satis causae, quam ob rem quibusdam anteponeretur 31, 29 ὑ. ἀντὶ νόσου αἰρούμεθα 30, 11 ὑ. προηγμένον 29, 36 προηγμένον περὶ σῶμα 31, 4. 33, 2 καθ' ἑαυτὸ ληπτόν 34, 37 praepositum et per se et quod ex se aliquid efficiat 32, 33 ἄνευ τῶν μεταξὺ οἷον ὑ. οὔθ' αἱ ἀγαθαὶ οὔθ' αἱ κακαὶ συνίστανται πράξεις 27, 21 μὴ εἶναι προηγμένον ἀδιάφορον τὴν ὑ. A. I 83, 10 οὐ πάντως προηγμένον A. 83, 21
ὑ. ἐπιμελεῖσθαι καθῆκον ἄνευ περιστάσεως III 135, 9 ὁ σπουδαῖος τῶν πρὸς ὑ. ἐπιστήμων συμφερόντων 164, 29 οὕτως πολιτεύσεται ὁ σοφὸς ὡς τῆς ὑ. οὔσης ἀγαθοῦ 175, 9 divitiae non eam modo vim habent, ut quasi duces sint ad valetudinem

bonam, sed etiam uti eam contineant Diog. III 218, 28
de cura valetudinis disceptat Chr. cum A. III 9, 13

ὑγιεινός def. III 156, 31

ὑγρόν cf. ὕδωρ
παθητικὰ τὸ ξηρὸν καὶ τὸ ὑ. II 134, 9 κόσμος μεταβαλὼν εἰς τὸ ὑ. 186, 13 ὑ. in def. νόσου et ὑγιείας pass.

ὑγρότης ποιότης δραστική II 133, 36

ὕδωρ cf. στοιχεῖον
τὸ ὕ. τὸ ὑγρόν II 180, 8 ὕ. στοιχεῖον Z. I 28, 28. II 134, 2 pass. τῶν παθητικῶν στοιχείων II 137, 39 συνέχεται 144, 27. 145, 2 πνευματικῆς μετοχῇ δυνάμεως τὴν ἑνότητα διαφυλάττει 146, 32 βαρύ 175, 19. 178, 24 παχυμερὲς καὶ βαρὺ καὶ ἄτονον 155, 34 βαρὺ καὶ κατωφερές 162, 17. 175, 34. 177, 36
καθ' ἑαυτὸ τὸ ὕ. εὐδιάχυτον καὶ ἀπαγὲς καὶ ἀσύστατον, ἐντείνεται δὲ τῷ ἀέρι II 142, 8 ἐκ τοῦ ὕ. γῆς ὑφισταμένης ἀὴρ ἀναθυμιᾶται 179, 32 si aër non tangat aquam, emoritur ista 177, 29 κατὰ τὸ ὕ. οὐκ εἶναι ποροποιΐαν 143, 24. 172, 33 τῷ ὕ. τὸ ψύχειν καθ' εἱμαρμένην δέδοται 290, 26 λαμπρὸν φαίνεται κατὰ τὴν ἀλλοίωσιν, ἣν ἐκ τοῦ προσπίπτοντος ἔχει φωτός 143, 12
τὸ ὕ. περικέχυται σφαιρικῶς περὶ τὴν γῆν II 168, 20 μετὰ τὴν τοῦ ἀέρος σφαῖραν εἶναι τὴν τοῦ ὕ. 169, 9 ἐνδοτέρω τοῦ ἀέρος τρίτη σφαῖρα ἡ τοῦ ὕ. 175, 26. 180, 12 μετὰ τὴν γῆν τὸ ὕ. σφαιροειδές, ἔχον τὸ αὐτὸ κέντρον τῇ γῇ 176, 26
ἐκ τοῦ ὕ. τὰ ἄλλα στοιχεῖα ἐγένοντο II 143, 38. 177, 21 ἐκ πυρὸς τροπὴ εἰς ὕ. δι' ἀέρος γίνεται Z. I 28, 17. 25 δευτέρα μεταβολὴ ἀπ' ἀέρος εἰς ὕ., τρίτη τοῦ ὕ. εἰς γῆν II 136, 21 πρώτη χύσις γῆς εἰς ὕ., δευτέρα ἐξ ὕ. εἰς ἀέρα 136, 23 ἡ γῆ μεταβάλλει εἰς ὕ., τὸ ὕ. εἰς ἀέρα Cl. I 111, 7 ὕ. μέν τι ὑφίστασθαι καὶ γῆν συνίστασθαι, ἐκ τοῦ λοιποῦ τὸ μὲν διαμένειν ὕ., ἐκ δὲ τοῦ ἀτμιζομένου ἀέρα γίνεσθαι Z. I 28, 17
τῶν δοκούντων παραδόξων πηγὰς θερμῶν ὕ. ὁ σοφὸς οὐ θαυμάζει III 163, 8

ὑετός def. II 203, 1. 6

υἱός cf. παῖς
καὶ τὴν μητέρα ἐκ τοῦ ὑ. τεκνοποιεῖσθαι III 185, 28 συνέρχεσθαι καὶ τοῖς ὑ. 185, 18

ὕλη ἡ ἄπειρος ὕ. λεγομένη forma conclusionis II 86, 42
καλεῖται διχῶς οὐσία τε καὶ ὕ., ἥ τε τῶν πάντων καὶ ἡ τῶν ἐπὶ μέρους Z. I 25, 2. II 114, 19 ὕ. = ἄποιος οὐσία Z. I 24, 7. Cl. 110, 27. II 111, 10 pass. Arch. III 263, 23 = τὸ πάσχον ib. = ἄποιον σῶμα II 115, 23. 116, 26 silva = id, quod subest his omnibus, quae habent qualitates Z. I 24, 20 ὕ.: οὐσία Z. 24, 19 silvam separant ab essentia II 114, 22
ἀρχαὶ ὁ θεὸς καὶ ἡ ὕ. Z. I 24, 11. 13. 15. 18. Cl. 111, 6. II 111, 16. 112, 28 pass. οὐσία = ἡ τῶν ὄντων πάντων πρώτη ὕ. Z. I 24, 28. 25, 1 οὐσία τῶν ὄντων ἡ πρώτη ὕ. II 114, 17 nulla omnino qualitas propria fundamenti omnium rerum silvae Z. I 25, 13 ἡ ὕ. ἀργὸς ἐξ ἑαυτῆς καὶ ἀκίνητος II 147, 44 καθ' αὑτὴν ἄλογος οὖσα καὶ ἄποιος 113, 19 ἄποιος, μήτε κινεῖν ἑαυτὴν μήτε σχηματίζειν πεφυκυῖα 335, 24 τοῦ πάσχειν αἰτία Z. I 24, 11 πάσχει καὶ τρέπεται II 111, 17 τρεπτὴ καὶ ἀλλοιωτὴ καὶ ῥευστή 112, 1. 116, 21 ἀρχὴ τῶν ὄντων ἡ ἄποιος ὕ. καὶ δι' ὅλων τρεπτή 112, 24 materia rerum, ex qua et in qua omnia sint, tota flexibilis et commutabilis 322, 11 τὸ ποιοῦν ὁ ἐν τῇ ὕ. λόγος, ὁ θεός Z. I 24, 7. Cl. 110, 27. II 111, 10. 112, 8 pass. Arch. III 263, 23 κινεῖ τὴν ὕ. ὁ λόγος ἐνυπάρχων καὶ σχηματίζει II 335, 25 ὁ λόγος διὰ πάσης τῆς ὕ. δημιουργεῖ ἕκαστα Z. I 24, 8. Cl. 110, 28 ἀποίου δημιουργὸς ὕ. εἰς λόγος καὶ μία πρόνοια II 322, 18 non deesse silvae spiritum ac vigorem ex aeternitate, qui moveat eam rationabiliter, totam in-

terdum, nonnumquam pro portione Z.
I 25, 17 *ἡ εἱμαρμένη δύναμις κινητικὴ
τῆς ὕ.* Z. I 44, 36. 45, 1 *διὰ πάσης
ὕ. καὶ διὰ τῆς ἀτιμοτάτης τὸ θεῖον
διήκει* Z. I 42, 19. II 307, 27 deum per
materiam tamquam mel per favos
transisse Z. I 42, 1. 4 *διὰ τῆς ὕ. διαϑεῖ ὁ τοῦ παντὸς λόγος οἱόνπερ καὶ
ἐν τῇ γονῇ τὸ σπέρμα* Z. 24, 31
deus materiam primam non generavit sempiterne, sed materia ad usum
sumpta Cl. I 114, 19 *ἡ ὕ. ἀγένητος
καὶ ἄφθαρτος* II 134, 33 ingenita materia Cl. I 114, 14. 22. II 111, 32 *ἡ
πρώτη ὕ. πᾶσα ἀίδιος* Z. I 24, 28 *μόνη
ἡ πρώτη ὕ. ἀίδιος* II 116, 10 *οὔτε
πλείων γινομένη οὔτε ἐλάττων* Z. I 24,
28. II 114, 20 *ἡ δὲ τῶν ἐπὶ μέρους
καὶ πλείων καὶ ἐλάττων* II 114, 20
τὰ δὲ μέρη ταύτης οὐκ ἀεὶ ταὐτὰ διαμένει, ἀλλὰ διαιρεῖται καὶ συγχεῖται
Z. I 24, 28 non solum creare et edere
materiam proprium est providentiae,
verum etiam conservare moderarique
Cl. I 114, 23 *ἡ τοῦ κόσμου ψυχὴ καταναλίσκει εἰς αὑτὴν τὴν ὕ.* II 186, 3
ἡ ὕ. σῶμα II 112, 32. 114, 10. 116,
24 *ἥνωται* 152, 19 *τὰ χρώματα πρῶτοι σχηματισμοί τῆς ὕ.* Z. I 26, 2
πρῶτον ὑποκείμενον ἡ ἄποιος ὕ. II
125, 33 *τὴν ὕ. ὑφεστάναι ταῖς ποιότησι* 126, 31 *μηδὲν εἶναι τοὺς λόγους
ἢ ὕ. πῶς ἔχουσαν* 126, 12 *ἄλλως
πως ἔχει ἡ ὕ. ὡδὶ καὶ οὕτως, ἄλλως
δὲ ἐν τοῖς πῶς ἔχουσι* 131, 37
τὰ μεταξὺ ὕ. ἐπέχει τάξιν III 27, 20
secunda bona in materia infelici expressa 27, 26 *τὰ πρῶτα κατὰ φύσιν
ὥσπερ ὕ. τις ὑπόκειται* 46, 36
ὑλικός *ἡ ὕ. (: πνευματικὴ) οὐσία =
τὸ συνεχόμενον* II 144, 26
ὑμέναιος *περὶ ὕ.* tit. l. Cl. I 107, 8
*ἡ μουσικὴ παρέχει χρείαν ἐν τοῖς
ὕ.* Diog. III 225, 15
ὑπάρχον *= ὃ κινεῖ καταληπτικὴν
φαντασίαν* II 26, 29. 31, 8 *ὕ.* in def.
καταληπτικῆς φαντασίας pass.
ὑπάρχω *μόνον ὕ. τὸν ἐνεστῶτα (sc.
χρόνον)* II 164, 26. 165, 35 *κατηγορήματα ὕ. μόνα τὰ συμβεβηκότα*
164, 28

ὑπεξαίρεσις *ἡ τῶν ἀποφατικῶν ὕ.*
II 84, 33 *ὁ σοφὸς μεθ' ὕ. πάντα ποιεῖ*
III 149, 29. 35
ὑπεράνω ποιεῖν *αὐτάρκης ἡ μεγαλοψυχία πρὸς τὸ πάντων ὕ. π.* III
13, 21 in def. *μεγαλοψυχίας* 64, 37.
65, 11 in def. *ἐγκρατείας* 67, 21
ὕ. vid. s. v. Ὑπερίων
ὑπεραποφατικόν (sc. *ἀξίωμα*) *εἶδος τοῦ ἀποφατικοῦ ἀξιώματος* def.
II 66, 8
ὑπερβαίνω *ὕ. τὸν λόγον ἡ ὁρμὴ*
III 130, 12 *τὴν συμμετρίαν ὕ.* 114, 2. 10
ὑπέρβασις III 114, 15
ὑπερβατικός *τοῦ λόγου ὕ.* III 125, 38
ὑπέρεισμα *πάντων ἡ γῆ* II 168, 19
ὑπέρθεσις *ἀκολουθίας ὕ.* II 83, 17
Ὑπερίων *= ἡ ἄνω κίνησις ἀπὸ τοῦ
ὑπεράνω ἰέναι* Z. I 28, 8 *= ὁ οὐρανός, ὁ ὑπεράνω ἡμῶν ἰών* II 318, 23
Υ. *ὠνομάσθη ὁ λόγος, καθ' ὃν ὑπεράνω τινὰ ἑτέρων περιπορεύεται* 318, 30
ὑπερτίθεμαι *οὐκ ἀναβάλλεταί ποτε
ὁ σπουδαῖος οὐδέν, ὕ. δέ τινα* III 163, 31
ὑπηρεσία *οὐχ αἱ ὕ. μηνύματά εἰσι
δουλείας* III 87, 8
ὕπνος *ὁ ὕ. γίνεται ἐκλυομένου τοῦ
αἰσθητικοῦ τόνου περὶ τὸ ἡγεμονικὸν*
II 215, 14 *γίνεται ἀνέσει τοῦ αἰσθητικοῦ πνεύματος* 215, 17. 21 contrahi
animum et quasi labi atque concidere
et id ipsum esse dormire Z. I 36, 31
*οὐδὲ αἱ καθ' ὕ. φαντασίαι ἀπήρτηνται
τῶν κατὰ περίπτωσιν ἐγνωσμένων* II
29, 23 *ὁ ὕ. οἷον τελώνης τὸ ἥμισυ
ἀφαιρεῖ τοῦ βίου* A. I 90, 11
ὑπό *τὸ ὑφ' οὗ (= αἴτιον): ἐξ οὗ:
δι' ὅ* II 162, 21 *κριτήριον ὡς ὑφ' οὗ*
33, 20 *ὑφ' οὗ συμβαίνει ὠφελεῖσθαι*
III 18, 20. 19, 25. 26 *τὸ ἡγεμονικὸν
ἐπί τισι φαντασιούμενον καὶ οὐχ ὑπ'
αὐτῶν* II 29, 2
ὑπογραφή *ὕ. τοῦ λόγου* in tit. l.
Chr. II 8, 30
ὕ. = ἐννοηματικὸς ὅρος II 76, 2
*= λόγος τυπωδῶς εἰσάγων εἰς τὴν
δηλουμένην τοῦ πράγματος γνῶσιν*
75, 28 *= λόγος τυπωδῶς εἰσάγων
εἰς τὰ πράγματα* Ant. III 247, 30
*= λόγος ἁπλούστερον τὴν τοῦ ὅρου
δύναμιν προενηνεγμένος* Ant. ib.

ὑποδιαζευκτικός ὁ „ἤ" σύνδεσμος II 71, 37
ὑποδιαίρεσις def. Diog. III 215, 6
ὑπόθεσις περὶ ὑ. tit. l. Chr. II 7, 26 δεῖ τινα ἐξ ὑ. λαμβάνειν II 89, 12 ἡ ἀπόδειξις ἐξ ὑ. προκόπτει 89, 14 πίστις τοῦ ἐρρῶσθαι τὴν ὑ. τὸ ἀληθὲς εὑρίσκεσθαι τὸ ἐπιφερόμενον 89, 16
ὑποθετικός λόγοι ὑ. in tit. Chr. II 7, 27. 28. 29. 8, 4
ὑ. πρᾶγμα αὐτοτελές II 60, 42. 62, 4 οἱ ὑ. λόγοι περαντικοὶ μέν, οὐ συλλογισμοὶ δέ 84, 37 παρῃτεῖτο τὸν ὑ. τόπον A. I 80, 24
ὑποκείμενον in tit. l. Chr. II 6, 3 ὑ., ποιά, πὼς ἔχοντα, πρός τί πως ἔχοντα II 124, 31. 125, 6 sq. ὕλη : ὑ. 113, 30 sq. ἐν τῷ ὑ. 125, 27 τὸ ὑ. διττόν 125, 31 τὸ πρῶτον ὑ. ἢ ἄποιος ὕλη 125, 33 δεύτερον ὑ. τὸ ποιόν 125, 34 δύο ἡμῶν ἕκαστός ἐστιν ὑ., τὸ μὲν οὐσία, τὸ δὲ ποιότης 214, 30 εἶναί τι κοινὸν ἅπασιν ὑ. τοῖς στοιχείοις 134, 4
τὸ ἐκτὸς ὑ. αἰσθητόν II 27, 33. 36 ὁ ὑ. σκοπός III 8, 34
ὑπόκρισις pars rhetoricae II 96, 4 τῶν οἰκείων ὑ. δεῖ ἐπιστρέφεσθαι 96, 16
ὑπολαμβάνω μηδὲν ὑ. ἀσθενῶς ὁ σοφός III 147, 2
ὑπόληψις περὶ ὑ. tit. l. H. I 91, 11. Chr. II 9, 26 περὶ τῶν εἰς τὰς ὑ. λόγων Chr. II 8, 10
ὑ. αἰτία ψευδοῦς ἡ φαντασία II 291, 26 δόξα = ὑ. ἀσθενής III 147, 4 sqq. ἐπὶ πάντων τῶν παθῶν παραλαμβάνεσθαι τὴν δόξαν ἀντὶ τῆς ἀσθενοῦς ὑ. III 92, 22 γίνεσθαι τὰ πάθη δι' ὑ. ἀγαθοῦ καὶ κακοῦ 94, 8 opiniones falsas esse expellendas A. I 81, 19 inest animo pravis opinionibus malitia contracta A. 82, 18 πᾶσα φαύλου ὑ. ἄγνοια III 164, 32
ὑπομενετέος αἱρετέα, ὑ., ἀπονεμητέα, ἐμμενητέα III 72, 36 τὰ ὠφελήματα ὑ. 22, 25. 29 περὶ τὰ ὑ. ἀρετὴ ἡ ἀνδρεία 64, 1 ὑ. in def. ἀνδρείας pass.
ὑπομενετικῶς ὁ ἐνάρετος ὑ. ποιεῖ III 72, 37
ὑπομενετός τὰ ἀγαθὰ πάντα ὑ. III 22, 23. 27

ὑπόμνημα ὑ. ὑπὲρ κενοδοξίας tit. l. A. I 75, 18 ὑ. κε A. 75, 19 συμποτικὰ ὑ. P. 100, 6. 101, 25 ὑ. φυσικά Cl. 128, 32
ὑπομονή ἔχει ὁ ἄνθρωπος ἀφορμὰς παρὰ τῆς φύσεως πρὸς τὰς ὑ. III 65, 2 ἡ ὑ., ἣν καρτερίαν καλοῦσι 67, 40 ἡ ἀνδρεία γίνεται περὶ τὰς ὑ. 64, 18
ὑπονοέω οὐχ ὑ. ὁ σοφός III 147, 20
ὑπόνοια def. III 147, 20 φαῦλόν ἐστιν II 41, 16
ὑποπίπτειν (= in genere aliquo esse) II 51, 1
ὑπόστασις ὑ. διδόναι ταῖς σχέσεσι II 132, 16 ἡ ψυχὴ ἰδίαν ὑ. ἔχουσα 155, 26 καθ' ὑ. III 75, 4
ὑπόστατον οὐσία = τὸ πρῶτον ὑ. ἄποιον II 114, 35
ὑποσυλλογιστικός ὑ. λόγοι ἐν ἰσοδυναμούσαις λέξεσι τοῖς συλλογιστικοῖς λεγόμενοι II 83, 17 ὑ. ὁ λαμβάνων τὸ ἰσοδυναμοῦν τῇ προτάσει τῇ συλλογιστικῇ 88, 29
ὑποτάττω ἐν ὑ. ψεῦδος II 75, 3
ἀρεταὶ ὑποτεταγμέναι III 64, 15 sqq. 65, 6 enum. 66, 3. 13
ὑποτελίς διαφέρειν τὸ τέλος καὶ ὑ. H. I 91, 30 τῆς ὑ. καὶ οἱ μὴ σοφοὶ στοχάζονται H. 91, 31
ὑποτύπωσις = ἐννοηματικὸς ὅρος II 76, 2
ὑποχυθέντες II 52, 20
ὕπτιον (sc. κατηγόρημα) περὶ ὀρθῶν καὶ ὑ. tit. l. Chr. II 5, 35 ὑ. κατηγορήματα II 59, 17 def. 59, 19 : ὀρθὸν 60, 20 ὕ. ὑπτίων 99, 5. 34 μέχρι εἰς ἄπειρον 99, 35
ὑφίσταμαι ἐξ ὕδατος γῆ ὑ. II 179, 32 ὑφεστός : ὄν II 115, 33 ὑ. : ὑπάρχειν 164, 26 οὐσίαν τοῖς γινομένοις ὑ. δεῖ 184, 39 τοῖς κατὰ ποιότητα ὑ. ὕλη 114, 25 τὸ κατὰ λογικὴν φαντασίαν ὑ. 61, 24 πάλιν ὑ. ὁ Δίων 65, 15 τὸ παρῳχημένον τοῦ χρόνου καὶ τὸ μέλλον ὑ. II 165, 34
ὑψηλός ὁ σπουδαῖος ὑ. Z. I 52, 34. 36. III 150, 8
ὕψος ἐπιβάλλον ἀνδρὶ γενναίῳ καὶ σοφῷ Z. I 53, 1

Φ

φαίνομαι πράττειν μόνον καὶ ὁρμᾶν ἐπὶ τὸ φ. III 42, 30 ὄρεξις φ. ἀγαθοῦ 94, 11 τὰ πάθη ἐκκρούει τὰ ὡς ἑτέρως φ. 95, 4

φακῆ III 178, 22

φαντασία τὸν περὶ φ. καὶ αἰσθήσεως λόγον praemittunt logicae II 21, 5 φ. ἀπὸ τοῦ φωτὸς εἴρηται II 21, 28. 24, 36 φ. = πάθος ἐν τῇ ψυχῇ γινόμενον, ἐνδεικνύμενον ἐν αὑτῷ καὶ τὸ πεποιηκός 21, 23 pass. = τύπωσις ἐν ψυχῇ Z. I 17, 23. Cl. 108, 20. 24. II 21, 12. 150, 16 λογικὴ φ. = καθ' ἣν τὸ φαντασθὲν ἔστι λόγῳ παραστῆσαι II 61, 24

φ.: φανταστόν: φανταστικόν: φάντασμα II 21, 20 visum: comprehensio: scientia Z. I 19, 35

φ. αἰσθητικαί: οὐκ αἰσθητικαί II 24, 15 λογικαί: ἄλογοι 24, 21 τεχνικαί: ἄτεχνοι 24, 24 ἀληθεῖς: ψευδεῖς 25, 16. 27, 31. 100, 27 καταληπτικαί: ἀκατάληπτοι 21, 14. 26, 31. 100, 29 sqq. πιθαναί: ἀπίθανοι 25, 6 μεταβατικὴ καὶ συνθετικὴ φ. 43, 20. 74, 7 vigilantium et somniantium 24, 26

visum obiectum imprimet et quasi signabit in animo suam speciem II 283, 26 iunctos esse sensus e quadam quasi impulsione oblata extrinsecus, quam φ. appellavit Z. I 17, 15 ἡ φ. συνίσταται κατὰ τὴν τοῦ ἐκτὸς πρόσοδον τυποῦντος νοῦν δι' αἰσθήσεως II 229, 14 αἰσθητικαὶ αἱ δι' αἰσθητηρίων λαμβανόμεναι φ. 24, 16 ἵνα αἰσθητικὴ γένηται φ. δεῖ πέντε συνδραμεῖν 26, 20 αἰσθητικῇ φ. συγκατάθεσις = ἡ αἴσθησις 27, 5

φ. ποιητικὸν αἴτιον II 60, 24 τὰ ζῷα καθ' ὁρμὴν καὶ φ. κινεῖται 205, 3 ὁρμῆς καὶ φ. τὰ ἄλογα ζῷα μετέχει 205, 6 ἀφ' ἑαυτῶν κινεῖται τὰ ἔμψυχα φ. ἐγγινομένης ὁρμὴν προκαλουμένης 288, 1 ἄνθρωπος οὐ τῇ ἁπλῇ μόνον, ἀλλὰ τῇ μεταβατικῇ καὶ συνθετικῇ διαφέρει τῶν ἀλόγων ζῴων 43, 21. 74, 7 rationale animal nihil agit, nisi primum specie alicuius rei inritatum est III 40, 18 συναθροίζεσθαι τὸν λόγον ἀπὸ τῶν αἰσθήσεων καὶ φ. περὶ δεκατέσσερα ἔτη Z. I 41, 1

οἰκείας φ. γενομένης εὐθὺς ὁρμᾶν μὴ εἴξαντας μηδὲ συγκατατεθειμένους reicitur a Chr. III 42, 26 τὸ κινοῦν τὴν ὁρμήν = φ. ὁρμητικὴ τοῦ καθήκοντος 40, 5 πρακτικὴν ὁρμὴν οὐ παρίστησι φ. δίχα συγκαταθέσεως 42, 36 ἐν ᾧ ἡ φ., ἐν τούτῳ καὶ αἱ συγκαταθέσεις II 228, 10 τὴν φ. οὐκ εἶναι αὐτοτελῆ τῆς συγκαταθέσεως αἰτίαν 291, 20 τὸ ἐφ' ἡμῖν ἐν τῷ φ. προσπεσούσης εἶξαι ἐξ ἑαυτῶν τῇ φ. 286, 15

nonnulla visa esse falsa, non omnia Z. I 19, 11 ὁ παρορῶν φ. ψευδῆ παραδέχεται II 40, 34 οὐδὲ αἱ ψευδεῖς φ. ἀπηρτημέναι τῶν διὰ τῆς αἰσθήσεως κατὰ περίπτωσιν ἡμῖν ἐγνωσμένων 29, 23 ψυχῆς κατάστασις, καθ' ἥν ἐστι φ. ψευδῶν δεκτική III 34, 19 ὁ θεὸς ψευδεῖς ἐμποιεῖ φ. III 42, 28 visa quaedam mittuntur a deo, velut ea, quae in somnis videntur II 26, 11

φ. οὔτε προηγμένον οὔτε ἀποπροηγμένον περὶ ψυχὴν III 33, 8 οὐσία ἀγαθοῦ χρῆσις οἷα δεῖ φ. Z. I 46, 9 ἡ φ. κρηπὶς τῶν κατ' ἀρετὴν πράξεων III 16, 6 ἐγγίνεσθαι τοῖς φαύλοις διαστροφὰς διὰ τὴν πιθανότητα τῶν φ. 55, 9 sq. φ. in def. ἐπιστήμης pass.

καταληπτικὴ φαντασία = ἡ ἀπὸ τοῦ ὑπάρχοντος καὶ κατ' αὐτὸ τὸ ὑπάρχον ἐναπομεμαγμένη καὶ ἐναπεσφραγισμένη, ὁποία οὐκ ἂν γένοιτο ἀπὸ μὴ ὑπάρχοντος Z. I 17, 27. 18, 7 sqq. II 24, 12. 26, 25 = ἡ γινομένη ἀπὸ ὑπάρχοντος κατ' αὐτὸ τὸ ὑπάρχον ἐναπεσφραγισμένη καὶ ἐναπομεμαγμένη Z. I 17, 36 II 21, 16. 31, 6 = ἡ ἀπὸ ὑπάρχοντος II 33, 4 def. accurate enarratur 25, 34 κρίνεται τῷ ἀπὸ ὑπάρχοντος γενέσθαι 31, 7 κ. φ. κριτήριον τῆς ἀληθείας II 22, 29. 33, 4. Ant. III 246, 32. Apollod. 259, 13 κ. φ. ἡ ἀληθὴς καὶ τοιαύτη, οἵα οὐκ ἂν γένοιτο ψευδής II 29, 39 διαφέρει τοῦ εὐλόγου Sph. I 141, 5. 15 ἀδιάψευστος Sph. 141, 6 ἐπάγεται ἡμᾶς εἰς συγκατάθεσιν II 26, 17 δι' αἰσθη-

τηρίου γίνεται κατ' αὐτὸ τὸ ἡγεμονικόν 230, 33   ἡ ἐσχάτη κ. φ. τῇ πρώτῃ ἀκαταλήπτῳ παρακειμένη 91, 13
   φ. κατάληπτος *in def. ἀπροπτωσίας* II 40, 10
   φ. ἀκατάληπτος *vid. s. v.* ἀκατάληπτος

φαντασιόομαι   ἡ διάνοια φ. II 22, 36   τὸ ἡγεμονικὸν φ. 23, 11   τὸ ἡγεμονικὸν φ. ἐπὶ τοῖς ἀσωμάτοις 28, 36   φ. καὶ τὰ ἄλογα ζῷα 74, 6   τὸ μὲν φ. ἀβούλητον, τὸ δὲ συγκατατίθεσθαι ἐπὶ τῷ παραδεχομένῳ τὴν φαντασίαν 30, 9

φάντασμα δόκησις διανοίας II 22, 22   = ἐφ' ὃ ἑλκόμεθα κατὰ τὸν φανταστικὸν διάκενον ἑλκυσμόν 22, 10   φ. : ἐννοήματα 28, 26

φανταστικός   φύσις φ. τεταγμένως κινοῦσα τὴν ὁρμήν II 288, 3   τὸ φ. *def*. 22, 6

φανταστόν = τὸ ποιοῦν τὴν φαντασίαν II 22, 3   τῶν φ ἔνια οἱονεὶ θιγγάνοντα τοῦ ἡγεμονικοῦ ποιεῖται τὴν ἐν τούτῳ τύπωσιν, ἔνια τοῦ ἡγεμονικοῦ ἐπ' αὐτοῖς φαντασιουμένου καὶ οὐχ ὑπ' αὐτῶν 28, 41

φάρμακον   ἐν φ. λήψεσιν ἀποβολὴ γίνεται τῆς ἀρετῆς III 57, 8

φάρυγξ   φωνὴ διὰ φ. χωρεῖ Diog. III 215, 30

φάσις II 54, 25   φ. ψιλή (: ἀπόδειξις) 89, 24 *sq*.

φαῦλος   *cf*. ἀπαίδευτος, ἄφρων, κακός
   ὅροι τοῦ φ. tit. l. Chr. II 8, 34
   φαῦλα *enum*. II 41, 16   τὰ κακὰ πάντα φ. εἶναι III 22, 2   τὰ φ. οὐ γίνεται ἐν τοῖς λογικοῖς ἄνευ ἁμαρτημάτων II 41, 15
   ἀτελεῖς ὄντες = φαῦλοι Cl. I 129, 20   insipientes alios ita esse, ut nullo modo ad sapientiam possent pervenire, alios qui possent, si id egissent, sapientiam consequi Z. I 56, 1   καὶ ὁ φ. λέγει μὲν ποτέ τι ἀληθές, οὐκ ἔχει δὲ ἐπιστήμην ἀληθοῦς II 42, 31   etiam insipiens multa comprehendit Z. I 19, 32   πᾶσα φ. ὑπόληψις ἄγνοια III 164, 31   πάντα ἀγνοεῖ ὁ φ. 165, 7   ἡμᾶς φ. ὄντας συγκατατίθεσθαι ψευδέσι φαντασίαις 42, 30
   μήτε προτετράφθαι τινὰ τῶν φ. μήτε προτρέπειν πρὸς ἀρετήν III 170, 32   μηδὲ τὴν κατ' ἀξίαν ποιεῖσθαι δόσιν τῆς ἀρετῆς 171, 11   οὔτε περὶ ψυχὴν οὔτε ἐκτὸς κακὰ οἱ φ. 24, 11   οὔτε περὶ ψυχὴν οὔτε ἐκτὸς κακὸν τὸ αὐτὸν ἑαυτῷ εἶναι φ. ἢ κακοδαίμονα 24, 20   numquam potest esse iustus, qui stultus est 73, 19 *sqq*.   ἐπὶ ἀνδρείας actiones τοῦ σπουδαίου καὶ τοῦ φ. diversas esse *dem*. 138, 5   οὐκ ἀεὶ δειλαίνει ὁ φ. 58, 1   οὐκ ἀεὶ ἀκολασταίνει 58, 3
   τοὺς φ. ἀφραίνειν III 166, 25   πάντες ἐπίσης κακοὶ καὶ ἄδικοι καὶ ἄπιστοι καὶ ἄφρονες οἱ μὴ σοφοί 167, 30   μήτε ἐπίσταταί τι ὁ φ. μήτε πιστεύει 147, 13   πάντα φ. μαίνεσθαι 156, 14. 166, 27 *pass*.   μαίνεσθαι ὁμοίως πάντας 165, 27   μετέχοντες τῆς κακίας οἱ φ. 19, 32   malus ac stultus nullo vitio vacat 165, 37   omnia vitia habet, sed non in omnia natura pronus est 165, 33   διὰ παντὸς τοῦ βίου χρῆται ταῖς κακίαις Z. I 52, 28
   πᾶς φ. ὅσα ποιεῖ κατὰ κακίαν ποιεῖ III 166, 10   πάντα ὅσα ποιεῖ κακῶς ποιεῖ κατὰ πάσας τὰς κακίας 149, 2. 150, 5   αἱ περὶ ἀγαθῶν καὶ κακῶν ἐγγίνονται τοῖς φ. διαστροφαί 55, 8   πάντων τῶν φ. πραττόντων ἀποστατικῶς καὶ ἐνδοτικῶς, ἀσθενῶς καὶ κακῶς ἕκαστα πράττειν 124, 4   πᾶν ὅ τι ἂν ἑαυτῷ λαμβάνῃ φ., πάντως ἐπίληπτον 168, 1   τῶν σπουδαίων συμβαίνει τὰς πρὸς καλοκαγαθίαν ἀφορίας ἀμείνους εἶναι ὧν ἐκ τύχης οἱ φ. κατορθοῦσι 148, 36   ὁ φ. ἄπειρος ὢν τῆς ὀρθῆς χρήσεως πάντα κακῶς ποιεῖ, εὐμετάπτωτος ὢν καὶ παρ' ἕκαστα μεταμελείᾳ συνεχόμενος 149, 18   ἄτιμος πᾶς φ. 149, 24   οἱ φ. οὐ δύνανται κατορθοῦν 140, 10   καὶ ὁ φ. ἔνια δρᾷ τῶν καθηκόντων, ἀλλ' οὐκ ἀφ' ἕξεως καθηκούσης 138, 16   παντὸς ἐθνικοῦ πρᾶξις ἁμαρτητική 139, 5   ἡ ἀπαγόρευσις περὶ ἁμαρτημάτων γίνεται καὶ πρὸς φ. 139, 37

ὁ νόμος πολλὰ τοῖς φ. ἀπαγορεύει, προστάττει δὲ μηδέν 140, 9 recta ratio (lex) improbos iubendo aut vetando non movet 80, 23 τῷ φ. προστάξεως καὶ ἀπαγορεύσεως χρεία 140, 2
est quoddam commune officium sapientis et insipientis III 136, 6 tam insipiens quam sapiens sumet, quae secundum naturam sunt 136, 4 inchoatum officium cadere in nonnullos insipientes potest 5, 30
stulti iidem miseri III 190, 6 τοὺς φ. ἀεὶ κακοδαιμονεῖν 14, 9 ἐπ᾽ ἄκρον ἥκειν δυστυχίας, κακοδαιμονίας πάσης 166, 26 ἐπωδύνως ὁ φ. πάντα τὸν βίον χρῆται τῇ ἑαυτοῦ ψυχῇ 168, 6 τῶν ἀγαθῶν μηδενὸς μετέχειν τοὺς φ. III 154, 6 · τοῖς φ. πάντα κακὰ ὑπάρχει 154, 16 τῶν φ. κοινὰ εἶναι τὰ κακά 160, 20
ἡ τῶν φ. ψυχὴ ἀνάλογον ἔχει τοῖς ἐπιτηδείοις σώμασιν εἰς πυρετοὺς ἐμπίπτειν III 116, 32 ἐπιθυμία αὐτὴ φ. καὶ μόνοις τοῖς φ. ἐγγίνεται 108, 6 libido in omnibus stultis invenitur 107, 5 stultorum aegritudo est 107, 15 ἡ ἡδονὴ μόνῳ τῷ φ. προσγίνεται 98, 31 τῶν φ. οὐδεὶς χαίρει τὸ παράπαν 168, 12
μηδένα φ. μήτε ὠφελεῖσθαι μήτε ὠφελεῖν III 23, 18 τοὺς φ. βλάπτειν καὶ βλάπτεσθαι 154, 11 οὐχ ἕτερον βλάβης ὁ φ. ἄνθρωπος 19, 36 θηριώδης καὶ βλαπτικός 169, 36 ἀνήμερος καὶ τυραννικός 169, 37 ἄγριος 169, 35 ἄγροικος 169, 33 pass.
τοῖς φ. οὐδὲν εἶναι χρήσιμον III 168, 27 pass. οὐκ ἔχει χρείαν ὁ φ. οὐδενὸς οὐδὲ δεῖται 168, 29 pass. τῷ φ. οἰκεῖον οὐδέν 168, 35 οὐκ ὠφελοῦνται οἱ φ. οὐδὲ εὖ πάσχουσιν, οὐδ᾽ εὐεργέτας ἔχουσιν, οὐδ᾽ εὐεργετῶν ἀμελοῦσι 168, 15 ἀχάριστοι 169, 39 οὐκ ἀχαριστοῦσι 168, 18 χάριτος τυγχάνουσι 168, 22
ὁ φ. πένης III 155, 17 omnis miser eget 152, 3 τῶν φ. εἶναί τινα 154, 23
οἱ φ. δοῦλοι Z. I 54, 25. 27. III 86, 31. 155, 17. 156, 14 ὁ ἀλόγιστος

ἀνδραπόδων δίκην ἑτέρῳ ὑπείκει καὶ ὑποπίπτει ταῖς ἀληδόσι 169, 21
ex insipientibus nullus rex III 170, 18 μηδεὶς τῶν φ. βασιλεὺς καὶ βασιλικός 158, 39 sqq. οὐδεὶς ἀρχικός, δικαστικός, ῥητορικός 158, 10 μήτε νόμιμος μήτε νομικός 158, 16. 22
φ. μηδεὶς προστάτης ἀγαθὸς οἴκου γίνεται III 160, 1 ὁ φ. ἄοικος καὶ ἄπολις 170, 14 φυγάς 170, 9. 11 peregrinus, exsul 156, 14
ἐν τοῖς φ. οὐκ εἶναι φιλίαν III 161, 10. 19 τὴν πρὸς τὰ τέκνα φιλοστοργίαν οὐκ εἶναι 183, 25 ἐχθροὶ καὶ πολέμιοι καὶ ἀλλότριοι πάντες οἱ φ. Ζ. I 54, 25. 27 διαφωνοῦντες πρὸς ἀλλήλους, ἐχθροὶ καὶ κακοποιητικοὶ ἀλλήλων καὶ πολέμιοι 160, 17 μόνοι διαβάλλονται καὶ διαβάλλουσι 153, 10
διαφωνοῦσι πρὸς τοὺς θεοὺς III 166, 17 ἀνόσιοι 165, 40. 43 ἄθεοι 157, 19 καθ᾽ ἕκαστον ἁμάρτημα ἀπάρεστόν τι ποιοῦσι θεοῖς 166, 9 ἀκάθαροι 165, 43 ἄναγνοι ib. μιαροὶ ib. ἀνεόρταστοι ib. τῶν φ. οὐδεὶς ἀλλ᾽ οὐδὲ τὸν βραχύτατον χρόνον ἑορτάζει 157, 37 οὐδεὶς ἱερεύς 157, 5 sqq. ὁ θεὸς πολλὰ ποιεῖ ἐπὶ κολάσει τῶν πονηρῶν II 338, 2 ὅπως κολαζομένων τῶν πονηρῶν οἱ λοιποὶ παραδείγμασι τούτοις χρώμενοι ἧττον ἐπιχειρῶσι τοιοῦτόν τι ποιεῖν 337, 40
μηδὲ φιλόλογος ὁ φ. μηδὲ φιλήκοος III 170, 29 μηδὲ φιλόλογος, λογόφιλος δὲ μᾶλλον 171, 4 μηδὲ φιλόπονος 171, 6
τοῖς φ. μονὴν τὴν ἐν τῷ ζῆν γίνεσθαι III 188, 2 καὶ τοῖς φ. καθήκει μένειν ἐν τῷ ζῆν 189, 7. 35
τῷ σπουδαίῳ ὁ φ. ἐναντίος III 166, 20 τῶν σπουδαίων μηδὲν εἰς φ. πίπτει 171, 13 πᾶς σοφὸς λύτρον τοῦ φ. 162, 5 οὐκ ἔστι ἰσηγορία τῷ φ. πρὸς σπουδαῖον Z. I 54, 33 non navigationis socius nec concivis nec vitae consors sapiens cum insipiente III 161, 41

φαυλότης ἀκαρεῖ χρόνου ἐκ τῆς ὡς ἔνι μάλιστα φ. εἰς ἀρετὴν μεταβάλλει ὁ σοφός III 144, 8

φέρομαι II 240, 1. 250, 16. III 111, 31. 125, 13. 127, 31. 130, 13

Φερσεφόνη = τὸ διὰ τῶν καρπῶν φερόμενον πνεῦμα Cl. I 124, 22

φεύγω in def. σωφροσύνης A. I 85, 37

φευκτός αἱ κακίαι φ. III 8, 37 praeter vitia non est res ulla fugienda A. I 84, 31 μὴ τῶν κακιῶν τινα δι' αὑτὴν φ. εἶναι III 8, 33 πᾶν κακὸν φ. 22, 14 ἀδιάφορον τὸ μήτε αἱρετὸν μήτε φ. 28, 22 τὰ παρὰ φύσιν μὴ φ. 35, 29 ὁ πόνος φ. Dion. I 94, 19 qui habet exactum iudicium de fugiendis petendisque, scit, quid sibi faciendum sit A. I 82, 15 φ. in def. σωφροσύνης pass.

φθαρτός (: θνητός) II 309, 38

φθινόπωρον σῶμα II 198, 2

φθονερία περὶ φ. tit. l. Cl. I 107, 17
φ. εὐεμπτωσία III 102, 34 εὐκαταφορία 103, 8 ἕξεις μόνον αἱ εὐκαταφορίαι οἷον ἡ φ. 25, 16

φθόνος = λύπη ἐπ' ἀλλοτρίοις ἀγαθοῖς Dion. I 96, 10. III 99, 38. 100, 3. 16. 101, 1. 21. 102, 12 εἶδος λύπης III 96, 9. 99, 37. 101, 19 φ.: ἐπιχαιρεκακία 102, 15 φ. ἐμφαίνει τὸ ἐφ' ᾧ γίνεται 96, 12 quid sit consilium invidentium 102, 13

φθορά χρῶνται τῇ προσηγορίᾳ τῆς φ. ἀντὶ τῆς κατὰ φύσιν μεταβολῆς II 184, 11 corruptio particularum alicuius partis 182, 21 pass. ὁ θεὸς φ. ἀρχὰς δίδωσι 338, 15

φιλάλληλος III 172, 20

φιλανθρωπία def. III 72, 3

φιλαργυρία def. III 104, 39. 110, 39 φ. νόσημα 102, 39 quomodo exsistat avaritia morbus animi 103, 39 ἕξεις μόνον τὰ νοσήματα οἷον φ. 25, 17

φιλέω τὸ φ. μόνων εἶναι σπουδαίων III 161, 13

φιληδονία def. III 96, 20. 97, 14 ἀρρώστημα 103, 5 ὑπὸ τὴν ἐπιθυμίαν ὑπάγεται 96, 5

φιλήκοος III 170, 30

φιλία περὶ φ. tit. l. Cl. I 107, 34. Chr. III 204, 27

τριχῶς λέγεται ἡ φ. def. III 24, 22 φ. = κοινωνία βίου 27, 3 = κοινωνία τις τῶν κατὰ τὸν βίον 161, 16 = συμφωνία καὶ ὁμόνοια τῶν κατὰ τὸν βίον 166, 17
τριττὰ εἴδη φ., ἡ ἐκ λόγου, κατ' ἀμοιβήν, ἐκ συνηθείας III 181, 32 τῆς φ. ἐστὶ γνωριμότης, συνήθεια, ἑταιρία, ξενία 27, 4 ἔστι συγγενική τις φ. καὶ ἐρωτική 27, 6
φ. ἀγαθὸν πρός τί πως ἔχον III 26, 40 φ. τῆς κοινῆς ἕνεκ' ὠφελείας οὐ τῶν ἀγαθῶν ἐστι 24, 23 κατάσχεσις οὖσα φιλικὴ πρὸς τῶν πέλας τῶν ἐκτὸς ἀγαθῶν 24, 26 ἡ περὶ αὑτὸν φ., καθ' ἥν φίλος ἐστὶ τῶν πέλας, τῶν περὶ ψυχὴν ἀγαθῶν 24, 27
amicitia per se colenda III 12, 38 omnino esse non potest, nisi ipsa per se expetitur 85, 19 adhibenda, quia prodest 85, 12 minime vero propter utilitates adsciscitur aut probatur 85, 18 ruit, si voluptatem sequaris 8, 1
ὁ σπουδαῖος εὐάρμοστος διὰ τῆς ὁμιλίας εἰς φ. III 161, 1 ἡ φ. ἐν μόνοις τοῖς σπουδαίοις 161, 7. 15 ἐν τοῖς φαύλοις οὐκ ἔστι 161, 11. 19
οἱ μὲν τοσαύτης, οἱ δὲ τοσαύτης γίνονται φ. ἄξιοι III 182, 11 ὡς οὐκ ἐπὶ πᾶσι δεῖ τοῖς ἁμαρτήμασι τὰς φ. διαλύεσθαι 182, 3 καταγέλαστος ὁ πορισμὸς ὁ ἀπὸ φ. 172, 12 ἡ μουσικὴ ἔχει τι καὶ πρὸς φ. οἰκεῖον Diog. III 231, 30

φιλικός οἱ σπουδαῖοι πρὸς ἀλλήλους φ. διάκεινται III 160, 25 ὁ φαῦλος μὴ φ. τι ποιεῖ 170, 1 φ. κατάσχεσις 24, 26

φιλιππία ἐπιτήδευμα μέν, ἐπιστήμη δ' οὔ III 72, 23 ἐν ταῖς σπουδαίαις ἕξεσι 72, 24

φιλογεωμετρία ἐπιτήδευμα, τῶν ἐν ἕξει ἀγαθῶν III 26, 35

φιλογραμματία ἐπιτήδευμα τῶν ἐν ἕξει ἀγαθῶν III 26, 35 ἐπιτήδευμα μέν, ἐπιστήμη δ' οὔ 72, 22 ἐν ταῖς σπουδαίαις ἕξεσι 72, 24

φιλογράμματος μόνος ὁ σοφὸς φ. III 72, 26

φιλογυνία νόσημα III 102, 39 quomodo nascatur 103, 40

φιλοδοξία *def.* III 96, 21 εἶδος τῆς ἐπιθυμίας 96, 6 ἀρρώστημα 103, 4 quomodo nascatur 103, 40
φιλοζωΐα *def.* III 97, 17
φιλοινία νόσημα III 102, 39
φιλοκυνηγία ἐπιτήδευμα μέν, ἐπιστήμη δ' οὔ III 72, 23 ἐν ταῖς σπουδαίαις ἕξεσι 72, 24
φιλόλογος μὴ φ. εἶναι τὸν φαῦλον III 170, 29 λογόφιλον δὲ μᾶλλον 171, 4
φιλομουσία ἐπιτήδευμα, τῶν ἐν ἕξει ἀγαθῶν III 26, 35 ἐπιτήδευμα μέν, ἐπιστήμη δ' οὔ 72, 22 ἐν ταῖς σπουδαίαις ἕξεσι 72, 24
φιλόμουσος μόνος ὁ σοφὸς φ. III 72, 25
φιλονικία *def.* III 96, 27 ὑπὸ τὴν ἐπιθυμίαν ὑποτάττεται 96, 23
φιλοξενία *def.* III 72, 1
φιλοπλουτία *def.* III 96, 20 ὑπὸ τὴν ἐπιθυμίαν ὑπάγεται 96, 5
φιλοποιΐα ἐπιβολὴ φ. *in def.* ἔρωτος *pass.*
φιλοπονία *def.* III 64, 39. 66, 20. 171, 7 ὑποτάττεται τῇ ἀνδρείᾳ 64, 24. 66, 14
φιλόπονος μὴ φ. τινα τῶν φαύλων III 171, 6
φίλος ὁ φ. τῶν ἐκτὸς ἀγαθῶν ἐστι III 23, 40. 24, 6 σπουδαῖος φ. ἐκτὸς ἀγαθόν 24, 16 τὸ ἄφρονα φ. ἔχειν ἐκτὸς κακόν 24, 19 φ. ποιητικὸν μόνον ἀγαθόν 25, 26 de efficientibus nihil est bonum praeter amicum 26, 11 φ. καὶ αἱ ἀπ' αὐτοῦ γενόμεναι ὠφέλειαι ποιητικὰ ἀγαθά 25, 36 αἱρετός ὁ φ. III 161, 18 ipse amicus per se amatur 12, 37 συμπεριφέρεσθαι φ. καθῆκον 135, 1 φ. μὴ συνδιατίθεσθαι παρὰ τὸ καθῆκον 135, 3 φ. οἱ σπουδαῖοι μόνον Z. I 54, 4 οἱ ἀγαθοὶ πάντες ἀλλήλων φ. Z. 54, 8 μηδεὶς τῶν φαύλων φ. ἔχει III 161, 19 οἱ μὲν κατ' ἀλήθειαν φ. μήτε διαβάλλουσι μήτε διαβάλλονται, οἱ δὲ δοκοῦντες καὶ φαινόμενοι III 153, 11 τοὺς μὲν μᾶλλον, τοὺς δὲ ἧττον φ. εἶναι 182, 9 χρηματιεῖται ὁ σοφὸς καὶ ἀπὸ τῶν φ. τῶν ἐν ὑπεροχαῖς ὄντων 172, 21 μάλιστα ἁρμόζων τῷ σοφῷ

ὁ ἀπὸ φ. χρηματισμός 174, 18 εὐλόγως ἐξάξει ἑαυτὸν τοῦ βίου ὁ σοφὸς ὑπὲρ φ. 187, 34 τοὺς φ. ἐσθίειν κελεύουσιν ἀποθανόντας 186, 17
φιλοσοφέω quis sit ἕτοιμος πρὸς τὸ φ. III 170, 35 φιλοσοφητέον καὶ ταῖς γυναιξὶ 59, 29. 36
φιλοσοφία = ἐπιτήδευσις σοφίας II 15, 11 = ἄσκησις ἐπιτηδείου τέχνης 15, 5 = ἐπιτήδευσις λόγου ὀρθότητος II 41, 28. III 72, 14

ἡ φ. εἴτε ἐπιτήδευσις λόγου ὀρθότητος εἴτ' ἐπιστήμη, ἡ αὐτὴ τῇ περὶ λόγον πραγματείᾳ II 41, 27 τέλος τῆς φ. = ὁμολογουμένως τῇ φύσει ζῆν III 4, 11. 15 τὰ ἐγκύκλια μαθήματα : φ. A. I 78, 28. 34 ὁ τῆς φ. λόγος περὶ τὰ θεῖα : ποίησις Cl. I 109, 11
τρμερής ὁ κατὰ φ. λόγος Z. I 15, 26. 30 II 15, 7. 14. Diog. III 212, 18 Apollod. 259, 5. Eudr. 268, 11 φ. cum horto, ovo, animali comp. II 15, 23 — 16, 25 ἓξ μέρη τοῦ κατὰ φ. λόγου Cl. I 108, 11 logicam, physicam, ethicam οὐ τοῦ λόγου τοῦ κατὰ φ. μέρη εἶναι, ἀλλ' αὐτῆς τῆς φ. Z. T. III 209, 24 de ordine partium ph. Z. I 16, 1 supervacuas esse naturalem et rationalem partem ph. A. I 80, 29 τῶν ζητουμένων παρὰ τοῖς φιλοσόφοις τὰ μὲν εἶναι πρὸς ἡμᾶς, τὰ δὲ μηδὲν πρὸς ἡμᾶς, τὰ δ' ὑπὲρ ἡμᾶς A. I 79, 19. 80, 1 moralem partem ph., quam solam reliquerat, circumcidit A. 80, 30 οὐδὲν μέρος τῆς φ. τοῦ ἑτέρου προκεκρίσθαι, ἀλλὰ μεμῖχθαι αὐτά II 16, 26 καὶ ἡ παράδοσις μικτή 16, 28. 20, 11 διαίρεσις τοῦ ἠθικοῦ μέρους τῆς φ. III 3, 1. Z. T. 209, 26 de ea parte ph., quae dat propria cuique personae praecepta A. I 80, 36 sqq. Cl. 131, 30
φιλόσοφος τῶν τοῦ φ. σκεμμάτων tit. l. Chr. II 4, 39
θεωρήματα τοῦ φ. γνῶναι τὰ τοῦ λόγου στοιχεῖα Z. I 16, 19 δεῖ τὸν φ. εἰς νοῦν ἀποβάπτοντα προφέρεσθαι τὴν λέξιν Z. I 23, 12 ὅσοι ὑπολαμβάνουσι φ. ἐπιβάλλειν μάλιστα τὸν σχολαστικὸν βίον ἀπ' ἀρχῆς, διαμαρτάνειν III 176, 15

φιλοστοργία *def.* III 72, 5   τὴν πρὸς τὰ τέκνα φ. φυσικὴν καὶ ἐν φαύλοις μὴ εἶναι 183, 24
φιλοσωματία *def.* III 97, 18
φιλοτεχνία   ἡ περὶ τὴν μουσικὴν φ. Diog. III 234, 10
φιλοτιμία *def.* III 97, 16
φιλοφροσύνη   τὸ τέλος τῶν συμποσίων ἡ φ. Diog. III 231, 32
φιλοχρηματία *def.* III 97, 15
φίλοψος II 128, 45
φλεγμονή τῆς παθητικῆς φ. ἀνιεμένης ὁ λόγος παρεισδύεται· III 118, 30   οὐ περιεργάζεται ἐν τῷ καιρῷ τῆς φ. τῶν παθῶν τὸ δόγμα 124, 38
φλόξ εἶδος πυρός II 140, 29   ἕτερον γένος πυρός 140, 24   ἀὴρ ἐκπυρωθεὶς φ. γίνεται 140, 27 = ὅπερ ἐκ τροφῆς αἴρεται μετεωριζόμενον 187, 4
φοβέομαι τῆς ψυχῆς φ. τὸ σῶμα ὠχρὸν γίνεται Cl. I 117, 14   οὐ δεῖ φ. III 94, 40   τὸ φ. ἁμάρτημα 136, 23 timere peccatum etiam sine effectu 137, 10   πᾶς ὁ φ. ἁμαρτάνει 119, 26   φ. ὁ σοφὸς οὐδαμῶς, εὐλαβηθήσεται δέ 105, 19
ἐκφυγεῖν ἅ ἐφ. III 92, 20   περιπεσεῖν οἷς ἐφ. 92, 21
φόβος   ἀντὶ φ. συνεόρσεις λέγουσι οἱ Στ. III 107, 26
φ. = προσδοκία κακοῦ III 98, 33. 115, 30   = opinio mali futuri 94, 18 = opinio magni mali impendentis 93, 43 = opinio impendentis mali, quod intolerabile esse videatur 95, 33 = φυγὴ ἀπὸ προσδοκωμένου δεινοῦ 95, 19 = ἄλογος ἔκκλισις 95, 19. 99, 23   = ἔκκλισις ἀπειθὴς λόγῳ 95, 39.   108, 42
φ.: εὐλάβεια III 106, 35. 107, 12. 22
ἡ εὐλάβεια ἐναντία τῷ φ. 105, 18 metus = a ratione aversa cautio 107, 14
εἴδη τοῦ φ. III 96, 7. 98, 34. 45.   101, 29 quid sit αἴτιον τοῦ φ. 95, 40
φ. πάθος Z. I 51, 34. 35. III 92, 16. 93, 12 *pass.* τῶν πρώτων παθῶν ἐστι III 92, 16   πάθος κίνησις παρὰ φύσιν, ὡς ἐπὶ φ. ἔχει 126, 26   φ. κακῶν προσδοκωμένων τὸ συμβαῖνον πάθος 94, 12   πρὸς τὸ φαινόμενον κακὸν 92, 18   περὶ τὸ κακόν, παρὸν ἢ προσδοκώμενον 94, 21   recessum quendam animi et fugam efficit 93, 6   φ. = δόξα καὶ κρίσις πονηρά, ὅλου τοῦ ἡγεμονικοῦ ῥοπαὶ καὶ εἴξεις 111, 33   οἱ φ. περὶ τὴν καρδίαν συνίστανται Z. I 51, 28. Cl. 130, 13. II 247, 32   ἡ ἐν τοῖς φ. πάλσις τῆς καρδίας καὶ ἡ εἰς τοῦτο τῆς ὅλης ψυχῆς συνδρομή II 247, 36   συναισθανόμεθα τῶν φ. καθ' ὃν ἡ καρδία τέτακται τόπον 240, 4 cur ἐπὶ φ. ἰσχυροῖς ἀποθνήσκουσί τινες 235, 2

φ. αἰσθητός III 21, 32

φ. οὐκ ἔστι κακία III 23, 31   τελικὸν μόνον κακόν 25, 32   εἶναί τινας φ., οἳ βλάπτουσι μὲν ἡμᾶς, χείρονας δ' οὐ ποιοῦσι 110, 30   φ. οὔτε πᾶσι τοῖς ἄφροσιν ὑπάρχει οὔτ' ἐν παντὶ καιρῷ 25, 6   ὅτι τὰ παιδία τὸν φ. τῶν φαύλων οὐ πάσχει 128, 8 *sqq.*   πρὸς φ. πολλῆς δεῖ τῆς ἀσκήσεως καὶ μάχης A. I 85, 19

οὐ τῷ ἀπὸ τῶν θεῶν φ. τῆς ἀδικίας ἀποτρέπονται οἱ ἄνθρωποι III 77, 22

φοιτάω δύναμις διὰ τῆς ὕλης πεφ. II 113, 2   ἐν ἡμῖν ψυχὴ πεφ. *ib.*
φορά de usu loquendi κατὰ φ. ἡμετέρας II 107, 26   ἐχόμενοι τῆς ῥηθείσης φ. 242, 19   ἀπὸ τῆς φ. ταύτης 243, 22   κοινὴ φ. = τὸ κοινῇ πᾶσιν ἀνθρώποις δοκοῦν 239, 32

φ. = κατὰ τόπον ἐξαλλαγή II 161, 3 = μετέωρος κίνησις ὀξεῖα 160, 26 εἶδος κινήσεως III 105, 7   πάντα τὰ μέρη τοῦ κόσμου ἐπὶ τὸ μέσον τοῦ κόσμου τὴν φ. ἔχει Z. I 27, 28. 28, 3. II 175, 13

ἡ ὁρμὴ φ. ψυχῆς ἐπί τι III 40, 6 ἡ λογικὴ ὁρμὴ φ. διανοίας 40, 10 *pass.* 92, 4   ἀποστρεφόμεθα τὸν λόγον ἄλλῃ βιαιοτέρᾳ φ. χρώμενοι 95, 13   ἡ ἄλογος φ. καὶ ἀπεστραμμένη τὸν λόγον 125, 12   ἡ πρὸς θάτερον φ. 123, 33 φυσικὰς φ. ἐκτρεπομένων ὁ ἔλεος γίνεται 102, 17   οἵας φ. οἱ ἐρώμενοι ἀξιοῦσι πρὸς ἑαυτοὺς ἔχειν τοὺς ἐραστάς 125, 35   κατὰ φ. II 250, 15. 17
φράσις pars rhetor. II 96, 4
φρένες νοῦς καὶ φ. = φρόνησις III 27, 8

φρονέω cf. s. v. φρόνησις sect. IV. τό φ. θεωρεῖται παρὰ τὸ ἔχειν φρόνησιν III 22, 22 τὴν φρόνησιν αἱρούμεθα ἔχειν, οὐ τὸ φ. 22, 42 sapere expetendum est 15, 24 τὸ φ. ἀσώματον καὶ κατηγόρημα 23, 1 κατόρθωμα 134, 25. 136, 20 τῶν κατορθωμάτων ὧν χρὴ 137, 1 ὁ φρόνιμος: ὁ φ. 64, 4 λυσιτελεῖ ζῆν ἄφρονα μᾶλλον ἢ μὴ βιοῦν κἂν μηδέποτε μέλλῃ φ. 188, 23

φρόνημα τελικὸν ἀγαθόν III 25, 38

φρόνησις νοῦς καὶ φρένες = φ. III 27, 8 φ. = ἐπιστήμη ὧν ποιητέον καὶ οὐ ποιητέον καὶ οὐδετέρων 63, 23 = ἐπιστήμη ποιητέων καὶ οὐ ποιητέων II 297, 13 = ἐπιστήμη τοῦ ποῖα δεῖ ποιεῖν, ποῖα δ᾽ οὔ III 65, 42 = ἡ ἀρετὴ ποιητέα ἐπισκοποῦσα καὶ μὴ ποιητέα A. I 86, 13 = ἐπιστήμη ἀγαθῶν καὶ κακῶν καὶ οὐδετέρων II 50, 17. 340, 2. III 65, 8. 22. 67, 30. 156, 2 = ἐπιστήμη ἀγαθῶν καὶ κακῶν καὶ οὐδετέρων φύσει πολιτικοῦ ζῴου III 63, 24 = ἐπιστήμη, ὅταν πράττειν μὲν τὰ ἀγαθά, μὴ πράττειν δὲ τὰ κακὰ δέῃ A. I 86, 1

φ. ἕξις II 49, 35 ἐπιστήμη καὶ τέχνη III 23, 27 ἡ ἐπιστήμη φ. ὠνόμασται Z. I 49, 34 τέχνη γίνεται ἡ φ. III 217, 23 φ. ἀρετὴ Z. I 49, 22. III 23, 23 μία ἀρετή, ἡ φ. Apolloph. I 90, 20 μία οὖσα ἡ ἀρετή φ. λέγεται A. I 86, 5. 20 φ. ἀρετὴ θεωρηματική III 48, 7 ἡ φ. τῶν πρώτων ἀρετῶν 64, 15. 65, 6 ἔπονται τῇ φ. εὐβουλία καὶ σύνεσις 73, 5

ἡ φ. τέχνη περὶ τὸν βίον, ἣν οἱ προσλαβόντες μόνοι γίνονται καλοί III 156, 2 φ. ἀγαθόν Z. I 47, 21. III 8, 35. 17, 17 ἡ εὐδαιμονία περιγίνεται διὰ τῆς φ. III 70, 9 prudentia ad vitam beatam satis est 15, 2 οὐχ ἕτερόν ἐστι τῆς εὐδαιμονίας, ἀλλ᾽ εὐδαιμονία 13, 35

ἡ φ. τὸ φρονεῖν παρέχεται III 19, 19 ἡ φ. φρονεῖ 75, 11 τὴν φ. αἱρούμεθα ἔχειν, οὐ τὸ φρονεῖν 22, 42

φ. κεφάλαια = τὸ θεωρεῖν καὶ πράττειν ὃ ποιητέον, κατὰ δὲ τὸν δεύτερον λόγον τὸ θεωρεῖν καὶ ἃ δεῖ ἀπονέμειν

etc. III 69, 8 ἡ φ. περὶ τὰ ποιητέα καὶ μὴ καὶ οὐδέτερα κεφαλαιοῦται 73, 3 ἡ φ. περὶ τὰ ποιητέα 63, 39. 70, 6 περὶ τὰ καθήκοντα γίνεται 64, 16 τὸ τιμᾶν γονεῖς: τὸ ἀπὸ φ. τιμᾶν 139, 13. 16 ἡ φ. κινεῖται ἐν τοῖς κατορθώμασι 70, 9 τὸ κατὰ φ. πραττόμενον κατόρθωμά ἐστι 73, 16 prudentia = lex, quae recte facere iubet 78, 5 δύναμιν περιβεβλῆσθαι φ. παθῶν σβεστήριον 179, 23 εἰ τέλος ἐστὶν ἡ ἡδονή, πρὸς κακοῦ τοῖς ἀνθρώποις ἡ φ. δέδοται Cl. I 126, 34 οὐδ᾽ ἂν τὸν δάκτυλον καθήκοι προτεῖναι χάριν ἀμεριαίας φ. III 50, 20. 25 περὶ τοῦ ἀφεῖναι τὴν φ. καὶ καταφρονῆσαι ἀπολλυμένης 189, 13 sqq. sublata selectione tolli omnem prudentiam 46, 5 ἡ φ. ἀναιρεθέντων τῶν κακῶν καὶ παντάπασιν ἀναιρεῖται II 340, 2

τὸ ἡγεμονικὸν = φ. III 217, 19 φ. ἔστιν αἰσθέσθαι 21, 36 φ. animal 75, 13 = Ἀθηνᾶ 217, 21. Diog. III 234, 38

φρονίμευμα φ., μόνα τὰ ἀπὸ φρονήσεως: κατορθώματα III 136, 30

φρονίμευσις οὔτε ἕξις οὔτε διάθεσις III 25, 12

φρόνιμος cf. σοφός

φ.: φρονῶν III 64, 3 ὁ φ. ἡγεμὼν ἀφρόνων, εἰδὼς ἃ χρὴ ποιεῖν καὶ ἃ μή 159, 28 εὔλογον τὸ τὸν φ. τὰς κατὰ τὸν λόγον καὶ τὴν φρόνησιν ἐνεργείας ἐνεργεῖν 57, 36 ἀρετὴ πᾶσι τοῖς φ. ὑπάρχει καὶ ἐν παντὶ καιρῷ 24, 43 τοὺς φ. εὐδαίμονας εἶναι 15, 1. 153, 26 κἂν ἀκαρές τις ὥρας γένηται φ., οὐδενὶ πρὸς εὐδαιμονίαν ἀπολειφθήσεται τοῦ τὸν αἰῶνα χρωμένου τῇ ἀρετῇ 14, 2 τοῦ φ. ἔργον τὸ ἐν τοῖς κατορθώμασι διομαλίζειν 139, 24 πάντα φ. ποιεῖ ὁ σπουδαῖος Z. I 52, 32. III 88, 36. 149, 17. 150, 4 οἱ φ. ἐλεύθεροι III 87, 2 καὶ ἔμπειροι τῶν ἀνθρωπίνων πραγμάτων 153, 26 ὁ φ. ἀπράγμων καὶ ὀλιγοπράγμων καὶ τὰ ἑαυτοῦ πράττει 176, 28

τὰ φαῦλα οὐκ ἔσται περὶ τὸν φ., τὰ δ᾽ ἀναμέσον II 41, 14 ἐκλέγεσθαι καὶ λαμβάνειν φ. III 46, 35 τῶν ἀγαθῶν τὰ μὲν πᾶσι τοῖς φ. ὑπάρχει καὶ ἀεί 24, 43. 25, 1. 3 φ. ἄνθρωπος ἀγαθὸν ποιητικὸν μόνον 25, 5

αἴσθησις φ. III 24, 43 ὁρμὴ φ. 25, 1 περιπάτησις φ. 25, 2. 27 gestus conveniens prudenti viro 27, 29

φροντίς εἶδος λύπης def. III 100, 42. 101, 14

φρυγάνιον II 210, 34

Φρύνη ἐγκρατεύεται ὁ Φ. ἀπεχόμενος III 67, 23

φυγάς πᾶς ὁ φαῦλος φ. III 81, 3. 170, 9 pass.

φυγή τὰ ἀδιάφορα ἐπίσης ἔχοντα πρὸς αἵρεσιν καὶ φ. III 29, 6 ἐν τοῖς περὶ ἀγαθῶν τε καὶ κακῶν κτήσεως καὶ φ. αἱ μοχθηραὶ δόξαι συνίστανται 41, 23 φ. in def. σωφροσύνης pass.; in def. φόβου III 95, 19

φύλλον III 28, 25

φυσικός φ. ζητήματα tit. l. Chr. III 205, 6 φ. θέσεις 205, 14 ὑπομνήματα φ. tit. l. Cl. I 128, 32 ἡ φ. tit. l. Apolloph. I 90, 15. Apollod. III 259, 17. 25. 260, 2. 29. 34. 261, 15 φ. τέχνη tit. l. Apollod. III 260, 17 τέχναι Chr. 205, 18 περὶ τῆς ἀρχαίας φ. Chr. III 205, 22

φυσικὴ = ἐπιστήμη τῶν περὶ φύσιν III 65, 39 fundamentum eth. 69, 39 sqq. οὐδ' ἄλλου τινὸς ἕνεκεν ἡ φ. θεωρία παραληπτὴ ἢ πρὸς τὴν περὶ ἀγαθῶν ἢ κακῶν διάστασιν 17, 10 τὸ φ. = μέρος τῆς φιλοσοφίας Z. I 15, 27. Cl. 108, 12. II 15, 8. 15. Diog. III 212, 19. Apollod. 259, 6. Eudr. 268, 12 τῶν μερῶν τῆς φιλοσοφίας τὸ φ. τάττεται δεύτερον II 17, 4. Arch. III 262, 19. Eudr. 268, 17 τρίτον II 16, 38. 17, 7 τὸ φ. = περὶ κόσμου καὶ τῶν ἐν κόσμῳ 15, 8 cum arboribus horti comp. 15, 24. 16, 8 physicae tributus est honos, ut virtus appellaretur III 69, 36 sq. τὸν φ. τόπον ἀνῄρει A. I 79, 11. 80, 15. 21. 29 ὑπὲρ ἡμᾶς εἶναι τὰ φ. A. I 79, 12. 22. 28. 80, 2 τῶν φ. ἔσχατος ὁ περὶ τῶν θεῶν λόγος II 16, 38

τὸ φ. πνεῦμα II 205, 17 ἡ φ. ὄρεξις III 6, 30 φυσικῶς νοεῖται δίκαιόν τι καὶ ἀγαθόν II 29, 18

φυσιολογία def. III 74, 13

φύσις περὶ φ. tit. l. Chr. III 204, 29. B. 265, 7 περὶ ἀνθρώπου φ. Z. I 14, 29

ἡ φ. ὠνόμασται ἐμφύσησις οὖσα τῶν ὑπ' αὐτῆς ἀνοιγομένων λόγων II 212, 11 φ. ἡ ἐπὶ μέρους : φ. ἡ τῶν ὅλων Z. I 46, 10 φ. ποτὲ μὲν ἡ συνέχουσα τὸν κόσμον, ποτὲ δὲ ἡ φύουσα τὰ ἐπὶ γῆς II 328, 13

φ. = τὸ δημιουργῆσαν ἐκ τῆς οὐσίας II 185, 2 = πῦρ τεχνικὸν ὁδῷ βαδίζον εἰς γένεσιν Z. I 44, 1. 9. II 217, 13. 328, 27 = πῦρ τεχνικὸν ὁδῷ βαδίζον εἰς γένεσιν καὶ ἐξ αὑτοῦ ἐνεργητικῶς κινούμενον 328, 19 = πνεῦμα ἔνθερμον ἐξ ἑαυτοῦ κινούμενον καὶ κατὰ τὰς σπερματικὰς δυνάμεις γεννῶν 328, 21 = ἕξις ἐξ αὑτῆς κινουμένη κατὰ σπερματικοὺς λόγους 328, 15 = ἕξις ἤδη κινουμένη 149, 39 = ἡ τοῦ τρέφεσθαι καὶ αὐξάνεσθαι αἰτία 205, 33 = ᾗ τὰ φυτὰ διοικεῖται 204, 12. 205, 11. 302, 38 = ἡ διοικοῦσα τὸ ζῷον δύναμις 328, 24 = ἡ καθ' ὁρμὴν κίνησις ib.

ἡ κοινὴ φ. εἰς πάντα διατείνουσα II 269, 22 natura per omnem mundum, omnia mente et ratione conficiens, funditur 173, 12 natura uno consensu iuncta et continens 347, 6 εἰ καὶ μία ἐστὶν ἡ τῶν ὅλων φ. καὶ ἡ αὐτὴ τῷ γένει, ἀλλ' οὐ τὰ αὐτὰ ἀεὶ συμβαίνει ἐν τοῖς ὅλοις 337, 24 φ. διοικεῖται ὅδε ὁ κόσμος 264, 7 κόσμος ὑπὸ φ. διοικούμενος ζωτικῆς καὶ λογικῆς καὶ νοερᾶς 272, 40 natura artificiose ambulans Z. I 44, 7 ignis ipsa natura Z. 37, 32. 44, 6 τεχνικὴ ἡ φ. II 135, 33 ἡ κοινὴ φ. ἀναξηράνασα πάντα καὶ εἰς ἑαυτὴν ἀναλαβοῦσα 184, 32 ἀγένητός ἐστι καὶ ἀναιρεθῆναι αὐτὴν ἀδύνατον 185, 4 οὐδέν ἐστιν ἄλλως γενέσθαι ἢ κατὰ τὴν κοινὴν φ. 269, 12. 22 μηδὲν ὑπὸ τῆς φ. γίνεται μάτην 330, 8 τῇ τῶν ὅλων φ. μηδὲν ἔνστημα γίνεται 268, 31 τὰ ἀπὸ τῆς φ. ἀποτελέσματα δι' ὅλων εἰδοποιεῖται καὶ διαπλάττεται 308, 12 ἡ φ. τὰ σώματα τῶν ζῴων καὶ τῶν φυτῶν συνίστησι καὶ τεχνικῶς ἅπαντα διαπλάττει γεννῶσα καὶ προνοεῖται τῶν

γεννωμένων 329, 33 προνοουμένη ἡ φ. 329, 46 ὁ τῆς φ. ὀρθὸς λόγος III 82, 31 λόγος φ. προστακτικὸς ὢν πρακτέον, ἀπαγορευτικὸς ὢν οὐ ποιητέον III 79, 40 θεὸς φ. Z. I 42, 13 ἡ φ. θεός II 273, 25 quid aliud est natura quam deus et divina ratio? 305, 34 ἡ εἱμαρμένη ἡ αὐτὴ καὶ πρόνοια καὶ φ. Z. I 44, 37. 45, 2 ἡ κοινὴ φ. καὶ ὁ κοινὸς τῆς φ. λόγος = εἱμαρμένη καὶ πρόνοια καὶ Ζεύς II 269, 13 ὀνομάζεται ὁ Ζεὺς καὶ ἡ κοινὴ πάντων φ. καὶ εἱμαρμένη καὶ ἀνάγκη 315, 8 ἡ φ. in def. εἱμαρμένης pass.
artes repertae sunt docente natura II 334, 17 πολλὰ τῶν ζῴων ἕνεκα κάλλους ἡ φ. ἐνήνοχε 334, 20 τῶν φυομένων αἴτιον ἡ φ. II 118, 11 καὶ εἰς φυτὰ καὶ εἰς λίθους διατείνει III 4, 23 ἡ διαπλάττουσα τὰ μόρια φ. δι' ὅλων αὐτῶν ἐκτέταται II 151, 1 οὐδέν ἐστιν ἄψαυστον αὐτῇ μέρος 151, 4 ἡ τῶν φυτῶν φ. δι' ὅλου τοῦ σώματος διῆκει 155, 29. 157, 7 τὴν φ. ἀπένειμε τοῖς φυτοῖς κερασάμενος ἐκ θρεπτικῆς καὶ μεταβλητικῆς καὶ αὐξητικῆς δυνάμεως 150, 8 δεῖται ἡ φ. πρὸς διαμονὴν οὐ τροφῆς μόνον, ἀλλὰ καὶ ἀέρος 205, 14

ἕξις: φ.: ψυχή II 205, 6 φ.: ψυχή 205, 11. 302, 37 ψυχὴ φ. τρισὶ διαλλάττει· αἰσθήσει, φαντασίᾳ, ὁρμῇ 150, 10 ἐν τῷ σπέρματι οὐ ψυχὴν εἶναι, ἀλλὰ φ. 212, 5 ἡ φ. οἷα τεχνίτης ζῳοπλαστεῖ 212, 17 τὸ πνεῦμα ἐκ φ. γίνεται ψυχή 134, 26 τὸ πνεῦμα τῇ περιψύξει μεταβάλλον ἐκ φ. γίνεται ψυχή 222, 36 ξηρότερον πνεῦμα τὸ τῆς ψυχῆς, ὑγρότερον δὲ τὸ τῆς φ. 205, 13 ὑγρότερον καὶ ψυχρότερον τὸ τῆς φ. πνεῦμα 218, 39 οὐ ψυχὴ ἡ τὰ φυτὰ διοικοῦσα, ἀλλὰ φ. 204, 12. 22 τὰς φ. δι' ἑαυτῶν κινεῖν 161, 27

αἱ ἡμέτεραι φ. μέρη εἰσὶν τῆς τοῦ ὅλου III 3, 30 ἡμᾶς ὑπὸ τῆς φ. πρὸς τὸ ζῆν οἰκειοῦσθαι 39, 7. 9 τὸ τηρεῖν ἑαυτὸ οἰκειοῖ τῷ ζῴῳ ἡ φ. ἀπ' ἀρχῆς 43, 2 natura omnium rerum nobis induit amorem nostri et caritatem 43, 32 dociles nos edidit et rationem dedit imperfectam 52, 1 οὔπω τοὺς παῖδας ἡ φ. λογικοὺς πεπαίδευκε 138, 19 ipsa per se longius progreditur, quae confirmat ipsa per se rationem et perficit 52, 3 ex natura petit agendi principium Z. I 47, 15 ἄγει πρὸς ἀρετὴν ἡμᾶς ἡ φ. Z. I 45, 22. Cl. 125, 21 πάντας ἀνθρώπους ἀφορμὰς ἔχειν ἐκ φ. πρὸς ἀρετήν Cl. I 129, 18 ἡ φ. ἀφορμὰς δίδωσιν ἀδιαστρόφους III 53, 10 φ. πάντες πρὸς ἀρετὴν γεννώμεθα 51, 22 ἡ προκοπὴ ἐκ φ. προϋπάρχει 51, 38 ἡ ἀρετὴ = τελειότης τῆς ἑκάστου φ. 61, 39 τέλος γίνεται τὸ ἀκολούθως τῇ φ. ζῆν III 4, 1 ὁμολογουμένως τῇ φ. ζῆν 4, 12 sqq. ὁμολογουμένως τῇ φ. ζῆν in def. τέλους pass. quid significetur verbis „sec. nat. vivere" expl. III 5, 22—38 sqq. τὸ ὁμολογουμένως ζῆν = τὸ κατὰ φ. ζῆν 6, 10 τὸ κατὰ φ. ζῆν = καλῶς, εὖ ζῆν 6, 16 „τῇ φ." Κλεάνθης πρῶτος προσέθηκε 5, 17 ὁ Κλ. τὴν κοινὴν μόνην ἐκδέχεται φ., ᾗ ἀκολουθεῖν δεῖ, οὐκέτι δὲ καὶ τὴν ἐπὶ μέρους Cl. I 126, 30 ἀκολούθως δεῖ ζῆν τῇ τε κοινῇ φ. καὶ ἰδίως τῇ ἀνθρωπίνῃ III 4, 8 τὰ κατὰ τὴν ὅλην φ. συμβαίνοντα in def. τέλους 5, 13 τὰ φ. συμβαίνοντα in def. τέλους 3, 28. 5, 20. 24 cognito summo bono reverti se ad naturam Z. I 47, 15 στοιχεῖα τῆς εὐδαιμονίας ἡ φ. καὶ τὸ κατὰ φ. Z. 46, 14 ἐνδεῆς οὐδὲ εἷς χορηγὸν ἔχων τὸν τῆς φ. ἀκαθαίρετον πλοῦτον III 177, 30

ἀπὸ τῆς κοινῆς φ. ἐπελθεῖν ἐπὶ τὸν τῶν ἀγαθῶν καὶ κακῶν λόγον III 17, 6 ἐκ τῆς κοινῆς φ. ἀρχὴν ἔχει ἡ δικαιοσύνη καὶ ὁ λόγος περὶ ἀγαθῶν καὶ κακῶν 80, 36 bonum et malum natura iudicatur 77, 15 φ. τὸ δίκαιον εἶναι καὶ μὴ θέσει, ὡς καὶ τὸν νόμον καὶ τὸν ὀρθὸν λόγον 76, 4 nec solum ius et iniuria natura diiudicantur, sed omnino omnia honesta ac turpia 76, 26 virtus et vitium sua natura probabitur 77, 10 ὁ κακὸς φ. ἁμαρτητικὸς διὰ κακίαν γενόμενος 26, 20 τὸ καλὸν φ. αἱρετόν 11, 25 ἡ φ. τοῦ συμφέροντος στοχάζεται καὶ

ἡδονῆς II 328, 17   τὴν ἡδονὴν ὡς ἐπιγέννημα ἀπολαμβάνει III 43, 12
κατὰ φύσιν   περὶ τοῦ κατὰ φ. βίου tit. l. Z. I 14, 28
κατὰ φ. e. enum. III 34, 15   τὰ κ. φ. ἀδιάφορα III 35, 27   τῶν κ. φ. ἀδιαφόρων ὄντων τὰ μὲν πρῶτα κ. φ., τὰ δὲ κατὰ μετοχὴν 34, 26   τὰ κ. φ. ἀνωφελῆ καὶ ἀδιάφορα 37, 1   μὴ αἱρετὰ μηδ' ὠφέλιμα 35, 28   πάντα ἀξίαν ἔχει III 30, 6. Ant. 251, 32   ἡ δόσις = κρίσις, ἐφ' ὅσον κ. φ. ἐστὶν ἢ ἐφ' ὅσον χρείαν τῇ φ. παρέχεται 30, 15   res „bonas" aestimabiles haberi et ad naturam accommodatas Z. I 55, 29   τὰ περὶ τὴν ψυχὴν κ. φ. ὄντα πλείονα τὴν ἀξίαν ἔχει τῶν περὶ σῶμα καὶ τῶν ἐκτός III 33, 15   τὰ προηγμένα naturae accommodata Z. I 55, 31   μή τινα εἶναι φ. προηγμένα A. I 83, 14   πάντα τὰ κ. φ. ληπτὰ εἶναι III 34, 33   ὁρμῆς κινητικά 29, 12   τοῖς ξῴοις τὸ κ. φ. τῇ κατὰ τὴν ὁρμὴν διοικεῖται 43, 17   τῶν κ. φ. τὰ μὲν καθ' αὑτὰ ληπτά, τὰ δὲ δι' ἕτερα e. s. 34, 34   quae sec. naturam sunt, ipsa propter se sumenda 45, 13   sumenda et quadam aestimatione dignanda Z. I 47, 34   facere omnia ut adipiscamur, quae sec. nat. sunt, etiamsi non assequamur III 12, 43

τὰ κ. φ. κινητικὰ τῆς ἀρετῆς III 16, 21   περὶ τὴν τῶν κ. φ. ἐκλογὴν ἡ ἐνέργεια τῆς ἀρετῆς 16, 15. 190, 26   στοιχεῖα τῆς εὐδαιμονίας ἡ φ. καὶ τὸ κ. φ. Z. I 46, 14   τέλος = τὸ εὐλογιστεῖν ἐν τῇ τῶν κ. φ. ἐκλογῇ καὶ ἀπεκλογῇ Diog. III 219, 12 pass. = ζῆν ἐκλεγομένους τὰ κ. φ. 5, 43. 6, 5. Ant. III 252, 38 pass. = ζῆν ἐκλεγόμενον τὰ κ. φ. μέγιστα καὶ κυριώτατα Arch. III 264, 24   naturalem appetitionem, officium, ipsam etiam virtutem esse earum rerum, quae sec. n. sunt 32, 18   μὴ κ. φ. τὴν ἡδονὴν Cl. I 130, 18   ἡ φ. καὶ τὸ κ. φ. ἀρχὴ τοῦ καθήκοντος III 134, 6   καθῆκον = ἐνέργημα ταῖς κ. φ. κατασκευαῖς οἰκεῖον 134, 16   tam insipiens quam sapiens sumpturus,

quae sec. nat. sunt 136, 5   τοῖς κ. φ. οἱ ἄνθρωποι ὡς ἐπὶ πολὺ χρῶνται Z. I 57, 23   τοῦ κ. φ. ἕνεκα καρτέον καὶ κομητέον Z. 58, 9

ὁ κ. φ. βίος vid. s. v. βίος; τὸ κ. φ. ζῆν s. v. ζῆν; τέκνα κ. φ. ἔχοντα in def. εὐτεκνίας III 24, 37   γῆρας κ. φ. ἔχον in def. εὐγηρίας 24, 38

πρῶτα κατὰ φύσιν   ποιεῖσθαι τὸν περὶ τῶν κ. φ. λόγον ἀπὸ τῶν πρώτων κ. φ. καὶ παρὰ φ. III 34, 21   τῶν κ. φ. τὰ μὲν πρῶτα κ. φ., τὰ δὲ κατὰ μετοχὴν 34, 27   adfectio τῶν πρώτων κ. φ. fundamentum conservandae hominum perpetuitatis 43, 38   qui ad honestatem prima naturae commoda adiungerent, imp. a Chr. 7, 32   αὐτὰ τὰ πρῶτα κ. φ. ἀγαθὰ οὐκ ἐστιν 46, 29   eorum, quae sunt prima naturae, propter se nihil expetendum 45, 29   prima naturae omnino pro nihilo visa sunt A. I 84, 10   πρῶτα κ. φ. καὶ τὸ τυγχάνειν αὐτῶν οὐ τέλος, ἀλλ' ὥσπερ ὕλη τις ὑπόκειται τὴν ἐκλεκτικὴν ἀξίαν ἔχουσα III 46, 34 sqq.   officia proficiscuntur ab initiis naturae 135, 18. 189, 28   officia eo referri, ut adipiscamur principia naturae 135, 19   cum omnia officia a principiis naturae proficiscantur, ab iisdem proficisci ipsam sapientiam 45, 1   primo nos sapientiae commendari ab initiis naturae, post autem ipsam sapientiam nobis cariorem fieri, quam illa sint 45, 5   prima illa naturae, sive secunda sive contraria, sub iudicium sapientis et dilectum cadunt, estque illa subiecta quasi materia sapientiae 189, 36   initium naturae accommodatum sequitur sapientia II 35, 22   in principiis naturalibus voluptas non ponenda III 37, 5

παρὰ φύσιν   παρὰ φ. enum. III 34, 17   οὔτε παρὰ φ. οὔτε κατὰ φ. enum. 34, 18   indifferentium alia sec. nat., alia naturae contraria Z. I 47, 32   πάντα τὰ π. φ. ἀπαξίαν ἔχει Z. I 48, 1. III 30, 6. Ant. 251, 33   ἀφορμῆς κινητικά III 29, 12   ἄληπτα Z. I 48, 1. III 34, 34   τὰ μὲν καθ' αὑτὰ ἄληπτα, τὰ δὲ τῷ ποιητικὰ εἶναι τῶν καθ' αὑτὰ ἀλήπτων 35, 2 ipsa propter se reicienda 45, 13 tam insipiens quam sapiens reiecturus τὰ π. φ. 136, 5 τὰ π. φ. μὴ φευκτὰ καὶ βλαβερά 35, 29 τῶν π. φ. οἱ ἄνθρωποι μηδὲν ὅλως δεδοικότες λόγῳ καὶ μὴ φόβῳ τούτων ἀπέχονται Z. I 57, 23 ἡ ἐνέργεια τῆς ἀρετῆς περὶ τὴν ἔκκλισιν τῶν π. φ. III 190, 26 τὸ τέλος κεῖσθαι ἐν τῷ ἀπεκλέγεσθαι τὰ π. φ. Ant. III 252, 38 pass. τέλος = vivere reicientem, quae contra nat. sunt 5, 43. 6, 5 κίνησις ψυχῆς π. φ. in def. πάθους pass. τὸ π. φ. εἴληπται ἐν τῇ τοῦ πάθους ὑπογραφῇ ὡς συμβαίνοντος παρὰ τὸν ὀρθὸν καὶ κατὰ φ. λόγον III 94, 34 π. φ. εἶναι τῷ λογικῷ ζῴῳ μοιχεύειν Z. I 58, 13 quae contra naturam sunt, non fieri, sed fieri videri II 270, 4

φυτοειδής καὶ ἐφ' ἡμῶν τινα φ. γίνεται III 43, 15

φυτόν τοῦ ὅλου μέρη τὰ ζῷα καὶ τὰ φ. Cl. I 111, 24 καὶ διὰ τῶν φ. πεφοίτηκέ τι πνεῦμα, ὥστε ἡμᾶς αὑτοῖς συνενοῦσθαι III 90, 16 ἐν τοῖς φ. ἐστι πῦρ τεχνικόν Z. I 34, 25 κατὰ μῖξιν ἐκ τῶν στοιχείων γίνεται φ. Z. I 28, 33. II 180, 21 ἐκ τῶν δ' στοιχείων συνίσταται καὶ εἰς ταῦτα διαλύεται II 136, 9 ἡ φύσις τὰ σώματα τῶν φ. συνίστησι II 329, 34 φύσεως μετέχει τὰ φ. 205, 6. 11. 32 οὐ ψυχὴ ἡ τὰ φ. διοικοῦσα, ἀλλὰ φύσις 204, 12 οὐκ ἔμψυχα τὰ φ. 204, 4. 205, 4 αὐτομάτως πως κινεῖται, οὐ διὰ ψυχῆς 204, 6 ἐν ἑαυτοῖς ἔχει τὴν αἰτίαν τοῦ κινεῖσθαι 287, 38 κινεῖται εἰς αὔξησιν 205, 4 οὐ πέφυκεν ἔχειν αἴσθησιν 51, 32 ἀόρμητα, ἀφάντastα, αἰσθήσεως ἀμέτοχα 150, 11 οὔτε ἀρετῆς οὔτε κακίας μετέχει III 90, 35 οὐδέν ἐστιν ἡμῖν δίκαιον πρὸς τὰ φ. 90, 17 τὰ καθήκοντα διατείνει καὶ εἰς τὰ φ. Z. I 55, 8. III 134, 14 in iis multa sunt absque arte artificiosa II 209, 3 vitis per mirabilem operique praesidentem naturam par fuit fructui ferendo et adornando trunco 209, 8 ἐν ἡμῖν ἐοικότα φ. ὄνυχες καὶ τρίχες 149, 38

φύω τὸ ἄλλους παρ' ἄλλους εὖ πεφυκέναι πρὸς ἀρετὴν τελειότητα κατ' ἀρετὴν οὐδ' ἡντινοῦν τῶν ἄμεινον φύντων κατηγορεῖ III 52, 31 sqq.

φωνή περὶ φ. l. Arch. III 262, 22 ἡ περὶ τῆς φ. τέχνη tit. l. Diog. III 212, 25. 213, 25 περὶ τῶν πρὸς τὰς φ. σωρειτῶν λόγων l. Chr. II 6, 11 τὸ φωνᾶεν ὑπὸ τοῦ Z. εἰρημένον Z. I 41, 5 φ. = ἀὴρ πεπληγμένος Z. I 21, 30 sq. II 43, 33. 36 pass. 127, 27. Diog. III 212, 23 pass. = πνεῦμα διατεῖνον ἀπὸ τοῦ ἡγεμονικοῦ μέχρι φάρυγγος καὶ γλώττης καὶ τῶν οἰκείων ὀργάνων Z. I 41, 6. II 227, 35 = τὸ διῆκον τῆς ψυχῆς εἰς τὴν τραχεῖαν ἀρτηρίαν II 238, 35 = τὸ ἴδιον αἰσθητὸν ἀκοῆς Diog. III 212, 24

φ.: λέξις Diog. III 213, 18 φ.: διάλεκτος: αὐδή II 44, 15 σῶμα ἡ φ. II 43, 38. 44, 4 pass. 128, 3. Diog. III 212, 30. 213, 2. Ant. 246, 19. Arch. 262, 22 ποιεῖ II 44, 2. 128, 4 quomodo vox fiat 236, 17 ἐκ τῆς κεφαλῆς ἐκκρίνεται III 217, 22 οὐκ ἄλλη φωνῆς πηγή, ἄλλο δὲ τὸ κυριεῦον τῆς ψυχῆς μέρος II 244, 13 ὅθεν λόγος, ἐκεῖθεν καὶ φ. χωρεῖ Z. I 40, 30. Diog. III 215, 30 sqq. ἐκ τῆς καρδίας διὰ φάρυγγος καὶ ἡ φ. καὶ ὁ λόγος ἐκπέμπεται II 244, 19 vox e penetrali pectoris, i. e. corde, mittitur 236, 17 διὰ φάρυγγος χωρεῖ Z. I 40, 28. Diog. III 215, 30 sqq. ἐν ἑαυτοῖς φ. διεξιέναι II 250, 33 ἐπὶ τῶν λόγων δεῖ ἐπιστρέφεσθαι τῶν οἰκείων ὑποκρίσεων κατὰ τὰς ἐπιβαλλούσας τάσεις τῆς φ. 96, 17

φωνήεντα τὰ φ. enum. Diog. III 213, 16

φωνητικόν μέρος τῆς ψυχῆς Z. I 39, 22. II 226, 16. 21. 24. 30 τὸ φ. = πνεῦμα διατεῖνον ἀπὸ τοῦ ἡγεμονικοῦ μέχρι φάρυγγος καὶ γλώττης II 227, 35 = τὸ „φωνᾶεν" ὑπὸ τοῦ Ζήνωνος εἰρημένον ib.

φῶς ἀὴρ διακρινόμενος τὸ φ. II 142, 35 τὸ φ. διακριτικὸν καὶ λεπτυντικὸν τοῦ ἀέρος 143, 8 τὸ φ. ποιότης καὶ σῶμα 142, 26 σῶμα 127, 39 ἐπέρεισις αὐτῷ γίνεται 142, 30 τῷ ἀέρι κιρνᾶσθαι 155, 38 καὶ δι' ὕδατος καὶ διὰ τῶν ἄλλων κεχώρηκε 142, 29 τὸ περίγειον φ. κατ' εὐθεῖαν, τὸ δὲ αἰθέριον περιφερῶς κινεῖται Z. I 28, 13. II 178, 26
εἴρηται ἡ φαντασία ἀπὸ τοῦ φ. II 21, 29 ὥσπερ τὸ φ. ἑαυτό τε δείκνυσι καὶ πάντα τὰ ἐν αὐτῷ, οὕτω καὶ ἡ φαντασία 24, 36 τὸ φ. οὐ μόνον τῶν ἄλλων, ἀλλὰ καὶ ἑαυτοῦ ἐκκαλυπτικόν 36, 9

X

χαίρω ἥδεσθαι : χ. III 107, 22. 34 χ. κατόρθωμα 136, 20 τῶν φαύλων οὐδεὶς χ. τὸ παράπαν 168, 12 τῶν ἀστείων οὐδεὶς ἐπ' ἀλλοτρίοις κακοῖς χ. Dion. I 95, 37. III 168, 12
χάλαζα def. II 203, 2. 8
χαλκευτικὴ τέχνη πρακτικὴ III 49, 4
χαμαιτύπη cf. ἑταίρα
τὸ ταῖς χ. ἀδιαφόρως προσιέναι μὴ πάντως παρὰ τὸ καθῆκον γίνεται III 187, 29
χάος = τὸ πρὸ τῆς διακοσμήσεως γενόμενον ὑγρόν, ἀπὸ τῆς χύσεως οὕτως ὠνομασμένον Z. I 29, 14 = τὸ ὕδωρ Z. 29, 18 ἀπὸ τοῦ χέεσθαι Z. I 29, 10. II 177, 14 sqq. χ. τὸ ὕδωρ παρὰ τὴν χύσιν II 143, 44 = ἡ εἰς τὰ στοιχεῖα διάκρισις 177, 16 = ὁ χωρητικὸς τῶν ὅλων τόπος 162, 27
χαρὰ = εὔλογος ἔπαρσις III 105, 17. 28. 106, 1. 9. 107, 8 = animi elatio suis bonis verisque fidentis 106, 14 εἶδος εὐπαθείας 105, 16 εὐπαθειῶν ἀρίστη 106, 24 χ. εἴδη enum. 105, 24. 35 χ. : ἡδονή, τέρψις, εὐφροσύνη 106, 9 voluptas : gaudium 106, 34 sqq. 107, 8 χ. ἐναντία τῇ ἡδονῇ 105, 17. 106, 14
περὶ τὴν καρδίαν γίνεται II 248, 18 χ. ἔστιν αἰσθέσθαι III 21, 35
gaudium primum bonum est III 27, 25 χ. ἀγαθὸν οὐκ ἀεὶ παρὸν 24, 41 τελικὸν μόνον ἀγαθὸν 25, 26 ἀγαθὸν ἐν κινήσει 26, 28 ἀγαθὸν οὐκ ἀναγκαῖον πρὸς εὐδαιμονίαν 27, 13 οὐ πᾶν ἀγαθὸν εἰς χ. πίπτει 50, 23 χ. οὐκ ἀρετὴ 23, 24 ἐπιγέννημα τῆς ἀρετῆς 19, 29 nisi sapienti non contingit 106, 14 οὔτε πᾶσιν τοῖς φρονίμοις ὑπάρχει οὔτε ἀεὶ 25, 2 ὁ φαῦλος μηδὲν ἔχει χ. αἴτιον 168, 7 gaudio iunctum est non desinere nec in contrarium verti 106, 15
χαρακτὴρ εἰδοποιοῦνται αἱ ἕξεις ἰδιότητί τινι καὶ χ. II 130, 8 ὁ γενικὸς χ. 130, 14 τὰ πρός τι μετά τινος χ. θεωρεῖται 132, 40 κατ' οἰκεῖον χ. διακείμενα ἀπονεύει πρὸς ἕτερον 132, 42
χαριεντότης παρὰ τὸν χαρίεντα ἀρετὴ τίθεται III 60, 8
χάρις cf. εὐεργέτημα
περὶ πλούτου καὶ χ. καὶ τιμωρίας tit. l. Dion. I 93, 22 περὶ χ. l. Cl. 107, 12
beneficium utique bonum est; id autem quod fit aut datur, nec bonum nec malum III 137, 21 χ. εἰς τὰ μέσα διατείνει 168, 21. 31 χ. καὶ οἱ φαῦλοι τυγχάνουσι 168, 22 ἀνταπόδοσις χ. καὶ μετάδοσις 169, 39 eum qui libenter accepit, gratiam reddidisse 137, 30. 182, 31 unus sapiens scit debere beneficium 161, 26 scit dare 161, 32
pilae lusus cum benef. ratione comp. 182, 17
Χάριτες (deae)
περὶ Χ. tit. l. Chr. III 205, 27
τὰς Χ. τὰς ἡμετέρας καταρχὰς καὶ τὰς ἀνταποδόσεις τῶν εὐεργεσιῶν II 316, 36 Aegle, Euphrosyne, Thalia 317, 16 Pasithea 317, 20 Iovis et Eurynomes filiae 317, 30. 318, 2. 9 Thalia apud Hesiodum Charis est, apud Homerum Musa 317, 35

χαροπότης οὔτε προηγμένον οὔτ᾿ ἀποπροηγμένον περὶ σῶμα III 33, 10

χάρτης τὸ ἡγεμονικὸν μέρος τῆς ψυχῆς ὥσπερ χ. εὔεργος πρὸς ἀπογραφήν (tabula rasa) II 28, 14

χαρτός τὸ ἀγαθὸν χ., τὸ δὲ χ. σεμνόν III 9, 28. 11, 14

χαρώνεια III 163, 8

χειμών = ὥρα ἔτους ἡ μάλιστα κατεψυγμένη ἢ ὁ περὶ γῆν ἀὴρ κατεψυγμένος II 201, 36 = ὁ ὑπὲρ γῆς ἀὴρ κατεψυγμένος διὰ τὴν τοῦ ἡλίου πρόσω ἄφοδον 201, 27 χ. γίνεται τοῦ ἀέρος ἐπικρατοῦντος τῇ πυκνώσει καὶ εἰς τὸ ἀνωτέρω βιαζομένου 202, 13

χείρ χ. ἀρτία τῶν κατὰ φύσιν κατὰ μετοχήν ἐστι III 34, 31 ἐπὶ τῶν λόγων σχηματισμοὶ τοῦ προσώπου καὶ τῶν χ. II 96, 17 πότερον χρὴ συναριστῶντά τισιν ἐκτείνειν ἐπὶ τὰ πορρωτέρω μέρη τὴν χ. III 179, 10

χειρονομία = lex gestus, a Chr. in praeceptis de liberorum educatione non omissa III 184, 13

χέω cf. διαχέω, χύσις
εἰς τὸ πῦρ πάντα χ. διαλύεσθαι II 136, 13 τὸν χρυσὸν ἐπὶ πλεῖστον χ. 155, 10 σώματα μὴ δυνάμενα καθ᾿ αὑτὰ ἐπὶ τοσοῦτον χ. 155, 21

χιών def. II 203, 3. 9

χολή II 242, 21

χόλος def. III 96, 16. 39 εἶδος ὀργῆς 96, 4 εἶναι τῆς θυμοειδοῦς δυνάμεως 112, 39

χορεύω οὐχ εὑρεθῆναι πρεπωδεστέραν ἐλευθέροις ἄνεσιν τοῦ χ. Diog. III 230, 27

χράομαι ᾧ ἔστιν εὖ καὶ κακῶς χ., τοῦτο οὐκ ἔστιν ἀγαθόν III 28, 14 ἀδιάφορον 29, 28 μήτε ἀγαθὸν μήτε κακόν 29, 41

χρεία ἀξία = χ. συμβαλλομένη πρὸς τὸν κατὰ φύσιν βίον III 30, 30 χ. τῇ φύσει παρέχεσθαι 30, 15 δι᾿ ἕτερα προηγμένα, ὅτι περιποιεῖ χ. οὐκ ὀλίγας 32, 38 τῶν ἐκτὸς οὔτε προηγμένα οὔτε ἀποπροηγμένα ὅσα εὐτελῆ ὄντα μικρὰν ἔχει τὴν ἀφ᾿ ἑαυτῶν χ. 33, 13 οὐκ ἔχει χ. ὁ φαῦλος οὐδενός 168, 29. 169, 2

χρεῖαι χ. tit. l. Z. I 62, 29. A. 75, 21. P. 97, 2 περὶ χ. tit. l. Cl. I 107, 38

χρεών τὸ χ. εἰρῆσθαι τὸ ἐπιβάλλον καὶ καθῆκον κατὰ τὴν εἱμαρμένην II 265, 14

χρή τῶν κατορθωμάτων τὰ μὲν ὦν χ., τὰ δ᾿ οὔ III 136, 36 e. enum. τὰ παρακείμενα τοῖς ἀγαθοῖς, ἅπερ ἐστὶν ὦν χ., ὠφελήματα ὄντα 154, 7 τὰ παρακείμενα τοῖς κακοῖς, ἅπερ ἐστὶν ὦν οὐ χ., βλάμματα 154, 9

χρῆμα χ. ἕνεκα ὁ σοφὸς πρὸς Λεύκωνα πλεῖ καὶ πρὸς Ἰδάνθυρσον ἀποδημεῖ III 174, 6

χρηματίζομαι τὸ χ. τινες μὲν μέσον εἶναι εἶπον, τινὲς δὲ ἀστεῖον III 159, 45 χ. ὁ σοφὸς ἀπὸ τῆς βασιλείας 173, 25 καὶ ἀπὸ τῆς πολιτείας καὶ ἀπὸ τῶν φίλων 172, 20

χρηματισμός χ. τρεῖς προηγούμενοι enum. III 172, 16. 174, 18 καὶ βασιλεῦσι συνέσται ὁ σοφὸς ἕνεκα χ. 174, 22

χρηματιστικός ἡ χ. def. III 159, 42 χ. ὁ σπουδαῖος Z. I 53, 11. III 150, 18. 159, 39

χρήσιμος πᾶν ἀγαθὸν χ., ὅτι χρείαν ὠφελείας παρέχεται III 22, 8 τὸ ἀγαθὸν χ. Cl. I 127, 5 μηδὲν χ. προσφερόμενα οὔτε προηγμένα οὔτε ἀποπροηγμένα τῶν ἐκτός III 33, 12 cur ἡ ἀρετὴ χ. 50, 4 τοῖς φαύλοις οὐδὲν εἶναι χ. 168, 28. 169, 2

χρῆσις ἡ ποιὰ τῶν ἀδιαφόρων χ. εὐδαιμονικὴ οὖσα ἢ κακοδαιμονική III 29, 1

χρησμός περὶ χ. tit. l. Chr. III 205, 30

χρηστικός αἱ ἐνέργειαι αἱ χ. τῶν ἀρετῶν III 27, 13

χρηστότης def. III 64, 41. 67, 8. 71, 32 ὑποτάττεται τῇ δικαιοσύνῃ 64, 24 benignitas: bonitas 71, 34 μεταδοτικὴ καὶ ἐπιδοτικὴ αἱ αὐταὶ τῇ χ. 27, 9

χρόνος vid. s. v. Κρόνος; ἐνεστώς, παρῳχηκώς, μέλλων.
περὶ χ. tit. l. Cl. I 106, 33
χ. = τῆς τοῦ κόσμου κινήσεως διάστημα II 164, 33. 165, 1 pass. 189, 6. Apollod. III 260, 18 = τὸ παρακο-

λουθοῦν διάστημα τῇ τοῦ κόσμου κινήσει II 164, 16 = κινήσεως διάστημα Z. I 26, 11. II 164, 15 = πάσης ἁπλῶς κινήσεως διάστημα Z. I 26, 15 = μέτρον τάχους καὶ βραδύτητος II 164, 16

ὁ χ. ἀσώματον II 117, 19. 166, 1. 8 κατ' ἐπίνοιαν ψιλὴν συνιστᾶσιν τὸν χ. 166, 7 καθ' αὐτό τι νοούμενον πρᾶγμα 117, 23 ὄντα οὐ λέγουσι 117, 42 χ. οὐσία αὐτὴ ἡ κίνησις 165, 15 ὑπάρχειν ὁ πᾶς χ. λέγεται, οὐδενὸς αὐτοῦ τῶν ιερῶν ὑπάρχοντος ἀπαρτιζόντως Apollod. III 260, 22 οὐδείς ὅλως ἐνίσταται χ. II 164, 22 ἁρμή τις καὶ συμβολή ἐστι τοῦ παρῳχημένου χ. καὶ τοῦ ἐπιφερομένου τὸ νῦν Arch. III 263, 32

κατὰ τὸν χ. γίνεσθαι τὰ γινόμενα καὶ τὰ ὄντα εἶναι Z. I 26, 13 κατὰ τὸν χ. κινεῖσθαι ἔκαστα καὶ εἶναι II 164, 17 χ. οὐκ ἦν πρὸ κόσμου 165, 5 infinitum incorporeumque tempus deus minime creavit 330, 19 ὁ χ. ἄπειρος 163, 8 ἄπειρος ἐφ' ἑκάτερα 164, 20 οὕτως ἄπειρος, ὡς ὁ πᾶς ἀριθμὸς ἄπειρος Apollod. III 260, 19 εἰς ἄπειρον τέμνεται II 158, 17. 160, 20 παντὸς χ. μέρος εἶναι χ. Apollod. III 260, 14

ἀγαθὸν ὁ χ. οὐκ αὔξει προσγινόμενος III 14, 1
χρυσός ὁ χ. ὑπό τινων φαρμάκων ἐπὶ πλεῖστον χεῖται II 155, 10 admirationem auri argentique nobis parentes et populus fecerunt III 56, 3 (cf. πλοῦτος).
χρῶμα τὰ χ. πρῶτοι σχηματισμοὶ τῆς ὕλης Z. I 26, 1 ἐπίχρωσις τῆς ὕλης Z. 26, 3
χύσις cf. διαχέω, χάος, χέω

ἀπὸ τῆς γῆς πρώτη χ. εἰς ὕδωρ, δευτέρα ἐξ ὕδατος εἰς ἀέρα, τρίτη εἰς πῦρ II 136, 23 τὸ πῦρ οὐκ ἐπιδέχεται τὴν εἰς ἄλλο χ. 136, 13 ὁ κόσμος ἐκ βραχυτέρου ὄγκου χ. ἔχων πολλὴν 188, 1 χ. καὶ πιλήσεις 134, 12
χώρα = τὸ μεῖζον οἷόν τε κατέχεσθαι ὑπὸ σώματος II 163, 3 τὸ ἐκ μέρους ἐπεχόμενον ὑπὸ σώματος Z. I 26, 24. II 163, 16. 22 κενόν : τόπος : χ. Z. I 26, 22. II 163, 15. 22. 26 ἐκπληρωθὲν ὑπὸ σώματος οὐδὲν μέρος τῆς χ., ὅπερ οὐκ ἔσται τόπος II 330, 17
χωρέω τὸ δι' ὅλων κεχ. πνεῦμα II 307, 8 ὁ δι' ὅλων κεχ. τόνος 115, 5 σῶμα χ. διὰ σώματος 151, 17 χ. δι' ἀλλήλων τὰ κιρνάμενα σώματα 155, 1 διὰ παντὸς τοῦ σώματος ἡ ψυχὴ χ. 152, 4

Ψ

ψαύω ψ. κατὰ πέρας τὰ σώματα οὐχ ὅλα ὅλων, οὐδὲ κατὰ μέρος II 159, 23
ψεκτικόν πλεονάζον τῷ μωμίμῳ παρὰ τὸ ἀξίωμα II 62, 29
ψεκτός τὸ αἰσχρὸν ψ. II 296, 2. 297, 17 τὰ ψ. κολάσεως ἄξια 296, 4 ἃ ψέγομεν, κολάζομεν 297, 20 ψ. ἐνέργειαι III 24, 10
ψευδής περὶ τοῦ τίνα ἐστὶ τὰ ψ. tit. l. Chr. II 5, 24 κατὰ ψ. σχήματα συλλογισμοί 7, 17

ψ. φαντασίαι II 25, 15. III 42, 28 pass. (vid. s. v. φαντασία). ψ. συγκατάθεσις III 147, 22 discernere verum a falso vid. s. v. κριτήριον; ψ. in def. διαλεκτικῆς pass.
ψεύδομαι cf. διαψεύδομαι

τὸ ψεῦδος λέγειν τοῦ ψ. διαφέρει II 42, 37 τὸ ψ. ὑπάρχει ἐν τῷ διαψευστικῶς τὸ ψεῦδος λέγειν καὶ ἐπὶ ἀπάτῃ τῶν πλησίον III 148, 5 εἰ ὁ αὐτὸς ἅμα ἀληθεύσει καὶ ψ. II 106, 37 οὐ ψ. ὁ σοφός III 148, 4
ψευδόμενος (sc. λόγος)
in tit. Chr. II 7, 34. 35. 36. 39. 8, 3. 6. e. 63, 22. 92, 17 sqq.
ψευδορκέω ψ.: ἐπιορκεῖν II 63, 29
ψεῦδος cf. ἀληθές, ψεύδομαι

ψ. = τὸ μὴ ὑπάρχον καὶ ἀντικείμενόν τινι II 63, 17 ψ. ψεύδους μᾶλλον οὐκ ἔστιν III 141, 26 πᾶν τὸ ψ. ἐπ' ἴσης ψ. συμβέβηκε 141, 36 ψεύδεσθαι : ψ. λέγειν II 42, 38 ἐκ τῶν ψ. ἐπιγίνεται ἡ διαστροφὴ ἐπὶ τὴν διάνοιαν, ἀφ' ἧς πολλὰ πάθη III 99, 30 ὁ σπουδαῖος ψ. οὐχ ὑπολαμβάνει Z. I 53, 8. III 146, 29. 150, 15 τῷ ψ. ποτὲ συγχρήσεται ὁ σοφός III 148, 7

ψιττακός ἐνάρθρους προφέρεται φωνάς II 74, 5 etsi varie vocem proferant, articulatum nunquam vocabulum pronuntiare queunt 209, 41

ψόγος οἱ ψ. καὶ οἱ ἔπαινοι τοῖς ἐνεργοῦσι καὶ δρῶσιν ἀκολουθοῦσι III 58, 15 ψ. καρποῦνται οἱ διαμαρτάνοντες 58, 17 μενόντων ἁμαρτημάτων καὶ ψ. μένουσι II 295, 23

ψοφοδέεια def. III 99, 7 timidus 165, 30

ψυχή
περὶ ψ. tit. l. Chr. II 235 sqq. III 205, 36. Ant. III 251, 20. 25
ἡ ψ. ὠνόμασται παρὰ τὴν ψῦξιν II 222, 22. 223, 12. 15 = φύσις προσειληφυῖα φαντασίαν καὶ ὁρμήν 149, 39 = ᾗ τὰ ζῷα διοικεῖται 205, 12. 302, 38 = ἡ τῆς αἰσθήσεώς τε καὶ ἐξ ἑαυτῆς κινήσεως αἰτία 205, 34 = αἰσθητικὴ φύσις 217, 15 = spiritus naturalis Z. I 38, 23. II 235, 27 = σῶμα λεπτομερὲς ἐξ ἑαυτοῦ κινούμενον κατὰ σπερματικοὺς λόγους II 218, 1 = πῦρ ἢ πνεῦμα λεπτομερὲς διὰ παντὸς διῆκον τοῦ ἐμψύχου σώματος 218, 26 = πνεῦμα Z. I 38, 8. 39, 30. II 220, 22 = πνεῦμα ἢ λεπτομερέστερόν τι πνεύματος Cl. I 108, 28 = πνεῦμα πῶς ἔχον II 146, 23 = πνεῦμα ἔνθερμον Z. I 38, 4. 9. Ant. III 251, 20 = πνεῦμα ἔνθερμον καὶ διάπυρον II 217, 8 = τὸ συμφυὲς ἡμῖν πνεῦμα Z. I 38, 11. 15. II 217, 15 = πνεῦμα σύμφυτον ἡμῖν συνεχὲς παντὶ τῷ σώματι διῆκον II 238, 32 = τὸ συμφυὲς πνεῦμα ἡμῖν ἔνθερμον III 75, 6 = πνεῦμα πῶς ἔχον ἢ πῦρ νοερόν II 223, 1 = πνεῦμα νοερὸν θερμόν 217, 31 = στερεοῦ σώματος ἀναθυμίασις Z. I 38, 27. 29. Cl. 117, 31. 33 = αἰσθητικὴ ἀναθυμίασις Z. 39, 4 = πνεῦμα συμφυὲς καὶ ἀναθυμίασις αἰσθητικὴ II 217, 29
οὐσία τῆς ψ. ὑπάρχει τὸ πνεῦμα Z. I 38, 33. Cl. 118, 2 = πνεῦμα συγκείμενόν πως ἐκ πυρὸς καὶ ἀέρος II 218, 34. 219, 4 constat ex aëre et igne B. III 267, 10 anima ignis Z. I 38, 1. 2. II 217, 19 πυρώδης II 308, 21 αἷμα ἡ ψ. Diog. III 216, 27 ἡ οὐσία τῆς ψ. ἀναθυμίασις Diog. 216, 23
τὸ πνεῦμα ἐν τοῖς σώμασι τῶν βρεφῶν τῇ περιψύξει γίνεται ψ. II 134, 25 ἡ φύσις ἐν ψυχρῷ γενομένη καὶ στομωθεῖσα ψ. γίνεται 222, 3 τὰ ὑπὸ ψ. κρατούμενα πολὺ πρότερον ὑπὸ φύσεως συνείχετο 303, 2 ἡ ψ. ἀραιότερον πνεῦμα τῆς φύσεως καὶ λεπτομερέστερον 222, 23. 223, 5 ξηρότερον πνεῦμα τὸ τῆς ψ., ὑγρότερον δὲ τὸ τῆς φύσεως 205, 13 ξηρότερον καὶ θερμότερον τὸ τῆς ψ. πνεῦμα 218, 39 ψ. φύσεως τρισὶ διαλλάττει· αἰσθήσει, φαντασίᾳ, ὁρμῇ II 150, 10 ζῇ ἡ ψ. καὶ αἰσθάνεται III 75, 8 ἡ ἐν ἡμῖν ψ. ζῷον 75, 8. 17 sensum sui ab initio sortita est II 229, 22 τῆς ψ. ἡ αἴσθησις μέρος οὖσα σῶμά ἐστιν 220, 9 ἡ ψ. οὐκ ἔστιν αἰσθητή 220, 16 τρέπει ἑαυτὴν εἰς τὴν τῶν πραγμάτων κατάληψιν 229, 32 ἡ φαντασία τύπωσις ἐν ψ. vid. in def. φαντασίας pass. ἡ ὁρμὴ = φορὰ ψ. ἐπί τι in def. ὁρμῆς pass.

ἡ ψ. σώματα κινεῖ Z. I 38, 8 τὴν κίνησιν τῇ ψ. τὴν κατὰ τόπον δίδωσι Z. 39, 30 σωματοειδεῖς τὰς κινήσεις τῇ ψ. ἀποδιδόασι II 221, 28 anima in medio consistens ubique permeat usque ad superficiem deque superficie in medium vertitur 221, 33 σῶμα ἡ ψ Z. I 38, 14. 39, 16. Cl. 116, 35. 117, 6. 11. 14. II 152, 3. 217, 6. 16. 219, 28. 33. 36. pass. 223, 11. III 75, 5 τὰ περὶ ψ. λεγόμενα ἤρτηται ἀπὸ τοῦ σῶμα διὰ σώματος χωρεῖν II 156, 12 ἐκ ψ. καὶ σώματος συνέστηκεν ὁ ἄνθρωπος III 24, 2 οὐδὲν ψ. ἄμοιρον τοῦ τὴν ψ. ἔχοντος σώματος II 155, 28 συμπάσχει ἡ ψ. τῷ σώματι Cl. I 117, 2. 12 τὸ σῶμα τῇ ψ. συμπάσχει Cl. 117, 4. 13 κέκραται ὅλη δι' ὅλου τοῦ σώματος ἡ ψ. Z. I 40, 1 συγκεκραμένη ἡ ψ. τῷ σώματι II 226, 4 διὰ τοῦ σώματος χωρεῖ 157, 7 αἱ ψ. δι' ὅλων τῶν σωμάτων ἀντιπαρεκτείνουσι 153, 10 ἡ ψ. ἰδίαν ὑπόστασιν ἔχουσα δι' ὅλου τοῦ σώματος διήκει 155 25 δι' ὧν ὡς ἕξις κεχώρηκε, δι' ὧν ὡς νοῦς 192, 4 συναύξεται τῷ σώματι καὶ συμμειοῦται πάλιν Ant. III 251, 23 τρέφεται ἐξ αἵματος Z. I 38, 32. Cl. 118, 2 δεῖται οὐ τροφῆς μόνον, ἀλλὰ καὶ ἀέρος II 205, 14 διασῴζεται ἐκ τῆς ἀναθυμιάσεως τοῦ αἵματος καὶ τοῦ κατὰ τὴν εἰσπνοὴν ἑλκομένου ἀέρος 218, 8

ἡ ψ. τοῦ ζῆν καὶ τοῦ θνῄσκειν αἰτία II 118, 15 ἐφάπτεται καὶ χωρίζεται τοῦ σώματος 219, 27. 40 ὡς σῶμα ἔξεισιν ἐκ τοῦ σώματος Z. I 39, 32 χωρισμὸς ψ. in def. θανάτου pass.

ὅμοιοι τοῖς γονεῦσι γινόμεθα οὐ μόνον κατὰ τὸ σῶμα, ἀλλὰ καὶ κατὰ τὴν ψ. Cl. I 116, 33. 117, 9. 15 ἀποδείξει χρῆται τοῦ γεγονέναι τὴν ψ. τῷ τὸν τρόπον ἐξομοιοῦσθαι τὰ τέκνα τοῖς γονεῦσι II 222, 28 ἡ ψ. γενητὴ καὶ φθαρτὴ 223, 18 mortalis Z. I 40, 12 πολυχρόνιον πνεῦμα, οὐ μὴν δὲ ἄφθαρτον δι' ὅλου Z. 40, 7 μετὰ τὸν θάνατον ἐπιμένει, φθαρτὴ δὲ ὑπάρχει II 217, 16 ἡ ψ. ὥσπερ ἡ ἐμψυχία ἀθάνατος μὲν, ἐξισταμένη δὲ ἀπόλλυται B. III 267, 12 ἐπιμένει ἡ τῶν σπουδαίων μέχρι τῆς εἰς πῦρ ἀναλύσεως II 223, 20. 27. 34. 224, 29 ἡ μὲν ἀσθενεστέρα ψ. ἐπ' ὀλίγον ἐπιδιαμένει, ἡ δ' ἰσχυροτέρα μέχρι τῆς ἐκπυρώσεως 223, 30 οὐ πάσας ἐπιδιαμένειν τὰς ψ. μέχρι τῆς ἐκπυρώσεως Cl. I 118, 4 τὰς ψ. μετὰ τὸν χωρισμὸν τοῦ σώματος σφαιροειδεῖς γενέσθαι II 224, 39 αἱ ψ. καθ' αὑτὰς διαμένουσι 321, 11 δαίμοσιν αἱ αὐταὶ γίνονται 321, 18 τὸν ὑπὸ σελήνην τόπον οἰκοῦσι 224, 6. 32 τροφῇ χρῶνται τῇ ἀπὸ γῆς ἀναθυμιάσει 224, 8 virorum fortium animas in modum siderum vagari 225, 4 prudentes animas circa terram prosternit, reliquas ad inferos deicit Z. I 40, 19 sq.

ἡ ἡμετέρα ψ. τοῦ κόσμου ἀπόσπασμα II 191, 39 ἡ ψ. δι' ὅλου τοῦ κόσμου διήκει, ἧς μέρος μετέχοντες ἡμεῖς ἐμψυχούμεθα Cl. I 111, 8 anima est a propria dei substantia II 217, 24 τῆς τῶν ὅλων ψ. μέρη αἱ ἐν τοῖς ζῴοις 217, 17 mundus sapiens habet mentem 30, 17 ὁ κόσμος ψ.

ἐστὶν ἑαυτοῦ καὶ ἡγεμονικὸν 186, 12 ὁ θεὸς ἡ τοῦ κόσμου ψ. Cl. I 120, 22. 38. Diog. III 216, 33 θεὸς ψ. Z. I 42, 13 mens mundi providentia Z. 44, 20 spiritus motivus (sc. materiae) = anima et quidem rationabilis, quae vivificans sensilem mundum exornaverit Z. 25, 20 συνοικειώσεις τῇ ψ. τοῦ παντός II 305, 30 ὁ κόσμος εἰς σῶμα καὶ ψ. μετέβαλε 186, 14 ὁ κόσμος μεταβαλὼν εἰς ὑγρὸν καὶ τὴν ἐναπολειφθεῖσαν ψ. 186, 13 ἡ τοῦ κόσμου ψ. οὐ χωρίζεται μὲν, αὔξεται δὲ συνεχῶς 186, 1 ἡ τῶν ὅλων ψ. ἄφθαρτος, ἧς μέρη αἱ ἐν τοῖς ζῴοις 217, 17 ἡ μὲν τοῦ ὅλου ψ. ἀΐδιος, αἱ δὲ λοιπαὶ συμμίγνυνται ἐπὶ τελευτῇ εἰς ἐκείνην 225, 22 εἶναι ψ. ἐν τῷ ὅλῳ, τὰς δὲ λοιπὰς προσπεφυκέναι ταύτῃ 225, 19 τῇ ἐκπυρώσει τὴν τοῦ κόσμου ψ. διεφθάρθαι 131, 24

πολυμερῆ τὴν ψ. ἀξιοῦσιν εἶναι, διορίζοντες τοῖς τόποις τὰ μέρη II 225, 33 τὴν ψ. ἐξ ὀκτὼ μερῶν συνεστάναι Z. I 39, 21. 24. II 226, 14. 20. 23. 29. 35. 228, 32. enum. 235, 28 dividitur in tres partes Z. I 39, 27 in partes novem Apolloph. I 90, 17 τῆς ψ. κυριώτατον μέρος τὸ ἡγεμονικὸν II 227, 23. 228, 2 σπέρμα ψ. μέρος καὶ μίγμα τῶν τῆς ψ. μερῶν Z. I 36, 3 sqq.

τὴν ψ. ὡς οὐσίαν προϋποκειμένην ταῖς δυνάμεσι προτιθέασι II 225, 42 αἱ δυνάμεις ὡς ἐν τῷ ὑποκειμένῳ ποιότητες, ἡ δὲ ψ. ὡς οὐσία προϋποκειμένη ταῖς δυνάμεσι Z. I 39, 16 μία ἡ τῆς ψ. δύναμις II 225, 29. III 61, 36 μία ἡ ψ. δύναμις, ᾗ λογιζόμεθα A. I 85, 35 ἡ ψ. ὅλη δι' ὅλου δύο ἔχει τὰς ἀντιπαρηκούσας ἀλλήλαις δυνάμεις, τὴν λογικὴν καὶ τὴν ἄλογον II 230, 23 ἀντιληπτικὴν δύναμιν τῆς ψ. θέμενος, ταύτην διαιρεῖ εἰς δύο, αἰσθητικὸν μέρος καὶ νοῦν A. I 86, 34 διοικεῖσθαι ἡμᾶς ὑπὸ τριῶν δυνάμεων, ἐπιθυμητικῆς καὶ θυμοειδοῦς καὶ λογιστικῆς Cl. I 130, 8 εἶναι τῆς ψ. δύναμιν καὶ ἐπιθυμητικὴν καὶ θυμοειδῆ III 112, 16 μηδὲ εἶναι δύναμιν ἐπιθυμητικὴν καὶ θυμοειδῆ 112, 22. 115, 22 ταὐτόν ἐστι τῆς ψ. ᾧ πέφυκεν ἐπιθυμεῖν καὶ μετανοεῖν, ὀργίζεσθαι καὶ δεδιέναι 111, 30   οὐκ ἔστι τὸ παθητικὸν καὶ ἄλογον διαφορᾷ τινι καὶ φύσει ψ. τοῦ λογικοῦ διακεκριμένον, ἀλλὰ τὸ αὐτὸ τῆς ψ. μέρος, ὃ δὴ καλοῦσι διάνοιαν καὶ ἡγεμονικόν, διόλου τρεπόμενον καὶ μεταβάλλον κακία τε γίνεται καὶ ἀρετή, καὶ μηδὲν ἔχει ἄλογον ἐν ἑαυτῷ Ζ. Ι 50, 5. ΙΙΙ 111, 18   τὸ ὅλον εἶναι τὸ τῶν ἀνθρώπων ἡγεμονικὸν λογικόν ΙΙΙ 115, 24   τὸ λογικὸν εἶναι μόνον τῆς ψ. 63, 7   ἔστι καλὴ ἢ αἰσχρὰ ψ. κατὰ τὸ ἡγεμονικὸν μόριον ἔχον οὕτως ἢ οὕτως κατὰ τοὺς οἰκείους μερισμούς 122, 4. 25   ἔστι τῆς ψ. μέρη, δι' ὧν ὁ ἐν αὐτῇ λόγος συνέστηκε 122, 3   ἡ ἀρετὴ τῆς ψ. μία Α. Ι 85, 36   μόνον τὸ καλὸν ἀγαθόν, ὃ ψυχῆς ὡς ψ. ἐστιν ἴδιον ΙΙΙ 10, 21   ἔξωθεν ἐπέρχεται ταῖς ψ. ἡμῶν τὸ σύμπαν τῆς κακίας 56, 26   ἡ τῆς ψ. ἀρετὴ εὐδαιμονία 14, 38   ἡ ψ. πεποιημένη πρὸς τὴν ὁμολογίαν παντὸς τοῦ βίου 11, 39   ἡ ἀρετὴ = διάθεσις ψ. σύμφωνος αὐτῇ περὶ ὅλον τὸν βίον 63, 34.   72, 12   τὸ ἡγεμονικὸν τῆς ψ. in def. ἀρετῆς pass. γινώσκουσα ἡ ψ. χωρὶς τοῦ πράττειν τἀγαθὰ καὶ κακὰ = σοφία καὶ ἐπιστήμη Α. Ι 86, 3   μεταβάλλει ἡ ψ. εἰς σοφίαν ΙΙΙ 52, 9   ἡ πρᾶξις ἡ σπουδαία = ψ. ἐνέργεια λογικῆς 72, 15   πάντοτε τῇ ψ. χρῆται οὔσῃ τελείᾳ ὁ σπουδαῖος Cl. I 129, 29   μία κοινὴ πολιτεία τῶν καθαρῶν ψ. πρὸς τοὺς θεούς Α. Ι 87, 11   ψ. ζῶμεν III 14, 39   ἄνθρωπον ἐκάλει μόνην τὴν ψ. Cl. I 123, 8   ψ. κυριωτέρα τοῦ σώματος καὶ πρὸς τὸ κατὰ φύσιν ζῆν III 33, 14   εὐφυΐα ψ. πρὸς ἀρετὴν ὑπεράγει τῆς τοῦ σώματος εὐφυΐας 33, 17   τὰ περὶ τὴν ψ. κατὰ φύσιν ὄντα καὶ προηγμένα πλείονα τὴν ἀξίαν ἔχει τῶν περὶ σῶμα καὶ τῶν ἐκτός 33, 15   ἡ ψ. μηδὲν ὑπὸ τοῦ σώματος ἢ ὠφελεῖται ἢ βλάπτεται 36, 6. 12   οὔτε εἰς ἀρετὴν τὴν ψ. ἡ ὑγεία μὴ βουλομένην βιάζεται, οὔτε εἰς κακίαν παρὰ γνώμην ἡ νόσος καθέλκει 36, 7   ψ. κατάστασις, καθ' ἣν ἐστι φαντασιῶν ψευδῶν δεκτική, οὔτε παρὰ φύσιν οὔτε κατὰ φύσιν 34, 18   τὰ περὶ ψ. ἀγαθά III 23, 38. 39.   24, 4, 13. 28   τὰ περὶ ψ. κακά 24, 8   τὰ περὶ ψ. ἀγαθά in tria genera dividuntur 25, 8   τὰ οὔτε περὶ ψ. οὔτε ἐκτὸς ἀγαθά 23, 38. 42.   24, 6. 14. 16   τῶν προηγμένων τὰ μὲν περὶ ψ. 32, 41 e. s.   item τῶν ἀποπροηγμένων 33, 5   item οὔτε προηγμένων οὔτε ἀποπροηγμένων 33, 8

κίνησις ψ. ἄλογος παρὰ φύσιν in def. πάθους pass. ψ. in def. ἡδονῆς, λύπης pass.

corporis et animae analogia ἐν τῇ κατὰ μέρος θεωρίᾳ καὶ θεραπείᾳ III 120, 17 sqq.   καθάπερ ἐπὶ τοῦ σώματος ἰσχὺς καὶ ἀσθένεια, εὐτονία καὶ ἀτονία, καὶ ἐν ψ. λογικῇ συνίσταται καὶ ὀνομάζεται 120, 36   οἱ ἐπὶ τοῦ σώματος τόνοι: ὁ ἐν τῇ ψ. τόνος 123, 19   καὶ ἐπὶ τοῦ σώματος εὐτονία καὶ ἐν ψ. 120, 32   ὥσπερ ἐν δρόμῳ καὶ ἐπὶ ψ. ἐστι νευρῶδες 123, 24   ἂν ὁ τόνος ἱκανὸς ἐν τῇ ψ. γένηται πρὸς τὸ ἐπιτελεῖν τὰ ἐπιβάλλοντα, ἰσχὺς καλεῖται καὶ κράτος Cl. I 128, 34   ἡ τῆς ψ. ἰσχὺς τόνος ἐστὶν ἱκανὸς ἐν τῷ κρίνειν καὶ πράττειν ἢ μὴ Cl. I 129, 4.   III 68, 30   εὐτονία ψ. πρὸς τὸ ἐπιτελεῖν τὰ ἑαυτῆς ἔργα III 66, 23   ὧν κατορθοῦσιν ἡ ὀρθὴ κρίσις ἐξηγεῖται μετὰ τῆς κατὰ τὴν ψ. εὐτονίας 123, 6   ἀφίστασθαι ἔστιν ὅτε τῶν ὀρθῶς ἐγνωσμένων ἡμῖν ἐνδόντος τοῦ τόνου τῆς ψ. 123, 11   καλὴ ἢ αἰσχρὰ ψ. ῥηθήσεται κατὰ συμμετρίαν καὶ ἀσυμμετρίαν μερῶν τινων 121, 35   τίνων ἐστὶ μορίων ἡ τῆς ψ. ὑγίεια συμμετρία καὶ νόσος ἀσυμμετρία 121, 31 sqq.   τὸ νοσοῦν σῶμα: ἡ νοσοῦσα ψ. 120, 16   ἡ τῆς ψ. νόσος ὁμοιοτάτη τῇ τοῦ σώματος πυρετώδει καταστάσει 117, 1.   121, 15   ἡ τῶν φαύλων ψ.: τὰ ἐπιτήδεια σώματα εἰς πυρετοὺς ἐμπίπτειν 116, 32   αἰτιᾶται τῶν πραττομένων οὐκ ὀρθῶς ἀτονίαν καὶ ἀσθένειαν τῆς ψ. Chr. III 123, 2   καταπίπτων ἐν σφοδραῖς ὀδύναις ὁ κατὰ τὸ ψυχικὸν πνεῦμα τόνος II 235, 11

μὴ μόνον τὰς ψ. διατιθέναι πως τὸ μέλος, ἀλλὰ καὶ τὰ σώματα Diog. III 227, 7   δύναται ἡ μουσικὴ ἀκίνητον ψ. καὶ ἡσυχάζουσαν ἐγείρειν ἢ τοὐναντίον Diog. 223, 36   ἡ μουσικὴ τὴν ψ. ἀνίησιν καὶ ἀφιλαροῖ Diog. 231, 33

ἀνθ' ἁλῶν τοὺς ὗς ἔχειν τὴν ψ. Cl. I 116, 26

ψυχικός τὰ ψ. III 31, 3. 6 ψ. πνεῦμα II 218, 6. 235, 11

ψυχρός τῷ θερμῷ καὶ τῷ ψ. τὸ δρᾶν ἀναφέρουσι II 134, 8 δραστικὰ τὸ θερμὸν καὶ τὸ ψ. 134, 14 δεύτερον τῇ δυνάμει τὸ ψ. 133, 42. 135, 10 πήγνυται πολλὰ τῷ ψ. καὶ συγκρίνεται καὶ πυκνοῦται 134, 18

τὸ πρώτως σκοτεινὸν πρώτως καὶ ψ. II 141, 10   ὁ ἀὴρ πρώτως ψ. 140, 41 pass.

τὰ ψ. τῆς αὐτοφυοῦς αἰσθήσεως δεῖται Diog. III 222, 36   τὸ ψ. ἀφῆς συγχυτικόν II 141, 8

ἡ ἐν θερμοῖς καὶ ψ. γενομένη συμμετρία ἢ ἀσυμμετρία = ὑγίεια ἢ νόσος III 121, 26   in def. ὑγιείας et νόσου pass.

ψυχρότης θερμότης καὶ ψ. δραστικαὶ ποιότητες II 133, 40   ἡ ψ. οὐκ ἐλάττονα τῆς θερμότητος πάθη καὶ μεταβολὰς ἐργάζεσθαι πέφυκε 134, 17

ψύχω III 28, 11

Ω

ᾠδός τοὺς παλαιοὺς σοφὸν τὸν ᾠ. νομίζειν Diog. III 234, 25

ὠθισμός ὠ. δεδέηται τὸ ποιεῖν καὶ πάσχειν II 119, 32

ὠκεανός ὑπὸ τὴν διακεκαυμένην ζώνην ὑποκέχυται μεταξὺ τῶν τροπικῶν Cl. I 112, 25. 113, 31   sol Oceani alitur humoribus Cl. 112, 27. 113, 14

ὥρα ὁ ἥλιος ποιεῖ τὰς ὥ. Cl. I 112, 3 αἱ ἐτήσιοι ὥ. παθήματα ἀέρος II 202, 11

ὡρισμένον ἀξίωμα τὸ κατὰ δεῖξιν ἐκφερόμενον II 66, 39   πότε ἀληθὲς γίνεται 67, 11

ὡρισμένως ὠ. ἐκφέρειν II 102, 20. 23

ὠφέλεια ἀγαθόν ἐστιν ὠ. ἢ οὐχ ἕτερον ὠ. III 18, 27   ὠ. ἡ ἀρετὴ καὶ ἡ σπουδαία πρᾶξις 18, 28   ἡ θαυμαστὴ ὠ., ἣν οἱ σοφοὶ κινουμένων κατ' ἀρετὴν ἀλλήλων ὠφελοῦνται 160, 30   φιλία τῆς κοινῆς ἕνεκ' ὠφελείας 24, 23   φίλος καὶ αἱ ἀπ' αὐτοῦ γινόμεναι ὠ. 25, 36

ὠφελέω ὠ. = κινεῖν ἢ ἴσχειν κατ' ἀρετήν III 28, 17   τὸ ὠ. = ἴσχειν κατ' ἀρετὴν καὶ τὸ ὠφελεῖσθαι κινεῖσθαι κατ' ἀρετήν 23, 19   λέγεται ἀγαθὸν τὸ ὑφ' οὗ ἢ ἀφ' οὗ ἔστιν ὠφελεῖσθαι, τὸ καθ' ὃ συμβαίνει ὠ., τὸ οἷόν τε ὠ. 18, 20. 43. 19, 2. 5 ἴδιον τοῦ ἀγαθοῦ τὸ ὠ., οὐ τὸ βλάπτειν 28, 12   quae prosunt, bona sunt 23, 11   οὐδέτερα, ὅσα μήτε ὠ. μήτε βλάπτει 28, 6 e. s.

natura prodesse volumus quam plurimis III 84, 1   πάντα ὠφελοῦντα ἴσην ὠφέλειαν ἀπολαμβάνει 23, 17 ὠ. ὁμοίως ὑπ' ἀλλήλων Δία καὶ Δίωνα 58, 38   ὁ ὠ. τινα τῶν πλησίον καὶ ἑαυτὸν ὠ. 160, 14. 20   τὸ ὠ. καὶ τὸ ὠφελεῖσθαι σοφῶν ἐστι 168, 21   πάντες οἱ σπουδαῖοι ὠ. ἀλλήλους 160, 22 pass. μηδένα φαῦλον μήτε ὠφελεῖσθαι μήτε ὠ. 23, 18   οὐκ ὠφελοῦνται οἱ φαῦλοι 168, 15

ὠφέλημα def. Diog. III 218, 24 αἱρετέον ὠ. πᾶν 22, 20   πάντα ὑπομενετέα καὶ ἐμμενετέα 22, 25   αἱρετέα καὶ ὀρεκτέα καὶ ἀποδεκτέα, κατηγορήματα ὄντα, παρακείμενα δ' ἀγαθοῖς 22, 36   ὠ.: ἀγαθά 22, 20 sqq. κατορθώματα ὧν χρὴ εἶναι τὰ κατηγορούμενα ὠ. 136, 36   τὰ παρακείμενα τοῖς ἀγαθοῖς, ἅπερ ἐστὶν ὧν χρή, ὠ. ὄντα, μόνοις τοῖς σπουδαίοις συμβαίνει 154, 7   emolumenta communia hominibus 23, 7 paria 23, 9

ὠφέλιμος πᾶν ἀγαθὸν ὠ., ὅτι τοιοῦτόν ἐστιν ὥστε ὠφελεῖν III 22, 10 πάντα τἀγαθὰ ὠ. Cl. I 127, 8. III 21, 42   μόνα τὰ ἠθικὰ ὠ. A. I 79, 27 ἀδιάφορα μὴ αἱρετὰ μηδ' ὠ. III 35, 28   γίνεται τὰ ὠ. μόνοις τοῖς σπουδαίοις 168, 26

περὶ ὠ. ἀνθρώπων disp. Z. I 57, 2

INDEX VOCABULORUM

AD STOICORUM DOCTRINAM PERTINENTIUM, QUAE AB AUCTORIBUS ROMANIS E GRAECO IN LATINUM SERMONEM TRANSLATA SUNT.

Abdicativus (: dedicativus) = ἀποφατικός
accessio; non accessione neque crescendo = οὐκ αὐξητικῶς
accessus aestuum = πλήμμυρα
accommodare = συνοικειοῦν
accommodatus ad naturam = κατὰ φύσιν
actio s. v. πρᾶξις; actio recta = κατόρθωσις
administratio rei publicae = πολιτεία
aegritudo = λύπη
aegrotatio = ἀρρώστημα
aemulatio = ζῆλος
aequalitas = ἰσότης, ἴσον
aequitas = δικαιοσύνη
aerumna III 101, 13
aestimabile s. v. ἀξία, προηγμένον
aestimandus s. v. ἀξία, προηγμένον
aestimatio = ἀξία
affectio animi = ἕξις
affectus = πάθος
afflictatio III 101, 15
agrestis = ἄγροικος
alienare = ἀλλοτριοῦν
amare s. v. ἔρως, ἐρωτικός
ambiguus = ἀμφίβολος
ambulatio = περιπάτησις
amicitia = φιλία
amissio sensuum vid. s. v. sensus
amor = ἔρως; a. nostri s. v. οἰκείωσις
ampulla = λήκυθος
angor = ἄχθος
animal = ζῷον
animans = ζῷον
animus = λόγος
annus s. v. ἐνιαυτός, ἔτος

anteponere = προάγειν; antepositae (sc. causae) = προκαταβεβλημένα, προηγησάμενα (sc. αἴτια)
anxietas s. v. ἐπιλυπία
apis = μέλιττα
appetitio = ὁρμή; a. naturalis = ὁρμή
appetitus = ὁρμή
applicatio = παράθεσις
approbatio = συγκατάθεσις
ars = τέχνη
artificiosus = τεχνικός
assciscere = λαμβάνειν
assensio = συγκατάθεσις
assensus = συγκατάθεσις
assumere = λαμβάνειν
assumptio = λῆψις
avaritia = φιλαργυρία

Beatus = εὐδαίμων
beneficium s. v. εὐεργέτημα, χάρις
benignitas = χρηστότης
bestia = ζῷον, ἄλογον ζῷον
bonitas III 71, 34
bonum = ἀγαθόν; summum b. = τελικὸν ἀγαθόν, = τέλος

Caelum = οὐρανός
caritas III 8, 1
causa = τὸ ποιοῦν = λόγος = αἰτία; cf. s. v. αἴτιον
cautio = εὐλάβεια
ciconia = πελαργός
claritas s. v. κλέος
clementia s. v. ἐπιείκεια
cognitio = κατάληψις
collatione rationis = κατ' ἀναλογίαν
commendatio s. v. οἰκείωσις

commodum = εὐχρήστημα
commotio = κίνησις
communio = κοινωνία
communis = κοινός
communitas = κοινωνία
compati = συμπάσχειν
compositus = συναπτόμενος
comprehendere = καταλαμβάνειν
comprehendibile = καταληπτόν
comprehensio = κατάληψις
conciliare = οἰκειοῦν
conciliatio = οἰκείωσις
conclusio (argumenti) = ἀπόδειξις
conclusiunculae fallaces = σοφίσματα
concretio = κρᾶσις
confatalis = συνειμαρμένος
congregatio s. v. κοινωνία
congruenter = ὁμολογουμένως, (ἀκολούθως)
coniecturalis status = στάσις στοχαστική
coniunctio generis humani = κοινωνία; c. naturae = συμπάθεια; coniunctione = κατὰ σύνθεσιν
coniunctum = συμπεπλεγμένον
consensus naturae = συμπάθεια
consentaneus = ὁμολογούμενος
consentire = ὁμολογεῖν
consequens = ἐπιγεννηματικόν
conservare s. v. τηρεῖν
consitus = σύμφυτος
consolari = παραμυθεῖσθαι
constans III 48, 8. 66, 35
constantia = εὐπάθεια
constitutio = σύστασις; prima c. II 79, 3
contentus se ipso = αὐτάρκης
continentia III 68, 18
continuus = ἡνωμένος
contrahere = συστέλλειν
contrarius = ἐναντίος
conturbatio def. III 99, 20
conveniens = ὁμολογούμενος
convenienter = ὁμολογουμένως
convenientia = ὁμολογία
convertere = μεταπίπτειν
copulatum = συμπεπλεγμένον
corporalis = σωματικός
corporeae res III 15, 34
corpus = σῶμα
corruptio s. v. φθορά
crinitae = κομῆται

cupere = ἐπιθυμεῖν
cupiditas = ἐπιθυμία; c. gloriae = φιλοδοξία

Declinatio = ἔκκλισις
declivus III 66, 34
decurrere = διαθεῖν; cf. transire
dedicativus (: abdicativus) = καταφατικός
definiendum = τὸ ἀποδιδόμενον πρᾶγμα
delectatio = κήλησις
delectus = ἐκλογή
desiderium III 97, 27
desperatio s. v. ἀθυμία
detractio; per d. = κατὰ στέρησιν
detrimentum = βλάμμα
differenter; moduli non idem d. peragentes = λόγοι ἀδιαφόρως περαίνοντες
dilatare = διαβαίνειν
dilectus rerum = ἐκλογή
diligendum III 11, 9
diligere se s. v. οἰκειοῦσθαι
discordia def. III 97, 26
disiunctum = διεζευγμένον (sc. ἀξίωμα)
dispensatio = διοίκησις
dispositor rerum naturae vid. s. v. διακόσμησις, διακοσμέω
distantia = διεστῶτα (sc. σώματα); cf. διΐσταμαι
divinatio = μαντική
divinus = θεῖος
divitiae = πλοῦτος
dolere = λυπεῖσθαι
dolor = ἀλγηδών, (= πόνος); doloris vacuitas s. v. ἀλγηδών
dolor def. III 101, 13

Ebrietas = μέθη
educatio liberorum = παιδαγωγία
effatum = ἀξίωμα
effectio recta = κατόρθωσις
effectus; in e. III 137, 9 sine e. 137, 10
efferri = ἐπαίρεσθαι
efficiens = ποιητικός
egere = ἐνδεῖσθαι
egestas s. v. πενία
elatio = ἔπαρσις
electio = ἐκλογή
elementum = στοιχεῖον

eligere = ἐκλέγεσθαι
eloquentia s. v. ῥητορική
emolumentum = ὠφέλημα
enuntiatio = ἀξίωμα
enuntiare s. v. ἀξίωμα
error I 16, 28
essentia s. v. οὐσία
 quod est = τὸ ὄν
 quae eveniunt = τὰ συμβαίνοντα
excandescentia = θύμωσις
excedere e vita = ἑαυτὸν ἐξάγειν τοῦ βίου
exceptio = ὑπεξαίρεσις
excessus (sc. e vita) = ἐξαγωγή
expetendum = αἱρετόν
expetere = αἱρεῖσθαι
expletum s. v. τελειωθέν
expositum; primum e. II 79, 3
extremum = ἔσχατον = τέλος

Facere; id quod facit = τὸ ποιοῦν; recte factum = κατόρθωμα, prave factum = ἁμάρτημα
falli s. v. σφάλλεσθαι, ψεύδεσθαι
fama bona = εὐδοξία; divulgatio famae = κατήχησις
fatum = εἱμαρμένη
felicitas = εὐδαιμονία
fides III 137, 31
finis = τέλος
finitivus status = ὁρικὴ στάσις
fixus; f. stellae = ἀπλανῆ; basi fixum III 66, 35
formido = φόβος; f., subiecta sub metum, def. III 99, 21
formidulosus = δεινός
fortificari = ἀνδρίζεσθαι
fortis = ἀνδρεῖος
fortitudo = ἀνδρεία
fortuita III 36, 16
fulgor = ἀστραπή
fulmen = κεραυνός
fundere = αὔξειν

Gaudere = ἥδεσθαι; g. alieno malo vid. s. v. ἐπιχαιρεκακία
gaudium (: laetitia) = χαρά
geminantes (sc. moduli) = διφορούμενοι λόγοι
generalis = γενικός, = κατὰ γένος
generare = γεννᾶν

gestus = σχῆμα, σχηματισμός
gloria = δόξα, = εὐδοξία; gloriae cupiditas = φιλοδοξία
gratia = χάρις; g. reddere (referre) s. v. ἀνταπόδοσις
gratuitus III 8, 2
gratus s. v. εὐχάριστος, εὐχαριστέω

Habitudo III 68, 16
habitus animi = διάθεσις; h. oris = σχηματισμός
homo = ἄνθρωπος
honestas = ἀρετή
honestus = καλός; h. actio = ἡ κατ' ἀρετὴν πρᾶξις
honores vid. s. v. δόξα

Ignescere = ἐκπυροῦσθαι
ignominia s. v. ἀδοξία
ignorantia = ἄγνοια
ignoratio = ἄγνοια
ignoscere = συγγιγνώσκειν
imbecillitas = ἀσθένεια
immutabilis III 66, 34
impendens = προσδοκώμενος
impetus = ὁρμή
impossibilis = ἀδύνατος
imprimere s. v. ἐναποσφραγίζω, ἐναπομάττω
improbus = φαῦλος
impropendens III 66, 33
inaequabilitas = ἀνωμαλία
inaestimabile = τὸ ἀπαξίαν ἔχον
inanimis (inanimus) = ἄψυχος
incessus s. v. περιπάτησις
inchoatum officium III 5, 29 s. v. καθῆκον; i. intelligentiae s. v. πρόληψις
incommodum = δυσχρήστημα
incomptus = ἄπλαστος
inconstantia III 142, 28
incorporalis = ἀσώματος
indemonstrabilis = ἀναπόδεικτος
indifferens = ἀδιάφορον
indigentia = σπάνις
indissimilis = ἀπαράλλακτος
inexplicabilia = ἄπορα
infans s. v. τέκνον
inferi s. v. Ἅιδης
informis = ἀσχημάτιστος
inhospitalitas s. v. μισοινία, μισοξενία

12*

inimicitia = κότος
initia naturae (= principia naturae) = τὰ πρῶτα κατὰ φύσιν
iniuria = τὸ ἄδικον; vid. s. v. ἀδικεῖν, cf. ἀδίκημα; i. accipere = ἀδικεῖσθαι
insania = μανία
inscientia = ἄγνοια
insipiens = φαῦλος, cf. ἄφρων
insipientia s. v. ἀφροσύνη
integritas sensuum = ἀρτιότης αἰσθητηρίων cf. εὐαισθησία
intelligentiae inchoatae s. v. πρόληψις
intemperantia III 92, 25
invenire = εὑρίσκειν
inventio = εὕρεσις
invictus = ἀήττητος
invidentia = φθόνος
invincibilis = ἀνίκητος (ἀήττητος?)
ira = ὀργή
iracundia = ὀργιλότης
irritare = κινεῖν

Iactatio III 98, 13
iubere = προστάττειν cf. προστακτικός
iudicium = κρίσις; = οἴησις, δόξα
ius = τὸ δίκαιον
iustificari = δικαιοπραγεῖν
iustitia = δικαιοσύνη

Laetabile = χαρτόν
laetitia (: gaudium) = ἡδονή
lamentatio = γόος
laudabile = ἐπαινετόν
laus III 24, 34. 38, 24. 45; cf. κλέος
legere (cf. eligere) = ἐκλέγεσθαι
lex = νόμος
liberalitas III 12, 33
liberi = τέκνα; velle ex uxore l. cf. τεκνογονία; l. educatio = παιδαγωγία
libido = ἐπιθυμία
locus = τόπος
loqui s. v. λέγειν
luctus = πένθος

Maeror = κλαῦσις
malitia = κακία
malivolentia = ἐπιχαιρεκακία
malum = κακόν
manere = μένειν
mansio = μονή

materia = ὕλη
mederi = θεραπεύειν
medius = μέσος, cf. μεταξύ
memoria = μνήμη
mens = λόγος
metus = φόβος
miser s. v. κακός, κακοδαίμων
miseria s. v. κακία, κακοδαιμονία
misericordia = ἔλεος cf. οἶκτος
modulus = λόγος
moestitia = λύπη
molestia s. v. ἀνία; vacare m. s. v. ἀταραχία
molimentum III 138, 40
bene moratus = σπουδαῖος
morbus = νόσος = νόσημα
mori = ἀποθνῄσκειν cf. θάνατος
mors = θάνατος
motus = κίνησις
mulierositas = φιλογυνία
mundus = κόσμος
muta (sc. animalia) = ἄλογα ζῷα

Nasci s. v. γίγνεσθαι, γεννᾶσθαι, φύσις
natura = φύσις
necessarius = ἀναγκαῖος; necessarium cf. δέον
necessitas = ἀνάγκη
negotium III 9, 14
neutrum = οὐδέτερον
nobilis = εὐγενής
nobilitas = εὐγένεια
nocere = βλάπτειν
nomen s. v. σημαίνω, ὄνομα
nos; in nobis positus = ἐφ' ἡμῖν
notio = ἔννοια
notitia; notitiae rerum = ἐπιστήμη; cf. ἔννοια
numerus = ἀριθμός
nutrix = τιθήνη

Obscoenum s. v. κυνίζω
obtrectatio = ζηλοτυπία
odium = μῆνις; o. mulierum = μισογυνία
offensio = προσκοπή
officium = καθῆκον; o. medium = μέσον καθῆκον
opes s. v. πλοῦτος
opinari = δοξάζειν
opinatio = δόξα; = οἴησις

opinio = δόξα; cf. ὑπόληψις; opinione = θέσει
opportunitas = εὐκαιρία
oppositum = ἀντικείμενον
optabile III 11, 11; vid. s. v. ἀγαθόν
opus esse (: egere) = δεῖσθαι
orbatio; per o. = κατὰ στέρησιν
otiosus s. v. σχολαστικός

Par = ἴσος
parentes = γονεῖς
parvi s. v. τέκνα
passio = πάθος
patientia tormentorum III 27, 26. 152, 17; vid. s. v. καρτερία
patria = πατρίς
paupertas = πενία
pavor def. III 99, 19
pax = εἰρήνη
peccatum = ἁμάρτημα
pecunia s. v. πλοῦτος
perceptio = κατάληψις
perceptum = θεώρημα
percipere = καταλαμβάνειν cf. καταληπτικός
perfectio s. v. τελειωθέν
perfectus = τέλειος, τελειωθείς
perpetuitas III 43, 36
perseverantia III 66, 33
pertinens ad ultimum = τελικός
perturbatio animi = πάθος
perversio = διαστροφή
philosophari = φιλοσοφεῖν
pietas s. v. εὐσέβεια
pigritia = ὄκνος
pilae lusus = σφαιρίζειν
pilus = θρίξ
pina = πίννη
pinoteres = πιννοτήρης
placens = ἀρεστόν
poena s. v. κόλασις
poenitentia = μεταμέλεια
ponere; in nobis positum esse = ἐφ' ἡμῖν εἶναι
populus s. v. πλῆθος
posterum ac consequens = ἐπιγεννηματικόν
potestas; in nostra p. = ἐφ' ἡμῖν
praecipuus = προηγούμενος
praemium III 12, 36. 13, 2
praepositum = προηγμένον

praepositae (sc. causae) = προκαταβεβλημένα, προηγησάμενα (sc. αἴτια)
praesens = παρόν
praesensio s. v. πρόγνωσις
praeteritum = παρεληλυθός
prave factum = ἁμάρτημα
prima naturae = πρῶτα κατὰ φύσιν; (= prima naturae commoda)
principalis = προηγούμενος; p. animae pars = principale = τὸ ἡγεμονικόν
principium naturale = principia naturae = πρῶτα κατὰ φύσιν
probabilis = πιθανός; = εὔλογος
probandum = δοκιμαστόν
probus s. v. σπουδαῖος
procedere = προκόπτειν
proclivitas = εὐεμπτωσία
proclivus = εὐέμπτωτος
prodesse = ὠφελεῖν
productio = τὸ προάγειν
productum = προηγμένον
promotum = προηγμένον
propensio Z. I 47, 8
propensus III 84, 34
proprietas; singularum rerum singulae p. = ἰδίως ποιά
providentia = πρόνοια
prudens s. v. φρόνιμος
prudentia = φρόνησις; p. vel providentia = πρόνοια
pudor s. v. αἰδώς, (αἰσχύνη)

Quaerere = ζητεῖν
quaestio = ζήτησις
qualitas = ποιότης
quiescere = ἡσυχάζειν

Ratio = λόγος; recta r. = ὀρθὸς λόγος
rationalis = λογικός
recens = πρόσφατος
recessus (sc. aestuum) = ἄμπωτις
rectus = ὀρθός; r. effectio = κατόρθωσις; recte factum = rectum = κατόρθωμα
reicere = διωθεῖσθαι, ἀποπροάγειν; reiectum = ἀποπροηγμένον
relatio = τὸ ἀποπροάγειν
religio s. v. ὁσιότης
remotum = ἀποπροηγμένον
renovatio mundi = παλιγγενεσία; cf. ἀποκατάστασις

res familiaris s. v. οὐσία
rem publicam gerere, administrare = πολιτεύεσθαι
rudens = ἄλυσις
rudis III 170, 26
rusticus = ἄγροικος

Sanitas = ὑγίεια
sapere = φρονεῖν
sapiens = σοφός
scientia = ἐπιστήμη; (III 68, 18 = φρόνησις)
secundum = ἀκολούθως
selectio = ἐκλογή
seligere = ἐκλέγεσθαι
sensualis = αἰσθητικός; ignis s. = πῦρ νοερόν
sensus = αἴσθησις; = αἰσθητήριον; s. sui = συνείδησις; sensuum amissio = πήρωσις; s. integritas = ἀρτιότης αἰσθητηρίων, cf. εὐαισθησία
sepultura = ταφή
per sequellas = κατὰ παρακολούθησιν
series (sc. causarum) = εἱρμός
servus = δοῦλος : οἰκέτης
sidus s. v. ἄστρον
silva = ὕλη
similitudo = ὁμοιότης, τὸ ὅμοιον; similitudine = καθ' ὁμοιότητα
societas = κοινωνία
sollicitudo = φροντίς
somnium = ὄνειρος; = ἐνύπνιον; somniorum coniectio = ὀνειροπολικόν
specialis = εἰδικός
species = φαντασία; = εἶδος
spiritus = πνεῦμα
status = στάσις; st. coniecturalis = στάσις στοχαστική (στοχασμός); st. finitivus = στάσις ὁρική
stella s. v. ἀστήρ
stultitia s. v. ἀφροσύνη
stultus s. v. ἄφρων, φαῦλος
sublatio = ἔπαρσις
substantia s. v. οὐσία, ὑποκείμενον
sufficere (solum) = αὐτάρκη εἶναι
sumere = λαμβάνειν; sumendum = ληπτόν
susceptio III 137, 12
suspicio s. v. ὑπόληψις

Temeritas vid. s. v. προπέτεια
temperantia s. v. καρτερία
temperatio = εὐκρασία
terror s. v. δέος
timere = φοβεῖσθαι
timidus III 165, 30; vid. s. v. ψοφοδέεια
timor def. III 99, 18
tonitruum = βροντή
transire = διήκειν
tristitia III 15, 1 sqq.
tumor III 132, 17
turpe = αἰσχρόν
turpitudo = κακία

Ultimum; bona ad illud u. pertinentia = ἀγαθὰ τελικά
urbanitas = πολιτική
usu = κατὰ περίπτωσιν
utile = τὸ συμφέρον; cf. λυσιτελές, χρήσιμον
uxorem ducere = γαμεῖν; cf. γάμος

Vacare molestia s. v. ἀταραχία
vacuitas doloris s. v. ἀλγηδών
valetudo = ὑγίεια
vapor = ἀναθυμίαμα; cf. ἀναθυμίασις
vehementior appetitus = πλεονάζουσα ὁρμή
velocitas = ταχύτης
venia = συγγνώμη
ventus = ἄνεμος
verbum s. v. σημαῖνον, ὄνομα, ῥῆμα
vetare = ἀπαγορεύειν; cf. ἀπαγορευτικός
videre = φαντασιοῦσθαι
vir bonus = ἀγαθός; = σπουδαῖος
virtus = ἀρετή
visum = φαντασία; = φανταστόν
visus = ὄψις
vita = ζωή; = βίος; vid. s. v. ζῆν
vitiositas = κακία
vitium = κακία
vivere = ζῆν; = βιοῦν
voltus = πρόσωπον
voluntas = βούλησις; = προαίρεσις
voluptas = ἡδονή
vultus cf. voltus

INDEX NOMINUM PROPRIORUM.

Academici
qua de re maxime cum Chr. et Ant. disputaverint III 42, 23 Ant. contra Ac. 246, 36 *pass*. λόγοι εἰς διαβολὴν τῶν αἰσθήσεων II 33, 32 eorum περὶ αὐξήσεως sententiam imp. Chr. II 214, 22

Achilles
III 47, 11. 118, 22. 129, 2. 6

Admetus
III 128, 33

Agatho
in tit. l. Chr. II 6, 38

Alcmaeo
III 167, 34

Alcman
frg. 25 II 57, 20

Alexander
Diog. III 220, 35
in tit. l. Chr. II 6, 9. 7, 31

Alexinus
πρὸς τὰς Ἀ. ἀντιγραφάς tit. l. A. I 75, 23 eius sophismata II 34, 15 Ἀ. ὁ ἀνάγωγος οὔ φησιν ἐρυσθήσεσθαι τὸν σοφόν III 181, 18

Aminias
in tit. l. Chr. II 7, 24

Anacreon
frg. 15 II 57, 28
Diog. III 229, 24

Antigonus Gonatas
vid. Epicurus, Persaeus, Philonides, Zeno

Antipater
Tarso oriundus III 244, 3. 20 ἔπλευσεν ἐκ Κιλικίας εἰς Ἀθήνας 246, 8 semel egressus numquam domum revertit 244, 10 φάρμακον πιὼν ἀπέθανε 245, 5 καλαμοβόας ἐπεκλήθη III 244, 17 Ἀ. καθηγητὴς Διογένης ὁ Βαβυλώνιος 244, 6 Ἀ. τοῦ Διογένους γνώριμος 253, 4. 31 τοῦ Ἀ. Ποσειδώνιος ἠκροᾶτο 244, 7 A. discipuli enum. 245, 24 A. contra Academicos de logicis pugnans 247, 6 *pass*. digladiatur cum Carneade tot voluminibus 244, 12. 16 *pass*.

Antipatristae
III 246, 6

Antisthenes
III 39, 19

Apelles
Chr. discipulus II 4, 29

Apollas
in tit. l. Chr. II 6, 24. 8, 4

Apollodorus
ἐν τῇ ἠθικῇ de indifferentibus scr. III 28, 9

Apollonides
in tit. l. Chr. II 5, 36

Apollophanes
γνώριμος τοῦ Ἀρίστωνος I 90, 29

Arcesilaus
Zenonis condiscipulus apud Polemonem I 8, 8. 10. 9, 9 pugna Zenonis et A. 8, 18 A. discipulus Heraclides II 4, 30 contra librum eius, qui vocatur τὸ μεθόδιον, scr. Chr. 8, 20 Chrysippus A. superare studet in libris κατὰ τῆς συνηθείας 34, 4

Archedemus
ἐκ τῆς Ταρσοῦ III 262, 3 Ἀθηναῖος

εἰς τὴν Πάρθων μεταστάς 262, 5 'Α. συντάξεις 262, 8 pass.

Archestratus
III 178, 9. 13

Archilochus
III Diog. 234, 31

Aristagoras
in tit. l. Chr. II 5, 2. 9. 7, 1

Aristarchus
πρὸς 'Α. tit. l. Cl. I 107, 2

Aristides
III 143, 10

Aristo
ἐπικαλούμενος Σειρήν I 75, 3 de A. vi dicendi 76, 20 Zenonis auditor 83, 30 παραβαλὼν Πολέμωνι μετέθετο 75, 8 ἠσπάζετο Κλεάνθην καὶ τῶν ὁμιλητῶν ἐκοινώνει 76, 7 Chrysippus A. scholis vacare noluit II 4, 9
ἐν Κυνοσάργει διαλεγόμενος I 75, 4 οὐ συνέγραψε πλὴν ἐπιστολῶν ὀλίγων 76, 4 scripta eius: 'Α. τοῦ Περιπατητικοῦ 75, 26
'Α.: Ἀρκεσίλαος I 76, 32. 77, 25. 28. 33 'Α.: Περσαῖος 102, 27 εἰς ἀπορίαν συνελαύνει τὸν 'Α. Χρ. III 9, 5 Χρ. 'Α. ἐγκαλῶν III 62, 6 honestum solum bonum esse contra A. negat Chr. III 9, 12 'Α. φιληδονία I 90, 30 τὸν τῆς ἡδονῆς καὶ ἀρετῆς μεσότοιχον διορύττων I 77, 17
'Α. tit. l. Apolloph. I 90, 29

Aristobulus
II 4, 29. in tit. l. Chr. 8, 11

Aristocles
in tit. l. Chr. II 9, 2

Aristocreo
filius sororis Chrysippi, ab eo arcessitus et eruditus II 2, 26 imaginem Chr. elogio ornatam erigit 3, 20 ἐν ταῖς Χρ. ταφαῖς 4, 27 inter discipulos Chr. recensetur 4, 31 libri a Chr. ei dedicati 7, 34. 36. 39. 8, 3. 4. 7. 9, 34. 39. 10, 3

Aristoteles
de studiis eius dialecticis Chr. II 38, 22 in l. περὶ ἀντικειμένων Stoicis pleraque praeivit 49, 17 eum Chr. sequitur περὶ στερητικῶν 52, 27 acerbissime A. Chrysippus imp. II 12, 5 τοῦ κώλου deff. A. usurpantur ab Arch. III 262, 26 Sosig. περὶ τῆς κράσεως πολλὰ τῶν εἰρημένων ὑπ' 'Α. καὶ αὐτὸς λέγει 258, 8
'Α. περὶ δικαιοσύνης ἀντιγράφων Chr. III 8, 23 St. cum A. consentiunt virtutem existere in homine φύσει καὶ ἔθει καὶ λόγῳ 51, 19   A. negat τὴν ἀρετὴν ἀναπόβλητον εἶναι 57, 6 ἀκολουθεῖ καὶ τὸ τοὺς σοφοὺς ἀναμαρτήτους εἶναι κατ' 'Α. II 41, 24 ἐλήρει 'Α. τὴν θαυμαστὴν ἀγνοῶν ὠφέλειαν, ἣν οἱ σοφοὶ ὠφελοῦνται κινουμένων κατ' ἀρετὴν ἀλλήλων III 160, 29

Athenades
in tit. l. Chr. II 5, 8. 22. 7, 22. 8, 12

Athenae
Athenis tenue caelum, crassum Thebis II 274, 38

Athenodorus
Σολεύς, Ζήνωνος μαθητής I 14, 6. 19. in tit. l. Chr. II 5, 10

Brasidas
ἴσην δειλίαν τὴν Β. τῇ Δόλωνος III 143, 11

Callippus
Κορίνθιος, Ζήνωνος μαθητής I 14, 5

Carneades
unus ex legatis propter Oropi vastationem III 211, 10 pass. dictum Carn. legati 211, 16
Ant. digladiatur cum C. tot voluminibus III 244, 13 pass. C. contra Ant. pugnat de logicis 247, 16 pass. C. armatus a Chrysippo II 12, 16. 34, 13 contra Chr. de levanda aegritudine III 132, 26 C. imp. Chr. in sorita ἡσυχάζοντα II 91, 18 qui post Chr. et Diog. fuerunt, cum Carn. sustinere non possent, εὐδοξίαν propter se praepositam esse dixerunt III 37, 37

Cato
Stoicus III 4, 11

Celsus

ab Origene cum Chr. comp. III 124, 32

Chrysippus

Chr., Apollonii filius, Solensis II 1, 2. 2, 31. 3, 2   Heliopolites 3, 4   Tarsensis 1, 3. 4, 12   patre fuit Tarsensi, qui Solos transmigraverat 2, 32

corpore fuit exiguo II 2, 5   δόλιχον ἤσκει 1, 4   genus vitae 3, 10   noluit ad Ptolemaeum ire 2, 25   qualem in morbo se gesserit 3, 12   LXXIII annos natus moritur, Ol. CXLIII, teste Apollodoro 2, 15   sec. alios LXXXI annos vixit 2, 29   anno LXXX scripsit Λογικῶν undequadragesimum volumen 10, 9   Chr. senex III 176, 22   de genere mortis II 2, 18

imago ab Aristocreonte posita et elogio ornata II 3, 20   statua eius in Ceramico 2, 5   in gymnasio fori 3, 18

re familiari amissa philosophiae se dedicat II 2, 3   Ἀρκεσιλάῳ καὶ Λακύδῃ ἐν Ἀκαδημίᾳ συνεφιλοσόφησεν 2, 8   adulescens audivit Cleanthem 10, 26   diu audivit 10, 27   Cleanthis discipulus 1, 4 sq.   qualem se gesserit erga Cleanthem 1, 10   Cleanthi a dialectico quodam vexato patrocinatus 4, 6   a vivo Cleanthe discessit 1, 5   audivit Zenonem 1, 4   noluit Aristonis vacare scholis 4, 9

πρῶτος ἐθάρρησε σχολὴν ὕπαιθρον ἔχειν ἐν Λυκείῳ II 2, 26   in odeo scholas habet 2, 13   semper fere cum discipulis conversatur 3, 29   certas servat scholarum horas 3, 7   mercedes a discipulis acceptavit 3, 28   sororis filios, Aristocreontem et Philocratem, erudivit 2, 25

laudatur ἡ πολυμαθία καὶ ἡ τοῦ ἤθους ἐπιείκεια III 198, 25   fulcire putatur porticum II 34, 17   εἰ μὴ γὰρ ἦν Χρ., οὐκ ἂν ἦν Στοά 3, 38   sibi optimus videtur aequalium philosophorum 3, 32   quid est a Chr. praetermissum in Stoicis? 12, 30   acutissimus erat 1, 9   magnus in dialecticis 1, 15   in logicis maxime elaboravit 18, 5

Platonem et Aristotelem acerbissime impugnat II 12, 5   ὡς μαλακὸν καὶ ἄδικον πολλάκις ἐλοιδόρησε τὸν Ἐπίκουρον 284, 38   in plurimis a Zenone et Cleanthe dissentit 1, 7   πολλαχοῦ φαίνεται καθαπτόμενος Κλεάνθους 10, 24   περὶ τῆς Κλεάνθους καὶ Χρ. διαφορᾶς tit. l. Ant. III 257, 24   Arcesilaum superare studet in libris κατὰ τῆς συνηθείας II 34, 3   iis, quae contra Arcesilam scripsit, Carneadem quoque cohibuit 12, 21   arma commodat Carneadi 12, 16   a Chr. armatum esse Carneadem 34, 9   Democriti de cono sententiam imp. 159, 34   ab Epicharmo τὸν περὶ αὐξήσεως λόγον repetit 214, 21   Praxagoram medicum imp. 246, 23

Chr. laboriosissimus II 1, 18   quingenos versus cotidie scribit 2, 2   libri plures septingentis quinque 1, 17   librorum logicorum catalogus 4, 37   ethicorum catalogus mutilus II 8, 28   conspectus fragmentorum ad singulos libros relatorum III 194 sqq.   συλλογιστικὴ πρώτη et δευτέρα II 76, 22   πρώτη περὶ συλλογισμῶν εἰσαγωγή 80, 26   αἱ τρεῖς Συλλογιστικαί 83, 12

libri scatent repetitionibus II 1, 18   ter et quater easdem res tractat 237, 15   libri scatent testimoniis 1, 20 sq.   saepe placita suis contraria argumentis firmat 12, 12 sq.   saepe ad alios auctores legentes relegat 10, 29   testimoniis utitur ineruditorum et poëtarum et etymologiae 237, 4   a Chr. in l. περὶ ἀποφατικῶν afferuntur II 53 sqq.: Alcman fr. 25, Anacreo fr. 15, Cypriorum fr. 13 K., Euripidis Androm. 205, Dictys fr. 344 N., Hel. 1261, Iph. Aul. 28, Phoenix fr. 814 N., Stheneb. fr. 662 N., Suppl. 270, Inc. fab. fr. 896; Ibycus fr. 27 Bgk., Lyric. fr. adesp. 5. 106 Bgk., Pindarus fr. 198 Bgk., Sappho fr. 36. 69 Bgk., Thespis fr. 2 N., Timotheus Cycl. fr. 4, Tragic. fr. adesp. 77. 78. 79. 83 N.   etymologiae: Ἅιδης II 141, 24; ἐγώ 237, 34; κνέφας 141, 21; Μαῖσων III 200, 30; μύρα 200, 23; νέφος II 141, 22; omnia verborum momentis, non rerum ponderibus examinat III 195, 24 nova vocabula procudit II 10, 39 vocabula a se in dialecticam inducta peculiari libro explicavit 18, 20

πλεονάσας τοῖς πράγμασι τὴν λέξιν οὐ κατώρθωσε II 1, 15 rei agendae causa loquitur et verbis non ultra quam ad intellectum satis est utitur 317, 25 τὸ μὲν τῆς ἀσαφείας αὐτῷ σύνηθες, τὸ δὲ τῆς βραχυλογίας ἄηθες 249, 27 obscurus, ut interprete egeas 11, 39 πολλαχοῦ γλίσχρος ἐστὶν εὑρησιλογῶν ἀπιθάνως καὶ παραβιαζόμενος 32, 12 τὸ σολοικίζειν σύνηθες τῷ Χρ., τὸ δ' ἀδιανόητα λέγειν οὐδαμῶς 245, 4 peccat contra Atticam dialectum 11, 3 peccat in compositione verborum 11, 27 ieiune et exiliter disputat 11, 15 a rhetoricis artificiis non alienus 11, 20 sq. scribendi ratio: ὥσπερ ἐν δίκῃ μετὰ πάθους τινός 34, 6

plerumque in libris moralibus a Iove, Fato, Providentia exordium capit II 11, 43 περὶ μεγεθῶν καὶ πληθῶν τῇ τῶν Ἀκαδημαϊκῶν συστάσει χρησάμενος 2, 10 κατὰ τῆς συνηθείας καὶ ὑπὲρ αὐτῆς ἐπεχείρησε ib. de Chr. queri solent Stoici, dum studiose omnia conquisierit contra sensus, ipsum sibi respondentem inferiorem fuisse 34, 10 πάντα λίθον κινεῖ καὶ πᾶσαν ἐρευνᾷ δύναμιν σώματος εἰς γένεσιν τῶν περὶ ψυχὴν πράξεων 221, 22

ἔτι μᾶλλον τὸ πρᾶγμα (sc. de indifferentibus quaestionem) δυσδιάθετον πεποίηκεν III 33, 28 συγχωρεῖ τοῖς βουλομένοις τὰ προηγμένα καλεῖν ἀγαθά 33, 19 οὔθ' αὐτὸν ἀποφαίνει σπουδαῖον οὔτε τινὰ τῶν αὐτοῦ γνωρίμων ἢ καθηγεμόνων 166, 23 τοῖς φαύλοις κατ' αὐτοὺς ἐγκαταριθμοῦνται Ζήνων καὶ Χρ. 165, 2

ad rem publicam non accessit neque non misit III 174, 34 Chr. dictum interrogati, διὰ τί οὐ πολιτεύεται 174, 26 nullum librum regi dedicavit II 2, 22

ὁμολογεῖ ἀπείρως ἔχειν τῶν ἀνατομῶν II 246, 20 mirabilia narrat in libris 10, 33 obscoenam imaginem Iovis et Iunonis describit 314, 2 sq. cinaedum e sternutatione agnoscit 4, 16 sq. in potationibus crura agitat 3, 39

Circe
III 189, 14

Cleanthes
Φανίου Ἄσσιος I 103, 3 γέγονε ἐπ' ἄρχοντος Ἀριστοφάνους 106, 12 πρῶτον ἦν πύκτης 103, 4 Ζήνωνι παραβαλὼν ἐφιλοσόφησεν 103, 6 νύκτωρ ἐν τοῖς κήποις ἤντλει 103, 8. 104, 12 τοῦ βίου ἀπηλλάγη ἐπ' ἄρχοντος Ἰάσονος 106, 11 ἐννέα καὶ ἐνενήκοντα γεγονὼς ἔτη 105, 29 ταὐτὰ Ζήνωνι ἔτη βιώσαντα τελευτῆσαι 105, 26 ἀποσχόμενος τροφῆς ἐξέλιπε τὸν βίον 105, 25. 32

Ζήνωνος μαθητής I 105, 28. 112, 9 ἀκούσας Ζήνωνος ἔτη ἐννεακαίδεκα 105, 27 Zenonem audivit una cum Aristone 120, 20 Dionysii Heracleotae condiscipulus 95, 14 ἦν πονικὸς μέν, ἀφύσικος δὲ καὶ βραδὺς ὑπερβαλλόντως 103, 27 βραδύτερος δοκῶν εἶναι τῶν συσχολαστῶν 104, 4 σκωπτόμενος ὑπὸ τῶν συμμαθητῶν καὶ ὄνος ἀκούων 103, 31

Ζήνωνος διάδοχος I 104, 1. 105, 29. 106, 25 ἐπὶ τῶν αὐτῶν ἔμεινε δογμάτων 103, 6 a Ptolemaeo invitatus Sphaerum mittit II 2, 23 ad rem publicam non accessit neque non misit III 174, 34 mercedes a discipulis acceptavit I 104, 17

Κ. ἤκουσε καὶ Σφαῖρος ὁ Βοσποριανός I 139, 17 Σφαῖρος συσχολάζων Χρυσίππῳ παρὰ Κλ. 140, 38 De Chrysippo Cl. discipulo vid. s. v. Chrysippus. Κ. τὴν σχολὴν διακατέσχεν ἐπ' ἔτη τριάκοντα καὶ δύο 106, 13 κατέλιπε τὴν σχολὴν Χρυσίππῳ 106, 26 πρὸς Κ. tit. l. A. I 75, 25 περὶ τῆς Κ. καὶ Χρυσίππου διαφορᾶς tit. l. Ant. III 257, 24

Cleo
in tit. l. Chr. II 9, 38

Clitus
in tit. l. Chr. II 5, 22

Index nominum propriorum.

Crates
Zeno Citieus C. audiebat I 3, 12. 7, 14. 8, 12 Ἀπομνημονεύματα Κ. Ἠθικά tit. l. Z. I 15, 7. 71, 7

Crates Grammaticus
fretus Chrysippo contra Aristarchum est nixus II 45, 22

Crexus
τὸ τοῦ Κ. πόημα adfert Diog. III 227, 32

Critolaus
C. Peripateticus, unus ex legatis propter Oropi vastationem III 211, 10

Cypria
fr. 13 K. II 57, 11

Cypselus
C. Corinthi regnaturum esse, millesimo ante anno Apollinis oraculo editum est II 276, 33

Damon
Diog. III 222, 1

Democritus
πρὸς Δ. tit. l. Cl. I 107, 1 eius de cono sententia a Chrysippo imp. II 159, 34

Diaphanes
Chrysippi discipulus II 4, 28

Dicaearchus
laudatur a Diog. III 234, 24

Dio
in tit. l. Chr. II 5, 12. 6, 10

Diocles
in tit. l. Chr. II 9, 13. 14

Diodorus
in tit. l. Chr. II 9, 19. 40

Diodorus Cronus
Ζήνων συνδιέτριψε Δ., παρ' ᾧ τὰ διαλεκτικὰ ἐξεπόνησεν I 6, 3 Chrysippi cum D. certamen II 276, 20. 28 eius sophismata 34, 15 nullum verbum dicit ambiguum esse 45, 31

Diogenes Babylonius
ἀπὸ Σελευκείας ὢν Βαβυλώνιος καλεῖται III 210, 9. 12 τὴν αὑτοῦ κατέλιπε πατρίδα 210, 21 Romae fuit 210, 25 legatus Athenis Romam venit 210, 30 pass. modesta dicebat et sobria 211, 16 ὀκτὼ καὶ ὀγδοήκοντα ἔτη ἐζήσεν 210, 17
Χρυσίππου ἀκροατής III 210, 3. 217, 34 γνώριμος τοῦ Ζήνωνος 210, 15 παρέλαβε Ζήνωνος τὴν σχολήν ib. Δ. μαθηταί 211, 30 sq. Ἀντιπάτρου καθηγητής 244, 6

Diogenistae
πολλῶν εἰσι φιλοσόφων ἐν ἄστει σύνοδοι τῶν Διογενιστῶν λεγομένων III 246, 6

Diogenes Cynicus
a Chrysippo laudatur III 177, 15

Dionysius
in tit. l. Chr. II 6, 13. 15. 9, 9

Dionysius Heracleota
παῖς Θεοφάντου I 93, 10 πόλεως Ἡρακλείας 93, 11 Ἄρατον ἀπεδέχετο, ζηλῶν αὐτόν 93, 14 ex renibus laboravit 95, 12 βιοὺς πρὸς τὰ ὀγδοήκοντα 93, 17
ὁ Μεταθέμενος I 93, 8. 28 κατ' ἀρχὰς παντοδαποῖς ἐπεχείρει ποιήμασιν 93, 13 ἤκουσε πρῶτον Ἡρακλείδου τοῦ πολίτου, ἔπειτα Ἀλεξίνου καὶ Μενεδήμου, τελευταῖον δὲ Ζήνωνος 93, 11 Cleanthis condiscipulus 95, 14 ἀποστὰς τοῦ Ζήνωνος πρὸς τοὺς Κυρηναϊκοὺς ἀπετράπη 93, 15 descivit a Stoicis propter oculorum dolorem 95, 3. 7 ἐπὶ τὴν ἡδονὴν μεταβέβληκεν 98, 34 ἐγένετο πολυγράφος I 94, 20 ἐδόκει πολλοῖς οὐκ ἀδύνατος εἶναι κατὰ τὴν λέξιν 94, 22

Dionysus
vid. s. v. Liber.

Dioscurides
in tit. l. Chr. II 5, 3. 6, 33. 8, 2. 19. 9, 6. 36

Dolon
ἴσην δειλίαν τὴν Βρασίδου τῇ Δ. III 143, 11

Empedocles
eo teste utitur Chrysippus II 137, 9. 237, 23 eius versibus utitur Chr. 255,

18, 32 eius de luna sententia a Stoicis imp. 198, 35

Epicharmus

ab E. τὸν περὶ αὐξήσεως λόγον repetit Chrysippus II 214, 21

Epicrates

in tit. l. Chr. II 6, 29. 8, 16

Epicurus

atomi E. impugnantur II 138, 7 sq. τὴν λεγομένην ὑπ' 'E. τῆς ἀτόμου κάτω φορὰν ἀναιροῦσιν οἱ Στωϊκοί 171, 36   E. : Chr. περὶ οἰκειώσεως III 54, 34   E. : Chr. περὶ παθῶν 116, 2. 9 Χρύσιππος ὡς μαλακὸν καὶ ἄδικον πολλάκις ἐλοιδόρησε τὸν 'E. II 284, 36 κατεῖδεν ἀκριβῶς τὴν 'E. φύσιν εἰπὼν μητρόπολιν εἶναι τῆς φιλοσοφίας αὐτοῦ τὴν Ἀρχεστράτου Γαστρολογίαν III 178, 9   τὸν Ἀρχέστρατον ἀρχηγὸν 'E. φησὶ γενέσθαι τῆς πάντα διαλυμηναμένης ἡδονῆς 178, 14   'E. ὁ ἀναίσθητος 181, 19

'E. μνημονεύει Περσαίου καὶ Φιλωνίδου ὡς συνόντων Ἀντιγόνῳ ἐν τῇ πρὸς Ἀριστόβουλον τὸν ἀδελφὸν ἐπιστολῇ I 4, 31

Eretriaci

περὶ τῶν 'E. φιλοσόφων tit. l. Sph. I 140, 6

Euripides

τὰ παρ' Eὐ. ἀναφερόμενα περὶ θεῶν Χρύσιππος ὡς καὶ Κλεάνθης πειρᾶται συνοικειοῦν ταῖς δόξαις αὐτῶν I 123, 14. II 316, 18

Laudantur E. versus hi:

Alc. 1079 III 128, 33; 1085 III 132, 9
Androm. 205 II 53, 35; 629 sq. III 123, 34
Archelaus fr. 256 N. II 326, 41
Belleroph. fr. 294 N. II 326, 39
Chrysippus fr. 837 N. III 94, 32
Dictys fr. 341 N. III 126, 6; fr. 344 N. II 56, 4
Electra 125 sq. III 119, 10
Helena 428 Cl. I 128, 17. 24; 1261 II 56, 15
Herc. 1245 III 167, 25. 188, 17
Hypsip. fr. 757 N. III 132, 28

Iphig. Aul. 28 II 53, 26
Medea 247 Ant. III 255, 20; 1078 sq. III 124, 17   eius Medeae versibus utitur Chr. II 255, 5. 11. 19 (256, 3)
Oeneus fr. 567 N. III 119, 5
Orestes 140 Cl. I 136, 19; 255 sq. II 22, 12
Phoenix fr. 814 N. II 56, 24
Phrixus fr. 818 N. III 132, 3; fr. 819 N. Ant. III 255, 25
Stheneb. fr. 662 N. II 54, 6; 668 N. III 126, 8
Suppl. 270 II 56, 32; 734 sq. II 292, 8; 861 sq. Z. I 58, 20 sq.
Syleus fr. 688 N. III 169, 28
Theseus fr. 392 N. III 131, 33
Inc. fab. fr. 884 N. III 36, 32. 177, 11; 896 N. II 54, 14; 950 N. II 31, 43; 981 N. III 77, 28

Gorgippides

in tit. l. Chr. II 5, 17. 18. 19. 21.   8, 23.   9, 7

Gorgippus

περὶ Γ. tit. l. Cl. I 107, 17

Hecaton

III 9, 30. 28, 9. 37, 14. 72, 34. 99, 34

Hedylus

in tit. l. Chr. II 7, 30. 8, 4

Hegesarchus

pugil a Chr. memoratus II 292, 35

Helena

III 123, 35

Heraclides

Sphaeri, Arcesilae, Aristobuli, deinde Chrysippi discipulus II 4, 30   in tit. l. Chr. 8, 18   'H. ὁ Ταρσεὺς Ἀντιπάτρου τοῦ Ταρσέως γνώριμος III 258, 14   ἀναγεγραμμένα παρ' 'H. περὶ πρέποντος μέλους καὶ ἀπρεποῦς καὶ ἀρρένων καὶ μαλακῶν ἠθῶν Diog. III 234, 6

Heraclitus

fr. 25 Byw. p. 11. II 141, 33   'H. ἐξηγήσεις tit. l. Cl. I 106, 35   περὶ 'H. tit. l. Sph. I 139, 28   καὶ 'H., φασίν. καθήκειν ἂν τὴν ἀρετὴν ἀφεῖναι καὶ τὴν φρόνησιν, ὥστε παύσασθαι φθειριῶντα III 189, 11

Hercules

ad servandum genus hominum natura incitatus est III 84, 6 *Λίχας ὑπὸ τοῦ 'Η. ἀποσφενδονώμενος* 50, 30 ὁ Εὐριπίδου γεγραμμένος 'Η. πρὸς Ἄδμητον διάλογος adfertur a Chr. 128, 33

Herillus

Καρχηδόνιος I 91, 2. 24 Zenonis auditor 92, 8 τὰ βιβλία αὐτοῦ ὀλιγόστιχα μὲν, δυνάμεως δὲ μεστὰ καὶ περιέχοντα ἀντιρρήσεις πρὸς Ζήνωνα 91, 3 ''Η. ἐπισημότατος 91, 22 πρὸς 'Η. tit. l. Cl. 107, 3

Hermagoras

Ἀμφιπολίτης, μαθητὴς Περσαίου I 102, 32

Hesiodus

εἰς 'Η. Θεογονίαν tit. l. Z. I 71, 13 τὰ παρ' 'Η. ἀναφερόμενα περὶ θεῶν Χρύσιππος, ὡς καὶ Κλεάνθης, πειρᾶται συνοικειοῦν ταῖς δόξαις αὐτῶν I 123, 13. II 316, 13. 18 ἐμπλήσας ὁ Χρύσιππος ὅλον τὸ βιβλίον ἐπῶν Ἡσιοδείων II 255, 31 τινῶν ἐν τῇ θεογονίᾳ γραφόντων τὴν γένεσιν τῆς Ἀθηνᾶς, τινῶν δὲ ἐν ἑτέροις ἄλλως γραφόντων II 256, 22 διαπίπτειν τοὺς ἰδιώτας τῷ μὴ τὸν 'Η. παραλαμβάνειν εἰς τὰ συμπόσια Diog. III 231, 12 καλῶς ἀπαγορεύειν τὸν 'Η. εἰς ποταμοὺς καὶ κρήνας οὐρεῖν III 187, 21

afferuntur H. versus hi:

Op. et D. 242 II 337, 37; 255 II 141, 17; 291 Z. I 56, 21. 25. 31; 299 III 33, 32; 348 II 31, 40; 410 III 163, 33; 413 III 163, 35

Theog. 119 II 141, 28; 126 sq. Z. I 63, 27; 641 II 254, 18; 886 sq., 900 II 256, 35; 924 sq. II 257, 4

Frg. 234 Rzach II 254, 14; 235 Rz. II 254, 16; 247 Rz. II 254, 25

Hipparchus

Chrysippum refutat II 69, 20

Homerus

Προβλημάτων Ὁμηρικῶν ε' tit. l. Zenonis I 15, 2. 72, 23 Ζήνων εἰς τὴν Ἰλιάδα καὶ τὴν Ὀδύσσειαν καὶ περὶ τοῦ Μαργίτου γέγραφε I 63, 7 οὐδὲν τῶν 'Ο. ψέγει Z. 63, 10 τὰ παρ' 'Ο. ἀναφερόμενα περὶ θεῶν Χρύσιππος, ὡς καὶ Κλεάνθης, πειρᾶται συνοικειοῦν ταῖς δόξαις αὐτῶν I 123, 13. II 316, 13. 18 ἐμπλήσας ὁ Χρύσιππος ὅλον τὸ βιβλίον ἐπῶν Ὁμηρικῶν II 255, 31 διαπίπτειν τοὺς ἰδιώτας τῷ μὴ τὸν ''Ο. εἰς τὰ συμπόσια παραλαμβάνειν Diog. III 231, 11

laudantur hi versus Iliadis: Α 5 II 269, 16; Α 81 sq. III 96, 32; Α 82 II 252, 35; Α 129 III 192, 5; Α 405 III 192, 10; Β 142 II 253, 40; Γ 30 II 61, 28; Γ 300 II 61, 32; Γ 320 Cl. Chr. II 32, 8; Δ 24 II 251, 19. 252, 10. 33; Δ 313 sq. II 253, 33; Ε 125 II 253, 10; Ε 906 III 192, 9; Ζ 488 II 267, 2; Η 202 II 61, 34; Θ 308 sq. III 85, 37; Θ 441 III 192, 11; Ι 629 sq. II 253, 12; Ι 636 sq. II 253, 15; Ι 646 Dion. I 95, 26. II 252, 31; Κ 9 sq. II 252, 28; Κ 220 II 253, 29; Κ 244 II 253, 31; Κ 252 III 192, 15; Λ 12 II 253, 4; Ν 41 III 192, 24; Ν 73 sq. II 253, 23; Ν 494 II 253, 18; Ξ 315 sq. II 251, 14. 252, 5; Ο 109 II 292, 6; Ο 241 III 192, 27; Ο 321 sq. II 253, 26; Π 233 Cl. Chr. II 32, 10; Ρ 570 II 253, 6; Ρ 649 II 141, 19; Σ 107 sqq. II 252, 39; Σ 108 II 251, 21; Σ 108 sqq. II 252, 12; Σ 109 sq. II 241, 33; Υ 20 II 254, 27; Υ 127 sq. II 266, 42; Χ 212 III 192, 29; Ψ 78 sq. II 266, 39; Ω 514 III 118, 25; Ω 549 sqq. III 129, 2

versus Odysseae: α 7 II 293, 17; α 32 sqq. II 293, 19. 294, 37; δ 84 Z. I 63, 18; δ 103 III 119, 3; δ 113 III 119, 8; δ 541 III 118, 24; δ 611 Cl. I 136, 28; ε 240 III 193, 2; η 258 II 252, 2; ι 143 II 141, 14; ν 330 II 254, 29; ξ 464 sq. Diog. III 230, 28; ο 20 II 253, 36; π 274 sq. II 253, 38; ϱ 403 II 254, 31; ϱ 489 II 254, 2; υ 13 II 252, 23; υ 17 sq. II 252, 25. 254, 39; υ 22 II 254, 4; υ 286 II 253, 8; υ 350 II 22, 20; ω 249 A. I 79, 1

Incerti versus: II 252, 1. 253, 20

Hyllus

Solensis, Sphaeri primum, deinde Chrysippi discipulus II 4, 26

Ibycus
adfertur a Diog. III 229, 24 laudatur fr. 27 (Bgk.) II 55, 33

Idanthyrsus
ὁ σοφὸς στρατεύσεται μετὰ βασιλέως, οἷος ἦν 'Ι. ὁ Σκύθης III 173, 27. 36 ὁ σοφὸς πρὸς 'Ι. ἀποδημεῖ τὸν Σκύθην 174, 7

Ismenias
πάντα εὖ ποιεῖν τὸν σοφόν, ὡς καὶ πάντα φαμὲν τὰ αὐλήματα εὖ αὐλεῖν τὸν 'Ι. III 149, 5 Πτολεμαῖον κελεῦσαι τοῖς ἀδυνατοῦσιν καθελκύσαι κέλευσμα προσαυλεῖν 'Ι. Diog. III 226, 26

Laodamas
in tit. l. Chr. II 7, 32. 9, 5. 25

Leonides
L., Alexandri paedagogum, quibusdam eum vitiis imbuisse tradit Diog. III 220, 35

Leptinas
in tit. l. Chr. II 9, 30

Leucon
ὁ σοφὸς στρατεύσεται μετὰ βασιλέως, οἷος ἦν Λ. ὁ Ποντικός III 173, 28. 36 ὁ σοφὸς πρὸς Λ. πλεῖ, τὸν ἐν Βοσπόρῳ δυνάστην 174, 7 Χρύσιππος περὶ τῶν τοῦ Βοσπόρου βασιλέων τῶν περὶ Λ. 174, 14

Liber
ad servandum genus hominum natura incitatus est III 84, 6

Lichas
III 50, 29

Lycurgus
περὶ Λ. καὶ Σωκράτους tit. l. Sph. I 140, 2

Lyrici Graeci
fr. adesp. 5 Bgk. II 54, 23 106 II 58, 16

Medea
M. βιασθεῖσα πρὸς τοῦ θυμοῦ III 124, 15

Megarici
Μεγαρικὰ ἐρωτήματα II 33, 38. 90, 9

Meleager
in tit. l. Chr. II 7, 26. 27

Meletus
τῆς Μ. μηδ' ὁτιοῦν τὴν Πλάτωνος ἀγνωμοσύνην διαφέρειν III 143, 11

Menander
M. teste utitur Chrysippus Frg. Com. III p. 173 Kock. III 95, 5. p. 281, 9. Kock. II 61, 18

Menecrates
in tit. l. Chr. II 8, 14

Menedemus
imp. a Chrysippo II 90, 16. III 181, 19

Menelaus
in fab. Euripidis Andr. III 123, 34

Metrodorus
in tit. l. Chr. II 4, 40. 5, 34. 8, 22. 33. 34. 35. 36. 37. 9, 3

Musaeus
Chrysippus, sicuti Cleanthes, volt M. fabellas accommodare ad ea, quae ipse de deis dixerat I 123, 13. II 316, 13. 17

Nicias
in tit. l. Chr. II 6, 20

Odysseus
III 189, 16

Onetor
in tit. l. Chr. II 8, 10

Orestes
III 167, 33

Orpheus
eius versibus utitur Chrysippus II 255, 18. 32 Chr., sicuti Cleanthes, volt O. fabellas accommodare ad ea, quae ipse de deis dixerat I 123, 12. II 316, 12. 17 O. laudatur a Diog. III 226, 23

Panaetius
Boëthi et P. sententia περὶ ἀφθαρσίας κόσμου III 265, 21 Π. δύο φησὶν ἀρετάς 63, 19 περὶ ἡδονῆς disp. 37, 11 πολλῶν εἰσι φιλοσόφων ἐν ἄστει σύνοδοι, Παναιτιαστῶν λεγομένων III 246, 6

Panthoedes
in tit. l. Chr. II 6, 27
Pasylus
in tit. l. Chr. II 5, 37. 7, 13. 8, 1. 15
Patroclus
πενθούμενος ὑπ' Ἀχιλλέως III 118, 23
Peripatetici
cum Stoicis congruunt III 51, 38. 91, 1
Persaeus
Π. Δημητρίου I 96, 18. 97, 19 Κιτιεύς 96, 18. 97, 5. 20 ἐπεκλήθη καὶ Δωρόθεος 97, 6 ἤκμαζε κατὰ τὴν τριακοστὴν καὶ ἑκατοστὴν Ὀλυμπιάδα 97, 20 ἦν ἐπὶ χρόνων Ἀντιγόνου τοῦ Γονατᾶ 97, 6 Π. ὁ Ζήνων ἀπέστειλε πρὸς Ἀντίγονον 97, 18. 21 Ἀντιγόνῳ τῷ βασιλεῖ συνδιῃτᾶτο 99, 19 τὸν αὐλικὸν, οὐ τὸν φιλόσοφον ᾖρηται βίον 97, 34 ἐπὶ τῇ τῶν Μακεδόνων φρουρᾷ ἐν Κορίνθῳ τεταγμένος 98, 6. 13. 22 τῆς ἄκρας ἁλισκομένης εἰς Κεγχρεὰς διεξέπεσεν 98, 15. 24 Σικυώνιοι ἀπέκτειναν Π. ὑπὸ Ἀντιγόνου ταχθέντα ἐπὶ τῇ φρουρᾷ 98, 9. 29

μαθητὴς Ζήνωνος I 96, 17. 99, 10. 102, 9 μαθητὴς καὶ θρεπτὸς Ζ. 97, 7 τέθραπται ὑπὸ Ζ. 97, 11 Ζήνων σὺν τῷ Π. τὴν αὐτὴν οἰκίαν ᾤκει 97, 24. 100, 36 οἰκέτης εἰς βιβλιογραφίαν πεμπόμενος τῷ Ζ. παρὰ Ἀντιγόνου 96, 19 οἰκέτης τοῦ Ζ. 97, 12. 14. 101, 19 Ζ. ἑταῖρος 97, 19. 99, 20 μάλιστα ὑπὸ τοῦ Ζ. ἠγαπᾶτο καὶ συνεβίου 97, 10 τὰ αὐτὰ Ζήνωνι ἐδογμάτισε 99, 1 Π.: Ἀρίστων I 102, 28 σχολάσας ὁ Ἄρατος Π. τῷ φιλοσόφῳ Ἀθήνησι καὶ συνελθὼν αὐτῷ εἰς Μακεδονίαν μεταπεμφθέντι ὑπ' Ἀντιγόνου 97, 29 Π. τροφεὺς Ἀλκυονέως 96, 20 Π. μαθητὴς Ἑρμαγόρας 102, 33

Phalaris
ἴση ἀδικία ἡ Ἀριστείδου τῇ Φ. III 143, 10 εἶναι τὸν σπουδαῖον μακάριον, κἂν ὁ Φ. ταῦρος ἔχῃ καιόμενον 154, 3

Pherecydes
III 189, 12

Philarchus
in tit. l. Chr. II 5, 35
Philippus
in tit. l. Chr. II 6, 19
Philo
Ζήνων πρὸς Φ. τὸν διαλεκτικὸν διεκρίνετο καὶ συνεσχόλαζεν αὐτῷ I 5, 30 Ph. l. περὶ σημασιῶν, contra quem scr. Chr. II 5, 23 Ph. l. περὶ τρόπων, contra quem scr. Chr. 7, 6
Philoctetes
Achillei potius pernicitatem eligam quam debilitatem Ph. III 47, 12
Philomathes
in tit. l. Chr. II 7, 7. 19. 8, 32. 9, 17
Philonides
Θηβαῖος, Ζήνωνος μαθητὴς I 14, 5 Ζήνων ἀπέστειλε Φ. τὸν Θηβαῖον πρὸς Ἀντίγονον, οὗ Ἐπίκουρος μνημονεύει 4, 30
Philoxenus
dithyramborum poëta cum Pindaro comp. a Diog. III 222, 22
Phocus
Diog. III 220, 40
Pindarus
Isthm. 4, 112. II 141, 37; fr. 109 Schr. Diog. III 232, 34; fr. 124 c Schr. Diog. III 228, 23
P. laudatur a Diog. III 233, 13 cum Philoxeno comp. a Diog. 222, 21
Plato
ἀντέγραψε πρὸς τὴν τοῦ Π. Πολιτείαν Ζ. I 60, 31 πρὸς τοὺς Π. Νόμους tit. l. P. I 97, 4 τρία συγγραψάμενος βιβλία περὶ τοῦ· „ὅτι κατὰ Π. μόνον τὸ καλὸν ἀγαθόν" Ant. III 252, 32
de P. studiis dialecticis Chr. II 38, 22 P. de tribus partibus animae 239, 9 Chr. ἐν τοῖς πρὸς Π. κατηγορεῖ αὐτοῦ δοκοῦντος ἀγαθὸν ἀπολιπεῖν τὴν ὑγίειαν III 37, 17 πικρῶς ἐν τῷ γένει περὶ ἀρετῆς Π. δάκνει III 52, 44 imp. P. sentientiam de iniuria 70, 31 sq. imp. τὸν περὶ τῶν ὑπὸ τοῦ θεοῦ κολάσεων λόγον 77, 20 imp. eius de nutrimentis sententiam II 215, 2 τὸν ἀέρα Ἥραν καὶ τὸν Π. λέγειν Diog. III 217, 16

P. Phaedo p. 60 c laudatur II 336, 4 τῆς Μελήτου μηδ᾿ ὁτιοῦν τὴν Π. ἀγνωμοσύνην διαφέρειν III 143, 11

Polemo

I 3, 13. 8, 8. 11. 9, 9. II 38, 24

Pollis

in tit. 1. Chr. II 8, 18. 9, 42

Posidonius

Ἀλεξανδρεύς, Ζήνωνος μαθητής I 14, 6

Posidonius Apamensis

τοῦ Ἀντιπάτρου ἠκροᾶτο III 244, 7 P. divisio ethicae partis philosophiae III 3, 7 καθάπτεται τῶν περὶ τὸν Χρύσιππον, ὡς οὐκ ὀρθῶς ἐξηγουμένων τὸ τέλος 5, 4. 112, 10 ἐναντιώτατα φρονεῖ Χρυσίππῳ ἐν τῷ περὶ τῆς διαφορᾶς τῶν ἀρετῶν 62, 14. 120, 1 τέτταρας εἶναι ἀρετὰς οἱ περὶ Π. 63, 20 πάντα περὶ τῆς κακίας Χρυσίππου καταμέμφεται καὶ ἐλέγχει 54, 41 ἐλέγχει τὰ Χρ. περὶ τῶν παθῶν τῆς ψυχῆς 62, 14. 112, 10. 120, 1 imp. Chr. definitionem τῆς λύπης 131, 2 P.: Chr. 116, 37. 118, 14

Praxagoras

medicus a Chrysippo imp. II 246, 23

Priamus

III 118, 26. 153, 39

Prodicus

περὶ θεῶν ὑπὸ Π. γεγραμμένα P. I 99, 7

Ptolemaeus

adfertur a Diog. III 226, 25
Cleanthes a Pt. invitatus Sphaerum mittit II 2, 23 Σφαῖρος εἰς Ἀλεξανδρείαν ἀπήει πρὸς Π. τὸν Φιλοπάτορα I 139, 18. 140, 20. 38 sq. Chrysippus noluit ad Pt. ire II 2, 25

Pythagoras

Πυθαγορικά tit. l. Z. I 14, 37

Pythagorei

Chr. laudat dictum P.: γνώσει δ᾿ ἀνθρώπους αὐθαίρετα πήματ᾿ ἔχοντας II 294, 25

Pythonax

in tit. l. Chr. II 9, 26

Sappho

fr. 36 Bgk. II 57, 37; fr. 69 II 55, 23

Silenus

sapiens etsi S. superaverit corporis deformitate, pulcherrimus est necessario III 155, 10

Socrates

περὶ Λυκούργου καὶ Σ. tit. l. Sph. I 140, 2 περὶ τὴν Διαλεκτικὴν ἐσπούδασε μάλιστα Σ. Chr. II 38, 24 dictum S. laudatur ab Ant. III 257, 19

Sophocles

ἐν τοῖς Ἐπιγόνοις Diog. III 232, 36 fr. adesp. 2 p. 651 Nauck Cl. I 136, 8

Sosigenes

in tit. l. Chr. II 6, 9
Ἀντιπάτρου ἑταῖρος II 152, 28. III 258, 10

Sphaerus

Βορυσθενίτης I 140, 23 εἰς Ἀλεξάνδρειαν ἀπήει πρὸς Πτολεμαῖον τὸν Φιλοπάτορα 139, 18. 140, 20. 38 sq. Cleanthes a Ptolemaeo invitatus Sph. mittit II 2, 23 παρέβαλε εἰς τὴν Λακεδαίμονα I 140, 24
ἐν τοῖς πρώτοις ἐγεγόνει τῶν Ζήνωνος μαθητῶν I 140, 26 Κλεάνθους μετὰ Ζήνωνα ἤκουσε 139, 17 συσχολάζων Χρυσίππῳ παρὰ Κλεάνθει 140, 37 Chr. ei dedicat l. πρὸς τὸ Ἀρκεσιλάου μεθόδιον II 8, 20
Sph. homo in primis bene definiens, ut putant Stoici I 141, 33 Hyllus Solensis eum audivit II 4, 26 item Heraclides 4, 30

Stesagoras

in tit. l. Chr. II 6, 4. 35. 8, 9

Stesichorus

eius versibus utitur Chr. II 255, 19. 31 Σ. διὰ τοῦ μέλους τοὺς πολίτας ἀντιπαρατεταγμένους διαλλάξας εἰς ἡσυχίαν κατέστησεν Diog. III 232, 31

Stilpo

Zeno eum audivit I 3, 12. 8, 12 eius sophismata II 34, 15 impugnatur a Chrysippo 90, 16

Stoici

μέγα φρονοῦσιν ἐπὶ τῇ τῶν λογικῶν ἐξεργασίᾳ II 49,15 valde inter se dissentiunt in logicis 18, 15 artem inveniendi ne attigerunt quidem 18, 10 Empedoclis de luna sententiam impugnant 198, 35 σαλεύειν ἐπιχειροῦσι τὰς Ἀριστοτέλους κατηγορίας 125, 2 Aristotelis quintam essentiam acriter imp. 137, 35. 156, 6 Aristotelis de aethere placita imp. 310, 8
St. recentiores ἐπὶ τὸ τεχνικὸν μικρολόγοι II 10, 20 qui post Chr. et Diog. fuerunt, bonam famam ipsam propter se praepositam et sumendam esse dixerunt III 37, 37

Strato
II 38, 24

Terpander
ᾄδων τῆς ταραχῆς ἔπαυσε τοὺς Λακεδαιμονίους Diog. III 232, 20

Thaletas
Diog. III 232, 12

Thearus
in tit. l. Chr. II 5, 11

Theon
III 51, 14

Theognis
Th. 175 vituperatur a Chr. III 39, 25. 31

Theophrastus
III 57, 5

Theoporus
in tit. l. Chr. II 8, 30

Thespis
fr. 2 N. II 55, 15

Thrasonides
III 180, 19

Timocrates
in tit. l. Chr. II 7, 7

Timonax
in tit. l. Chr. II 9, 23

Timostratus
in tit. l. Chr. II 7, 6

Timotheus
fr. 4   II 55, 1

Tragici
Frg. adesp. 77 Nauck II 52, 37; 78 II 55, 7; 79 57, 3; 83 53, 19; 109 61, 16; 142 241, 36; 143 241, 38 144 61, 8 227 III 89, 20

Tyrtaeus
eius versibus utitur Chr. II 255, 18. 33   affert fr. 13 Bgk. 255, 22; frg. 14 Bgk. III 39, 20

Xenocrates
III 160, 30   Zeno Citieus X. audivit I 3, 13. 8, 11

Zeno Citieus
Μνασέου ἢ Δημέου I 3, 3   Κιτιεὺς ἀπὸ Κύπρου ib.   ἀντεποιοῦντο αὐτοῦ καὶ οἱ ἐν Σιδῶνι Κιτιεῖς 4, 23   οὐκ ἀρνεῖσθαι τὸν Z. εἶναι Κιτιέα 4, 34 οὐκ ἐθέλησεν Ἀθηναῖος γενέσθαι 11, 2 ἐλθεῖν Ἀθήναζε δύο καὶ εἴκοσιν ἐτῶν P. I 102, 16   Ἀντίγονος πολλὰ τὸν Z. παρεκάλει ἀφικέσθαι ὡς αὐτόν· ὁ δὲ τοῦτο μὲν παρῃτήσατο, Περσαῖον δὲ ἀπέστειλε 4, 25   ἐτίμων Ἀθηναῖοι σφόδρα τὸν Z. 4, 20   ad rem publicam non accessit 11, 8. 28   ὀκτὼ καὶ ἐνενήκοντα ἔζησεν ἔτη 13, 2   δύο καὶ ἑβδομήκοντα ἐτῶν τελευτῆσαι αὐτὸν P. I 102, 15 de morte Z. 6, 35 sq.   ψήφισμα de Z. laudatione 7, 17

ἰσχνὸς ἦν, ὑπομήκης, μελάγχρως I 3, 7   τὰ πλεῖστα δεῖπνα παρῄτει 3, 10 ἤσθιε ἀρτίδια καὶ μέλι καὶ ὀλίγον οἰνάριον ἔπινε 5, 4   ἔχαιρε σύκοις χλωροῖς καὶ ἡλιοκαΐαις 3, 11

ἐλθὼν εἰς Ἀθήνας Κράτητι παρέβαλεν I 7, 13   διήκουσε Κράτητος, εἶτα καὶ Στίλπωνος, καὶ Ξενοκράτους ἔτη δέκα, ἀλλὰ καὶ Πολέμωνος 3, 12 Ξενοκράτει, εἶτα Πολέμωνι ἐφοίτησεν, αὖθις δὲ παρὰ Κράτητι ἐκύνισε, καὶ Στίλπωνος μετέσχε 8, 11   συνδιέτριψε καὶ Διοδώρῳ, παρ᾽ ᾧ καὶ τὰ διαλεκτικὰ ἐξεπόνησεν 6, 3   Ἀρκεσίλαος Ζήνωνος συσχολαστὴς παρὰ Πολέμωνι 8, 8. 10. 9, 9   ἐπιμελῶς καὶ πρὸς Φίλωνα τὸν διαλεκτικὸν διεκρίνετο καὶ συνεσχόλαζεν αὐτῷ 5, 29 τὸν Z. ἡ Σωκράτους ἀπολογία εἰς τὴν Ποικίλην ἤγαγε I 8, 5 ἐν τῇ ποικίλῃ στοᾷ διέθετο τοὺς λόγους 4, 12 ἦν εὐσυμπερίφορος 5, 8 ἐξέκλινε τὸ πολυδημῶδες 5, 11 οὐ μετὰ πλειόνων δύο ἢ τριῶν περιεπάτει 5, 13 mercedes a discipulis acceptavit 9, 15 Z. audiebant Aristo I 83, 30 Dionysius 93, 13 Herillus 92, 8

ἦν ζητητικὸς καὶ περὶ πάντων ἀκριβολογούμενος I 5, 28 inventor verborum novorum 12, 24. 27 vocabula προηγμένα et ἀποπροηγμένα primus usurpavit III 31, 13. 35 κατωνομάσθαι ὑπὸ πρώτου Z. τὸ καθῆκον III 134, 15 Πλάτωνι ἀντέγραψεν I 8, 25 de pugna Z. et Arcesilai 8, 18 a Chrysippo laudatur III 121, 14 ad rem publicam non accessit neque non misit I 11, 28 III 174, 34 τοῖς φαύλοις κατ' αὐτοὺς ἐγκαταριθμεῖται καὶ Z. III 165, 2 περὶ τῶν Z. δογμάτων tit. l. A. I 75, 13 περὶ τῆς Z. φυσιολογίας tit. l. Cl.

I 106, 34 περὶ τοῦ κυρίως κεχρῆσθαι Z. τοῖς ὀνόμασιν tit. l. Chr. III 201, 4 Ἡρίλλου τὰ βιβλία περιέχοντα ἀντιρρήσεις πρὸς Z. I 91, 4

Zeno Sidonius

Z. Σιδώνιος Ζήνωνος μαθητής I 14, 6. 15

Zeno Tarsensis

Διοσκουρίδου Ταρσεύς III 209, 11 Χρυσίππου μαθητὴς καὶ διάδοχος τῆς σχολῆς 209, 30 τὸν Χρύσιππον διεδέξατο Z. ὁ ἕτερος 209, 5 Χρυσίππου μαθητής, βιβλία μὲν ὀλίγα γεγραφώς, μαθητὰς δὲ πλείστους καταλελοιπὼς 209, 9 Z. T. discipuli enum. 209, 16

ei libros dedicat Chr. II 5, 1. 7, 10. 11. 15. 16. 19. 9, 33

Zenodotus

in tit. l. Chr. II 9, 16

INDEX FONTIUM.

Numeri singulis scriptorum locis appositi numeros fragmentorum huius collectionis significant. Locos scriptorum laudatorum, quorum verba non afferuntur, uncis inclusimus.

Achilles Tatius		Placita I 8, 2	II 1101
Isagoge 3 p. 124 E in Petav. Uranol.	I 85	8, 15	I 95
4 126	II 555	9, 2	II 324
127	II 555	9, 7	II 325
5 129	II 523	10, 5	I 65 II 360
129 E	I 115	11, 5	II 340
7 131	II 583	11, 7	II 338
8 131	II 610	12, 4	I 101 II 571
9 131	II 554	14, 5	I 498
11 133	II 682	14, 6	I 101
12 133	II 682	15, 6	I 91
133 C	I 508	15, 11	II 419
13 133	II 687	16, 4	II 482
13 134	II 686	20, 1	I 95 II 504
14 134	II 368	22, 7	II 514
14 139	II 653	27, 3	II 976
169 A	I 542	27, 5	I 176
Acro		27, 6	III Ant. 35
ad Hor. Ep. I 1, 17	III 534	28, 4	II 917
I 19, 19	III 597	29, 7	II 966
Serm. I 3, 124	III 597	II 1, 2	I 97
Aelianus		1, 7	II 522
Nat. an. VI 50	I 515	2, 1	II 547
Var. hist. III 17	I 439	4, 1	II 575
III 33	I 337	4, 7	II 585
IX 26	I 289	4, 13	II 597
IX 33	I 19	4, 16	I 499
Aëtius doxographus		4, 17	III Arch. 15
Placita I Prooem. 2	II 35	6, 1	II 582
I 3, 25	I 85	9, 2	II 609
5, 1	II 530	11, 4	I 116
6	II 1009	14, 1	II 681
7, 17	I 532 III Diog. 31	14, 2	I 508
7, 23	I 157	15, 2	II 689
7, 25	III B. 2	16, 1	I 507
7, 33	II 1027	17, 4	II 690
		20, 4	I 501 II 655
		22, 3	II 654

188   Index fontium

Placita II 23, 5	I 501 II 658	Placita V 16, 2	II 754
25, 5	II 671	17, 1	II 755
26, 1	II 666	23, 1	II 764
27, 1	II 667	24, 4	II 767
28, 3	II 670	26, 3	II 708
29, 6	II 676	30, 5	II 769
29, 8	II 678	VI 15, 1	I 627
30, 5	II 669		
31, 5	III B. 8	**Alexander Aphrod.**	
32, 4	III Diog. 28	De anima libri mant.	
III 2, 7	III B. 9	p. 17, 15 Bruns	II 394
3, 12	II 705	17, 21	II 394
3, 13	II 703	18, 7	II 394
7, 2	II 697	18, 10. 27	II 793
8, 1	II 696	26, 13	II 786
9, 3	II 647	68, 11	II 59
10, 1	II 648	71, 10	II 70
15, 2	II 707	72, 5	II 58
IV 3, 3	II 779	97, 18	II 839
4, 4	II 827	98, 24	II 839
5, 6	II 838	113, 12	II 1038
5, 11	I 523	113, 31	II 794
7, 3	II 810	115, 6	II 785
8, 1	II 850	115, 32	II 797
8, 7	II 852	116, 13	II 797
8, 8	II 851	117, 1—30	II 792
8, 12	II 72	118, 6	II 823
9, 4	II 78	118, 12	II 711
9, 13	II 81	118, 25	II 873
9, 17	I 204 III 568	124, 9	II 432
10, 1	II 853	130, 14. 26	II 864
11	II 83	131, 5	II 448
11, 14	I 149	131, 30	II 868
12, 1	II 54	132, 30	II 432
15, 2	II 869	138, 2	II 432
15, 3	II 866	139, 1	II 432
19, 4	II 425	139, 30	II 477
20, 2	II 387	140, 10. 20	II 477
21	II 836	150, 25	III 183
21, 4	I 150	159, 19	III 767
23, 1	II 854	159, 33	III 66
V 1, 1	II 1190	160, 3	III 64
4, 1	I 128	160, 24	III 766
5, 2	I 129	161, 16	III 239
9, 2	II 751	161, 26	III 63
10, 4	II 750	162, 29	III 185
11, 3	II 749	162, 32	III 65
11, 4	II 749	163, 4	III 192
12, 3	II 753	163, 14	III 180
13, 3	II 752	163, 32	III 194
15, 2	II 756	164, 7	III 193

Index fontium.

De anima libri mant.
p.	164, 32 Bruns	III 194
	166, 21	III 57
	167, 4	III 204
	167, 9	III 205
	167, 13	III 145
	168, 1	III 764
	179, 6. 14.	II 967
	185, 1	II 920

De fato
cap.	p.		
7	172, 12 Bruns	II 969
8	173, 13	II 968
8	174, 1	II 970
9	175, 7	II 936
10	176, 14	II 959
10	177, 2	II 960
10	177, 7	II 961
11	179, 24	II 1140
13	181, 13	II 979
14	183, 5	II 980
14	183, 11. 20. 21	II 981
15	185, 7	II 982
15	186, 3	II 983
22	191, 30. 193, 4	II 945
23	193, 16	II 1159
23	193, 25	II 947
25	194, 25. 195, 1. 13	II 948
25	196, 1	II 949
26	196, 13. 21	II 984
28	199, 7	III 658
29	199, 27	III 242
30	200, 12	II 940
31	201, 32	II 941
31		II 928
32	204, 12	II 985
33	205, 1	II 1001
34	205, 24	II 1002
35	207, 4. 29	II 1003
36	210, 3	II 1004
36	211, 17	III 283
37	210, 14	II 1005
37	211, 13	III 247
37	212, 1	II 1005
38		II 1006

De mixtione
p.		
213, 2 Bruns	II 481
216,	III Sosig. 1
216, 1	II 470
216, 14	II 473
219, 16	II 466
220, 37	II 481
221, 16	II 474
223, 25	II 441
224, 14	II 442
224, 32	II 310
225, 18	II 1044
226, 10	II 1047
226, 24	II 1048
226, 34	II 475
233, 14	II 735
234, 23	II 735

Quaestiones
I 4	p. 10, 8. 32 Bruns	II 962
	14	26	III 32
II 4	50, 30	II 1007
	5	51, 20	II 1007
	12	57, 9	II 476
	16	61, 1	III 19
	21	68, 19. 70, 2	II 1118
III 12	101, 10. 106, 10	II 536
IV 1	118, 23. 119, 23	III 165
	3	121, 14. 24. 32	III 537

In Aristot. Analyt. pr.
p.		
1, 9 Wallies.	II 49a
17, 11	III Ant. 27
18, 12	II 261
20, 2	II 265
21, 28	II 260
68, 21	II 260
84, 5	II 264
164, 27	II 259
177, 25	II 202a
180, 31	II 624
181, 13. 25	II 624
262, 6	II 258
262, 28	II 254
263, 26	II 258
278, 6	II 255
283, 7	II 257
344, 11	II 260
373, 28	II 253
390, 16	II 252

In Aristot. Metaphys.
p. 133, 33 Bon. 178, 15 Hayd.	II 306
258, 4	301, 17	II 133

In Aristot. Meteorol.
f. 90a ed. Ven.	II 594
92b	II 661
(93a)	II 661

In Aristot. Topica
I p. 3 Ald.	p. 1, 8 Wal.	II 124
6		II 249
	8, 16	III Ant. 26
8	10, 5	II 263
10	14, 20	II 260

Index fontium.

In Aristot. Topica
 I p. 24 Ald. p. 42, 20   II 228
     42, 27   III Ant. 24
  43   79, 5   III 147
  46   84, 14   III 711
 II 72   134, 13   III 594
  75   139, 21   III 722
  (77   144, 5)   III 722
  79   147, 12. 22   III 595
  93   173, 11   III 67
  93   173, 14   II 798
  96   181, 1   III 434
  107   201, 21   III 152
     211, 9   III 62
 IV 155   301, 19   II 329
  180   359, 12   II 329
  181   360, 9   II 379
     539, 17   II 191
Alex. Aphr. apud Simplicium vid. s. v. Simplicius.

Ammonius
In Aristot. Anal. pr. p. 2, 3 Wal.   II 189
    8, 20. 9, 1   II 49
    26, 36   II 237
    (27, 35. 32, 13) II 261
    (50, 13)   II 202a
    68, 4   II 236
In Aristot. De interpret.
    p. 2, 26 Busse   II 188
    17, 24   II 168
    42, 30   II 164
    44, 19   II 184

Andronicus
Περὶ παθῶν cap. 1. p. 11 Kreuttner   III 391
    (c. 1)   I 205
    2   12   III 414
    3   15   III 409
    4   16   III 397
    5   19   III 401
    6   20   III 432
    p. 19 Schuchhardt   III 266
    20, 21   III 267
    22, 13   III 270
    23, 17   III 272
    25, 9   III 273
    27, 16   III 268
    28, 1   III 269

Anecdota
Graeca ed. Bekker I 374   II 157
    p. 484   II 176

Graeca ed. Bekker p. 667   III 721
Graeca Parisina ed. Cramer
 I p. 171   III 214
   244   III 376
 IV   403   III 768
 (IV   411, 15 Hense)   I 350
Oxon. (Epimerismi Homer.)
    Cramer I 188   II 217

Anonymus
Proleg. in Aristot. Categ.
   p. 34b Brandis   II 333
In Aristot. Eth. Nicom. Comm.
   graec. XX p. 128, 5 Heylb.   III 201
    180, 14   III 386
Art. rhetor. Rhet. Gr.
 I 434, 23 Spengel   I 83
   447, 11   I 84
   454, 1   II 296
Proleg. in Hermog. status Rhet. Gr.
   VII 8 Walz   II 293
In Heronis geom. et stereom.
   p. 275 Hultsch   I 70

Antonius mon.
Melissa I 52   I 237
   (53)   I 561

Apollonius Soph.
Lex. Homer. p. 114 Bekker   I 526

Apostolius
XII 7   II 1203

Ps. Apuleius
Περὶ ἑρμηνείας 266 p. 2, 9 Goldb   II 204a
   272   9, 6   III Ant. 26
   272   9, 12   II 262
   277   15, 11   II 239a

Aristocles
apud Eusebium Praep. evang.
   XV p. 816 d   I 98

Arius Didymus
Epit. phys. fragm.
 18 Diels Doxogr. Gr.   I 89
 19   II 357
 20   I 87 II 317
 (21)   II 413
 22   II 492
 23   I 99
 24   III Apollod. 7
 25   II 503
 26   I 93 II 509, 693 III Apollod. 8

Index fontium.   191

Epit. phys. fragm.
  (28) Diels Doxogr. Gr.   II 471
  29   I 499 II 528, 642
  31   II 527
  (32)   II 683
  33   I 120
  34   I 120, 506
  35   II 701
  36   I 107, 512 II 596 III Z. T. 5
  37   II 599
  38   I 102, 497
  39   I 128, 141, 519 II 809, 821
apud Stobaeum Ecl. II p. 46 W. III 2

Arnobius
Ad nat. II 9   I 107

Arrianus
Epictet. dissert.
  I 4, 27   III 144
  17, 10   I 48 II 51
  17, 11   I 483
  17, 15   II 29
  20, 14   I 182
  II 4, 11   III Arch. 3
  6, 9   III 191
  17, 34   II 280
  17, 40   III Ant. 10 Arch. 3
  19, 1—4   I 489 II 283 III Ant. 30
  19, 9   II 283 III Ant. 29 Arch. 10
  19, 13   III Diog. 39
  (23, 42)   I 527
  III 2, 13   III Ant. 9 Arch. 4
  2, 15   III Crin. 1
  21, 7   III Ant. 9 Arch. 4
  21, 19   I 29
  (22, 95)   I 527
  IV (1, 131)   I 527
  1, 173   I 619
  (4, 34)   I 527
  8, 12   I 51
Epictet. Man. cap. 53   I 527

Arsenius
(XXXVII 15)   II 1203

Asclepius
In Aristot. Metaph.
  (p. 146, 15) Hayd. II 306
  „ 377, 29   II 328

Aspasius
In Aristot. Eth. Nicom.
  p. 44, 12. 45, 16 Heylb. III 386

Athanasius
Or. IV. c. Arianos cp. 13 p. 626 II 615

Athenaeus
Deipnosoph. I 18 b   III 708
  II 55 f   I 285
  III 89 d   II 729a
  104 b   III 709
  IV 140 b   I 455
  140 e   I 454
  141 c   I 630
  158 a   III 709a
  158 b   I 217
  162 b   I 452
  168 e   III Diog. 52
  V 186 a. c   III Ant. 14
  186 d   I 291
  VI 233 b. c   I 239
  251 b   I 342
  267 b   III 353
  VII 278 e   III 709
  281 c   I 341
  281 d   I 408, 430
  VIII (344 a)   I 291
  345 c   I 290
  346 c   III Ant. 64
  354 e   I 624
  IX 370 c   I 32a
  X 437 e   I 428
  XI 464 d   III 667
  467 d   I 591
  XII 526 c   III Diog. 53
  XIII 561 c   I 263
  563 e   I 247
  565 d   I 242
  572 f   I 545
  603 d   I 23
  607 a   I 451
  XIV 629 a   I 307
  643 f   III Ant. 65

Athenagoras
Cap. 6   II 1027

Augustinus
Contra Acad. II 11   I 54
  III 7, 16   I 186
  9, 18   I 59
  17, 38   I 146, 157
De civitate dei V 8   II 932
  10   II 995
  20   I 553

De civitate dei VIII 5	II 423	Acad. Posteriora apud Nonium	
7	II 106	p. 65, 11	III Ant. 4
De trin. XIII 5, 8	I 187	Acad. Priora II 17	III Ant. 20
De vita beata cp. 25 (26, 27)	III 572	18	I 59
Soliloq. I 5, 9 R.	III 552	22	I 73

M. Aurelius Antoninus

(II 5)	I 184	23	II 117
(V 9)	I 184	24	II 116
VI 42	II 1181	26	II 103, 111
(X 6)	I 184	28	III Ant. 21
		37	II 115
		47	II 66

Boethius

Ad Aristot. de interpr. p. 374	II 201	48	III 551
(383)	II 204a	54	II 114
429	II 201	66	I 52
		67	II 110
		71	I 433

Cassius Scepticus

apud Diog. Laërt. VII 32	I 226	73	I 480
33	I 267	75	II 109
		77	I 59

Censorinus

De die nat. IV 10	I 124	85	II 113
XVII 2	I 133	87	II 109
Pseudo Censorinus I 4 p. 75, 14 Jahn	I 499	93	II 277
		95	II 196
		96	II 282

Certamen Homeri et Hesiodi

p. 4, 18 Nietzsch	I 592	97	II 219
		98	III Diog. 13

Chalcidius

In Timaeum cp. 144	I 551 II 933	101	II 77
160	II 943	107	II 1188
161	II 943	108	II 73
165. 166	III 229, 229b	109	III Ant. 21
220	I 138 II 879	119	II 92
221	II 796	120	II 1161
237	II 863	123	I 355
251	II 1198	126	I 154, 499
266	II 863	129	I 413
280	II 321	130	I 362
290	I 86 II 316	131	I 181
292	I 88	(134, 135)	I 187
294	I 87	136	III 599
		137	III Diog. 9
		138	III 21

Cicero

Acad. Posteriora I 34	I 13	140	III 21
35	I 188	143	II 285 III Ant. 6, 25
36	I 191	144	I 66
37	I 193, 231	Cato Maior cf. s. v. De senectute	
38	I 199, 205	De divinatione I 6	I 173, 550 II 1187
39	I 90, 134, 171		III Diog. 35, Ant. 37
40	I 55, 61	13	III B. 4
41	I 60, 62, 68	37	II 1214
42	I 53, 60, 69	39	II 1199 III Ant. 41
		56	II 1200

Index fontium.

De divinatione I 57	II 1204	De finibus III 15	I 34
72	II 1207	16	III 182
82	II 1192	17	III 154, 187, 189
84	III Diog. 37, Ant. 40	18	I 73 II 1166 III 189
109	II 1208	20	III 143, 188
118	II 1209, 1210	21	I 179 III 188
120	II 1213	22	III 18, 497
123, 124	III Ant. 38	23	III 11, 186
125, 126	II 921	26	III 582
127	II 944	27	III 37
II 33	II 1211 (III Ant. 48)	28	III 34
35	II 1209 III Ant. 39	29	III 35, 36
41	II 1193	31	I 415 III 15, 190
44	II 699	32	III 504
47	III B. 4	33	III 72, Diog. 40
90	III Diog. 36	35	III 381
(101)	II 1192	36	III 41
115	II 1214	38, 39	III 41
117	II 1215	43, 44	III 60
119	I 130	45	III 60, 524
126	II 62	48	III 530
129	III 607	49	III Diog. 41
130	II 1189	50	I 365 III 129
134	II 1201	51	III 129
144	II 1206 III Ant. 42	52	I 194
De fato 7	. II 950	53, 54	III 130
8	II 951	55	III 108
11—13	II 954	56	III 134
14	I 489 II 954	57	III 159, Diog. 42, Ant. 55
15, 16	II 954		
20	II 952, 954	58	I 230 III 498
21	II 952	59	III 498
28	II 953	60	III 763
30	II 956	62	III 340
33	II 955	63	III 340, 369
36	II 987	64	III 333, 341
38	II 952	65, 66	III 342
39—44	II 974	67	III 371
De finibus I 6	II 34 III Diog. 15, Ant. 8	68	III 616, 645, 651
39	III 158	69	III 93
61	III 51	70	III 348
II 13	III 404	71	III 309
17	I 75	72	III 281
24	III Diog. 14	73	III 282
34	III 14	75	I 221 III 591
35	I 363	IV 3	I 13
43	I 364, 414	4	I 45
44	III 22	7	I 76, 492 II 288
69	I 553	9	I 47 II 45
III 5	I 34	12	I 134
(11, 12)	I 364	14	I 179 III 13

193

De finibus IV 21	III 532	De natura deorum I 121	III 635
28	III 20	II 13—15	I 528
30	III 61	16	II 1012
36	I 416	21	I 111
39	III 132	22	I 112, 113, 114
40	I 412	24	I 513
43	I 369	33—36	I 529
45	I 198	37	II 1153
47	I 189, 364	38	II 641
48	I 189	39	II 641, 684
50	III 37	40, 41	I 504
56	I 232	57	I 171
60	I 189	58	I 172
68	III 27	63	I 166 II 1067
75—77	III 531	64	II 1091
79	I 368	66	II 1075
V 20	III 44	71	II 1080
23	I 363, 364, 417	78	II 1127
38	II 723	(103)	I 119
73	I 366, 417	115	II 549
79	I 187	118	II 593
84	I 220	123, 124	II 729
94	I 431	133	II 1131
De legibus I 18, 19	III 315	148	I 73
22, 23	III 339	154	II 1131
24	II 738	160	II 1154
25	I 564 II 1162 III 245	III 14	II 922
27	III 220	16	I 528
28—30	III 343	(22, 23)	I 111
31, 32	III 230	25, 26	II 1011
33	I 558 III 317	27	I 171
38	I 367	35	II 421
40, 41	III 42	37	I 501
42	III 319, 320	63	II 1069
43	III 321, 344	70	II 1186
44	III 311, 321	77	I 242, 348
45	III 312	86	II 1179
47	III 229b	90	II 1180
48, 49	III 43	92	II 1107
55	I 367	93	II 1197
II 8—10	III 316	De officiis I 6	I 363, 418
11, 12	III 318	128	I 77
32, 33	II 1194	136	I 205
De natura deorum		III 11	I 558
I 36	I 154, 161, 162, 165, 167	42	III 689
37	I 378, 530, 531, 532, 534	50—52	III Diog. 49, Ant. 61
38	I 448	54	III Ant. 61
39	II 1077	55	III Diog. 49
41	III Diog. 34	De oratore I 50	II 26
47	II 1165	III 62	I 414
70	I 63	65	II 291

Index fontium.   195

De republica I 19	III 338	Tuscul. disp. V 27	I 185, 362
28	III 600	34	I 35
III 33	III 325	43, 45	III 37
De senectute 23	III Diog. 6	48, 49, 50	III 59
Orator 113	I 75	85	I 363
115	II 134	107	III Ant. 3
Paradoxa (III)	I 224	Epist. ad familiares IX 4	II 284
Tuscul. disp. I 19	I 134	22, 1	I 77
77	II 822	Or. pro Murena 61	I 54, 214, 220, 221,
108	III 322		224, 225, 227
II (15)	I 185	apud Diomed. II p. 421 K	I 73
29	I 185	apud Lactantium Institut. V 11	III 762
60	I 432, 607		

Clemens Alexandrinus

III 14	III 570	Coh. ad gentes p. 58 Pott.	II 1039
18, 19	I 434 III 570	Paedag. I 3 p. 102 Pott.	II 1123
20, 21	I 434	8 136	II 1116
24, 25	III 385	13 158	III 445
52	III 417	13 159, 160	III 293
59, 60	III 487	II 224	III 730
61	III 485	247	III 276
74, 75	I 212	III 286, 287	III 276
76	I 576 III 486	288	III 354
77	I 577	296	I 246
(79)	III 486	303	III 276
83	III 419	Protrept. p. 58 Pott.	I 159 (II 1040)
IV 5	III Diog. 10	61	I 557, 560
9	III 483	Rom. homil. V 18	II 1072
11	I 205	Stromat. I p. 336 Pott.	III 225
12, 13	III 438	352	I 593
14	III 380, 393, 438	367	II 353
15	III 380	368	III 236
17, 18	III 415	369	II 1184
19	III 410	376	I 376 II 352
20	III 403	II 420	III 332
21	III 398	436	II 359
22	III 379	438	III 619
23, 24, 25	III 424	446, 448, 450	III 411
26	III 427	450, 451	III 292
27	III 423, 427	458	II 992
29	III 425	460	III 377
30	III 279	466	III 433
31	III 279, 426	470	III 275
32	III 430	482	III 9
34	III 198	483	III 723
47	I 205	(484)	II 723
53	I 628 III 285	486	I 370
54	III 665	487	II 714
62	III 488	491	III 405
63	III 484	494	I 241
70	III 653	496	I 180
72	III 652		

Stromat. I p. 497 Pott.	I 360, 419, 552	Circul. doctr. I cap. 1 p. 9, 10	II 538
	III Diog. 46,	11, 12	II 557
	Ant. 58, Arch. 21	cap. 8 p. 58	II 455
499	I 558	11 75	II 572
503	III 163	**Commenta Lucani**	
IV 572	III 150	II 9 p. 48 Us.	II 1110
575	III 221	240 66	III 162
576	III 765	306 69	II 924
581	III 114	380 73, 25	III 5
590, 592	III 254	74, 19	III 492
594	III 46	75, 3	III 199
617	III 442	VII 1 220	II 586
627	III 240	15 220	II 660
642	III 327	813 252	II 608
V 649	II 630	816 252	II 818
655	I 559	VIII 459 274	II 587
674	I 502 II 447	IX 1 289, 290	II 817
680	I 43	7 290	II 775
691	I 264	569 304	III 575
699	II 1035	**Cornutus**	
701	II 574	Theol. Gr. comp. cap. 6	II 1087
703	I 223 III 6	(13)	II 1092
705	III Ant. 56	15	II 1083
708	II 1134	17	I 103 II 1086
711	II 590	26	I 549
715	I 557, 560	31	I 514
VI 789	III 110	32	I 503, 542,
796	III 515		(543)
801	II 102	**Cyrillus**	
822	III 673	Lex. ap. Cramer. Anecd. Paris.	
VII 839	III 224	IV p. 190	I 82
849	I 516	**Demetrius**	
850	II 721	De elocutione 34,	
852	II 1058	III p. 269, 10 Spengel	III Arch. 7
853	III 176	**Dexippus**	
858, 859	III 639	In Aristot. categ. p. 5, 18 Busse	II 370
867	III 511	22, 18	II 209
886	III 250	23, 25	II 374
893	III 490	25, 22	II 251
VIII (923)	II 121	34, 19	II 399
(929)	II 344, 345, 346	50, 31	II 461
930	I 488 (II 347)	Didymus vid. s. v. Arius	
	III Arch. 8	**Dio Chrysostomus**	
(932)	II 348, 349	Or. I § 42, I p. 8, 8 Arnim	III 335
(933)	II 350, 351	III 43, 41, 7	III 331
Cleomedes		VII 103, 208, 9	I 562
Circul. doctr. I cap.1 p.1 Bake	II 529, 534	134	III 727
2, 3, 4	II 537	(XII 30, 31)	II 1146
5	II 541, 546		
7	II 540		

Index fontium.

Or. XIV § 16, II p. 230, 17		III 356	
XV	31,	240, 32	III 365
XXXIII	53		(I 618) II 10a
XXXVI	20,	6, 13	III 329
	23,	7, 7	III 334
	29,	9, 1	II 1130
	37,	11, 2	II 1129
	42—47		II 569
	51, 54	14, 13 sq.	II 602
	55,	15, 8	II 622
XL	37, I	56, 5	II 601
XLVII	2, II	81, 2	I 28
LIII	4,	101	I 274, 456
LXIX	4,	175, 14	III 584
LXXI	5,	182	III 562

Diocles Magnes

apud Diog. Laërt.

VII 49	II 52
50	II 55, 60
51	II 61
52	II 71, 84, 87
54	III Ant. 18, Appollod. 3, B. 1
55	II 136 III Diog. 17, 18, Ant. 16, Arch. 6
56	III Diog. 20
57	II 147 III Diog. 21, Ant. 22
58	III Diog. 22
59	III Diog. 24
60	III Diog. 25, Ant. 23
62	II 122 III Diog. 23
63	II 181, 183
64	II 183
65	II 193
66	II 186
68	II 203 III Arch. 9
69	II 204
71	II 207 III Diog. 26, Crin. 4
72	II 207
73	II 215
74	III Crin. 4
75	II 201
76	III Crin. 5
77	II 238
79	II 241
81	II 243
82	II 274

Diogenes Laërtius

II 61	I 457
79	I 349, (350)
143	I 460
IV 33	I 343
40	I 345
46, 47	I 459
64	III Ant. 7
V 92	I 425
VI 81	III Diog. 2
91	I 272
103	I 354
VII 1, 2	I 1—6, 453
4	I 41
5	I 277
6	I 439
9	I 439
10	I 7, 8
13	I 439
14	I 589
15	I 22
16	I 21, 293, 333
17	I 286, 292, 293, 296
18	I 81, 295, 302, 340
19	I (290), 305, 314
20	I 306, 308, 327, 328
21	I 307, 311, 315, 316, 331
22	I 20, 245, 309, 317
23	I 71, 298, 303, 310, 318, 320, 321, 323, 324, 330, 423
24	I 278, 283, 284
25	I 230, 235, 279
26	I 235, 285, 325, 329
28	I 288, 458
29	I 288 III Diog. 11
32	I 32a, 226, 259
33	I 222, 257, 267, 268
35	III Z. T. 1
36	I 38, 435
37	I 301
39	I 45 II 37 III Diog. 16, Apollod. 1 Eudr. 1
40	I 46 II 38, 41, 43 III Arch. 5, Eudr. 2
41	I 482 II 48 III Z. T. 3. Apollod. 2
42	II 295
45	II 235
46	II 53, 130
47	I 68
(50)	I 59
52	I 62

Index fontium.

VII 54	I 631 II 105	VII 130	III 687, 757
55	I 74 II 140	131	I 269 III 700, 728
(57)	II 149	134	I 85, 493 II 299 III Arch. 12
60	II 226	135	I 102 II 580 III Apollod. 6
61	I 65	136	I 102
62	III Crin. 2	137	I 105 II 526, 580
68	III Crin. 3	138	II 634
83	II 130	139	I 499 II 300, 644
84	I 178 III 1, Apollod. 13, Arch. 18, Z. T. 4, Diog. 38, Ant. 51	140	I 95, 404 II 520, 543 III Ant. 43, Apollod. 5
85	III 178	141	II 589
87	I 552 III 4	142	II 581, 633 III Ant. 45, Apollod. 10
88	I 162, (184) III Arch. 19, Diog. 45	143	I 97 II 531, 633 III Apollod. 9, 11, B. 6
89	I 555 III 4, 39, 197, 228, 229	144	II 650
90	III 197	145	I 119
91	I 567 III 223	146	I 119 II 678
92	I 406, 565 III 261, 265, Ant. 60	147	II 1021
94	III 76	148	I 163 II 1022, 1132 III Ant. 44, B. 3
95	III 97a	149	I 174, 175 II 915, 1191 III B. 5
96	III 107	150	I 87 II 316, 482 III Ant. 32, Apollod. 4
98	III 87, 102, 105	151	II 479, 693, 1102
100	III 83	152	II 692, 698
101	III 30, 92	153	I 117 II 702, 704
102	III 117, Apollod. 14	154	I 117
103	III 156	155	II 558, 651
104	III 117, 119	156	I 171 II 649, 774
105	III 126	157	I 135, 522 II 811, 828, 867 III Ant. 49, Apollod. 12
106	III 127	158	I 128 II 741, 766, 872
107	I 230 III 135, 493	159	I 129, 626 II 837
108	I 230 III 495	160	I 333, 351
109	III 496	161	I 200
110	I 205, 211 II 828 III 412	162	I 346, 347, 461
111	III 412, 456	165	I 409, 411
112	III 407	166	I 422
113	III 396	168	I 463
114	III 400	169	I 597
115	III 422, 431	170	I 599
117	III 448, 637, 646	171	I 598, 600, 602, 605
118	III 644, 647, 649, Apollod. 16	172	I 609, 610, 611, 613
119	III 606, 608	173	I 204, (471), 603, 606
120	I 224, 450 III 527, 731	174	I 463, 481, 601, 616
121	I 54, 254, 270 III 355, 549, 697, 747, H. 1, Apollod. 17	176	I 474
122	III 556, 612, 617	177	I 620, 625
123	III 588, 628, 641, 642, 715	179	II 1
124	III 631, 664	182	I 339 II 8, 9, 10
125	III 295, 561, 590, Apollod. 15	183	II 1, 6, 7
127	I 187, 568 III 40, 49, 237, 536	185	I 621
128	I 569 III 308		
129	I 248 III 367, 716, 718, 738, Apollod. 18		

Index fontium.

VII 186		II 279
187		II 1071
188	I 254 III 685, 744, 747	
189		II 13—18
VIII 48		I 276

Diogenianus
apud Eusebium Praep. evang.

IV 3 p. 136, 138	II 939
VI 261 c	II 925
262 c	II 999
262 d, 263 b	II 925
263 c	II 914
264 b	III 324, 668
265 d, 266 d	II 998
267 a	II 998

Dionysius Halicarn.

De compos. verb. p. 30 Re.	II 28
31	II 206 a

Epiphanius
Adv. haeres.

I 5 Doxogr. Gr. Diels p. 588, 17	I 87
III 2, 9; 36	592, 21	I 146, 264
	23	I 253
	24	I 161, 177
	26	I 146
37	30	I 538
38	34	I 447
39	593, 1	III 746
40	5	III Diog. 43

Etymologicum

Gudianum s. v. βάναυσος	II 162
ἐπικυνεῖν et ἐπισκύνειν	(III 777)
ἥλιος	I 121
Magnum s. v. ἀλάστωρ	II 158
ἀμβωμοῖσιν	III 771
διδάσκω	II 160
ἐπικυνεῖν	III 777
ἥλιος	I 121
Κρόνος	II 1089
παλαιστή	II 161
'Ρέα	II 1084
τελετή	II 1008
Orion. s. v. ἀγκών	II 159

Eusebius

Praep. evang. III 9, 9	II 1032
XIII (13 p. 679)	I 557
XV 13, 8	816c III Z. T. 1
18, 3	I 107
Praep. evang. XV 62, 7 p. 854c	I 353

Vid. Aristocles, Arius Didymus, Diogenianus, Longinus, Numenius, Oenomaus

Eustathius

In Hom. Il. Σ 506, p. 1158, 37	I 74
Od. α 52, 1389, 55	I 549
φ 293, 1910, 42	I 285

Fragmenta

Herculanensia ed. Scott p. 271	I 407

M. Corn. Fronto
Epist. ad M. Antoninum De eloq.

p. 140 Naber	III 514
143	III 196
146	II 27

Fulgentius

Mytholog. prooem. in fine	II 927

Galenus

Adv. Julianum 4 XVIII A p. 257 K	I 132
258, 259	II 771
5 266	II 718
268	II 120
269	I 125
6 279	II 355
298	II 355
Ad Lycum 3 XVIII A p. 209 K	II 230

An animal sit q. in utero inest

1 XIX p. 160 K	II 638
2 165	II 758
De anim. mor. IV p. 777 K	I 285
783	II 787
785	II 544
786	II 788
816, 818	III 234
820	III 235, 469

De anim. peccat. dignosc.

1 V p. 58 K	III 172
3 72	II 272
4 77	III 28
7 101	II 542
De caus. puls. IV 3, IX p. 159	II 875
De cognosc. animi morbis V p. 13	I 233
De constit. art. med. 7, I p. 245	II 420
8, 251	II 405
De differ. puls. II 4, VIII p. 578	II 47
10 631	II 24
III 1 642	I 33
4 662	II 149
6 672, 673, 674	II 424

De differ. puls. IV 2, VIII p. 708			II 229
De dignosc. puls. I 5, VIII p. 793			II 79
IV 2,		923	II 457
De elem. sec. Hippocr. I (1)			II 405
	6, I p. 469		II 408
	9	487	II 412
		489	II 464
Defin. med. 1, XIX p. 349			II 227
	7	350	II 93
	29	355	II 780
	94	370	I 128 II 742
	95	371	II 1133
	126	381	II 89
	154—160	392	II 354
		439	II 742
	445	452	II 757
De foet. format. 3, IV p. 665			II 712
	4,	674, 677	II 761
	6,	698	II 761
		699, 700	II 743
De Hipp. et Plat. decr.			
I 5 p. 138 Mü			II 897
6	141, 143		II 897
7	145		II 897
10	163		II 897
II 2	170		II 883
	172, 175		II 895
3	178		II 234
	182		II 248 III Ant. 31
	184		II 248
4	196, 197		II 893
5	201		I 148 III Diog. 29
	203		II 894
	208		I 151 II 882
	214		II 894
	215, 224		II 898
7	230		II 887, 898
	235		II 888
8	243, 245		II 889
	246		III Diog. 30
	248		I 140, 521
III 1	251		II 885
	254		II 886
2	258		II 890
	260		II 906
3	267, 272 sqq.		II 906
4	276		II 902
	281, 285		II 907
5	287		II 891
	288		I 282
	290, 292		II 892

De Hipp. et Plat. decr.			
III 5 p. 293			II 884
	295 sq		II 884, 896
	297		II 884, 899
	299		I 210, 572
7	302, 305		II 900
	307		II 901
	309, 313		II 903
	314 sqq.		II 884
	315		II 904
8	317		II 908
	321		II 909
IV 1	331		II 905
	334		III 461
2	336		III 463
	338		III 462
3	348		I 209
	349		III 462
4	351		III 464
	353		III 462
	354		III 440
	356, 358		III 476
5	364		III 476
	365		III 462
	366		III 479
	368		III 480
6	376, 380, 382		III 473
	383		III 475
	386		III 478
7	391		I 212 III 481
	392		III 482
	394		III 466
	397		III 467
	400		III 466
V 1	404		II 881
	405		I 209 III 461
	407		III 464, 476
2	407		III 465
	411		III 465
	413, 416		III 471
	419		III 465
	420		III 471a
3	421		II 841
	425, 427		III 472
5	437		III 229a
	446		III 257
6	448		III 460
	450		III 12
	456		I 570
	459		III 458
7	468		III 441

Index fontium.

De Hipp. et Plat. decr.		
V 7 p. 477		III 461
VI 509		II 710
VII 583		III 259
2 591		I 374 III 256
642		II 865
VIII 3 673		II 148
IX 1		I 571
De instrum. odor. 3 II p. 862		II 859
De libr. propr. 11 XIX p. 40		II 46
43		II 231
47		II 232
De locis affectis I 3 VIII p. 32		III 429
7 66		II 856
II 5 127		II 857
III 1 138		III 457
IV 1 218		II 856
3 233		II 877
V 1 301		II 876
De morb. caus. 1 VII p. 1		II 772
(2 4)		II 878
De muscul. motu I 7, 8 IV p. 400		II 450
De natur. facult. I 2 II p. 4		I 92 II 495
3 7		II 406
12 27		II 1138
II 3 82		II 462
4 88		II 410
De opt. doctr. 1 I p. 41		I 57
De plenitud. 3 VII p. 525		II 439
526		II 440
De propr. animi affect. cur. 1 V p. 3		III 461
De qualit. incorp.		
1 XIX p. 463		II 377
464		II 502
2 467		I 478 II 384
3, 4 471		II 382
4 473		II 386
474		II 502
5 476		II 323
477		II 327
6 478		II 323a
479		II 1056
480		II 385
10 483		II 381
De sanit. tuenda II 9, VI p. 138		II 878
De simplic. medicam.		
I 14 XI p. 405		II 428
24 423		II 426
II 16 499		II 212
20 510		II 431
IV 2 626		II 427
De simplic. medicam.		
V 9 XI p. 731		II 777
IX 1 XII 165		II 438
De sophism. ex eloc. 4 XIV p. 595		II 153
De sympt. caus. I 2 VII p. 98		II 870
8 139		II 855
III 4 227, 228		II 736
De temperam. I 3, I p. 523		II 770
De trem. palp. conv. 4 VII (p. 589)		II 450
6 616		II 446
De usu part. V 4 III p. 354, 402		II 1136
VI 17 496		II 781
VIII 6 639, 642, 648		II 860
XI 14 899		II 1164
XIV 1 IV p. 142		II 1139
4 151		II 1139
XVII 1 350		II 1135
355		II 1137
358		II 1151
De usu respir. (toto libro)		II 765
5 IV p. 502		II 783
De venae sect. therap. 3 XI p. 256		II 415
Historia philos.		
3 Diels Dox. Gr.		III Diog. 1, Ant. 2
16		I 153
24		I 136
27		I 91
56a		I 508
58		I 507
108		I 128
109		I 129
In Hippocr. de humor. I, XVI p. 32		I 92
„ 174		III 420
„ 204		II 144
II, „ 303		III 260
In Hippocr. de med. offic.		
XVIII p. 649		II 135
654		II 75
In Hippocr. de nat. hom. I, XV p. 30		II 409
32		II 463
In Hippocr. Epidem.		
III Comment. 3, XVII A p. 757		II 144
VI „ 4, XVII B p. 161		II 433
162		II 545
5 246		II 782
250		II 715
In Hippocr. prognost.		
I, XVIII B p. 26		II 269
Introductio s. medic. 9 XIV p. 697		II 716
698		II 416
726		II 716

Adler, Stoicorum veterum fragmenta IV.

Introductio dialect. 3 p. 8, 11 Kalbfl.	II 217		**Hermias**		
4 10, 13	II 208		Irris. gent. Phil. 14		
5 12, 3	II 220		Diels D. G. p. 654	I 495	
13, 10	II 246		**Hieronymus**		
6 15, 8	II 245		Adv. Jovin. II 48	III 727	
7 16, 18	II 244		Comment. in ep. ad Gal.		
14 32, 13	II 217		III 5 v. 22	III 291	
19 48, 23	II 247		Ep. 66 ad Pamm. 3	III 300	
Meth. med. I 2 X p. 15	II 411		69 ad Oc.	II 281	
6 46	II 494		96	II 631	
II 5 111	I 131		108 ad Eust. 23	II 816	
7 155	II 322		126 ad Marc. et A.	II 776	
Opt. med. esse philos. I p. 61	III 296		132 ad Ctes. 1	III 447	
Protrept. 7 p. 8, 22 Kaibel	II 1b		**Hippolytus**		
Synops. ll. de puls. 9 IX p. 458	II 356		Philosoph. 21, Dox. Gr. Diels 571, 7	II 1029	

Ps. Galenus

Prognost. ex math. scient.			8	I 153	
1 XIX p. 529	II 98		11	II 975	
			17	II 807	
			20	II 598	
			23	II 469	

A. Gellius

Noct. Att. II 18, 8	I 438		**Horatius**		
V 15	II 141		(Sat. I 3, 120 sq)	I 224	
16, 2	II 871		**Jamblichus**		
VI 14, 8	III Diog. 8		De anima apud Stobaeum		
16, 6	III 706		Ecl. I p. 317, 21 W.	I 149	II 835
VII 1	II 1169		367, 17	II 826	
1, 7	II 1170		367, 18	I 142	
2	II 1000		369, 5	II 831	
2, 15	II 977		369, 6	I 143	
IX 5, 5	I 195		371, 22	II 801	
XI 12	II 152		372, 7	II 1128	
XII 5, 4	III 168		373, 15	II 825	
5, 7	III 181		375, 20	II 720	
XVI 8, 1. 4. 8	II 194		386, 6	II 826	
8, 9	II 213		II p. 382, 18	I 379, 420	
8, 12	II 218				
XVIII 1, 4	III 56		**Index Stoic. Herc.**		

Geminus

Elem. astron. p. 53 Petav. Uranolog.	I 505		Col. I	I 30	
			III	I 31	

Gnomologion

			IV	I 42	
Monac. 196	I 281		VI	I 32	
197	I 324		VIII	I 25	
198	I 322		IX	I 24	
Vatic. (166)	I 350		X 2	I 39	
(295) Sternb.	I 281		XI 2	I 39	
			XII	I 39	

Gregorius Nazianzenus

Carmin. l. I sect. II 10 v. 604	III 710		XII 3	I 437	
(p. 157 d)	I 561		XIII, XIV	I 441	
Epist. 32	III 586		XV	I 445	

Col. XIX	I 468	Instit. div. III 4	I 54 III 553
XX	I 473	7	I 179, 421
XXII	I 471	8	I 179
XXIV	I 472	12	III 47
XXVI, XXVII	I 476	23	I 213, 224
XXVIII, XXVIII 8	I 477	25	III 253
XXIX	I 426, 477	(27)	III 47
XXX	I 426	(IV 9)	I 160
XXXI	I 446	V 11	III 762
XXXII	I 427	13	III 577
XXXIII	I 429	17	III 48, 298, 345, 629
XXXIII 4, XXXIV	I 335	VI 8	III 325
XXXV	I 336	9	III 216
XXXVI	I 410	10, 11	III 450
XXXVIII	II 2	12	III 751
XXXIX 3	II 2	14	III 444
XL	II 3	15	III 437
XLI	II 5	VII 3, 4	II 1041
XLVI 1	II 12	7	I 147, 357a
XLVII 3	II 12	20	(I 147) II 813
XLVIII	III Z. T. 2, Diog. 3	23	II 623
LI	III Diog. 11		
LII	III Diog. 12	**Joannes Laurentius Lydus**	
LIII	III Ant. 11	De mens. IV 44 p. 212 Röther	II 1098
LX	III Ant. 12	48 „ 224	II 1063

Johannes Chrysostomus

Hom. I in Matth. 4	I 262

De ostent. 7 p. 12 Wachsm. II 706

Longinus

Johannes Damascenus

De haeres. 7	II 1026

apud Euseb. Praep. evang.

XV 21 p. 823a	II 800
823c	I 139, 520

Justinus

Lucianus

Apol. I 20	II 614
64	II 1096
II 7	II 614, 926

Bis accus. 20, 21	I 430
Icaromen. 24	II 233
Macrob. 19	I 36, 288, 475
20	II 1 III Diog. 4
Paras. 4	I 73
Vit. auctio 20	III 622
22	II 287

Ps. Justinus

De resurrect. 6	II 414

Lactantius

Macrobius

De ira dei cap. 5	II 1120
10	II 1012
11	I 164
13	II 1172
17	II 1012 III 444
18	II 1057 III 444
De vera sap. cap. 9	I 160
Epist. ad Pentad. 38	I 213
Instit. div. I 2	II 1109
5	I 162, 534 II 1025
6	II 1216
II 10	II 588, 1167

In Somn. Scipionis I 14, 19	I 137 III B. 10
Saturn. I 17, 7	II 1095
8	I 540
31	I 542
36	I 541 III Ant. 36
57	III Ant. 46
18, 4	I 546
23, 2	I 501

Mantiss. proverb.

In paroemiogr. Gr. II p. 757 (cent. I 85) I 561

Marcianus

Instit. I, I 11, 25 Mommsen   III 314

Maximus Conf.

Apostol. (VIII 34 n)	I 326
Arsen. (XXVII 53)	I 326
Floril. cap. 6. Mai script. vet. nov. coll. II 27, 1	I 236
Serm. 26 Boissonade Anecd. Gr. I p. 450	I 326

Maximus Planudes

ap. Rhet. Gr. (V 396 Walz)   I 84

Michaël

In Ethic. Nicom. Comm. Gr. XX
    p. 598, 20. 599, 6 Heylb.   III 17

Minucius Felix

Octav. 19, 10	I 154, 160, 162, 169, 532
(21, 3)	I 448
34, 2	II 595
37	III 576

Musonius

apud Stobaeum Ecl. II 31, 125; p. 243, 1 W	I 611
περὶ κουρᾶς apud Stobaeum Flor. 6, 24; I p. 289 He	I 243
περὶ τροφῆς apud Stobaeum Flor. 17, 42; I p. 506	I 287

Nemesius

De nat. hom. cap. 2 p. 32 Matth.	I 518
33	I 137
38	II 773
42	II 451
46, 53	II 790
96	I 143
cap. 5 126	II 418
(171—173)	II 54
cap. 19—21	III 416
cap. 35 p. 258	II 991
37 269	II 918
38 277	I 109
	II 625

Numenius

apud Euseb. Praep. evang.

XIV 5, 4	p. 728 a	II 20
5, 11	729 b	I 11
6, 9	732 b	I 12
6, 13	733 a	I 56
8, 10	738 b	III Ant. 6

Oenomaus

apud Euseb. Praep. evang. VI

p. 255 b	II 978
258 b	II 978
261 a	II 978

Olympiodorus

In Plat. Alcib. pr. II

p. 54 Creutzer	III 489
55	III 618
214	III 302

In Plat. Gorg. p. 53	I (72), 73, 490
54	I (72), 73

In Plat. Phaedon. (p. 5) Finckh	III 768
p. 28	II 1030
72	II 1118
124, 20	II 846

Origenes

Comm. in Ezech. cap. 8 III p. 424 Delarue	III 451
Comm. in Genes. II p. 11 Delarue	II 964
13	II 996
Comm. in Matth. III p. 446 Delarue	III 170
494	III 523
591, 592	III 477
674	III 454
778	II 40

Contra Celsum

I 5	I p. 59, 3 Koe. p. 324 Del.		I 265
13	66, 2	331	II 819
21	72, 11	339	II 1053
24	74, 10	341	II 146
37	89, 1	355	II 739
39	91, 20	357	II 22
64	117, 16	379	III 474
II 12	141, 7	297	II 21
20	149, 22	406	II 957
72	194, 13	441	II 138
III 25	221, 3	461	III 741
54	250, 3	483	I 40
69	261, 12	492	III 233
75	267, 3	496	II 1053
IV 12	282, 9	508	II 628
14	284, 23	510	II 1052
16	285, 23	511	III 732
26	295, 29	520	III 756
29	298, 27	522	III 249
45	318, 4	538	III 743
48	321, 3	540	II 1074
54	326, 31	545	II 1155
56	329, 12	547	II 417

Index fontium.

Contra Celsum
IV 64	I p. 334, 33 Koe. p. 552 Del.		II 1174
68	338, 3	555	II 626
74	343, 23	559	II 1157
75	345, 19	560	II 1173
78	348, 23	562	II 1173
79	349, 21	562	II 1122
81	351, 7	563	III 368
81	352, 4		III 368
87	357, 25	567	II 725
88	360, 13	569	II 1212
90 sq.	362, 22	570	II 1212
96	368, 23	574	III 742
V 10	II p. 11, 13	585	II 685
20	21, 23	592	II 626
23	24, 10	595	II 626
47	51, 19	614	II 829
57	60, 5	621	II 23
VI 48	119, 16	670	III 248
(62	132, 16	680)	II 138
71	141, 6	686	II 1051
VII 37	187, 22	720	II 108
63	213, 6	739	I 244
			III 729
VIII 8	226, 24	748	III 78
35	250, 31	768	I 297
49	265, 4	778	II 1051
50	265, 22	778	III 346
51	266, 18	779	III 474
52	267, 15	780	III 218
62	278, 15	788	III 82
67	283, 9	792	II 910
72	288, 21	795	II 600

De oratione
6 II p. 311, 16 Koe.	p. 206 Del.	II 989
314, 4		208	II 989
368		246	II 318

De princip. II cap. 1 p. 78 Del. II 304
	3	81	II 629
	8	96	II 808
III		108	II 988
		110	II 990
		129	III 538
		162	II 1185

In evang. Joannis II 10 Lo   III 544
XIII 21   II 1054
XX 2   II 746
5   II 747

Ex Origene Selecta in Psalm.
II p. 532 Del.   II 1156

Papyri

Pap. Chrysipp. Λογικῶν ζητημάτων Α′ II 298a
Pap. Letronnii Περὶ ἀποφατικῶν   II 180
VH¹ VI 2 p. 31 col. XVI   II 1060
VH² VIII 27, 5   II 639
VH² VIII 29   II 640
Pap. 1020 Hercul. Vol. Coll. alt. X 112—177
Col. In, IIn, IIIn, IVn, Frg. In,
   IIn, IIIn, OxLd   II 131

Pausanias
I 17, 2	II 3a
29, 15	I 36b
II 8, 4	I 442
VII 8, 3	I 442

Philargyrius
Ad Verg. Georg. II 336   I 108

Philo Alexandrinus
De agricult. § 14 II p. 97, 24 Wendl. II 39
   (30   101, 3)   II 833
   139   122, 18   II 182
   160   127, 23   III 541
De animal. adv. Alexandr.
   p. 147 Aucher   II 726
   155   II 728
   163   II 731, 732
   165   II 732
   166   II 726
   168   II 733
   169   II 730
   170   II 834
   171   II 734
De anim. sacrif. idon.
   II p. 242 Mang.   II 616
   243   II 695
   249   III 559
De Cherub. § 14 I 173, 12 Cohn   III 513
De confus. lingu. § 5 II 230, 21 W.   II 560
   156   259, 2   II 664
   184   264, 23   II 472
De congr. erud. gr.
   § 141 III 101, 5 W.   II 95
   146   102, 15   II 99
De ebriet. § 88 II 186, 21 W.   III 301
De fortitud. II p. 376 Mang.   III 707
   398   II 759
   413   II 1171
   419   III 388
   426   III 558

De fuga et invent.
  § 13 III 112, 15 W.   II 760
    112   133, 26   II 719
    182   149, 31   II 861
De gigant. § 67 II 55, 5 W.   III 680
De incorr. mundi
  p. 220, 9 Bern.   2, 17 Cum.   II 621
    222, 2   4, 3   II 620
    225, 5   6, 13   II 437
    235, 13   15, 4   II 613
    236, 6   15, 12   II 397
    238, 5.11.13   17, 1 sq.   II 509
    246, 10   23, 11   II 636
    248, 1   24, 9   II 913
    248, 2   24, 10   II 459
    248, 11   24, 20   III B. 7
    248, 14   25, 3   III Diog. 27
    250, 9   26, 9   II 611
    252, 5   27, 15   II 612
    254, 7   28, 23   II 611
    254, 8   28, 23   I 511
    255, 8   29, 13   II 618
    256, 7   30, 7   II 874
    257, 12   31, 9   II 619
    264, 3   35, 13   I 106, 106 a
De Joseph II 46, 47 Mang.   III 323
De migrat. Abrah.
  § 128 II 293, 4 W.   III 8
    156   299, 3   III 436
    180   303, 18   II 532
    197   307, 8   III 621
De monarch. I p. 216 M.   II 1010
De Moyse
  II, II p. 135 M. = IV p. 202, 3 C. III 303
  III,   156   232, 19   III 392
         158   235, 14   III 10
         162   242, 12   III 227
De mundi opif. § 3   I 1, 11 C.   III 336
                 8   2, 18   II 302
                26   8, 7   II 511
                36   11, 9   II 358
                43   13, 21   II 713
                66   21, 21   II 722
                67   22, 13   II 745
                73   24, 21   III 372
               (117   41, 4)   II 833
              142, 143 50, 2   III 337
                166   58, 9   II 57
De nomin. mutat.
  § 152 III 182, 23 W.   III 620

De plantat. Noë
  § 49   II 143, 20 W.   III 7
    69   147, 15   III 596
  142, 149, 154 161, 18; 163 sq.   III 712
    176   169, 9   I 229
De posterit. Caini § 75 II 16, 22 W. III 670
         126   27, 26   II 862
         133   29, 7   III 31
         138   30, 17   III 364
De provid. I § 9   p. 5 Au.   II 577
            10   6   II 578
            13, 14   7   II 591
            15   8   II 592
            18, 19   10, 11   II 592
            22   13   I 85
            25   13   II 1111
            29   14   II 1112
            32   15   II 1113
            40   19   II 1114
         II 41   76   II 1079
            48, 49   79   I 509
            55   84   II 1141
            56   84   II 1143
            57   84   II 1142
            58   85   II 86
            62   87   II 568, 1144
            64   89   II 1145
            67   90   II 1146
            73   93   II 1147
            74   94   I 548
                                    II 688, 1150
            76   95   II 1148
            77   96   II 680
            78   96   II 694
            84   98   II 1149
De sacrif. Abel et Cain
  § 43   I 219, 14 C.   III 522
    46   220, 19   III 375
    68   230, 5   II 453
    78   234, 7   III 739
    82   236, 3   III 304
    84   237, 2   III 304
   111   247, 9   III 609
   115   249, 4   III 505
   121   251, 3   III 636
   123   251, 15   III 636
   137   256, 22   II 842
De sept. et fest. dieb. II 279, 280 M. III 610
                       283   III 352
                       284   III 330
                       291   III 352

Index fontium.

De sept. et fest. dieb. II 348 M.		III 446	Quis rer. div. her.			
	360	III 286	§ 232 III (52, 13) W.		II 833	
De sobriet. § 34 II 222, 10 W.		III 244	299	68, 7	III 222	
38	223	III 244	Quod det. pot. insid. sol.			
56	226, 16	III 603	§ 7 I 259, 25 C.		III 33	
De somniis I § 145 III 236, 2 W.		II 674	72	274, 30	III 209	
De vis. angeli p. 616 Au.		II 422	(168	296, 6)	II 833	
Leg. alleg. I § 11 I (63, 22) C.		II 833	Quod deus s. immut.			
30	68	II 844	§ 22 II 61, 1 W.		III 566	
56, 57	75, 6 sq.	III 202	31	63, 3	II 512	
59, 61	75, 25 sq.	II 843	35	64, 1	II 458	
63	77, 12	III 263	41	65, 9	II 458	
65, 67, 68	78	III 263	100	78, 4	III 518	
87	84, 2	III 263	Quod omn. prob. lib.			
93	85, 17	III 519	II p. 450, 23 M.		III 357	
II § 22	95, 8	II 458	451, 2		III 357	
III § 1	113, 3	III 679	451, 9		III 358	
(§ 97	134, 26)	II 1009	451, 47		III 359	
175	151, 28	II 334	452, 22		III 360	
177	152, 14	III 116	452, 46		III 361	
201	157, 25	III 676	453, 26		I 228	
210	160, 2	III 512	454, 12		III 362	
246	167, 23	III 406	454, 31		III 363	
247	168, 5	III 671	460, 45		I 218	
Quaest. et solut. in Genes.			470, 27		I 179	
I 64 p. 44 Au.		II 567	**Philodemus**			
75	49	II 832	De deor. vita beata			
II 4	77	II 802	col. I Fr. H. p. 140 Scott.		II 1124	
III 48	222	II 740	VII 28	156	II 1183	
IV 5	248	II 566	VIII	157	II 1183	
11	254	III 207	De ira Col. I p. 17 Gomp.		III 470	
73	302	III 571	De musica I Fr. 6 p. 5 Kemke III Diog. 54			
74	303	III 634	9	6	„	55
76	304	III 681	12	7	„	56
92	318	III 583	15	8	„	58
99	323	III 592	16	8	„	57
117	336	II 145	18	9	„	59
136	348	III 271	19, 20	10	„	60
165	371	III 678	21	11	„	61
165	372	III 624	22	12	„	62, 63
188	397	II 635	23	12	„	64
215	416	II 643	25	14	„	66
Quaest. et solut. in Exod.			26	14	„	67
I 1 p. 445		II 584	27	15	„	68, 69
II 81	523	II 561	28	16	„	76, 77, 78, 79
85	526	II 562				
88	527	II 561	29	16	„	79
90	528	II 548	30	17	„	81, 82
112	541	III 277	30	18	„	83, 84, 85
120	547	II 803				

De musica
I Fr. 31 p. 19 Kemke   III Diog. 86, 87
  32   19   „   88
  32   20   „   89
  IV col. I B p. 62   III Diog. 61
     III 10   65   „   62
         23   65   „   63
     IV   2   66   „   64
     V   13   67   „   65
     VI 26   69   „   66
     VII 3   70   „   67
         22   70   „   68
     VIII 37   72   „   69
     IX 15   73   „   70
         38   74   „   71
     X   3   75   „   72
     XI 25   76   „   72
     XII 1   76   „   73
         11   77   „   74
     XIII 4   78   „   75
         33   79   „   76
     XIV 1 sq. 79   „   76
     XV   1   80   „   77
         15   81   „   78
     XVI 1   81   „   79
     XVII 1   81   „   79
          2   83   „   80
         28   83   „   81
         35   84   „   82
     XVIII 1   84   „   82
         33   85   „   83
     XIX 4   85   „   84
     XX   7   87   „   85
         28   88   „   86
     XXI 23   89   „   87
     XXII 10   90   „   88
     XXIII 27 92   „   88
     XXXIV 23 105   „   90
De philosophis col. IV Neap.   I 36 a
                    VII   III Ant. 67
Vol. Herc. VIII col. XIII 18   I 590
De pietate
  cap. 8 p. 542 b Diels Dox. Gr.   I 168
        543 b 31   I 170
     9 544 b   I 448, 531
    11 545 b, 12   II 1076
    13 547 b   I 539
    14 547 b, 3   II 1081
    14 548 b, 13   II 636
    15 548 b, 4   II 1023
    15 548 b, 14   III Diog. 33

De pietate
  cap. 16 p. 549, 9 Diels Dox. Gr.   II 910
         p. 84 Gomp.   I 164
De rhetorica I 10 Sudh.   II 125
          329   III Diog. 91, 92
          332   „   93
          333   „   94, 95
          334   „   95
          337   „   96
          343   „   99
          344   „   97, 98
          345   „   99
          346   „   99, 100
          347   „   101
          348   „   102
          350   „   103, 104
          351   „   105
          352   „   106
          354   „   105
          355   „   105, 107
          357   „   108
          358   „   109
          359   „   106, 110
    II 202   „   111
       203   „   112
       204   „   113
       207   „   114
       208   „   115
       209   „   116
       210   „   117
       214   „   118
       216   „   119
       218   „   120, 121
       220   „   122, 123
       224   „   124
       225   „   124
       226   „   125
       228   „   126

Philoponus
Ad Anal. pr. (f. 4 a)   II 49
         f. 42 b   II 202a
In Aristot. Phys. p. 613, 23   I 96

Photios
Lexikon s. v. λέσχαι   I 543
         μέντοι   II 24
         νεοττός   II 1202

Plinius
Nat. hist. XXX 103   II 737

Index fontium. 209

Plotinus

Ennead. II	4, 1	I p. 104 Mue.	II 320
	7, 1	127	II 478
III	1, 2	162	II 946
	1, 4	164	II 934
	1, 7	168	II 986
IV	7, 3	II (p. 106, 20)	II 443
	7, 4		II 443
	7, 7	111, 10	II 858
	7, 9	114	II 375
	7, 10	114	II 799
	7, 11	115	II 804
VI	1, 25	256	II 371, 373
	1, 26		II 315
	1, 27	258	II 314
	1, 28	259, 33	II 319
	1, 29	260	II 376
	1, 30	261	II 400, 402

Plutarchus

Aetia phys. 38		III Ant. 48
Amatorius cap. 13 p. 757 b		II 1094
21 766 f		I 390
Aqua an ignis ut. 12 p. 958 d		I 403
De adul. et amico 11 p. 55 c		I 470
De Alex. virt. I 6 p. 329 a		I 262
De animae procreat. sec. Tim. (1029 f)		I 299
De aud. poët. 11 p. 31 d		I 535
31 e		II 101, 1062
12 33 c		I 562
33 d		I 219
34 b		II 100
De cap. ex inim. util. 2 p. 87 a		I 277
De coh. ira 15 p. 462 f		I 128
De commun. not. 1 p. 1050 b		II 33
2 1059 e		II 250
4 1060 c		III 146
5 1060 e		III 139
6 1061 a		III 212
7 1061 c		III 213
1061 d		III 691
8 1061 f		III 54, 542
1062 a		III 210
9 1062 c		III 85
10 1062 f		III 668
1063 a		III 539
11 1063 d		III 759
1064 a		III 762
13 1065 b		II 1181
14 1065 d		II 1181

De commun. not. 16 p. 1066 d		II 1181
17 1067 a		II 606
20 1068 a, c		III 674
21 1068 d		III 672
22 1068 f		III 627
1069 c		III 153
1069 d		III 167
23 1069 e		III 491
1069 f		I 183
1070 a		III 123
25 1070 d		III 23, 25
1070 e		III 455
26 1071 a		III 195
27 1071 f		III 26
1072 c		III Ant. 59
28 1072 f		III 719
30 1073 d,		
1074 a		II 525
1074 d		II 335
31 1075 a		I 536
1075 a, c		II 1049
1075 d		I 510
32 1075 e		II 1126
33 1076 a		III 246
(1076 b)		III 668
34 1076 c		II 1168
1076 e		II 937
1076 f		II 645
35 1077 b		II 618, 744
36 1077 c		II 112
1077 d		II 396
1077 e		II 1064
37 1077 e,		
1078 b		II 465
1078 e		II 480
38 1078 e		II 485
1079 a		II 484
1079 b		II 483
39 1079 d, e		II 489
40 1080 d		II 486
1080 e		II 487
41 1081 c		II 519
1081 e		III Arch. 14
1081 f		II 517, 518
44 1083 a, c		II 762
45 1084 a		II 848
1084 c		II 665
46 1084 e		II 806
47 1084 f,		
1085 a		II 847
48 1085 b		II 313

De commun. not. 49 p. 1085c		II 444	De soll. anim. 4 p. 962f		III Ant. 47	
50	1085e	II 380	6	963f	III 373	
De curios. 4 p. 516f		I 401	11	967e	I 515	
De esu carn. II 3 p. 997e		III 749	30	980a	II 729b	
6	999a	III 374	De Stoic. repugn. 2 p. 1033b		I 27. 262	
De exilio 5 p. 600e		I 371		1033d	III 702	
11	603d	I 277		1033e	I 27 II 3b	
14	605b	III (Ant. 6.) Arch. 2			III Diog. 5	
De def. orac. 17 p. 419a		II 1104	4	1034a	I 26	
19	420a	II 1049			III Ant. 66	
28	425d	II 551	5	1034b	III 698	
29	425e	II 632	6	1034b	I 264	
	426a	II 367	7	1034c	I 200	
	426b	II 1055		1034d	I 563	
De E ap. Delph. (2)		I 543			III 258	
De fac. in orbe lun. 5 p. 921f.		II 673	8	1034d	I 373	
	922c	II 673		1034e	I 78	
	922d	II 570		1034f	I 50, 260	
6	923a	I 500	9	1035a	II 42	
	923e	II 646		1035b	II 30	
8	924d	II 646		1035c	III 68, 326	
9	925a	II 646		1035e	II 50	
12	926c	II 1045	10	1035f	II 127	
15	928c	II 668		1036b	II 32	
18	930f	II 433		1036c	II 109, 270	
21	933f	II 672		1036e	II 109	
23	936b	II 675		1036f	II 271	
25	940a	II 679		1037b	II 128, 129	
	940c	II 677	11	1037c	III 520	
De garrulit. 1 p. 502c		I 310		1037d	II 171	
4	504a	I 284		1037e	III 521	
23	514d	III Ant. 5		1037f	III 175	
De Is. et Os. 25 p. 360e		II 1103	12	1038a	III 674	
40	367c	II 1093		1038b	II 724	
41	367e	II 663			III 179	
45	369a	II 1108		1038c	I 197	
(56)		II 1093	13	1038c	III 526	
66	377d	I 547		1038e	III 226	
De lib. educ. (3 p. 2a)		I 302		1038f	III 211	
(10	7d)	I 350		1039a	III 212	
De primo frig. 2 p. 946a		II 407		1039b	III 724	
	946c	II 806		1039c	III 29	
9	948d	II 430	14	1039d	III 761	
10	948f	II 430		1039e, f	III 167	
11	949b	II 430	15	1040a	III 313	
(12)		II 430		1040c	II 1175	
17	952c	II 429			III 23	
De Pyth. orac. 16 p. 402a		I 502		1040d	III 157	
De recta rat. aud. 3 p. 39b		I 310		1040e	III 24	
8	42b	I 385		1041a	III 297	
18	47e	I 464	16	1041b, c	III 288	

Index fontium.

De Stoic. repugn. 16	p. 1041 c, d	III 289	De Stoic. repugn. 34	p. 1049 f	II 937
17	1041 e	III 69, 139		1050 c	II 937
	1041 f	III 545	35	1050 e	II 1176
18	1042 a	III 55, 760		1050 f	II 1181
	1042 b, c	III 760	36	1051 a	II 1182
	1042 d	III 759	37	1051 b	II 1178
19	1042 e	III 85	38	1051 e	II 1115
20	1043 a	III 703		1051 f	II 1049
	1043 b	III 691, 704			III Ant. 33
				1052 b	III Ant. 34
	1043 c	III 691	39	1052 b	II 1068
	1043 e	III 153, 691, 693, 701		1052 c, d	II 604
			41	1052 f	II 806
	1044 a	III 579		1053 a	II 579
21	1044 b	III 706		1053 b	II 605
	1044 c	II 1163		1053 d	II 806
	1044 d	II 1163	42	1053 e	II 434, 435
		III 714	43	1053 f	II 429, 449
	1044 e	II 1160		1054 a	II 449
22	1044 f	III 753	44	1054 b	II 539
	1045 a	III 754		1054 c, d	II 551
23	1045 b	II 973		1054 e	II 550
	1045 d	III 699		1055 b, c	II 550
	1045 e	III 174	46	1055 d	II 202
24	1045 f	II 126	47	1055 f	II 994
	1046 a	II 31		1056 b	II 997
25	1046 b	III 418, 672		1056 c	II 937
				1056 d	II 935
	1046 c	III 672		1056 e	II 993
26	1046 c	III 54, 210		1057 a, b	III 177, Ant. 19
	1046 d	III 53			
27	1046 e	III 299	De superstit. 1 p. 165 a		III 84
	1046 f	III 243	De tranqu. animi 6 p. 467 c		I 277
28	1047 a	II 297	9	469 e	III Ant. 15
	1047 b	II 298	12	472 a	III 655
29	1047 b	II 763	De virt. mor. 2 p. 440 f		I 375
	1047 c	II 210		441 a	I 201 III 255
30	1047 e	III 138	3	441 c	I 202 III 459
	1047 f	III 688, 693	4	443 a	I 299
			7	446 f	III 459
	1048 a	III 139	9	449 a	III 439
	1048 b	III 153		449 c	III 384
	1048 c	II 1177	10	449 d	III 468
31	1048 c	III 123		450 b	III 468
	1048 d	III 215		450 c	III 390
	1048 e	III 662, 668	12	451 b	II 460
			De vit. aere al. 7 p. 830 d		I 465
32	1049 a	II 1177	De vit. pud. 13 p. 534 a		I 313
		III 705	Maxime cum princ. vir. phil. esse diss. 1 p. 776 c		I 382
	1049 b	II 1177			
33	1049 e	II 1125	Praec. coniug. 34 p. 142 e		II 366

211

Praec. ger. reip. 10 p. 804e	I 402	II 3, 32	III 666
Praec. sanit. tuendae 20 p. 133c	I 389	4, 1	III 449
Quaest. conviv. I 9 p. 626f	III 546	**Porphyrius**	
III 6 653e	I 252	De abstin. III 19	I 197
(V 10, 3)	II 723	20	II 1152
(VIII 9)	II 210	De anima ap. Euseb. Praep.	
IX 14 p. 743e	II 1099	evang. XV p. 813c	II 806
Quaest. Platon. II 1 p. 1000f	II 1158	818c	II 1050
VIII 4 1007a	II 515	De anima ap. Stobaeum Ecl.	
Quomodo adul. ab am. internosc.		I p. 347, 21 W.	I 377
vid: De adul. et am.		350, 13	II 830
Quomodo adulesc. poët. aud. deb.		II 349, 23	II 74
vid: De aud. poët.		In Aristot. categ. p. 119, 34 Busse	II 607
Quomodo quis in virt. sent. prof.		137, 29	III 525
1 p. 75c	III 539	Vit. Pythag. 1, 2	I 593
2 75f	III 535	**Probus**	
6 78e	I 280	Ad Verg. p. 10 Keil	I 496
12 82f	I 234	10, 33	I 102 II 413
Utrum anim. an corp. libid.		21, 14	I 103
et aegrit. 7	I 205	**Proclus**	
Vita Alc. 6	I 614	De prov. et fato 49 I 71 Cousin	II 942
Arati 18	I 223a, 443	In Euclid. p. 89 Friedlein	II 488
23	I 443	193	II 200
Cat. 18	I 398	395	II 365
22	III Diog. 7	397	III 547
Cleom. 2	I 40a, 622	In Hesiod. Op. et Dies v. 105	II 929
11	I 623	291	I 235
Demosth. 10	I 381	In Plat. Alcib. pr. p. 164 Creuzer	III 618
30	I 380	318	III 310
Tib. Gracchi 8	III Ant. 13	III p. 64 Cousin	III 347
Lyc. 5	I 629	158	III 543
31	I 261, 263	159	III 383
Marii 46	III Ant. 15	In Plat. Parmen. IV p. 103 Cousin	II 202b
Phoc. 5	I 80, 304	V 74	II 343
Plutarchus ap. Olympiodorum in		135	II 717
Plat. Phaedon. p 125, 7 Finckh	II 104	In Plat. Timaeum 18 C Schneider	III 206
Ps. Plutarchus		61 B	III 52
De fato 11 p. 574d	II 912	81 E	II 307
De fluv. nom. V 3	I 594	106 F	I 564 III 252
4	I 595	138 E	II 533
XVII 4	I 596	271 D	II 521
De nobilit. 12, 13, 16	III 350	297	II 1042
17	III 148	Vit. Hom. apud Hephaestion.	
Polyaenus		p. 516, 517 Gaisford	I 592
Strateg. VI 5	I 444	**Quintilianus**	
Porphyrio		Instit. orat. I 1, 4	III 734
Ad Hor. carm. III 2, 17	III 50	1, 8	III Diog. 51
ep. I 1, 82	III 669	1, 15. 16	III 733
serm. I 2, 62	III 533		
3, 124	III 597		

Index fontium.

Instit. orat. I 3, 14	III 736	In Hesiod. Theog. v. 276	II 662
10, 15	III 740	397	II 573
10, 32	III 735	411	II 930
11, 17	III 737	459	II 1087, 1088, 1090
17, 2	II 290		
II 15, 34. 35	I 491 II 292	463	II 190
17, 41	I (72), 73, 490	In Hom. Il. A 129	III 769
20, 7	I 75	405	III 770
III 1, 15	II 289	B 349	II 169
6, 31. 33	III Arch. 11	Γ 64	I 544
IV 2, 117	I 79	Δ 295	II 156
V 7, 35	II 1195	E 2	III 287
X 1, 84	II 25	Θ 69	II 931
XII 1, 18	I 44	441	III 771
1, 38	III 555	K 252	III 772
2, 25	II 25	Λ 115	III Ant. 50
7, 9	I 14, 467 II 4	N 41	III 773
		O 241	III 774
Rufus Ephes.		II 233	I 535
De part. hom. p. 44 Clinch.	I 127	857	II 778
Salvianus		Φ 483	II 748
De gubern. dei I 3	II 1043	X 212	III 775
		Ψ 65	II 815
Scholia		Ω 536	III 675
Ad Apoll. Rhod. I 498	I 104	Od. α 52	I 549
Arat. v. 1	II 139, 1100	ε 240	III 776
Aristoph. Nub. 317	I 73	in Lucan. II 9	I 162
In Dionys. Thrac. Gramm.		(Lucian. de calumn. 8)	I 78
Anecd. Gr. II p. 649 Bekker	(I 73) II 94	ad Nic. Ther. 447 p. 36, 12 Keil	I 524
663, 16	I 72	Pind. Olymp. I 1 p. 22 B.	II 436
667	III 721	ad Plat. Alcib. I p. 121 e	I 149
668	II 656	Leg. „ 625 a	III 161
721, 25	I 73	in status Rh. Gr. VII 1 p. 383 Walz	II 273
891	II 165	**Ps. Scymnus**	
Schol. Vatic. in Dionys. Thrac. Gramm. Gr. III p. 107, 5 Hilgard	II 226	v. 10	III Diog. 11
Schol. Genevensia I p. 210 Nicole	II 748	**Seneca**	
In Hermog. ideas Rh. Gr. VII p. 884 Walz	II 789	Ad Helv. 12, 4	I 15
		Apocoloc. 8	II 1059
In Hesiod. Theog. v. 115	II 565	De benef. I 3	II 1082
116	II 564	6	III 506
117	I 105	II 17, 3	III 725
119	II 563	18	III 573
120	II 445	25, 3	III 726
134	I 100 II 1086	29	II 1121
135, 136	II 1085	31	I 578 III 507, (725)
137	II 1090	35	III 580 (725)
139	I 118	III 4	II 1082
148	II 700	18	III 508
211	II 1092	22	III 351
266	II 137	28	III 349

Index fontium.

De benef. IV 7	II 1024	Epist. 94, 1	I 358
21	III 509	4	I 582
25	II 1119	5	I 359
27	III 659	53	III 232
34	III 565	95, 47	II 1117
39, 1	I 16	57	III 517
V 14, 1	I 580	102, 3	III 100
VI 10, 2	I 579	5	III 160
12, 2	I 578	8. 9	III 100
De clem. II 3	III 290	20	III 160
4, 5	III 452	104, 21	I 258
7	III 453	106, 2	III 84
De const. sap. (7, 3—6)	III 578	(107, 10)	I 527
17, 2	II 11	108, 10	I 487
De ira I 16, 7	I 215	(109)	III 627
III 38, 1	III Diog. 50	113, 1	III 307
De otio 3, 2	I 271	18	I 525 III 169
8, 1	III 695	(20)	III 84
(De prov. I 2, 7)	III 576	23	II 836
De tranq. animi 1, 7	I 271, 588	24	III 307
1, 10	I 28 III 695	115, 8	I 372
14, 2	I 277	11. 12	III 231
Epist. 6, 6	I 466	(115)	III 229b
9, 14	III 674	116, 1	III 443
9, 16	II 1065	121, 1	III Arch. 17
31, 8	III 200	5	III 184, Arch. 17
36, 3	I 388	10. 14	III 184
44, 3	I 466	Nat. quaest. VII 19, 1	I 122
45, 10	III 81	**Servius**	
49, 11	III 219	Ad Verg. Aen. I 47	II 1066
57, 7	II 820	257	II 923
58, 12. 15	II 332	381	II 559
59, 2	III 435	604	III 45
65, 2	II 303	607	II 659
65, 4. 11	II 346a	II 488	II 142
66, 5	III 115	689	II 923
68, 2	III 696	III (68)	II 817
74, 22	III 99	90	II 938
75, 11	III 428	376	II 919
76, 9. 10	III 200a	IV 638	II 1070
81, 8. 10. 12	III 633	696	II 958
82, 7	I 196	VI 727	II 1031
15	III 120	733	III 387
83, 9	I 229	VIII 334	II 972
85, 2. 24	III 58	X 18	II 1061
30	III 166	272	II 691
87, 12. 15. 22. 28	III 151	(467)	II 958
38	III Ant. 54	Georg. I (5)	II 1070
89, 13	I 357	249	II 657
92, 5	III Ant. 53		
30	II 637		

Index fontium. 215

Sextus Empiricus		Adv. math. VIII 223	II 242
Adv. math. I 17	II 330	244	II 221
(75)	I 73	258	III Bas. 1
II 6	II 294	263	II 363
7	I 75	270	II 727
10	I 73	275	II 135, 223
VII 12	I 356	(281—284)	II 223
16	II 38	310	II 266
22	II 44	355	I 63
35	II 107	367, 369	II 267
38	II 132	375	II 267
(109)	I 73	396	II 91
151	I 67, 68, 69 II 90	400	I 484 (II 56)
153	I 69	409	II 85
157	III 550	411	II 239
162	II 63	429	II 240
(182)	I 73	443	II 249 III Ant. 28
227	II 56	453	II 404
228	I 484	463	II 268
230	I 58	(466—469)	II 268
236	I 58	IX 11	II 301
239	III 399	13	II 36
241	II 64	(26, 27)	II 1009
242	II 65	40	II 1097
248	I 59	71	II 812, 1105
(255)	II 65	75	II 311
307	II 849	77	II 1020
359	II 849	78	II 1013
372	I 484 II 56	85	I 114
373	I 64 (73)	86	II 1014
405	II 67	88—91	I 529
416	II 276	95	II 1015
422	I 224	104	I 111
424	II 68	107	I 110
426	(I 59) II 69	110	I 113
432	III 657	111	II 1016
440	II 118	123	II 1017
VIII 10	II 195	130	III 370
11	II 166	132	II 1018
56	II 88	133	I 152 III Diog. 32
(67)	II 65	149	II 454
70	II 187	153, 158	III 274
79	II 199	161, 162, 167	III 274
80	II 167	174	III 274
88	II 214	196	II 337
93—96	II 205	211	II 341
100	II 205	332, 336	II 524
108	II 216	352	II 80
124	II 211	X 3, 4	II 505
177	II 222	7	II 501
185	II 76	45	II 493

Adv. math. X 52	II 492	Pyrrh. hypot. III (242)	II 97
123	II 491	245	I 250
142	II 491	246	I 256 III 745
170	II 513	(247 sq.)	I 254
218	II 331	(251)	I 73
(227)	II 331	**Simplicius**	
(234)	II 331		
312	II 309	In Aristot. categ. f. 8 Z ed. Bas.	II 150
XI 3	III 71	16 B	II 225
8	II 224	16 Δ	II 369
22	III 75	17 A	II 362
30	I 184, 554 III 73, 75	26 E	II 278
33	III 75	36 B	II 556
40	III 77	42 E	II 403
46	III 96	43 A	II 403
59	III 122	44 B	II 403
63	I 361	54 B	II 388
73	III 155, Arch. 22	55 A	II 390
74	I 574	55 E	II 391
90	III 79	56 Δ	II 389
99, 101	III 38	57 E	II 378
162	II 119	58 A	III 203
170	III 598	61 B	II 393
182, 183	II 97	62 Γ	III 217
187	II 123	68 E	II 452, 456
190	I 250, 251	69 Γ	II 383
191	I 256	70 E	II 392
192	III 745, 748	72 Δ	II 393
(192—194)	I 254	77 B	II 342
194	III 752	78 A	II 497
200, 207	III 516	78 B	II 498, 499
224	II 170	80 A	I 93
Pyrrh. hypot. I (160)	III 745	84 Δ	II 185
234	I 344	88 Z	II 510
II (4)	I 59	91 Δ	II 507
70	I 484	94 E	II 401
167	III Ant. 28	98 Γ	II 172
253	II 275	98 E	II 173
III (124)	II 505	98 Z	II 174
169 sq.	III 75	100 B	II 177, 179
172	III 73	101 E	II 178
188	(I 73) II 96	102 AB	III 238
(191)	III 122	102 B	II 177
199	I 585	102 Δ	II 176
200	I 249, 585 III 745	102 Z	II 175
201	III 755	103 A	II 192
205	I 256 (III 745)	103 B	II 198
206	I 255	210 B	II 500
(207)	I 254	In Aristot. De anima	
218	I 159 II 1037	p. 217, 36 Hayd.	II 395
(241)	I 73	247, 24	III B. 11

Index fontium.

In Aristot. De caelo			Eclog. II p. 23, 15	I 393
p. 236, 33 Heibg.	II 256		24, 8	I 391
284, 28. 285, 28	II 535		24, 12	I 394
294, 4	II 617		38, 15	I 203
307, 15	II 617		39, 5	I 206
512, 28	III Ant. 16		44, 4	I 205
In Aristot. Phys. p. 25. 15 Diels	II 312		57, 18	I 190
94, 11	II 372		57, 19	III 70
227, 23	II 326		58, 5	III 95
333, 1	II 965		59, 4	III 262
420, 6	II 339		60, 9	III 264
426, 1	III Diog. 19		62, 15	III 278
480, 27	II 603		62, 24	I 563
530, 9	II 467		63, 6	III 280
571, 22	II 508		64, 13	III Diog. 48
671, 4	II 552		64, 18	III 305
700, 16	II 516		65, 1	III 306
886, 11	II 627		65, 7	I 566
1121, 12	II 576		65, 12	III 557
1167, 21	III 80		65, 15	III 717
1299, 36	II 206		66, 14	III 560
1320, 19	II 496		67, 5	III 294
Solinus			67, 13	III 654
Collect. rer. mem. 38, 9			67, 20	III 604
p. 163, 5 Mommsen	II 1b		68, 8	III 660
Sopater phlyacographus			68, 18	III 663
apud Athenaeum Deipnos. IV 160 e	I 18		68, 24	III 103
Sophonias			69, 11	III 86
De anima paraphr. Comm. Gr. XXIII			69, 17	III 74
p. 36, 9 Hayd.	II 1046		70, 8	III 97
Stephanus			70, 21	III 104
In Aristot. De interpr.			71, 15	III 106
(p. 10, 22) Hayd.	II 184		72, 14	III 109
(11, 8)	II 184		72, 19	III 88
In Aristot. Rhet. Comm. Gr. XXI 2			73, 1	III 111
p. 263, 23 Rabe	II 963		73, 19	I 68
325, 13	III 585		74, 15	III 101
Stobaeus			74, 16	III 112
Eclog. I p. 25, 3 Wachsm.	I 537		75, 1	III 131
79, 1	II 913		75, 11	I 179 III Diog. 44, Ant. 57, Arch. 20
129, 1	II 413		76, 3	I 552 III 12
136, 21	I 65		76, 16	III 3
138, 23	II 336		77, 6	III 113
219, 24	II 677		77, 16	III 16
II p. 8, 13	I 352		77, 20	I 184
22, 12	I 49		77, 21	I 554
22, 22	I 392		78, 7	III 89
23, 7	I 608		79, 1	III 118
			79, 18	III 140
			80, 14	III 133

Eclog. II p. 80, 22	III 136	Eclog. II p. 103, 9	III 328
82, 5	III 121	103, 12	I 587
82, 11	III 141	103, 24	III 677
82, 20	III 142	104, 10	III 682
83, 10	III 124, Ant. 52	105, 7	III 683
84, 4	III 125, Diog. 47	105, 11	III 684
84, 18	III 128	105, 24	III 661
84, 21	I 192	106, 21	III 528
85, 13	I 230 III 494	107, 14	III 366
86, 5	III 503	108, 5	III 630
86, 10	III 499	108, 26	III 617
86, 17	III 169	109, 1	III 656
87, 14	III 173	109, 5	III 643
88, 1	III 171	109, 10	III 686
88, 6	III 378	110, 9	III 758
88, 8	I 205	110, 16	III 578
88, 10	III 378	111, 3	III 690
88, 11	I 206	111, 10	III 554
88, 14	I 211	111, 18	III 548
89, 4	III 389	111, 20	I 68
90, 7	III 394	112, 1	I 54
91, 10	III 395	113, 5	I 54
91, 20	III 402	113, 12	III 540
92, 1	III 408	113, 18	III 529
92, 7	III 413	114, 4	III 601
92, 18	III 394	114, 10	III 602
93, 1	III 421	114, 16	III 605
93, 14	III 500	114, 22	III 638
93, 19	III 625	115, 1	III 650
94, 7	III 611	115, 5	III 564
94, 21	III 98	115, 10	III 632
95, 3	III 94	115, 18	III 581
95, 9	III 623	116, 1	III 648
95, 24	III 640	212, 19	I 612
96, 10	III 613	212, 22	I 517
96, 18	III 501	215, 13	I 319
97, 5	III 502	215, 20	I 387
97, 15	III 91	218, 7	I 396
98, 7	III 90	Florileg. 1 p. 211, 8 Hense	II 840
98, 17	III 54	240, 3	I 517
99, 3	I 216	245, 9	I 238
99, 9	III 567	246, 1	I 350
100, 7	III 589	281, 1	I 573
100, 15	III 208	281, 5	I 583
101, 5	III 587	285, 6	I 240
101, 14	III 593	289, 15	I 243
101, 21	III 626	304, 1	I 556
102, 4	III 614	314, 13	III 574
102, (3—10)	III 613	321, 2	I 288
102, 11	III 615	325, 3	I 604
102, 20	III 563, 567	462, 2	I 383

Index fontium.

Florileg. I p. 465, 14	I 384	λέσχαι	I 543
469, 8	I 237	νεοττός	II 1203
479, 8	I 294	Περσαῖος	I 436
496, 13	I 469	Τιμωροῦντος	II 1205
506, 16	I 287		

Syrianus

519, 12	III 713	In Aristot. Metaphys.	
554, 20	I 395	Comm. Gr. V p. 841a	II 308
621, 3	I 581	852a 3	II 398
621, 8	II 197	892a	II 361
679, 9	I 615	892b 14	I 494 II 364
680, 3	I 284		III Arch. 13
694, 19	I 310	911a 28	II 490
696, 1	I 304	Schol. in Hermog. II p. 42, 1 Rabe	II 286
696, 13	I 300		
760, 7	I 586	**Tatianus**	
II p. 27, 12	I 266	Adv. Graecos cp. 3	
192, 10	III 694	§ 12 p. 3, 22 Schwartz	I 159
392, 16	I 312	§ 14 p. 4, 2 sq.	I 109 (II 1039)
444, 1	III 720		
497, 1	I 400	**Tertullianus**	
507, 6	III Ant. 63	Ad nat. II 2	I 171 (II 1034)
539, 5	III Ant. 62	4	I 155
628, 13	I 386	Adv. Hermog. 44	I 155 II 1036
772, 10	I 397	Adv. Marcion. I 13	I 154
778, 4	I 617	Apolog. cap. 21	I 160, 533
786, 1	I 273	47	II 1034
845, 12	I 323	De anima cap. 5	I 137, 518 II 773, 791
906, 18	III 510	6	III 84
972, 10	I 575	8	II 795
1077, 15	I 399	10	II 784
1078, 1	III Ant. 7	14	I 144, 405 (II 874)

Vid.: Arius Didymus, Aëtius, Jamblichus, Musonius, Porphyrius.

		15	II 880
		25	I 518 II 805

Strabo

		43	II 768
I p. 15	I 338	46	II 1196
41	I 275	54	I 147 II 814
VII p. 299	I 275	55	II 814
301	III 692	De carne Christi 12	II 845
XIII p. 610	I 479	De praes. cap. 7	I 156
614	I 10		
XIV p. 671	II 1a	**Themistius**	
674	III Ant. 1, 6. Arch. 1	Or. II p. 27c Hard	I 564 III 251
XVI p. 743	III Diog. 2	VIII 101d	III 54
757	I 37	108c	I 235
784	I 275	XIII 171d	I 235

Suidas

		XXI 252b	I 17
		255	I 334
s. v. Ἀριστοτέλης	I 304	XXIII 295d	I 9
εἱμαρμένη	II 917	XXXII 358	I 449
Ἑρμαγόρας	I 462	Paraphr. in Anal. poster.	
Ζήνων	III Z. T. 1	p. 79, 1 Spengel	II 1019

Paraphr. in Aristot. de anima
p. 5 Sp.	II 824
8	II 1019
30, 17	I 145
64, 25	I 158
83	II 709
197	I 208 III 382

Paraphr. in Aristot. Phys. IV
p. 256 Sp.	II 468
268	II 506
284, 10	I 94
294	II 553

Theodoretus
Graec. affect. cur.
I 24	p. 11, 13 Raeder	I 593
II 113	66, 12	II 1028
III 74	89, 7	I 264
IV 12	103, 10	I 85
13	103, 16	II 305 (324)
	103, 24	II 305
14	104, 4	I 95
(15)	104, 12	I 97
20	105, 15	I 508
V 18	127, 6	II 779
(20)	127, 25	II 827
23	128, 24	II 810
(25)	129, 10	II 708
25	129, 12	I 128
27	130, 2	I 139, 520
VI (11)	152	II 914
14	153, 19	II (913) 916
15	154, 8	II 971
XI 15	276, 8	III 149
XII 75	318, 3	III 164

Theodorus Metochita
p. 812 Kiessling   I 332

Theognetus comicus
Φάσματι ἢ Φιλαργύρῳ
IV p. 549 Mein.   III 241

Theophilus
Ad Autolyc. I 4	II 1033
III 5	I 254, 584 III 750
6	III 750
8	II 1073

Timon Phliasius
Sill. fr. 8 W	I 22
20	I 21

Valerius Maximus
Fact. ac dict. mem. VIII 7, 10   II 19

Varro
De lingua Lat. V 7; 9	I 485
59	I 126
VI 1	II 154 III Ant. 17
11	II 163
56	II 143
IX 1	II 151
X 59	II 155
De re rust. II 1, 3	I 123
(4, 10)	II 723

Marcopol. fr. 1,
Sat. Men. p. 165 Riese   III Ant. 28
Ταφή Μενίππου 2, p. 222 Riese   III 569

Vergilius (cf. Servius, Philargyrius)
Georg. II 336   II 584

Vita Arati
— —   I 424, 440

Xenophon
(Conv. II 3)   I 318

Zonaras
Lex s. v. σολοικίζειν col. 1662   I 82

ADDENDA.

Addatur pag. 3 s. v. ἀγαθόν: τὸ ἀγαθὸν ἄλυπον Cl. I 127, 7
inseratur pag. 5: **ἀδίκημα** III 152, 41
addatur pag. 11 s. v. αἴτιον: θεραπεία οἰήσεως μάθησις τοῦ αἰτίου III 133, 18
add. pag. 12 s. v. ἄκρος: τοὺς φαύλους ἐπ' ἄκρον ἥκειν κακοδαιμονίας ἁπάσης III 166, 26
inser. pag. 18: **ἀνομοιότης** μηδὲν εἶναι ἡμῖν δίκαιον πρὸς τὰ ἄλλα ζῷα διὰ τὴν ἀ. III 89, 28
add. pag. 19 s. v. ἀνταπόδοσις: II 316, 37
add. pag. 19 s. v. ἀνύπαρκτος: III 91, 3
inser. pag. 22: **ἀπογεννάω** ὁ θεὸς ἀ. τὰ δ' στοιχεῖα II 180, 4 αἱ ἀρεταί ἀ. τὴν εὐδαιμονίαν III 25, 28 αἱ κακίαι ἀ. τὴν κακοδαιμονίαν 25, 34
inser. pag. 22: **ἀποδημέω** ἀποδημεῖν οὔτε κατόρθωμα οὔτε ἁμάρτημα III 136, 25
inser. pag. 23: **ἀποτελέω** αἱ ἀρεταί ἀ. τὴν εὐδαιμονίαν III 25, 40 αἱ κακίαι ἀ. τὴν κακοδαιμονίαν 26, 5
add. pag. 27 s. v. ἀρετή: ἐρωτικὴ ἀρετή vid. s. v. ἐρωτικός
inser. pag. 27: **ἀρθρῖτις** III 103, 4
add. pag. 28 s. v. ἀρτιότης: cf. ὁλοκληρία
add. pag. 29 s. v. ἀστεῖος: οὐδένα τῶν ἀ. οὔθ' ὁδοῦ διαμαρτάνειν οὔτ' οἰκίας οὔτε σκοποῦ III 147, 16
inser. pag. 30: **ἀσύστατος** III 91, 3
inser. pag. 31: **ἀφίσταμαι** III 123, 28
add. pag. 52 s. v. ἔξωθεν: μηδὲν κωλύειν πρὸς εὐδαιμονίαν τὰ ἔ. III 154, 3
inser. pag. 60: **εὐσταθής** III 69, 12
add. pag. 77 s. v. κακοδαιμονέω (κακοδαίμων): qui natura doctrinaque longe ad virtutem processissent, nisi eam plane consecuti essent, summe esse miseros III 142, 34

add. pag. 81 s. v. κατόρθωμα: πᾶσα πρᾶξις γνωστικοῦ κ. III 139, 3 τοῦ φρονίμου ἔργον εἶναι ἐν τοῖς κ. διομαλίζειν 139, 25
add. pag. 84 s. v. κλέος: vitam contemnendam esse pro laude pulcrumque esse inpendere gloriae quicquid te scias debere naturae III 38, 45
inser. pag. 95: **μέλιττα** III 90, 9
add. pag. 102 s. v. οἰκειόω (οἰκείωσις): parvi non appeterent aliquid, nisi sensum haberent sui eoque se diligerent III 44, 24 principium ductum esse a se diligendo 44, 25 quoniam se ipsi omnes natura diligant, tam insipientem quam sapientem sumpturum, quae secundum naturam sint 136, 4
add. pag. 103 s. v. ὅλον (sect. III): cf. κόσμος
add. pag. 113 s. v. περιπάτησις: incessus modestus et compositus tertium bonum est III 27, 28
inser. pag. 135: **στοχάζομαι** III 4, 27
inser. pag. 138: **συναρτάω** II 273, 8
add. pag. 140 s. v. σχηματισμός: gestus conveniens prudenti viro tertium bonum est III 27, 29
add. pag. 141 s. v. σῶμα (sect. paenultima): αἱ τέχναι σ. II 221, 1. 230, 2. III 21, 25
add. pag. 143 s. v. τελειόω: quicquid a sapiente proficiscitur, id continuo debet expletum esse omnibus suis partibus III 137, 7
add. pag. 144 s. v. τέχνη (sect. paenultima): III 21, 25
inser. pag. 170: **concordia** III 45, 22
inser. pag. 172: **intellegentia** = ἔννοια
inser. pag. 173: **remedium** s. v. θεραπεία